Para a Crítica da Economia Política

Manuscrito de 1861-1863 (cadernos I a V)
Terceiro Capítulo – *O capital em geral*

Coleção Economia Política e Sociedade

Karl Marx

Para a Crítica da Economia Política

Manuscrito de 1861-1863 (cadernos I a V)
Terceiro Capítulo – *O capital em geral*

Tradução
Leonardo de Deus

autêntica

Copyright da tradução © 2010 Autêntica Editora

COORDENADOR DA COLEÇÃO ECONOMIA POLÍTICA E SOCIEDADE
João Antonio de Paula

TRADUÇÃO
Leonardo de Deus

REVISÃO DA TRADUÇÃO
Rubens Enderle

PROJETO GRÁFICO DE CAPA
Diogo Droschi

PROJETO GRÁFICO DE MIOLO E EDITORAÇÃO ELETRÔNICA
Conrado Esteves

REVISÃO DE TEXTO
Dila Bragança de Mendonça

EDITOR RESPONSÁVEL
Rejane Dias

Revisado conforme Novo Acordo Ortográfico.

Todos os direitos reservados pela Autêntica Editora. Nenhuma parte desta publicação poderá ser reproduzida, seja por meios mecânicos, eletrônicos, seja via cópia xerográfica, sem a autorização prévia da editora.

AUTÊNTICA EDITORA LTDA.
Rua Aimorés, 981, 8º andar . Funcionários
30140-071 . Belo Horizonte . MG
Tel: (55 31) 3222 68 19
Televendas: 0800 283 13 22
www.autenticaeditora.com.br

Dados Internacionais de Catalogação na Publicação (CIP)
(Câmara Brasileira do Livro, SP, Brasil)

Marx, Karl, 1818-1883.
   Para a crítica da economia política / Karl Marx ; tradução Leonardo de Deus. -- Belo Horizonte : Autêntica Editora, 2010. – (Economia Política e Sociedade ; v. 1 / coordenador João Antonio de Paula)

   Título original: Karl Marx : Zur Kritik Der Politischen Ökonomie.
   "Manuscrito de 1861-1863 (cadernos I a V) – Terceiro capítulo. O capital em geral".
   Bibliografia
   ISBN 978-85-7526-475-1

1. Capitalismo 2. Economia marxista 3. Economia política I. Paula, João Antonio de. II. Título. III. Série.

10-05221   CDD-335.412

Índices para catálogo sistemático:
1. Economia marxista 335.412
2. Economia política : Crítica marxista 335.412

Sumário

Apresentação da Coleção Economia Política e Sociedade................... 7

Apresentação... 9

1) O processo de produção do capital... 21

1) Transformação do dinheiro em capital... 21

a) D-M-D. Forma mais geral do capital... 21

b) Dificuldades provenientes da natureza do valor etc..................... 32

Adendo a α... 45

γ) Troca com o trabalho. Processo de trabalho. Processo de valorização........... 46

Valor da capacidade de trabalho. Salário mínimo
ou salário médio do trabalho... 55

Troca de dinheiro por capacidade de trabalho................................ 64

Processo de trabalho.. 68

Processo de valorização... 80

Unidade do processo de trabalho e do processo de valorização
(Processo de Produção Capitalista).. 106

Os dois componentes em que se decompõem
a transformação do dinheiro em capital..................................... 119

Adendos... 151

[Adendos suplementares]... 183

2) O mais-valor absoluto... 189

a) Mais-valor deve ser concebido como mera relação com uma parte
determinada do capital, a saber, com aquela desembolsada no salário............ 189

b) *Relação do sobretrabalho com o trabalho necessário.*
Medida do mais-trabalho.. 196

c) *Vantagem do trabalho extraordinário*.. 201

d) *Jornadas de trabalho simultâneas*... 202

e) *Caráter do mais-trabalho*.. 207

Adendos.. 210

Taxa do mais valor... 258

3) O mais-valor relativo.. 265

a) *Cooperação*.. 286

b) *Divisão do trabalho*.. 298

{*Digressão*: (sobre o trabalho produtivo)}... 355

{*Diversos gêneros da division du travail*}.. 365

Cooperação simples 366

γ) *Maquinaria. Utilização de forças naturais e ciência.*
(*steam, electricity, mechanical and chemical agencies*)....................... 367

[Adendos suplementares aos pontos 2 e 3]... 404

Sobre a divisão do trabalho... 405

Sobretrabalho... 408

Bill de dez horas e overworking... 416

Referências.. 419

Coleção Economia Política e Sociedade

João Antonio de Paula[1]
Coordenador da Coleção

Restritiva à primeira vista, a expressão "economia política" engloba variadas e decisivas dimensões da realidade social. Com efeito, ao se falar de economia política, convoca-se um conjunto de outros conjuntos e mobilizam-se as determinações histórico-materiais da realidade social. É isso que Marx nos mostrou quando, na "Introdução à Crítica da Economia Política", escrita em 1857, discutiu as condições de emergência do pensamento econômico clássico, isto é, da economia política como disciplina autônoma, como capítulo do processo geral de imposição do modo de produção capitalista sobre o qual se constituem as estruturas jurídicas e políticas, as formas de consciência e os fenômenos estéticos e espirituais

Com a coleção Economia Política e Sociedade, o que se postula é uma recusa a qualquer reducionismo, é uma firme convocação de perspectiva interdisciplinar, é a afirmação da centralidade das determinações histórico-materiais dos fenômenos da consciência. Ao lado de obras imediatamente referidas ao campo da "economia política", a coleção também se dedica à publicação de obras igualmente relevantes no amplo campo das "ciências sociais". E, desde logo, se afirma que a coleção está longe de qualquer exclusivismo, político ou ideológico, incompatível com o debate livre e informado, que é o único veículo capaz de fazer avançar o conhecimento, "indescartável" instrumento emancipatório.

---

[1] Professor do Cedeplar/FACE/UFMG.

Aberta, crítica e plural: eis como se quer a coleção "Economia Política e Sociedade". Ela se estrutura a partir de três linhas editoriais básicas: a primeira publicará traduções para o português de obras clássicas e inéditas em nosso idioma, nos campos da história, economia política, filosofia e ciências sociais; a segunda linha se dedicará a teses universitárias inéditas, também nos campos da história, economia política, filosofia e ciências sociais; e a terceira linha cuidará de resultados de pesquisas atuais sobre temas relevantes da realidade social contemporânea.

Com essa coleção, a Autêntica Editora confirma seu compromisso com o enriquecimento de nossa vida cultural, seja pelo enfrentamento de nossos déficits editoriais; seja pela contribuição que dará à ampliação e ao enriquecimento do debate sobre decisivas questões do nosso tempo.

Apresentação

Leonardo de Deus

I

O *Manuscrito de 1861-1863* foi escrito na década mais fecunda da trajetória intelectual de Marx, no período que se inicia com a redação dos *Grundrisse*, entre 1857 e 1858, e que culmina com a publicação do livro primeiro de *O capital*, em 1867. Em verdade, constitui um elo importante entre essas duas obras, sendo, ao mesmo tempo, tentativa de sistematização das categorias desvendadas em 1857 e também material de pesquisa e esclarecimento do autor, que, ao final da redação, pôde esboçar os três livros de sua obra econômica. A partir de 1863, tendo a perspectiva clara do conteúdo a ser exposto, Marx redige uma série de manuscritos que serão parcialmente utilizados por Engels na redação final dos livros segundo e terceiro, publicados postumamente. A maior parte desses manuscritos permaneceu inédita, já que tanto Marx quanto Engels consideravam necessário publicar principalmente as obras que contribuíssem para o movimento revolucionário. Ironicamente, coube aos bolcheviques a iniciativa de defender a publicação das suas obras completas, incluindo esboços, correspondência e excertos, independentemente de seu conteúdo político imediato. Acreditavam que as edições alemãs eram distorcidas e, com a edição integral das obras, pretendiam se contrapor à II Internacional, além de fomentar o movimento revolucionário europeu.[1]

---

[1] Essa a análise de Hobsbawm (A fortuna das edições de Marx e Engels. In: HOBSBAWM, E. (Org.). *História do marxismo*. São Paulo: Paz e Terra, 1979, v. 1, p. 430).

Assim, graças a David Riazanov, foi planejada a publicação integral dos escritos de Marx e Engels, empreendimento que restou inconcluso, tendo sido assassinados ou silenciados os principais pesquisadores envolvidos no projeto. A publicação parcial da primeira MEGA (*Marx-Engels-Gesamtausgabe*), no entanto, estabeleceu uma série de procedimentos que seriam adotados pelas edições subsequentes. Além disso, textos importantes foram publicados pela primeira vez nesse período, como *A ideologia alemã*, os *Manuscritos Econômico-Filosóficos* e também os *Grundrisse*.

Diante disso, o *Manuscrito de 1861-1863* só seria publicado na íntegra na segunda MEGA, entre 1976 e 1982, em seis volumes.[2] Engels examinou as quase 1.500 páginas do manuscrito e utilizou parte delas na redação do livro terceiro.[3] Além disso, em 1905, Kautsky editou parte considerável da obra sob o título de *Teorias do mais-valor*, publicando-as como o livro quarto de *O capital*. O manuscrito inteiro, sobretudo seus cadernos iniciais, não se prestava aos objetivos que orientaram os primeiros anos de recepção e difusão da obra marxiana. Várias de suas passagens foram reelaboradas em outros manuscritos e também no livro primeiro. Sua edição completa, porém, tem contribuído para esclarecer vários aspectos da obra marxiana, permitindo, ao público do século XXI, apropriar-se do legado de Marx de modo mais rico e rigoroso. Juntamente com outros textos recentemente publicados, o *Manuscrito de 1861-1863* permite uma gênese mais precisa de várias categorias que compõem *O capital*, além de oferecer mais elementos para a compreensão dos próprios procedimentos empregados por seu autor na redação. Em verdade, com um atraso de cem anos, o projeto de Riazanov começa a se tornar realidade, tendo sido publicados todos os esboços e os materiais preparatórios de *O capital*. Pela primeira vez, é possível contemplar o processo criativo marxiano, compreender as categorias que animam sua obra em sua origem.

Dentro da divisão tradicional desse material, o *Manuscrito de 1861-1863* é chamado de o "segundo esboço" de *O capital*, sendo os *Grundrisse* o primeiro. O "terceiro esboço" é constituído pelos manuscritos redigidos entre 1863 e 1865, contendo a primeira versão integral dos livros segundo e terceiro de *O capital*, além de outra versão do livro primeiro, da qual restam apenas fragmentos, como o "Capítulo sexto: Resultado do processo de produção

---

[2] O primeiro volume, correspondente aos cadernos I a V, foi publicado em russo em 1973.

[3] O índice formulado por ele foi publicado no volume II/14 da MEGA, p. 345.

imediato". O "quarto esboço" abrange todos os escritos posteriores a 1867, que também serviram de base para as edições feitas por Engels.

O *Manuscrito de 1861-1863* representa um momento importante na construção da crítica da economia política. Em 1857, essa trajetória sofre uma inflexão significativa com a redação dos *Grundrisse*, nos quais Marx elabora pela primeira vez sua teoria do valor e do dinheiro, contrapondo-se de modo polêmico aos socialistas utópicos e, naturalmente, à própria economia política. Nessa obra, é esclarecida de modo categórico a origem do *mais-valor* e de suas formas particulares (lucro, renda e juros) e, por conseguinte, do excedente. Com isso, Marx supera a economia política naquilo que tinha de essencial; em carta a Engels, de 14 de janeiro de 1858, anuncia: "Demoli toda a teoria do lucro, como era até aqui".[4] Embora constituam material extremamente rico, nos *Grundrisse* Marx não se preocupa com a articulação categorial de sua obra, com a forma de exposição adequada, o que seria impossível naquele momento, já que a lógica de exposição é dada pelo próprio objeto e suas categorias, não podendo ser estabelecida *a priori*. Com o desenvolvimento da reflexão, ao longo do texto, porém, Marx pôde formular diversos planos para a futura sistematização.

A questão começa a se resolver de fato com a redação de *Para a crítica da economia política*, de 1859. Ao contrário do que planejava nos *Grundrisse*, Marx reorienta a exposição da obra: a mercadoria se torna o ponto de partida da crítica da economia política; não o valor e o dinheiro, como ocorre com a economia política. De fato, a totalidade da sociabilidade do capital só pode ser compreendida a partir de sua categoria mais elementar, que, ao mesmo tempo, é materialização de todas as determinações dessa forma social complexa; o ponto de partida, portanto, é a riqueza material, objetivada em existência particular, a mercadoria. No início do texto marxiano, a mercadoria parece ser o próprio agente do processo, e somente a partir de suas propriedades são reveladas categorias mais gerais, como o dinheiro, deduzido da necessidade social de se trocarem trabalhos objetivados nas mercadorias. Partir da mercadoria, porém, não é apenas método de exposição, mas exigência da crítica da própria natureza do capitalismo, cujas relações sociais aparecem invertidas, pervertidas como relações entre coisas, entre mercadorias. Com isso, a crítica da economia política encontra seu eixo, a

---

[4] *Marx-Engels Gesamtausgabe*, v. III/9, p. 24 e ss.

necessidade de superação do mundo das mercadorias como condição de superação da sociabilidade alienada e alienante do capital.

II

Depois da pausa forçada de 1860, graças à polêmica contra Karl Vogt, Marx retoma a redação de sua obra em 1861. O *Manuscrito de 1861-1863* foi pensado, precisamente, como continuação da obra de 1859, que continha dois capítulos, "A mercadoria" e "O dinheiro, ou a circulação simples". O terceiro capítulo trataria, então, do capital, mais precisamente, do "capital em geral", formulação utilizada por Marx para designar o capital abstraído da concorrência e da interação com outros capitais, isto é, o capital tomado em sua totalidade, contraposta à classe trabalhadora. Para redigir esse capítulo, Marx pretendia seguir o plano elaborado em 1859, onde se lê: "I) O processo de produção do capital, com as seções: 1) Transformação do dinheiro em capital, cujas subseções: são α) Transição, β) Troca entre mercadoria e capacidade de trabalho, γ) Processo de trabalho, δ) O processo de valorização; 2) O mais valor absoluto; 3) O mais-valor relativo, com as subseções α) Cooperação das massas; β) Divisão do trabalho; γ) Maquinaria; 4) A acumulação primitiva; 5) Trabalho assalariado e capital; II) A circulação do capital; III) Capital e lucro; *Miscelânea*."[5] Cabe notar que os níveis de abstração da exposição ainda não eram totalmente precisos, muito menos sua organização expositiva: matéria posteriormente destinada aos livros segundo e terceiro aparece já no capítulo sobre o capital, pois Marx planejava abranger num livro toda a matéria relativa a ele. Em 1863, contudo, o plano terá sofrido alterações significativas, pois o processo de redação extrapola o plano inicial e o escopo se amplia sensivelmente. Em Marx, o processo de escrita também é método de investigação.

Distribuído em 23 cadernos, o *Manuscrito* pode ser dividido em cinco fases ou temas: 1)Agosto de 1861 até o início de março de 1862, em que Marx redige os cinco primeiros cadernos, que constituiriam o capítulo terceiro de *Para a crítica da economia política*, "o processo de produção do capital", com as seções "transformação do dinheiro em capital", "mais-valor absoluto" e "mais-valor relativo"; 2) Março a dezembro de 1862, quando é redigida

---

[5] MEGA, v. II/2, p. 256.

a maior parte das *Teorias do mais-valor*, nos cadernos VI a XV; 3) dezembro de 1862 a janeiro de 1863, período em que é redigido o material posteriormente destinado ao livro terceiro de *O capital*, nos cadernos XVI a XVIII;[6] 4) Período até julho de 1863, em que Marx retoma a questão da maquinaria, tratada no final do caderno V e nos cadernos XIX e XX. Esses cadernos, portanto, abordam novamente o mais-valor relativo, constituindo avanço no tema em relação ao caderno V. A eles se somam os três últimos cadernos, que contêm inúmeras citações sobre várias questões abordadas em todo o manuscrito, como *subsunção formal e real*, e acumulação do capital.

III

Os cadernos I a V aqui publicados são a primeira tentativa de abordagem sistemática do processo de produção do capital, a transformação do dinheiro em capital. Ao iniciar a redação, Marx planejava ordenar o material elaborado nos *Grundrisse*, desta feita, sob a perspectiva das aquisições metodológicas de 1859, pois a compreensão do capital só é possível tendo-se abordado a mercadoria, o valor e o dinheiro. Pode-se explicar assim como o valor produz mais-valor ou, o que é o mesmo, como o dinheiro se torna capital. Marx pretende, com isso, enfrentar o que chama de "a questão mais importante da economia política", qual seja, a pesquisa sobre como o mais-valor se origina. Ele diz: "Na verdade, trata-se da questão de como o dinheiro (ou mercadoria, pois dinheiro é apenas a forma transformada da mercadoria), uma quantia de valor em geral, se transforma em capital, ou então: como se origina o capital?" (p. 40).

O tratamento marxiano do problema supera a unilateralidade da economia política, que ora define o capital como um conjunto de mercadorias (valores de uso), ora como dinheiro, sem perceber que o próprio dinheiro é forma transformada da mercadoria. Com efeito, é graças à troca de mercadorias que se torna possível o mais-valor, troca entre o dinheiro do capitalista e a *capacidade de trabalho* do trabalhador e, por outro lado, somente sob esse sistema plenamente desenvolvido, pode a

---

[6] No caderno XVI, por exemplo, Marx redige a seção "Capital e lucro", em que Marx ensaia a análise da relação entre mais-valor e lucro. No caderno XVII, analisa o capital mercantil e o processo de circulação do capital. Na conclusão do caderno XVIII, são retomadas as *Teorias do mais-valor*, além de ser formulado novo plano para a obra.

mercadoria se tornar forma universal de todos os produtos e também forma elementar da riqueza. As relações de produção capitalistas supõem a existência das mercadorias e, por outro lado, são condição de possibilidade de sua universalização. O capital, portanto, supõe relações sociais determinadas, baseadas na troca constante e reiterada de mercadorias, processo que exige o uso do dinheiro e torna possível que ele se torne a forma de pagamento dominante na sociedade. Por meio dele, o capitalista adquire uma mercadoria especial, que consome na produção, juntamente com material e meios de trabalho[7]: a *capacidade de trabalho* (*Arbeitsvermögen*), termo empregado já nos *Grundrisse* e que será substituído por *força de trabalho* (*Arbeitskraft*) em *O capital*.

O consumo da *capacidade de trabalho* é descrito por Marx por meio de dois processos simultâneos, *processo de trabalho* e *processo de valorização*, componentes do *processo de produção do capital*. No *Manuscrito de 1861-1863*, Marx se demora na abordagem da questão, refletindo sobre todos os seus aspectos, que serão apresentados de modo sintético no livro de 1867. O processo de produção do capital, por um lado, é produção de valores de uso, emprego de trabalho particular, com determinações específicas; ou seja, é *processo de trabalho*. Por outro lado, é processo cujo resultado é a soma de valores maior do que aquela despendida com os elementos da produção; portanto, é *processo de valorização*. Como síntese desses dois processos, o dinheiro se torna *capital*, isto é, dinheiro que se multiplica, valor que se autovaloriza. Ao capitalista, pouco importa o processo de trabalho em si mesmo, mas somente como processo de conservação e aumento do valor, ou seja, ao capitalista interessam os produtos do trabalho somente porque são mercadorias. Por isso, sob o capital, o processo de trabalho não tem por objetivo a produção de valor de uso, mas tão somente a geração de valor, de mais-valor, ou seja, o processo de trabalho só é possível onde é possível o processo de valorização, verdadeira finalidade do trabalho.[8] Marx denomina esse

---

[7] A distinção entre capital constante e capital variável começa a se insinuar ao longo do manuscrito.

[8] Para explicitar essa condição, Marx determina, ainda nessa seção, a *subsunção formal*, que "consiste em que o trabalhador como trabalhador cai sob a supervisão e, com isso, sob o comando do capital ou do capitalista." (p. 106). Na seção sobre o mais-valor relativo, essa questão é retomada.

processo complexo de "processo de produção capitalista sobre a base do capital" (p. 111). O capital é, em primeiro lugar, dinheiro, e não um conjunto de mercadorias. É dinheiro em processo que assume a forma de mercadorias para se valorizar, mas, ao final, retorna ao ponto de partida, à forma de dinheiro, em quantidade maior, o mais-valor.

A descrição que Marx faz da troca entre capital e trabalho remete à tematização sobre *trabalho alienado,* nos *Manuscritos Econômico-Filosóficos* de 1844. Com efeito, essa troca é analisada aqui sob a perspectiva da alienação e do estranhamento, aparecendo as condições de trabalho, para o trabalhador, para o *trabalho vivo,* como "potências estranhas", que se lhe defrontam como *trabalho objetivado,* como capital. Ao analisar a alienação do trabalho, Marx condena o paradoxo da economia política, que considera o trabalho a fonte da riqueza, mas defende sempre a pobreza absoluta do trabalhador, paradoxo que se explica com a distinção feita por Marx entre o trabalho e a *capacidade de trabalho.* A economia política não compreende que o trabalho em geral, quando se exterioriza, é o criador de toda a objetividade, da riqueza material, mas que, no capitalismo, isso ocorre somente depois da venda, da alienação de mercadoria específica, a *capacidade de trabalho,* a única propriedade do trabalhador. Tal mercadoria, como qualquer outra, possui valor de troca e, sobretudo, valor de uso específico. O valor de troca da capacidade de trabalho, segundo Marx, é menor do que o valor que ela cria na produção e seu valor de uso é precisamente criar, por valor. Esse valor de uso, porém, nada tem a ver com aquele pago na forma de salário pelo capitalista. Com isso, embora indiferente ao processo de trabalho do ponto de vista específico, é nele que se produz o mais-valor, é por meio dele que se cria o capital.

Nas duas seções seguintes da obra, dedicadas respectivamente ao *mais-valor absoluto* e ao *mais-valor relativo,* Marx os expõe pela primeira vez de modo sistemático, em especial a tematização em sequência de *cooperação, divisão do trabalho* e *maquinaria,* etapas do desenvolvimento capitalista e, ao mesmo tempo, métodos de extração do mais-valor relativo. Essa exposição em sequência, Marx a definiu durante a redação do manuscrito e, a partir daí, realiza extensa pesquisa bibliográfica, citando autores da economia política e historiadores. No caso da maquinaria, a abordagem ainda é bastante indicativa e a correspondência com Engels mostra sua preocupação com o tema, ao qual retorna no final do manuscrito e em várias ocasiões nos anos seguintes, até atingir o contorno preciso. Em toda a exposição, fica nítida a passagem da redação pura para a pesquisa, e vários dos autores citados extensivamente em 1861 reaparecerão em 1867. Aqui, Marx explora o tema, delimita seu objeto, buscando a forma e o conteúdo adequados para o expor, como na comparação da corveia dos principados danubianos com o trabalho extraordinário na indústria inglesa, ou na seção sobre a *divisão do trabalho*, em que Marx cita amplo conjunto de obras, desde *A república* até a *Fábula das abelhas*, para distinguir a divisão do trabalho na Antiguidade, baseada na obtenção de mais valores de uso, daquela do capitalismo, dedicada exclusivamente ao valor de troca, ao mais-valor. Na tematização sobre a divisão do trabalho, também, Marx faz uma digressão sobre o trabalho produtivo e improdutivo no capitalismo e, do mesmo modo, da tematização sobre o mais-valor relativo, emergem as concepções de *subsunção real* e *subsunção formal*.

Essas são as linhas gerais do presente livro. Juntamente com os *Grundrisse*, constituem o momento de instauração da crítica da economia política. Os aspectos decisivos da teoria do mais-valor estão delineados, o processo de produção do capital teve suas principais categorias desvendadas. Diante disso, Marx redige as *Teorias do mais-valor*, examinando criticamente a economia política, partindo precisamente da constatação de que ela foi incapaz de tratar separadamente o mais-valor de suas formas particulares, o lucro, a renda da terra e o juro. Desse confronto, naturalmente, emerge uma série de questões a partir das quais Marx estabelece novas perspectivas para sua obra. De fato, ao examinar o mais-valor e suas formas particulares, Marx tem de pensar os níveis de abstração de sua obra, até reformular o plano concebido para abordar o capital.

A contribuição do *Manuscrito de 1861-1863* para o estabelecimento do plano definitivo de *O capital* é matéria controversa. Kautsky, para justificar a publicação das *Teorias do mais-valor* como "livro quarto" de *O Capital*, defendia que o plano de redação de *O Capital* estava completo já em 1863 e mesmo antes. Toma por base uma passagem do caderno XVIII, em que Marx formula um plano bastante detalhado para o que seriam os livros primeiro e terceiro.⁹ Rosdolsky rejeita essa análise, afirmando que, somente em 1865 ou 1866, Marx teria formulado o plano definitivo que executou na redação do livro primeiro, ou seja, em 1863, ainda seguiria o plano de 1857, composto de seis livros.¹⁰ Embora Kautsky tenha tido acesso ao *Manuscrito de 1861-1863*, não se examinaram, até muito recentemente, todos os manuscritos redigidos no período, restando apenas o exame da correspondência. Nela, pode-se acompanhar apenas parcialmente a visão que Marx tem da própria obra, o seu desenvolvimento e os planos que formula. Assim, embora os argumentos de Rosdolsky sejam sempre de interesse, cabe dizer que somente agora se pode acompanhar o caminho que conduz Marx à elaboração de cada plano. Mais ainda, todos os planos formulados por Marx foram modificados ao longo da redação, ou seja, um plano formulado é sempre consolidação de pesquisa passada e tentativa de organização lógica da exposição do material disponível, sendo modificado com a redação. Portanto, para determinar o sentido e a contribuição de um manuscrito para a elaboração da obra marxiana, há que se examinar os passos analíticos, o desenvolvimento categorial, até que se vislumbre a lógica de conjunto que resulta num plano, método de leitura tornado possível somente no final do século passado.

IV

Para concluir, restam alguns comentários sobre a tradução. O primeiro deles, o mais importante. Neste livro, para traduzir a palavra *Mehrwert*, utilizou-se "mais-valor", e não "mais-valia". Embora "mais-valia" tenha sido incorporada ao dicionário e embora exista sinonímia entre "valia" e "valor", o uso corrente dessas duas palavras é bastante diverso. Raramente se emprega "valia" com sentido econômico, sobretudo com o sentido de "preço". De todo modo, o uso de "mais-valor" preserva a coerência e a força do texto marxiano, que parte de "valor de uso" (*Gebrauchswert*) e "valor de troca" (*Tauschwert*) das mercadorias para desenvolver

---

[9] MEGA, v. II/3.5, p. 1861.

[10] Os seis livros seriam: I. *Sobre o capital*; II. *Sobre a propriedade da terra*; III. *Sobre o trabalho assalariado*; IV. *Sobre o Estado*; V. *Sobre o comércio exterior*; VI. *Sobre o mercado mundial e as crises*. O primeiro livro seria subdividido assim: a) O capital em geral: 1) Processo de produção do capital; 2) Pprocesso de circulação do capital; 3) Lucro e juros; b) Seção sobre a concorrência; c) Seção sobre o sistema de crédito; d) Seção sobre o capital dividido em ações.

sua teoria do "valor" (*Wert*), antes de desvendar a origem do "mais-valor". No caso do *Manuscrito de 1861-1863*, essa questão é ainda mais importante, já que Marx define o capital como "valor que se autovaloriza", ou seja, valor que põe mais-valor.

Na abertura da obra, Marx explica que traduz a expressão inglesa "*surplus value*" para formular o termo *Mehrwert*, com sentido diverso dos ingleses. Ao longo do texto, empregará com frequência termos como *Surplusarbeit* e *Surpluszeit* como equivalentes de mais-trabalho (*Mehrarbeit*) e mais-tempo (*Mehrzeit*). Para diferenciar uma palavra da outra, utilizou-se o prefixo "sobre-" para traduzir "*surplus-*" e "mais-" para traduzir "*mehr*".

As citações foram traduzidas tais como se encontram na edição alemã, que reproduziu as obras utilizadas por Marx, constantes da bibliografia deste volume. Em geral, Marx citava na língua original do autor ou do livro que consultava e, com isso, seu texto possui muitas palavras e diversos trechos em várias línguas. Tentou-se preservar essa peculiaridade citando, nas notas, o texto original e, sempre que possível, mantendo-se palavras isoladas no idioma original, com a tradução correspondente nas notas.

Quanto à moeda utilizada, interessante como Marx inicia com o táler, moeda de prata que foi utilizada na região da Alemanha do século XVI ao início do século XX, geralmente cunhada com ¼ de um marco de Colônia, que, por sua vez, pesava meia libra. Ao longo do texto, porém, com uma série de exemplos extraídos da bibliografia inglesa, Marx utiliza mais a libra, abreviada aqui por "l.",[11] e suas subdivisões, *penny* (d) – *pence*, no plural – e *xelim*(s) .[12]

Todos os parênteses do texto são de Marx, enquanto os colchetes são acréscimos feitos pelo editor alemão. As chaves indicam as marcações feitas pelo próprio autor no corpo do texto. Para conservar minimamente a forma indicativa do manuscrito, preservaram-se as referências tal qual redigidas, sem um padrão rigoroso para nomes de autores, abreviações e marcações de títulos das obras. Uma lista completa de obras e pessoas citadas se encontra ao final do volume.

As notas de Marx estão assinaladas com *(Nota do autor)*, as da edição original, com *(Nota da edição original)*, e as notas da tradução estão assinaladas com *(N.T.)*.

---

[11] A unidade de medida foi abreviada com "lb".

[12] Um libra equivalia a 20s ou a 240d.

Finalmente, cabe dizer que, se este livro é fundamental para a compreensão e gênese da obra marxiana, especialmente considerando todo o entulho histórico que dela foi removido desde sua publicação original, há quase 40 anos, essa não é sua única virtude. Ele também oferece grandes possibilidades para se pensar diversas questões contemporâneas, notadamente o progresso técnico e seu vínculo com o capitalismo, a perda permanente de valor das coisas, a queda de lucratividade do capital, que busca incessantemente extrair mais-valor sem trabalho e tem de descobrir sua barreira intransponível: mesmo subsumido ao capital, o trabalho continua a ser a fonte da riqueza material, mesmo quando parece ter desaparecido, relegado a função secundária diante do mundo pujante do capital e suas mercadorias.

Página 1 do manuscrito, Caderno I.

I) O processo de produção do capital

1) Transformação do dinheiro em capital

a) D-M-D. Forma mais geral do capital

Como o dinheiro se torna capital? ou como o possuidor de dinheiro (isto é, o *possuidor de mercadorias*) se torna capitalista?

Consideremos inicialmente a forma D-M-D (troca de dinheiro por mercadoria), isto é, *comprar* para trocar novamente as mercadorias por dinheiro, i. e., isto é, para *vender*. Já foi registrado que, na forma da circulação M-D-M, os extremos M, M, embora sejam iguais grandezas de valor, são qualitativamente diferentes; por isso, ocorre nessa forma real metabolismo (diferentes valores de uso são trocados uns pelos outros). Portanto, o resultado M-M – troca de mercadoria por mercadoria, de fato, troca de valores de uso um pelo outro – tem uma finalid0e evidente. Na forma D-M-D (comprar para vender), ao contrário, os dois extremos D, D são qualitativamente *os mesmos*: dinheiro. Quando, porém, troco D (dinheiro) por M (mercadoria), para de novo trocar a mercadoria (M) por dinheiro (D), quando, portanto, compro para vender, então o resultado é que troquei dinheiro por dinheiro. Em verdade, a circulação D-M-D (comprar para vender) se decompõe nos seguintes atos. Em primeiro lugar, *D-M*, troca de dinheiro por mercadoria, compra; em segundo lugar, *M-D*, troca de mercadoria por dinheiro, venda; e a unidade desses dois atos, ou a interpenetração dos dois estágios, é D-M-D, troca de dinheiro por mercadoria, para novamente trocar mercadoria por dinheiro, comprar para vender. O resultado do processo, no entanto, é D-D, troca de dinheiro por dinheiro. Se compro algodão por 100 táleres e o revendo por cem táleres, então no fim do processo eu tenho 100 táleres, tal como no começo; o movimento inteiro consiste em que eu gaste 100 táleres na compra e recupere 100 táleres na venda. Portanto, o resultado é D-D, que eu de fato tenha trocado 100 táleres por 100 táleres. Mas tal operação parece despropositada e absurda.[1] No final do processo, como em seu começo, tenho dinheiro, qualitativamente a mesma mercadoria, quantitativamente a mesma grandeza de valor. O ponto de partida e o ponto final do processo (do movimento) é dinheiro. A mesma pessoa gasta o dinheiro como comprador para obtê-lo de volta como vendedor. O ponto de onde o dinheiro parte nesse movimento é o mesmo para onde retorna. Já que em D-M-D, no processo da compra para novamente vender, os extremos D, D são *qualitativamente* os mesmos, então esse processo só pode ganhar um conteúdo e uma finalidade se os extremos forem *quantitativamente* diferentes. Se comprei algodão por 100 táleres e vendi o mesmo algodão por 110 táleres, então eu troquei, na verdade, 100 táleres por 110, ou comprei 110 táleres com 100. A forma de circulação D-M-D, comprar para vender, adquire um conteúdo, portanto, porque os extremos D, D, embora sejam qualitativamente a mesma coisa: dinheiro, são quantitativamente diferentes, na medida em que o segundo D apresenta uma grandeza de valor mais alta, uma quantia de valor maior do que o primeiro. Mercadorias são compradas para ser vendidas mais caro, ou, em outras palavras, compra-se mais barato do que se vende.

Consideremos inicialmente a forma D-M-D (comprar para vender) e a comparemos com a forma de circulação M-D-M (vender para comprar), anteriormente considerada. Em primeiro lugar, a circulação D-M-D, assim como a M-D-M, decompõe-se em dois atos de troca distintos, dos quais ela é a unidade. A saber, D-M, troca de dinheiro por mercadoria ou compra. Nesse ato de troca, um comprador e um vendedor se confrontam. Em segundo lugar, M-D, venda, troca de mercadoria por dinheiro. Nesse ato também se confrontam duas pessoas: comprador e vendedor. O comprador compra de um e vende a outro. O comprador, de quem o movimento parte, percorre os dois atos. Primeiro ele compra, depois ele vende. Ou o seu dinheiro percorre ambos os estágios. Ele aparece como ponto de partida no primeiro estágio e como resultado no segundo. Ao contrário, as duas pessoas com as quais ele troca realizam cada uma um ato de troca apenas. Uma vende

---

[1] Isso está plenamente correto. Seja de que modo for, a forma se encontra presente (e o fim é aí, portanto, indiferente). Por exemplo, um comprador pode não estar na condição de vender a mercadoria mais caro do que a comprou. Ele pode ser forçado a vendê-la mais barato do que a comprou. Nos dois casos, o resultado da operação contradiz sua finalidade. Isso não impede, no entanto, que ela tenha, em comum com a operação adequada a seu fim, a forma D-M-D. (Nota do autor)

mercadoria – com quem ele troca primeiro. A outra compra a mercadoria, com quem ele troca por último. A mercadoria que um vende e o dinheiro com o qual o outro compra não percorrem, assim, as duas fases opostas da circulação, senão que cada um completa apenas um ato. Esses dois atos unilaterais de venda e de compra que essas duas pessoas realizam não nos apresentam qualquer fenômeno novo, mas sim o processo completo que percorre o comprador, de quem o processo parte. Consideremos, ao contrário, o movimento completo que percorre o comprador, que novamente vende, ou que percorre o dinheiro com o qual ele inicia a operação.

D-M-D. O ponto de partida é dinheiro, a forma transformada da mercadoria, na qual ela sempre é permutável, na qual o trabalho nela contido possui a forma do trabalho social geral, ou na qual ela é *valor de troca autonomizado*. O ponto de partida dessa forma de circulação, desse movimento já é ele mesmo um produto da circulação de mercadorias ou provém da circulação, pois somente na circulação e por meio da circulação a mercadoria obtém a forma de dinheiro, transforma-se em dinheiro ou desenvolve seu valor de troca, as formas autônomas determinadas que se apresentam como diferentes determinações formais do dinheiro. Em segundo lugar, o valor assim proveniente da circulação e autonomizado na forma do dinheiro entra novamente na circulação, torna-se mercadoria, mas novamente retorna da forma de mercadoria à sua forma de dinheiro, quando, porém, sua grandeza de valor já aumentou.

O dinheiro que percorre esse movimento é *capital*, ou o valor autonomizado em dinheiro que percorre esse processo é a forma na qual o capital inicialmente se apresenta ou aparece.

Podemos traduzir a forma D-M-D como segue: valor autonomizado em dinheiro (quando empregamos a palavra *valor* sem designação mais precisa, sempre entender com isso *valor de troca*), portanto valor proveniente da circulação, que volta à circulação, nela se conserva e novamente dela retorna multiplicado (dela retorna como grandeza de valor maior). Na medida em que o dinheiro sempre descreve esse circuito, ele é valor que provém da circulação, que nela entra novamente, nela se perpetua (conserva) e se multiplica.

No primeiro estágio do processo, o dinheiro se torna mercadoria; no segundo, a mercadoria se torna dinheiro novamente. O extremo de onde o processo parte, dinheiro – ele mesmo já uma forma da mercadoria que é originada da circulação, na qual ela se autonomizou em sua determinação como valor de troca – o ponto de partida é ao mesmo tempo o ponto de retorno. Portanto, o valor se conserva no processo que percorre e, ao final dele, retorna novamente à sua forma autônoma. Ao mesmo tempo, porém, o resultado do movimento é que, enquanto ele não modificou em nada essa forma (do valor) dinheiro de ser, a grandeza do valor aumentou. Por isso, nesse movimento o valor se conserva não apenas como valor, mas ao mesmo tempo cresce, multiplica-se, aumenta como grandeza de valor. ("Capital... valor permanente, que se multiplica." *Sism.* Nouv. Princ. Etc. T. I. p. 89).[2]

Em D-M-D, o valor de troca aparece tanto como pressuposto quanto como resultado da circulação.

O valor (dinheiro) autonomizado e resultante da circulação como valor de troca adequado (dinheiro), mas que entra novamente na circulação, que nela e por meio dela se conserva e se multiplica (aumenta), esse valor é *capital*.

Em D-M-D, o valor de troca se torna conteúdo e fim mesmo da circulação. Em vender para comprar, a finalidade é o valor de uso; em comprar para vender, a finalidade é o próprio valor.

Há duas coisas a destacar aqui. Em primeiro lugar, D-M-D é *valor em processo*, o valor de troca como um processo, que percorre diversos atos de troca ou estágios de circulação e, ao mesmo tempo, domina todos eles. *Em segundo lugar*: nesse processo, o valor não apenas se conserva, mas aumenta sua grandeza de valor, multiplica-se, aumenta ou cria nesse movimento um *mais-valor*. Portanto, ele é valor que não só se conserva, mas que se *valoriza*, *valor que põe valor*.

Em primeiro lugar: consideremos inicialmente D-M-D segundo sua forma, abstraída a circunstância de que o segundo D é maior grandeza de valor que o primeiro D. O valor existe primeiro como dinheiro, em seguida como mercadoria, então novamente como dinheiro. Ele se conserva na alternância dessas formas e delas retorna para a sua forma original. Ele percorre mudanças de forma nas quais, no entanto, ele se conserva e, por isso, aparece como seu sujeito. A alternância dessas formas aparece, assim, como seu próprio processo, ou o valor, como ele aqui se expressa, é valor em processo, sujeito de um processo. Dinheiro e mercadoria aparecem cada um apenas como formas de existência particulares do valor, que se conserva ao passar de um à outra, e sempre retorna a si em sua forma autonomizada como dinheiro. Dinheiro e mercadoria aparecem então como as formas de existência do valor em processo ou do capital. Donde as explicações sobre

---

[2] Citação extraída do *Caderno de citações* (*Citatenheft*), p. 22. Muitas das citações do texto foram apenas indicadas por Marx, em referência a algum de seus cadernos de citações, redigidos nos anos anteriores, além dos cadernos que compõem os *Grundrisse*. As citações foram incluídas no texto pelo editor alemão. (N.T.).

o capital. Por um lado, aquela de Sismondi, dada acima. Capital é valor que se conserva. "Não é a matéria que faz o capital, mas o valor dessa matéria."[3] (*J. B. Say*. Traité de l'économie politique. 3 éd., Paris, 1817, t. II, p. 429). Por outro lado, quando não é concebido como o todo do movimento, mas em cada uma de suas formas de existência – nas quais ele existe a cada vez: capital é dinheiro, capital é mercadoria. "Capital são mercadorias."[4] (*J. Mill. Elements of Polit. Econ.* Lond., 1821, p. 74). "*Moeda* empregada em propósitos produtivos é *capital*."[5] (*McLeod:* The Theory and Practice of Banking etc., London, 1855, t. I, capítulo I.)

Na forma de circulação M-D-M, a mercadoria passa por duas metamorfoses cujo resultado é que ela permanece como valor de uso. É a mercadoria – como unidade de valor de uso e valor de troca, ou como valor de uso do qual o valor de troca é mera forma, forma que desaparece – que percorre esse processo. Na forma D-M-D, porém, dinheiro e mercadoria aparecem apenas como diferentes formas de existência do valor de troca, que uma vez aparece em sua forma geral como dinheiro, outra vez aparece em sua forma particular como mercadoria, ao mesmo tempo como aquilo que domina e se afirma em ambas as formas. Dinheiro é em si e para si a forma de existência autonomizada do valor de troca, mas também a mercadoria aparece aqui somente como veículo de sua incorporação.

Compreende-se muito bem que, se existem classes que não participam da produção de mercadorias e que, todavia, possuem mercadoria ou dinheiro, que é apenas forma da mercadoria, essas classes participam sem troca na posse das mercadorias, por meio de título jurídico ou de força, que aqui não nos cabe explicar. O possuidor de mercadorias ou produtor – por ora podemos conceber o possuidor de mercadorias somente como produtor de mercadorias – deve ceder a essas classes uma parte de suas mercadorias ou uma parte do dinheiro que recebe pela venda de suas mercadorias. Por meio desse dinheiro, pelo qual elas não deram qualquer equivalente, elas seriam então consumidores, compradores, sem nunca ter sido vendedores. Mas esses compradores só devem ser entendidos como tendo parte nas mercadorias (como coproprietários) do vendedor, mercadorias que eles recebem por meio de um processo que aqui não explicamos. Quando, portanto, compram

---

[3] "Ce n'est pas la matière qui fait le capital, mais la valeur de cette matière." (*Citatenheft*, p. 22.) (Nota da edição original).

[4] "Capital is commodities." Sublinhado por Marx. (Nota da edição original).

[5] "*Currency* employed to productive purposes is *capital*." (*Citatenheft*, p. 78.) (Nota da edição original).

mercadorias, eles restituem aos possuidores de mercadorias e produtores apenas uma parte das mercadorias em troca de outras mercadorias, as quais eles, sem troca, deles receberam. É bastante compreensível que, se todos os produtores de mercadorias vendem suas mercadorias acima de seu valor, eles recebam de volta desses compradores mais do que lhes deram, mas eles só recebem mais do que uma quantia de valor que lhes pertencia originalmente. Se alguém me rouba 100 táleres e eu lhe vendo por 100 táleres uma mercadoria que vale apenas 90, então eu obtenho um lucro de 10 em relação a ele. Esse é um método de retomar desses compradores, que são consumidores sem serem produtores, pela via do comércio, uma parte dos 100 táleres que me pertenciam originalmente. Se ele anualmente me toma 100 táleres e eu, também anualmente, vendo-lhe por 100 táleres mercadorias que valem 90, então eu ganho dele 10 táleres por ano, mas apenas porque eu perco para ele 100 táleres anualmente. Se esse seu ato de surrupiar 100 táleres é uma instituição, então o comércio que dele se segue é um meio de revogar essa instituição em parte, no caso presente, uma parte de $1/10$. Dessa maneira, no entanto, não se gera qualquer mais-valor, e a extensão na qual esse comprador pode ser enganado por mim, quer dizer, o número de transações em que eu posso lhe vender mercadoria de 90 táleres por 100 depende exatamente do número de atos em que ele pode tomar 100 táleres de mim sem dar qualquer equivalente. É, portanto, uma transação a partir da qual não se pode explicar o capital, o valor que se conserva e aumenta na circulação, e menos ainda o mais-valor do capital. Porém, que não apenas Torrens, mas mesmo *Malthus* dê tal salto, é algo que lhe é reprovado pelos ricardianos com indignação moral. Malthus pensa especialmente – e isso é correto sob certos pressupostos – que os rendimentos dos meros *consumers*,[6] meros compradores têm de ser aumentados para que os produtores possam deles obter lucro, para que a produção seja encorajada. "O entusiasmo por 'encorajar consumo', que se supõe necessário para o comércio em geral, origina-se de sua utilidade real com respeito aos vendedores de um ramo particular(p. 60). 'O que nós queremos são pessoas que comprem nossas mercadorias'... Porém, eles não têm nada no mundo para lhes dar por suas mercadorias, senão o que vocês lhes dão antes. Nenhuma propriedade pode ser gerada em suas mãos; ela tem de vir da sua. Proprietários de terras, servidores públicos, acionistas, serviçais, sejam o que forem, todos os meios deles de comprar suas mercadorias foram um dia os seus meios, que vocês

---

[6] Consumidores.

cederam a eles (p. [61]-2).⁷ O objetivo de vender suas mercadorias é obter uma certa quantia de dinheiro; de nada vale separar-se dessa quantia por nada, dando-a a outrem para que possa devolvê-la e comprar suas mercadorias com ela: você poderia igualmente queimar seus bens de uma vez e estaria na mesma situação"(p. 63). (An Inquiry into those Principles respecting the Nature of Demand and the Necessity of Consumption, lately advocated by Mr. Malthus etc. London, 1821.)⁸

"O Sr. Malthus às vezes fala como se houvesse dois fundos distintos, capital e rendimento, oferta e demanda, produção e consumo, que devem tratar de acompanhar um ao outro, e nenhum deve afastar-se do outro. Como se, além de toda a massa de mercadorias produzidas, fosse necessária uma outra massa, caída do céu, para, eu suponho, comprá-las... O fundo de consumo, tal como ele necessita, só pode ser obtido às expensas da produção" (*loc. cit.*, p. 49-50). "Quando um homem necessita de *demanda*, recomenda-lhe o Sr. Malthus que ele pague alguém para lhe tomar suas mercadorias?" (p. 55).⁹,¹⁰

É certo que, na forma de circulação M-D-M, considerada como metamorfose completa da mercadoria, existe também o valor, primeiro como preço da mercadoria, depois no dinheiro como preço realizado, enfim novamente no preço da mercadoria (ou, em geral, em seu valor de troca.); mas ele só aparece aqui como algo evanescente. A mercadoria trocada mediante o dinheiro se torna valor de uso; o valor de troca desaparece como forma indiferente da mercadoria e esta forma é totalmente excluída da circulação.

---

⁷ A parte relativa às páginas 61 e 62 se encontra no *Citatenheft*, p. 87. (Nota da edição original)

⁸ "The zeal for 'encouraging consumption', as supposed necessary for trade in general, springs from the real usefulness of it with regard to the venders of a particular trade. (60) 'What we want is people Who buy our goods'... But they have nothing in the world to give you for your goods, but what you gave them first. No property can originate in their hands; it must have come from your's. Landlords, placemen, stockholders, servants, be they what they may, their whole means of buying your goods was once your means, and you gave it up to them. (p. [61], 62) The object of selling your goods is to make a certain amount of money; it never can answer to part with that amount of money for nothing, to another person, that he may bring it back to you, and buy your goods with it: you might as well have Just burnt your goods at once, and you would have been in the same situation."

⁹ "Mr. Malthus sometimes talks as if there were two distinct funds, capital and revenue, supply and demand, production and consumption, which must take care to keep pace with each other, and neither outrun the other. As if, besides the whole mass of commodities produced, there was required another mass, fallen from Heaven, I suppose, to purchase them with... The fund for consumption, such as he requires, can only be ad at the expense of production." (l. c. 49, 50) "When a man is in want of *demand*, does Mr. Malthus recommend him to pay some other person to take off his goods?" (55).

¹⁰ Este parágrafo e o anterior foram redigidos à frente, nas páginas 16 e 17 do manuscrito. (Nota da edição original).

Na circulação simples de mercadorias – M-D-M – o dinheiro sempre aparece em todas as suas formas somente como resultado da circulação. Em D-M-D, ele aparece tanto como ponto de partida quanto como resultado da circulação, de tal modo que o valor de troca não é, como na primeira forma de circulação, mera forma evanescente da circulação de mercadorias – forma da mercadoria mesma que se constitui e volta a desaparecer no interior da troca das mercadorias. Ele é antes a finalidade, o conteúdo e a alma motora da circulação.

O ponto de partida dessa circulação é o dinheiro, valor de troca autonomizado. Historicamente, também a formação do capital tem como ponto de partida, em todo lugar, a riqueza em dinheiro, e a primeira concepção do capital é de que ele é dinheiro, mas dinheiro que passa por certos processos.

A forma de circulação D-M-D – ou o dinheiro em processo, o valor que se valoriza – parte do dinheiro, o produto da circulação simples M-D-M. Por conseguinte, pressupõe-se não apenas a circulação de mercadorias, mas também uma circulação de mercadorias que já tenha desenvolvido todas as formas do dinheiro. Somente onde já se desenvolveu a circulação de mercadorias – a troca dos produtos como mercadorias e a autonomização do valor de troca no dinheiro e suas diferentes formas – é possível, então, a formação de capital. Para realizar o processo em que o valor de troca aparece como ponto de partida e como resultado, ele já deve ter alcançado antes sua configuração abstrata e autônoma no dinheiro.

O primeiro ato da forma D-M-D, quer dizer, D-M, a compra, é o último ato da forma M-D-M, ou seja, D-M também. Porém, no último ato, a mercadoria é vendida, o dinheiro é transformado em mercadoria a fim de consumir a mercadoria como valor de troca. O dinheiro é *gasto*. Ao contrário, em D-M, como primeiro estágio de D-M-D, o dinheiro só é transformado em mercadoria, trocado com mercadoria, para novamente se transformar em dinheiro, para recuperar o dinheiro, retirá-lo novamente da circulação por meio da mercadoria. Por conseguinte, o dinheiro só aparece gasto para retornar, somente é lançado na circulação para ser dela novamente retirado por meio da mercadoria. Portanto, ele é apenas *adiantado*. "Quando uma coisa é comprada para ser vendida de novo, a soma empregada é chamada dinheiro *adiantado*; quando é comprada não para ser vendida, pode-se dizer dinheiro *gasto*" (*James Steuart*. Works etc., ed. by General Sir James Steuart, his son etc., v. 1, p. 274. London, 1805).[11]

---

[11] "When a thing is bought, in order to be sold again, the sum employed is called money *advanced*; when it is bought not to be sold, it may be said to be *expended*."

Se considerarmos a forma M-D-M, então, em seu primeiro ato, M-D, a mercadoria aparece como mera materialização do valor de troca (portanto, como mero meio de troca) para o vendedor. Seu valor de uso é valor de uso como tal não para ele mesmo, o vendedor, mas para um terceiro, o comprador. Assim, o vendedor vende e transforma a mercadoria em dinheiro, para comprar a mercadoria que, para ele próprio, é valor de uso. O preço da mercadoria que o comprador só tem valor para ele na proporção em que determina a medida – a medida do valor de uso – que ele obtém para seu dinheiro. *Na compra*, portanto, o valor de troca da mercadoria aparece apenas como sua forma evanescente, assim como a autonomização desse valor de troca no dinheiro aparece apenas como uma autonomização evanescente. Aqui, ao contrário, em D-M-D, onde a compra, em lugar do segundo, representa antes o primeiro ato da circulação ou o processo de troca, a mercadoria na qual se transforma o dinheiro é também apenas materialização do valor de troca para o comprador, por assim dizer, apenas uma forma disfarçada do dinheiro. D e M aparecem aqui somente como formas particulares, modos de existência do valor de troca, que passa alternativamente de um ao outro; o dinheiro como a forma geral, a mercadoria como uma forma particular do valor de troca. O valor de troca não se perde na passagem de um modo de existência ao outro, mas muda apenas sua forma e, por conseguinte, sempre volta a si em sua forma geral. Ele aparece como o que prevalece sobre seus dois modos de existência, dinheiro e mercadoria, e, precisamente por isso, como sujeito do processo em que ele se apresenta ora como mercadoria, ora como dinheiro e, por conseguinte, como *dinheiro em processo* ou *valor em processo*.

Em segundo lugar: entretanto, como já foi observado, D-M-D seria um movimento sem conteúdo se os extremos D, D, que são qualitativamente iguais, não fossem quantitativamente diferentes, se nesse processo, portanto, fosse lançada certa quantia de valor como dinheiro na circulação, para dela retirar novamente a mesma soma de valor na forma de dinheiro e, assim, por meio de um ato de troca duplo e oposto, deixar tudo como antes, tal como no ponto de partida do movimento. O que é característico do processo consiste, antes, em que os extremos D, D, embora sejam qualitativamente iguais, são quantitativamente diferentes, assim como a diferença quantitativa, em geral, é a única da qual o valor de troca como tal – e no dinheiro ele existe como tal – é capaz segundo sua natureza. Por meio dos dois atos de compra e venda, da transformação do dinheiro em mercadoria e da transformação da mercadoria novamente em dinheiro, ao fim do processo sai de circulação mais dinheiro, uma quantia aumentada de dinheiro, portanto um valor multiplicado em relação ao valor que foi lançado na circulação no início. Se, por exemplo, o dinheiro fosse originalmente 100 táleres, no final do processo ele seria 110 táleres. Portanto, o valor não apenas se conservou, mas pôs um novo valor no interior da circulação ou, como o chamaremos, *mais-valor* (*surplus value*). O valor produziu valor. Ou o valor nos aparece aqui, pela primeira vez, como valor que *valoriza a si mesmo*. De tal forma que o valor, como aparece no movimento D-M-D, é valor proveniente da circulação, valor que nela ingressa, nela se conserva e *valoriza* a si mesmo, pondo mais-valor. Como tal, ele é *capital*.

No entesouramento, que se poderia aqui recordar, o valor não se valoriza. A mercadoria é transformada em dinheiro, é vendida e, sob essa forma, retirada da circulação, posta de lado. A mesma grandeza de valor que existia antes, na forma de mercadoria, existe agora na forma de dinheiro. A mercadoria não aumentou sua grandeza de valor; ela apenas assumiu a forma geral do valor de troca, a forma dinheiro. Foi uma mera mudança qualitativa, não quantitativa.

Aqui, porém, a mercadoria já está previamente colocada na forma de dinheiro, como ponto de partida do processo. Ela abandona essa forma apenas por um momento, para finalmente retomá-la como grandeza de valor aumentada. O dinheiro que, em contraste, é retido como tesouro em sua forma de valor de troca autonomizado, *valoriza*-se tão pouco que é, antes, retirado da circulação. Seu poder de agir como valor de troca é retido *in petto*[12] para o futuro, mas suspenso momentaneamente. Não apenas a sua grandeza de valor permanece inalterada, mas também ele perde sua função, sua qualidade como valor de troca – enquanto permanece como tesouro – na medida em que não funciona como dinheiro, nem como meio de compra, tampouco como meio de pagamento. Além disso, como o tesouro não tem nenhum valor de troca imediato como dinheiro, ele perdeu ainda, com isso, o valor de uso que possuía enquanto mercadoria e que só pode readquirir tão logo atue como dinheiro, tão logo seja lançado na circulação e, com isso, abandone seu caráter como existência do valor de troca. A única coisa que ocorre no entesouramento é que se confere à mercadoria a forma de dinheiro, a forma adequada do valor de troca, em razão de a mercadoria tem sido vendida por seu preço. No entanto, em lugar de uma valorização – quer dizer, um aumento do valor original – não ocorre absolutamente nenhuma

---

[12] No peito: em segredo.

utilização do dinheiro fixado como tesouro, que tem valor apenas como possibilidade, mas que é, na realidade, sem valor. Portanto, essa relação do valor que se valoriza ou capital nada tem em comum com o entesouramento, salvo que ambos dizem respeito ao valor de troca, mas o último é um meio ilusório empregado para aumentá-lo.

Na forma M-D-M, vender para comprar, em que o valor de uso e, portanto, a satisfação das necessidades é o fim último, não se encontra imediatamente na forma mesma a condição de sua renovação, depois de transcorrido o processo. Por meio do dinheiro, a mercadoria foi trocada por outra mercadoria que, agora como valor de uso, sai do mercado. Com isso, o movimento está no fim. Ao contrário, na forma D-M-D, já está contido na simples forma de seu movimento que não há fim do movimento, que seu fim já compreende o princípio e o impulso de sua renovação. Pois como o dinheiro – a riqueza abstrata, o valor de troca – é o ponto de partida do movimento, e a sua multiplicação é a finalidade – pois o resultado e o ponto de partida são qualitativamente a mesma coisa, a saber, uma quantia de dinheiro ou de valor na qual, tal como no início do processo, sua limitação quantitativa reaparece como barreira a seu conceito universal –, pois o valor de troca ou o dinheiro corresponde tanto mais a seu conceito quanto mais sua quantidade é aumentada – (o dinheiro como tal é intercambiável com todas as riquezas, todas as mercadorias, mas a medida em que ele é intercambiável depende de sua própria medida ou grandeza de valor) – a autovalorização permanece atividade necessária tanto para o dinheiro que sai do processo, quanto para aquele que o inaugurou – assim, com o fim do movimento, também já está dado o princípio de seu recomeço. Ele chega novamente ao fim como aquilo que era no início, como pressuposto do mesmo movimento sob a mesma forma. Isso é o que esse movimento tem em comum com o entesouramento: essa absoluta pulsão de enriquecimento, de apoderar-se da riqueza em sua forma geral.

{Neste ponto, há de examinar com detalhe a exposição de Aristóteles, Rep. 1. I cap. 9}[13]

É o possuidor de dinheiro (ou possuidor de mercadorias, pois o dinheiro é somente a forma transformada da mercadoria) que faz com que seu dinheiro ou o valor possuído sob a forma de dinheiro percorra o processo D-M-D.

---

[13] No capítulo mencionado, Aristóteles trata da relação entre a econômica e a crematística. Marx cita essa passagem na *Contribuição à crítica da economia política* e no livro I de *O capital*. Suas anotações se encontram no *Caderno VII*, Londres, 1859-62, p. 238-41. (Nota da edição original).

Esse movimento é o conteúdo de sua atividade, por isso aparece apenas como personificação do assim definido capital, como *capitalista*. Sua pessoa é o ponto de partida de D (ou melhor, é o seu bolso), e também seu ponto de retorno. Ele é o portador consciente desse processo. Como o resultado do processo é a conservação e o aumento do valor – autovalorização do valor –, aquilo que é o conteúdo do movimento nele aparece como fim consciente. *O aumento do valor por ele possuído* aparece, portanto, como seu próprio fim, como apropriação sempre crescente da riqueza em sua forma geral, a forma do *valor de troca*, e ele só é capitalista ou sujeito consciente do movimento D-M-D na medida em que isso aparece como seu único motivo impulsor. O valor de uso, portanto, nunca deve ser considerado como seu fim direto, mas apenas o valor de troca. A necessidade que o valor de troca satisfaz é aquela do enriquecimento como tal. De resto, é evidente que ele aumenta permanentemente seu comando sobre a riqueza real, o mundo dos valores de uso. Pois seja sempre qual for a produtividade do trabalho, um valor de troca maior sempre se representa, num dado grau da produção, numa massa maior de valores de uso do que um valor de troca menor.

b) *Dificuldades provenientes da natureza do valor etc.*

Consideramos, inicialmente, o capital na forma em que ele se apresenta ou aparece imediatamente à observação. Todavia, poderá ser mostrado facilmente que a forma D-M-D – o valor que entra novamente na circulação, nela se conserva e valoriza – parece absolutamente incompatível com a natureza do dinheiro, da mercadoria, do valor e da própria circulação.

A circulação, onde a mercadoria é apresentada ora como mercadoria, ora como dinheiro, mostra uma mudança de forma dessa mercadoria; modifica-se o modo como o seu valor de troca se apresenta, mas esse valor de troca permanece inalterado. Sua grandeza de valor não se modifica, não é afetada por essa mudança de forma. Numa dada mercadoria, por exemplo, numa tonelada de ferro, seu valor de troca é o tempo de trabalho nela contido, expresso (representado) em seu preço, digamos 3 £. Se agora ela é vendida, então ela se transforma em 3 £, na quantidade de dinheiro indicada por seu preço, que contém a mesma quantidade de tempo de trabalho. Agora ela já não existe mais como mercadoria, mas como dinheiro, como valor de troca autônomo. Tanto numa forma quanto noutra, a grandeza de valor permanece inalterada. Modificou-se apenas a forma sob a qual o mesmo valor de troca existe. A mudança de forma da mercadoria, que constitui a circulação, os atos de comprar e vender, isso tudo não guarda em si e para si nenhuma relação com a grandeza de valor da mercadoria, que é, antes, pressuposta à circulação como algo dado. A forma dinheiro é apenas outra forma da mercadoria mesma, em cujo valor de troca nada é modificado além do fato de que agora ele aparece em sua forma autônoma.

Na circulação M-D-M (vender para comprar), no entanto, confrontam-se apenas possuidores de mercadorias, dos quais um possui a mercadoria em sua forma original, o outro em sua forma transformada, como dinheiro. Assim como M-D-M, também a circulação D-M-D contém apenas os dois atos de venda e de compra. Uma tem início com a venda e se encerra com a compra; outra tem início com a compra e se encerra com a venda. Basta considerar cada um dos dois atos de troca em si mesmos para ver que a ordem de sua sucessão em nada altera a natureza de ambos. No primeiro ato D-M, o que chamamos capital existe apenas como dinheiro; no segundo, M-D, apenas como mercadoria, de modo que, em ambos os atos, pode-se ter apenas a ação de dinheiro e mercadoria. Em um, ele se confronta com o outro possuidor de mercadorias como comprador, possuidor de dinheiro; no outro, como vendedor, possuidor de mercadorias. Suponha-se que, por qualquer circunstância inexplicada, seja dada aos compradores a possibilidade de comprar mais barato, quer dizer, comprar as mercadorias abaixo de seu valor e vendê-las pelo seu valor ou acima de seu valor, ora, é certo que, no primeiro ato (em D-M), nosso homem é um comprador, de modo que ele compraria a mercadoria abaixo de seu valor. Acontece que, no segundo ato, ele é vendedor (M-D), e outro possuidor de mercadorias confronta-se com ele como comprador; este teria, então, novamente o privilégio de adquirir de nosso homem a mercadoria abaixo de seu valor. O que ele teria ganhado com uma mão, teria perdido com a outra. Por outro lado, suponha-se que ele vende a mercadoria acima de seu valor, o que é privilégio da venda. Então, é preciso supor que havia, no primeiro ato, antes de ele mesmo adquirir a mercadoria para novamente vendê-la, outro vendedor defronte a ele, que também lhe vendeu mais caro a mercadoria. Se todos vendem a mercadoria, por exemplo, 10% mais cara – quer dizer, 10% acima de seu valor – e lembremos que temos, aqui, somente possuidores de mercadorias um diante do outro, sendo indiferente se eles possuem suas mercadorias na forma de mercadoria ou na forma de dinheiro, pois eles acabarão por possuí-las numa ou noutra forma alternadamente – então daria absolutamente no mesmo se eles as vendessem uns aos outros por seu real valor. A mesma coisa ocorreria se todos comprassem as mercadorias, por exemplo, 10% abaixo de seu valor.

Observando-se o simples valor de uso das mercadorias, fica claro que ambas as partes podem ganhar por meio da troca. Nesse sentido, pode-se dizer que "a troca é uma transação em que os dois lados só ganham" (p. 68, *Destutt de Tacy, Elémens d'ideologie. Traité de la volonté e de sés effets* (bildet IV et V parties). Paris 1826, onde se lê: "A troca é uma transação admirável na qual os dois contratantes *sempre ganham* os dois"[14]). Na medida em que a circulação inteira é apenas um movimento de mediação para trocar mercadoria por mercadoria, cada um vende a mercadoria da qual não necessita como valor de uso e se apropria da mercadoria da qual necessita como valor de uso. Ambos ganham, portanto, nesse processo, e nele se engajam somente porque ambos ganham. E mais ainda: A, que vende ferro e compra cereais, produz talvez, em um dado tempo de trabalho, mais ferro do que o produtor de cereais B poderia produzir no mesmo tempo, e B, por sua vez, produz, no mesmo tempo de trabalho, mais cereais do que A poderia produzir. Assim, por meio da troca, mediada por dinheiro ou não, A obtém, pelo mesmo valor de troca, mais cereais, e B, também pelo mesmo valor de troca, mais ferro do que se a troca não ocorresse. Por isso, na medida em que os valores de uso ferro e cereais são considerados, ambos ganham por meio da troca. Também cada um dos atos da circulação, compra e venda, considerados em si mesmos, ganha quando o valor de troca é considerado. O vendedor, que transforma sua mercadoria em dinheiro, ganha com o fato de que somente agora ele a possui na forma intercambiável geral e somente então ela se torna meio de troca geral para ele. O comprador, que volta a transformar seu dinheiro em mercadoria, ganha com o fato de que ele converteu essa forma – requerida apenas para a circulação e inútil de outro modo – em um valor de uso para si. Não há a menor dificuldade em constatar que, na troca, cada um dos dois lados ganha, na medida em que se trata do valor de uso.

Com o valor de troca, no entanto, a coisa é totalmente outra. Aqui se lê o contrário: "Onde há igualdade, não há ganho." (p. 244. *Galiani: Della Moneta*, t. IV, Custodi. Autore etc. Parte Moderna... "Dove è eguaglità non è lucro").[15] É claro que, quando A e B trocam equivalentes, quando trocam iguais quantidades de valor de troca ou tempo de trabalho objetivado, seja na forma de dinheiro, seja na forma de mercadoria, ambos retiram da troca o mesmo valor de troca que nela colocaram. Se A vende sua mercadoria por seu valor, ele possui agora, na forma de dinheiro, a mesma quantidade (ou

---

[14] "L'échange est une transaction admirable dans laquelle les deux contractans *gagnent toujours* tous deux" (*Citatenheft*, p. 67). (Nota da edição original).

[15] *Citatenheft*, p. 18. (Nota da edição original).

um título da mesma quantidade, o que na prática é o mesmo para ele) de tempo de trabalho objetivado que ele possuía antes na forma da mercadoria, portanto, o mesmo valor de troca. Do mesmo modo, em sentido contrário, com B, que comprou a mercadoria com seu dinheiro. Ele possui, agora, o mesmo valor de troca na forma de mercadoria que ele possuía antes na forma de dinheiro. A soma dos dois valores de troca permaneceu a mesma, assim como o valor de troca que cada um dos dois possui. É impossível que A compre de B a mercadoria abaixo de seu valor e, assim, receba na mercadoria um valor de troca mais alto do que aquele que deu a B em dinheiro, enquanto B venda a mercadoria acima de seu [valor] e, assim, receba de A mais valor de troca na forma de dinheiro do que ele lhe deu na forma de mercadoria. ("A não pode obter de B mais cereal pela mesma quantidade de vestuário, enquanto B obtém de A mais vestuário pela mesma quantidade de cereal."[16]) (*A critical Dissertation on the Nature, Measures and Causes of Value* etc. London, 1825, [p. 65]) (O autor anônimo é Bailey.)

Que as mercadorias sejam trocadas *segundo seu valor* ou que sejam compradas e vendidas levando em consideração a forma particular da troca que ocorre no processo de circulação, isso apenas significa, em geral, que *equivalentes*, iguais grandezas de valor são trocadas, substituem uma à outra, isto é, que as mercadorias são trocadas numa relação em que seus valores de uso contêm a mesma grandeza de tempo de trabalho dispendido, que são a existência de quantidades iguais de trabalho.

É certamente possível que alguém perca o que outro ganha, de forma que ambos os que participam da troca troquem *não equivalentes*, que um retire da troca, portanto, um valor de troca mais alto do que colocou e, de fato, exatamente na proporção em que o outro retira da troca um valor de troca mais baixo do que nela colocou. Seja o valor de 100 *lb* de algodão igual a 100 s. Se A vende para B 150 *lb* de algodão a 100 s, então B ganhou 50 s, mas somente porque A perdeu 50 s.

Se 150 *lb* de algodão ao preço de 150 s (o preço é, aqui, apenas seu valor expresso, medido em dinheiro) são vendidas a 100 s, então a soma dos dois valores, tanto antes como depois da venda, é de 250 s. Com isso, a soma total do valor disponível na circulação não aumentou, *não se valorizou*, não pôs mais-valor, mas permaneceu inalterada. No interior da troca, ou por meio da venda, apenas ocorreu uma mudança na divisão do valor existente,

---

[16] "A cannot obtain from B more corn for the same quantity of cloth, at the same time that B obtains from A more cloth for the same quantity of corn."

a ela *pressuposto*, existente antes dela e dela independente; 50 s passaram de um lado a outro. Está claro, assim, que o logro que ocorre num lado ou noutro, seja no lado do comprador, seja no lado do vendedor, não aumenta a soma do valor de troca encontrado na circulação (exista ela na forma de mercadoria ou na forma de dinheiro), mas apenas altera (modifica) sua distribuição entre os diversos possuidores de mercadorias. Suponhamos, no exemplo mencionado, que A vende 150 *lb* de algodão, de valor 150 s, por 100 s a B, que vende a 150 s, para C. Então B ganha 50 s, ou parece que seu valor de 100 s pôs um de 150. De fato, porém, tanto antes como depois da transação, tem-se: 100 s em posse de A, 150 s em posse de B, mercadoria no valor de 150 s em posse de C. *Summa Summarum*[17]: 400 s. Originalmente, tinha-se: mercadoria no valor de 150 s em posse de A, 100 s em posse de B, 150 s em posse de C. *Summa Summarum*: 400 s. Não houve nenhuma alteração, a não ser aquela na distribuição dos 400 s entre A, B e C; 50 s passaram do bolso de A para o bolso de B, e A empobreceu exatamente na mesma medida em que B enriqueceu. O que vale para uma venda e uma compra vale igualmente para a soma integral de todas as vendas e compras; em suma, para a circulação total de todas as mercadorias, circulação que pode ocorrer entre todos os possuidores de mercadorias em qualquer período de tempo. O mais-valor, que um ou uma parcela dos possuidores de mercadorias retira da circulação ao lograr a outra parte é medido exatamente pelo menos-valor que os outros extraem da circulação. Alguns extraem mais valor da circulação do que colocaram somente porque e na medida em que outros extraem menos valor, sofrem uma dedução, uma redução em seu valor originalmente posto. Desse modo, a soma total do valor disponível não se alterou, mas apenas a sua distribuição. ("A troca que se faz de dois valores iguais não aumenta nem diminui a massa dos valores existentes na sociedade. A troca de dois valores desiguais... não muda em nada, também, a soma dos valores sociais, embora acrescente à fortuna de um aquilo que ela subtrai da fortuna de outro". J. B. Say, Traité d'Ec. Pol, 3ème éd, T. II, p. 443-444. Paris, 1817).[18] Se tomamos a totalidade dos capitalistas de um país e a soma total de compras e vendas entre eles, por exemplo, durante um ano, então temos de admitir que alguns podem realmente enganar os outros e, com isso, extrair mais valor da circulação do que nela colocaram;

---

[17] Total.

[18] "L'échange qui se fait de deux valeurs égales n'augmente ni ne diminue la masse des valeurs existantes dans la société. L'échange de deux valeurs inégales ... ne change rien non plus à la somme des valeurs sociales, bien qu'il ajoute à la fortune de l'un ce qu'il ôte de la fortune de l'autre."

acontece que, por meio dessa operação, o valor em circulação do capital não seria aumentado em absolutamente nada. Em outras palavras: a classe inteira dos capitalistas não pode enriquecer a si mesma como classe, não pode aumentar seu capital total nem produzir um mais-valor, simplesmente porque um ganha o que o outro perde. A classe inteira não pode lograr a si mesma. A soma do capital em circulação não pode ser aumentada visto que as partes singulares deste capital encontram-se diversamente distribuídas entre seus possuidores. Assim, por meio de tais operações, tão múltiplas quanto se possa pensar, não se produz nenhum aumento da soma total de valor, nenhum valor novo, nenhum mais-valor ou ganho do capital total encontrado na circulação.

Que se troquem *equivalentes* significa apenas, na verdade, que as mercadorias se trocam por seu valor de troca, que por seu valor de troca elas são compradas, vendidas e novamente compradas. "Equivalente é, na verdade, o valor de troca de uma mercadoria expresso no valor de uso de outra mercadoria" (I, p. 15).[19] Mas, quando o intercâmbio se desenvolveu sob a forma da circulação, a mercadoria passou a apresentar em preços seu valor de troca expresso em dinheiro (a matéria da mercadoria que serve como medida de valor e, com isso, como dinheiro.). Seu preço é seu valor de troca expresso em dinheiro. Portanto, que ela se venda por um equivalente em dinheiro significa apenas que ela se vende por seu preço, quer dizer, por seu valor. E igualmente na compra, significa que o dinheiro compra a mercadoria por seu preço, quer dizer, por uma quantia igual de dinheiro. O *pressuposto* de que mercadorias se trocam por *equivalentes* é o mesmo de que elas se trocam por seu valor, de que são compradas e vendidas por seu valor.

Disso seguem duas consequências.

Primeiro. Se as mercadorias são compradas e vendidas *a seu valor*, então *equivalentes* são trocados. O valor, que é lançado por determinada mão na circulação, volta novamente à mesma mão. Ele não aumenta, portanto não é afetado em absoluto por meio do ato de troca. O capital – isto é, o valor que se valoriza, quer dizer, que aumenta, que põe mais-valor na e por meio da circulação – seria, desse modo, impossível, já que as mercadorias são compradas e vendidas a seu valor.

Segundo. Mas se as mercadorias são vendidas ou compradas não a seu valor, então isso só é possível porque – não equivalentes só podem ser trocados quando um lado engana o outro, quer dizer, quando, na troca, um

---

[19] Referência a *Para a crítica da Economia Política*, de 1859. (Nota da edição original).

recebe a mais do que o valor que empregou exatamente aquilo que o outro recebe a menos do que o valor que empregou. Com isso, porém, a soma do valor trocado permanece inalterada, de modo que nenhum novo valor é criado por meio da troca. A possui 100 *lb* de algodão ao valor de 100 s e B o compra por 50 s. B ganhou 50 s porque A perdeu 50 s. A soma de valor era de 150 s antes da troca. Ela é a mesma depois da troca. Apenas que B possuía $1/3$ dessa soma antes da troca e possui $2/3$ depois dela. Porém A, que possuía $2/3$ antes da troca, possui apenas $1/3$ depois dela. Deu-se, portanto, somente uma mudança na divisão da quantia de valor de 150 s. Ela mesma permaneceu inalterada.

Por conseguinte, o capital, valor que se valoriza, como uma forma geral da riqueza, seria tão impossível como no primeiro caso, já que o valor que se valoriza de um lado corresponde ao valor que se diminui do outro; desse modo, o valor como tal não aumenta a si mesmo. Um valor só aumentaria a si na circulação à medida que o outro diminuiria a si, ou nem mesmo se conservaria na circulação.

Está claro, portanto, que a troca em si e para [si], seja na forma do escambo imediato, seja na forma da circulação, deixa inalterado o valor nela lançado e não acrescenta valor. "A troca não confere valor em absoluto aos produtos" (p. 169. *Wayland F, The Elements of Polit. Economy.* Boston, 1843).[20]

No entanto, encontra-se ainda em renomados economistas modernos o disparate de explicar o mais-valor em geral com base no fato de que se vende mais caro do que se compra. Assim, por exemplo, diz o senhor Torrens: "demanda efetiva consiste no poder e inclinação, por parte dos consumidores, de dar pelas mercadorias, seja por troca imediata ou indireta, uma porção maior de todos os componentes do capital do que seus custos de produção" (*Col. Torrens, An essay on the production of Walth.* Lond, 1821, p 349).[21] Aqui temos, diante de nós, simplesmente vendedores e compradores. A circunstância de que o possuidor de mercadorias (aquele que vende) tenha produzido a mercadoria, e o outro, o comprador (porém o seu dinheiro também tem de provir da venda de mercadoria, não sendo mais do que a forma transformada da mercadoria), queira adquiri-la para consumo, queira comprá-la como consumidor, isso não muda em nada

---

[20] "Exchange confers no value at all upon products." (*Citatenheft*, p. 75). (Nota da edição original).

[21] "Effectual demand consists in the power and inclination, on the part of the consumers, to give for commodities, either by immediate or circuitous barter, some greater portion of all the ingredients of capital than their production costs".

a relação. O vendedor sempre representa o valor de uso. Reduzida ao seu conteúdo essencial e despida de sua veste contingente, a frase significa apenas que todo comprador compra suas mercadorias acima do valor, portanto o vendedor sempre vende sua mercadoria acima do valor, e o comprador sempre compra abaixo do valor de seu dinheiro. A introdução de produtor e consumidor não muda em nada a coisa em questão; pois no ato de troca eles não se confrontam como consumidor e produtor, mas como vendedor e comprador. Porém, onde os indivíduos trocam apenas como possuidores de mercadorias, cada um tem de ser tanto produtor quanto consumidor e ele só pode ser um na medida em que é o outro. Cada um perderia como comprador o que ganharia como vendedor.

Por um lado, assim, se um *mais-valor* – como ainda podemos chamar, aqui, cada forma de ganho – deve resultar da troca, ele deve estar disponível antes da troca, por meio de um ato qualquer que, no entanto, é invisível na fórmula D-M-D, não se deixa perceber. "*Lucro* (esta é uma forma especial de mais-valor), na condição habitual do mercado, *não é obtido pela troca. Se ele não existia antes*, não poderia muito menos existir depois daquela transação" (*G. Ramsay, An Essay on the Distribution of Wealth. Edinburgh*, 1836, p. 184).[22] Ramsay diz o mesmo, em outras palavras: "A ideia de lucros sendo pagos pelos consumidores é, certamente, muito absurda. Quem são os consumidores?" etc. (p. 183)[23] Contrapõem-se apenas possuidores de mercadoria, dos quais cada um é tanto *consumer*[24] como *producer*;[25] e eles só podem ser um na medida em que são o outro. Porém, se nos anteciparmos e pensarmos nas classes que consomem sem produzir, então teremos de admitir que sua riqueza não pode consistir senão numa participação nas mercadorias dos produtores e, com isso, o aumento do valor não pode ser explicado pelo argumento de que aquelas classes, às quais valores teriam sido dados de graça, agora seriam logradas de modo a recambiar aqueles valores. (Ver *Malthus*.) O mais-valor ou a autovalorização do valor, não pode surgir da troca, da circulação. Por outro lado, o valor que como tal gera valor só pode ser um produto da troca, da circulação, pois somente na troca ele pode atuar como valor de troca. Isolado em si mesmo, ele seria tesouro e como tal

---

[22] "*Profit*, in the usual condition of the market, *is not made by exchanging. Had it not existed before*, neither could it after that transaction." (*Citatenheft*, p. 8). Sublinhado por Marx. (Nota da edição original).

[23] "The idea of profits being paid by the consumers, is, assuredly, very absurd. Who are the consumers?"

[24] Consumidor.

[25] Produtor.

ele se valorizaria tão pouco quanto serve como valor de uso. Ou poder-se-ia dizer, por exemplo: o possuidor de dinheiro compra mercadoria, a qual ele trabalha, emprega produtivamente e, assim, a ela acrescenta valor e, então a vende novamente, de modo que o mais-valor seria gerado inteiramente pelo seu trabalho. O valor como tal não teria atuado, não se teria valorizado. Ele não recebe mais valor porque tem *valor*, mas sim recebe um aumento de valor pela adição de trabalho.

De qualquer forma, se o capital é uma forma própria da riqueza, uma potência do valor, essa potência tem de ser desenvolvida sobre o fundamento de que equivalentes se trocam, isto é, que as mercadorias são vendidas por seu valor, quer dizer, na proporção do tempo de trabalho nelas contido. Isso, por outro lado, parece impossível. Se em D-M-D, tanto no ato D-M como no ato M-D, equivalentes são trocados uns pelos outros, como pode resultar mais dinheiro do processo do que entrou?

A pesquisa sobre como o mais-valor se origina constituiu a questão mais importante da economia política, desde os fisiocratas até a época mais recente. Na verdade, trata-se da questão de como o dinheiro (ou mercadoria, pois dinheiro é apenas a forma transformada da mercadoria), uma quantia de valor em geral, se transforma em capital ou então: como se origina o capital?

As aparentes contradições que residem no problema – nas condições da tarefa – levaram Franklin a enunciar:

"There are only 3 ways of increasing the riches of a state: the first is by war: that is robbery; the second is by commerce: this is cheating; and the third is by agriculture: this is the only honest way" (Works by B. Franklin, ed. Sparks, v. II. "Positions to be examined concerning National Wealth"). Portanto: "Existem apenas três maneiras de aumentar a riqueza do Estado. A primeira consiste na guerra: isso é roubo; a segunda consiste no comércio, que é fraude; e a terceira consiste em agricultura: essa é a única maneira honesta."[26]

Já se pode ver aqui o porquê de duas formas de capital – o capital em duas funções; conforme funcione numa ou noutra função, ele aparece como um tipo particular de capital – formas que permanecem o mais próximo da concepção comum de capital e, na verdade, são historicamente as formas de existência mais antigas do capital – aqui, onde tratamos do capital como tal, essas formas não são levadas em consideração, cabendo-nos desenvolvê-las mais adiante, como suas formas derivadas, secundárias.

---

[26] *Citatenheft*, p. 48. A citação é presumida, já que Marx não cita a fonte exata no caderno de citações. (Nota da edição original).

No verdadeiro capital comercial, o movimento D-M-D se mostra de modo o mais evidente. Salta aos olhos que sua finalidade é o aumento do valor lançado na circulação – ou dinheiro – e a forma pela qual isso é alcançado é comprar para de novo vender. "Todas as ordens de mercadores têm isso em comum, que elas compram para revender." (p. 43, *Réflexions sur La Formation et La Distrib. des Richesses* (publicado em 1766) nas Œuvres de Turgot, t. I. Paris, 1844, édit. por Eugène Daire).[27] Por outro lado, o mais-valor aparece, aqui como sendo gerado puramente na circulação, na medida em que ele vende mais caro do que compra, seja porque compra mais barato do que vende, (compra a mercadoria abaixo do seu valor e a vende por seu valor ou acima), seja porque compra pelo valor da mercadoria e vende acima de seu valor. Ele compra a mercadoria de um e vende a outrem; representa o dinheiro frente a um, a mercadoria frente ao outro. E quando reinicia o movimento, ele vende do mesmo modo para comprar; porém, de tal forma que a mercadoria como tal nunca é sua finalidade: o último movimento serve para ele apenas como mediação para o primeiro. Ele representa os diversos lados (fases) da circulação: ora diante do comprador, ora diante do vendedor, e seu movimento inteiro recai no interior da circulação ou ele aparece, antes, como seu portador, como representante do dinheiro, exatamente do mesmo modo como, na circulação simples de mercadorias, o movimento inteiro parece partir do meio circulante, do dinheiro como meio circulante. Ele aparece apenas como o mediador das diversas fases que a mercadoria tem de percorrer na circulação e, por isso, faz mediação apenas entre extremos existentes, vendedores e compradores existentes, que representam a mercadoria e o dinheiro existentes. Como aqui não se acrescenta nenhum outro processo ao de circulação, por exemplo, o mais-valor (o ganho) que o comerciante faz por meio da venda e compra alternadas – na medida em que todas as suas operações se reduzem a vendas e compras –, então o aumento do dinheiro ou valor empregado por ele na circulação parece ser explicado, em geral, puramente a partir da fraude das partes com as quais ele tem relação alternadamente, isto é, a partir da troca de não equivalentes, de tal forma que ele sempre retire da circulação um valor maior do que lançou. Seu ganho – o mais-valor, que seu valor empregado na troca lhe gera – parece, assim, ter origem puramente na circulação e, portanto, compor-se somente das perdas daqueles que negociam com ele. De fato, o patrimônio do comerciante pode ser gerado puramente

---

[27] "Tous les ordres de marchands ont cela de commun qu'ils *achètent pour revendre*." (*Citatenheft*, p. 36). (Nota da edição original).

dessa maneira e foi assim, em grande parte, que se deu o enriquecimento daqueles povos que faziam comércio com nações industrialmente menos desenvolvidas. O capital comercial pode [ser] atuante entre nações que se encontram em diferentes estágios de produção e de estrutura econômica da sociedade em geral. Ele pode, por conseguinte, atuar entre nações nas quais não se encontra qualquer modo de produção capitalista, portanto muito antes de o capital ser desenvolvido em suas formas principais. Porém, se o ganho que o comerciante realiza, ou a autovalorização do patrimônio comercial, for explicado sem ser reduzido à simples fraude do possuidor de mercadorias, sendo, portanto, mais do que a mera divisão diferente de quantias de valor previamente existentes, então é evidente que essa autovalorização só pode ser deduzida de pressupostos que não aparecem em seu movimento, em sua função própria e seu ganho, de modo que ela aparecerá como mera forma derivada, secundária, cuja origem tem de ser procurada em outro lugar. Ao contrário, se é considerada sua forma peculiar para si, como forma autônoma, então o comércio, como diz Franklin, tem de aparecer como mera fraude e todo e qualquer comércio, em geral, tem de parecer impossível quando equivalentes são trocados ou mercadorias são vendidas e compradas por seu valor de troca. "Sob a regra dos equivalentes invariáveis, o comércio seria impossível" (p. 67, G. Opdyke, *A Treatise on Polit. Econ. New York*, 1851).[28] (Por isso, nos *Anais Franco-Alemães*, Paris, 1844, *Esboço de uma Crítica da Economia Política*, Engels procura explicar a diferença entre valor de troca e preço com base num argumento similar, a saber, de que o comércio é impossível na medida em que as mercadorias são trocadas a seu valor.)

Outra forma de capital, igualmente muito antiga, e a partir da qual a concepção popular compôs seu conceito de capital, é aquela do dinheiro que é emprestado a juros, a forma do capital monetário portador de juro. Nela não vemos o movimento D-M-D, no qual o dinheiro primeiro é trocado por mercadoria, e esta, então, é trocada por mais dinheiro, mas somente o resultado do movimento D-D, no qual dinheiro é trocado por mais dinheiro. Ele retorna ao seu ponto de partida, mas aumentado. Se originalmente o capital era de 100 táleres, agora ele é de 110 táleres. Ele conservou o valor representado nos 100 táleres e se valorizou, quer dizer, pôs um mais-valor de 10 táleres. Quase em todos os países e épocas históricas, por mais baixo que seja o modo de produção da sociedade e pouco desenvolvida seja sua

---

[28] "Under the rule of invariable equivalents commerce would be impossible." (*Citatenheft*, p. 18). (Nota da edição original).

estrutura econômica, encontramos dinheiro portador de juro, dinheiro que põe dinheiro, portanto, *capital* formalmente. Esse aspecto do capital tem um peso maior na formação de sua noção comum do que o seu aspecto de patrimônio comercial. (O κεφάλαιον [29] dos gregos, constitui a origem etimológica do nosso capital.) Trata-se, portanto, do aspecto de que o *valor como tal se valoriza*, põe mais-valor, porque ele existia antes como valor, valor autônomo (dinheiro) (que entra na circulação), e o valor só é posto, só ocorrem conservação e multiplicação do valor porque o valor era pressuposto, o valor que atua como valor, valorizando a si mesmo. Basta, aqui, ressaltar: (*retornar a isso em outro lugar*[30]) *Primeiro*: se o dinheiro é emprestado como capital no sentido moderno da palavra, então já está presumido que o dinheiro – uma quantia de valor – é, em si, capital; quer dizer, que aquele a quem o dinheiro é emprestado pode ou irá empregá-lo como capital produtivo, como valor que se valoriza, e que uma parte do mais-valor assim gerado deve ser por ele descontada em favor de quem lhe emprestou o dinheiro como capital. Aqui, portanto, o capital monetário, portador de juros, é evidentemente não apenas uma forma derivada do capital – o capital numa função particular – mas sim o capital já completamente desenvolvido, de forma que uma quantia de valor – seja na forma de dinheiro ou mercadoria – não pode ser emprestada como dinheiro ou mercadoria, mas como capital, ou seja, que o *capital* mesmo pode ser lançado na circulação como uma *mercadoria sui generis*. Aqui, o capital já está pressuposto e pronto como potência[31] do dinheiro ou da mercadoria, em suma, do valor, de modo a poder ser lançado na circulação como esse valor potenciado. O capital monetário portador de juros, nesse sentido, já presume, portanto, o desenvolvimento do capital. A relação do capital tem de estar pronta antes de o capital poder aparecer nessa forma particular. A natureza do valor de valorizar a si mesmo já está aqui pressuposta como inerente ao valor, de modo que uma soma de valor pôde ser vendida como valor que se autovaloriza, sendo cedida a um terceiro sob certas condições. Tanto o juro aparece, nesse momento, apenas como uma forma particular e uma derivação do mais-valor, quanto este, em geral, divide-se posteriormente em diversas formas, que constituem diferentes rendimentos, como lucro, renda da terra, juro. Todas as questões sobre o valor do juro etc. aparecem, por conseguinte, também como questões sobre como o mais-valor existente se distribui entre diferentes tipos de capitalistas. A existência do mais-valor em geral está, aqui, *pressuposta*.

---

[29] Capital, coisa.

[30] O tema é retomado no caderno XV, p. 891 a 950. (Nota da edição original).

[31] *Potenz*.

Para que dinheiro ou mercadoria, uma quantia de valor em geral, possa ser emprestada como *capital*, o capital já tem de estar em tal medida pressuposto como forma potencializada particular do valor que, assim como dinheiro e mercadoria são pressupostos ao capital em geral como elementos materiais, aqui a forma capitalista do valor seja pressuposta como a igual propriedade inerente de mercadoria e dinheiro, de maneira que dinheiro ou mercadoria possam ser transmitidos a um terceiro, dado que mercadoria ou dinheiro não podem se desenvolver como capital na circulação, mas sim ser lançados na circulação apenas como capital pronto, *capital em si*, como uma *mercadoria particular*, que também possui sua forma particular de venda.

Daí o capital portador de juro aparecer, sobre a base da produção capitalista mesma, como forma derivada, secundária.

Segundo. O dinheiro portador de juro aparece como a primeira forma de capital portador de juro, assim como o dinheiro em geral aparece como o ponto de partida da formação do capital, pois que no dinheiro o valor se autonomiza pela primeira vez; desse modo, o aumento do dinheiro aparece inicialmente como aumento do valor em si e no dinheiro está presente a medida pela qual se mede primeiro o valor de todas as mercadorias, mas em seguida a autovalorização do valor. O dinheiro pode, então, ser emprestado para fins produtivos, portanto, formalmente como *capital*, embora o capital ainda não se tenha apossado da produção, embora ainda não exista nenhuma produção capitalista e, por isso, nenhum capital no sentido eminente da palavra, seja porque a produção ocorre sobre a base da escravidão, seja porque o rendimento excedente pertence ao *landlord*[32] (como na Ásia e na era feudal), seja porque existem indústria artesanal ou economia agrícola e similares. Essa forma do capital é, portanto, tão independente do desenvolvimento dos estágios da produção (pressupondo-se apenas que a circulação de mercadorias progrediu até a formação do dinheiro) quanto a riqueza do comerciante e historicamente aparece, por conseguinte, antes do desenvolvimento da produção capitalista, sobre cuja base ela constitui apenas uma forma secundária. Assim como a riqueza do comerciante, essa forma de capital só precisa ser capital *formalmente*, o capital em uma função na qual ele pode existir antes de se ter apossado da produção e somente este último capital é base de um peculiar modo de produção histórico da sociedade.

Terceiro. Pode-se tomar dinheiro emprestado (tal como mercadoria) para *comprar*, não a fim de empregá-lo produtivamente, mas sim para

---

[32] Proprietário da terra.

consumir, despender. Com isso, aqui não ocorre nenhuma formação de mais-valor, mas meramente outra divisão, um *deplacement*[33] dos valores existentes.

Quarto. Pode-se tomar dinheiro emprestado para *pagar*. O dinheiro pode ser tomado emprestado como meio de pagamento. Se isso ocorre para cobrir dívidas de consumo, então tem-se o mesmo caso de 3, apenas com a diferença de que ali o dinheiro é emprestado para comprar valores de uso e aqui para pagar valores de uso consumidos.

Mas o pagamento pode ser requerido como ato do processo de circulação do capital. *Desconto.* A consideração deste caso pertence à teoria do crédito.

Depois dessa digressão, voltemos ao ponto.

No desenvolvimento do capital, é importante reter que o único pressuposto, o único elemento do qual partimos são a circulação de mercadorias e a circulação de dinheiro, isto é, mercadoria e dinheiro, e que os indivíduos se defrontam uns com os outros somente como possuidores de mercadorias. O segundo pressuposto é que a mudança de forma que a mercadoria cumpre na circulação é apenas formal, isto é, o valor permanece inalterado em cada forma, de modo que a mercadoria existe ora como valor de uso, ora como dinheiro, contudo sem alterar sua grandeza de valor, que as mercadorias, portanto, são compradas e vendidas a seu *valor*, na proporção do tempo de trabalho nelas contido, em outras palavras, que se trocam apenas equivalentes.

Se considerarmos a forma M-D-M, então veremos que nela também o valor se conserva. Ele existe primeiro na forma da mercadoria; em seguida, do dinheiro e então, novamente, da mercadoria. Por exemplo, se temos uma tonelada de ferro ao preço de 3 £, podemos conceber que as mesmas 3 £ existem depois como dinheiro, em seguida como trigo ao preço de 3 £. Portanto, a grandeza de valor de 3 £ se conservou nesse processo, mas o cereal, como valor de uso, sai agora da circulação, é consumido e, com isso, o valor é anulado. Embora o valor se conserve aqui – durante o tempo em que a mercadoria se encontra em circulação –, esse valor aparece como puramente formal.

Adendo a α.

Para desenvolver o conceito de capital, é necessário partir não do trabalho, mas do *valor*; mais precisamente, do valor de troca já desenvolvido no movimento da circulação. É igualmente impossível passar diretamente do

---

[33] Deslocamento.

trabalho ao capital, assim como das diferentes raças humanas diretamente ao banqueiro ou da natureza à máquina a vapor.

A partir do momento em que o dinheiro é posto como valor de troca, o qual não apenas se autonomiza frente à circulação (como no entesouramento), mas nela se conserva, ele não é mais dinheiro, pois como tal não ultrapassa a sua determinação negativa, mas é, agora, *capital*. Portanto, o dinheiro também é a primeira forma sob a qual o valor de troca chega à determinação do capital e, historicamente, a primeira *forma de manifestação* do capital, razão pela qual ele é também confundido historicamente com o capital. Para o capital, a circulação aparece não apenas, como no caso do dinheiro, como movimento em que o valor de troca desaparece, mas em que se conserva e é, ele mesmo, a alternância entre as duas determinações de dinheiro e mercadoria. Na circulação simples, ao contrário, o valor de troca não é realizado como tal. Ele é realizado somente no momento de seu desaparecimento. Se a mercadoria se torna dinheiro, e o dinheiro se torna novamente mercadoria, então desaparece a determinação de valor de troca da mercadoria, determinação que só serviu para que, pela primeira mercadoria, fosse obtida a medida correspondente da segunda mercadoria (a segunda mercadoria em medida correspondente), com o que a última se submete ao consumo como valor de uso. A mercadoria se torna indiferente diante dessa forma e é tão somente objeto direto da necessidade. Se a mercadoria é trocada por dinheiro, então a forma do valor de troca, isto é, o dinheiro, permanece apenas enquanto ele, *fora* da troca, porta-se negativamente face à circulação. A perenidade à qual o dinheiro aspirava ao se portar negativamente face à circulação, o capital a alcança, na medida em que se conserva ao abandonar-se na circulação.

γ) Troca com o trabalho. Processo de trabalho. Processo de valorização

No processo D-M-D, o valor (uma dada quantia de valor) deve se conservar e aumentar enquanto entra na circulação, isto é, enquanto adota alternadamente as formas da mercadoria e do dinheiro. A circulação não deve ser mera alternância de forma, mas aumentar a grandeza de valor, acrescentar ao valor existente um novo valor ou mais-valor. O valor, como capital, deve ser, por assim dizer, valor à segunda potência, valor potenciado.

O valor de troca da mercadoria é a quantidade de igual trabalho social objetivado em seu valor de uso, ou a quantidade de trabalho nela incorporado, trabalhado. A grandeza dessa quantidade se mede em tempo: o tempo de trabalho que é requerido para produzir o valor de uso, portanto que nele é objetivado.

Dinheiro e mercadoria se diferenciam apenas pela forma na qual esse trabalho objetivado é expresso. No dinheiro, o trabalho objetivado está expresso como trabalho social (geral) que, por isso, é imediatamente intercambiável com todas as outras mercadorias à medida que contenham igual quantidade de trabalho. Na mercadoria, o valor de troca nela contido ou o trabalho nela objetivado se expressa somente em seu *preço*, quer dizer, numa equação com dinheiro; apenas idealmente no dinheiro (no material do dinheiro e na medida do valor). Ambas as formas, porém, são formas da mesma grandeza de valor e consideradas segundo sua substância, formas da mesma quantidade de trabalho objetivado, portanto, trabalho objetivado em geral. (Como vimos, o dinheiro, tanto como meio de compra quanto como meio de pagamento, pode ser substituído no interior da circulação por sinais de valor, por sinais de si mesmo. Isso não altera em nada a questão, pois o sinal representa o mesmo valor, o mesmo tempo de trabalho que está contido no dinheiro.)

Que se parta do dinheiro no movimento D-M-D, especialmente no conceito de capital, não significa nada além de que se parte da forma autônoma assumida pelo valor contido na mercadoria ou pelo trabalho nela contido, da forma em que a mercadoria é composta pela existência do tempo de trabalho como tempo de trabalho geral – independentemente do valor de uso no qual ela originalmente se incorporou. O valor, tanto na forma de dinheiro quanto na forma de mercadoria, é uma quantidade de trabalho *objetivado*. Se o dinheiro é convertido em mercadoria ou a mercadoria é convertida em dinheiro, o valor modifica apenas sua forma, não sua substância – de ser trabalho objetivado – nem sua grandeza, segundo a qual ele é uma quantidade determinada de trabalho objetivado. Portanto, todas as mercadorias são diferentes do dinheiro apenas formalmente; o dinheiro é apenas uma forma de existência particular delas, uma forma que elas adotam na circulação e para a circulação. Como trabalho objetivado, elas são a mesma coisa, valor, e a mudança de forma – que esse valor exista ora como dinheiro, ora como mercadoria – deve, de acordo com o pressuposto, ser indiferente ao capital ou, dito de outra maneira, trata-se – segundo o pressuposto de que ele é valor que se conserva em cada uma dessas formas – de um pressuposto sem o qual o dinheiro e a mercadoria não se tornam capital em absoluto. Trata-se apenas de uma mudança de forma do mesmo conteúdo.

A única oposição ao trabalho objetivado é constituída pelo trabalho não objetivado, o *trabalho vivo*. Um é trabalho existente no espaço, o outro é trabalho existente no tempo; um é passado, o outro, futuro; um é incorporado num valor de uso, o outro tem de se objetivar como atividade humana em processo e que só pode ser compreendida no processo; um é valor, o outro é criador de valor. Ao se trocar um valor existente pela atividade criadora de valor, trabalho objetivado por trabalho vivo, em resumo, dinheiro por trabalho, parece existir a possibilidade de que, por meio desse processo de toca, o valor existente seja conservado ou aumentado. Suponhamos que o possuidor de dinheiro compre trabalho, portanto que o vendedor não venda mercadoria, mas trabalho. Baseando-nos na observação que realizamos até aqui sobre a relação da circulação de mercadorias, em que se confrontam apenas possuidores de mercadorias, não há como explicar essa relação. Por ora, também não questionamos sobre as condições dessa relação; simplesmente a presumimos como fato. Nosso possuidor de dinheiro, por meio da compra de trabalho, busca apenas aumentar o valor por ele possuído. Portanto, é indiferente para ele que tipo específico de trabalho ele compra, tendo ele apenas de comprar trabalho útil, que produz um específico valor de uso, portanto um tipo específico de trabalho, por exemplo, o trabalho de um tecelão. Sobre o valor desse trabalho, ou como o valor do trabalho em geral se determina, nada sabemos ainda.

Está claro, portanto, que uma dada quantidade de trabalho não pode modificar e, menos ainda, *aumentar* sua grandeza de valor pelo fato de num momento existir sob a forma de dinheiro – a mercadoria em que todas as outras mercadorias medem seu valor –, noutro momento existir num valor de uso qualquer, em outras palavras, pelo fato de existir ora na forma de dinheiro, ora na forma de mercadoria. Não há como ignorar que, por meio de tal mudança de forma, uma dada quantia de valor, uma quantidade determinada de trabalho objetivado deve se *conservar* como tal. Na forma do dinheiro, o valor da mercadoria – ou a mercadoria mesma, na medida em que é valor de troca, uma quantidade determinada de trabalho objetivado – existe em sua forma invariável. A forma dinheiro é precisamente a forma em que o valor da mercadoria se mantém, se conserva como valor ou como quantidade determinada de trabalho objetivado. Se eu transformo dinheiro em mercadoria, eu transformo o valor de uma forma em que ele se conserva numa forma em que ele não se conserva, e no movimento da compra para vender o valor seria primeiro transformado de sua forma invariável numa forma em que ele não se conserva, para então voltar a se transformar novamente em dinheiro, a forma invariável – uma transformação que, na circulação, pode ser bem-sucedida ou não. Mas o resultado seria que, tanto depois como antes do processo, eu possuiria a quantia de valor, o trabalho objetivado em sua forma invariável como quantia determinada de dinheiro. Eis uma operação completamente inútil e contrária ao seu próprio fim. Porém, se eu retenho o dinheiro como tal, ele é tesouro, tem novamente valor de uso e só se conserva como valor de troca porque não atua como tal; ele se conserva, por assim dizer, como valor de troca petrificado, mantendo-se fora da circulação, portando-se negativamente em relação a ela. Por outro lado, na forma da mercadoria, o valor se esvai com o valor de uso no qual está posto, que é uma coisa passada e, como tal, ele acabaria dissolvido no simples metabolismo da natureza. No entanto, se ele for realmente usado como valor de uso, isto é, consumido, então também desaparece com o valor de uso o valor de troca nele contido.

Aumento do valor não significa senão aumento do trabalho objetivado; mas é apenas por meio de trabalho vivo que o trabalho objetivado pode ser conservado ou aumentado.

O valor, o trabalho *objetivado* existente na forma do dinheiro só poderia crescer por meio da troca com uma mercadoria cujo próprio *valor de uso* consistisse em aumentar o valor de troca, cujo consumo fosse sinônimo de criação de valor ou objetivação de trabalho. (Em geral, para o valor que deve se autovalorizar, *nenhuma* mercadoria possui valor de uso diretamente, exceto na medida em que seu uso mesmo seja criação de valor; exceto na medida em que ela seja utilizável no aumento do valor.) Todavia, somente a *capacidade de trabalho viva*[34] possui tal valor de uso. Por isso, o valor, o dinheiro, só pode se tornar capital por meio da troca com a capacidade de trabalho viva. Sua transformação em capital requer, por um lado, sua troca com a capacidade de trabalho e, por outro, com as condições materiais que a objetivação da capacidade de trabalho pressupõe.

Encontramo-nos, aqui, na base da circulação de mercadorias, segundo a qual não estão pressupostas em absoluto quaisquer relações de dependência entre aqueles que trocam, salvo aquelas dadas pelo próprio processo de circulação, em que eles se distinguem como comprador e vendedor. Por conseguinte, o dinheiro só pode comprar *capacidade de trabalho* na medida em que esta última seja posta à venda como mercadoria, seja vendida por seu proprietário, o possuidor vivo da capacidade de trabalho. A condição

---

[34] *Lebendigen Arbeitsvermögen.*

é que, em primeiro lugar, o possuidor da capacidade de trabalho disponha de sua própria capacidade de trabalho, que possa dispor dela como mercadoria. Para tanto, ele tem de ser, além disso, proprietário dessa capacidade de trabalho. Do contrário, ele não poderia *vendê-la* como mercadoria. Mas a segunda condição, já contida na primeira, é que ele traga ao mercado sua *própria* capacidade de trabalho, que tenha de vendê-la porque ele não dispõe mais, para a troca, de seu trabalho na forma de outra mercadoria, de trabalho *objetivado* (existente fora de sua subjetividade) numa outra forma de valor de uso, mas dispõe apenas de uma única mercadoria para ofertar, para vender, precisamente sua capacidade de trabalho viva, existente em sua corporeidade viva. (*Capacidade* não deve ser compreendida, aqui, de modo algum como *fortuna, fortune*, mas como potência, δύναμις.[35]) Para que ele se veja forçado a vender sua capacidade de trabalho em lugar de uma mercadoria na qual ele objetivou seu trabalho – essa mercadoria especificamente diferente de todas as outras mercadorias, existam elas sob a forma de mercadoria ou de dinheiro – pressupõe-se que faltem, que tenham desaparecido as condições objetivas para a objetivação de sua capacidade de trabalho, as condições de objetivação de seu trabalho, e, mais ainda, que essas condições oponham-se a ele como mundo da riqueza – da riqueza objetiva submetida a uma vontade estranha –, como propriedade do possuidor de mercadorias na circulação, como propriedade estranha. Quais as condições para a realização de sua capacidade de trabalho, ou quais as condições objetivas do trabalho, do trabalho *in processu*,[36] como atividade que se realiza num valor de uso, isso será mostrado em detalhe a seguir.

Se, portanto, a condição de transformação do dinheiro em capital é a sua troca com capacidade de trabalho viva, ou a compra da capacidade de trabalho viva de seu proprietário, o dinheiro, em geral, só pode se transformar em capital ou o possuidor do dinheiro em capitalista na medida em que este último *já encontra*, no mercado de mercadorias, no interior da circulação, o trabalhador livre – livre, por um lado, na medida em que dispõe de sua própria capacidade de trabalho como mercadoria; por outro lado, livre na medida em que não dispõe de qualquer outra mercadoria ou que está livre, solto e despojado de todas as condições objetivas de realização de sua capacidade de trabalho e, com isso, no mesmo sentido em que o possuidor de dinheiro é *capitalista* enquanto sujeito e portador do trabalho objetivado, do

---

[35] Possibilidade.

[36] Em processo.

valor que mantém a si mesmo, ele é *trabalhador* enquanto simples sujeito, mera personificação de sua própria capacidade de trabalho.

Esse trabalhador livre – e, portanto, a troca entre o possuidor de dinheiro e o possuidor da capacidade de trabalho, entre capital e trabalho, entre capitalista e trabalhador – é evidentemente ele mesmo o produto, o resultado de um desenvolvimento histórico prévio, o resumo de muitas revoluções econômicas e pressupõe o declínio de outras relações sociais de produção e um determinado desenvolvimento das forças produtivas do trabalho social. As determinadas condições históricas que estão dadas com o pressuposto dessa relação social de produção serão evidenciadas a seguir, na análise da própria relação. A produção capitalista, porém, parte do *pressuposto* de que os trabalhadores livres ou vendedores, que têm para vender apenas sua própria capacidade de trabalho, *são encontrados* no interior da circulação, no mercado. Portanto, a formação da relação capitalista mostra, desde o início, que ela só pode ocorrer num determinado estágio histórico do desenvolvimento econômico da sociedade – das relações sociais de produção e das forças produtivas. Ela aparece, de início, como uma relação econômica historicamente determinada, uma relação que pertence a um período historicamente determinado do desenvolvimento econômico, da produção social. Partimos da mercadoria tal como ela aparece na superfície da sociedade burguesa, como a relação econômica mais simples, o elemento da riqueza burguesa. A análise da mercadoria mostrou também as determinadas condições históricas envolvidas em sua existência. Por exemplo, se os produtos dos produtores fossem produzidos apenas como valores de uso, então o valor de uso não se tornaria mercadoria. Isso pressupõe relações historicamente determinadas entre os membros da sociedade. Se tivéssemos prosseguido com a pergunta de sob quais circunstâncias são os produtos em geral produzidos como mercadoria ou sob quais condições a existência do produto como mercadoria aparece como forma universal e necessária de todos os produtos, então teríamos descoberto que isso só ocorre sobre a base de um modo de produção plenamente determinado historicamente, o capitalista. Tal consideração, porém, teria nos afastado da análise da mercadoria como tal, pois, com essa análise, apenas cuidamos dos produtos, dos valores de uso, na medida em que aparecem na forma da mercadoria, sem tratar da questão sobre qual base socioeconômica cada produto tem de aparecer como mercadoria. Partimos, antes, do fato de que a mercadoria é encontrada, na produção burguesa, como tal forma elementar, universal da riqueza. Mas produção de mercadorias e, logo, circulação de mercadorias, podem ocorrer entre diferentes comunidades ou entre diferentes órgãos da mesma comunidade, embora a maior parte da produção seja produzida para subsistência imediata, como valor de uso, e, portanto, nunca assuma a forma da mercadoria. Por outro lado, a circulação de dinheiro e, com isso, o desenvolvimento do dinheiro em suas diversas funções e formas elementares pressupõe tão somente a própria circulação de mercadorias e, de fato, circulação de mercadorias pouco desenvolvida. Esse também é certamente um pressuposto histórico que, no entanto, segundo a natureza da mercadoria, pode ser realizado em estágios muito diferentes do processo de produção social. A consideração detalhada sobre as formas singulares do dinheiro, por exemplo, do desenvolvimento do dinheiro como tesouro e do dinheiro como meio de pagamento, aponta para estágios históricos do processo social de produção muito distintos entre si. Diferenças históricas que resultam da mera forma dessas diferentes funções do dinheiro; já a simples existência do dinheiro na forma de tesouro ou de meio de pagamento mostra-se também como pertencente a todo estágio em alguma medida desenvolvido da circulação de mercadorias e, por isso, não se limita a um período de produção determinado, mas é próprio tanto de estágios pré-burgueses do processo de produção como da produção burguesa. Porém, o capital se apresenta do início ao fim como uma relação que pode ser apenas o resultado de um processo histórico determinado e a base de uma época determinada no modo de produção social.

Consideremos, então, a capacidade de trabalho mesma em sua oposição à mercadoria que a ela se opõe na forma do dinheiro, ou em oposição ao trabalho objetivado, ao valor personificado no possuidor do dinheiro ou capitalista e que nessa pessoa se tornou querer próprio, ser para si, fim em si mesmo consciente. Por um lado, a capacidade de trabalho aparece como a *pobreza absoluta*, na medida em que o mundo inteiro da riqueza material, assim como a sua forma universal, o valor de troca, a ela se opõe como mercadoria estranha e dinheiro estranho, mas o trabalhador mesmo é a mera possibilidade de trabalhar, presente e encerrada em sua corporeidade viva, uma possibilidade que, entretanto, é absolutamente separada de todas as condições objetivas de sua realização, portanto, de sua própria realização, e que existe em oposição autônoma a elas, delas despojada. Na medida em que todas as condições objetivas para fazer nascer o trabalho, para seu real processo, para sua real solicitação – todas as condições para sua objetivação – constituem os meios entre a capacidade de trabalho e o trabalho real, elas podem ser denominadas de *meios de trabalho*. A capacidade de trabalho que pode se opor, como fator próprio, ao trabalho objetivado representado pelo possuidor do dinheiro e pelo possuidor das mercadorias – isto é, ao valor personificado em oposição a ela como capitalista, em sua figura autônoma como trabalhador, que tem de vender sua capacidade de trabalho enquanto tal como mercadoria – é a capacidade de trabalho despojada de seus meios de trabalho. Já que o trabalho *real* é a apropriação da natureza para satisfação de necessidades humanas ou a atividade por meio da qual o metabolismo entre homem e natureza é mediado, então a capacidade de trabalho, na medida em que é despojada dos meios de trabalho, das condições objetivas de apropriação da natureza por meio do trabalho, é despojada também dos *meios de subsistência*, pois, como vimos, o valor de uso das mercadorias pode, em linhas gerais, ser caracterizado como *meios de subsistência*. A capacidade de trabalho, despojada dos meios de trabalho e dos meios de subsistência é, portanto, a pobreza absoluta como tal e o trabalhador, como sua simples personificação, possui realmente suas necessidades, enquanto possui a atividade para satisfazê-las apenas como desprovida de objeto, como aptidão (possibilidade) encerrada em sua própria subjetividade. Como tal, segundo seu conceito, ele é *pauper*,[37] como a personificação e o portador dessa capacidade para si, isolada de sua objetividade. Por outro lado, como a riqueza material, o mundo dos valores de uso consiste apenas de matéria natural que é modificada por meio do trabalho, portanto, apropriada somente por meio do trabalho, e a forma social dessa riqueza, o valor de troca, nada mais é do que uma forma social determinada do trabalho objetivado contido nos valores de uso, e como, porém, o valor de uso, o real uso da capacidade de trabalho é o próprio trabalho, portanto, a atividade mediadora do valor de uso e criadora do valor de troca, então a capacidade de trabalho é tanto a possibilidade geral quanto a única fonte da riqueza material na forma social determinada que essa riqueza possui como valor de troca. O valor, como trabalho objetivado, é propriamente apenas a atividade objetivada da capacidade de trabalho. Se, portanto, na relação capitalista, parte-se do pressuposto de que o trabalho objetivado se conserva e aumenta – o valor se conserva e aumenta porque o possuidor de dinheiro ou mercadorias encontra constantemente na circulação uma parte da população composta por simples personificações da capacidade de trabalho, simples trabalhadores que vendem sua capacidade de trabalho como mercadoria, oferecem-na constantemente no mercado –, então o paradoxo do qual a moderna economia política parece partir está fundado na natureza da coisa. Enquanto, por um lado, ela proclama o trabalho como fonte da riqueza, tanto em seu conteúdo material quanto em sua forma social, tanto o valor de uso quanto o valor de troca,

---

[37] Pobre.

por outro lado ela também proclama a necessidade da pobreza absoluta do trabalhador – uma pobreza que significa precisamente que sua capacidade de trabalho permaneça como a única mercadoria que ele tem para vender, que ele, como simples capacidade de trabalho, confronte-se com a riqueza objetiva, real. Essa contradição se dá porque o valor, apareça ele na forma da mercadoria ou do dinheiro, confronta-se com a capacidade de trabalho como tal como quem se confronta com uma mercadoria particular.

Uma oposição adicional é esta: em oposição ao dinheiro (ou ao valor em geral) como *trabalho objetivado*, a capacidade de trabalho aparece como capacidade do sujeito vivo, um é trabalho passado, já realizado; a outra é trabalho futuro, cuja existência só pode ser precisamente a atividade viva, a atividade temporalmente presente do próprio sujeito vivo.

Assim como do lado do capitalista está o valor como tal, que possui no dinheiro sua existência social, universalmente válida, sua existência universal como trabalho objetivado, para o qual cada forma de existência particular – isto é, existência no valor de uso de cada mercadoria particular – vale apenas como encarnação particular e em si e para si indiferente, portanto, como riqueza abstrata, já do lado do trabalhador, em contrapartida, está o trabalho em geral como mera personificação da capacidade de trabalho, a possibilidade universal da riqueza, a atividade (como capacidade) criadora de valor em geral, qualquer que seja o tipo particular de trabalho real que o capital possa comprar. Esse modo particular da capacidade de trabalho vale somente na medida em que seu valor de uso é objetivação do trabalho em geral, portanto, atividade criadora de valor em geral. Ao capitalista, que expressa o valor como tal, confronta-se o trabalhador como pura e simples capacidade de trabalho, trabalhador puro e simples, de tal forma que a oposição entre o valor que se autovaloriza – o trabalho objetivado que se autovaloriza – e a capacidade de trabalho viva, criadora de valor, forme a *pointe*[38] e o verdadeiro conteúdo da relação. Eles se confrontam como capital e trabalho, como capitalista e trabalhador. Essa oposição abstrata se encontra, por exemplo, na indústria corporativa, onde a relação entre mestre e oficial tem determinações totalmente distintas. (Inserir esse ponto, e provavelmente esse *passus*[39] inteiro, na seção: Capital e Trabalho Assalariado).[40]

---

[38] Núcleo.

[39] Passagem.

[40] Marx se refere aqui à quinta seção do plano de 1861, assim formulado: "I) O processo de produção do capital. 1) Transformação do dinheiro em capital. α) Passagem" e sob o ponto "A circulação e o valor de troca proveniente da circulação, pressuposto do capital". (Nota da edição original).

Valor da capacidade de trabalho.
Salário mínimo ou salário médio do trabalho

A capacidade de trabalho, como *valor de uso*, diferencia-se especificamente dos valores de uso de todas as outras mercadorias. Primeiramente, pelo fato de que ela existe como simples aptidão na corporeidade viva do vendedor, do trabalhador; em segundo lugar, o que nela imprime uma diferença característica em relação a todos os outros valores de uso, pelo fato de que seu valor de uso – sua real valorização como valor de uso, isto é, seu consumo – é o trabalho mesmo, portanto a substância do valor de troca ou, em outras palavras, pelo fato de que a capacidade de trabalho é a substância criadora do valor de troca mesmo. Sua utilização efetiva, consumo, é o pôr do valor de troca. Criar valor de troca é seu valor de uso específico.

Como mercadoria, no entanto, a capacidade de trabalho mesma tem um *valor de troca*. Pergunta-se: como esse valor se define? Na medida em que uma mercadoria é considerada sob o ponto de vista do valor de troca, ela é considerada sempre como resultado da atividade produtiva requerida na criação de seu valor de uso. Seu valor de troca é igual à quantidade de trabalho nela empregado, objetivado, cuja medida é o próprio tempo de trabalho. Como valor de troca, uma mercadoria se diferencia das outras apenas quantitativamente, ao passo que, de acordo com a substância, ela é certa quantidade de trabalho social médio, isto é, o tempo necessário de trabalho requerido para produzir, assim como reproduzir esse determinado valor de uso sob dadas condições gerais de produção. Portanto, o valor da capacidade de trabalho, assim como de cada outro valor de uso é igual à quantidade de trabalho nela empregada, ao tempo de trabalho requerido para produzir a capacidade de trabalho (sob dadas condições gerais de produção). A capacidade de trabalho existe apenas como aptidão na corporeidade viva do trabalhador. A produção da capacidade de trabalho, a partir do momento em que é pressuposta como dada, transforma-se em reprodução, em conservação, tal como ocorre com a produção de tudo o que é vivo. Primeiro, valor da capacidade de trabalho se transforma no valor dos meios de subsistência que são necessários para conservá-la, ou seja, para conservar vivo o trabalhador como trabalhador, de tal forma que, se ele trabalhou hoje, amanhã ele será capaz de repetir o mesmo processo sob as mesmas condições. *Em segundo lugar*: o trabalhador tem de viver, antes de ter desenvolvido sua capacidade de trabalho, antes de ser capaz de trabalhar. Se, portanto, como está pressuposto, para que o dinheiro se desenvolva em capital, para que se dê a relação capitalista – o capital deve sempre encontrar no mercado, no interior da circulação, vendedores de sua capacidade de trabalho, então é necessário – já que o trabalhador é mortal – que ele, além de seus próprio meios de subsistência, receba meios de subsistência suficientes para reproduzir a raça dos trabalhadores,[41] aumentá-la ou, ao menos, mantê-la em seu nível dado, de modo que a capacidade de trabalho subtraída do mercado por invalidez ou morte seja reposta por nova capacidade de trabalho. Em outras palavras, ele deve receber meios de subsistência adequados para alimentar os filhos até que eles mesmos possam viver como trabalhadores. Para desenvolver determinada capacidade de trabalho, para modificar sua natureza geral de modo a tornar-se capaz de exercer determinado trabalho, o trabalhador necessita de um exercício ou de uma aula, uma instrução que, a depender do tipo particular de trabalho produtivo que ele aprende, pode custar mais ou menos, integrando também os custos de produção da capacidade de trabalho. Ora, esta última consideração, que se torna importante quando se trata de desenvolver os diferentes valores dos ramos particulares de trabalho, é aqui indiferente, onde lidamos apenas com a relação geral de capital e trabalho e, por conseguinte, temos diante de nós o trabalho médio normal, ou consideramos todo trabalho apenas como potência desse trabalho médio, cujos custos de aprendizagem são ínfimos. Seja como for, os custos de aprendizagem – as despesas requeridas para desenvolver a natureza do trabalhador como capacidade e habilidade num determinado ramo de trabalho – estão de um modo ou de outro incluídos nos meios de subsistência que o trabalhador requer para criar seus filhos, seus substitutos, como capacidade de trabalho. Eles pertencem aos meios de subsistência requeridos para que o trabalhador se reproduza como trabalhador. O valor da capacidade de trabalho se dilui, portanto, nos valores dos meios de subsistência requeridos para que o trabalhador se conserve, viva e se reproduza como trabalhador. Esses valores se diluem, por sua vez, no tempo de trabalho determinado que é necessário – na quantidade de trabalho que é despendida – para produzir os meios de subsistência ou valores de uso necessários à conservação e reprodução da capacidade de trabalho.

Os meios de subsistência necessários à conservação ou reprodução da capacidade de trabalho se decompõem em mercadorias que possuem mais ou menos valor de acordo com a crescente força produtiva do trabalho, isto é, que requerem um tempo de trabalho mais longo ou mais curto para sua produção, de modo que os mesmos valores de uso contêm mais ou menos

---

[41] *Arbeiterrace.*

tempo de trabalho objetivado. O valor dos meios de subsistência que são requeridos para a conservação da capacidade de trabalho varia, portanto, mas sempre é medido precisamente por meio da quantidade de trabalho que é necessária para produzir os meios de subsistência necessários para a conservação e reprodução da capacidade de trabalho, ou que são necessários para conservar ou reproduzir a própria capacidade de trabalho. A grandeza do tempo de trabalho assim requerido varia, mas existe sempre um determinado tempo de trabalho – maior ou menor – que tem de ser empregado na reprodução da capacidade de trabalho e cuja objetivação tem de ser considerada como sendo a própria existência viva da capacidade de trabalho.

Os meios de subsistência de que o trabalhador precisa para viver como trabalhador são naturalmente diferentes em diferentes países e em diferentes condições culturais. As necessidades naturais mesmas, por exemplo, alimentação, vestuário, habitação, aquecimento são maiores ou menores segundo as diferenças climáticas. Do mesmo modo, é porque o âmbito das assim chamadas necessidades vitais básicas e o modo de sua satisfação dependem em grande medida do estágio cultural da sociedade – isto é, são elas mesmas um produto histórico – que aquilo que num país ou numa época pertence aos meios de subsistência não corresponde ao que se considera meios de subsistência em outra época ou país. Todavia, isso se formou – refiro-me ao conjunto desses meios de subsistência necessários – num país e num período determinados.

Mesmo o nível do *valor* do trabalho cresce ou diminui ao se compararem diferentes épocas do período burguês no mesmo país. Finalmente, porém, o preço de mercado da capacidade de trabalho oscila acima ou abaixo do nível de seu *valor*. Isso vale também para todas as outras mercadorias e é uma circunstância indiferente aqui, onde partimos do pressuposto de que as mercadorias se trocam como equivalentes, ou que realizam o seu valor na circulação. (Esse valor das mercadorias em geral, assim como o valor da capacidade de trabalho, se expressa na realidade como seu preço médio, por meio do qual se compensam os preços de mercado alternadamente crescentes ou decrescentes, de forma que o valor das mercadorias se realiza, atua, portanto, nessas flutuações dos preços de mercado mesmas). A questão sobre esses movimentos do nível da necessidade dos trabalhadores, assim como sobre a alta e a baixa dos preços de mercado da capacidade de trabalho acima ou abaixo desse nível dizem respeito à teoria do salário, não a esta parte, onde se trata de desenvolver a relação capitalista geral. No desenvolvimento dessa investigação, mostraremos que é absolutamente indiferente para o resultado se o nível das necessidades do trabalhador é definido como mais alto ou mais baixo. A única questão importante é que ele seja considerado como algo dado, determinado. Todas as interrogações que se referem a esse nível não como dado, mas como uma grandeza variável, pertencem à pesquisa sobre o salário em particular e não se ocupam de sua relação geral com o capital. De resto, todo capitalista que, por exemplo, constrói uma fábrica e estabelece seu negócio, considera necessariamente como dado o salário no lugar e no tempo em que ele se estabelece.

{"Basta que se diminua o custo de subsistência das pessoas por meio da diminuição do preço natural da alimentação e do vestuário, que dão sustento à vida, e os salários acabarão por cair, embora a demanda por trabalhadores possa aumentar muitíssimo". (p. 460, Ric., Princ. Pol. Ec., 3 ed. London, 1821)}[42] {"O *preço natural do trabalho* é o preço que é necessário para permitir aos trabalhadores, uma coisa acompanhada da outra,[43] subsistir e perpetuar sua *race*[44] sem aumento ou diminuição. A capacidade do trabalhador de manter a si e à sua família depende não da quantidade de dinheiro que ele recebe como salário, mas da quantidade de *food*, *necessaires* e *conveniences*[45] que esse dinheiro pode comprar. O preço natural do trabalho depende, portanto, do preço de *food*, *necessaries* e *conveniences*... com um aumento dos preços de *food* e *necessaries* aumenta, portanto, o preço natural do trabalho, que diminui com a sua baixa." (Ric. L.c. p. 86)}[46] {O *peck* inglês (medida de grãos) é igual a ¼ *bushel*; 8 *bushels* correspondem a 1 *quarter*. O *standard bushel* contém 2.218 polegadas cúbicas e ⅕ e mede 19½ polegadas de diâmetro e 8¼ polegadas de profundidade.[47] Malthus diz: "A partir de uma observação comparada dos preços dos grãos e dos salários a partir do reinado de Eduardo III, portanto, desde 500 anos atrás, segue que os *earnings of a day's labour in this country*[48] mais frequentemente se situaram mais abaixo do que acima de um *peck* de trigo; que 1 *peck* de trigo seja um certo tipo de ponto médio, mas bem acima do meio, em torno do qual os salários em grãos oscilaram,

---

[42] "…by which life is sustained, and wages will ultimately fall, notwithstanding that the demand for labourers may very greatly increase". (Citatenheft, p. 7.) (Nota da edição original).

[43] one with another.

[44] Raça.

[45] Comida, gêneros de primeira necessidade e confortos materiais.

[46] *Citatenheft*, p. 19. (Nota da edição original).

[47] and measures 19 ½ inches in diameter, and 8 ¼ inches deep.

[48] Os ganhos de um dia de trabalho neste país.

variando de acordo com a demanda e a oferta".[49] (p. 240, 254. Malthus. *Princip. of P. Econ.* London, 1836, 2 ed.)}

Se em lugar de uma mercadoria superior e de mais valor, que constituía o principal meio de subsistência do trabalhador, põe-se uma inferior, por exemplo, no lugar de carne, põe-se trigo, ou no lugar do trigo e do centeio, põe-se batata, então cai naturalmente o nível do *valor* da capacidade de trabalho, porque o nível de suas necessidades foi deprimido. Em nossa investigação, ao contrário, iremos sempre pressupor que a medida e a qualidade dos meios de subsistência – portanto também o âmbito das necessidades num dado estágio da cultura – nunca é deprimido, porque essa investigação sobre o aumento e a diminuição do nível mesmo (em particular, a sua diminuição artificial) nada muda na consideração da relação geral. Por exemplo, entre os escoceses, há muitas famílias que, durante meses, em lugar do trigo e do centeio, vivem com mingau de aveia (*oat meal*) e farinha de cevada, misturadas apenas com sal e água e "muito *comfortable*",[50] "*and that very comfortably*",[51] diz Eden em seu *The State of the Poor etc.* London. 1797, v. I, livro II, cap. II.[52] No final do século passado, Conde Rumford, cômico filantropo e *yankee* elevado ao baronato, espremeu seu cérebro limitado a fim de criar artificialmente uma baixa do nível *average*[53] das necessidades. Seus *Essays* são um belo livro de culinária com receitas para se preparar mixórdias dos tipos mais baratos, a fim de fornecer aos trabalhadores substitutos para os pratos normais, atualmente tão caros. O prato mais barato, segundo esse "filósofo", é uma sopa de cevada, milho, pimenta, sal, vinagre, ervas doces e 4 arenques para 8 galões de água. Na obra citada, Eden recomenda vivamente esta bela mixórdia aos diretores das casas de trabalhadores: 5 *l* de cevada, 5 *l* de milho para 3 d de arenques, 1 d de sal, 1 d de vinagre, 2 d de pimenta e ervas – soma 20 ¾ d – dá uma sopa para 64 pessoas, sendo que com os preços médios dos cereais deve-se poder reduzir os custos em até ¼ de d por porção.

{"O simples trabalhador, que não tem senão seus braços e sua industriosidade, nada tem a não ser o tanto que vende a outros seu sofrimento... Em todo gênero de trabalho, deve acontecer, e acontece com efeito que o

---

[49] "middle point, mas rather above the middle, about which the cornwages of labour, varying according to the demand and supply have oscillated."

[50] "Muito confortáveis".

[51] "e isso muito comodamente".

[52] *Citatenheft*, p. 59. (Nota da edição original).

[53] Médio.

salário do trabalhador se limita àquilo que lhe é necessário para procurar sua subsistência."[54] (p. 10. *Tourgot, Réflexions sur la Formation et la Distribution des Richesses*, (editado pela primeira vez em 1766), Œuvres, t. I, ed. Eugène Daire. Paris, 1844)}[55]

{Por um lado, é possível rebaixar o nível do valor da capacidade de trabalho, porque se rebaixam os meios de subsistência ou a maneira de satisfação de necessidades, na medida em que os meios de subsistência mais baratos ou piores substituem os melhores ou, em geral, o âmbito, a esfera desses meios diminui. Por outro lado, porém – já que a nutrição das crianças e das mulheres entra no nível médio, na taxa média do valor da capacidade – também é possível comprimir esse nível na medida em que elas mesmas são coagidas a trabalhar, e crianças em plena fase de desenvolvimento são empregadas no trabalho. Desconsideraremos esse caso, assim como todos os outros referentes ao nível do valor do trabalho. Desse modo, damos ao capital *fair chance*,[56] na medida em que pressupomos como não existentes precisamente suas maiores atrocidades}. {Da mesma forma, o nível médio pode ser diminuído se o tempo de aprendizagem é reduzido o mais próximo possível de zero ou se os custos de aprendizagem são reduzidos por meio da simplificação do trabalho).

{Em relação à exploração precoce das crianças como trabalhadoras, pode ser aqui citado o que segue de Macaulay, o sicofanta *whi*. Isso é característico do tipo de historiografia (e na concepção, também no domínio econômico, que, em verdade, não é *laudator temporis acti*,[57] mas antes dirige sua audácia apenas para trás, colocando-a na forma passiva.) Sobre o trabalho infantil nas fábricas, semelhante à situação no século XVII. Mas a melhor parte é onde se fala do processo histórico ou da máquina etc. Ver *Factory Reports*, 1856[58]}.

A determinação do *valor da capacidade de trabalho* era naturalmente de grande importância para a concepção da relação capitalista, que repousa na

---

[54] "Le simple ouvrier, qui n'a que ses bras et son industrie, n'a rien qu'autant qu'il parvient à vendre à d'autres sa peine... En tout genre de travail il doit arriver, et il arrive en effet que le salaire de l'ouvrier se borne à ce qui lui est nécessaire pour lui procurer sa subsistance." (*Citatenheft*, p. 59). (Nota da edição original).

[55] Cf. p. 41, *supra*. (Nota da edição original).

[56] Chance justa.

[57] "Um apologista do tempo passado", expressão encontrada em Horácio, na Ars Poética, 173. (Nota da edição original).

[58] Este relatório é citado novamente no caderno XIX, p. 1228, quando Marx discute novamente o trabalho infantil nas fábricas. (Nota da edição original).

venda da capacidade de trabalho. Antes de mais nada, portanto, era preciso estabelecer como o valor dessa mercadoria é determinado, pois o essencial na relação é que a capacidade de trabalho é oferecida como mercadoria e, como mercadoria, a determinação de seu valor de troca é decisiva. Como o valor de troca da capacidade de trabalho é determinado por meio do valor ou do preço dos meios de subsistência, dos valores de uso, que são necessários para sua conservação e reprodução, os fisiocratas, que captaram tão pouco a natureza do valor em geral, puderam conceber corretamente, em geral, o valor da capacidade de trabalho. Neles, que estabeleceram o primeiro conceito razoável sobre o capital em geral, esse salário determinado pela média das necessidades vitais desempenha, portanto, um papel central.

{Bailey, em seu escrito publicado anonimamente "A Critical Dissertation on the Nature, Measures and Causes of Value etc. *London, 1825*", que em geral é direcionado contra a teoria do valor de Ricardo, observa o seguinte sobre a determinação do *valor* da capacidade de trabalho:

"O Sr. Ricardo, com suficiente engenhosidade, evita a dificuldade que, à primeira vista, ameaça comprometer sua doutrina, de que o valor depende da quantidade de trabalho empregada em sua produção. Se esse princípio é rigidamente sustentado, segue que *aquele valor do trabalho* depende da quantidade de trabalho *empregada em produzi-lo* – o que é evidentemente absurdo. Por uma hábil mudança, portanto, o Sr. Ricardo faz o valor de trabalho depender da quantidade de valor requerida para produzir o dinheiro ou as mercadorias dadas ao trabalhador. Isso equivale a dizer que o valor da roupa deve ser estimado não pela quantidade de trabalho aplicada em sua produção, mas pela quantidade de trabalho aplicada na produção de prata pela qual a roupa é trocada" (p. 50-51).[59]

A única coisa correta na polêmica é que Ricardo faz o capitalista comprar diretamente *trabalho* com seu dinheiro, em lugar de comprar disposição sobre a capacidade de trabalho. Trabalho como tal não é diretamente mercadoria, a qual é necessariamente trabalho objetivado, aplicado em um valor de uso.

---

[59] "Mr. Ricardo ingeniously enough, avoids a difficulty, which, on a first view, threatens to encumber his doctrine, that value depends on the quantity of labour *employed* in production. If this principle is rigidly adhered to, it follows, *that the value of labour* depends on the quantity of labour *employed in producing it* – which is evidently absurd. By a dextrous turn, therefore Mr. Ricardo makes the value of labour depend on the quantity of labour required to produce wages, by which he means, the quantity of labour required to produce the money or commodities given to the labourer. This is similar to saying, that the value of cloth is to be estimated, not by the quantity of labour bestowed upon its production, but by the quantity of labour bestowed on the production of silver, for which the cloth is exchanged." (*Citatenheft*, p. 46). (Nota da edição original).

Ricardo, que não vê a diferença entre a capacidade de trabalho como a mercadoria que o trabalhador vende, isto é, como um valor de uso que possui um determinado valor de troca, e o trabalho que é meramente o uso dessa capacidade *in actu*[60], é, por isso, incapaz – sem mencionar a contradição, assinalada por Bailey, de que o trabalho vivo não pode ser avaliado por meio da quantidade de trabalho empregado em sua produção[61] – de demonstrar como pode surgir o mais-valor, em linhas gerais, a desigualdade entre a quantidade de trabalho que o capitalista dá ao trabalhador como salário e a quantidade de trabalho vivo que ele compra em troca dessa quantidade de trabalho objetivado. De resto, a observação de Bailey é *silly*.[62] É certo que o preço da *cloth*[63] se compõe do preço do fio de algodão que nela é consumido, assim como o preço da capacidade de trabalho se compõe dos meios de subsistência que nela entram pelo metabolismo. A propósito, que num ser vivo, orgânico, sua reprodução não depende do trabalho que foi empregado diretamente nele, do trabalho nele aplicado, mas daquele aplicado nos meios de subsistência que ele consome – e essa é a maneira de reproduzir um ser vivo –, é algo que Bailey pôde ver também na determinação do valor dos animais; e até mesmo na máquina, na medida em que em seus custos entram o carvão, o óleo e outras *matières instrumentales*[64] que ela consome. Na medida em que o trabalho não se limita apenas à conservação da vitalidade, mas antes se faz necessário um trabalho especial que modifique diretamente a própria capacidade de trabalho, que a desenvolva para o exercício de uma determinada habilidade, também esse trabalho entra – como no trabalho mais complexo – no valor do trabalho, e aqui a capacidade de trabalho é elaborada diretamente no trabalhador, no trabalho despendido em seu ato de produção. Em suma, a astúcia de Bailey está apenas em que o trabalho que é empregado na reprodução do ser orgânico é empregado nos meios de subsistência desse mesmo ser orgânico, não diretamente nele mesmo, já que a apropriação desses meios de subsistência por meio do consumo não é trabalho mas, antes, fruição.}

As necessidades vitais se renovam diariamente. Tomemos, por exemplo, a massa das necessidades vitais que são requeridas durante um ano para que

---

[60] Em ato.

[61] Employed in its production.

[62] Tola.

[63] Tecido.

[64] Materiais instrumentais.

o trabalhador possa viver como trabalhador e se conservar como capacidade de trabalho, e então o valor de troca dessa soma – isto é, a quantidade de tempo de trabalho que neste meio de subsistência está aplicada, objetivada, contida –, calculada dia a dia, representará a soma dos meios de subsistência – e seu valor – que o trabalhador precisa num dia, em média, para viver o ano todo, isto é, representará o valor de sua capacidade de trabalho por dia, ou a quantidade de meios de subsistência requerida num dia para que ele continue a existir no outro dia como capacidade de trabalho, para que se reproduza. O consumo dos meios de subsistência é mais lento ou mais rápido. Por exemplo, os valores de uso que diariamente servem como alimento são também consumidos diariamente, assim como, por exemplo, os valores de uso que servem para a calefação, o sabão (limpeza) e a iluminação. Outros meios de subsistência necessários, ao contrário, como vestuário e habitação, são usados mais lentamente, embora sejam diariamente consumidos e usados. Há meios de subsistência que têm de ser comprados novamente todos os dias, têm de ser diariamente renovados (substituídos); já outros, como roupas, por exemplo, uma vez que continuam a servir como valores de uso por períodos mais longos de tempo e somente ao fim desses períodos são consumidos e se tornam inutilizáveis, só precisam ser substituídos ou renovados em períodos mais longos, embora tenham de ser usados diariamente.

Se a soma dos meios de subsistência que o trabalhador tem de consumir diariamente para viver como trabalhador é igual a A, então ela seria, em 365 dias, igual a 365 A. Ao contrário, se a soma de todos os outros meios de subsistência de que ele precisa, e que só devem ser renovados – isto é, que devem ser comprados novamente – três vezes por ano, fosse igual a B, então ele precisaria no ano inteiro apenas de 3 B. No total, ele precisaria no ano, portanto, de 365 A + 3 B e, por dia, $\frac{365A+3B}{365}$. Isso seria a soma média dos meios de subsistência de que ele precisa diariamente, e o valor dessa soma seria o valor diário de sua capacidade de trabalho, isto é, o valor que dia a dia – calculado de um dia a outro – seria necessário para comprar os meios de subsistência necessários à conservação da capacidade de trabalho.

(Contando-se o ano em 365 dias, então se chega a 52 domingos, logo 313 dias de trabalho; podemos, assim, considerar uma média de 310 dias de trabalho). Então, se o valor de $\frac{365A+3B}{365}$ fosse de 1 táler, o valor diário de sua capacidade de trabalho seria igual a 1 táler. Ele deve ganhar diariamente tanto quanto é necessário para que possa viver durante o ano e, nesse caso, é irrelevante se o valor de uso de certas mercadorias não é renovado diariamente. Assim, está dada a soma anual das necessidades vitais; então, tomamos seus valores ou preços, obtemos desses a média diária ou os dividimos por 365 e, assim, chegamos ao valor das necessidades vitais médias do trabalhador ou ao valor diário médio de sua capacidade de trabalho. (O preço de 365 A + 3 B = 1 táler, de tal forma que o valor das necessidades vitais diárias é igual a $\frac{365A+3B}{365} = \frac{365}{365} = 1$ táler).

Troca de dinheiro por capacidade de trabalho

A capacidade de trabalho, apesar de seu caráter específico e, assim, mercadoria específica – como o dinheiro também era mercadoria em geral, mas mercadoria específica (apenas que nele a especificidade se produzia pela relação de todas as mercadorias com uma mercadoria qualquer exclusiva, ao passo que aqui ela se produz pela natureza do valor de troca da mercadoria) –, é, portanto, como qualquer outra mercadoria: (1) *um valor de uso*, um objeto determinado cujo uso satisfaz necessidades particulares; (2) tem um *valor de troca*, isto é, na capacidade de trabalho, como objeto, como valor de uso, está aplicada, objetivada uma determinada quantidade de trabalho. Como objetivação de tempo de trabalho em geral, ela é valor. Sua grandeza de valor é determinada por meio da quantidade de trabalho nela empregado. Esse valor, expresso em dinheiro, é o preço da capacidade de trabalho. Como aqui partimos do pressuposto de que todas as mercadorias se vendem de acordo com seu valor, então o preço se diferencia do valor tão somente por ser o preço o valor estimado, ou medido, ou expresso no material do dinheiro. Por isso, a mercadoria é vendida por seu valor quando é vendida pelo seu preço. Igualmente, o preço da capacidade de trabalho deve ser compreendido aqui como nada mais do que seu valor expresso em dinheiro. O valor da capacidade de trabalho por um dia ou uma semana é pago; assim, quando é pago o preço dos meios de subsistência requeridos para a conservação da capacidade de trabalho durante um dia ou uma semana. Mas esse preço ou valor é determinado não somente pelos meios de subsistência que são totalmente consumidos num dia, mas igualmente pelos meios de subsistência que são usados diariamente, como vestuário, por exemplo, porém não são consumidos de modo a terem de ser renovados diariamente, meios de subsistência que, portanto, só precisam ser renovados ou substituídos apenas em certos períodos. Mesmo que todos os objetos relativos ao vestuário (os recipientes para comer e beber, por exemplo, não precisam ser substituídos tão rápido como o vestuário, porque eles não se deterioram rapidamente, ainda menos os móveis, camas, mesas, cadeiras etc.)

se gastem apenas uma vez em um ano, ainda assim o valor desses meios de vestuário seria consumido, durante o ano inteiro, para a conservação da capacidade de trabalho e, após o fim do ano, o trabalhador teria de ser capaz de substituí-los. Portanto, ele teria de receber diariamente, em média, uma quantia tal que, depois de descontadas as despesas diárias do consumo quotidiano, ainda restasse o suficiente para que as roupas usadas possam ser substituídas por roupas novas depois do curso de um ano; desse modo, em lugar de receber diariamente tal ou qual parte de um casaco, ele recebe a parte correspondente à alíquota diária do valor de um casaco. Se, como é pressuposto na relação capitalista, é certo que a conservação da capacidade de trabalho deva ser contínua, ela não é determinada, portanto, somente pelo preço dos meios de subsistência consumidos diariamente e, por isso, renovados, substituídos a cada dia, mas também pela média diária dos preços dos meios de subsistência que só precisam ser substituídos em períodos mais longos, embora também tenham de ser usados diariamente. Isso resulta numa diferença no pagamento. O valor de uso, como um casaco, por exemplo, tem de ser comprado inteiro e como um todo deve ser usado. Ele é pago guardando-se em reserva, diariamente, $1/x$ do preço do trabalho.

Como a capacidade de trabalho existe apenas como capacidade, aptidão, potência encerradas na corporeidade viva do trabalhador, a sua conservação nada significa senão a conservação do trabalhador mesmo no grau de força, saúde e capacidade vital em geral necessários para o exercício de sua capacidade de trabalho.

Portanto, é preciso ter presente: a mercadoria que o trabalhador oferece na esfera da circulação, no mercado, a mercadoria que ele tem para vender é sua *própria capacidade de trabalho*, que, como qualquer outra mercadoria, na medida em que é valor de uso, tem uma existência objetiva, mesmo que ela a tenha, como aqui, apenas como disposição, como potência no corpo vivo do próprio indivíduo (não é preciso dizer que não apenas a mão, mas também a cabeça pertence ao corpo). Sua função como valor de uso, porém, o consumo dessa mercadoria, seu uso como valor de uso consiste no trabalho mesmo, assim como o trigo só funciona efetivamente como valor de uso na medida em que é usado no processo nutricional, como substância alimentícia. O valor de uso dessa mercadoria, tal como o de qualquer outra mercadoria, só é efetivado em seu processo de consumo, portanto somente depois que ela passou da mão do vendedor para a do comprador, mas a única relação que ela mantém com o próprio processo de venda é a de ser um móbil[65] para o comprador. Além disso, esse valor de uso, que existe antes de seu consumo como capacidade de trabalho, tem um *valor de troca* que, assim como qualquer outra mercadoria, é igual à quantidade de trabalho nele contida e, por conseguinte, requerida para sua reprodução. E, como vimos, esse valor é medido exatamente pelo tempo de trabalho requerido para a produção de meios de subsistência necessários à conservação do trabalhador. Assim como a medida para a vida mesma é o tempo, tal como, por exemplo, o peso é a medida para os metais, então o tempo de trabalho requerido para, em média, conservar o trabalhador vivo por um dia é o valor diário de sua capacidade de trabalho, de forma que esta última seja reproduzida de um dia ao outro ou, o que aqui é o mesmo, seja conservada nas mesmas condições, que, como já foi dito, não se circunscrevem à mera necessidade natural, mas à necessidade natural tal como é modificada historicamente numa certa realidade cultural. Expresso em dinheiro, esse *valor* da capacidade de trabalho é seu *preço*, do qual podemos pressupor que ele é pago, já que admitimos em geral a troca de equivalentes ou a venda de mercadorias por seu valor. Esse preço do trabalho se chama *salário*.[66] O salário, que corresponde ao valor da capacidade de trabalho, é o preço médio desta última tal qual o descrevemos, a saber, como o *salário médio*, que também se chama *mínimo de salário do trabalho ou de salário*,[67] com o que, porém, não se deve entender por "mínimo" a fronteira extrema da necessidade física, mas sim o salário diário médio, por exemplo, de um ano em que os preços da capacidade de trabalho – que estão ora acima, ora abaixo de seu valor – estão equilibrados.

Reside na natureza dessa mercadoria particular, a capacidade de trabalho, que seu real valor de uso somente depois de seu consumo passe realmente de uma mão a outra, da mão do vendedor à mão do comprador. O uso real da capacidade de trabalho é o trabalho. Ela é comprada, porém, como capacidade, mera possibilidade antes de o trabalho estar realizado, como simples força cuja exteriorização[68] efetiva ocorre somente após sua alienação[69] ao comprador. Portanto, como aqui a alienação do valor de uso e sua efetiva transferência não coincidem no tempo, o dinheiro do comprador

---

[65] *Motiv.*

[66] *Arbeitslohn.*

[67] *Salair. Arbeitslohn e Salair serão doravante igualmente traduzidos por "salário". (N.T.)*

[68] *Äusserung.*

[69] *Aufgehoben.*

funciona, nessa troca, quase sempre como *meio de pagamento*. A capacidade de trabalho é paga diariamente, semanalmente etc., mas não no momento em que é comprada, e sim depois de ter sido efetivamente consumida diariamente, semanalmente etc. Em todos os países onde a relação capitalista está desenvolvida, a capacidade de trabalho só é paga depois de ter funcionado como tal. Sobre essa relação, pode-se dizer que, em todos os lugares, o trabalhador confere ao capitalista, diária ou semanalmente – a depender da natureza particular da mercadoria que ele vende –, um crédito, isto é, ele cede ao capitalista o uso da mercadoria por ele vendida e somente após o seu consumo recebe o seu valor de troca ou preço. {Em tempos de crises, e mesmo em bancarrotas isoladas, fica claro que esse crédito conferido pelos trabalhadores não é mera fraseologia, no momento em que eles não são pagos}. No entanto, por ora, isso não muda nada no processo de troca. O preço é estabelecido contratualmente – portanto, o valor da capacidade de trabalho, avaliado em dinheiro, é pago, embora ele seja realizado apenas mais tarde. Assim, também, a determinação do preço se relaciona com o valor da capacidade de trabalho, não com o valor do produto que é gerado para o comprador da capacidade de trabalho em consequência de seu consumo, de sua utilização efetiva, tampouco tem relação com o valor do trabalho, que como tal não é mercadoria.

Ora, sabemos o que, na verdade, o possuidor do dinheiro – que quer transformar seu dinheiro em capital e, por isso, compra capacidade do trabalho – paga ao trabalhador: e o que ele de fato lhe paga é, por exemplo, o *valor* diário de sua capacidade de trabalho, um preço correspondente ao seu valor diário ou o salário diário, na medida em que ele lhe paga uma quantia de dinheiro igual ao valor dos meios de subsistência necessários à conservação diária da capacidade de trabalho; uma quantia de dinheiro que representa exatamente tanto tempo de trabalho quanto necessário para a produção desses meios de subsistência: logo, para a reprodução da capacidade de trabalho. Ainda não sabemos o que, de sua parte, o comprador recebe. Associado à natureza específica dessa mercadoria, à capacidade de trabalho, bem como à finalidade específica para a qual ela é comprada pelo comprador – a saber, para que o comprador se mostre como representante do valor que valoriza a si mesmo – está o fato de que as operações que se sucedem à venda são de uma natureza específica e, por isso, têm de ser consideradas em particular. Acrescente-se a isso – e aí está precisamente o essencial – que o específico valor de uso da mercadoria e sua realização como valor de troca dizem respeito à relação econômica, à determinidade econômica formal mesma e, por isso, recaem no órbita de nossa reflexão.

Pode-se, aqui, observar de passagem que o valor de uso aparece originalmente como um pressuposto material qualquer, indiferente. O valor de uso real da mercadoria singular – assim como, em geral, a particularidade da mercadoria – é, na análise da mercadoria, completamente indiferente. O importante é, aqui, apenas a diferença geral entre valor de uso e valor de troca, a partir da qual o dinheiro se desenvolve etc. (Ver acima[70]).

Processo de trabalho

Depois de o possuidor do dinheiro ter comprado a capacidade de trabalho – depois de ter estabelecido uma troca com a capacidade de trabalho (a compra está completa com o acordo recíproco, mesmo se o pagamento ocorre apenas mais tarde) –, agora ele a emprega como valor de uso, consome-a. A realização da capacidade de trabalho, seu uso efetivo é, porém, o próprio trabalho vivo. O *processo de consumo* dessa mercadoria específica que o trabalhador vende, coincide com ou é, antes, o próprio *processo de trabalho*. Como o trabalho é a própria atividade do trabalhador, a realização de sua própria capacidade de trabalho, então ele entra nesse processo como pessoa que trabalha, como trabalhador e, para o comprador, ele não tem qualquer outra existência do que a de capacidade de trabalho em ação. Por conseguinte, não é uma pessoa que trabalha, mas a capacidade de trabalho ativa, personificada no trabalhador. É característico que, na Inglaterra, os trabalhadores sejam designados pelo órgão principal por meio do qual sua capacidade de trabalho atua, isto é, por suas próprias mãos, *hands*.

Trabalho efetivo é atividade segundo um fim para a produção de um valor de uso, para a apropriação de uma matéria natural de uma maneira correspondente a necessidades determinadas. É indiferente, aqui, se nesta atividade se usa mais o músculo ou o nervo, assim como se a matéria natural é mais ou menos idealizada.

Todo trabalho efetivo é trabalho *particular*, exercício de um ramo de trabalho particular, diferente dos outros. Assim como uma mercadoria se diferencia das demais por meio de seu valor de uso particular, o trabalho que nela se corporifica é um tipo particular de atividade. Como a transformação do dinheiro em capital, ou a formação do capital, pressupõe uma circulação de mercadorias desenvolvida, ela pressupõe uma divisão do trabalho desenvolvida, divisão do trabalho entendida, aqui, tal como ela se

---

[70] Outra remissão a *Para a Crítica da Economia Política*, de 1859, p. 25-27. (Nota da edição original).

mostra (aparece) na variedade das mercadorias em circulação – portanto, como divisão do conjunto, da totalidade do trabalho social em vários modos de trabalho, como uma totalidade de modos particulares de trabalho. O trabalho que o trabalhador realiza pertencerá, portanto, exclusivamente a um ramo particular de trabalho, bem como sua capacidade de trabalho mesma é uma capacidade de trabalho particular. Pouco nos importa, aqui, o conteúdo determinado ou o fim e, por conseguinte, o modo determinado do trabalho, assim como pouco nos interessa, na análise da mercadoria, sua matéria ou valor de uso determinados. É indiferente em qual ramo particular de trabalho o trabalhador trabalha, embora seja evidente que o comprador só pode comprar um tipo de trabalho particular. O único ponto a reter sobre isso é a determinidade do trabalho em que ele aparece como processo real. Será mostrado adiante que essa indiferença frente ao conteúdo particular do trabalho não é uma abstração que apenas fazemos, mas sim uma abstração que o capital faz e que integra essencialmente sua caracterização. {Assim como a reflexão sobre *valor de troca* da mercadoria como tal pertence à *merceologia*, o processo de trabalho em sua efetividade pertence à *tecnologia*}.

O que nos interessa no processo de trabalho são apenas os momentos muito gerais em que ele se decompõe e que dizem respeito a ele como processo de trabalho. Esses momentos gerais têm de resultar da natureza mesma do trabalho. Antes de o trabalhador ter vendido a disposição sobre sua capacidade de trabalho, ele poderia não tê-la posto em ação como trabalho, não tê-la realizado, porque ela estava separada das *condições objetivas* de sua atividade. No processo efetivo de trabalho essa separação é superada.[71] A capacidade de trabalho atua, então, porque se apropria de suas condições objetivas segundo a natureza. Ela age porque se encontra em contato, em processo, em relação com os fatores objetivos, sem os quais ela não pode se realizar. Esses fatores podem ser referidos, muito em geral, como *meios de trabalho*. Mas os meios de trabalho mesmos decompõem-se necessariamente em um objeto que é trabalhado – que chamaremos de *material de trabalho* – e o *meio de trabalho* propriamente dito, um objeto (tal objeto não precisa ser um instrumento, podendo ser ele um processo químico, por exemplo) que o trabalho, a atividade humana coloca diariamente como meio entre si e o material de trabalho, assim servindo de condutor da atividade humana. Numa análise mais acurada, encontrar-se-á sempre que, em todo trabalho, um material e um meio de trabalho são empregados. É possível que o material

---

[71] Aufgehoben.

de trabalho, o objeto que por meio do trabalho deve ser apropriado para uma necessidade particular, seja encontrado na natureza sem relação com o trabalho humano, por exemplo, o peixe capturado na água, ou a lenha abatida na floresta, ou o minério extraído do poço, de modo que somente o meio de trabalho mesmo é um produto de trabalho humano anterior. Isso tudo caracteriza o que pode ser chamado de indústria extrativa e só vale para a agricultura na medida em que é trabalhada, por exemplo, a terra virgem. Porém, a semente é, aqui, tanto meio quanto material de trabalho, assim como todo ser orgânico, por exemplo, o animal na pecuária, é também as duas coisas. Ao contrário, só nos estágios mais primitivos do desenvolvimento econômico, portanto, somente em circunstâncias em que é inconcebível a formação da relação capitalista, pode ocorrer que o instrumento de trabalho seja encontrado na natureza sem ulterior mediação. É evidente, decorre da natureza da coisa, que o desenvolvimento da capacidade humana de trabalho se mostra especialmente no desenvolvimento do *meio de trabalho* ou *instrumento de produção*. Isso mostra, com efeito, em que grau o trabalhador elevou a eficácia de seu trabalho imediato sobre o elemento natural por meio da interposição, para os seus fins de trabalho, de uma natureza já preparada, regulada e submetida à sua vontade como condutor.

À diferença do material de trabalho, nos *meios de trabalho* estão incluídos não apenas os *instrumentos de produção*, que abrangem desde as ferramentas ou recipientes mais simples até o sistema mais desenvolvido de maquinaria, mas também as *condições objetivas* sem as quais o processo de trabalho não pode ser efetuado em absoluto, por exemplo, a casa onde se trabalha, ou o campo que se semeia etc. Eles não entram diretamente no processo de trabalho, porém são condições sem as quais ele não pode se efetuar; portanto, são meios necessários de trabalho. Eles aparecem como condições da realização do processo inteiro, não como fatores contidos no interior de sua realização.[72] Não há por que entrar em detalhes aqui.

O material de trabalho, com exceção da produção de matéria-prima, terá sempre passado por um processo de trabalho anterior. Aquilo que num ramo de trabalho aparece como material de trabalho e, por conseguinte, como matéria-prima, em outro ramo aparece como resultado. A maioria do que se considera produto natural, como plantas e animais na forma em

---

[72] Do mesmo modo, recaem nos meios de trabalho substâncias que são consumidas a fim de que o meio de trabalho como tal seja utilizado, como óleo, carvão etc. ou elementos químicos que devem gerar uma modificação no material de trabalho, como o cloro para o clareamento etc. (Nota do autor).

que hoje são utilizados e reproduzidos pelo homem, é o resultado de uma transformação prévia na qual se modificaram sua forma e substância, transformação efetuada através de gerações, sob o controle do homem, mediante o seu trabalho. Como já foi observado, o meio de trabalho num processo de trabalho é resultado no outro.

Portanto, para consumir a capacidade de trabalho, não basta que o possuidor do dinheiro compre a capacidade de trabalho {a disposição temporal sobre ela}. Ele tem de comprar também os meios de trabalho cujo volume pode ser maior ou menor: o material de trabalho e os meios de trabalho. Retornaremos a isso mais à frente. Por ora, deve-se observar somente que, para que o possuidor do dinheiro que comprou a capacidade de trabalho possa avançar até seu consumo, até o *processo* efetivo de trabalho, ele tem de haver comprado, com outra parte de seu dinheiro, as condições objetivas de trabalho que se encontram como mercadorias no interior da circulação e unicamente com as quais a capacidade de trabalho pode passar ao processo efetivo de trabalho.

Ele também compra mercadoria, mas mercadoria cujos valores de uso devem ser consumidos pelo trabalho vivo como fatores do processo de trabalho, em parte como valores de uso que devem constituir o material de trabalho e, com isso, o elemento de um valor de uso superior, em parte como meios de trabalho que servem de condutor à ação do trabalho sobre o material de trabalho. Esse ato de consumir mercadorias – aqui, inicialmente, os valores de uso das mercadorias – no processo de trabalho se chama *consumir produtivamente*, quer dizer, o ato de exauri-las como meio ou objeto por meio das quais e nas quais o trabalho cria valor de uso superior. É o consumo industrial de mercadorias (valores de uso). O que aqui foi dito é o bastante no que se refere ao possuidor do dinheiro, que transforma seu dinheiro em capital por meio da troca com a capacidade de trabalho.

No interior do próprio processo efetivo de trabalho as mercadorias existem apenas como valores de uso, não como valores de troca; pois elas confrontam o trabalho vivo real apenas como suas condições, como meio de sua realização, como fatores determinados pela natureza do trabalho mesmo, que delas precisa para sua realização em um valor de uso determinado. Por exemplo, o tecelão, no ato de tecer, refere-se ao fio de linho, seu material de trabalho, somente como material dessa atividade determinada, a atividade de tecer, somente como elemento para a fabricação de produtos de linho, não como resultado de um trabalho anterior, na medida em que ele tem um valor de troca, mas como coisa dada, cujas propriedades ele utiliza para alterar a própria coisa. Do mesmo modo, o tear não tem aqui nenhuma função como portador do valor de troca, mas somente como meio de trabalho para tecer. Apenas como tal ele é usado e consumido no processo de trabalho. Se material de trabalho e meio de trabalho – embora eles mesmos sejam mercadorias, portanto, valores de uso que possuem um valor de troca – confrontam-se com o trabalho efetivo somente como momentos, fatores de seu processo, então é evidente que, nesse processo, eles se confrontam com o trabalho efetivo menos ainda como capital. O trabalho efetivo se apropria do instrumento como seu meio e do material como o material de sua atividade. Ele é processo de apropriação desses objetos como apropriação do corpo animado, do órgão do próprio trabalho. O material aparece aqui como a natureza inorgânica do trabalho, o meio de trabalho como órgão da própria atividade de apropriação.

Quando falamos em valores de uso "superiores", com isso não se deve entender nada moral, tampouco que o novo valor de uso ocupe necessariamente um grau mais elevado no sistema de necessidades. O grão utilizado na preparação da aguardente é um valor de uso inferior à aguardente. Todo valor de uso que é pressuposto como elemento para a formação de um novo valor de uso é, diante deste último, um valor de uso inferior porque constitui seu pressuposto elementar e um valor de uso é tanto maior quanto mais processos de trabalho já realizaram os elementos a partir dos quais ele é constituído como valor novo, portanto, quanto mais mediada é sua existência.

O processo de trabalho é, assim, o processo no qual, do lado do trabalhador, é exercida determinada atividade segundo um fim, movimento que é tanto a atuação de sua capacidade de trabalho, de suas forças corporais e intelectuais, quanto a exaustão e o uso dessas forças – movimento por meio do qual ele dá uma nova forma ao material de trabalho e que se materializa nesse material de trabalho –, podendo essa mudança de forma ser química ou mecânica ou se produzir por meio do controle dos processos fisiológicos mesmos ou consistir apenas em distanciar no espaço o objeto (mudança de sua existência espacial) ou ainda no ato de separá-lo de sua conexão com o corpo terrestre. O trabalho, assim materializando-se no objeto de trabalho, enforma[73] o próprio objeto de trabalho e gasta, consome o meio de trabalho como seu órgão. O trabalho passa da forma[74] da atividade à forma do ser, do objeto. Como modificação do objeto, ele modifica sua

---

[73] *Formiert.*

[74] *Form.*

própria forma.[75] A atividade enformadora consome[76] o objeto e a si mesma; ela enforma e se materializa; consome a si mesma em sua forma subjetiva como atividade e consome o caráter objetivo do objeto, quer dizer, suprime a indiferença deste último quanto à finalidade do trabalho. Por fim, o trabalho consome o meio de trabalho, que durante o processo deixou de ser mera possibilidade para tornar-se também realidade, como condutor efetivo do trabalho; com isso, porém, o próprio meio de trabalho também se extingue mediante o processo mecânico ou químico que ele sofre, mesmo em estado de repouso. Todos os três momentos do processo, cujo sujeito é o trabalho e cujos fatores são o material de trabalho em que esse sujeito atua e os meios de trabalho com os quais ele opera coincidem num resultado neutro – o *produto*. No produto, o trabalho se ligou ao material de trabalho por intermédio do meio de trabalho. O produto, o resultado neutro em que resulta o processo de trabalho, é um novo *valor de uso*. Como produto do processo de trabalho, aparece um valor de uso em geral. Ora, esse valor de uso pode, então, ou ter atingido a sua última forma, em que ele pode servir como meio de subsistência do consumo individual – também nessa forma ele pode novamente se tornar fator de um novo processo de trabalho, assim como o grão, por exemplo, pode não ser consumido por homens, mas por cavalos, pode servir para a produção de cavalos ou ainda como elemento de um valor de uso mais complexo – ou o valor de uso é meio de trabalho acabado que, como tal, deve servir em um novo processo de trabalho, ou, por fim, o valor de uso é um produto inacabado, semiacabado, que ainda tem de entrar, como material de trabalho, em outro processo de trabalho diferente do processo do qual ele resultou como produto – podendo a série desses processos ser maior ou menor – e tendo de percorrer também uma série de modificações materiais. Porém, em relação ao processo de trabalho do qual ele resulta como produto, o material de trabalho aparece como resultado definitivamente acabado, como um novo valor de uso em cuja produção consistia o conteúdo do processo de trabalho e a finalidade imanente da atividade laboral ou, dito de outro modo, ele aparece como a exaustão da capacidade de trabalho, em cujo consumo ele consistia.

No processo de trabalho são empregados, portanto, produtos de processos de trabalho anteriores, consumidos pelo trabalho para a fabricação de novos produtos com valor de uso superior, quer dizer, mais mediatizado.

---

[75] *Gestalt.*

[76] *Verzehrt.*

Dentro dos limites do próprio processo de trabalho determinado, no interior dos quais os fatores objetivos do trabalho aparecem apenas como condições objetivas de sua realização, é absolutamente indiferente essa determinação do valor de uso, de já ser ele mesmo um produto. No entanto, nisso se mostra a interdependência material dos diversos modos de trabalho sociais e sua complementaridade recíproca numa totalidade de modos de trabalho sociais.

Quando se considera o trabalho passado segundo seu aspecto material – isto é, quando, diante de um valor de uso que serve como meio ou material de trabalho num processo de trabalho, retém-se a circunstância de que esse próprio valor de uso já é uma combinação de matéria natural e trabalho –, então se conclui que o trabalho passado concreto, objetivado em valores de uso, serve como meio para a realização de novo trabalho ou, o que é o mesmo, à formação de novos valores de uso. Porém, deve ficar bem claro em que sentido isso é verdade no processo de trabalho real. Por exemplo, *tear e fio de algodão servem na tecelagem somente pelas propriedades que possuem para esse processo como material e meio de tecelagem, ou seja, somente pelas propriedades materiais que possuem para esse processo de trabalho particular.* Que o algodão, a madeira e o ferro recebam essa forma, um como fio, os outros como tear – forma em que se prestam para esses serviços no processo de trabalho –, que por meio de trabalho anterior eles tenham obtido essa valorização de uso determinada – assim como depende de trabalho anterior a circunstância de que o trigo se preste para os determinados serviços, para a determinada valorização de uso, no processo de nutrição –, e que isso já represente uma combinação de trabalho e matéria natural, isso tudo é uma circunstância que, como tal, é indiferente para *esse* processo de trabalho determinado, na medida em que, de maneira determinada, eles servem como valor de uso, recebem uma aplicação útil particular. Contudo, isso não poderia ocorrer se algodão, ferro e madeira não tivessem recebido – por meio de um trabalho passado, anterior – a forma e, com isso, as qualidades úteis particulares que possuem como fio e tear. Assim, considerado de um ponto de vista puramente material a partir do ponto de vista do próprio processo efetivo de trabalho, determinado processo de trabalho passado aparece como estágio preliminar e condição para o nascimento de um novo processo de trabalho. Mas esse próprio processo de trabalho é considerado, então, somente como condição para a produção de um determinado valor de uso, de modo que ele mesmo é considerado do ponto de vista do valor de uso. Assim como no consumo de um valor de uso em geral, em que o trabalho nele contido é indiferente, e ele atua somente como valor de uso, ou satisfaz certas necessidades no processo de consumo de acordo com suas propriedades, de modo que interessam somente as propriedades que ele possui como este objeto e o serviço que ele presta como esse objeto, assim também no processo de trabalho, que é ele mesmo somente um processo de consumo determinado, particular de valores de uso, uma maneira particular, específica de sua utilização, interessam somente as propriedades que os produtos de trabalho anterior têm para esse processo, não sua existência como materialização de trabalho passado. As propriedades que uma matéria natural qualquer recebeu por meio do trabalho anterior são agora suas próprias qualidades materiais[77] com as quais ela atua ou presta serviço. De maneira que, se essas propriedades são mediadas por trabalho anterior, essa mediação mesma é suprimida, apagada no produto.

Aquilo que aparecia como modo particular, finalidade motriz, atividade do trabalho, aparece agora – em seu resultado, na modificação do objeto que ocorre no produto por meio do trabalho – como um objeto com novas propriedades determinadas que ele possui para o uso, para a satisfação de necessidades. Se nos recordamos de que, no próprio processo de trabalho, que o material e o meio de trabalho são produto de trabalho anterior, isso só ocorre na medida em que eles não desenvolvem as propriedades necessárias, por exemplo, uma serra que não serra, uma faca que não corta etc. Isso nos lembra da imperfeição do trabalho, que forneceu um fator para o processo de trabalho atual. Na medida em que produtos de processos de trabalho anteriores entram num novo processo de trabalho como fatores, como material ou meio, interessa-nos somente a qualidade do trabalho passado, se seu produto realmente possui as propriedades de acordo com o fim que pretende possuir, se o trabalho foi *bom* ou *mau*. O que nos interessa é o trabalho em sua eficácia e realidade material. De resto, na medida em que meio de trabalho e material de trabalho – como valores de uso – servem no processo de trabalho real e possuem as propriedades conforme ao fim (porém, se eles possuem essas propriedades como valores de uso em grau alto ou baixo, se servem a seu fim de modo completo ou incompleto, depende do trabalho passado do qual são produtos), é completamente indiferente que eles sejam produtos de trabalho anterior. Se caíssem prontos do céu, eles prestariam o mesmo serviço. Na medida em que eles nos interessam como produtos, isto é, como resultado de trabalho passado, eles nos interessam apenas como resultado de um trabalho *particular*, como a qualidade desse

---

[77] *Dinglichen*.

trabalho particular da qual depende sua qualidade como valores de uso, isto é, o grau no qual eles realmente servem [como] valores de uso para esse processo de consumo particular. Do mesmo modo, em um dado processo de trabalho, o trabalho interessa somente na medida em que atua como essa determinada atividade adequada ao fim, mas em que consiste esse conteúdo material determinado e o grau em que o produto é bom ou ruim, e se ele realmente possui, recebe o valor de uso que deve receber no processo de trabalho, isso depende da maior ou menor qualidade do trabalho, de sua perfeição, de seu caráter correspondente ao fim.

Por outro lado, produtos que são destinados a entrar em um novo processo de trabalho como valores de uso são, portanto, ou meios de trabalho, ou produtos inacabados, ou seja, produtos que, para se tornar valores de uso reais – para servirem ao consumo individual ou produtivo – precisam de uma elaboração ulterior – esses produtos que, portanto, ou são meios de trabalho, ou materiais de trabalho para um processo de trabalho posterior, realizam-se como tais somente à medida que entram em contato com o trabalho vivo que suprime[78] sua objetividade morta, que a consome, que a transforma de valores de uso que apenas existem segundo a possibilidade em valores de uso efetivos e eficazes, usando-os e consumindo-os como fatores objetivos de seu próprio movimento vivo. Uma máquina que não serve no processo de trabalho é inútil, ferro e madeira mortos. Além disso, ela acaba por ser consumida por potências elementares – o metabolismo universal: o ferro enferruja, a madeira apodrece. O algodão que nunca se tece ou tricota etc. é apenas algodão deteriorado, algodão que está deteriorado para qualquer outra aplicação que ele possuía como algodão, como matéria-prima. Como cada valor de uso pode ser utilizado diferentemente, cada coisa tendo diferentes propriedades por meio das quais pode servir às necessidades, então, por meio de um processo de trabalho anterior, no qual a coisa recebeu valor de uso em determinada direção, ela perde essas mesmas propriedades com as quais só pode ser usada em um ulterior processo de trabalho determinado; portanto, produtos que só podem servir como meios de trabalho e material de trabalho perdem não apenas sua propriedade enquanto produtos, enquanto esse valor de uso determinado que receberam por meio do trabalho anterior, mas também a matéria-prima da qual eles são constituídos apodreceu, deteriorou-se inutilmente e, com a forma útil que recebeu mediante o trabalho anterior, cai vítima do jogo dissolvente

---

[78] *Aufhebt.*

das forças naturais. No processo de trabalho, os produtos do processo de trabalho anterior, o material de trabalho e os meios de trabalho como que se levantam dos mortos. Eles só se tornam valores de uso *efetivos*, entrando como fatores no processo de trabalho, só atuam nele como valores de uso e só escapam por meio dele da dissolução no metabolismo universal a fim de reaparecer no produto como nova formação. A máquina também é destruída através do processo de trabalho, mas como máquina. Ela vive e atua como máquina; seu consumo é igualmente sua eficácia e na forma modificada do material seu movimento é fixado, efetivado, como propriedade de um novo objeto. Do mesmo modo, é somente no próprio processo de trabalho que o material de trabalho desenvolve as propriedades de uso que ele possui como tal. Seu processo de consumo é processo de transformação, modificação, do qual ele sai como valor de uso aumentado. Portanto, por um lado, se produtos existentes, resultado de trabalho anterior mediam a realização do trabalho vivo como as suas condições objetivas, o trabalho vivo media a realização desses produtos como valores de uso, como produtos e os conserva e subtrai ao metabolismo universal da natureza na medida em que os anima como elementos de uma "nova formação".

O trabalho real, na medida em que cria valores de uso e é apropriação do elemento natural para necessidades humanas, sejam essas necessidades as necessidades da produção, sejam do consumo individual, é condição geral do metabolismo entre natureza e homem e, como tal, condição natural da vida humana independente de todas as suas formas sociais determinadas e igualmente comum a todas elas. O mesmo vale para o processo de trabalho em suas formas gerais que, na verdade, é somente trabalho vivo decomposto em seus elementos particulares, cuja unidade é o próprio processo de trabalho, a ação do trabalho sobre o material de trabalho através dos meios de trabalho. O processo de trabalho ainda aparece segundo sua forma universal, portanto, em *nenhuma determinidade econômica* particular. Com isso, não está expressa qualquer *relação de produção* histórica (social) determinada, na qual os homens entram na produção de sua vida social, mas, antes, a forma universal e os elementos universais nos quais o trabalho deve igualmente se decompor em todos os modos de produção social a fim de atuar como trabalho.

A forma do processo de trabalho, que foi aqui considerada, é apenas sua forma abstrata, isolada de todas as características históricas determinadas e que se ajusta igualmente a todos os tipos de processo de trabalho nos quais os homens podem estabelecer relações sociais enquanto dura esse processo. Assim como não se pode sentir pelo sabor do trigo se ele foi produzido por um servo russo ou um agricultor francês, não se vê, do ponto de vista do processo de trabalho em sua forma universal, da forma universal desse processo de trabalho, se ele é efetuado sob o chicote do feitor de escravos, sob o olhar de um capitalista industrial ou se é um processo de um selvagem que abate a caça com seu arco.

O possuidor de dinheiro compra com seu dinheiro, em parte, disposição sobre capacidade de trabalho, em parte, material de trabalho e meios de trabalho para que ele possa utilizar, consumir essa capacidade de trabalho como tal, isto é, para poder fazê-la atuar como trabalho real; em suma, para fazer o trabalhador realmente trabalhar. As determinações gerais desse trabalho, que ele tem em comum com todo tipo de trabalho, não serão alteradas se esse trabalho aparecer como tal para o possuidor do dinheiro ou se aparecer como seu processo de consumo da capacidade de trabalho. Ele subsumiu o processo de trabalho ao seu domínio, dele se apropriou, mas deixou com isso sua natureza inalterada. A medida em que o caráter do processo de trabalho se modifica por meio de sua subsunção ao próprio capital é uma questão que nada tem a ver com a sua forma geral e será discutida depois.

O trigo que eu como, se eu o comprei ou o produzi, eu mesmo, atua num caso como noutro, de acordo com sua determinidade natural no processo alimentar. Do mesmo modo, nada muda no processo de trabalho em sua forma geral, isto é, nos elementos conceituais do trabalho em geral, se eu trabalho para mim com meu próprio material e instrumento de trabalho ou se trabalho para o possuidor de dinheiro, para quem vendi temporalmente minha força de trabalho. O consumo dessa capacidade de trabalho, isto é, sua atividade real como força de trabalho, o trabalho real, *que é em si um processo em que uma atividade entra em certas relações com objetos, permanece o mesmo antes como depois* e se move sob as mesmas formas gerais. O processo de trabalho ou o trabalho real supõe precisamente que a separação – que se dá antes da venda de sua capacidade de trabalho – do trabalhador em relação às condições objetivas nas quais ele pode fazer atuar sua capacidade de trabalho, trabalhar, que essa separação seja suprimida, que ele possa, então, entrar como trabalhador no processo de trabalho na relação correspondente às condições objetivas de seu trabalho. Portanto, se considero os elementos gerais desse processo, então considero apenas os momentos gerais do trabalho real em geral. {A aplicação prática disso é que, na apologia do capital, essa afirmação é confundida ou identificada com um elemento do simples processo de trabalho em geral, portanto, que um produto para a produção de outro produto seja certamente capital, que a matéria-prima ou o instrumento de trabalho, o instrumento de produção seja capital e, assim, que o capital seja um fator do processo de trabalho em geral, independentemente de todas as relações de distribuição e formas de produção sociais. Esse ponto só poderá ser mais bem desenvolvido depois de tratarmos do processo de valorização. O dinheiro, para se transformar em capital (capital produtivo), tem de se transformar em material de trabalho, instrumento de trabalho e capacidade de trabalho, que nada mais são do que produtos de trabalho passado, valores de uso mediados pelo trabalho, que são empregados na nova produção. Considerado por seu lado material, portanto, o capital aparece agora – na medida em que ele existe como valor de uso – como consistente, presente na forma de produtos que servem à nova produção, matéria-prima, instrumento (mas também como trabalho). Disso, porém, não decorre, de forma alguma, o contrário: que essas coisas como tais sejam capital. Elas se tornam capital somente sob certos pressupostos sociais. Poder-se-ia, ainda, dizer igualmente que trabalho é capital em si e para si, portanto, a partir da utilidade do trabalho poderia ser demonstrada ao trabalhador a utilidade do capital, já que o trabalho tanto quanto o instrumento pertencem ao capitalista no processo de trabalho.}

Considerados em referência ao trabalho mesmo, os elementos do processo de trabalho são determinados como material de trabalho, meio de trabalho e como trabalho mesmo. Ao se considerar esses elementos em referência à finalidade de todo o processo, ao produto a ser fabricado, então eles podem ser designados como material de produção, meio de produção e trabalho produtivo (talvez não essa última expressão).

O produto é o resultado do processo de trabalho. Do mesmo modo, aparecem produtos como seu pressuposto, com os quais eles não termina, mas de cuja existência ele parte como condição. A capacidade de trabalho mesma é não somente um produto, mas os meios de subsistência que o trabalhador recebe como dinheiro do possuidor do dinheiro pela venda de sua capacidade de trabalho, são produtos já acabados, prontos para o consumo individual. Seu material de trabalho e meio de trabalho também já são, um ou outro, ou ambos, produtos. Portanto, os produtos já são pressupostos à produção; produtos tanto para o consumo individual, como para o produtivo. Originalmente, a natureza mesma é o depósito onde o homem, que igualmente é pressuposto como produto natural, encontra produtos naturais prontos para o consumo, assim como encontra, em parte, nos órgãos de seu próprio corpo, os primeiros meios de produção para a apropriação desses produtos. O meio de trabalho, o meio de produção aparece como o primeiro produto produzido por ele, cujas primeiras formas, como pedra etc., ele também encontra na natureza.

O processo de trabalho como tal, conforme foi dito, nada tem a ver com o ato de compra da capacidade de trabalho por parte do capitalista. Ele comprou a capacidade de trabalho. Agora ele deve empregá-la como valor de uso. O valor de uso do trabalho é o trabalho mesmo, o processo de trabalho. A pergunta é, portanto, em que isso consiste segundo seus elementos gerais; logo, independentemente do futuro capitalista, tal como se disséssemos: ele compra trigo, ele quer usá-lo como meio de nutrição. Em que consiste o processo de nutrição por meio de cereais ou, antes, quais são os momentos gerais do processo de nutrição em geral?

Processo de valorização

O resultado do processo de trabalho é o *produto*, na medida em que o resultado ainda é considerado com referência ao próprio processo, como processo de trabalho cristalizado, cujos diferentes fatores são reunidos num objeto em repouso, numa união de sua atividade subjetiva com seu conteúdo material. Mas esse produto para si, considerado na autonomia em que ele aparece como resultado do processo de trabalho, é um *valor de uso* determinado. O material de trabalho recebeu a forma, as propriedades determinadas cuja produção o processo de trabalho inteiro tem por finalidade e que, como finalidade motora, determina o modo particular do próprio trabalho. Esse produto é um *valor de uso* porquanto é, agora, resultado, logo, porquanto o processo de trabalho encontra-se atrás dele como passado, como história de sua criação. Aquilo que o dinheiro recebe por meio de sua troca com a capacidade de trabalho, ou aquilo que o possuidor de dinheiro recebe por meio do consumo da capacidade de trabalho por ele comprada – mas esse consumo, segundo a natureza da capacidade de trabalho, é consumo industrial, produtivo ou processo de trabalho – é um *valor de uso*. Esse valor de uso lhe pertence, ele o comprou ao dar um equivalente por ele, quer dizer, comprou o material de trabalho, o meio de trabalho; igualmente, porém, pertence-lhe o *trabalho mesmo*, pois ao comprar a capacidade de trabalho – *antes*, portanto, de haver realmente trabalhado –, passa a lhe pertencer o valor de uso dessa mercadoria que, é precisamente o trabalho mesmo. O produto lhe pertence totalmente tal como se ele consumisse sua própria capacidade de trabalho, isto é, tal como se tivesse trabalhado ele mesmo a matéria-prima. O processo de trabalho inteiro só ocorre depois que ele providenciou todos os seus elementos na base da troca de mercadorias e em correspondência às suas leis, isto é, pela compra das mercadorias a seu preço, que é seu valor expresso, estimado em dinheiro. Na medida em que seu dinheiro se converteu nos elementos do processo de trabalho e o próprio processo de trabalho inteiro aparece somente como o consumo da capacidade de trabalho comprada pelo dinheiro, o processo de trabalho mesmo aparece como uma transformação que o dinheiro sofre, na qual ele foi trocado não por um valor de uso existente, mas por um processo que é o seu próprio processo. De certo modo, o processo de trabalho lhe é incorporado, subsumido a ele.

No entanto, aquilo que se buscava com a troca de dinheiro por capacidade de trabalho não era, em absoluto, valor de uso, mas a transformação do dinheiro em capital. O valor autonomizado em dinheiro conservou-se nessa troca, aumentou, assumiu a forma egoísta e o possuidor do dinheiro tornou-se capitalista justamente ao representar o valor que se propaga pela circulação, que nela se afirma como sujeito. A questão dizia respeito ao valor de troca, não ao valor de uso. O valor só se afirma como valor de troca na medida em que o valor de uso criado no processo de trabalho, o produto do trabalho real mesmo, é portador do valor de troca, ou seja, é *mercadoria*. Tratava-se, por isso, para o dinheiro que se transformou em capital, da produção de uma mercadoria, não de um mero valor de uso, mas do valor de uso somente na medida em que ele é condição necessária, substrato material do valor de troca. Tratava-se, de fato, de *produção* de valor de troca, de sua conservação e aumento. O que agora devemos fazer, portanto, é calcular o valor de troca conservado no produto, no novo valor de uso. (Trata-se de valorizar o valor. Portanto, não somente de um processo de trabalho, mas de um processo de valorização.)

Antes de proceder a esse cálculo, ainda uma observação. Todos os pressupostos do processo de trabalho, tudo que nele entra, não consiste apenas em valores de uso, mas antes, em mercadorias, valores de uso que tinham um preço, que expressavam seu valor de troca. Assim como as mercadorias se inseriram como elementos desse processo, elas devem sair dele novamente, o que não aparece quando observamos o mero processo de trabalho como produção material. Ele forma, por conseguinte, apenas um lado: o lado material do processo de produção. Assim como a mercadoria possui, por um lado, valor de uso, por outro lado, valor de troca, assim também a mercadoria deve, em seu processo de formação, ser naturalmente, *in actu*,[79]

---

[79] Na realidade.

um processo bilateral: por um lado, sua produção como valor de uso, como produto de trabalho útil, por outro lado, sua produção como valor de troca, e esses dois processos têm de aparecer somente como duas formas diferentes do mesmo processo, exatamente como a mercadoria é unidade de valor de uso e valor de troca. A mercadoria, da qual partimos como de um dado, será considerada aqui no processo de seu devir. O processo de produção é o processo de produção não de valor de uso, mas de mercadoria, portanto, da unidade de valor de uso e valor de troca. Todavia, isso ainda não faz do modo de produção o modo de produção capitalista. Ele requer apenas que o produto, o valor de uso, não seja destinado para consumo próprio, mas para alienação,[80] para venda. A produção capitalista, porém, requer não apenas que as mercadorias lançadas no processo sejam valorizadas, que por meio da adição de trabalho – o consumo industrial não é senão adição de trabalho novo – elas recebam um novo valor, mas que os valores nelas lançados – pois os valores de uso nelas lançados, na medida em que elas eram mercadorias, tinham todos valor – se valorizem como valor, produzam novo valor já que eram valores. Se se tratasse apenas do primeiro processo, não teríamos ido além da mercadoria simples.

Aceitamos que, para o possuidor do dinheiro, os elementos do processo de trabalho não são valores de uso que se encontram em sua posse, mas valores que foram originalmente adquiridos como mercadorias pela compra e que isso constitui o pressuposto do processo de trabalho inteiro. Vimos que isso não é necessário para todo tipo da indústria, que, além do meio de trabalho, também o material de trabalho é mercadoria, isto é, ele mesmo é um produto já mediado pelo trabalho e, como trabalho objetivado, valor de troca – mercadoria. Porém, partimos aqui do pressuposto de que todos os elementos do processo são comprados, como é o caso na fabricação. Tomamos o fenômeno na forma em que ele aparece o mais completo. Isso não altera em nada quanto à exatidão da reflexão mesma, pois para outros casos basta que se estabeleça um fator = 0. Assim, por exemplo, na pesca, o material de trabalho mesmo já não é produto, portanto, não circula antes como mercadoria, o que permite que um fator do processo de trabalho, na medida em que é considerado como valor de troca – como mercadoria –, possa ser posto como = 0, no caso em questão, o material de trabalho. Porém, é *essencial* o pressuposto de que o possuidor do dinheiro compra não apenas a capacidade de trabalho – ou de que o dinheiro não se troca apenas por

---

[80] *Entäusserung.*

capacidade de trabalho, mas igualmente por outras condições objetivas do processo de trabalho, material de trabalho, meio de trabalho, condições nas quais pode estar incluída uma ampla multiplicidade de coisas, mercadorias, conforme a natureza do processo de trabalho seja mais simples ou mais complexa. No primeiro degrau do desenvolvimento em que aqui nos encontramos, ele é metodologicamente necessário. Teremos de ver como o dinheiro se transforma em capital. Porém, esse processo é percorrido diariamente por todo possuidor de dinheiro que quer transformar seu dinheiro em capital industrial. Ele tem de comprar material e meios de trabalho para poder consumir trabalho alheio. – Necessário para a real compreensão da natureza da relação capitalista. Parte da circulação de mercadorias como seu fundamento. Supõe a superação do modo de produção em que o autoconsumo constitui o principal fim da produção, e somente o excedente é vendido como mercadoria. Ela se desenvolve mais completamente quanto mais todos os elementos de que ela se apropria são, eles mesmos, mercadorias, portanto elementos que só podem ser apropriados por meio da compra. Quanto mais a produção mesma obtém seus elementos da circulação, isto é, como mercadorias, de tal forma que elas já entram na produção como valores de troca, tanto mais essa produção é produção capitalista. Se tomamos aqui, teoricamente, a circulação como pressuposto da formação do capital e, por isso, partimos do dinheiro, esse é igualmente o percurso histórico. O capital se desenvolve a partir do patrimônio monetário e pressupõe, para a sua formação, relações comerciais já muito desenvolvidas, estabelecidas em um estágio de produção que o antecede. Dinheiro e mercadoria são o pressuposto do qual temos de partir na consideração da economia burguesa. Será mostrado, na consideração posterior sobre o capital, que somente a produção capitalista é, de fato, aquela em cuja superfície a mercadoria aparece como a forma elementar da riqueza.

Vê-se, com isso, a absurdidade do hábito que J. B. Say introduziu com seu esquematismo francês – como no geral ele era somente um vulgarizador de A. Smith, ele pôde somente dar ao conteúdo, nem um pouco imponente, uma disposição agradável ou uniforme – mas que não foi seguido por nenhum economista clássico, de considerar primeiro a produção, depois a troca, então a distribuição e, finalmente, o consumo, ou também de dividir de algum outro modo essas 4 rubricas. O modo de produção específico que estamos a considerar pressupõe, desde o início, um modo determinado da troca como uma de suas formas, produz um modo determinado de distribuição e consumo, na medida em que a consideração sobre estes últimos recai plenamente no domínio da economia política. (Retornar a isso depois.)

Portanto, *now ad rem*.[81]

O valor de troca do produto (do valor de uso), que se origina do processo de trabalho, consiste na soma total do tempo de trabalho que nele é materializado, na quantidade total de trabalho nele aplicado, objetivado.[82] Consiste, portanto, primeiramente, no valor da matéria-prima nele contida ou no tempo de trabalho requerido para produzir esse material de trabalho. Consideremos 100 jornadas de trabalho. Esse valor, no entanto, já está expresso no preço pelo qual o material de trabalho foi comprado, seja, por exemplo, 100 táleres. O valor dessa parte do produto já entra nele determinado como preço. Em segundo lugar, no que se refere ao meio de trabalho, instrumento etc., o instrumento só precisa ser usado em parte e pode continuar novamente a funcionar como meio de trabalho em novos processos de trabalho. Por isso, somente pode entrar no cálculo a parte do instrumento que foi utilizada – porque somente ela entrou no produto. Sobre esse ponto, queremos pressupor que o meio de trabalho inteiro se consome num processo de trabalho – posteriormente se mostrará em detalhe como é calculada a depreciação do meio de trabalho. O pressuposto muda pouco a questão já que, de fato, somente instrumento entra no cálculo, na medida em que é consumido no processo de trabalho, portanto, na medida em que é transferido para o produto; portanto, somente o meio de trabalho utilizado entra no cálculo. E ele é igualmente comprado.

Antes de prosseguirmos, devemos discutir aqui como no processo de trabalho se conserva o valor do material de trabalho e do meio de trabalho e, por conseguinte, como ele aparece novamente como componente de valor pronto, *pressuposto* do produto ou, o que é o mesmo, como, no processo de trabalho, o material e o meio de trabalho são consumidos, modificados, ou modificados ou completamente destruídos (como o meio de trabalho), ao passo que seu valor não é destruído, mas reaparece no produto como um componente, componente *pressuposto* de seu valor.

{O capital, segundo seu aspecto material, foi considerado como processo de produção simples, como processo de trabalho. Porém, segundo o aspecto da determinidade formal, esse processo é *processo de autovalorização*. A autovalorização inclui tanto a conservação do valor pressuposto quanto sua multiplicação. O trabalho é atividade adequada a um fim e, assim, segundo

---

[81] Agora ao ponto.

[82] É sobre essa *adição* que Quesnay etc. sustenta sua demonstração da improdutividade de todos os trabalhos, salvo o trabalho agrícola. (Nota do autor).

o aspecto material, é pressuposto que no processo de produção o trabalho empregou, em conformidade ao fim (*zweckmässig*), o meio de trabalho para dar ao material de trabalho o novo valor de uso que se objetivava.}

{Como o processo de trabalho – pois o trabalho pertence ao capitalista – é processo de consumo da capacidade de trabalho pelo capitalista, ele tem no processo de trabalho seu material e meio de trabalho consumidos pelo trabalho, e o trabalho consumido pelo seu material etc.}

Para o processo de trabalho como tal, ou no processo de trabalho como tal, a capacidade de trabalho ativa, o trabalhador efetivo se relaciona com o material de trabalho e o meio de trabalho somente como pressupostos objetivos da inquietude criadora que é o próprio trabalho; de fato, somente como meios objetivos de realização do trabalho. Eles são tais somente mediante suas propriedades objetivas, mediante as propriedades que eles possuem como o material e o meio desse trabalho determinado. O fato de que eles são produtos de trabalho anterior desaparece neles quando assumem a condição de coisas. A mesa que me serve para escrever possui como sua forma própria e suas próprias propriedades o que antes aparecia como qualidade formadora ou determinidade do trabalho de carpintaria. Tenho a ver com ela na medida em que eu a uso como meio para trabalho posterior, na medida em que ela serve como valor de uso, como mesa para uma aplicação determinada. Que o material no qual ela consiste tenha recebido essa forma por meio de trabalho anterior, por meio de trabalho de carpintaria, é algo que desapareceu, dissipou-se na sua existência de coisa. Ela serve como mesa no processo de trabalho, sem qualquer consideração ao trabalho que fez dela uma mesa.

No valor de troca, ao contrário, trata-se apenas da quantidade de trabalho da qual esse valor de uso determinado aparece como materialização, ou da quantidade de tempo de trabalho requerida para produzi-lo. Nesse trabalho, desapareceu sua própria qualidade, que ele seja, por exemplo, trabalho de carpintaria, pois ele é reduzido a uma quantidade determinada de trabalho igual, geral, indiferenciado, social, abstrato. A determinidade material do trabalho, portanto, também do valor de uso em que ele se fixa, desapareceu nisso, dissipou-se, é agora indiferente. Pressupõe-se que era trabalho necessário, portanto, trabalho que resultou num valor de uso. Porém, qual era esse valor de uso, qual era, por conseguinte, a utilidade determinada do trabalho, é algo que desapareceu na existência da mercadoria como valor de troca, pois, como tal, ela é um equivalente, exprimível em qualquer outro valor de uso, portanto, em qualquer outra forma do trabalho útil, como idêntica quantidade de trabalho social. Daí que, em relação ao valor – isto é, considerado como quantidade de trabalho objetivada – o material de trabalho e os meios de trabalho consumidos possam sempre ser considerados como se fossem momentos do mesmo processo de trabalho, de tal forma que, para fabricar o produto, o novo valor de uso, sejam requeridos (1) o tempo de trabalho que se objetiva no material de trabalho, (2) o tempo de trabalho que se materializa no meio de trabalho. O material de trabalho, em sua forma original, é certamente variado, embora ele também reapareça conforme sua substância no novo valor de uso. O meio de trabalho desaparece completamente, embora reapareça como ação, resultado, na forma do novo valor de uso. A determinidade material determinada, a utilidade do trabalho, que existia no material de trabalho e no meio de trabalho, foi igualmente apagada, assim como os valores de uso em que eles resultaram se dissiparam ou se modificaram. Porém, como valores de troca, já antes de entrar nesse novo processo de trabalho, eles eram mera materialização do trabalho geral, nada mais que uma quantidade de tempo de trabalho em geral absorvida num objeto, para a qual era indiferente o caráter determinado do trabalho real, assim como a natureza determinada do valor de uso em que ela se realiza. Depois do novo processo de trabalho, tem-se a mesma relação que havia antes dele. A quantidade de tempo de trabalho necessária para produzir, por exemplo, algodão e fuso, é a necessária quantidade de tempo de trabalho requerida para produzir o fio, na medida em que algodão e fuso são consumidos no fio. É totalmente indiferente que essa quantidade de tempo de trabalho apareça agora como fio, já que ela aparece, como antes, num valor de uso para cuja produção ela é necessária. Se, por exemplo, troco algodão e fuso ao valor de 100 táleres por uma quantidade de fio que vale igualmente 100 táleres, então, também nesse caso, o tempo de trabalho contido no algodão e no fuso existe como tempo de trabalho contido no fio. Que algodão e fuso, em sua real transformação material em fio, também sofram modificações materiais, um recebendo outra forma, o outro desaparecendo completamente em sua forma material, é algo que nada muda aqui, *porque* isso lhes concerne tão somente como valores de uso e, portanto, sob uma forma frente à qual eles, como valores de uso, são indiferentes em si e para si. Como eles são, como valores de troca, somente uma quantidade determinada de tempo de trabalho social materializado, sendo assim grandezas iguais, equivalentes para todo outro valor de uso, que é igual grandeza de quantidade de tempo de trabalho social materializado, nada muda neles, então, que apareçam agora como fatores de um novo valor de uso. A única condição é que eles (1) apareçam como tempo de trabalho necessário para produzir o novo valor de uso; (2) resultem realmente num outro valor de uso – portanto, em valor de uso em geral.

Algodão e fuso são tempo de trabalho necessário para criar o novo valor de uso, porque os valores de uso nos quais originalmente se cristalizaram são fatores necessários para o novo processo de trabalho. Porém, em segundo lugar, de acordo com o pressuposto, os valores de uso tal como existiam antes do processo de trabalho – como algodão e fuso – de fato resultaram, por meio do novo processo de trabalho, num novo valor de uso, no produto, no fio. (Que no novo produto entrem somente quantidades de material e meio de trabalho necessárias à sua formação – portanto, somente o tempo de trabalho necessário requerido nessas quantidades determinadas –, que, em outras palavras, nem o material nem os meios de produção sejam desperdiçados, é uma condição que não concerne a eles como tais, mas à conformidade ao fim e à produtividade do novo trabalho, que no processo de trabalho os utiliza como material e meio seus; é, portanto, uma determinação que deve ser considerada nesse trabalho mesmo. Porém, aqui é suposto que eles entram no novo processo como meio de trabalho e material de trabalho somente naquelas quantidades que são realmente requeridas como tais para a realização do novo trabalho, que são efetivamente condições objetivas do novo processo de trabalho.)

Temos, portanto, dois resultados.

Em primeiro lugar: O tempo de trabalho requerido na produção do material de trabalho e do meio de trabalho consumidos no produto é o tempo de trabalho requerido na produção do produto. Na medida em que o valor de troca é considerado, os tempos de trabalho materializados no material e no meio de trabalho podem ser considerados como se fossem elementos do mesmo processo de trabalho. Todo o tempo de trabalho contido no produto é passado; portanto, trabalho materializado. Que o tempo de trabalho que passou no material e no meio tenha passado anteriormente, pertença a um período anterior, como o tempo de trabalho que funciona imediatamente no último processo de trabalho mesmo, é aqui indiferente. Eles apenas constituem períodos anteriores nos quais o tempo de trabalho contido no produto foi executado, como a parte que representa o trabalho imediato que entra no produto. *Os valores do material e do meio de trabalho reapareçam, assim, no produto como componentes de seu valor.* Esse valor é um valor *pressuposto*, pois já estava expresso nos preços de material de trabalho e meio de trabalho, no tempo de trabalho neles contido em sua forma geral, como trabalho social; são esses os preços pelos quais o possuidor do dinheiro os comprou como mercadorias, antes de ele iniciar o processo de trabalho. Os valores de uso nos quais eles consistiam desapareceram, mas eles mesmos permaneceram inalterados e inalterados permanecem nos novos valores de uso. Deu-se apenas a modificação pela qual eles aparecem como meros componentes, fatores de seu valor, fatores de um novo valor. Na medida em que a mercadoria em geral é valor de troca, o valor de uso determinado, a determinidade material determinada na qual ele existe é, em geral, apenas um modo de manifestação determinado da mercadoria; de fato, ele é equivalente geral e, por isso, pode trocar essa encarnação por qualquer outra; por meio da circulação e, inicialmente, por sua transformação em dinheiro, ele é capaz de dar a si a substância de qualquer outro valor de uso.

Em segundo lugar: Os valores de meio de trabalho e material de trabalho se conservam, portanto, no valor do produto, entram como fatores no valor do produto. *Porém, eles reaparecem nele somente* porque a modificação real que os valores de uso neles sofreram não afetou em nada sua substância, mas somente as formas do valor de uso nas quais eles existiam antes e depois do processo; mas em nada foi afetada – em sua essência, em relação à natureza da coisa – a forma determinada do valor de uso sob a qual existe o valor do produto, ou também a utilidade determinada do trabalho que nele é reduzida a trabalho abstrato.

Todavia, para que o valor do material de trabalho e meio de trabalho reapareça no produto, é *conditio sine qua non*[83] que o processo de trabalho realmente continue até o seu fim, até o produto, que resulte realmente no produto. Quando, portanto, se trata do valor de uso cuja produção se estende por um período mais longo, então se vê o quanto o momento da *continuidade* do processo de trabalho é essencial para o processo de valorização em geral – mesmo que se trate apenas da conservação de valores de uso existentes. (Porém, isso presume, segundo o pressuposto, que o processo de trabalho se desenvolva sobre a base da apropriação da capacidade de trabalho por meio da sua compra por parte do dinheiro, por meio da contínua transformação do dinheiro em capital. Portanto, presume que a existência da *classe trabalhadora* seja uma constante. Também em estágios de produção anteriores pode-se encontrar esporadicamente uma classe trabalhadora anterior, mas não como pressuposto *geral* da produção. Nas *colônias* (vide *Wakefield*, retornar mais tarde a isso[84]) mostra-se como essa relação mesma é um produto da produção capitalista.)

---

[83] Condição necessária.

[84] Cf. caderno XX, p. 1446. (Nota da edição original).

Ora, no que concerne à conservação dos valores de material de trabalho e meio de trabalho – portanto, pressupondo-se que o processo de trabalho continue até o produto –, essa conservação pode ser simplesmente alcançada por meio do consumo desses valores de uso como tais pelo trabalho vivo no processo de trabalho, por sua figuração como elementos reais do processo de trabalho – somente por meio de seu contato com o trabalho vivo e por meio de sua entrada neste último enquanto condições de sua atividade conforme um fim. *No processo de trabalho, o trabalho vivo acrescenta valor* ao valor *pressuposto no material e no meio de trabalho* somente na medida em que ele é para si uma nova quantidade de trabalho, não na medida em que é trabalho real, útil, considerado segundo sua determinidade material. O fio tem um valor maior que a soma dos valores de algodão e fuso nele consumidos somente porque uma nova quantidade de trabalho foi acrescentada no processo de trabalho a fim de transformar aqueles valores de uso no novo valor de uso fio, com isso, porque o fio contém ainda uma nova quantidade de trabalho que se acrescenta àquela contida no algodão e no fuso. Porém, os valores de troca de algodão e fuso se *conservam* simplesmente pelo fato de que o trabalho real, o trabalho de fiação, transforma-os no novo valor de uso fio, portanto, os consome de modo consequente, faz deles *fatores vitais de seu próprio processo*. Os valores que entram no processo de trabalho são conservados simplesmente por meio da *qualidade* do trabalho vivo, por meio da natureza de sua exteriorização, em que aqueles objetos mortos – nos quais os valores pressupostos estão presentes como seus valores de uso – são então realmente apreendidos como valores de uso por esse novo trabalho útil, pela fiação, e se tornam elementos do novo trabalho. *Com isso, eles são conservados como valores por entrarem no processo de trabalho como valores de uso*, portanto, por desempenharem seus papéis conceitualmente determinados de material de trabalho e meio de trabalho face ao trabalho real, útil. Permaneçamos em nosso exemplo. Algodão e fuso são utilizados como valores de uso porque entram no trabalho determinado, a fiação, como material e meio, porque são postos no real processo de fiar um como o objeto, o outro como o órgão dessa atividade viva conforme ao fim. Desse modo, portanto, são conservados como valores, pois são conservados como valores de uso para o trabalho. *São plenamente conservados como valores de troca porque são utilizados pelo trabalho como valores de uso*. No entanto, o trabalho que assim os utiliza como valores de uso é trabalho efetivo, o trabalho considerado [em] sua determinidade material, esse trabalho determinado, útil, que se refere a esses valores de uso particulares somente como material de trabalho e meio de trabalho, que se reporta a eles como tais em sua exteriorização viva. É esse trabalho útil e determinado, a fiação, que conserva os valores de uso algodão e fuso como valores de troca e, por isso, como parte-constitutiva-do-valor-de-troca no produto, e que os faz reaparecer no valor de uso fio porque se reporta a eles, no processo real, como seu material e seu meio, como os órgãos de sua realização, porque os anima como esses seus órgãos e os faz atuar como tais. E, desse, modo os valores de todas as mercadorias – que, conforme seu valor de uso, não entram no consumo individual imediato, mas são destinadas à nova produção – se conservam somente uma vez que, como material e meio de trabalho, os quais eles são apenas em possibilidade, eles se tornam material e meio de trabalho reais; uma vez que podem servir como tais ao trabalho determinado, podem ser utilizados como tais. Eles só são conservados como valores de troca na medida em que, conforme sua determinação conceitual, são consumidos pelo trabalho vivo como valores de uso. *Porém, eles são tais valores de uso – material e meio – apenas para o trabalho real, determinado.* Eu posso utilizar algodão e fuso como valores de uso somente no ato de fiar, não no ato de moer ou de fabricar botas. Todas as mercadorias são, em geral, valores de uso somente em potência. Elas se tornam valores de uso reais somente por meio de seu uso real, seu consumo, e seu consumo é aqui o próprio trabalho particular, determinado, o processo de trabalho determinado.

Assim, material de trabalho e meio de trabalho só são conservados como valores de troca na medida em que são consumidos como valores de uso no processo de trabalho, isto é, na medida em que o trabalho vivo se reporta a eles em ato como seus valores de uso, na medida em que ele os faz desempenhar o papel de seu meio e material, na medida em que, em sua inquietude viva, tanto os põe quanto os suprime como meio e material. Na medida em que faz isso, porém, o trabalho é trabalho *real*, atividade particular adequada ao fim, é o trabalho como atividade determinada, tal qual aparece como tipo particular de trabalho útil no processo de trabalho. Porém, não é o trabalho nessa determinidade – ou essa não é, porém, a determinidade em que o trabalho acrescenta *novo* valor de troca ao produto ou aos objetos (valores de uso) que entram no processo de trabalho. Por exemplo, a fiação. A fiação conserva no fio os valores de algodão e fuso nela consumidos, porque esse processo realmente fia algodão e fuso, utiliza-os como material e meio para a produção de um novo valor de uso, o fio, ou faz com que algodão e fuso realmente funcionem agora no processo de fiação como material e meio desse trabalho vivo, particular. Entretanto, quando a fiação eleva o valor do produto, do fio, ou adiciona novo valor aos valores já pressupostos e que apenas reapareçam no fio, aos valores de fuso e algodão, isso só ocorre na medida em que, por meio da fiação, *novo tempo de trabalho é adicionado ao tempo de trabalho contido no algodão e no fuso*. Primeiramente, segundo sua substância, a fiação não cria valor na medida em que ela é esse trabalho concreto, particular, materialmente determinado – a fiação – mas na medida em que é trabalho em geral, abstrato, igual, social. Por isso, ela também não cria valor na medida em que se objetiva como fio, mas na medida em que esse fio é materialização do trabalho social em geral, portanto, na medida em que é objetivado num equivalente geral. Em segundo lugar, a grandeza do valor adicionado depende exclusivamente da quantidade de trabalho adicionado, do tempo de trabalho que é adicionado. Se o fiandeiro, por meio de uma invenção qualquer, pudesse transformar em fio uma determinada quantidade de algodão com certo número de fusos em meia jornada em lugar de uma jornada inteira, então seria *acrescentada ao fio apenas metade do valor*, em comparação com o primeiro caso. Porém, o *valor inteiro* de algodão e fuso seria conservado no produto fio, tanto num caso como no outro, seja requerido um dia, meio dia ou uma hora de tempo de trabalho para transformar algodão em fio. Esses valores são conservados porque o algodão em geral foi transformado em fio, porque algodão e fuso foram transformados em material e meio da fiação, entraram no processo de fiar de forma totalmente indiferente ao tempo de trabalho que esse processo requer. Suponhamos que o fiandeiro adiciona ao algodão somente o tempo de trabalho necessário para produzir o seu próprio salário, logo, tanto tempo de trabalho quanto foi despendido pelo capitalista no preço de seu trabalho. Nesse caso, o valor do produto seria exatamente igual ao valor do capital adiantado, quer dizer, igual ao preço do material, mais o preço do meio de trabalho, mais o preço do trabalho. No produto, não estaria contido mais tempo de trabalho do que o que existia na soma de dinheiro antes que esta se transformasse nos elementos do processo de produção. Nenhum valor novo seria adicionado, mas, tal como antes, estaria contido no fio o valor de algodão e fuso. A fiação adiciona valor ao algodão na medida em que é reduzida a igual trabalho social em geral, em que é reduzida a essa forma abstrata do trabalho e a grandeza do valor que ela adiciona não depende de seu conteúdo como fiação, mas do tempo que ela dura. *O fiandeiro não precisa, portanto, de dois tempos de trabalho, um para conservar o valor do algodão e do fuso, outro para lhes acrescentar novo valor*. Antes, na medida em que ele fia o algodão, nele faz a objetivação de novo tempo de trabalho, a ele acrescenta novo valor, o fiandeiro conserva o valor que eles tinham no fuso utilizado, antes que entrassem no processo de trabalho. *Por meio do mero acréscimo de valor novo, novo tempo de trabalho, ele conserva os valores anteriores, o tempo de trabalho que já estava contido no material e no meio de trabalho*. Porém, a fiação o conserva como fiação, não como trabalho em geral e não como tempo de trabalho, mas sim em sua determinidade material, mediante sua qualidade como esse específico trabalho real, vivo, que no processo de trabalho, como atividade viva, destinada a um fim, arranca os valores de uso algodão e fuso de sua objetividade indiferente, não os abandona como objetos indiferentes ao metabolismo da natureza, mas, antes, faz deles elementos reais do processo de trabalho. No entanto, qualquer que seja também a determinidade específica do trabalho real, particular, todo tipo de trabalho tem isso em comum com os outros, a saber, que, por meio de seu processo – por meio do contato, da interação viva em que ele se encontra com suas condições objetivas – essas condições, que desempenham o papel de meio de trabalho e material conforme sua natureza e seu fim, o trabalho as transforma em elementos conceitualmente determinados do processo de trabalho mesmo e, assim, as *conserva* como *valores de troca ao utilizá-las como valores de uso reais*. Portanto, é por meio de sua qualidade como trabalho vivo – que transforma os produtos existentes no processo de trabalho em material e meio de sua atividade, de sua própria realização – que no novo produto e valor de uso ele conserva os valores de troca desses produtos e valores de uso. Ele conserva seu valor porque os consome como valores de uso. Mas ele os consome como valores de uso somente porque, enquanto esse trabalho específico, os ressuscita dos mortos e faz deles seu material de trabalho e meio de trabalho. O trabalho, na medida em que cria valor de troca, é somente a forma social, determinada do trabalho, o trabalho real reduzido a uma fórmula social determinada; e nessa forma o tempo de trabalho é a única medida da grandeza de valor.

Portanto, porque a conservação dos valores de material e meio de trabalho é, por assim dizer, o dom natural do trabalho real, vivo, e, por isso, no mesmo processo em que o valor aumenta, o valor antigo é conservado – *valor novo não pode ser posto sem que o antigo valor seja conservado*, pois esse efeito decorre da essência do trabalho como valor de uso, como atividade útil, advém do valor de uso do próprio trabalho –, esta conservação não custa nada, nem ao trabalhador, nem ao capitalista. Portanto, o capitalista também recebe gratuitamente a conservação do valor pressuposto no novo produto. Mesmo que seu fim seja não a conservação, mas o aumento do valor pressuposto, esse dom gratuito do trabalho mostra sua importância decisiva, por exemplo, em crises industriais em que o processo de trabalho real é interrompido. A máquina enferruja, o material se deteriora. Eles perdem seus valores de troca, que não são conservados porque não entram como valores de troca no processo de trabalho, não entram em contato com o trabalho vivo; seus valores não se conservam porque não são aumentados. Eles só podem ser aumentados, novo tempo de trabalho só pode ser adicionado ao antigo na medida em que se dá continuidade ao processo de trabalho real.

Portanto, o trabalho, como trabalho vivo, real, conserva no processo de trabalho os valores somente enquanto – como trabalho, como tempo de trabalho abstrato, social – adiciona novo valor aos valores.

O *consumo produtivo*, como aquele que aparece no processo de trabalho real, pode ser agora melhor determinado dizendo-se que os valores pressupostos dos produtos no processo de trabalho são conservados mediante a utilização, o consumo desses produtos como valores de uso – como material e meio de trabalho –, mediante sua transformação em valores de uso reais para a formação de um novo valor de uso.

{Mas os valores do material de trabalho e do meio de trabalho só reaparecem no produto do processo de trabalho na medida em que eram pressupostos como valores a este último, na medida em que eram valores antes de entrar nesse processo. Seu valor é igual ao tempo de trabalho social que neles está materializado; é igual ao tempo de trabalho necessário para produzi-lo sob dadas condições sociais gerais de produção. Se, por meio de uma mudança qualquer na produtividade do trabalho do qual são produtos, fosse requerido posteriormente mais ou menos tempo de trabalho para produzir esses valores de uso determinados, então seu valor aumentaria no primeiro caso, cairia no segundo; pois o tempo de trabalho nele contido determina seu valor somente na medida em que ele é tempo de trabalho geral, social e necessário. Por isso, embora entrem no processo de trabalho com um valor determinado, eles podem dele sair com um valor maior ou menor, pois houve uma mudança geral no tempo de trabalho que a sociedade necessita para sua produção, deu-se uma revolução em seus custos de produção, isto é, na grandeza do tempo de trabalho necessário à sua produção. Nesse caso, necessita-se mais ou menos tempo de trabalho do que antes para reproduzi-los, para produzir um novo exemplar de mesmo tipo. Porém, essa mudança de valor do material de trabalho e do meio de trabalho não muda em absolutamente nada a circunstância de que eles, no processo de trabalho em que entram como material e meio, são sempre pressupostos como valores dados, como valores de uma dada grandeza. Pois, nesse processo mesmo, eles saem como valores somente na medida em que nele entraram como tais. Uma alteração em seu valor nunca provém desse processo de trabalho mesmo, mas, antes, das condições do processo de trabalho dos quais eles são ou eram produtos; processo no qual, por isso, eles não são pressupostos como produtos. Se suas condições gerais de produção se alteram, então neles ocorre uma reação. Eles são objetivação de mais ou menos tempo de trabalho – valores maiores ou menores do que eram originalmente, mas somente porque agora maior ou menor tempo de trabalho é requerido para sua produção do que era originalmente. A reação provém de que eles, como valores, são materialização do tempo de trabalho social, e somente do tempo de trabalho neles mesmos contido, na medida em que esse tempo é reduzido a tempo de trabalho social geral, em que é elevado à potência de igual tempo de trabalho social. No entanto, essas mudanças em seu valor sempre se originam de uma variação na produtividade do trabalho do qual eles são produtos, não tendo relação, no entanto, com os processos de trabalho em que eles entram como produtos acabados com um valor dado. Se eles alteram esse valor antes de estar acabado o novo produto do qual eles são elementos, nem por isso eles se comportam em face desse produto como valores independentes, dados, a ele pressupostos. Sua variação de valor se origina de mudanças em suas próprias condições de produção, que se verificam fora e independentemente do processo de trabalho no qual eles entram como material e meio, não em decorrência de uma operação efetuada em seu interior. Para esse processo, eles são sempre grandezas de valor dadas, pressupostas, embora sejam agora – por meio de agentes externos, que atuam fora daquele processo – pressupostos a esse processo como grandezas de valor maiores ou menores do que era o caso originalmente.}

Se no processo de trabalho vemos que, assim como o produto é seu resultado, seus produtos são pressupostos para ele, igualmente deve ser dito agora que se a mercadoria é seu resultado, isto é, uma unidade de valor de uso e valor de troca, também as mercadorias são igualmente seus pressupostos. Os produtos saem do processo de valorização como mercadorias somente porque entraram nele como mercadorias – produtos de valor de troca determinado. A diferença é que os produtos foram modificados como valores de uso para formar um novo valor de uso. Seus valores de troca não foram afetados por essa modificação material, razão pela qual reaparecem inalterados no novo produto. Se o produto do processo de trabalho é valor de uso, então o valor de troca tem de ser considerado como o produto do processo de valorização, e a mercadoria, a unidade de valor de troca e valor de uso, tem de ser considerada como o produto de ambos os processos, que são apenas duas formas do mesmo processo. Se quiséssemos ignorar que as mercadorias são pressupostas à produção como seus elementos, então no processo de produção se trataria apenas de usar produtos na formação de novos produtos, o que também pode ocorrer em condições sociais em que o produto não se desenvolveu em mercadoria e menos ainda a mercadoria em capital.

Conhecemos então dois componentes do valor do produto: (1) o valor do material nele consumido; (2) o valor do meio de produção nele consumido. Se eles são respectivamente iguais a A e B, então o valor do produto consiste primeiramente na soma dos valores de A e B, ou P (o produto), P = A + B + x. Com x indicamos a parte ainda não determinada do valor que se adiciona ao material A pelo trabalho no processo de trabalho. Chegamos agora ao momento de examinar esse terceiro componente.

Sabemos o que pagou o possuidor do dinheiro, isto é, que preço ou valor ele pagou para dispor da capacidade de trabalho ou pela aquisição temporária da capacidade de trabalho, mas não sabemos ainda qual equivalente ele recebeu em troca. Além disso, partimos do pressuposto de que o trabalho que o trabalhador executa é trabalho médio normal, trabalho que dá forma à qualidade ou, antes, à falta de qualidade da substância do valor de troca. Veremos, no curso da exposição, que a potência do trabalho, seja ela trabalho simples mais ou menos potenciado, é completamente indiferente para a relação a ser desenvolvida. Por isso, partimos do pressuposto de que qualquer que seja a determinidade material particular do trabalho, pertença ele a qualquer ramo específico de trabalho, produza ele qualquer valor de uso particular, ele é somente a exteriorização, a atuação da capacidade de trabalho média, de tal forma que, se essa capacidade se atualiza como fiação ou tecelagem etc., ou como agricultura, isso só diz respeito ao seu valor de uso, ao modo de sua utilização, e não aos custos de produção desse valor de uso, portanto, não ao seu próprio valor de troca. Além disso, mostraremos mais adiante que o salário diferente, mais alto ou mais baixo, para jornadas de trabalho diferentes – a desigual *distribuição do salário* entre os diferentes ramos de trabalho – não afeta a relação geral entre capital e trabalho assalariado.

Aquilo que o possuidor do dinheiro recebe em troca pela compra da capacidade de trabalho pode se mostrar somente no processo de trabalho real. O valor que o trabalho adiciona no processo de trabalho ao valor já existente do material é exatamente igual ao tempo que ele dura. É naturalmente pressuposto que, num determinado período de tempo, por exemplo, num dia, seja empregado no produto desse dia exatamente tanto trabalho quanto necessário para obtê-lo num dado nível de produção geral do trabalho (sob dadas condições gerais de produção). Quer dizer, é pressuposto que o tempo de trabalho empregado para a produção do produto é o *tempo de trabalho necessário*, portanto o tempo de trabalho requerido para dar a certa quantidade de material a forma do novo valor de uso. Se 6 *lb* de *cotton*[85] podem ser transformadas em *twist*[86] durante uma jornada de 12 horas – sob as condições gerais de produção pressupostas – então é considerado apenas o dia como jornada de trabalho de 12 horas que transforma as 6 *lb* de algodão em fio. Portanto, como, por um lado, é pressuposto tempo de trabalho *necessário* e, por outro lado, é pressuposto que o trabalho determinado que se realiza no processo de trabalho, tenha ele a forma particular de fiação, tecelagem, escavação etc., é *trabalho médio* normal (exatamente como o é também o trabalho empregado na produção dos metais preciosos), então a quantidade de valor ou a quantidade de tempo de trabalho geral objetivado que o trabalho adiciona ao valor já existente é exatamente igual à sua própria duração. O que, sob os pressupostos dados, significa apenas que é objetivado exatamente tanto trabalho quanto tempo dura o processo durante o qual o trabalho se objetiva. Digamos que 6 *lb* de algodão possam ser transformadas em, digamos, 5 *lb* de fio, numa jornada de 12 horas. Durante o processo de trabalho, o trabalho passa continuamente da forma da inquietação e do movimento à forma objetiva. (5 *lb* = 80 onças.) (Realizadas em 12 horas, tem-se exatamente $6^2/_3$ onças por hora.) A fiação se converte constantemente em fio. Se uma hora é requerida para transformar 8 onças de algodão em fio, digamos em $6^2/_3$ onças, então 12 horas seriam requeridas para transformar 6 *lb* de algodão em 5 *lb* de fio. Porém, o que nos interessa aqui não é que uma hora de trabalho de fiação transforme 8 onças e 12 horas transformem 6 *lb* de algodão em fio, mas que, no primeiro caso, ao valor do algodão seja adicionada 1 hora de trabalho, no segundo sejam adicionadas 12 horas, ou interessa-nos somente o produto considerado desse ponto de vista, na medida em que é materialização de novo tempo de trabalho e que isso depende naturalmente do tempo de trabalho mesmo. Interessa-nos somente a quantidade de trabalho que é adicionada a ele. Consideramos a fiação aqui não como fiação – na medida em que ela dá ao algodão uma forma determinada, um novo valor de uso, mas somente na medida em que ela é trabalho em geral, na medida em que aquele tempo de trabalho materializado que se encontra no fio

---

[85] Algodão.

[86] Fio.

é, em geral, materialização do tempo de trabalho geral. É completamente indiferente se o mesmo tempo de trabalho é empregado na forma de outro trabalho determinado qualquer ou na produção de um outro valor de troca determinado qualquer. Originalmente pudemos, de fato, medir a *capacidade de trabalho* com dinheiro – porque ela mesma já é trabalho objetivado – e, por isso, o capitalista podia comprá-lo; porém, não imediatamente o *trabalho mesmo*, que, como mera atividade, foge à nossa medida. Agora, porém, na medida em que a capacidade de trabalho procede no processo de trabalho à sua exteriorização efetiva, ao trabalho, este se efetiva, aparece ele mesmo no produto como tempo de trabalho objetivado. Agora, portanto, existe a possibilidade da comparação entre aquilo que o capitalista dá como salário e aquilo que, na troca, ele obtém em retorno pelo consumo da capacidade de trabalho. Ao final de certa medida de tempo de trabalho, por exemplo, horas, determinada quantidade de tempo de trabalho se objetivou num valor de uso, digamos, fio, e existe somente como seu valor de troca.

Suponhamos que o tempo de trabalho que é realizado na capacidade do fiandeiro some 10 horas. Referimo-nos, aqui, somente ao tempo de trabalho que é *diariamente* efetivado em sua capacidade de trabalho. No preço que o possuidor de dinheiro pagou já está expresso, *em trabalho médio*, o tempo de trabalho que é requerido para produzir ou reproduzir diariamente a capacidade de trabalho do fiandeiro. Por outro lado, suponhamos que o seu próprio trabalho é da mesma qualidade, quer dizer, que é *o mesmo trabalho médio* que constitui a substância do valor e no qual está estimada sua própria capacidade de trabalho. Em primeiro lugar, suponhamos, portanto, que o fiandeiro trabalha para o possuidor do dinheiro por 10 horas ou lhe cedeu, vendeu-lhe a disposição sobre 10 horas de sua capacidade de trabalho. Essa disposição sobre 10 horas da capacidade de trabalho do fiandeiro é consumida pelo possuidor do dinheiro no processo de trabalho, o que quer dizer, em outras palavras, simplesmente que ele faz o fiandeiro fiar por 10 horas, trabalhar em geral, já que, aqui, são indiferentes as formas determinadas sob as quais ele o faz agir. Na fiação, no fio, portanto, o fiandeiro adicionou ao valor do algodão 10 horas de trabalho mediante o meio de trabalho. Portanto, se o valor do produto, da fiação, do fio, *excetuado* o trabalho novo adicionado era = A + B, então ele agora é = A + B + 10 horas de trabalho. Se o capitalista paga essas 10 horas de trabalho com 10 d, então sejam esses 10 d C, de tal forma que o produto do fio seja = A + B + C, isto é, igual ao tempo de trabalho contido no algodão, no fuso (na medida em que ele é consumido) e, por fim, no novo tempo de trabalho adicionado.

Seja esta soma A + B + C = D. Então, D é igual à quantia de dinheiro que o possuidor do dinheiro aplicou em material de trabalho, meio de trabalho e capacidade de trabalho antes de iniciar o processo de trabalho. Quer dizer, o valor do produto – do fio – é igual ao valor dos elementos nos quais o fio consiste, isto é, igual ao valor de material de trabalho e meio de trabalho (que, segundo nossa suposição, é totalmente consumido no produto), mais o valor do novo trabalho adicionado que no processo de trabalho se combina com ambos no fio. Portanto, 100 táleres de algodão, 16 táleres de instrumentos, 16 táleres de capacidade de trabalho = 132 táleres. Nesse caso, os valores antecipados seriam, certamente, conservados, mas não aumentados. A única modificação, antes de o dinheiro se transformar em capital, seria uma modificação puramente formal. Esse valor era originalmente 132 táleres, uma quantidade determinada de tempo de trabalho objetivado. A mesma unidade reaparece no produto como 132 táleres, como a mesma grandeza de valor, apenas que ela é agora a soma dos componentes do valor 100, 16 e 16, isto é, os valores dos fatores nos quais o dinheiro originalmente adiantado se decompõe no processo de trabalho, fatores que foram comprados um a um pelo dinheiro.

Em si e para si, esse resultado não continha absolutamente nenhum absurdo. Se eu compro fio por 132 táleres por meio de mera transformação de dinheiro em fio – isto é, pelo modo da circulação simples –, então eu pago material, meio e trabalho contidos no fio para obter esse valor de uso determinado e [para] consumi-lo de um ou de outro modo. Se o possuidor do dinheiro manda construir uma casa para nela morar, então ele paga um equivalente por isso. Em resumo, se ele percorre a circulação M-D-M, ele faz, de fato, exatamente isso. O dinheiro com o qual ele compra é igual ao valor da mercadoria que se encontra originalmente em sua posse. A nova mercadoria que ele compra é igual ao dinheiro no qual o valor da mercadoria originalmente em sua posse conservou a sua forma autônoma como valor de troca.

Porém, a finalidade com a qual o capitalista transforma dinheiro em mercadoria não é o valor de uso da mercadoria, mas o *aumento* do dinheiro ou valor antecipado na mercadoria – *autovalorização do valor*. Ele não compra para seu consumo, mas para extrair da circulação um valor de troca superior ao que nela lançou.

Se ele revendesse o fio, cujo valor é A + B + C, por exemplo, por A + B + C + x, então retornaríamos à mesma contradição. Ele não venderia sua mercadoria como equivalente, mas acima de seu equivalente. Na circulação, porém, não pode ser gerado qualquer mais-valor, qualquer valor acima do equivalente sem que um dos lados participantes na troca receba um valor *abaixo* de seu equivalente.

A transformação do dinheiro nos elementos do processo de trabalho – ou, o que é o mesmo, o consumo real da capacidade de trabalho comprada – seria, portanto completamente sem finalidade se o possuidor do dinheiro fizesse o trabalhador trabalhar o mesmo tempo de trabalho que lhe foi pago como equivalente de sua capacidade de trabalho. Se ele compra fio por 132 táleres para revendê-lo por 132 táleres, ou se converte 132 táleres em 100 táleres de algodão, 16 táleres de fuso etc., 16 táleres de trabalho objetivado, isto é, se os converte no consumo da capacidade de trabalho pelo tempo de trabalho contido em 16 táleres a fim de revender o fio assim produzido pelo valor de 132 táleres, ele realiza, considerando-se o resultado, absolutamente o mesmo processo, com a única diferença de que, nesse caso, a tautologia em que ele desemboca seria alcançada através de um caminho mais complicado do que no outro.

Evidentemente, um *mais-valor* – isto é, um valor que constitui um excedente sobre o valor que entrou originalmente no processo de trabalho – só pode ser gerado no processo de trabalho se o possuidor do dinheiro comprou uma disposição sobre uma utilização da capacidade de trabalho por um tempo maior que o montante de tempo de trabalho que a capacidade de trabalho necessita para sua própria reprodução, isto é, como tempo de trabalho que nela mesma é empregado, que constitui seu próprio valor e é expresso como tal em seu preço. Por exemplo, no caso acima: se o algodão e o fuso pertencem ao fiandeiro, ele teria de adicionar a eles 10 horas de trabalho para viver, isto é, para reproduzir a si mesmo como fiandeiro para o dia seguinte. Se, então, ele fizesse o trabalhador trabalhar 11 horas em lugar de 10, seria produzido um mais-valor de 1 hora, porque no trabalho objetivado no processo de trabalho estaria contida uma hora de trabalho a mais do que o necessário para reproduzir a capacidade de trabalho mesma, isto é, para conservar vivo o trabalhador como trabalhador, o fiandeiro como fiandeiro, dia após dia. Cada quantidade de tempo de trabalho que, no processo de trabalho, o fiandeiro trabalha além das 10 horas, cada *mais-trabalho* acima da quantidade de trabalho que é empregada em sua própria capacidade de trabalho, constituiria um mais-valor, porquanto mais-trabalho, logo, mais fiação, mais trabalho objetivado como fio.

Se o trabalhador tem de trabalhar 10 horas para viver por um dia inteiro, que é constituído de 24 horas (em que naturalmente estão incluídas as horas que ele, como organismo, pode não trabalhar, descansar do trabalho, dormir etc.), então pode trabalhar o dia inteiro por 12, 14 horas, embora precise somente de 10 dessas 12, 14, horas para a reprodução de si mesmo como trabalhador, de si mesmo como capacidade de trabalho viva.

Admitamos, então, que esse processo corresponda à lei geral da troca de mercadorias, que apenas quantidades iguais de tempo de trabalho se troquem entre si, quer dizer, que o valor de troca da mercadoria seja igual à quantidade de todo outro valor de uso que expressa o mesmo valor de troca, isto é, a mesma quantidade de trabalho objetivado: então a forma geral do capital – D-M-D – teria perdido seu caráter absurdo e adquirido um conteúdo. Porque a mercadoria, aqui o fio, por cujos elementos o possuidor do dinheiro troca seu dinheiro antes do processo de trabalho, recebe no *produto* do processo do trabalho, no novo valor de uso, no fio, um acréscimo sobre a quantidade original de trabalho objetivado, o produto possuiria um valor maior do que a soma do valor pressuposto em seus elementos. Se ele era originalmente = 132 táleres, agora ele é = 143, se contivesse, em lugar dos 16 táleres (1 táler = 1 jornada de trabalho), mais x jornadas de trabalho. O valor seria, então, = 100 + 16 + 16 + 11, e se o capitalista revendesse o produto do processo de trabalho, o fio, por seu valor, então ele ganharia 11 táleres sobre 132 táleres. O valor original teria não apenas se conservado, mas aumentado.

Pergunta-se, então, se esse processo não contradiz a lei originalmente pressuposta de que as mercadorias se trocam como equivalentes, isto é, por seus valores de troca, portanto, a lei segundo a qual as mercadorias se trocam.

Ele não a contradiz, por dois motivos: em primeiro lugar, porque o dinheiro encontra esse objeto específico, a capacidade de trabalho viva, como mercadoria no mercado, na circulação; em segundo lugar, devido à natureza específica dessa mercadoria. Sua peculiaridade consiste em que, enquanto seu valor de troca, como em todas as outras mercadorias, é igual a tempo de trabalho empregado em sua própria existência real, em sua existência como capacidade de trabalho, ou seja, é o tempo de trabalho necessário para conservar essa capacidade de trabalho viva como tal ou, o que é o mesmo, para conservar o trabalhador vivo como trabalhador – seu *valor de uso* é o trabalho mesmo, isto é, precisamente a substância que põe o valor de troca, a atividade determinada, fluida que se fixa como valor de troca e o cria. Nas mercadorias, porém, somente seu valor de troca é pago. Não se paga pelo óleo, além do trabalho nele contido, sua qualidade como óleo, muito menos se paga pelo vinho, além do trabalho nele contido, o ato de bebê-lo ou o prazer que se tem ao bebê-lo. Do mesmo modo, pela capacidade de trabalho é pago seu próprio valor de troca, o tempo de trabalho nela mesma contido. Porém, já que seu próprio valor de uso é novamente o trabalho, a substância criadora de valor, não contradiz de nenhum modo a lei da troca de mercadorias que o consumo da capacidade de trabalho, o seu uso real como valor de uso ponha mais trabalho, se represente em mais trabalho objetivado do que existe nela mesma como valor de troca. A única condição que é requerida para que essa relação se realize é que a capacidade de trabalho mesma se apresente como mercadoria em face do dinheiro ou do valor em geral. Porém, esse confronto é condicionado por um processo histórico determinado que limita o trabalhador à pura capacidade de trabalho, o que equivale a dizer que esse processo confronta a capacidade de trabalho com as condições de sua realização, portanto, confronta o trabalho real com seus elementos objetivos como potências estranhas, dele separadas, como mercadorias que se encontram na posse de outro possuidor de mercadorias. Sob esse pressuposto *histórico*, a capacidade de trabalho é *mercadoria* e, sob o pressuposto de que ela é mercadoria, não contradiz em absoluto, mas antes corresponde à lei da troca de mercadorias, o fato de que o tempo de trabalho objetivado na capacidade de trabalho ou seu valor de troca não determina seu *valor de uso*. Esse é, novamente, trabalho. No consumo real desse valor de uso, isto é, no processo de trabalho e por meio do processo de trabalho, o possuidor do dinheiro pode, portanto, receber mais tempo de trabalho objetivado do que pagou pelo valor de troca da capacidade de trabalho. *Desse modo, embora* tenha pagado *um equivalente por essa mercadoria específica*, em decorrência da sua natureza específica – dado que seu próprio valor de uso, pondo valor de troca, é a substância criadora do valor de troca – ele recebe um valor maior por meio de seu uso do que havia adiantado por sua compra – e na sua compra ele pagou apenas por seu valor de troca, conforme a lei da troca de mercadorias. Pressupondo-se, portanto, a relação em que a capacidade de trabalho existe como mera capacidade de trabalho e, assim, como mercadoria – razão pela qual o dinheiro se encontra oposto a ela como forma de toda a riqueza objetiva –, o possuidor do dinheiro, a quem diz respeito somente o valor como tal, só comprará a capacidade de trabalho sob a condição de obter a disposição sobre ela por um tempo mais longo, ou que, durante o processo de trabalho, o trabalhador se obrigue a trabalhar para ele por um tempo mais longo do que o tempo de trabalho que o trabalhador teria de trabalhar, se a ele pertencessem o material e o meio de trabalho, a fim de se manter como trabalhador, como capacidade de trabalho viva. Essa diferença entre o tempo de trabalho que mede o valor de troca da própria capacidade de trabalho e o tempo de trabalho enquanto ela é utilizada como valor de uso, é o tempo de trabalho que ela trabalha além do tempo de trabalho contido em seu valor de troca, portanto, além do valor que ela custava originalmente – e como tal é mais-trabalho: *mais-valor*.

Se o possuidor do dinheiro realiza essa troca de dinheiro com capacidade de trabalho e com as condições objetivas para o consumo dessa capacidade de trabalho – quer dizer, material de trabalho e meio de trabalho correspondentes à sua determinidade material, particular –, então ele transforma dinheiro em capital, isto é, em valor que se conserva e aumenta, se autovaloriza. Em nenhum momento ele infringe a lei da circulação simples, da troca de mercadorias, segundo a qual são trocados equivalentes ou mercadorias – em média – são vendidas por seus valores de troca, isto é, segundo a qual grandezas iguais de valores de troca se substituem por grandezas iguais, quaisquer que sejam os valores de uso nos quais eles possam existir. Ao mesmo tempo, ele satisfaz a fórmula D-M-D, isto é, a troca de dinheiro por mercadoria para trocar mercadoria por mais dinheiro e, com isso, não transgride a lei da equivalência, mas antes age completamente de acordo com ela. *Em primeiro lugar*: digamos que uma jornada de trabalho normal seja = 1 táler, no qual se expressa a quantidade de prata designada. Ele gasta 100 táleres pela matéria-prima, 16 táleres pelo instrumento, 16 táleres pelas 16 capacidades de trabalho que ele emprega e que, segundo seu valor de troca, são = 16 táleres. Então, ele adianta 132 táleres, que *reaparecem* no produto (resultado) do processo de trabalho, isto é, no consumo da capacidade de trabalho por ele comprada, no processo de trabalho, no consumo produtivo. Porém, a mercadoria que ele comprou a seu valor de troca por 15 jornadas de trabalho rende, como valor de uso, digamos, 30 jornadas de trabalho, isto é, a jornada de 6 horas rende 12 horas por dia, objetiva-se em 12 jornadas de trabalho, isto é, põe como valor de uso o dobro do valor de troca que ela mesma possui como valor de troca. Mas o valor de uso de uma mercadoria é independente de seu valor de troca e não tem relação com o preço pelo qual é comprada – preço que é determinado pelo tempo de trabalho objetivado nela mesma. Assim, o produto é = A + B + C + 15 horas de tempo de trabalho, portanto, ele é 15 horas de trabalho maior que o valor pressuposto ao processo de trabalho. Se A era = 100, B = 16, C = 16, então o produto é = 143, isto é, contém 11 táleres a mais do que o capital adiantado. Se ele revende essa mercadoria por seu valor, então ele ganha 11 táleres, embora em nenhum momento de toda a operação a lei da troca de mercadorias tenha sido transgredida, muito pelo contrário: em cada momento, as mercadorias foram trocadas por seus valores de troca e, por conseguinte, como equivalentes.

Esse processo é tão simples quanto foi pouco compreendido até agora. Os economistas nunca conseguiram conciliar o mais-valor com a lei da equivalência por eles mesmos estabelecida. Os socialistas sempre insistiram nessa contradição e se aferraram a ela, em lugar de compreender a natureza específica dessa mercadoria, a capacidade de trabalho, cujo próprio valor de uso é a atividade criadora de valor de troca.

Portanto, por meio desse processo, da troca de dinheiro por capacidade de trabalho e do consumo da capacidade de trabalho dela decorrente, o dinheiro é transformado em *capital*. Os economistas chamam isso de *a transformação do dinheiro em capital produtivo*, em referência, por um lado, às outras formas do capital nas quais esse processo fundamental certamente existe como pressuposto, mas desaparece na forma; por outro lado, em referência ao fato de que o dinheiro, na medida em que a capacidade de trabalho se opõe a ele como mercadoria, é a *possibilidade* dessa transformação em capital; portanto, é capital *em si*, mesmo que só seja transformado em capital real por meio desse processo mesmo. Porém, segundo a possibilidade, ele pode ser transformado em *capital*.

Está claro que se mais-trabalho deve ser realizado, mais material de trabalho é necessário; mais instrumento de trabalho somente em casos excepcionais. Se 10.a *lb* de algodão são transformadas em fio em 10 horas, então em 12 horas 10.a + 2.a. Nesse caso, portanto, mais algodão é necessário ou tem-se de supor, do início ao fim, que o capitalista compra quantidade suficiente de algodão para *absorver* o mais-valor. Mas também é possível que, por exemplo, em meia jornada o mesmo material possa ser transformado na nova forma apenas pela metade, sendo trabalhado inteiramente numa jornada inteira. Nesse caso, porém, consome-se igualmente mais trabalho no material, e o processo deve continuar dia após dia, deve ser processo de produção contínuo, de modo que, também nesse caso, mais material de trabalho é requerido do que se, no processo de trabalho, o trabalhador substituísse com seu trabalho o tempo de trabalho que é objetivado em seu próprio salário. Se mais meio de trabalho é requerido, e em que medida – e o meio de trabalho não é apenas aquilo que é o verdadeiro instrumento –, é algo que depende da natureza tecnológica do trabalho determinado, portanto, do meio por ele utilizado.

Em todos os casos, ao final do processo de trabalho, deve ser *absorvido* no material de trabalho e, com isso, deve ser objetivado mais trabalho novo do que o tempo de trabalho acumulado que se objetiva no salário do trabalhador. Tomemos, simplesmente, o exemplo do manufatureiro. Essa *mais-absorção*[87] de trabalho se apresenta como elaboração de mais material, ou como elaboração do mesmo material para um estágio superior àquele que pode ser alcançado com menos tempo de trabalho.

Se compararmos o processo de valorização com o processo de trabalho, então se mostra conclusivamente a diferença entre o trabalho real, na medida em que produz valor de uso, e a forma desse trabalho, na medida em que aparece como elemento do valor de troca, como atividade criadora do valor de troca.

Aqui se mostra que o modo determinado do trabalho, sua determinidade material, não afeta sua relação com o capital, único aspecto de que aqui se trata. Porém, havíamos partido do pressuposto de que o trabalho dos trabalhadores era trabalho médio comum. O caso, no entanto, não é modificado se é pressuposto que seu trabalho seja trabalho de um peso específico superior, trabalho médio potenciado. Trabalho simples ou trabalho médio, o trabalho do fiandeiro ou do moleiro, do agricultor ou do construtor de máquinas, aquilo que o capitalista recebe objetivado no processo de trabalho, que se apropria por meio dele, é o trabalho determinado do trabalhador, fiação, moenda, agricultura, construção de máquinas. O mais-valor que ele produz consiste sempre no excedente de trabalho, de tempo de trabalho que o trabalhador fia, mói, cultiva, constrói máquinas a mais do que seria necessário para produzir seu próprio salário. Portanto, consiste sempre num excedente de seu próprio trabalho que o capitalista recebe grátis, qualquer que seja sempre o caráter desse trabalho, seja ele simples ou potenciado. A relação na qual, por exemplo, o trabalho potenciado se reporta ao trabalho médio social nada muda na relação desse trabalho potenciado consigo mesmo, não altera em nada o fato de que uma hora desse trabalho crie apenas a metade do valor criado em duas horas ou que ele se efetive em relação com sua duração. Portanto, na medida em que se leva em consideração a relação de trabalho e mais-trabalho – ou trabalho criador de mais-valor –, trata-se sempre do mesmo tipo de trabalho e, aqui, está correto aquilo que não estaria correto em referência ao trabalho que põe valor de troca: "Quando a referência é feita ao trabalho como medida de valor, isso necessariamente implica *trabalho de um tipo particular e uma dada duração;* a proporção que os outros tipos mantêm com ele sendo facilmente determinada pela respectiva remuneração dada a cada um" (p. 22-23. *Outlines of Political Economy. London, 1832).* [88]

---

[87] *Mehreinsaugung.*

[88] "When reference is made to labour as a measure of value, it necessarily implies labour of one particular kind and a given duration; the proportion which the other kinds bear to it being easily ascertained by the respective remuneration given to each." (Citatenheft, p. 7, sublinhado por Marx.) (Nota da edição original).

O produto que o capitalista assim obteve é um determinado valor de uso, cujo valor é igual ao valor do material, do meio de trabalho, da quantidade de trabalho adicionado = à quantidade de tempo de trabalho contida no salário + mais-trabalho que não é pago = A + B + S + S". Portanto, se ele o vende ao seu valor, então ele ganha exatamente tanto quanto o mais-trabalho totaliza. Ele não ganha porque vende a nova mercadoria *acima de* seu valor, mas porque ele a vende *por* seu valor, converte todo o seu valor em dinheiro. Com isso, é paga a ele uma parte do valor, uma parte do trabalho contido no produto que ele não comprou, que nada lhe custou, e a parte não paga do valor de seu produto que ele vende constitui seu ganho. Portanto, na circulação, ele realiza somente o mais-valor que obteve no processo de trabalho. Mas isso não provém da circulação mesma, por conseguinte, não provém do fato de que ele tenha vendido sua mercadoria *acima de seu valor*.

{O valor do material de trabalho consumido no processo de trabalho e do meio de trabalho – o tempo de trabalho nele objetivado – reaparece no produto, no novo valor de uso. Ele se conserva, porém não pode ser dito, em sentido próprio, que ele é reproduzido, pois não o afeta a mudança de forma que ocorre com o valor de uso – que ele exista agora num valor de uso diferente de antes. Se uma jornada de trabalho se objetiva num valor de uso, nada muda nessa objetivação, na quantidade de trabalho nele fixada que, por exemplo, a 12ª hora de trabalho entre em sua composição somente 11 horas depois da primeira hora de trabalho. E, assim, o tempo de trabalho contido no material de trabalho e no meio de trabalho pode ser considerado como se tivesse entrado no produto num estágio anterior do processo de produção necessário à produção do produto inteiro, portanto, de todos os seus elementos. Com a capacidade de trabalho, ao contrário, na medida em que ela entra no processo de valorização, a relação é diferente. Ela substitui o valor contido nela mesma e que, por isso, por ela mesma se paga, ou o tempo de trabalho objetivado que se paga em seu preço, no salário, enquanto ela adiciona uma igual quantidade de novo trabalho vivo ao material de trabalho. Portanto, ela reproduz o valor nela mesma pressuposto antes do processo de trabalho, abstraindo-se totalmente o fato de que ela ainda adicionou um excedente de mais-trabalho a essa quantidade. Os valores de material de trabalho e meio de trabalho reaparecem no produto somente porque o material de trabalho e o meio de trabalho possuíam esses valores *antes* do processo de trabalho e independentemente dele. Mas o valor e mais do que o valor da capacidade de trabalho reaparecem no produto porque esse valor é substituído, portanto reproduzido por uma quantidade maior (porém, aqui, *nesta* diferença, a medida dessa quantidade a mais é indiferente) de novo trabalho vivo no processo de trabalho.}

Unidade do processo de trabalho e do processo de valorização (Processo de Produção Capitalista)

O processo de produção real, que se desenvolve tão logo o dinheiro tenha se transformado em capital por meio de sua troca pela capacidade de trabalho viva e, o que é o mesmo, pelas condições de realização dessa capacidade – material de trabalho e meio de trabalho –, esse processo de produção é unidade de processo de trabalho e processo de valorização. Exatamente da mesma forma que seu resultado, a mercadoria, é unidade de valor de uso e valor de troca.

Inicialmente o processo de produção do capital – considerado segundo o seu lado material, na medida em que valor de uso é produzido – é *processo de trabalho* em geral e, como tal, ele mostra os fatores gerais que pertencem a esse processo como tal, sob as diversas formas de produção sociais. Com efeito, esses fatores são determinados por meio da natureza do trabalho enquanto trabalho. De fato, é historicamente dado que o capital, no início de sua formação, não apenas tomou sob seu controle o processo de trabalho em geral (o subsumiu a si mesmo), mas também os particulares processos de trabalho reais, tal como os encontra tecnologicamente prontos e tal como se desenvolveram sobre a base das relações de produção não capitalistas. O processo de produção real – o modo de produção determinado – o capital o encontra previamente e, no início, só o subsume a si mesmo *formalmente*, sem modificar qualquer coisa em sua determinidade tecnológica. Somente no curso de seu desenvolvimento o capital subsume o processo de trabalho a si não apenas formalmente, mas o transforma, reconfigura o modo de produção e, desse modo, cria para si o modo de produção que lhe é próprio. Porém, qualquer que seja sempre a sua figura modificada como processo de trabalho em geral, quer dizer, como processo de trabalho abstraído de sua determinidade histórica, essa figura sempre contém os momentos gerais do processo de trabalho em geral.

Essa subsunção *formal* do processo de trabalho sob si, a tomada dele sob seu controle, consiste em que o trabalhador como trabalhador cai sob a supervisão e, com isso, sob o comando do capital ou do capitalista. O capital se torna comando sobre o trabalho não no sentido de que, como diz A. Smith, a riqueza em geral é comando sobre trabalho, mas no sentido de que o trabalhador como trabalhador se encontra sob o comando do capitalista.[89] Pois, na medida em que ele vendeu ao capitalista sua capacidade de trabalho por tempo determinado pelo salário, ele deve então entrar no processo de trabalho como um dos fatores com os quais o capital trabalha. Se, por um lado, o processo de trabalho real é consumo produtivo dos valores de uso que entram nele por meio do trabalho, portanto por meio da atividade do trabalhador mesmo, por outro lado, ele é na mesma medida consumo da capacidade de trabalho pelo capital ou pelo capitalista. Ele emprega a capacidade de trabalho do trabalhador na medida em que o faz trabalhar. Todos os fatores do processo de trabalho, o material de trabalho, o meio de trabalho e o trabalho vivo mesmo pertencem a ele como atividade, utilização da capacidade de trabalho comprada por ele e, assim, lhe pertence todo o processo de trabalho como se trabalhasse ele mesmo com seu próprio material e seu próprio meio de trabalho. Porém, já que o trabalho é ao mesmo tempo exteriorização de vida do próprio trabalhador, atividade de sua própria habilidade e capacidade – uma atividade que depende de sua vontade, que é ao mesmo tempo sua manifestação de vontade – o capitalista supervisiona o trabalhador, controla a atividade da capacidade de trabalho como ação que lhe pertence. Ele fará com que o material de trabalho seja empregado adequadamente como tal; que seja consumido como material de trabalho. Se o material é desperdiçado, então ele não entra no processo de trabalho, não é consumido como material de trabalho. O mesmo vale para os meios de trabalho: se, digamos, o trabalhador gasta sua substância material de outro modo do que por meio do processo de trabalho mesmo. Finalmente, o capitalista fará com que o trabalhador realmente trabalhe, que trabalhe por todo o tempo e utilize *somente tempo de trabalho necessário*, isto é, que trabalhe a quantidade normal num tempo determinado. De acordo com todos esses aspectos, o processo de trabalho e, com isso, o trabalho e o próprio trabalhador aparecem sob o controle do capital, sob seu comando. A isso eu chamo *subsunção formal* do processo de trabalho ao capital.

Em toda a pesquisa que segue, o trabalho que o próprio capitalista eventualmente faça nunca será incluído nos componentes do valor do produto. Se ele é constituído de mero trabalho, nada tem ele a ver com a relação enquanto tal, e nesse caso o capitalista não atua como capitalista, como mera personificação, como capital encarnado. Se, porém, ele é um trabalho que se

---

[89] A. Smith, *Recherches...* Paris, 1802, t. 1, p. 59 ss. Cf MEGA II/3.2, p. 368 ss. (Nota da edição original).

origina da função peculiar do capital como tal e, por conseguinte, do modo de produção capitalista enquanto tal, então o submeteremos, mais adiante, a um exame mais preciso como "labour of superintendence".[90]

Essa subsunção formal do processo de trabalho sob o capital, ou o comando do capitalista sobre o trabalhador, nada tem em comum com a relação que, por exemplo, na indústria medieval, corporativa, o mestre exerce sobre oficiais e aprendizes. Do fato de que o consumo produtivo ou o processo de produção é ao mesmo tempo processo de consumo da capacidade de trabalho pelo capital resulta claramente que o conteúdo desse consumo e seu fim determinado consistem somente em conservar e aumentar o valor do capital; mas essa conservação e esse aumento são alcançados somente por meio da mais exata atenção sobre o processo de trabalho real, que depende da vontade do trabalhador, sua diligência etc., um processo que, portanto, foi posto sob o controle e a supervisão da vontade capitalista.

{Com relação ao processo de produção, deve-se observar ainda: dinheiro, *para ser transformado em capital, deve ser transformado nos fatores do processo de trabalho – isto é, em mercadorias que podem figurar no processo como valores de uso*, portanto, nos *meios de consumo para a capacidade de trabalho – isto é, meios de subsistência do trabalhador – ou material de trabalho e meio de trabalho*. Todas as mercadorias, portanto – ou todos os produtos que não são utilizáveis desse modo ou que não possuem a determinação de ser assim utilizados – pertencem ao fundo de consumo da sociedade, mas não ao capital. (Por capital se compreendem, aqui, os objetos nos quais o capital existe.) Esses produtos, no entanto, enquanto permanecem *mercadorias*, são eles mesmos um modo de existência do capital. Pressuposta a produção capitalista, o capital produz absolutamente todos os produtos e é completamente indiferente se esses produtos estão destinados ao consumo produtivo ou se não podem nele entrar, portanto, se não podem eles mesmos se tornar novamente o corpo do capital. Mas permanecem como capital enquanto permanecem como mercadorias, quer dizer, enquanto se encontram na circulação. Quando foram definitivamente vendidos, eles deixam de sê-lo nesse sentido. Enquanto o capital não se encontra no estágio do processo de trabalho, ele tem de existir exclusivamente na forma de mercadoria ou dinheiro (mesmo que na forma de simples título de crédito etc.) Porém, não pode entrar no processo de trabalho ou processo de produção como valor de uso.}

---

[90] Trabalho de superintendência.

Na mesma medida em que o trabalhador atua como trabalhador, em que *exterioriza* sua capacidade de trabalho, ele a *aliena*, uma vez que, antes de o processo de trabalho começar, ela já está vendida ao possuidor de dinheiro. Como o trabalho se efetiva – de um lado, como forma da matéria-prima (como valor de uso e produto), de outro, como valor de troca, trabalho social *objetivado* em geral, o trabalho se transforma de trabalho em *capital*.

Caso se afirme que o capital é produto empregado como meio em nova produção, então as condições objetivas de todo processo de trabalho serão atribuídas à relação capitalista, conforme foi observado acima. Por outro lado, é bastante comum a confusão – que encontramos, em parte, até no próprio Ricardo[91] – de se chamar capital ao trabalho acumulado (*accumulated labour*) empregado na produção de mais trabalho acumulado. A expressão é ambígua, já que por trabalho acumulado só se pode entender produtos que são empregados na produção de novos valores de uso. A expressão, porém, pode [ser] compreendida no sentido de que o produto (como valor de troca) é somente uma quantidade determinada de trabalho *objetivado* em geral, despendido a fim de fazer essa quantidade crescer – portanto, é *processo de autovalorização*. Embora o segundo processo pressuponha o primeiro, o primeiro não supõe necessariamente o segundo. Na medida em que as *condições objetivas* do trabalho, material e meio de trabalho servem imediatamente no processo de trabalho, elas são empregadas pelo trabalhador. Porém, *não é o trabalho que emprega o capital, é o capital que emprega o trabalho*.[92] Essa posição específica que o valor em geral assume em face da capacidade de trabalho; que o trabalho passado, objetivado, assume em face do trabalho vivo, presente; que as condições do trabalho assumem em face do próprio trabalho: essa posição constitui precisamente a natureza específica do capital. Examinaremos mais de perto essa questão na conclusão desta seção I. 1. (Transformação do dinheiro em capital) Para o momento, basta que, no processo de produção – na medida em que ele é processo de valorização e, com isso, processo de autovalorização do valor pressuposto ou do dinheiro –, o valor (isto é, trabalho social geral, objetivado), trabalho passado, por meio da troca, da apropriação relativa do trabalho vivo – uma troca mediada pela compra da capacidade de trabalho – se conserve e aumente, ponha maisvalor. Ele aparece, assim, como valor em processo e que se conserva e se

---

[91] Ricardo, *On the principles of political economy, and taxation*. 3. ed. Londres, 1821, p. 499. Cf. também o caderno XII, p. 653. (Nota da edição original).

[92] *It is not labour which employs capital, it is capital which employs labour.*

confirma no processo. Portanto, como um *si* – a encarnação desse si é o capitalista – *ipseidade do valor*. O trabalho (vivo) aparece somente como meio, a *agency*[93] por meio da qual o capital (o valor) reproduz e aumenta a si mesmo. "Trabalho é a ação por meio da qual o capital se torna produtivo de salários, lucro ou renda."[94] (p. 161. *John Wade. History of the Middle and Working classes* etc., 3. ed. London, 1835) (Na parte econômica abstrata de seu escrito, Wade traz algo de original para seu tempo, por exemplo, sobre as crises comerciais etc. Já a parte histórica inteira, ao contrário, é um convincente exemplo do plágio desavergonhado que impera entre os economistas ingleses. Ela é, fundamentalmente, uma transcrição quase literal de *Sir F. Morton Eden: The State of the Poor* etc., v. 3, London, 1797.)

O valor, o trabalho objetivado, obtém essa relação com o trabalho vivo somente na medida em que a *capacidade* de trabalho como tal se opõe a ele, isto é, portanto, na medida em que as *condições objetivas* do trabalho – e, com isso, as condições de realização da capacidade de trabalho – se opõem a ele em autonomia separada, sob o controle de uma vontade estranha. Assim, embora meio de trabalho e material como tal não sejam capital, eles mesmos aparecem como *capital* porque sua autonomia, sua existência autônoma frente ao trabalhador e, por isso, ao trabalho mesmo, tornaram-se sua existência. Exatamente do mesmo modo que o ouro e a prata, o dinheiro, quando surge, está na representação imediatamente ligado à relação social de produção da qual é portador.

No interior da produção capitalista, a relação do processo de trabalho com o processo de valorização se dá de forma que o último aparece como fim e o primeiro somente como meio. O primeiro é, portanto, *stopped*[95] onde o último não é mais possível ou ainda não é possível. Por outro lado, nos tempos de práticas especulativas, de especulações (ações etc.) e crises, torna-se claro que o processo de trabalho (a própria produção material) é apenas uma condição incômoda, e as nações capitalistas são tomadas de uma fúria universal para alcançar o fim (processo de valorização) sem os meios (processo de trabalho). O processo de trabalho como tal só poderia ser fim em si mesmo se o capitalista tivesse relação com o valor de uso do produto. Porém, trata-se para ele *tão somente* da alienação desse produto como mercadoria, de sua reconversão em dinheiro, e já que ele era dinheiro

---

[93] Ação.

[94] "Labour is the agency by which capital is made productive of wages, profit or revenue."

[95] Interrompido.

originalmente, para o aumento dessa soma de dinheiro. Nesse sentido, pode-se afirmar: "O valor faz o produto".[96] (*Say, Cours Complet*, p. 510) (Isso vale, de fato, para toda a produção de *mercadorias*. Por outro lado, também é correto afirmar que somente a produção capitalista é *produção de mercadorias* no sentido mais amplo, quer dizer, que a produção para o próprio uso desaparece completamente e os elementos da produção, mesmo na agricultura, já entram cada vez mais como *mercadorias* no processo de produção.)

Aqui, na transformação de dinheiro em capital, a forma sob a qual o dinheiro aqui aparece deve ser tratada apenas em linhas gerais (pois voltaremos a esse ponto ao tratarmos da circulação). De resto, a questão central já foi considerada na seção I, 1, a) (*A forma mais geral do capital*.)

Uma observação ulterior, com relação ao processo de valorização: o que a ele está pressuposto não é somente valor, mas uma soma de valor. Um valor de grandeza determinada, algo que será desenvolvido mais extensamente depois. Ele deve (mesmo como capitalista *in nuce*[97]) ser capaz, ao menos, de comprar 1 trabalhador e o material e instrumento necessários para ele. Em resumo, a soma de valor tem aqui, desde o início, uma determinidade por meio dos valores de troca das mercadorias que entram imediatamente no processo de trabalho.

A isso chamamos, portanto, processo de produção capitalista sobre a base do capital. Não se trata de produzir um produto, mas uma mercadoria – um produto destinado à venda. E não se trata simplesmente de produzir mercadorias para, dessa maneira, por meio da sua venda, conseguir apoderar-se dos valores de uso existentes na circulação, mas de produzir mercadorias para conservar e aumentar o valor pressuposto.

{Se o processo de trabalho é considerado de maneira totalmente abstrata, então pode ser dito que, originalmente, somente dois fatores entram em jogo – o homem e a natureza. (Trabalho e matéria natural do trabalho.) Seus primeiros instrumentos são seus próprios membros, dos quais, no entanto, ele tem de se apropriar em primeiro lugar. Somente quando o primeiro produto é empregado em nova produção – seja ele apenas uma pedra lançada num animal para matá-lo – começa o real processo de produção. Um dos primeiros instrumentos dos quais o homem se apropria é o animal

---

[96] "la valeur fait le produit."

[97] Em suma.

(animal doméstico). (Ver a respeito a passagem de Turgot[98].) Partindo do ponto de vista do trabalho, Franklin define corretamente o homem como "*a tool-making animal*" ou "*engineer*".[99] Assim, terra e trabalho seriam os fatores originários da produção, enquanto os produtos destinados ao trabalho – material de trabalho, meio de trabalho, meios de subsistência – seriam somente um fator derivado.

"A terra é *necessária*; o capital é útil. E o trabalho sobre a terra produz o capital." (p. 288, t. III, Paris, 1857. *Colins, L'Économie Politique.* Source des Révolutions et des Utopies prétendues Socialistes.)[100] (Colins acredita que essa autonomização do valor, ver VII, p. 153-4, que está contida no conceito de capital, foi descoberta pela economia.} A ambigüidade mencionada acima também aparece em *James Mill.* "Todo capital (aqui, capital no mero sentido material) tem de ser resultado de trabalho puro. As primeiras mercadorias não poderiam ter sido feitas de nenhuma mercadoria existente antes delas."[101] (*James Mill, Elements of Pol. Ec.* London. 1821)[102] Essa decomposição da produção em fatores – homem como portador do trabalho – e terra (natureza propriamente) como objeto daquele é, no entanto, totalmente abstrata. Pois o homem não se confronta originalmente com a natureza como trabalhador, mas sim como proprietário, e não se trata do homem na condição de indivíduo singular, mas, tão logo se possa em alguma medida falar de existência humana desse homem, trata-se do homem da tribo, homem da horda, homem de família etc. {No mesmo Mill: "Trabalho e capital... um trabalho *imediato*... o outro *trabalho acumulado*, que foi o resultado de trabalho anterior." (*loc. cit.*) [103]}

---

[98] Marx se refere ao caderno VII, Londres 1859-1862, p. 153-4. (Nota da edição original).

[99] "Um animal construtor-de-instrumentos" ou "engenheiro" Marx extrai essas expressões da obra "Letters on the utility and policy of employing machines to shorten labour; occasioned by the late distrubances in Lancashire...", publicada anonimamente em Londres, em 1780. Seu autor era Thomas Bentley. Em seus excertos (Caderno VII, Londres, 1859-1862, p. 155), Marx transcreve as páginas 2 e 3 dessa obra: "Man has been defined many ways... *a tool-making animal*, or *engineer* (Franklin), has by some been adopted as the best and most characteristic definition of men." [O homem foi definido de várias formas... como um *animal criador de instrumentos*, ou *engenhoso* (Franklin), foi adotada por muitos como a melhor e mais característica definição do homem"]. (Nota da edição original).

[100] "Le sol est *nécessaire*; le capital est *utile*. Et le travail sur le sol, produit le capital."

[101] "All capital consists really in commodities... The first commodities could not be made by any commodities existing before them."

[102] As citações de James Mill foram retiradas do caderno VII, Londres 1859-1862, p. 156. (Nota da edição original).

[103] "Labour and capital... the one *immmediate* labour...the other, *hoarded labour*, that which bas been the result of former labour."

Se, por um lado, no processo de trabalho o capital é reduzido ao seu mero modo de existência material – decomposto em seus fatores – *para* obter de modo sub-reptício o capital em geral como elemento *necessário* de toda produção, então, por outro lado, admite-se que o capital é de natureza puramente ideal porque é valor. (*Say, Sismondi* etc.).[104]

Se for dito que o capital é *produto em oposição à mercadoria* (Proudhon, Wayland etc.)[105] ou que é instrumento de trabalho e material de trabalho, ou que consiste também nos produtos que o trabalhador recebe etc., então se esquece que, no processo de trabalho, o trabalho é sempre incorporado ao capital e pertence a ele tanto quanto lhe pertencem o meio de trabalho e o material de trabalho. "Quando os trabalhadores recebem salários por seu trabalho... o capitalista é o *prorietário* não apenas do capital," (nesse sentido material) "mas *também* do *trabalho*. Se o que é pago como salários é incluído, como comumente o é, no termo capital, é absurdo falar de trabalho separadamente de capital. A palavra capital, assim empregada, inclui tanto trabalho quanto capital."[106] (*James Mill, loc. cit.*, p. 70-1).

Assim como à apologia do capital convém plenamente confundi-lo com o valor de uso no qual ele existe e chamar a este de capital – para representar o capital como fator eterno da produção, como independente de todas as formas sociais, como forma imanente a todo processo de trabalho, portanto, ao processo de trabalho em geral – do mesmo modo, ocorre aos senhores economistas, para se livrarem de alguns dos fenômenos pertencentes ao modo de produção capitalista em particular, esquecer o essencial no capital: que ele é valor que põe valor e, por isso, não apenas valor que se conserva, mas que se multiplica. Isso é conveniente, por exemplo, para demonstrar a impossibilidade de superprodução. O capitalista é concebido, aqui, como alguém a quem importa somente o consumo de certos produtos (sua apropriação por meio da venda de suas mercadorias), não o aumento do valor pressuposto, o poder de compra como tal, a riqueza abstrata como tal.

Por meio da transformação do dinheiro em capital (efetuada pela troca do dinheiro com o trabalho), a fórmula do capital, D-M-D, recebeu agora

---

[104] Cf. p. 168, *infra*. (Nota da edição original).

[105] Cf. p. 171, *infra*. (Nota da edição original).

[106] "When the labourers receive wages for their labour... the capitalist is the owner, not of the capital only, but of the *labour also*. If what is paid as wages is included, as it commonly is, in the term capital, it is absurd to talk of labour separately from capital. The word capital, as thus employed, includes labour and capital both."

um conteúdo. O dinheiro é existência autônoma do valor de troca. Considerado segundo sua qualidade, ele é o representante material da riqueza abstrata, *a existência material da riqueza abstrata*. No entanto, o grau em que ele é essa riqueza, o âmbito em que ele [cor]responde ao seu conceito, depende de sua própria quantidade ou massa. No aumento do dinheiro, esse aumento como fim em si mesmo corresponde ao aumento do valor como tal. Fazer dinheiro por meio de dinheiro é o fim do processo de produção capitalista: o aumento da riqueza em sua forma geral, da quantidade de trabalho social objetivado que é expresso no dinheiro. Se o valor disponível figura meramente como dinheiro de conta no livro-mestre, ou em qualquer outra forma, como sinal de valor etc., é de início indiferente. O dinheiro aparece, aqui, somente como forma do valor autônomo que o capital toma em seu ponto de partida, assim como em seu ponto de retorno, a fim de abandoná-lo continuamente. Os detalhes sobre isso pertencem ao capítulo II) *O processo de circulação do capital*. O capital é, aqui, dinheiro em processo, para o qual suas próprias formas como dinheiro e mercadoria são apenas formas intercambiáveis. Ele é constantemente avaliado como dinheiro de conta – e vale somente como sua existência material, também quando ele existe como mercadoria; e ele mal existe na forma do dinheiro, ele só pode se valorizar na medida em que novamente a abandona. Que ao capitalista importe somente o dinheiro, significa somente que lhe importa o valor de troca, aumento do valor de troca, enriquecimento abstrato. Porém, isso só se expressa como tal no dinheiro. "O grande objeto do capitalista monetário, de fato, é incrementar o *montante nominal* de sua fortuna. Esse montante é tal que, se este ano é, por exemplo, expresso pecuniariamente por 20.000 *l*, então no próximo ano ele deveria ser *expresso pecuniariamente* por 24.000 *l* Adiantar seu capital, *estimado em dinheiro*, é a única maneira pela qual ele pode adiantar seus juros como mercador. A importância desses objetos para ele não é afetada pelas flutuações na moeda ou por uma mudança no valor real do dinheiro. Por exemplo, em um ano, ele passa de 20 para 24.000 *l* devido a uma queda no valor do dinheiro, caso ele não tenha aumentado seu controle sobre as comodidades etc. Porém, seu interesse seria o mesmo se o dinheiro não tivesse caído; pois, do contrário sua fortuna monetária teria permanecido estacionária e sua riqueza real teria declinado na proporção de 24 para 20... as mercadorias, portanto, não são o objeto último do capitalista mercantil, exceto no consumo de sua renda e nas compras para o consumo. *No desembolso de seu capital, e quando ele compra com o objetivo de produzir, dinheiro é seu objeto último."*[107] (165-166. Thomas Chalmers, On Political Economy in Connection with the Moral Sate and Moral prospects of Society, 2. ed. London, 1832.)

{Outro ponto em relação à fórmula D-M-D. O valor como capital, valor que se autovaloriza, é *valor à 2ª potência*. Ele não tem, porém, somente uma expressão autônoma, mas se compara consigo mesmo (ou é comparado pelo capitalista), mede a si mesmo num período (a grandeza de valor na qual ele estava pressuposto ao processo de produção) em relação a si mesmo em outra época, isto é, depois de seu retorno da circulação – depois de a mercadoria ser vendida e novamente transformada em dinheiro. Portanto, o valor aparece como o mesmo sujeito nos dos dois períodos distintos e, com efeito, é esse seu movimento, o movimento caracterizador do capital. Somente nele o valor aparece como capital. Conferir, contra isso, "*A Critical Dissertation on the Nature, Measures and Causes of Value; chiefly in reference to the writings of Mr. Ricardo and his followers*. By the Author of Essays on the Formation and Publication of Opinions." (*S. Bailey.*) London 1825.} A principal artimanha de Bailey contra toda a determinação do valor pelo tempo de trabalho é esta: valor é somente *relação* em que diferentes mercadorias se trocam. Valor é somente relação entre duas mercadorias. *Value*[108] não é nada "intrínseco ou absoluto". (p. 23, *loc. cit.*) "É impossível designar ou expressar o valor de uma mercadoria, exceto por uma quantidade de alguma outra mercadoria. (p. 26, *loc.cit.*) Em lugar de considerar o valor como uma relação entre 2 objetos, eles (os ricardianos) (e Ricardo mesmo)[109] o consideram como um resultado positivo produzido por uma quantidade definida de trabalho."[110]

---

[107] No original, Marx traduz algumas partes da citação para o alemão: "The great object of the monied capitalist, in fact, is to add the *nominal amount* of his fortune. It is that, if expressed pecuniarily this year by 20.000 l. por exemplo; it should be *expressed pecuniarily* next year by 24.000 l. To advance his capital, as *estimated in money*, is the only way in which he can advance his interest as a merchant. A importância desses objetos para ele não é afetada pelas *fluctiations* na *currency* ou *by a change in the real value of money*. Por exemplo, em um ano ele passa de 20 para 24.000 l devido a uma queda no valor do dinheiro, caso ele não tenha *increased his command* sobre os comforts etc. Porém, seu interesse seria o mesmo se o valor do dinheiro não tivesse caído; pois, do contrário *his monied fortune would have remained stationary* e sua real wealth would have declined in the proportion of 24 to 20... commodities, portanto, não são o terminating object do trading capitalist, exceto o consumo de sua revenue e as compras para o consumption. In the outlay of his capital, and when he purchases for the sake of production, money is his terminating object." (Citatenheft, p. 75.) (Nota da edição original).

[108] Valor.

[109] As explicações entre parênteses são de Marx. (Nota da edição original).

[110] "It is impossible to designate, or express the value of a commodity, except by a quantity of some other commodity. Instead of regarding value as a relation between 2 objects, they (the Ricardians) consider it as a positive result produced by a definite quantity of labour."

(p. 30, *loc. cit.*) "Porque os valores de A e B, de acordo com sua doutrina, estão um para o outro como as quantidades de trabalho produtivo, ou... são determinados pelas quantidades de trabalho que os produz, eles parecem ter concluído que o valor de A apenas, sem referência a nada mais, seja igual à quantidade do trabalho que o produziu. Certamente, não há qualquer significado na última proposição."[111] (p. 31-32) Eles falam de "valor como uma espécie de propriedade geral e independente."[112] (p. 35, *loc. cit.*). "O valor da mercadoria deve ser seu valor em alguma coisa."[113] (*loc. cit.*). Como objetivação do trabalho social, a mercadoria é expressa como algo relativo. Pois se o valor contido em A é nivelado com todos os outros, ele o é somente como existência determinada do trabalho social. Neste último, porém, a individualidade não é considerada isolada, mas antes, como quer B[ayley], seu trabalho é relativamente posto e a mercadoria mesma é posta como existência desse ser relativo.[114]

O mesmo Bailey (*loc. cit.*, p. 72) diz: "Valor é a relação entre mercadorias *contemporâneas* porque elas só admitem ser trocadas uma pela outra; e se nós comparamos o valor de uma mercadoria num momento com seu valor em outro, é somente a comparação da relação na qual ela se encontrava, nesses diferentes momentos, com alguma outra mercadoria."[115] (p. 72) Isso ele diz contra "comparing commodities at different periods"[116], como se, por exemplo, na rotação do capital, o capitalista não tivesse continuamente de comparar o valor de um período com o valor de outro período.[117]

{Poder-se-ia perguntar, então, como a expressão monetária do capital se reporta ao próprio capital. Na medida em que o dinheiro existe na forma do dinheiro, a ele se contrapõem, como mercadorias, os componentes com

---

[111] "Because the values of A and B, according to their doctrine, are to each other as the quantities of producing labour, or...are determined by the quantities of producing labour, they appear to have concluded, that the value of A alone, without reference to anything else, is as the quantity of its producing labour. There is no meaning certainly in the last proposition."

[112] "value as a sort of general and independent property"

[113] "The value of commodity must be its value in something."

[114] Aqui termina o primeiro caderno do manuscrito. (N.T.)

[115] "Value is a relation between *contemporary* commodities, because such only admit of being exchanged for each other; and if we compare the value of a commodity at one time with its value at another, it is only a comparison of the relation in which it stood at these different times to some other commodity."

[116] "comparando mercadorias em períodos diferentes"

[117] "... had not continuously to compare the value of one period to the value of another period". Marx se refere aqui à polêmica de Bailey contra Ricardo. Conferir David Ricardo, *On the Principles...* 3. ed., p. 14. Ver também o caderno XIV, p. 831. (Nota da edição original).

os quais ele se troca em sua transformação em capital produtivo. Portanto, aqui valem as leis tal qual foram desenvolvidas na metamorfose da mercadoria ou na circulação simples do dinheiro. Se circulam sinais de valor, sirvam eles como meio de circulação ou meio de pagamento, então eles representam apenas o valor das mercadorias estimado em dinheiro ou diretamente o dinheiro que é igual à quantidade de dinheiro expressa nos preços da mercadoria. Eles não têm valor como tal. Portanto, também ainda não são capital no sentido de que ele é trabalho objetivado. Eles representam, antes, inteiramente o preço do capital, como anteriormente representavam o preço da mercadoria. Se circula dinheiro real, então, ele mesmo é trabalho objetivado – capital – (porque mercadoria). Se dividirmos a soma total do dinheiro circulante pelo número de suas rotações, então obtemos a quantidade real encontrada em circulação, e esta é um componente do capital, fixo ou circulante, seja qual for o aspecto segundo o qual se queira considerá-lo. Com os mesmos 6 táleres, se eles circulam 20 vezes num dia, então posso comprar uma mercadoria por 120 táleres, então eles representam o valor de 120 táleres num dia. Nisso se incluem os próprios 6 táleres. Então, a soma total de capital encontrado em circulação num dia é = 126 táleres. Se um capital é = 100 táleres e com esses 100 táleres ele compra mercadorias, então os mesmos 100 táleres representam agora um segundo capital de 100 táleres, e assim sucessivamente. Se circulam 6 vezes num dia, então eles representam alternadamente um capital de 600 táleres. Assim, se eles num dia representam mais ou menos capital é algo que depende de sua velocidade de circulação, que é igual à velocidade da metamorfose da mercadoria, que aparece aqui como metamorfose do capital, o qual alternadamente assume e abandona suas formas de dinheiro e mercadoria. Se o dinheiro funciona como meio de pagamento, então 600 táleres podem pagar qualquer grandeza de capital, na medida em que seus saldos positivo e negativo se equilibram num balanço de 600 táleres.

Enquanto originalmente, na circulação simples de mercadorias, o dinheiro aparece como ponto de transição, a mercadoria transformada em dinheiro aparece como ponto de partida e ponto final do movimento do capital. E a mercadoria, como metamorfose do dinheiro, aparece como mero ponto de transição.

O único aspecto pelo qual o dinheiro se diferencia, na medida em que aparece como forma do capital – como dinheiro, não como dinheiro de conta – é que: (1) ele retorna ao ponto de que partiu e retorna aumentado. O dinheiro gasto no consumo não retorna ao seu ponto de partida; o capital – dinheiro antecipado na produção – retorna aumentado ao seu ponto de partida. (2) O dinheiro despendido permanece na circulação da qual retira a mercadoria; o capital lança de volta mais mercadoria na circulação do que dela retira e, por conseguinte, sempre retira novamente o dinheiro despendido por ele. Quanto mais rápido esse ciclo, isto é, quanto mais rápida a circulação ou metamorfose do capital, mais rápida a circulação do dinheiro e, como isso não ocorre em um, mas nos múltiplos movimentos do capital, tanto mais o dinheiro servirá como meio de pagamento e as dívidas e créditos se compensarão.}

O capital transformado em dinheiro no modo descrito se torna *capital produtivo* ao subsumir a si mesmo o processo de produção, ao funcionar como comprador e usuário de trabalho. O capital só existe como forma dominante, como forma específica de um período de produção, lá onde o capital submeteu a si a produção mesma, portanto, lá onde o capitalista produz. De maneira formal, ele pode ter se apresentado anteriormente em outras funções e pode também aparecer nessas mesmas funções em seu próprio período. Porém, essas são apenas formas ainda derivadas e secundárias do capital, tais como o capital como capital comercial e capital gerador de juros etc. Portanto, quando falamos de capital produtivo, essa relação inteira não deve ser compreendida como se uma das formas do valor de uso na qual ele aparece no processo de trabalho fosse em si produtiva, como se a máquina produzisse valor ou o material de trabalho etc.

Do processo de valorização, cujo resultado são o valor adiantado e um *surplus*,[118] um mais-valor (no próprio processo de trabalho aparece o capital como valor de uso real, isto é, como consumo real, pois somente no consumo o valor de uso se realiza como valor de uso; esse seu processo de consumo constitui ele mesmo uma relação econômica, tem uma forma econômica determinada e não é indiferente, exterior à forma, como no conceito de mercadoria simples; esses valores de uso no qual ele consiste são determinados, conforme o conceito, pela atividade da capacidade de trabalho que os consome), resulta que o produto propriamente específico do capital, na medida em que ele produz como capital, é o próprio *mais-valor* e *que nela*[119] o produto *específico* do trabalho, na medida em que este é nele incorporado, não é esse ou aquele produto, mas *capital*. O processo de trabalho mesmo aparece somente como meio do processo de valorização,

---

[118] Excedente.

[119] Pelo contexto, "*nela*" refere-se à "produção". (N.T.).

inteiramente como aqui, em geral, o valor de uso aparece somente como portador do valor de troca.

Os dois componentes em que se decompõem a transformação do dinheiro em capital

O movimento completo que o dinheiro perfaz para se transformar em capital decompõe-se, portanto, em dois processos distintos: o primeiro é um ato da circulação simples, comprar de um lado, vender de outro; o segundo é o consumo dos artigos comprados pelo comprador, um ato que se situa fora da circulação, que ocorre nas suas costas. Aqui, o consumo dos artigos comprados constitui, ele mesmo, uma relação econômica, em decorrência de sua natureza específica. Nesse processo de consumo, o comprador e o vendedor aparecem numa nova relação um com o outro, que é ao mesmo tempo *relação de produção*.

Ambos os atos podem ser totalmente separados no tempo; e se a venda é realizada ao mesmo tempo, ou se é concluída primeiro idealmente e só posteriormente realizada, ela tem de – ao menos idealmente, como ato particular, como estipulação entre comprador e vendedor – preceder sempre o segundo ato, o processo de consumo das mercadorias compradas, embora seu preço estipulado somente seja pago mais tarde.

O primeiro ato corresponde inteiramente às leis da circulação de mercadorias, à qual pertence. Equivalentes são trocados por equivalentes. O possuidor de dinheiro paga, por um lado, o valor de material de trabalho e meio de trabalho, por outro lado, o *valor* da capacidade de trabalho. Nessa compra, portanto, ele dá em dinheiro exatamente tanto trabalho objetivado quanto ele retira da circulação na forma de mercadorias – capacidade de trabalho, material de trabalho e meio de trabalho. Se esse primeiro ato não correspondesse às leis da troca de mercadorias, ele não poderia aparecer, em geral, como ato de um modo de produção cuja base consiste em que a relação elementar que os indivíduos estabelecem uns com os outros é relação entre possuidores de mercadorias. Deveria ser suposta outra base da produção para explicá-lo. Ao contrário, porém, o modo de produção que sempre possui a forma elementar da mercadoria – e não aquela do valor de uso – é justamente aquele modo de produção que repousa sobre o capital, sobre a troca de dinheiro por capacidade de trabalho.

O segundo ato mostra um fenômeno que, em seu resultado e em suas condições, é completamente estranho não somente às leis da circulação simples, mas também parece contradizê-las. Primeiramente, a posição social de comprador e vendedor se modifica no processo de produção mesmo. O comprador se torna o comandante do vendedor na medida em que este entra no processo de consumo do comprador com sua pessoa como trabalhador. Mais do que um simples processo de troca, ele se torna uma relação de dominação e servidão que, no entanto, distingue-se de todas as outras relações históricas desse tipo pelo fato de que ele decorre apenas da natureza da mercadoria que o vendedor vende, de que essa relação se origina, portanto, somente de compra e venda, do comportamento de ambas as partes como possuidoras de mercadorias, de que, portanto, ela novamente inclui, em si e para si, relações políticas etc. O comprador se torna chefe, senhor (*master*), o comprador se torna seu trabalhador (*man, hand*)[120]. Exatamente como a relação de comprador e vendedor, na medida em que ela se transforma em relação de credor e devedor, aqui a posição social de ambas as partes muda – mas só provisoriamente, portanto constantemente.

Porém, considerando-se o próprio resultado, ele contradiz completamente as leis da circulação simples, e isso se torna [tanto] mais evidente na medida em que o pagamento, como na maioria dos casos, só é feito depois de o trabalho ser fornecido, e, de fato, é somente no final do processo de produção que a compra é realizada. Agora a capacidade de trabalho mesma não se confronta, como tal, com o comprador. Ela se objetivou na mercadoria, digamos, por exemplo, num tempo de trabalho de 12 horas ou 1 jornada de trabalho. Portanto, o comprador recebe um valor de 12 horas de trabalho. Mas ele paga somente uma jornada de, digamos, 10 horas de trabalho. Aqui, realmente, não foram trocados equivalentes um com o outro, mas, de fato, agora também não ocorre nenhuma troca. Caberia apenas dizer: mesmo supondo – e essa é uma frase adorável – que o ato I não tenha ocorrido da maneira descrita, mas que o comprador não compre a capacidade de trabalho, e sim o trabalho mesmo fornecido. Isso pode apenas ser imaginado. O produto está pronto então, mas seu valor só existe na forma de seu preço. Ele tem primeiro de ser realizado como dinheiro. Portanto, se o capitalista, em relação ao trabalhador, realiza sua parte no produto como dinheiro, então está em ordem que o trabalhador se contente com um equivalente em dinheiro menor do que deu na mercadoria. Considerado em geral, isso é absurdo. Pois isso resulta na afirmação de que o vendedor tem sempre de se contentar com um equivalente menor em dinheiro do que o que dá em

---

[120] Homem, mão.

mercadoria. Tão logo o comprador transforma seu dinheiro em mercadoria, tão logo ele a compra, o valor na mercadoria que ele compra existe apenas como preço, não mais como valor realizado, como dinheiro. Como sua mercadoria perdeu a forma do valor de troca, do dinheiro, ele *não recebe nenhuma indenização*. Ele até ganhou, do outro lado, com o fato de que ela existe então na forma da mercadoria. Porém, diga-se ainda, se eu compro uma mercadoria para meu consumo, isso é então algo diferente: a mim interessa o seu valor de uso. Trata-se apenas, precisamente, de transformar valor de troca em meios de subsistência. Ao contrário, é evidente que, num primeiro momento, eu perco se troco meu dinheiro por uma mercadoria a fim de revendê-la. Pois, nesse caso, me interessa apenas o valor de troca e, por meio da compra, meu dinheiro perde a forma do dinheiro. O valor de troca existe na mercadoria, em primeiro lugar, apenas como preço, apenas como equação com o dinheiro, que deve ser realizada. Porém, a intenção com a qual eu compro uma mercadoria não tem relação com seu valor. O fenômeno no qual da compra para vender se produz um mais-valor seria esclarecido pela *intenção* do comprador de que esse mais-valor deva ser produzido, o que é evidente absurdo. Se vendo uma mercadoria, o uso que o comprador pretende fazer dela é completamente indiferente, assim como o abuso. Suponhamos que o possuidor de mercadorias não tenha dinheiro suficiente para comprar trabalho, mas sim para comprar material de trabalho e meio de trabalho. Os vendedores de material de trabalho e meio de trabalho zombariam dele se ele quisesse dizer: material de trabalho e meio de trabalho são produtos inacabados, um pela natureza da coisa, o outro pelo fato de constituir apenas o componente de um produto sucessivo e não ter qualquer valor exceto na medida em que ele constitui o valor desse produto. De fato, suposto que o material de trabalho custa 100 táleres, o meio de trabalho 20 e o trabalho que eu adiciono a eles seja, medido em dinheiro, igual a 30 táleres, então o produto teria o valor de 150 táleres e, tão logo meu trabalho esteja acabado, tenho uma mercadoria de 150 táleres que, no entanto, deve primeiro ser vendida, a fim de existir na forma do valor de troca, como 150 táleres. Os 100 táleres que dei ao vendedor do material e os 20 que dei ao vendedor do meio de trabalho constituem componentes do valor de minha mercadoria; eles constituem 80% de seu preço. Esses 80% de minha mercadoria ainda não vendida – que eu devo transformar novamente em dinheiro – foram realizados em dinheiro pelos vendedores de matéria-prima e meio de trabalho – na medida em que eles os venderam a mim – antes que o produto estivesse pronto e muito antes ainda que fosse vendido. Portanto, porque que eu lhes faço esse adiantamento pelo mero ato da compra, eles têm de me vender suas mercadorias abaixo do valor. O caso é exatamente o mesmo. Nos dois casos eu tenho nas mãos uma mercadoria de 150 táleres que, porém, deve antes ser vendida, realizada em dinheiro. No primeiro caso, eu mesmo adicionei o valor do trabalho, mas paguei antecipadamente o valor do material de trabalho e do meio de trabalho, não apenas antes de o produto ser vendido, mas antes de estar pronto. No segundo caso, o trabalhador adicionou o valor, e eu o paguei, antes da venda da mercadoria. Isso resulta sempre no absurdo de que o comprador como tal tem o privilégio de comprar mais barato, por meio do que ele, na sua condição de vendedor, perderia novamente tanto quanto teria ganhado como comprador. Ao final da jornada, por exemplo, o trabalhador acrescentou ao produto uma jornada diária de trabalho e eu possuo esse seu trabalho na forma objetivada, como valor de troca pelo qual eu só pago ao trabalhador se lhe dou de volta o mesmo valor de troca em dinheiro. Em que forma de valor de uso consiste o valor é algo que muda tão pouco sua grandeza de valor quanto pouco a modifica se ela está na forma de mercadoria ou de dinheiro, como valor realizado ou não realizado.

Nesse caso, aquilo que subjaz à representação é a lembrança do desconto do dinheiro. Se tenho mercadorias prontas e faço antecipar dinheiro por elas – sem vendê-las (ou apenas sob determinadas condições) –, ou se negocio os títulos de crédito dados em troca da mercadoria já vendida, porém títulos pagáveis apenas posteriormente – portanto tendo recebido em pagamento somente um título, ou letra de câmbio etc., realizável posteriormente –, então eu pago o desconto. Como recebo o dinheiro sem vender a mercadoria ou recebo o dinheiro antes de ela ser pagável, antes de a venda ser realmente realizada – numa ou noutra forma, eu empresto dinheiro, pago. Eu renuncio a uma parte do preço da mercadoria e a cedo àquele que me antecipou dinheiro pela mercadoria, ainda não vendida ou ainda não pagável. Portanto, eu pago, aqui, pela metamorfose das mercadorias. No entanto, se sou o comprador de trabalho – na medida em que ele já está objetivado no produto –, então, em primeiro lugar, essa relação não se aplica. Pois, se fosse antecipado o dinheiro ou a obrigação de pagamento fosse descontada, em ambos os casos, aquele que antecipa o dinheiro não seria o comprador da mercadoria, mas uma terceira pessoa que se coloca entre o comprador e o vendedor. Aqui, porém, o capitalista se defronta como comprador com o trabalhador que lhe forneceu a mercadoria – tempo de trabalho determinado, objetivado num determinado valor de uso – e paga depois que já recebeu o equivalente em mercadoria. Em segundo lugar, em toda essa relação entre o capitalista industrial e o capitalista que antecipa dinheiro a juros, a relação capitalista já está suposta. Está suposto que dinheiro – valor em geral – possui, como tal, a qualidade de valorizar a si mesmo num determinado período de tempo, criar certo mais-valor e, sob esse pressuposto, ele é pago por seu uso. Portanto, aqui se pressupõe uma forma derivada do capital a fim de explicar sua forma original: pressupõe-se uma de suas formas particulares para explicar sua forma geral. De resto, chega-se sempre a esse resultado: o trabalhador não pode aguardar até que o produto seja vendido. Em outras palavras, ele não tem nenhuma *mercadoria* para vender, mas somente seu trabalho mesmo. Se tivesse *mercadoria* para vender, então, como já está dado no pressuposto, ele deveria, para existir como vendedor de mercadorias – pois ele não vive do produto, a mercadoria não é valor de uso para ele mesmo –, dispor de suficiente mercadoria na forma de dinheiro para viver, comprar meios de subsistência, até que sua nova mercadoria estivesse pronta e fosse vendida. É novamente o mesmo pressuposto que se encontrava no primeiro ato, a saber, de que o trabalhador se opõe, como mera capacidade de trabalho, às condições objetivas do trabalho, sob as quais recaem tanto os meios de subsistência do trabalhador – os meios para viver enquanto ele trabalha – quanto as condições de realização do próprio trabalho. Sob o pretexto de refutar decididamente a primeira relação à qual se chega, ela acaba por ser reproduzida.

É igualmente estúpida a forma: o trabalhador, na medida em que recebe seu salário, já teve sua participação no produto ou no valor do produto, portanto não pode fazer nenhuma exigência ulterior. Capitalista e trabalhador são *associes*,[121] proprietários em comum do produto ou de seu valor, mas um dos sócios vende para o outro sua parte e perde, assim, sua participação no valor resultante da venda do produto e no lucro realizado com ela. Sobre isso, há que diferenciar novamente dois gêneros de *fallacies*.[122] Se o trabalhador tivesse recebido um equivalente pelo trabalho adicionado por ele à matéria-prima, então ele não teria, de fato, nenhuma pretensão ulterior. Ele teria recebido sua cota paga em seu valor inteiro. Isso mostraria, então, por que ele não teria nenhuma relação ulterior com a criação nem da mercadoria, nem de seu valor, mas não mostraria em absoluto por que recebe um equivalente em dinheiro *inferior* ao que forneceu ao *trabalho objetivado* no produto. Assim, no exemplo acima, os vendedores de matéria-prima a 100 táleres e do meio de trabalho a 20, cujas mercadorias são

---

[121] Associados.

[122] Falácias.

compradas pelos produtores da nova mercadoria, não possuem qualquer pretensão sobre a nova mercadoria e seu valor de 150 táleres. Disso não segue, porém, que um receba 80 táleres em lugar de 100, e o outro 10 em lugar de 20. Isso prova apenas que, se o trabalhador recebe seu equivalente antes da venda das mercadorias – mas *sua* mercadoria ele vendeu – ele nada tem a exigir posteriormente. No entanto, isso não prova que ele vendeu sua mercadoria *abaixo do equivalente*. Certamente, ocorre então uma segunda ilusão. O capitalista vende, então, a mercadoria com lucro. O trabalhador, que já recebeu seu equivalente, já renunciou ao lucro que é originado dessa operação subsequente. Aqui, portanto, tem-se novamente a velha ilusão de que o lucro – o mais-valor – é originado da circulação e, com isso, que a mercadoria é vendida acima de seu valor e o comprador é ludibriado. Nessa fraude, que um capitalista cometeria em relação ao outro, o trabalhador não teria qualquer participação; no entanto, o lucro de um capitalista seria igual à *loss*[123] do outro e assim não existiria, para o capital total, nenhum mais-valor, em si e para si.

Certamente, existem formas determinadas de trabalho assalariado nas quais ocorre a *aparência* de que o trabalhador não venderia sua capacidade de trabalho, mas seu próprio *trabalho objetivado* nas mercadorias. Por exemplo, no *salário por peça*. No entanto, esse é somente outra forma de medir o tempo de trabalho e de controlar o trabalho (de pagar apenas trabalho *necessário*). Se eu sei que o trabalho médio pode fornecer, por exemplo, em doze horas, 24 peças de um artigo qualquer, então, 2 peças são iguais a 1 hora de trabalho. Se o trabalhador recebe em pagamento 10 horas pelas 12 horas que trabalha, portanto ele trabalha 2 horas de sobretempo,[124] o que é o mesmo que se ele, em cada hora, fornecesse $1/6$ de hora de sobretrabalho[125] (trabalho grátis). (10 minutos, portanto, no dia inteiro, 120 minutos = 2 horas) Supondo 12 jornadas de trabalho, avaliadas em dinheiro = 6 s, então, $1 = 6/12$ s = ½ s = 6 d. Portanto, as 24 peças = 6 s, ou a peça = ¼ s = 3 d. O mesmo se o trabalhador adiciona 2 horas às 10, ou 4 peças às 20. Cada peça de 3 d = ½ hora de trabalho de 3 d. Porém, o trabalhador não recebe 3 d, mas 2½ d. E se ele fornece 24 peças, 48 d + 12 d = 60 d = 5 s, enquanto o capitalista vende a mercadoria por 6 s. Portanto, essa é apenas outra maneira de medir o tempo de trabalho (igualmente, de controlar

---

[123] Perda.

[124] *Surpluszeit*.

[125] *Surplusarbeit*.

a qualidade do trabalho). Essas diferentes formas de salário em nada dizem respeito à relação geral. De resto, é óbvio que no salário por peça se encontra a mesma questão: de onde vem o mais-valor? É evidente que a peça não é inteiramente paga; que é absorvido mais trabalho na peça do que o dinheiro pago por ela.

Portanto, o fenômeno inteiro só deve ser explicado (ao final, todos os outros modos de explicação novamente pressupõem isso) pelo fato de que o trabalhador não vende seu trabalho como mercadoria – e o trabalho é mercadoria na medida em que sempre é objetivado em algum valor de uso, portanto, sempre como resultado do processo de trabalho, assim, na maioria das vezes, antes de o trabalho ser *pago* – mas sim sua capacidade de trabalho, antes de ela ser trabalhada e ter se realizado como trabalho.

O resultado – que o valor pressuposto ou a soma de dinheiro que o comprador lança na circulação não apenas é reproduzido, mas se valorizou, aumentou numa proporção determinada, um mais-valor é acrescentado ao valor – esse resultado só é realizado no processo de produção imediato, pois somente aqui a capacidade de trabalho se torna trabalho real, o trabalho se objetiva numa mercadoria. Esse resultado é que o comprador recebe de volta mais trabalho objetivado na forma de mercadoria do que ele adiantou na forma de dinheiro. Somente durante o processo de trabalho mesmo é gerado esse mais-valor – esse *surplus*[126] de tempo de trabalho objetivado, que ele lança novamente na circulação na medida em que ele vende a nova mercadoria.

Porém, esse segundo ato, no qual o mais-valor é realmente gerado, e o capital de fato se torna capital produtivo, só pode ocorrer em seguida ao primeiro ato e é somente uma consequência do valor de uso específico da mercadoria que foi trocada por dinheiro no primeiro ato a seu valor. Porém, o primeiro ato só ocorre sob certas condições históricas. O trabalhador deve ser livre para poder dispor de sua capacidade de trabalho como sua propriedade, portanto, nem escravo, nem servo de gleba, nem enfeudado. Por outro lado, ele deve igualmente ter perdido as condições de poder realizar sua capacidade de trabalho. Portanto, não deve ser nem camponês, nem artesão, que exploram sua atividade para o próprio uso; em geral, ele deve ter deixado de ser proprietário. Está suposto que ele *trabalha como não proprietário* e que as *condições de seu trabalho* se opõem a ele *como propriedade*

---

[126] Excedente.

alheia. Portanto, nessas condições também está o fato de que a terra se opõe a ele como propriedade alheia; que ele está excluído do uso da natureza e de suas produções. Esse é o ponto em que a propriedade fundiária aparece como um pressuposto necessário do trabalho assalariado e, com isso, do capital. De resto, na consideração sobre o capital como tal, não é necessário levar isso em conta ulteriormente, já que a forma da propriedade fundiária correspondente à forma capitalista de produção é, ela mesma, um produto histórico do modo de produção capitalista. Na existência da capacidade de trabalho como mercadoria ofertada pelo trabalhador mesmo – reside, portanto, todo um círculo de condições históricas somente sob as quais o trabalho pode se tornar trabalho assalariado, com isso, o dinheiro pode se tornar capital.

Naturalmente, trata-se de que a produção em geral repousa sobre este fundamento: o trabalho assalariado e sua utilização pelo capital não aparecem como manifestação esporádica na superfície da sociedade, mas sim são a relação dominante dessa sociedade.

Para que o trabalho exista como trabalho assalariado, o trabalhador tem de trabalhar como não proprietário, não vendendo mercadoria, mas a disposição sobre sua própria capacidade de trabalho – sua capacidade de trabalho mesma no único modo em que pode ser vendida –, as condições de realização de seu trabalho devem se opor a ele como *condições estranhadas*, como *potências estranhas*, condições sob o domínio de uma vontade estranha, propriedade alheia. O *trabalho objetivado*, o valor como tal, opõe-se a ele como um *ser próprio*, como *capital*, cujo portador é o capitalista – opondo-se a ele também como *capitalista*.

Aquilo que o trabalhador *compra* é um resultado, um determinado valor; a quantidade de tempo de trabalho igual àquela contida em sua própria capacidade de trabalho, portanto uma quantia de dinheiro necessária para mantê-lo vivo como trabalhador. Pois o que ele compra é dinheiro, portanto meramente uma outra forma para o valor de troca que ele mesmo já possui como capacidade de trabalho e na mesma quantidade. Ao contrário, aquilo que o capitalista compra e aquilo que o trabalhador vende é o valor de uso da capacidade de trabalho, quer dizer, portanto o trabalho mesmo, a força que cria e aumenta o valor. A força que cria e aumenta o valor não pertence, portanto ao trabalhador, mas ao capital. À medida que ele a absorve em si mesmo, ele se torna vivo e começa *to work*[127] como se tivesse amor no

---

[127] A trabalhar.

corpo.[128] O trabalho vivo se torna, assim, um meio para o trabalho objetivado se conservar e aumentar. À medida que o trabalhador cria riqueza, esta se torna, com isso, uma força do capital; do mesmo modo, todo desenvolvimento das forças produtivas do trabalho se tornam desenvolvimento das forças produtivas do capital. Aquilo que o próprio trabalhador vende, que ele substitui por um equivalente, é a própria capacidade de trabalho, um valor determinado cuja grandeza costuma oscilar entre limites amplos ou estreitos, mas que sempre se resolve conceitualmente numa determinada soma de meios de subsistência requerida para a capacidade de trabalho se conservar como tal, isto é, para o trabalhador poder continuar a existir. O trabalho objetivado passado se torna, assim, senhor do trabalho vivo, presente. A relação de sujeito e objeto é invertida. Se já no pressuposto as condições objetivas de realização de sua capacidade de trabalho e, portanto, do trabalho real aparecem em face do trabalhador como potências autônomas, estranhas, que antes se reportam ao trabalho vivo como as condições de sua própria conservação e aumento – instrumento, material, meios de subsistência, que se dedicam ao trabalho somente para absorverem em si mesmos mais trabalho –, a mesma inversão aparece ainda mais no resultado. As condições objetivas do trabalho são, elas mesmas, produtos do trabalho e, na medida em que são consideradas do lado do valor de troca, são apenas tempo de trabalho em forma objetivada. Segundo os dois lados, as condições objetivas do trabalho são aí, portanto, resultado do trabalho mesmo, *sua própria objetivação*, e é esta sua própria objetivação, ela mesma como seu resultado, que o confronta como *potência estranha*, como *potência autônoma* em oposição à qual ele sempre se defronta novamente como mera capacidade de trabalho, na mesma carência da objetividade.

Se o trabalhador precisa trabalhar somente meia jornada de trabalho para viver um dia inteiro – isto é, para produzir os meios de subsistência necessários diariamente para a sua conservação como trabalhador, então o valor de sua capacidade de trabalho diária é igual a meia jornada de trabalho. Ao contrário, o valor de uso dessa capacidade não consiste no tempo de trabalho que é necessário para conservar e produzir ela mesma, mas no tempo que ela pode trabalhar. Seu valor de uso consiste, por exemplo, numa jornada de trabalho, enquanto seu valor de troca é apenas meia jornada de trabalho. Na medida em que o capitalista a compra por seu valor de troca, pelo tempo de trabalho requerido para conservá-la, ele recebe em troca o

---

[128] Citação modificada do *Fausto* I, de Goethe, na cena "Auerbachs Keller in Leipzig". (Nota da edição original).

tempo de trabalho que ela mesma pode trabalhar; portanto, no caso acima, uma jornada inteira, se ele pagou por meia. O quanto seu ganho é grande ou pequeno depende de por quanto tempo, em geral, o trabalhador lhe coloca à disposição a sua capacidade de trabalho. Porém, sob todas as circunstâncias, a relação consiste em que ele a coloque à disposição por um tempo mais longo do que o tempo necessário para sua própria reprodução. O capitalista a compra somente porque ela tem esse valor de uso.

Capital e trabalho assalariado expressam somente dois fatores da mesma relação. O dinheiro não pode se tornar capital sem se trocar por capacidade de trabalho como mercadoria vendida pelo trabalhador mesmo; portanto, sem encontrar essa mercadoria específica no mercado. Por outro lado, o trabalho só pode aparecer como trabalho assalariado na medida em que as próprias condições de sua realização, suas *próprias* condições objetivas, o confrontam como potências em si, propriedade alheia, valor existente para si e que permanece em si mesmo, enfim, como capital. Portanto, se o capital, conforme seu lado material – ou conforme o valor de uso no qual existe, só pode consistir nas condições objetivas do trabalho mesmo, meios de subsistência e meios de produção (os últimos em parte, material de trabalho, em parte, meio de trabalho), então, de acordo com seu lado formal, essas condições objetivas devem se opor ao trabalho como potências *estranhadas*, *autônomas*, como valor – trabalho objetivado – que se reporta ao trabalho vivo como mero meio de sua própria conservação e aumento.

O trabalho assalariado – ou o *salariat*[129] – (o salário como preço do trabalho), portanto é uma forma social necessária para a produção capitalista, totalmente como o capital, o valor potenciado, é uma forma social necessária que as condições objetivas do trabalho devem assumir para que esse último seja trabalho assalariado. Vê-se, com isso, a profundidade da compreensão dessa relação de produção social que, por exemplo, possui um Bastiat, que acha que a forma do *salariat* não é responsável pelos inconvenientes de que se queixam os socialistas. (Voltaremos a isso mais adiante).[130] O rapaz acha que, se os trabalhadores tivessem dinheiro suficiente para viver até a venda da mercadoria, poderiam dividi-la com o capitalista em condições mais favoráveis. Quer dizer, em outras palavras; se eles não fossem trabalhadores assalariados, se, em lugar de sua capacidade de trabalho, pudessem vender o produto de seu trabalho. Que eles não possam fazê-lo os torna

---

[129] Salariado.

[130] Cf. caderno XXI, p. 1326 e *Grundrisse*, p. 239. (Nota da edição original).

precisamente trabalhadores assalariados, e seu comprador capitalista. Essa forma essencial da relação é considerada pelo Senhor Bastiat como uma circunstância acidental.

Aqui há algumas outras questões que devem ser igualmente consideradas. Antes, porém, mais uma observação. Vimos que o trabalhador, ao pôr novo trabalho no processo de trabalho – e esse é o único trabalho que ele vende ao capitalista: o trabalho objetivado no material de trabalho e no meio de trabalho –, conserva o valor deles. E, com efeito, ele faz isso de graça. Isso ocorre em virtude da qualidade viva do trabalho como trabalho, sem que, para esse fim, seja requerida uma nova quantidade de trabalho. (Quando, por exemplo, o instrumento de trabalho tem de ser melhorado, etc., quando novo trabalho é requerido para sua conservação, é tal como se um novo instrumento ou uma alíquota de novo meio de trabalho fosse comprado pelo capitalista e lançado no processo de trabalho.) Isso o capitalista recebe gratuitamente. Exatamente *como o trabalhador lhe antecipa o trabalho quando o capitalista lhe paga somente depois de o trabalho estar objetivado*. (Esse é o cerne da questão que tratamos antecipadamente sobre o preço do trabalho. O trabalho é pago, depois de ser fornecido. O produto como tal não diz respeito ao trabalhador. A mercadoria que ele vende já passou para a posse do capitalista antes de ser paga.) Porém, apresenta-se ainda outro resultado como resultado de toda a transação que o capitalista recebe gratuitamente. Depois de acabado o processo de trabalho, por exemplo, o processo da jornada, o trabalhador converteu o dinheiro que ele recebe do capitalista em meios de subsistência e, com isso, conservou sua capacidade de trabalho, reproduziu-a, de tal forma que a mesma troca entre capital e capacidade de trabalho pode recomeçar. No entanto, isso é uma condição para a valorização do capital, para sua sobrevivência, a fim de que essa seja uma relação de produção permanente. Com essa reprodução da capacidade de trabalho como tal, é reproduzida a condição, a única, sob a qual mercadorias podem se transformar em capital. O consumo do salário pelo trabalhador é produtivo para os capitalistas não somente na medida em que eles recebem em retorno trabalho e maior quantidade de trabalho do que o salário representa, mas também na medida em que ele lhe reproduz a condição, a capacidade de trabalho. O resultado do processo de produção capitalista, portanto, não é meramente mercadoria e mais-valor, mas a *reprodução dessa relação* mesma. (Como será mostrado em seguida, sua reprodução em escala sempre crescente.) Na medida em que o trabalho se objetiva no processo de produção, ele se objetiva como *capital*, como não trabalho, e na medida em que, na troca, o capital passa ao trabalhador, ele se converte apenas no meio para a reprodução de sua *capacidade de trabalho*. Portanto, ao final do processo, suas condições originais, seus fatores originais e sua relação original são reproduzidos. A relação de *capital e trabalho assalariado* é reproduzida por esse modo de produção exatamente na mesma medida em que a mercadoria e o mais-valor são produzidos. Ao final, do processo resulta somente aquilo que entrou no início: por um lado, o trabalho objetivado como capital; por outro, o trabalho desprovido de objeto, como mera capacidade de trabalho, de tal forma que a mesma troca sempre será repetida. Nas colônias em que o domínio do capital – ou em que a base da produção capitalista – ainda não se desenvolveu suficientemente, o trabalhador recebe mais do que é requerido para a reprodução de sua capacidade de trabalho e se torna muito rapidamente agricultor autônomo, etc. – portanto, a relação original não é reproduzida continuamente –, gerando profundas lamentações dos capitalistas e as tentativas de induzir artificialmente a relação de capital e trabalho assalariado. (*Wakefield*.)

"O material sofre modificações... Os instrumentos ou maquinaria empregados... sofrem modificações. Os vários instrumentos, no curso da produção, são gradualmente destruídos ou consumidos...Os vários tipos de comida, vestuário e acomodação, necessários para a existência e conforto do ser humano, também são modificados. Eles são consumidos, de tempos em tempos, e seu valor reaparece com aquele novo vigor conferido ao seu corpo e mente, formando um capital novo a ser novamente empregado no trabalho de produção" (WAYLAND. *The Elements of Polit. Econ. Boston*, 1843).[131]

A essa reprodução da relação completa – de que o trabalhador assalariado sai do processo somente como nele entrou – liga-se a importância da circunstância, para o trabalhador, das condições originais sob as quais ele deve reproduzir sua capacidade de trabalho, assim como a circunstância do salário médio ou do âmbito em que ele tem tradicionalmente de viver a fim de viver como trabalhador. No curso da produção capitalista, isso é mais ou menos destruído, mas dura bastante tempo. Quais são os

---

[131] "The material undergoes changes... The instruments, or machinery, employed... undergo changes. The several instruments, in the course of production, are gradually destroyed or consumed... The various kinds of food, clothing, and shelter, necessary for the existence and comfort of human being, are also changed. They are consumed, from time to time, and their value reappears, in that new vigor imparted to his body and mind, which forms a fresh capital, to be employed again in the work of production." (*Citatenheft*, p. 72.) (Nota da edição original).

meios de subsistência necessários à sua conservação – quer dizer, quais meios de subsistência e em qual âmbito são, em geral, considerados como necessários. (Ver, a respeito, *Thornton*.[132]) Porém, isso mostra de modo convincente que o salário se resume apenas aos meios de subsistência e que o trabalhador, como antes, resulta somente como capacidade de trabalho. A diferença reside somente no mais ou menos que é considerado como medida de suas necessidades. Ele sempre trabalha exclusivamente para o consumo; a diferença é somente se seu consumo é igual a custos de produção maiores ou menores.

O trabalho assalariado é, portanto, condição necessária para a formação do capital e permanece o pressuposto necessário constante da produção capitalista. Assim, embora o primeiro ato – a troca de dinheiro por capacidade de trabalho ou a compra da capacidade de trabalho como tal – não entre no processo de produção imediato (processo de trabalho), ele entra, ao contrário, na produção da relação completa. Sem ele, o dinheiro não se transforma em capital, o trabalho não se transforma em trabalho assalariado e, assim, não é posto sob o controle do capital, não é subsumido a ele e, com isso, muito menos ocorre a produção de mais-valor no modo determinado anteriormente. Essa questão – se esse primeiro ato pertence ao processo de produção do capital – é tratado propriamente na controvérsia entre economistas, que discutem se a parte do capital que é despendida em salário – ou, o que é o mesmo, se os meios de subsistência pelos quais o trabalhador troca seu salário – compõem uma parte do capital. (Ver Rossi, Mill, Ramsay)[133]

A pergunta "*o salário é produtivo?*" traz, de fato, a mesma incompreensão da pergunta "*o capital é produtivo?*".

No último caso, não se compreende por capital o valor de uso das mercadorias nas quais ele existe (os objetos-capital), a determinidade formal, a relação de produção social determinada, cujas portadoras são as mercadorias. No primeiro caso, a ênfase é posta no fato de que o salário como tal não entra no processo de trabalho imediato.

O preço de uma máquina não é produtivo, mas sim a máquina mesma, na medida em que a máquina funciona como valor de uso no processo de

---

[132] *Over-population and its remedy...* Londres, 1846, c. II, p. 19 *ss.* Longos excertos dessa obra se encontram no *Caderno XIII*, Londres, 1851, p. 14-21. (Nota da edição original)

[133] Cf. p. 149, *infra*. (Nota da edição original).

trabalho. Se o valor da máquina reaparece no valor do produto, se o preço da máquina reaparece no preço da mercadoria, isso só ocorre porque ela possui um preço. Esse preço não produz nada: não conserva a si mesmo, e menos ainda aumenta a si mesmo. Por um lado, o salário é uma dedução da produtividade do trabalho, pois o mais-trabalho se limita ao tempo de trabalho que o trabalhador emprega na sua própria reprodução, conservação. Portanto, o mais-valor. Por outro lado, ele é produtivo porque produz a própria capacidade de trabalho, que é a fonte da valorização em geral e a base de toda a relação.

A parte do capital que é gasta no salário, isto é, o preço da capacidade de trabalho, não entra diretamente no processo de trabalho, embora entre em parte, já que o trabalhador deve consumir repetidas vezes por dia os meios de subsistência para continuar a trabalhar. Esse processo de consumo recai fora do processo de trabalho propriamente dito. (Algo como o carvão, óleo, etc. na máquina?) Como *matière instrumentale*[134] da capacidade de trabalho? Os valores pressupostos só entram no processo de valorização porque já existiam. Com o salário é diferente, pois ele é reproduzido, substituído por novo trabalho. Em todo caso, mesmo quando se considera o salário – decomposto em meios de subsistência – somente como o carvão e o óleo para manter a máquina de trabalho em movimento, então eles entram no processo de trabalho como valores de uso somente na medida em que são consumidos como meios de subsistência pelo trabalhador e são produtivos porque o mantêm em movimento como máquina que trabalha. Porém, eles o fazem porque são meios de subsistência, não porque esses meios de subsistência possuem um preço. O preço desses meios de subsistência, o salário, não entra aí porque o trabalhador deve reproduzi-lo. Com o consumo dos meios de subsistência, é destruído o valor que estava contido neles. Ele substitui esse valor por nova quantidade de trabalho. Portanto, esse trabalho é que é produtivo, não seu preço.

{Vimos que o valor que se encontra no material de trabalho e no meio de trabalho é conservado simplesmente porque são consumidos como material e meio de trabalho, portanto tornam-se fatores de novo trabalho porque novo trabalho lhes é acrescentado. Suponhamos, então, que, para impulsionar um processo de produção de uma determinada escala – e essa escala é ela mesma determinada –, deve ser empregado somente tempo de

---

[134] Matéria instrumental.

trabalho necessário; portanto, somente tanto tempo de trabalho quanto seja necessário no dado estágio de desenvolvimento social das forças produtivas. Esse estágio de desenvolvimento dado expressa, porém, certa quantidade de maquinaria, certa quantidade de produtos que são requeridos para a nova produção. Portanto, não fiar com tear manual quando o *powerloom*[135] predomina, etc. Em outras palavras, para que somente o tempo de trabalho necessário seja empregado, é necessário dispor o trabalho em condições que correspondam ao modo de produção. Essas condições se representam elas mesmas como certa quantidade de maquinaria, etc., enfim, como meios de trabalho pressupostos para que seja empregado somente o tempo de trabalho necessário para a fabricação do produto, num dado estágio de desenvolvimento. Portanto, para fiar o algodão, é necessário ao menos um mínimo de uma fábrica, uma máquina a vapor com tantos cavalos de potência, *mules*[136] com tantos fusos, etc. Portanto, para que o valor que se encontra nessas condições de produção seja conservado – e à fiação mecânica corresponde novamente uma determinada quantidade de algodão que deve ser consumida diariamente –, é necessário acrescentar não apenas novo trabalho, mas *certa quantidade* de trabalho para que a quantidade de material determinada pelo próprio estágio de produção seja utilizada como material e para que o tempo determinado no qual a máquina tem de se mover (em que ela tem de ser utilizada diariamente como instrumento) exista efetivamente como tempo de utilização da máquina. Se tenho uma máquina equipada de tal forma que 600 *lb* de algodão têm de ser fiadas diariamente, então 100 jornadas de trabalho devem ser absorvidas por esses meios de produção (se uma jornada de trabalho é necessária para fiar 6 *lb*) a fim de conservar o valor da maquinaria. Não como se o novo trabalho fosse empregado de qualquer maneira na conservação desse valor: ele somente põe novo valor, o velho valor reaparece inalterado no produto. Porém, o velho valor é conservado somente pelo acréscimo do novo. Para reaparecer no produto, ele deve continuar no produto. Portanto, se 600 *lb* de algodão têm de ser fiadas para que a maquinaria seja utilizada como maquinaria, então essas 600 *lb* devem ser transformadas em produto; portanto, essa quantidade de tempo de trabalho deve ser acrescentada

---

[135] Tear mecânico.

[136] *Mule*: máquina de fiar (o nome provém de *spinning Mule* ou *Mule Jenny*, como era chamada a máquina inventada em 1779 por Samuel Crompton). (N.T.).

a elas tal qual é necessária para transformá-las em produto. O valor das 600 *lb* de algodão e a parte alíquota da máquina que foi utilizada simplesmente reaparecem no próprio produto; o novo trabalho acrescentado em nada modifica, mas, antes, aumenta o valor do produto. Uma parte desse produto substitui o preço do salário (a capacidade de trabalho); outra parte cria mais-valor. No entanto, se esse trabalho total não fosse acrescentado, então o valor de matéria-prima e maquinaria também não seria conservado. Essa parte do trabalho, na qual o trabalhador apenas reproduz o valor de sua própria capacidade de trabalho – portanto, apenas acrescenta novo trabalho – também conserva, assim, apenas a parte do valor de material e instrumento que absorveram essa quantidade de trabalho. A outra parte, que constitui o mais-valor, conserva um componente ulterior de material e maquinaria. Suponhamos que a matéria-prima (as 600 *lb*) custe 600 d = 50 s = 2 *l* e 10 s. A maquinaria utilizada acrescenta 1 *l*, mas as 12 jornadas de trabalho acrescentam (substituição de salário e mais-valor) 1 *l* e 10 s, de tal forma que o preço total da mercadoria = 5 *l*. Supondo que o salário some 1 *l*, tal que 10 s expressem o sobretrabalho.[137] Na mercadoria, encontra-se contido valor = 2 *l* e 10 s ou a sua metade. O produto inteiro da jornada de trabalho (consideremos que se trata de uma jornada de trabalho 100x, isto é, uma jornada de trabalho de 100 trabalhadores, em que cada um trabalha 12 horas) = 5 *l*. Sejam $8^{1}/_{3}$ s. por hora, ou 8 s e 4 d. Então, em uma hora, portanto, 4 s e 2 d são substituídos por matéria-prima e maquinaria, e 4 s e 2 d são acrescentados no trabalho. (Necessário e mais-trabalho.) Em 6 jornadas de trabalho, o produto = 50 s = 2 *l* e 10 s; com isso, matéria-prima e maquinaria recebem = valor de 1 *l* e 5 s. Porém, para utilizar a maquinaria produtivamente, 12 horas devem ser trabalhadas, portanto, deve ser consumida tanta matéria-prima quanto o trabalho de 12 horas absorve. Assim, o capitalista pode considerar a coisa de tal forma que, somente nas primeiras 6 horas, o preço da matéria-prima é substituído e soma exatamente 2 *l* e 10 s – 50 s, valor do produto de 6 horas de trabalho. Assim, 6 horas de trabalho também podem, por meio do trabalho que acrescentam, conservar apenas o valor do material necessário para 6 horas de trabalho. Porém, o capitalista – porque, para lucrar determinado mais-valor, ele tem de utilizar sua máquina como máquina, fazê-la trabalhar 12 horas, portanto, também tem de consumir 600 *lb* de algodão – calcula como se as primeiras 6 horas lhe tivessem meramente conservado o valor

---

[137] *Surplusarbeit*.

de algodão e maquinaria. Não obstante, de acordo com o pressuposto, o *valor do algodão* chegava a 1 *l* e 10 s = 30 s, 3/10 do total.[138]

Para simplificar a coisa – já que os números aqui são totalmente indiferentes, suponhamos 2 *l*. esterlinas de algodão (então, 80 *lb* de algodão, a *lb* a 6 d) fiado em 12 horas de trabalho; para 2 *l* esterlinas de maquinaria utilizadas em 12 horas de trabalho; finalmente, 2 *l*, valor acrescentado pelo novo trabalho, no qual 1 *l* para o salário, 1 *l* de mais-valor, mais-trabalho. 2 *l* em 12 horas, 40 s em 12 horas seriam 3$^1/_3$ s por hora (3 s e 4 d), como valor da hora de trabalho expressa em dinheiro; igualmente, a cada hora, conforme o pressuposto, seria trabalhado algodão a 3$^1/_3$ s, 6$^2/_3$ *lb*; por fim, maquinaria empregada a 3$^1/_3$ s por hora. O valor da mercadoria que está pronta em uma hora = 10 s. Desses 10 s, porém, 6$^2/_3$ (6 s e 8 d) ou 66$^2/_3$% são meramente valor pressuposto, que apenas reaparece na mercadoria porque são requeridos 3 $^1/_3$ s de maquinaria e 6$^2/_3$ *lb* de algodão para absorver o trabalho de uma hora, porque eles entraram no processo de trabalho como material e maquinaria – material e maquinaria nessa proporção –, razão pela qual o valor de troca contido nessa quantidade passou à nova mercadoria, o *twist*,[139] por exemplo. Em 4 horas, o valor do fio produzido se eleva a 40 s, ou 2 *l*, em que, novamente, $^1/_3$ (isto é, 13$^1/_3$ s) é composto de trabalho novo acrescentado, por outro lado, $^2/_3$ ou 26$^2/_3$ s são apenas conservação do valor contido no material e maquinaria utilizados. E precisamente esse valor só é conservado porque o valor novo de 13$^1/_3$ s é acrescentado ao material, isto é, nele é absorvido trabalho de 4 horas, ou eles são a quantidade de material e maquinaria de que 4 horas de fiação necessitam para sua realização. Nessas 4 horas, nenhum valor foi criado fora das 4 horas de trabalho objetivadas = 13$^1/_3$ s. Porém, o valor da mercadoria ou do produto dessas 4 horas, que conserva os $^2/_3$ do valor pressuposto = 2 *l* (ou 40 s), é exatamente igual ao valor do algodão que deve ser fiado (consumido) em 12 horas de trabalho pelo processo de fiação. Portanto, se o fabricante vende o produto das 4 primeiras horas, então ele substituiu o valor do algodão de que ele precisa em 12 horas, ou de que ele precisa para absorver 12 horas de tempo de trabalho.

---

[138] No desenvolvimento do cálculo, Marx modifica as premissas. Primeiramente, ele parte de matéria-prima a 2 £ 10 s, uso da maquinaria 1 £, salários 1 £, mais-valor igual a 10 s. Em seguida, a matéria-prima passa a valer apenas 1 £ 10 s, de modo que o capital constante seja de 2 £ 10 s, 50% menor. O novo valor criado também é 50% menor e, na verdade, 1 £ 5 s para salário e 1 £ 5 s para mais-valor. Ao final do cálculo, Marx escreve acidentalmente 10/3 em lugar de 3/10, representando aquela fração por 3 3/10. (Nota da edição original).

[139] Fio.

Mas por quê? Porque, de acordo com o pressuposto, o valor do algodão que entra no produto de 12 horas = $1/3$ do valor do produto completo. Em $1/3$ do tempo de trabalho ele consome somente $1/3$ do algodão e, com isso, também conserva somente o valor desse $1/3$. Se adiciona ainda $2/3$ de trabalho, então ele consome $2/3$ de algodão a mais e, em 12 horas, ele conservou o valor completo do algodão no produto, porque as 80 *lb* de algodão entraram realmente no produto, no processo de trabalho. Assim, se ele vendesse o produto de 4 horas de trabalho, cujo valor = $2/3$ do produto completo – o que também é a parte do valor que o algodão constitui no produto completo –, então ele pode imaginar que, nessas 4 primeiras horas, ele reproduziu o valor do algodão, que o reproduziu em 4 horas de trabalho. Entretanto, nessas 4 horas entram de fato apenas $1/3$ do algodão e, com isso, de seu valor. Ele assume que o algodão consumido em 12 horas é reproduzido em 4 horas. Porém, só se chega a essa conta porque ele lançou no algodão $1/3$ para instrumento e $1/3$ de trabalho (objetivado), que constituem $2/3$ do preço do produto das 4 horas. Eles são = $26^{2}/_{3}$ s e, assim, conforme o preço, = $53^{1}/_{3}$ *lb* de algodão. Se ele trabalha apenas 4 horas, então ele teria apenas $1/3$ do valor do produto completo de 12 horas em sua mercadoria. Já que o algodão constitui $1/3$ do valor do produto completo, então ele pode calcular que, no produto de 4 horas, ele obtém o valor do algodão para o trabalho de 12 horas.

Se ele ainda trabalha mais 4 horas, então isso é novamente = $1/3$ do valor do produto completo, e já que a maquinaria = $1/3$ desse valor, ele pode imaginar que, no 2º terço do tempo de trabalho, ele substituiu o valor da maquinara para 12 horas. De fato, se ele vende o produto desse 2º terço ou dessas outras 4 horas, ele substitui o valor da maquinaria que é utilizada nas 12 horas. O produto das 4 últimas horas, de acordo com essa conta, não contém nem matéria-prima, nem maquinaria, cujo valor ele incluiria, mas apenas trabalho. Portanto, o novo valor criado, de tal forma que 2 horas = ao salário reproduzido (1 *l*) e 2 horas de mais-valor, mais-trabalho (é também 1 *l*). De fato, o trabalho adicionado nas últimas 4 horas adiciona apenas o valor de 4 horas, portanto, $13^{1}/_{3}$ s. Porém, partiu-se do pressuposto de que o valor de matéria-prima e meio de trabalho que entram no produto dessas 4 horas em $66^{2}/_{3}$% simplesmente substituem o trabalho adicionado. O valor que ele põe em 12 horas, portanto, é concebido como se tivesse sido posto em 4 horas. A conta inteira chega a esse resultado porque é pressuposto que $1/3$ do tempo de trabalho repõe não apenas a si mesmo, mas ainda cria também o valor dos $2/3$ contidos em seu produto. Ao se supor assim que o produto de todo um terço do tempo de trabalho é meramente o valor de trabalho adicionado, embora esse valor seja apenas $^1/_3$, então chega-se naturalmente ao mesmo resultado que se chegaria se fossem sempre contados, em 3 x 4 horas, o terço real de trabalho e $^2/_3$ de valor pressuposto. Essa conta costuma ser muito prática para o capitalista, mas ela distorce a relação real inteira e conduz a uma grande absurdidade, se passa a ter validade teórica. Somente o valor *pressuposto* de matéria-prima e maquinaria constitui $66^2/_3$% da nova mercadoria, enquanto o trabalho acrescentado constitui somente $33^1/_3$. Os $66\ ^2/_3$% representam 24 horas de tempo de trabalho objetivado; quão absurdo é, então, o pressuposto de que 12 horas de trabalho novo objetivam não apenas a si mesmas, mas, além disso, ainda 24 horas, portanto, 36 horas de tempo de trabalho ao todo.

Portanto, a astúcia consiste nisto: o preço do produto de 4 horas de trabalho, isto é, de um terço de toda a jornada de trabalho de 12 horas é $= ^1/_3$ do preço do produto total. Portanto, o preço do produto de 4 horas de trabalho, de $^1/_3$ da jornada de trabalho total = ao preço do algodão que entra no produto total ou que é fiado. As 4 primeiras horas de trabalho, diz o fabricante, substituem apenas o preço do algodão que é consumido durante as 12 horas de trabalho. Em verdade, porém, o preço do produto das 4 primeiras horas = $^1/_3$ ou 13 $^1/_3$ s em nosso exemplo) do valor adicionado no processo de trabalho, i.e., trabalho, 13 $^1/_3$ s de algodão e 13 $^1/_3$ s de maquinaria, sendo esses dois últimos os componentes que só reaparecem no preço do produto porque foram consumidos, em sua forma de valores de uso, pelo trabalho de quatro horas, razão pela qual reaparecem num novo valor de uso, tendo conservado seu valor de troca antigo. Aquilo que em 4 horas é adicionado aos 26 $^2/_3$ s de algodão e maquinaria (que possuíam esse valor antes de entrar no processo de trabalho e que simplesmente reaparecem no valor do novo produto pelo fato de terem entrado no novo produto por meio do processo de fiação de 4 horas) são apenas $13^1/_3$ s, quer dizer, o novo trabalho adicionado. (A quantidade de novo tempo de trabalho adicionado.) Se subtraímos, então, do preço do produto, as 4 horas, dos 40 s os antecipados 26 $^2/_3$ s, então restam apenas 13 $^1/_3$ s como valor realmente criado no processo, o trabalho de 4 horas expresso em dinheiro. Ora, se $^2/_3$ do preço do produto, quer dizer, um terço ou os 13 $^1/_3$ s que representam a maquinaria e o outro terço ou os 13 $^1/_3$ s que representam o trabalho, forem avaliados em algodão, então se chega ao preço do algodão que é consumido em 12 horas. Em outras palavras: no tempo de trabalho de 4 horas, em verdade, é adicionado apenas tempo de trabalho de 4 horas aos valores previamente existentes. Porém, esses valores reaparecem – os valores da quantidade de algodão e maquinaria – porque absorveram esse tempo de trabalho de 4 horas, ou porque, como fatores da fiação, tornaram-se componentes do fio. Com isso, o preço do algodão que reaparece no produto de 4 horas de trabalho é apenas = ao valor da quantidade de algodão que realmente entrou como material nesse processo de trabalho de 4 horas, da quantidade que nele foi consumida; portanto, segundo o pressuposto, = 13 $^1/_3$ s. Porém, o *preço* do produto total das 4 horas de trabalho é = ao *preço* do algodão consumido em 12 horas, porque o produto do tempo de trabalho de 4 horas = $^1/_3$ do produto total de 12 horas e o preço do algodão constitui $^1/_3$ do preço do produto total de 12 horas.

Aquilo que vale para o trabalho de 12 horas, também vale para o de uma hora. $^1/_3$ de hora está para 1 hora assim como 4 horas estão para 12 horas. Portanto, para simplificar mais a questão nós o reduzimos a 1 hora. Segundo o pressuposto dado, o valor do produto de 1 hora = 10 s, dos quais 3 $^1/_3$ s de algodão (6 $^2/_3$ *lb* de algodão), 3$^1/_3$ de maquinaria, 3 $^1/_3$ de tempo de trabalho. Se uma hora de tempo de trabalho é adicionada, então o valor do produto inteiro = 10 s ou = 3 horas de trabalho; pois o valor do material consumido e da maquinaria consumida, que reaparecem no novo produto, o fio = 6 $^2/_3$ s, segundo o pressuposto = 2 horas de trabalho. Somente agora se pode distinguir o modo como o valor de algodão e o fuso reaparecem no valor do fio e como nele entra o novo trabalho adicionado. *Primeiramente*: o valor do produto inteiro = 3 horas de tempo de trabalho ou 10 s. Dessas 3 horas, 2 horas eram o tempo de trabalho contido em algodão e fuso, tempo de trabalho *pressuposto* ao processo de trabalho; isto é, eles eram valores de algodão e fuso antes que estes entrassem no processo de trabalho. No valor do produto total, do qual constituem $^2/_3$, eles simplesmente reaparecem, são simplesmente conservados. O excedente do valor do novo produto sobre os valores de seus componentes materiais = apenas $^1/_3$ = 3$^1/_3$ s. Esse é o único valor novo que foi criado nesse processo de trabalho. Os valores antigos, que existiam independentemente dele, foram apenas conservados. Porém, *em segundo lugar*: como eles foram conservados? Tendo sido empregados como material e meio pelo trabalho vivo, foram consumidos por ele como fatores para a formação de um novo valor de uso, o fio. O trabalho conservou seus valores de troca apenas porque se relacionou com eles como valores de uso, isto é, porque os consumiu como elementos na formação de um novo valor de uso, o fio. Os valores de troca de algodão e fuso reaparecem, com isso, no valor de troca do fio não porque a eles tenha sido adicionado trabalho em geral, trabalho abstrato, mero tempo de trabalho – trabalho tal qual constitui o elemento do valor de troca –, mas sim esse trabalho real, determinado, a fiação, trabalho útil que no fio se realiza num valor de uso determinado e que, como essa atividade particular conforme um fim, consome algodão e fuso, utiliza-os como seus fatores, faz deles elementos que formam o fio por meio de sua própria atividade conforme o fim. Se o fiandeiro – o trabalho de fiação, portanto –, com uma máquina mais elaborada, que, no entanto, tivesse a mesma proporção de valor, pudesse transformar 6 $1/3$ *lb* de algodão em fio em meia hora em lugar de 1 hora, então o valor do produto seria = 3 $1/3$ s (para o algodão) + $3^{1}/_{3}$ s (para a máquina) + 1 $2/3$ s de trabalho, já que, conforme o pressuposto, meia hora de tempo de trabalho se expressaria em $1^{1}/_{3}$ s. Portanto, o valor do produto seria = $8^{1}/_{3}$ s, em que o valor de algodão e maquinaria reapareceria inteiramente, como no primeiro caso, embora o tempo de trabalho neles adicionado somasse 50% menos do que no primeiro caso. Porém, eles reapareceriam inteiramente porque apenas meia hora de fiação teria sido requerida para transformá-los em fio. Portanto, reapareceriam inteiramente porque teriam entrado inteiramente no produto da fiação de meia hora, no novo valor de uso, fio. Se o trabalho os conserva como valores de troca, ele o faz somente na medida em que é trabalho real, atividade particular conforme ao fim para a produção de um valor de uso particular. Ele faz isso como fiação, não como tempo de trabalho social abstrato, que é indiferente ao seu conteúdo. Somente como *fiação* o trabalho conserva aqui os valores de algodão e fuso no produto, no fio. Por outro lado, nesse processo, em que ele conserva os valores de troca de algodão e fuso, o trabalho, a fiação se comporta com eles não como valores de troca, mas como valores de uso, elementos desse trabalho particular, a fiação. Se o fiandeiro pode transformar $6^{1}/_{3}$ *lb* de algodão em fio por meio de determinada maquinaria, então é totalmente indiferente para esse processo se a libra de algodão custa 6 d ou 6 s, pois ele o consome no processo de fiação como algodão, como material da fiação. Para absorver 1 hora de trabalho de fiação, um tanto desse material é requerido. O seu preço não tem nenhuma relação com isso. O mesmo ocorre com a maquinaria. Se a mesma maquinaria custasse apenas metade do preço e realizasse o mesmo serviço, então isso não afetaria o processo de fiação de modo algum. A única condição para o fiandeiro é que ele possua material (algodão) e fuso (maquinaria) no volume, na quantidade que é requerida para a fiação durante uma hora. Os valores ou preços de algodão e fuso em nada dizem respeito ao processo de fiação como tal. Eles são o resultado do tempo de trabalho neles mesmos objetivado. Com isso, reaparecem no produto somente porque foram pressupostos a ele como valores dados e reaparecem somente porque as mercadorias algodão e fuso são requeridas como valores de uso, segundo sua determinidade material, para a fiação do fio, porque entram no processo de fiação como fatores. Por outro lado, porém, a fiação adiciona um valor novo ao valor de algodão e fuso não por ela ser esse trabalho determinado de fiação, mas somente porque é trabalho em geral, e o tempo de trabalho da fiação é tempo de trabalho geral, para o qual é indiferente em que valor de uso o trabalho se objetiva e qual o caráter útil particular, a particular conformidade ao fim, o modo particular ou o modo de existência do trabalho, em relação ao qual ele existe como o seu tempo (sua medida). Uma hora de fiação é igualada, aqui, a uma hora de tempo de trabalho em geral. (Uma ou mais horas. Isso não altera em nada a questão.) Essa hora de tempo de trabalho objetivado adiciona à combinação de algodão e fuso 3 $1/3$ s, por exemplo, porque esse é o mesmo tempo de trabalho objetivado em dinheiro. Se as 5 *lb* de fio (6 *lb* de algodão fiado) pudessem ser produzidas em ½ hora, em lugar de numa inteira, então o mesmo valor de uso seria obtido ao final de meia hora, assim como, no primeiro caso, ao final da hora inteira. A mesma quantidade de valor de uso da mesma qualidade, 5 *lb* de fio de uma dada qualidade. O trabalho, como trabalho concreto, fiação, atividade de criação de valor de uso, teria realizado tanto em meia hora quanto antes numa inteira, teria criado o mesmo valor de uso. Como fiação, ele realiza o mesmo nos dois casos, embora o tempo que a fiação dure seja num caso o dobro do outro. Porque ele mesmo é valor de uso, o trabalho, isto é, a atividade conforme ao fim de produção de um valor de uso, é o tempo necessário requerido para produzir esse valor de uso, sendo completamente indiferente se ele necessita de 1 ou de ½ hora para a fiação de 5 *lb* de fio. Ao contrário. De quanto menos tempo ele necessita para a produção do mesmo valor de uso, mais produtivo e útil ele é. Porém, o valor que ele adiciona, que ele produz, é medido puramente por sua duração. A fiação adiciona em 1 hora o dobro de valor que em ½ hora, e em 2 horas o dobro de valor que em uma, e assim por diante. O valor que ela adiciona é medido por sua própria duração e, como valor, o produto é apenas materialização de determinado tempo de trabalho em geral, não como produto desse trabalho particular, a fiação, ou a fiação só é considerada como trabalho em geral e sua duração, como tempo de trabalho em geral. Os valores de algodão e fuso são conservados porque o trabalho de fiação os transforma em fio, portanto, porque são utilizados como material e meio por esse modo particular de trabalho; o valor das 6 *lb* de algodão é aumentado somente porque ele absorveu 1 hora de tempo de trabalho; no produto fio, é objetivada 1 hora de tempo de trabalho a mais do que o tempo de trabalho que continham os elementos do valor, algodão e fuso. Porém, tempo de trabalho só pode ser adicionado a produtos existentes ou, em geral, a um material de trabalho existente na medida em que ele é o tempo de um trabalho particular, que se relaciona com o material e o meio de trabalho como *seu* material e *seu* meio; portanto, 1 hora de tempo de trabalho é adicionada ao algodão e ao fuso somente na medida em que uma hora de trabalho de fiação é adicionada a eles. Que seus valores sejam conservados decorre simplesmente do caráter específico do trabalho, de sua determinidade material, do fato de ele ser fiação, de ser precisamente esse trabalho determinado para o qual algodão e fuso são meios para a produção do fio; mais ainda, do fato de ele ser trabalho vivo em geral, atividade conforme ao fim. Que a eles seja adicionado valor decorre, então, meramente do fato de o trabalho de fiação ser trabalho em geral, trabalho social abstrato em geral, e a hora de trabalho de fiação é igualada a uma hora de trabalho social em geral, uma hora de tempo de trabalho social. Portanto, por meio do simples processo de valorização – que, em verdade, é mera expressão abstrata para o trabalho real – o acréscimo de tempo de trabalho – dado que esse tempo deve ser adicionado sob determinada forma útil e conforme ao fim, os valores de material de trabalho e meio de trabalho são conservados e reaparecem como partes do valor no valor completo do produto. Porém, não se trabalha duas vezes, uma vez para adicionar valor, outra vez para conservar o valor existente, mas, como o *tempo de trabalho só pode ser adicionado na forma de trabalho útil, trabalho particular, como aquele de fiação, ele conserva por si mesmo os valores de material e meio, enquanto lhes adiciona valor novo, isto é, adiciona tempo de trabalho.*

Ora, está claro, além disso, que a quantidade de valores existentes que o novo trabalho conserva se encontra numa relação determinada com a quantidade de valor que ele lhes adiciona, ou que a quantidade de trabalho já objetivado que é conservada se encontra numa relação determinada com a quantidade de tempo de trabalho novo que é adicionada, que somente então se objetiva; numa palavra, que existe uma relação determinada entre o processo de trabalho imediato e o processo de valorização. Se 1 hora é o tempo de trabalho *necessário* para fiar 6 *lb* de algodão, em que x de maquinaria é consumido, sob dadas as condições gerais de produção, então, nessa uma hora, somente 6 *lb* de algodão poderiam ser transformadas em fio e somente x de maquinaria poderia ser utilizado, portanto, somente 5 *lb* de fio poderiam ser produzidas; de tal forma que, para 1 hora de trabalho, por meio da qual o valor do fio é maior que o valor de algodão e x de fuso, teríamos 2 horas de trabalho do tempo de trabalho objetivado em 6 *lb* de algodão e x (3 ¹/₃ s) de fuso conservados no fio. Pode-se valorizar o algodão (isto é, obter mais-valor) em 1 hora de trabalho, 3 ¹/₃ s, somente na medida em que 6 *lb* de algodão e x de maquinaria são utilizadas; por outro lado, eles só podem ser utilizados, e seu valor só pode reaparecer assim no fio, na medida em que 1 hora de tempo de trabalho é adicionada. Com isso, se o valor de 72 *lb* de algodão deve reaparecer no produto, como componente do valor do fio, então 12 horas de trabalho têm de ser adicionadas. Determinada quantidade de material absorve apenas determinada quantidade de tempo de trabalho. Seu valor é conservado somente na proporção em que ele mesmo é absorvido (de acordo com dada produtividade do trabalho). Portanto, o valor de 72 *lb* de algodão poderia não ser conservado, se elas não fossem todas fiadas em fio. Segundo o pressuposto, porém, isso requer um tempo de trabalho de 12 horas. Se a produtividade do trabalho é dada – isto é, a quantidade de valor de uso que o trabalho pode fornecer num determinado tempo – então a quantidade de valores dados que ele conserva depende puramente de sua *própria duração*; ou a quantidade de valor de material [e] meio que é conservada depende puramente do tempo de trabalho que é adicionado, portanto, da quantidade de novo valor que é criado. A conservação dos valores aumenta ou diminui em proporção direta com o aumento ou a diminuição do acréscimo de valor. Por outro lado, se material e meio são dados, então sua conservação como valor depende puramente da produtividade do trabalho adicionado, se ele necessita de mais ou menos tempo para transformá-los num novo valor de uso. Portanto, a conservação de valores dados está, aqui, em proporção inversa com o acréscimo de valor, isto é, se o trabalho é mais produtivo, então menos tempo de trabalho ele requer para sua conservação e, vice-versa, em caso contrário.

{Agora, porém, por meio da divisão do trabalho e mais ainda por meio da maquinaria, uma circunstância peculiar intervém.

O tempo de trabalho como elemento, substância do valor, é *tempo de trabalho necessário*; portanto, tempo de trabalho requerido sob dadas condições de produção sociais gerais. Se, por exemplo, 1 hora é o tempo de trabalho necessário para a transformação de 6 *lb* de algodão, então esse é o tempo de um trabalho de fiação que requer certas condições para sua realização. Portanto, por exemplo, uma *mule*[140] com tantos fusos, máquina a vapor com tantos cavalos de potência, etc. Todo esse aparato seria necessário

---

[140] Máquina de fiar.

para transformar 6 *lb* de algodão em fio no tempo de 1 hora. Porém, esse *case*[141] será tratado posteriormente.[142]}

Voltemos a nosso exemplo. Portanto, 6 *lb* de algodão fiadas em uma hora, sendo o valor do algodão = $3^{1}/_{3}$ s, o valor do fuso consumido etc. = $3^{1}/_{3}$ s e o valor do trabalho adicionado = $3^{1}/_{3}$ s. Portanto, o valor do produto = 10 s. Os valores dados – uma vez que o algodão e o fuso = 2 horas de trabalho – são cada um deles iguais a 1 hora de trabalho. O preço do produto total, ao final da hora = a soma dos preços; = 10 s. ou 3 horas de tempo de trabalho objetivado, das quais 2 horas de algodão e fuso que apenas reaparecem no produto, 1 hora somente de nova criação de valor ou trabalho adicionado. No preço total do produto de 1 hora de trabalho, o preço de cada um dos fatores constitui $1/_{3}$. Portanto, o preço do produto de $1/_{3}$ de hora de trabalho = ao preço de $1/_{3}$ do produto total, portanto = ao preço do trabalho contido no produto total, ou algodão, ou maquinaria, dado que cada um desses 3 elementos do produto total constitui $1/_{3}$ de seu preço. Portanto, se $1/_{3}$ de hora é trabalhado, então o produto = 2 *lb* de fio com valor de $3^{1}/_{3}$ s., com os quais se poderia comprar algodão no montante de 6 *l*. Ou o preço do produto de $1/_{3}$ de hora = ao preço do algodão consumido numa hora inteira de trabalho. O preço do 2º terço = ao preço da maquinaria empregada. O preço do produto, por exemplo, de $1/_{3}$ de hora = ao preço do trabalho adicionado inteiro (tanto da sua parte, que constitui equivalente para o salário, quanto da parte que constitui o mais-valor ou lucro). Portanto, o fabricante pode calcular: trabalho $1/_{3}$ de hora para pagar o preço do algodão, $1/_{3}$ de hora para substituir o preço da maquinaria consumida e $1/_{3}$, do qual $1/_{6}$ substitui o salário, $1/_{6}$ constitui o mais-valor. Esse cálculo é tão correto na prática quanto completamente absurdo se deve explicar a constituição real do valor (processo de valorização) e, com isso, a relação entre trabalho necessário e mais-trabalho. Trata-se da absurda representação segundo a qual o trabalho de $1/_{3}$ de hora criaria ou substituiria o valor do algodão consumido, $1/_{3}$ de trabalho, o valor da maquinaria utilizada, enquanto $1/_{3}$ de hora de trabalho constituiria o trabalho novo adicionado ou o novo valor criado, que é o fundo comum de salário e lucro. Em verdade, esse é apenas um método trivial de expressar a relação em que os valores dados de algodão e meio de trabalho reaparecem no produto do tempo de trabalho inteiro (a hora de trabalho), ou a relação

---

[141] Caso.

[142] Cf. p. 367, *infra*. (N.T.)

em que os valores dados, o trabalho objetivado, são conservados por meio do acréscimo de uma hora de tempo de trabalho. Se digo que o preço do produto de $1/3$ de hora de trabalho é = ao preço do algodão que é fiado em uma hora de trabalho inteira, digamos igual ao preço de 6 *lb* de algodão a 3 $1/3$ s, sei então que o produto de 1 hora de trabalho = 3 vezes o produto de $1/3$ de hora de trabalho. Portanto, se o preço do produto de $1/3$ de hora de trabalho = ao preço do algodão que é fiado em $3/3$ ou 1 hora de trabalho, então isso nada significa além de que o preço do algodão = $1/3$ do preço do produto total, que, no produto total, entram 6 *lb* de algodão, portanto, que o seu valor reaparece e esse valor constitui $1/3$ do valor do produto total. Idem com o valor da maquinaria. Idem com o trabalho. Se digo, portanto, que o preço do produto de $2/3$ do tempo de trabalho que é afinal trabalhado – assim, por exemplo, que o preço do produto de $2/3$ da hora de trabalho é = ao preço do material e ao preço da maquinaria que são trabalhados em $3/3$ ou 1 hora de trabalho, então isso é somente um outro modo de expressar que, no preço do produto total da hora, os preços de material e meio de trabalho entram em $2/3$, portanto, que a hora de trabalho adicionada é somente $1/3$ do valor inteiro objetivado no produto. Que o *preço do produto* seja uma parte da hora, $1/3$ ou $2/3$ etc. igual ao preço da matéria-prima, da maquinaria, etc., definitivamente não significa, portanto, que em $1/3$ ou $2/3$ de hora, etc., o preço da matéria-prima, da maquinaria seja produzido ou também *reproduzido* no sentido próprio da palavra; mas simplesmente que o preço desses produtos parciais, ou desses produtos de partes alíquotas do tempo de trabalho sejam = ao preço da matéria-prima, etc. que reaparece, que é conservado no produto total. O absurdo da outra concepção aparece da melhor maneira ao se considerar o último terço, que expressa o produto do trabalho adicionado, a quantidade de valor adicionado ou a quantidade de novo trabalho objetivado. O *preço do produto* desse último terço é, conforme o pressuposto, igual a 1 $1/9$ s de algodão = $1/3$ de hora de trabalho + 1 $1/9$ s de maquinaria = $1/3$ de hora de trabalho + $1/3$ de hora de trabalho que, entretanto, é trabalho novo adicionado, portanto, a soma = $3/3$ hora de trabalho = 1 hora de trabalho. Em verdade, esse preço expressa, em dinheiro, todo o tempo de trabalho que é adicionado à matéria-prima. No entanto, segundo a confusa representação mencionada, $1/3$ de hora de trabalho se representaria em 3 $1/3$ s, isto é, no produto de $3/3$ hora de trabalho. Do mesmo modo no primeiro terço, em que o *preço do produto* de $1/3$ de hora de trabalho = ao preço do algodão. Esse preço consiste no preço de 2 *lb* de algodão a 1 $1/9$ s ($1/3$ de horas de trabalho), preço da maquinaria a 1 $1/9$ s ($1/3$ de hora de trabalho) e $1/3$ de trabalho novo realmente adicionado, tempo de trabalho que foi requerido para transformar 2 *lb* de algodão em fio. Portanto, a soma = 1 hora de tempo de trabalho = 3 $^1/_3$ s. Porém, isso é também o preço do algodão requerido em $^3/_3$ de hora de trabalho. Em verdade, portanto, nesse primeiro terço de hora de trabalho, assim como em cada um dos terços seguintes, o valor de $^2/_3$ horas de trabalho (= 2 $^2/_9$ s) é conservado somente porque x algodão é fiado e, com isso, o valor do algodão e da maquinaria utilizada reaparece. Como novo valor, foi adicionado apenas $^1/_3$ de trabalho novo objetivado. Mas o fabricante parece estar realmente certo quando diz que as 4 primeiras horas de trabalho (ou $^1/_3$ de hora de trabalho) apenas me substituem o preço do algodão de que necessito nas 12 horas de trabalho; as 4 horas seguintes, somente o preço da maquinaria que utilizo em 12 horas de trabalho, e as 4 últimas horas de trabalho constituem, elas apenas, o novo valor que, por uma parte, substitui o salário, por outra, constitui o mais-valor que obtenho como resultado do processo de produção inteiro. Porém, com isso ele apenas se esquece de que supõe que o produto das últimas 4 horas objetiva somente tempo de trabalho novo adicionado, portanto, 12 horas de trabalho, isto é, as 4 horas de trabalho que são contidas no material, as 4 horas que são contidas na maquinaria utilizada, finalmente, as 4 horas de trabalho que são realmente adicionadas como novas; e, como resultado, ele obtém que o preço do produto total consiste em 36 horas de trabalho, em que 24 representam apenas o valor que algodão e maquinaria possuíam antes que fossem trabalhados em fio, e 12 horas de trabalho, $^1/_3$ do preço total, representam trabalho novo adicionado, o novo valor, exatamente igual ao trabalho novo adicionado.}[143]

{Que, frente ao dinheiro, o trabalhador ofereça à venda sua capacidade de trabalho como mercadoria pressupõe:

1) Que as condições de trabalho, as condições objetivas do trabalho se defrontem com ele como *potências estranhas*, condições estranhadas. Propriedade estranha. Isso pressupõe também, dentre outras coisas, a terra como propriedade fundiária, que ela se defronte com ele como propriedade estranha. *Mera capacidade de trabalho.*

2) Que ele se comporte como pessoa tanto em relação às condições estranhadas do trabalho quanto em relação à sua própria capacidade de trabalho; que, portanto, ele disponha dessa última como proprietário e não pertença ele mesmo às condições objetivas do trabalho, isto é, que ele mesmo não seja possuído por outros como instrumento de trabalho. *Trabalhador livre.*

---

[143] Essa chave fecha aquela aberta na página 132, "Vimos que o valor que se encontra...". (N.T.).

3) Que as condições objetivas de seu próprio trabalho se lhe defrontem como mero *trabalho objetivado*, isto é, como valor, como dinheiro e mercadorias; como trabalho objetivado que se troca com o vivo somente para se conservar e aumentar, para se valorizar, para se tornar mais dinheiro, e com as quais o trabalhador troca sua capacidade de trabalho para se apoderar de uma parte delas, já que elas consistem em seus próprios meios de subsistência. Portanto, nessa relação, as condições objetivas do trabalho aparecem apenas como *valor* tornado *autônomo*, um valor mantido em si e direcionado ao seu próprio aumento. Todo o conteúdo da relação, como o modo de manifestação das condições de seu trabalho, estranhadas ao trabalho, encontram-se, portanto, em sua forma econômica pura, sem nenhum adorno político, religioso, etc. Ela é pura relação monetária. Capitalista e trabalhador. Trabalho objetivado e capacidade de trabalho viva. Não senhor e servo, sacerdote e laico, suserano e vassalo, mestre e oficial, etc. Em todos os estágios da sociedade, é sempre a classe (ou as classes) que domina aquela que tem em sua posse as condições objetivas do trabalho e cujos representantes, quando se pode dizer que trabalham, não o fazem como trabalhadores, mas como proprietários, enquanto a classe servil é sempre aquela que dispõe apenas de sua capacidade de trabalho (mesmo se isso se dá como, por exemplo, na Índia, no Egito, etc., de tal forma que eles se encontram em posse do solo, cujo proprietário, porém, é o rei ou uma casta, etc.) – ou que, como capacidade de trabalho mesma, encontra-se em posse dos proprietários (escravidão). Mas todas essas relações se diferenciam do capital pelo fato de que essa relação é adornada, aparece como relação dos senhores com os servos, dos homens livres com os escravos, dos semideuses com os mortais, etc. e existe como tal relação na consciência de ambos os lados: somente no capital essa relação é despojada de todos os adornos políticos, religiosos e outros adornos ideais. Ela é reduzida – na consciência dos dois lados – à simples relação de compra e venda. As condições de trabalho se defrontam com o trabalho como elas são, nuas, e se defrontam com ele como *trabalho objetivado, valor, dinheiro*, o qual sabe a si mesmo como simples forma do trabalho e somente se troca com ele para conservar e aumentar a si mesmo como *trabalho objetivado*. Portanto, a relação se apresenta puramente como mera relação de produção – relação puramente econômica. Na medida em que relações de dominação se desenvolvem novamente sobre essa base, sabe-se que elas provêm meramente da relação em que o comprador, o representante das condições de trabalho se defronta com o vendedor, o possuidor da capacidade de trabalho.}

Retornemos, agora, à questão do *salariat*[144]

Vimos que no processo de trabalho – portanto, no processo de produção, na medida em que é produção de um valor de uso, realização do trabalho como atividade conforme ao fim – os valores de material de trabalho e meio de trabalho não existem em absoluto para o trabalho mesmo. Eles existem somente como condições objetivas para a realização do trabalho, como fatores objetivos do trabalho e, como tal, são consumidos por ele. Que os valores de troca de material de trabalho e meio de trabalho não entrem como tais no processo de trabalho significa, porém, em outras palavras, que nele eles não entram como mercadoria. A máquina serve como máquina, o algodão como algodão; nenhum dos dois [entra no processo de trabalho como mercadorias] na medida em que ambos representam uma quantidade determinada de trabalho social. Como materialização desse trabalho social, seu valor de uso é, antes, neles apagado, eles são dinheiro. É verdade que há processo de trabalho onde o material não custa nada, por exemplo, o peixe no mar, o carvão na mina. Mas seria falso concluir daí que sua qualidade como mercadoria não tenha absolutamente qualquer relação com o processo de produção, pois esse processo é produção não apenas de valor de uso, mas também de valor de troca, não apenas de produto, mas também de mercadoria; ou: seu produto não é mero valor de uso, mas um valor de uso de um determinado valor de troca e o último é determinado, em parte, pelos valores de troca que material de trabalho e meio de trabalho mesmos possuem como mercadorias. Eles entram como mercadoria no processo de produção; de outro modo, não poderiam sair dele como tal. Se, portanto, se quisesse dizer que os valores de material de trabalho e meio de trabalho não dissessem respeito ao processo de produção, que sua qualidade como mercadorias não lhe dissesse respeito porque eles figuram no processo de trabalho não como mercadorias, mas como meros valores de uso, então isso equivaleria dizer que, para o processo de produção, é indiferente que ele seja não apenas processo de trabalho, mas ao mesmo tempo processo de valorização; o que, novamente, resultaria em que o processo de produção ocorreria para o autoconsumo. O que contradiz o pressuposto. Porém, também com relação ao mero processo de valorização, seus valores não são produtivos, pois eles apenas reaparecem no produto; são apenas conservados.

Chegamos agora ao salário ou ao preço da capacidade de trabalho. O preço da capacidade de trabalho ou o salário *não é produtivo*, isto é, se por

---

[144] Salariado.

"produtivo" se entende que ele tem de entrar como elemento no processo de trabalho como tal. Aquele que produz o valor de uso, que utiliza material de trabalho e meio de trabalho conforme o fim é o próprio trabalhador – o homem que exerce sua capacidade de trabalho –, não o preço pelo qual ele vendeu sua capacidade de trabalho. Ou, na medida em que ele entra no processo de trabalho, ele entra nele como atividade, energia de sua capacidade de trabalho – como trabalho. Pode-se dizer, então, que o salário se reduz aos meios de subsistência necessários para que o trabalhador viva como trabalhador, para que se conserve como capacidade de trabalho viva, em suma, para que ele se conserve vivo durante o trabalho. Assim como o carvão e o óleo, etc. consumidos pela máquina entram no processo de trabalho, também entram no processo de trabalho os meios de subsistência que mantêm em movimento o trabalhador como trabalhador. Seus custos de manutenção durante o trabalho são um elemento do processo de trabalho exatamente como o são aqueles das *matières instrumentales*[145] consumidas pela máquina etc. Porém, também o carvão, o óleo, etc. – para a máquina –, em suma, as *matières instrumentales*, entram aqui no processo de trabalho somente como valores de uso. Seus preços não têm nada a ver com isso. Mas o mesmo se dá com os preços dos meios de subsistência do trabalhador, com o salário?

A questão só tem importância se formulada assim:

Devem os meios de subsistência que o trabalhador consome – e que constituem, portanto, seus custos de manutenção como trabalhador – ser considerados de tal modo que o capital mesmo os utiliza como elemento de seu processo de produção (assim como ele utiliza as *matières instrumentales*)? Esse é, concretamente, o caso. Porém, o primeiro ato permanece sempre um ato de troca.

O ponto de discórdia entre os economistas é o seguinte: constituem os meios de subsistência que o trabalhador consome – e que são representados pelo preço de seu trabalho, pelo salário – uma parte do capital, assim como os meios de trabalho? (Material e meio de trabalho.) Os meios de trabalho também são *d'abord*[146] meios de subsistência, porque se supõe que os indivíduos se defrontam somente como possuidores de mercadorias – seja na forma de compradores, seja na forma de vendedores; portanto, quem não tem os meios de trabalho não possui nenhuma mercadoria para intercambiar (e supondo-se que a produção para o próprio consumo está *out of the*

---

[145] Matérias instrumentais.

[146] Primeiramente.

question,¹⁴⁷ que o produto do qual se trata em geral é mercadoria), não possuindo, portanto, nenhum meio de subsistência para dar em troca. Por outro lado, os meios de subsistência diretos são igualmente meios de trabalho, pois, para trabalhar, ele precisa viver e, para viver, deve consumir diariamente tantos e quantos meios de subsistência. A capacidade de trabalho, que, desprovida de objeto, como mera capacidade de trabalho, se defronta com as condições objetivas de sua realização, com sua realidade, portanto, defronta-se igualmente com os meios de subsistência ou meios de trabalho, ou ambos se defrontam com ela na mesma medida como *capital*. O capital é, precisamente, dinheiro, existência autônoma do valor de troca, trabalho social geral objetivado. Porém, isso é apenas sua forma. Na medida em que ele deve se realizar como capital – a saber, como valor que se conserva e aumenta – ele deve se transformar nas condições de trabalho ou constituí-las em sua existência material, os valores de uso reais nos quais ele existe como valor de troca. A condição principal para o processo de trabalho é, porém, o trabalhador mesmo. Desse modo, é essencial o componente do capital que compra a capacidade de trabalho. Se não houvesse meios de subsistência no mercado, então não seria útil ao capital pagar o trabalhador em dinheiro. O dinheiro é apenas uma ordem de pagamento que o trabalhador recebe por determinada quantidade de meios de subsistência que se encontram no mercado. Portanto, o capitalista os possui δυνάμει,¹⁴⁸ e eles formam um componente de seu poder. De resto, se não houvesse produção capitalista, os custos de manutenção (originalmente, a natureza os fornece gratuitamente) permaneceriam, tal como antes, condição necessária do processo de trabalho, exatamente como material de trabalho e meio de trabalho. Porém, todos os elementos objetivos de que o trabalho em geral necessita para sua realização aparecem como meios de subsistência – assim como meios de trabalho – que lhe são estranhos, que se encontram do lado do capital.

Rossi etc. querem dizer ou de fato dizem – queiram ou não – apenas que o *trabalho assalariado* como tal não é condição necessária do processo de trabalho. Eles se esquecem apenas de que ele vale, então, para o *capital*.

{Aqui também (nos adendos¹⁴⁹) é preciso continuar a discorrer contra a estupidez de Say sobre o mesmo capital – porém, ele aqui quer dizer

---

¹⁴⁷ Fora de questão.

¹⁴⁸ Em potência.

¹⁴⁹ Cf. p. 151 e *ss.*, *infra*. (N.T.)

valor – que se consome *de modo duplo*, produtivamente para o capitalista, improdutivamente para o trabalhador.}

{*Propriedade do instrumento de trabalho*: característico da indústria corporativa, ou a forma medieval do trabalho.}

Portanto, denominamos *produção capitalista* o modo de produção social em que o processo de produção é subsumido ao capital, ou que se baseia na relação de capital e trabalho assalariado, e isso de tal forma que ele é o modo de produção dominante, determinante.

O trabalhador percorre a forma de circulação M-D-M. Ele vende para comprar. Troca sua capacidade de trabalho por dinheiro a fim de trocar o dinheiro por mercadorias – na medida em que elas são valores de uso, meios de subsistência. A finalidade é o consumo individual. Conforme a natureza da circulação simples, ele pode, no máximo, realizar o entesouramento, por meio de poupança e de um zelo particular; ele não pode gerar qualquer riqueza. O capitalista, ao contrário, [percorre a forma de circulação] D-M-D. Ele compra para vender. A finalidade desse movimento é o valor de troca, isto é, o enriquecimento.

Entendemos por trabalho assalariado somente o trabalho livre que se troca com capital, que é transformado em capital e valoriza o capital. Todos os assim chamados *serviços* estão excluídos aqui. Qualquer que seja seu caráter peculiar, o dinheiro é gasto com eles; não é antecipado. Neles, o dinheiro é sempre e tão somente o valor de troca como forma evanescente que serve para se apoderar de um valor de uso. A compra de mercadorias para consumi-las (não por meio do trabalho) tem tão pouca relação com o consumo produtivo – isto é, do ponto de vista capitalista – quanto a prestação de serviços que o capitalista consome como pessoa privada, fora do processo de produção de mercadorias. Ainda que possam ser tão úteis, etc. Seu conteúdo é totalmente indiferente aqui. É claro que as próprias prestações de serviço, porque são avaliadas economicamente, são, com base na produção capitalista, avaliadas de modo diferente do que sob outras relações de produção. Mas a investigação sobre isso só é possível na medida em que os fatores fundamentais da própria produção capitalista são esclarecidos. Em todas as prestações de serviço, ainda que elas mesmas possam criar mercadorias, por exemplo, o alfaiate que costura ou faz calças para mim, o soldado que me defende, ou o juiz, etc., ou o músico, cuja música eu compro para me proporcionar prazer estético, ou o médico que compro para endireitar minha perna, trata-se sempre apenas do conteúdo material do trabalho, de sua utilidade, sendo totalmente indiferente para mim a circunstância de ele ser trabalho. No trabalho assalariado que cria capital, seu conteúdo é, de fato, indiferente para mim. Cada modo determinado do trabalho vale para mim somente por ser ele trabalho social em geral e, com isso, substância do valor de troca; por ser dinheiro. Esses trabalhadores, prestadores de serviço, da prostituta ao papa, jamais são empregados no processo de produção imediato. {É melhor introduzir a exposição detalhada sobre "trabalho produtivo" na seção "Capital e Trabalho".} Com a compra de um trabalho eu faço dinheiro, com a compra de outro eu gasto dinheiro. Um trabalho enriquece, o outro empobrece. É possível que eles mesmos sejam algumas das condições para se fazer dinheiro, como policiais, juízes, soldados, carrascos. Porém, elas o são sempre somente como "circunstância agravante" e nada têm que ver com o processo direto.

Partimos da circulação para chegarmos à produção capitalista. Este é também o movimento *histórico* e, por isso, o desenvolvimento da produção capitalista já supõe o desenvolvimento do comércio em cada país numa outra base de produção mais antiga. {Dizer algo mais pormenorizado sobre isso.[150]}

O que devemos considerar a seguir é o desenvolvimento mais detalhado do *mais-valor*. Aí será mostrado que, por ser a produção do mais-valor a verdadeira finalidade da produção, ou na medida em que a produção se torna produção capitalista, a subsunção original, meramente formal do processo de trabalho ao capital, do trabalho vivo ao trabalho objetivado, do trabalho presente ao trabalho passado, modifica significativamente o modo do processo de trabalho mesmo, de maneira que também correspondem à relação capitalista – para que ela se apresente desenvolvida – um determinado modo de produção e desenvolvimento das forças produtivas.

{Na prestação de serviço, de fato, eu consumo também a capacidade de trabalho do prestador de serviço, mas não porque seu valor de uso é o trabalho, mas sim porque seu trabalho tem um valor de uso determinado.}

Adendos

Com relação a Say, em suas *lettres a Malthus*, Paris-Londres, 1820 (p. 36), lê-se em "*An Inquiry into those Principles respecting the Nature of Demand*

---

[150] Cf. caderno XV, p. 945- 950. (Nota da edição original).

and the Necessity of Consumption, lately advocated by Mr. Malthus",[151] etc., *London, 1821*:

"Esses modos afetados de falar constituem, em grande parte, aquilo que o Sr. Say chama sua *doutrina*... "Se vocês encontram", diz ele na p. 36 sobre Malthus, "uma fisionomia de paradoxo em todas essas proposições, vejam as *coisas* que elas exprimem, e ouso crer que elas lhes parecerão muito simples e muito razoáveis." Sem dúvida, e, ao mesmo tempo, elas provavelmente se mostrarão, pelo mesmo processo, de modo algum originais ou importantes. "Sem essa análise, eu os desafio a explicar a totalidade dos *fatos*, a explicar, por exemplo, como *o mesmo capital é consumido duas vezes: produtivamente*, por um empresário, e improdutivamente, por seu trabalhador." Parece ser consensual, "em várias partes da Europa, chamar de *fato* o que não passa de um modo de expressão fantasioso." (loc. cit., p. 110, nota XI)[152] A astúcia consiste em que Say dá ao ato de trocar – no caso determinado, de comprar – o nome de *consumo* do dinheiro que é vendido.

Se o capitalista compra trabalho por 100 táleres, então Say pensa que esses 100 táleres são duplamente consumidos, produtivamente pelo capitalista, improdutivamente pelo trabalhador. Se o capitalista troca 100 táleres por capacidade de trabalho, ele não consumiu 100 táleres, nem produtiva, nem improdutivamente, embora ele os tenha gasto com um fim "produtivo". O que ele fez foi simplesmente transformá-los da forma de dinheiro na forma de mercadoria, e é essa mercadoria – que ele comprou com dinheiro, a capacidade de trabalho, que ele consome produtivamente. Ele também poderia consumi-la improdutivamente caso empregasse os trabalhadores a fim de lhes fornecer valores de uso para seu próprio consumo, isto é, se os utilizasse como prestadores de serviço. O dinheiro somente se torna capital justamente por meio dessa troca com a capacidade de trabalho; não *consumido como* capital, mas antes produzido, conservado, confirmado. Por outro lado, o trabalhador não consome capital; o dinheiro em sua mão

---

[151] "*Uma investigação sobre os princípios a respeito da natureza da demanda e da necessidade do consumo, recentemente defendidos pelo Sr. Malthus*"

[152] "These affected ways of talking constitute, in great part, what M. Say calls his *doctrine*... "Si vous trouvez, ele diz na p. 36 sobre Malthus, une physionomie de paradoxe à toutes ces propositions, voyez les choses qu'elles expriment, et j'ose croire qu'elles vous paraîtront fort simples et fort raisonables." Doubtless; and, at the same time, they will very probably appear, by the same process, not at all original or important. "Sans cette analyse je vous défie d'expliquer la totalité des *faits*; d'expliquer par example comment *le même capital est consommé deux fois: productivement* para un entrepreneur et improductivement par son ouvrier." It seems to be agreed, "dans plusieurs parties de l'Europe", to call a fantastical mode of expression a *fact*." (*Citatenheft*, p. 12). (Nota da edição original).

deixou de ser precisamente capital e é para ele somente meio de circulação. (Do mesmo modo, naturalmente, como todo meio de circulação com o qual uma mercadoria se troca, [ele é a] existência de sua mercadoria na forma de valor de troca, que, porém, é e deve ser aqui, ao contrário, apenas forma evanescente para se trocar com meio de subsistência.) A capacidade de trabalho, ao ser consumida, transforma-se em capital; o dinheiro do capitalista, ao ser consumido pelo trabalhador, transforma-se em meios de subsistência para ele e deixa de ser capital ou componente do capital (δυνάμει)[153] ao passar da mão do capitalista para a mão do trabalhador. Porém, o que permanece verdadeiramente na base da tolice de Say: ele acredita que o mesmo valor (para ele, capital é apenas uma *quantia de valor*) é consumido duplamente: uma vez pelo capitalista, outra pelo trabalhador. Ele se esquece de que, aqui, duas mercadorias de mesmo valor são trocadas, não 1 valor, mas 2 valores estão em jogo; de um lado, o dinheiro, do outro, a mercadoria (*a capacidade de trabalho*). Aquilo que o trabalhador consome improdutivamente (isto é, sem com isso criar riqueza para si) é sua própria capacidade de trabalho (não o dinheiro do capitalista); aquilo que o capitalista consome produtivamente não é seu dinheiro, mas a capacidade de trabalho do trabalhador. O processo de consumo de ambos os lados é mediado pela troca.

Em cada compra ou venda, cujo fim do comprador é o consumo individual da mercadoria e o fim do vendedor é a produção, o *mesmo* valor seria, de acordo com Say, duplamente consumido, produtivamente pelo vendedor, que transforma sua mercadoria em dinheiro (valor de troca), e improdutivamente pelo comprador, que dissipa seu dinheiro em gozos efêmeros. No entanto, há aqui 2 mercadorias e 2 valores em jogo. A proposição de Say só teria sentido se significasse aquilo que ela não significa. A saber, que o capitalista consome produtivamente o mesmo valor duas vezes: a primeira, por meio de seu consumo produtivo da capacidade de trabalho; a segunda, por meio do consumo improdutivo de seu dinheiro pelo trabalhador, cujo resultado é a reprodução da capacidade de trabalho, portanto, a reprodução da relação sobre a qual repousa a ação do capital como capital. Malthus também capta este último ponto corretamente. {Na medida em que seu consumo é, em geral, uma condição para que ele trabalhe, portanto, para que produza para o capitalista, é a questão em Malthus.} "Ele (o trabalhador) é um *consumidor produtivo para a pessoa que o emprega* e para o Estado mas

---

[153] Em potência.

não *para ele mesmo*, estritamente falando."[154] (p. 30. *Malthus, Definitions in Pol. Ec.*, ed. John Cazenove. London, 1853.)

Ramsay esclarece que a parte do capital que se transforma em salário não é uma parte *necessária* do capital, mas constitui apenas uma parte *acidental* devido à pobreza "*deplorable*"[155] do trabalhador. Por *fixed capital*,[156] ele compreende particularmente material de trabalho e meio de trabalho. Por *circulating capital*,[157] os meios de subsistência do trabalhador. Ele diz, então: "*Capital circulante* consiste apenas em subsistência e outros objetos necessários adiantados aos trabalhadores antes do acabamento do produto de seu trabalho". (p. 23, *George Ramsay, "An Essay on the Distribution of Wealth." Edinburgh, 1836.*) "Somente o capital fixo, não o circulante, é propriamente falando a fonte da riqueza nacional." (loc. cit.) "*Se supuséssemos* que os trabalhadores não fossem pagos até o acabamento de seu produto, não haveria qualquer ocasião para o capital circulante."[158] (O que significa isso senão que uma condição objetiva do trabalho – meios de subsistência – não assumirá a forma do capital? Com isso já se admite que essas condições objetivas da produção não se tornam como tais capital, mas somente como expressão de uma relação de produção social determinada.) (Os meios de subsistência não deixarão de ser meios de subsistência; deixariam menos ainda de ser uma condição necessária da produção; mas eles deixariam de ser: *capital*.) "A produção seria igualmente grande. Isso demonstra que o *capital circulante* não é um *agente imediato* na produção, *nem mesmo é de forma alguma essencial para ela*, mas *apenas uma conveniência tornada necessária pela pobreza deplorável da massa do povo.*"[159] (p. 24, loc. cit.) Em outras palavras, isso significa que o trabalho assalariado não é uma forma

---

[154] "He (the workman) is a *productive consumer to the person who employs him* and to the state but not strictly speaking *to himself*." (*Citatenheft*, p. 57). Sublinhado por Marx. (Nota da edição original)

[155] Deplorável.

[156] Capital fixo.

[157] Capital circulante.

[158] "*Ciculating capital* consists only of subsistence and other necessaries advanced to the workmen, previous to the completion of the produce of their labour." "Fixed capital alone, not circulating, is properly speaking a source of national wealth." "*Were we to suppose* the labourers not to be paid until the completion of the product, there would be no occasion whatever for circulating capital." (*Citatenheft*, p. 30, assim como a próxima citação). Sublinhado por Marx. Em Ramsay: "consists exclusively of" [consiste exclusivamente em]. (Nota da edição original).

[159] "...*circulating capital* is not an *immediate agent in production, not even essential to it at all*, but *merely a convenience rendered necessary by the deplorable poverty of the mass of the people.*" Com exceção de "*immediate*" [imediato], sublinhado por Marx. (Nota da edição original).

absoluta, mas apenas uma forma histórica de trabalho. Não é necessário para a produção que os meios de subsistência se defrontem com o trabalhador na forma estranhada como *capital*. Porém, o mesmo vale também para os outros elementos do capital e para o capital em geral. Ao contrário. Se essa parte do capital não assumisse a forma do capital, então a outra também não o assumiria, pois não se daria toda a relação na qual o dinheiro se torna capital, ou as condições do trabalho que com ele se defrontam como potência autônoma. O que constitui a forma essencial do capital, aparece a ele, assim, como "apenas uma conveniência tornada necessária pela pobreza deplorável da massa do povo".[160] Os meios de subsistência se tornam capital pelo fato de serem "*adiantados* aos trabalhadores".[161] O outro sentido de Ramsay aparece ainda mais na frase: "O capital fixo apenas (material de trabalho e meio de trabalho) constitui *um elemento do custo de produção* num ponto de vista nacional."[162] (p. 26, loc. cit.) O custo de produção – *dinheiro antecipado*, que é antecipado para fazer mais dinheiro –, o simples meio de fazer dinheiro, é o salário para o capitalista, isto é, o preço que ele paga para a capacidade de trabalho. Se o trabalhador não fosse trabalhador, mas proprietário que trabalha, então os meios de subsistência que ele consome antes de o produto estar pronto não apareceriam para ele como *custos de produção* nesse sentido, enquanto, ao contrário, todo o processo de produção apareceria para ele apenas como meio de produzir seus meios de subsistência. Por isso, Ramsay crê que material de trabalho e meio de trabalho, produtos que devem ser utilizados, consumidos para produzir novos produtos, não apenas do ponto de vista do capitalista, mas do ponto de vista nacional – isto é, para ele, do ponto de vista em que se trata da produção para a sociedade, não para determinadas classes da sociedade –, são condições necessárias do processo de produção e devem sempre entrar nele. Aqui, portanto, *capital* se torna para ele apenas as condições objetivas do processo de trabalho em geral e não expressa absolutamente nenhuma relação social, sendo somente outro nome para as *coisas* requeridas em cada processo de produção, seja qual for a forma social desse processo; de acordo com isso, capital é apenas uma coisa,[163] tecnologicamente determinada. Com isso, é anulado precisamente

---

[160] "Merely a convenience rendered necessary by the deplorable poverty of the mass of the people".

[161] "*advanced* to the workmen".

[162] "The fixed capital alone constitutes *an element of cost of production* in a national point of view." Sublinhado por Marx. (Nota da edição original).

[163] *Ding*.

aquilo que faz dele capital. Ramsay poderia muito bem ter dito: o fato de os meios de produção aparecerem como valor que tem validade em si, como potências autônomas frente ao trabalhador é apenas uma "*convenience*".[164] Se fossem propriedade social do trabalhador, então não haveria qualquer razão para "*capital fixe*".[165] E a produção permaneceria a mesma de antes.

{Embora o processo de valorização, em verdade, seja apenas o processo de trabalho numa forma social determinada, ou uma forma social determinada do processo de trabalho e não algo como dois processos reais diferentes – o *mesmo* processo, considerado uma vez segundo seu conteúdo, outra vez segundo sua forma –, já vimos que a relação dos diversos fatores do processo de trabalho recebe novas determinações no processo de valorização. Há aqui, ainda, um momento a ressaltar (que se torna importante mais tarde, na circulação, na determinação do *capital fixe*,[166] etc.). O meio de produção – por exemplo, um instrumento, maquinaria, construção, etc. – é totalmente utilizado no processo de trabalho; mas, com exceção das *matières instrumentales*,[167] é *consumido* apenas excepcionalmente no mesmo (de uma vez, num singular (único) processo de trabalho. Ele serve em repetidos processos do mesmo tipo. No processo de valorização, porém, ele entra apenas uma vez – ou o que é o mesmo –, reaparece apenas como componente de valor do produto ao ser utilizado no *processo de trabalho*.}

Similar a Ramsay, *Rossi*. Primeiramente, na *leçon*[168] XXVII, ele dá a explicação geral sobre o capital. "O capital é aquela porção da riqueza *produzida* que é *destinada* à reprodução."[169] No entanto, isso se refere ao capital somente na medida em que ele é valor de uso – ao seu conteúdo *material*, não à sua forma. Não admira, por isso, que o mesmo Rossi, que declara como não necessário, como componente absolutamente não *conceitual* do capital o componente explicado meramente a partir de sua forma – o *approvisionnement*,[170] a parte que se troca com a capacidade de trabalho – declare, por um lado, o *capital* como um agente de produção necessário, de outro, o *trabalho assalariado* como agente de produção ou relação

---

[164] Conveniência.

[165] Capital fixo.

[166] Capital fixo.

[167] Matérias instrumentais.

[168] Lição.

[169] "Le capital est cette portion de la richesse *produite* qui est *destinée* à la reproduction."

[170] Aprovisionamento.

de produção não necessária. Com efeito, por capital ele entende apenas "instrumento de produção". Segundo ele, de fato, poder-se-iam distinguir *capital-instrument*[171] de *capital-matière*,[172] mas, na verdade, os economistas chamam impropriamente as matérias-primas de capital, pois "é ela (a *matière première*[173]) verdadeiramente um instrumento de produção? não é ela, antes, o objeto sobre o qual os instrumentos produtores devem agir?"[174] (p. 367. *Leçons* etc.) A seguir, ele explica: "*instrumento de produção*, isto é, uma matéria que age sobre si mesma, que é ao mesmo tempo o objeto e o sujeito, o paciente e o agente".[175] (p. 372, *loc. cit.*) Na p. 372, ele também chama abertamente capital de mero "*moyen de production*".[176] No que diz respeito à polêmica de Rossi contra o fato de que o *approvisionnement* constitui uma parte do capital, ou há aqui duas coisas a distinguir, ou ele confunde duas coisas diferentes. *Uma vez*, ele considera o trabalho assalariado em geral – o fato de que o capitalista adianta o salário – como não sendo forma necessária da produção, ou o trabalho assalariado não como forma necessária do trabalho, no que ele apenas se esquece de que o *capital* não é forma necessária (isto é, não absoluta mas, antes, forma determinada, histórica) da condição do trabalho ou da produção. Em outras palavras, o processo de trabalho pode ocorrer sem ser subsumido ao capital; ele não pressupõe necessariamente essa forma social determinada; o processo de produção como tal não é necessariamente processo de produção capitalista. Aqui, porém, ele comete novamente o erro de considerar a compra da capacidade de trabalho pelo capital não como *essencial* para o trabalho assalariado, mas como algo acidental. Para a produção, são requeridas as condições de produção, mas não, ao contrário, o *capital*, isto é, não a relação que decorre da apropriação dessas condições de produção por uma classe particular e da existência da capacidade de trabalho como mercadoria. A estupidez consiste em reconhecer o trabalho assalariado (ou também a forma autônoma do capital) e negar a relação que ele estabelece com o capital. Dizer que o *capital* não é forma necessária da produção social significa dizer apenas que o

---

[171] Capital-instrumento.

[172] Capital-matéria.

[173] Matéria-prima (parêntese de Marx).

[174] "Est-ce" "vraiment là un instrument de production? N'est-ce pas plutôt l'objet sur lequel les instruments producteurs doivent agir?"

[175] "*Instrument de production*, c. à. d. une matière qui agit sur elle même, qui est à la fois l'objet et le sujet, le patient et l'agent" Sublinhado por Marx. (Nota da edição original).

[176] "Meio de produção". Sublinhado por Marx. (Nota da edição original).

trabalho assalariado não é mais do que uma forma histórica transitória do trabalho social. Para sua formação, a produção capitalista não supõe apenas um processo histórico de separação entre os trabalhadores e as condições de trabalho; a produção capitalista *reproduz essa relação sempre em maior escala e a torna mais aguda*. Isso, que já se mostra na consideração sobre o conceito geral do capital, mostra-se ainda mais evidente em seguida, na concorrência, que essencialmente causa essa separação (concentração, etc.). No processo de produção real, os objetos nos quais o capital consiste se defrontam com o trabalhador não como capital, mas como material de trabalho e meio de trabalho. Porém, ele tem consciência de que eles são propriedade de outrem, de que são capital. O mesmo também vale, no entanto, para seu trabalho *vendido*, que não lhe pertence, mas ao capitalista.

Em segundo lugar, porém, ocorre ainda um outro ponto na polêmica rossiana. (O primeiro ponto era: troca de dinheiro por capacidade de trabalho. Rossi tem razão quando define essa operação como não necessária para a produção em geral. Ele está errado ao considerar essa relação, sem a qual a produção capitalista em geral não existiria, como um seu momento inessencial, acidental.) A saber: vimos que primeiro o trabalhador vende sua capacidade de trabalho, isto é, a disposição temporal sobre ela. Nisso está incluído que ele troca os meios de subsistência necessários para conservá-lo em geral como trabalhador e, ainda mais especialmente, que ele possui os meios de subsistência "durante o trabalho da produção".[177] Isso é pressuposto para que ele entre no processo de produção como trabalhador e que durante esse processo ele exerça, realize sua capacidade de trabalho. Como vimos, Rossi compreende por capital apenas os meios de produção (*matière*,[178] instrumento) requeridos para a fabricação de um novo produto. Pergunta-se: nisso se incluem os meios de subsistência do trabalhador, do mesmo modo que, por exemplo, o carvão, o óleo, etc. consumidos pela máquina ou o pasto consumido pelo gado? Em resumo, as *matières instrumentales*.[179] Nelas se incluem também os meios de subsistência do trabalhador? No caso do escravo, não há dúvida que seus meios de subsistência devem ser calculados sob as matières instrumentales; porque ele é mero instrumento de produção, portanto, aquilo que ele consome é mera *matière instrumentale*.[180] (Isso,

---

[177] "Pendant l'œuvre de la production".

[178] Matéria.

[179] Matérias instrumentais.

[180] Matéria instrumental.

como já foi ressaltado antes,[181] confirma que o preço do trabalho (salário) não entra no verdadeiro processo de trabalho, tampouco quanto o preço de material de trabalho e meio de trabalho; embora todos os três, ainda que de modos diversos, entrem no processo de valorização.) Para responder à questão, é necessário dividi-la em duas questões:

Primeira: O processo de trabalho considerado como tal, independentemente do capital; pois aqueles que põem a questão chamam, aqui, os momentos do processo de trabalho como tal de capital. *Segunda*: Perguntar em que medida isso é modificado quando o processo de trabalho é subsumido ao capital. *Portanto, primeiramente*: considerando o processo de trabalho como tal, então as suas condições objetivas são material de trabalho e meio de trabalho, meramente as condições objetivas do trabalho, como atividade conforme ao fim do homem na produção de um valor de uso. O trabalhador se relaciona com elas como sujeito. Entretanto, para fazer atuar sua capacidade de trabalho, ele é pressuposto como trabalhador, sendo também pressupostos, portanto, os meios de subsistência necessários à sua subsistência, a fim de desenvolver a força de trabalho. Porém, eles não entram como tais no processo de trabalho. Ele entra no processo como proprietário que trabalha. Porém, se são considerados os diversos momentos do processo de trabalho com relação a seu resultado, o produto, então a relação se altera. Com relação ao produto, todos os três momentos aparecem como momentos de sua mediação, portanto, como meios de produção. O material de produção, o instrumento de produção e a atividade produtiva mesma são todos meios para a fabricação do produto, portanto, meios de produção. Os meios de manutenção da máquina (óleo, carvão, etc.), totalmente abstraídos de seu *preço*, constituem aqui parte dos meios de produção; porém, constituem igualmente os meios de manutenção do trabalhador durante o processo de produção mesmo. No entanto, o proprietário que trabalha considerará o produto sempre como tal novamente como meio de subsistência, não seus meios de subsistência como pressupostos para a fabricação do produto. O modo de consideração, porém, em nada altera a questão. A proporção de meios de subsistência que ele deve consumir como trabalhador, sem os quais sua capacidade de trabalho não pode atuar em absoluto como tal, é tão indispensável para o processo de produção quanto o carvão e o óleo que a máquina consome. Nesse sentido, o fundo de consumo da sociedade constitui uma parte de seus meios de produção (em consideração ulterior,

---

[181] Cf. p. 147 *ss.*, *supra*. (Nota da edição original).

isso desaparece novamente, na medida em que o processo de produção global aparece apenas como processo de reprodução da sociedade ou do homem social mesmo) e o consumo do trabalhador, no interior dessas fronteiras, não se diferencia economicamente do consumo do cavalo ou da máquina. Portanto, a parte do capital que paga a capacidade de trabalho ou que constitui o salário entra no verdadeiro processo de produção como os meios de subsistência que o trabalhador consome, que são consumidos imediatamente no processo de produção mesmo e devem ser consumidos. Porém, também a parte do capital assim despendido, que não entra imediatamente no processo de produção, constitui uma parte do capital antes de ser trocada pela capacidade de trabalho, e para a formação da relação capitalista isso é um pressuposto necessário.

O capitalista pagou a capacidade de trabalho. A parte mais significativa dos meios de subsistência que assim conservam o trabalhador é despendida e necessariamente despendida durante o processo de trabalho mesmo. Se os trabalhadores fossem escravos, o capitalista deveria lhes adiantar essa parte como meras *matières instrumentales*.[182] Aqui, o trabalhador faz isso para ele. Para ele, o trabalhador é mero agente de produção, e os meios de subsistência que ele consome, como o carvão e o óleo, são necessários para manter em movimento esse agente de produção. Essa é a concepção do capitalista, de acordo com a qual ele se comporta. Se um boi ou uma máquina é um agente de produção mais barato, então o trabalhador é substituído por eles. Economicamente, a concepção a respeito é falsa na medida em que à essência do trabalho assalariado pertence a distinção em 2 processos, a saber: (1) a troca de dinheiro com capacidade de trabalho; (2) o processo de consumo dessa capacidade de trabalho = processo de trabalho. (Processo de produção.) Por ora, queremos considerar um pouco em detalhe as proposições de Rossi, sem retornar ao último *case*[183] considerado (supra, seção 2). Com relação a isso, conforme a observação de Rossi: "Aqueles que não vislumbram a *ciência econômica senão do ponto de vista dos empresários*, e que não consideram senão o produto líquido e intercambiável que cada empresário pode buscar, esses não devem, com efeito, perceber diferença entre um homem, um boi e uma máquina a vapor. A seus olhos, há apenas uma questão que merece ser levada a sério: a questão do preço de custo, de saber quanto custa ao empresário o que ele demanda do vapor, do boi, do

---

[182] Matérias instrumentais.

[183] Caso.

trabalhador."[184] (*Rossi, De la Méthode en Économie Politique, etc., p. 83*, in: "Économie Politique. Recueil de Monographies etc.", t. I, Bruxelas, 1844.) Parece, então, que o "*point de vue des entrepreneurs*",[185] isto é, dos capitalistas, é de qualquer modo um momento essencial na consideração da produção capitalista. Isso pertence, certamente, à relação entre capital e trabalho.

Porém, o que temos essencialmente de considerar sobre o senhor Rossi é o modo como ele admite, por um lado, que o *trabalho assalariado*, portanto também a produção capitalista, não é forma necessária (absoluta) do trabalho e da produção; como ele novamente nega essa admissão, mas *altogether*[186] afastado por muitas milhas de toda compreensão histórica.

A primeira objeção de Rossi é:[187] "Se o trabalhador vive de seu rendimento, se ele vive da retribuição de seu trabalho, como quereis que a mesma coisa figure duas vezes no *fenômeno da produção*, no cálculo das *forças produtivas*, uma vez como *retribuição do trabalho* e uma segunda como capital?"[188] (p. 369, *Leçons*.) Aqui deve-se observar, em primeiro lugar: expresso em geral, isso significa que o salário aparece duas vezes, uma vez como relação de produção, outra como relação de distribuição. Isso Rossi considera falso, e ele tem razão em contrariar os economistas que consideram as duas formas nas quais a *mesma coisa* aparece duas vezes como se fossem duas relações independentes uma da outra, que nada têm a ver uma com a outra. Voltaremos a esse objeto e mostraremos em geral que a relação de produção é relação de distribuição, e vice-versa. Além disso, porém, o salário pode entrar no fenômeno da produção, isto é, pode representar uma relação de produção sem entrar no *calcul des forces productives*,[189] em particular se o senhor Rossi não compreende por *force productive*[190] o desenvolvimento das forças

---

[184] "Ceux qui n'envisagent la *science économique que du point de vue des entrepreneurs*, et qui ne considèrent que le produit net et échangeable que chaque entrepreneur peut se procurer, ceux-là ne doivent pas en effet appercevoir de différence entre un homme, un boeuf et une machine à vapeur: il n'est à leurs yeux qu'une question qui soit digne d'une attention sérieuse, c'est la question du prix de revient, la question de savoir, combien coûte à l'entrepreneur ce qu'il demande à la vapeur, au boeuf à l'ouvrier." Sublinhado por Marx. (Nota da edição original).

[185] Ponto de vista dos empresários.

[186] Totalmente.

[187] O texto a seguir foi extraído dos *Grundrisse*, caderno VI, p. 11. (Nota da edição original)

[188] "...comment voulez-vous que la même chose figure deux fois dans le *phénomène de la production*, dans le calcul des *forces productives*, une fois comme *rétribuition du travail* et une seconde fois comme capital?" Sublinhado por Marx. (Nota da edição original).

[189] Cálculo das forças produtivas.

[190] Força produtiva.

de produção, na medida em que esse desenvolvimento está condicionado pela relação de produção, mas compreende com isso apenas os momentos pertencentes como tais ao processo de trabalho em geral ou ao processo de produção em geral, abstraídos de cada forma social determinada. Por outro lado, o *approvisionnement*[191] constitui componente do capital, desde que ainda não tenha sido *trocado* por capacidade de trabalho. Essa troca não ocorreria, porém, se não constituísse, *antes* disso, um componente do capital. Quando trocado, deixa de ser capital e se torna rendimento. Em verdade, o salário não entra no processo de produção imediato mesmo, mas somente a capacidade de trabalho. Se produzi cereal, ele constitui uma parte de meu capital até que eu o tenha vendido. Ele constitui rendimento de um consumidor. (Ao menos, pode ser assim se ele é utilizado no consumo individual, não na produção.) Porém, em verdade, o aprovisionamento, também depois de o trabalhador tê-lo recebido como rendimento e tê-lo consumido como rendimento, continua a ser uma *force productive du capital*,[192] pois a reprodução do trabalhador é a reprodução da principal *force productive* du capital.

"Diz-se que a *retribution*[193] do trabalhador é capital porque o capitalista a adianta a ele. Se houvesse apenas famílias de trabalhadores com o suficiente para viver um ano, então *nenhum salário* existiria. O trabalhador poderia dizer ao capitalista: você me adianta o capital pelo trabalho comum, eu trago o trabalho; o produto será dividido por nós conforme certas relações. Tão logo o produto seja realizado, cada um tomará sua parte. Assim, não haveria qualquer *adiantamento* para o trabalhador. Eles continuariam a consumir, mesmo quando o trabalho parasse. Aquilo que lhes fosse adiantado pertenceria ao fundo de consumo, pertenceria a ele e não ao capital. Portanto: os adiantamentos ao trabalhador não são *necessários*.[194] Portanto, *o salário não é elemento constitutivo da produção. Ele é apenas um acidente, uma forma de nossa condição social*. Ao contrário, precisa-se necessariamente do capital, da terra, do trabalho para produzir. *Em segundo lugar:* emprega-se o salário duas vezes; diz-se que o salário é um capital, mas o que ele representa? O trabalho. Quem diz salário diz trabalho e vice-versa.[195] Assim, se o salário

---

[191] Aprovisionamento.

[192] Força produtiva do capital.

[193] Retribuição

[194] O trecho a seguir foi extraído do *Citatenheft*, p. 56. (Nota da edição original).

[195] Qui dit salaire dit travail e vice-versa.

antecipado constituísse parte do capital, então se deveria falar meramente de 2 instrumentos de produção, de capital e terra."[196] (*loc. cit.*, p. [369-]370)

Exatamente como afirma Rossi, se o trabalhador possuísse os meios de subsistência para um ano, então o capitalista não teria necessidade de lhe adiantar salário; ele poderia prosseguir dizendo que, se o trabalhador possuísse material de trabalho e meio de trabalho por um ano, então ele não precisaria, para essas condições de trabalho, da intervenção do capitalista. Portanto, a circunstância de que "material de trabalho e meio de trabalho" apareçam como capital "*não é elemento constitutivo da produção*". "É somente um acidente, uma forma de nossa condição social" que faz dele capital. Tal como antes, ele pertenceria ao "fundo de produção", de modo algum ao capital. Não haveria capital em absoluto. Se a forma determinada que faz do trabalho *o trabalho assalariado* é um acidente social, uma forma do trabalho determinada historicamente, então o mesmo vale para a forma que transforma em *capital* as condições objetivas do trabalho ou as *condições de produção*. E é o mesmo acidente social que faz do trabalho o *trabalho assalariado* e, do capital, *condições de produção*. Em verdade, se os trabalhadores estivessem ainda de posse dessa única condição de produção – os meios de subsistência para um ano –, então seu trabalho não seria trabalho assalariado e eles estariam de posse de todas as *condições de produção*. Eles precisariam apenas vender uma parte desses meios de subsistência excedentes a fim de comprar meios de produção (material e instrumento) e produzir a mercadoria eles mesmos. Portanto, aquilo que o senhor Rossi busca explicar aqui, mas que evidentemente não explica em absoluto, é que determinada forma social de produção, ainda que possa ser uma necessidade *histórica*, não é por isso uma necessidade *absoluta* e, portanto, não pode ser expressa como condição da produção eterna, imutável. Aceitamos essa concessão, mas não sua falsa aplicação.

Portanto, para produzir, não é absolutamente necessário que o trabalho seja trabalho assalariado e, por isso, entre outras coisas, que os meios de subsistência confrontem o trabalhador originalmente como componente do capital. Porém, Rossi prossegue: "Ao contrário, precisa-se necessariamente do capital, da terra, do trabalho para produzir". Se ele tivesse dito: "Ao contrário, precisa-se necessariamente da *terra* (material de trabalho, local de trabalho e, em primeira instância, meios de subsistência), dos *meios de trabalho* (instrumentos, etc.), do trabalho para produzir", sem que se precise

---

[196] A parte inicial da citação foi extraída dos *Grundrisse*, caderno VI, p. 11. (Nota da edição original).

necessariamente "da renda da terra, do capital e do trabalho assalariado", então a frase estaria correta. Assim, ele retira de trabalho e terra – a forma social determinada sob a qual eles podem aparecer na economia burguesa – suas formas como trabalho assalariado e propriedade fundiária. Aos meios de trabalho, ao contrário, ele deixa seu caráter econômico de *capital*. Ele os concebe não somente como condições de produção materiais, mas também na forma social determinada do *capital* e chega, assim, à absurdidade de o capital ser possível sem apropriação de dinheiro e solo e sem trabalho assalariado.

Além disso, se o salário antecipado constitui parte do capital, diz Rossi, então existem apenas dois instrumentos de produção, terra e capital, mas não três como supõem todos os economistas: terra, capital e trabalho. Em verdade, trata-se aqui dos elementos simples do processo de trabalho como tal e nele figuram somente material de trabalho (terra), meio de trabalho (o que Rossi chama falsamente de capital) e trabalho. Porém, definitivamente não o capital. Entretanto, na medida em que todo o processo de trabalho é subsumido ao capital, e os três elementos que nele aparecem são apropriados pelo capitalista, todos os três elementos, material, meio e trabalho aparecem como elementos materiais do *capital*; trata-se de uma subsunção desses elementos a uma relação social determinada, que não diz respeito em absoluto ao processo de trabalho considerado *abstratamente* – isto é, na medida em que ele é igualmente comum a todas as formas sociais de processo de trabalho. Permanece característico em Rossi que ele considere como forma *inessencial*, como um mero acidente da própria produção capitalista a relação entre o produto personificado do trabalho e a capacidade de trabalho viva, uma relação que constitui a quintessência da relação entre capital e trabalho assalariado. (Veja-se o infeliz Bastiat. Em Rossi, ao menos, há a noção de que capital e trabalho assalariado não são formas sociais eternas da produção.)[197]

Agora, portanto, já temos duas vezes em Rossi a objeção de que se o salário constitui uma parte do capital (originalmente), a mesma coisa ocorre duas vezes. Primeiro, como relação de produção; depois, como relação de distribuição. Em segundo lugar: que, então, os três fatores de produção (material, meio e trabalho) não podem ser contados, mas apenas dois, a saber, material (o que ele denomina *terra*) e meio de trabalho, o que ele denomina capital.

---

[197] Cf. *Grundrisse*, p. 239. (Nota da edição original)

"O que ocorre entre o empresário e o trabalhador? Se todos os produtos fossem iniciados na manhã e terminados à noite, haveria sempre no mercado compradores dispostos a comprar as mercadorias ofertadas, e não haveria, portanto, *nenhum verdadeiro salário*". Não é assim. Para realizar um produto, precisa-se de meses, de anos... O *trabalhador, que possui apenas seus braços*, não pode esperar pela finalização (o fim) do empreendimento. Ele diz ao empresário, capitalista, arrendatário, fabricante o que poderia dizer a um terceiro desinteressado. Ele poderia lhe dizer (ao terceiro): eu contribuo para a produção em dada parcela de tecido; vocês gostariam de comprar a *retribution*[198] à qual eu tenho direito? Suponha-se que o terceiro desinteressado aceite a proposta, pagando o preço convencionado: pode-se dizer que o dinheiro que o desinteressado gasta constitui uma parte do capital do empresário? Que seu contrato com o *ouvrier*[199] é um fenômeno da produção? Não, ele fez uma boa ou má especulação, que em nada acrescenta ou diminui a riqueza pública. *Isto é o salário*. O trabalhador faz ao fabricante a proposta que ele poderia fazer a um terceiro. *O empresário se presta a esse arranjo, que pode facilitar a produção. Porém, esse arranjo é apenas uma segunda operação, uma operação de natureza totalmente diversa, inserida numa operação produtiva. Não é um fato indispensável da produção. Ele pode desaparecer numa outra organização do trabalho.* Existem hoje produções em que ele não ocorre. *Portanto, o salário é uma forma de distribuição da riqueza, não um elemento da produção.* A parte do fundo que o empresário dedica ao pagamento do salário não constitui parte do capital, não mais que as somas que um fabricante aplicaria para descontar cambiais ou para jogar na bolsa. É uma *opération à part*[200] que pode sem dúvida favorecer o curso da produção, mas que, porém, não se pode chamar de *instrumento direto de produção*." (loc. cit., p. 370)[201]

Aqui aparece claramente a astúcia. Uma *relação de produção* (como sempre, relação social de indivíduos no interior da produção é considerada como um todo) não é "instrumento direto de produção". A relação de capital e trabalho assalariado, na qual a troca de capacidade de trabalho com dinheiro é condicionada, não é "instrumento direto de produção". Assim, o valor da mercadoria não é "instrumento direto de produção", embora o

---

[198] Retribuição.
[199] Trabalhador.
[200] Operação à parte.
[201] Exraído dos *Grundrisse*, caderno VI, p. 11. (Nota da edição original).

processo de produção seja essencialmente alterado segundo se trate apenas da produção de produtos como tais ou da produção de mercadorias. O "*valor*" da maquinaria, sua existência como capital fixo etc. não é "instrumento direto de produção". Uma máquina também seria produtiva numa sociedade em que não houvesse nenhuma mercadoria, nenhum valor de troca. A questão não é, de modo algum, se essa "relação de produção" "pode desaparecer numa outra organização do trabalho", mas investigar o que ela tem a dizer na organização capitalista do trabalho. Rossi admite que, sob tais relações, não haveria "verdadeiro salário (p. 370). E ele me permitiriá não mais chamar de salário o "salário não verdadeiro". Ele se esquece somente de que também não haveria mais "verdadeiro" capital. "Cada um podendo aguardar pelos produtos de seu trabalho, a *forma atual do salário poderia desaparecer*. Haveria sociedade entre os trabalhadores e os capitalistas, como há hoje sociedade entre os capitalistas propriamente ditos e os capitalistas que são ao mesmo tempo trabalhadores."[202] (p. 371) Rossi não esclareceu a si mesmo o que aconteceria com a *forme actuelle de la production*[203] sob tais circunstâncias. Entretanto, se por um lado ele considera a produção abstraída das formas sociais de produção, como mero processo tecnológico, por outro lado, ele compreende por capital apenas um produto que é utilizado na produção de novos produtos, então isso pode ser para ele totalmente indiferente. Ele ao menos tem a vantagem de não explicar a forma do salário como um "fato indispensável da produção".

"Conceber a potência do trabalho, fazendo abstração dos meios de subsistência dos trabalhadores, durante o trabalho da produção, é conceber um *ente da razão*. Quem diz trabalho, quem diz potência do trabalho diz, ao mesmo tempo, trabalhadores e meios de subsistência, trabalhador e salário... o mesmo elemento reaparece sob o nome de capital, como se a mesma coisa pudesse fazer parte ao mesmo tempo de dois instrumentos distintos da produção."[204] (p. 370-1, loc. cit.) Em verdade, a mera capacidade de trabalho

---

[202] "Chacun pouvant attendre les produits de son travail, la *forme actuelle du salaire pourrait disparaître*. Il y aurait société entre les travailleurs et les capitalistes, comme il y a société aujourd'hui entre les capitalistes proprement dits et les capitalistes qui sont em même temps travailleurs." (*Citatenheft*, p. 56) Sublinhado por Marx. (Nota da edição original).

[203] Forma atual da produção.

[204] "Concevoir la puissance du travail, en faisant abstraction des moyens de subsistance des travailleurs, pendant l'œuvre de la production, c'est concevoir *un être de raison*. Qui dit travail, qui dit puissance du travail, dit à la fois travailleurs et moyens de subsistance, ouvrier et salaire... le même élément reparaît sous le nom de capital; comme si la même chose pouvait faire à la fois partie de deux instruments distincts de la production." Extraído dos *Grundrisse*, caderno VI, p. 11. Sublinhado por Marx. (Nota da edição original).

é "*un être de raison*".²⁰⁵ Porém, esse être de raison existe. Na medida em que o trabalhador não pode vender sua capacidade de trabalho, ele passa fome. E a produção capitalista repousa em que a *puissance de travail* é reduzida a um tal être de raison.

Sismondi tem, por isso, razão ao dizer que "A *capacidade de trabalho... é nada se ela não é vendida*."²⁰⁶ (*Sismondi. N. Princ.* etc. t. I, p. 114.)

O disparate em Rossi é que ele procura representar o "trabalho assalariado" como "inessencial" para a produção capitalista.

Rossi também poderia dizer da máquina: a máquina, não seu valor, constitui parte do capital. Esse *valor* da máquina é pago ao seu fabricante e talvez utilizado por ele como rendimento. Portanto, o valor da máquina não poderia figurar duas vezes no processo de produção; uma vez como *revenue*²⁰⁷ do fabricante de máquinas, a outra como capital, ou componente do capital do *cottonspinner*,²⁰⁸ etc.

De resto, é característico que Rossi diga que o salário, isto é, o trabalho assalariado, seria supérfluo se os trabalhadores fossem ricos; o senhor John Stuart Mill diria: se o trabalho não servisse para *nada*: "Salários têm *no productive Power*;²⁰⁹ eles são o preço de um *productive Power*.²¹⁰ *Wages*²¹¹ não contribuem, além do trabalho, para a produção de mercadorias (deveria dizer: para a produção de produtos, valores de uso), não mais que o *preço das máquinas* contribuem *along with the machines themselves*.²¹² *Se pudesse haver trabalho sem compra, wages might be dispensed with*.²¹³" ²¹⁴(p. [90-1]. John St. Mill, *Essays upon some unsettled questions of Polit. Econ.* London, 1844)

Na medida em que a forma meramente geral do capital é considerada como valor que se conserva e valoriza, o capital é explicado como algo imaterial e, com isso, do ponto de vista dos economistas, que conhecem apenas coisas tangíveis ou ideias – relações não existem para eles –, como mera

---

²⁰⁵ Ente da razão.

²⁰⁶ *Citatenheft*, p. 33. (Nota da edição original).

²⁰⁷ *Rendimento*.

²⁰⁸ Fiandeiro de algodão.

²⁰⁹ "Nenhum poder produtivo".

²¹⁰ Poder produtivo.

²¹¹ Salários.

²¹² Juntamente com as máquinas elas mesmas.

²¹³ Salários poderiam ser dispensados juntamente.

²¹⁴ *Citatenheft*, p. 57. (Nota da edição original).

ideia. Como valor, o capital é indiferente aos modos de existência materiais, determinados, aos valores de uso nos quais ele existe. Esses elementos materiais não fazem o capital ser capital. "*O capital é sempre de uma essência imaterial, porque* não é a matéria que faz o capital, mas o *valor* dessa matéria, valor que nada tem de corporal."[215] (*Say*, p. 429. Traité d'E. Pol., 3 éd. t. II. Paris, 1817) ou Sismondi: "O capital é uma *ideia* comercial."[216] (*Sism*. LX p. 273 t. II Études, etc)[217]

Se todos os capitais são valores, os valores como tais ainda não são capital. Então, os economistas tornam a se refugiar na forma material do capital no interior do processo de trabalho. Enquanto o processo de trabalho mesmo aparece como processo de produção do capital e é subsumido a ele, então pode ser dito que, conforme seja fixado em qualquer parte particular do processo de trabalho (que, como tal, não pressupõe em absoluto o capital, como vimos, mas entra em todos os modos de produção), o capital se torna produto, ou que é meio de produção, ou matéria-prima, ou instrumento de trabalho. Assim, diz Ramsay, matéria-prima e meio de trabalho formam o capital. Rossi diz que apenas o instrumento é propriamente capital. Os elementos do processo de trabalho são considerados aqui na medida em que não são postos em qualquer determinidade econômica particular. (Depois se mostrará que, também no interior do processo de trabalho, essa *eliminação da determinação formal* é apenas aparência.) É essa parte, que não é apenas uma abstração arbitrária, mas uma abstração que desaparece no processo mesmo, que os economistas fixam para representar o capital como elemento necessário de toda produção. Naturalmente, eles fazem isso somente porque fixaram arbitrariamente um elemento.

"Trabalho e capital... um, trabalho *imediato*... o outro, *trabalho acumulado*, que foi resultado de trabalho prévio."[218] (p. 75. *James Mill, loc. cit.*) (El. of P. Ec. London, 1821) Trabalho *acumulado*... trabalho imediato.[219] (*R. Torrens*. An Essay on the Production of Walth etc. Londres, 1821, capítulo I.)

---

[215] "*Le capital est toujours d'une essence immatérielle, parce que* ce n'est pas la matière qui fait le capital, mais la *valeur* de cette matière, valeur qui n'a rien de corporel." (*Citatenheft*, p. 22). Sublinhado por Marx. (Nota da edição original).

[216] "Le capital est une *idée* commerciale." (*Citatenheft*, p. 22). (Nota da edição original).

[217] O número LX se refere ao *Caderno de Excertos* de Bruxelas, de 1845. (Nota da edição original).

[218] "Labour and capital... the one, *immediate* labour... the other, *hoarded labour*, that which has been the result of former labour." (*Citatenheft*, p. 78). Sublinhado por Marx. (Nota da edição original).

[219] *Accumulated* labour... immediate labour.

Ric. Princi., p. 89: "*Capital* é a parte da riqueza de um país que é utilizada na produção e consiste em comida, vestuário, ferramentas, matéria-prima, maquinaria etc., necessários para efetuar o trabalho."[220]

"Capital é somente uma espécie particular de riqueza, quer dizer, aquela que não é destinada à imediata satisfação de nossos desejos, mas a obter outros artigos de utilidade."[221] (p. 5, *Torrens. loc. cit.*). "Na primeira pedra que o selvagem lança no animal que ele caça, e no primeiro bastão que ele agarra para trazer abaixo o fruto que pende acima de seu alcance, vemos a apropriação de um artigo com o fim de ajudar na aquisição de outro e, assim, descobrimos a origem do capital"[222] (*Torrens*, p. 70-1, *loc. cit.*).

Capital são "todos os artigos que possuem valor de troca", os resultados acumulados de trabalho passado[223] (H. C. Carey. Princ. of Pol. Ec., part. I. Phil., 1837, p. 294).

"Quando um fundo é consagrado à produção material, ele toma o nome de *capital*." (207. H. *Storch*, Cours d'E. Pol., ed. Say. Paris, 1823, t. I) "As riquezas não são capitais senão quando servem à produção." (p. 219, *loc. cit.*) "Os elementos do capital nacional são: (1) melhorias do solo, (2) construções, (3) utensílios ou instrumentos de trabalho, (4) subsistência, (5) materiais, (6) obra concluída" (p. 229 ss., loc. cit.).[224]

"Toda força produtiva que não é nem terra, nem trabalho, é o *capital*. Ele compreende todas essas forças, completa ou parcialmente produzidas, que se aplicam na reprodução"[225] (p. 271. *Rossi, loc. cit.*).

"Não existe qualquer diferença entre um *capital* e qualquer outra porção de riqueza: é apenas pelo *emprego* que é feito dela que uma coisa se torna *capital*, quer dizer, quando ela é empregada numa operação produtiva, como

---

[220] "...food, clothing, tools, raw material, machinery etc., necessários to give effect do labour." (*Citatenheft*, p. 21-2, para esta citação e as seguintes). (Nota da edição original).

[221] "*Capital* é somente a particular species of wealth, particularmente que não é destinada à immediate supplying of our wants, but to the obtaining of other articles of utility."

[222] "...above his reach, vemos a apropriação de um artigo com o fim de aiding in the acquisition of another e, assim, discover the origin of capital."

[223] *Capital* "all articles possessing exchangeable value", the accumulated results of past labour.

[224] "Lorsqu'un fonds est consacré à la production matérielle, il prend le nom de *capital*." "Les richesses ne sont des capitaux que tant qu'elles servent à la production." "Os elementos do capital nacional são: (1) améliorations du sol; (2) constructions; (3) outils ou instruments de métier; (4) subsistances; (5) matériaux; (6) d'ouvrage fait."

[225] "Toute force productive qui n'est ni terre, ni travail, c'est lá le *capital*. Il comprend toutes ces forces, ou complétement ou partiellement produites, qu'on applique à la reproduction." Sublinhado por Marx. (Nota da edição original).

matéria-prima, como instrumento, ou como aprovisionamento"[226] (p. 18. *Cherbuliez*, Richesse ou Pauvreté, 1841).

Na produção capitalista, porém, não se trata apenas em absoluto de qual produto ou ainda qual mercadoria produzir, mas de um valor maior do que aquele que foi lançado na produção. Por isso, as explicações:

Capital é a parte da *wealth*[227] utilizada na produção e geralmente com o propósito de obter lucro[228] (p. 75. *Chalmers*, Th. *On Pol. Ec.*, etc. Lond, 1832, 2. ed.). Foi principalmente Malthus quem incorporou essa determinação à definição de capital; (a de Sismondi é mais sutil, uma vez que o lucro já é forma ulteriormente desenvolvida do mais-valor.)

"*Capital é* aquela porção do estoque (isto é, riqueza acumulada) de um país que é mantida ou empregada com vista ao lucro na produção e distribuição de riqueza."[229] (10. *T. R. Malthus*, Definitions in Polit. Eco., New Edit. etc. by *John Cazenove*. London, 1853.)

"*Trabalho prévio* (capital)... trabalho presente."[230] *(Wakefield*, E. G. Nota p. 230-1 ao T. I, A. Smith, W. O. N. London, 1835.)

Temos, portanto: (1) o capital é dinheiro; o capital é mercadoria, se é considerada a primeira forma na qual ele se apresenta; (2) *accumulated (antecedent) labour*[231] em contraste com o *immediate, present labour,*[232] enquanto é considerado em oposição ao trabalho vivo e, ao mesmo tempo, quando o valor é considerado como sua substância; (3) meio de trabalho, material de trabalho, produtos em geral para a formação de novo produto, enquanto é considerado o processo de trabalho, o processo de produção material. Meios de subsistência, na medida em que o seu componente que é trocado com a capacidade de trabalho é considerado segundo seu valor de uso.

Enquanto o processo de trabalho inteiro (processo de produção imediato) coincide com o produto como seu resultado, o capital existe como produto.

---

[226] "Il n'y a aucune différence entre un *capital* et toute autre portion de richesse; c'est seulement par *l'emploi* qui en est fait, qu'une chose devient *capital*, c'est-à dire lorsqu'elle est employée dans une opération productive, comme matière première, comme instrument, ou comme approvisionnement." Sublinhado por Marx. (Nota da edição original).

[227] Riqueza.

[228] Generally for the purpose of obtaining profit. (*Citatenheft*, p. 22.). (Nota da edição original).

[229] "*Capital*. That proportion of the stock (i. est accumulated wealth) of a country which is kept of employed with a view to profit in the production and distribution of wealth."

[230] "*Antecedent labour* (capital)... *present labour.*"

[231] Trabalho acumulado (prévio).

[232] Trabalho imediato, presente.

Essa, porém, é sua mera existência como valor de uso, com a única diferença de que esse valor existe agora como resultado do processo de trabalho ou de produção – do processo que o capital percorreu. Se isso é fixado e é esquecido que o processo de trabalho é ao mesmo tempo processo de valorização, portanto, que o resultado é não apenas valor de uso (produto) mas ao mesmo tempo valor de troca, unidade de valor de uso e valor de troca, isto é, igual à mercadoria, então pode surgir a estúpida concepção de que o capital se transformou em mero produto e somente se tornará novamente capital ao ser vendido, tornando-se mercadoria. A mesma concepção estúpida pode ser validada por outro ponto de vista. No processo de trabalho mesmo, é indiferente (desaparece) que material de trabalho e meio de trabalho já são produtos, portanto, mercadorias. (Isso, partindo de nosso pressuposto de que todo produto é mercadoria) A mercadoria e o produto mesmo valem aqui somente na medida em que são valor de uso, portanto, matéria-prima, por exemplo. Assim, pode-se dizer que aquilo que era antes capital se transformou agora em matéria-prima; o que, dito desse modo, significa que aquilo que é resultado de um processo de produção é matéria-prima (o pressuposto) de outro (ou instrumento de trabalho). Desse modo, por exemplo, Proudhon.

"O que faz com que a *noção de produto* se transforme de repente naquela do *capital*? É a *ideia de valor*. Isso quer dizer que o produto, para se tornar capital, deve ter passado por uma valorização autêntica, ter sido comprado ou vendido, seu preço debatido e fixado por um tipo de convenção legal." Por exemplo, "o couro saindo do matadouro é o *produto do açougueiro*. Esse couro é comprado pelo curtumeiro? Imediatamente este o leva ou leva seu valor ao seu fundo de exploração. Pelo trabalho do curtumeiro, esse capital se torna novamente produto".[233] (*Gratuité du Crédit*, p. 178-80) (Ver XVI, p. 29, etc.)[234]

Em geral, apraz ao senhor Proudhon apropriar-se de concepções elementares com um falso aparato metafísico e reproduzi-las ao público. Acredita ele que o couro, antes de deixar o matadouro, não figura como valor no livro do açougueiro? Em verdade, ele diz apenas que mercadoria = capital, o que é falso, já que, em verdade, todo capital existe como mercadoria ou

---

[233] "Qu'est ce qui fait que la *notion de produit* se transforme tout à coup en celle du *capital*? C'est l'*idée de valeur*. Cela veut dire que le produit, pour devenir capital, doit avoir passé para une évaluation authentique, avoir été acheté ou vendu, son prix débattu et fixé para une sorte de convention légale." Por exemplo "le cuir sortant de la boucherie est le *produit du boucher*. Ce cuir, est-il acheté par le tanneur? Aussitôt celui-ci le porte ou en porte la valeur à son fonds d'exploitation. Par le travail du tanneur, ce capital redevient produit". Sublinhado por Marx. (Nota da edição original).

[234] Essa citação foi extraída do caderno XVI, Londres, 1851, que trata desse livro de Proudhon nas p. 23-30. (Nota da edição original).

dinheiro, mas nem por isso, no entanto, mercadoria ou dinheiro como tal são capital. O que é preciso é justamente compreender como a noção de capital se desenvolveu a partir da "noção" de dinheiro e mercadoria. Ele vê apenas o processo de trabalho, mas não o processo de valorização; este último faz com que o produto do processo de produção global seja não apenas valor de uso, mas valor de uso de um determinado valor de troca, isto é, mercadoria. Embora essa mercadoria seja vendida acima ou abaixo de seu valor, seu percurso através de uma *convention légale*[235] não lhe dá nenhuma determinação formal nova, nem faz do produto mercadoria e nem ainda da mercadoria capital. O processo de produção do capital é aqui fixado unilateralmente, enquanto é processo de trabalho, enquanto seu resultado é valor de uso. O capital é considerado como coisa; como mera coisa.

De modo igualmente estúpido diz Proudhon – e isso é característico do modo como o socialismo declamatório considera a *sociedade* em relação às determinações econômicas: "*para a sociedade, a diferença entre capital e produto não existe*. Essa diferença é totalmente *subjetiva* para os indivíduos"[236] [p. 250]. A forma social determinada ele chama de subjetiva; a abstração subjetiva ele chama de sociedade. O produto como tal pertence a cada modo de trabalho, qualquer que seja sempre sua forma social determinada. *Capital* se torna produto somente quando representa uma relação de produção social determinada, historicamente determinada. As considerações do senhor P[roudhon] do ponto de vista da sociedade significam ignorar as *diferenças*, abstraí-las, elas que precisamente expressam a relação *social* determinada ou a determinidade formal econômica. Como se alguém quisesse dizer: do ponto de vista da sociedade, não existem escravos e cidadãos, ambos são humanos. Eles são isso, antes, *fora* da sociedade. Ser escravo e ser cidadão são modos de existência social determinados dos homens A e B. O homem A como tal não é escravo. Escravo ele é apenas na e pela sociedade à qual pertence. Ser escravo e ser cidadão são determinações sociais, relações dos homens A e B. O que P[roudhon] diz aqui de capital e produto significa que, para ele, do ponto de vista da sociedade, não há nenhuma diferença entre capitalistas e trabalhadores, a qual é uma diferença que existe justamente apenas do ponto de vista da sociedade. É característico que ele esconda numa frase grandiloquente sua incapacidade de transitar da categoria (*notion*[237]) mercadoria à categoria capital.

---

[235] Convenção legal.

[236] "la *différence pour la société, entre capital et produit n'existe pas*. Cette différence est toute *subjective* aux individus". Sublinhado por Marx. (Nota da edição original).

[237] Noção.

A mesma estupidez que ocorre quando ele fala da transformação de produto em capital – em verdade, somente a concepção geral limitada de capital como coisa em emprego particular – encontra-se de resto em outros economistas, embora com menor pretensão. Por exemplo, *Francis Wayland, The Elements of Pol. Ec. Tenth Thousand*. Boston, 1843, p. 25. "O material que... obtemos com o propósito de combiná-lo com nossa própria indústria e transformá-lo num novo produto é chamado *capital*; e, depois de o trabalho ter sido exercido, e o valor criado, é chamado um *produto*. Assim, o mesmo artigo pode ser *produto* para um e *capital* para outro. O couro é o produto do curtume e o capital do sapateiro."[238]

Com o senhor J. B. Say, não se pode surpreender com nada. Por exemplo, ele nos diz: "O *trabalho* da terra, aquele dos animais e das máquinas, é também um *valor, porque se lhes coloca um preço* e os compramos."[239], depois de ele nos haver dito que "valor" é "aquilo que uma coisa vale" e que "preço" é "o valor expresso de uma coisa".[240] Então ele explica salário como "Le *loyer* d'une faculté industrielle" – o aluguel da capacidade de trabalho – e prossegue, mostrando que não compreende sua própria expressão: "ou mais rigorosamente, o preço da compra de um serviço produtivo industrial".[241] Aqui, o trabalho é tomado meramente como aparece no processo de trabalho, como atividade para produzir um *valo de uso*. Nesse sentido, a matéria-prima – genericamente expressa como terra – e os meios de produção (o capital) também prestam *services productives*[242] no processo de trabalho. E isso é precisamente a atividade de seu *valor de uso*. Depois que todos os elementos da produção foram reduzidos a meros fatores dos valores de uso que entram no processo de trabalho, lucro e renda aparecem, então, como preços dos *services productifs*[243] de terra e produtos, assim como os *salaires*[244] aparecem como preço

---

[238] "The material which... we obtain for the purpose of combining it with our own industry, and forming it into a product, is called *capital*; and, after the labour has been exerted, and the value created, it is called a *product*. Thus, the same article may be *product* to one, and *capital* to another. Leather is the product of the currier, and the capital of the shoemaker." Na página 22 do *Citatenheft*, com a indicação "*Transformação do capital numa coisa*", Marx se refere ao *Caderno VII*, Londres, 1859-1862, p. 77, onde analisa a obra de Wayland. (Nota da edição original).

[239] "Le *travail* de la terre, celui des animaux et des machines, est aussi un *valeur, parce qu'on* y met un *prix* et qu'on l'achète." (*Citatenheft*, p. 53). (Nota da edição original).

[240] "valeur" é "c'est qu'une chose vaut" e que "prix" é o "valeur d'une chose exprimée".

[241] "ou plus rigoureusement le prix de l'achat d'un service productif industriel".

[242] Serviços produtivos. Marx comete um lapso com o plural ("*productives*") nesta frase. (N.T.).

[243] Serviços produtivos.

[244] Salários.

dos *services productifs*²⁴⁵ do trabalho. É a partir do valor de uso que aqui são explicadas, por toda parte, as formas determinadas do valor de troca, que são completamente independentes dele.

{Na base do sistema mercantilista inteiro está a concepção de que o mais-valor se origina da mera circulação, isto é, de diferente distribuição dos valores existentes.}

{Como no conceito de capital está incluído não apenas a conservação e reprodução do valor, mas a *valorização do valor*, isto é, a multiplicação do valor, criação de mais-valor, pode-se ver (isso se mostra do modo mais convincente nos fisiocratas, como veremos mais tarde)²⁴⁶ que somente essa produção de mais-valor é chamada de *reprodução do valor* nos economistas italianos antigos. Por exemplo, *Verri*: "A *reprodução do valor* é aquela quantidade do preço que a mercadoria detém além do *valor primitivo* da matéria e do consumo efetuado para formá-la. Na agricultura, são subtraídos a matéria-prima e o consumo do camponês: na manufatura, igualmente, subtraem-se a matéria-prima e o consumo do artesão, e tanto anualmente se cria um *valor de reprodução* quanto importa essa quantidade restante."²⁴⁷ (26, 27. P. Verri, *Meditazione sulla Economia Política Custodi. Parte Moderna*, t. XV)} {O mesmo *P. Verri* admite que (embora mercantilista), se as mercadorias são vendidas por seu valor ou seu preço médio (*prezzo commune*), é indiferente quem é comprador e quem é vendedor; ou que o mais-valor não pode se originar da diferença entre comprador e vendedor. Ele diz que a questão de saber se é um comprador ou vendedor no ato de troca tem de ser aqui indiferente. "O preço comum é aquele em que o comprador pode se tornar vendedor, e o vendedor, comprador sem perda ou ganho sensível. Seja, por exemplo, o preço comum da seda um *gigliato* por libra, digo que é igualmente rico aquele que possui 100 *lb* de seda quanto aquele que possui cem *gigliati*, porque o primeiro pode facilmente, cedendo a seda, obter 100 *gigliati*, e igualmente o segundo, cedendo 100 *gigliati*, ter 100 *lb* de seda... O

---

²⁴⁵ Serviços produtivos.

²⁴⁶ Cf. MEGA II/3.2, p. 337-62. (Nota da edição original).

²⁴⁷ "La *riproduzione di valore* è quella quantità di prezzo che ha la derrata o manifatura, oltre il *valor primo* della materia e la consumazione fattavi per formarla. Nell'agricultura si detraggono la semente e la consumazione del contadino: nelle manifatture ugualmente si detraggono la materia prima e la consumazione dell'artigiano, e tanto annualmente si crea um *valore di riproduzione*, quanto importa questa quantità restante." (*Citatenheft*, p. 18). Sublinhado por Marx. (Nota da edição original).

preço comum é aquele em que nenhuma das partes contratantes empobrece"[248] (p. 34-5, *loc. cit.*).}

Somente possui *valor de uso* para o capital como tal aquilo que conserva e aumenta o capital. Portanto, o *trabalho* ou a *capacidade de trabalho*. (O trabalho é apenas função, realização, atividade da capacidade de trabalho.) {As condições de realização do trabalho são *eo ipso*[249] incluídas, pois o capital não emprega a capacidade de trabalho, não pode consumir sem elas.} O trabalho não é, por isso, *um* valor de uso para o capital. Ele é *o* seu valor de uso. "O mercado imediato para o capital, ou o campo para o capital, pode ser dito ser o *trabalho*"[250] (p. 20. An *Inquiry into those Principles* respecting the Nature of Demand and the Necessity of Consumption, lately advocated by Mr. Malthus. London, 1821).

{*Sobre a troca do capital com a capacidade de trabalho*. "Salários não são nada além do preço de mercado do trabalho, e se o trabalhador o recebeu, ele obteve o valor inteiro da mercadoria da qual ele dispõe. Além disso ele não pode formular qualquer pretensão a respeito."[251] (p. 188, *John Wade*, History of the Middle and Working classes, 3. ed. London, 1835)}

{*Productive Consumption*.[252] "Consumo produtivo, onde o consumo de uma mercadoria é parte do *processo de produção*... Nessas instâncias, não há *consumo de valor*, existindo o mesmo valor na nova forma"[253] (p. 296, *Newman*, S. P. Elements of Pol. Ec. Andover and New York, 1835).} ("O *capital* se consome exatamente tanto quanto o *fundo* de consumo; mas, ao se consumir, ele se *reproduz*. Um capital é uma massa de riquezas destinada ao *consumo industrial*, quer dizer, à *reprodução*"[254] (p. 209. *H. Storch*: Cours d'Ec. P. ed. Say. Paris, 1823, t. I).

---

[248] "Il prezzo comune è quello in cui il compratore può diventar venditore e il venditore compratore senza discapito o guadagno sensible. Sia per esempio il prezzo comune della seta un gigliato per libbra, dico essere egualmente ricco colui che possiede 100 libbre di seta quanto colui che possiede cento gigliati poichè il primo facilmente può cedendo la seta avere 100 gigliati, e parimenti il secondo cedendo 100 gigliati aver 100 libbre di seta... *Il prezzo comune è quello, in cui nessuna delle parti* contraenti s'impoverisce." Sublinhado por Marx. (Nota da edição original).

[249] Nele mesmo.

[250] "The immediate market for capital, or field for capital, may be said to be *labour*." (*Citatenheft*, p. 18). Sublinhado por Marx. (Nota da edição original).

[251] "Wages are nothing more than the marketprice of labour..."

[252] Consumo produtivo.

[253] "Productive consumption, where the consumption of a commodity is a part of the process *of production*...In these instances there is *no consumption of value*, the same value existi9ng in a new form." (*Citatenheft*, p. 20). (Nota da edição original).

[254] "Le *capital* se consomme tout aussi bien que le *fonds* de consummation; mais en se consommant, il se *reproduit*. Un capital est une masse de richesses destinée à la *consummation industrielle*, c'est-à-dire à la *reproduction*." (*Citatenheft*, p. 22). Sublinhado por Marx. (Nota da edição original).

Que no processo de compra o capital se troca com a *capacidade* de trabalho, não com o *trabalho*: "Se você chama trabalho de uma *mercadoria*, não é como a mercadoria que primeiro é produzida para ser trocada, sendo depois levada ao mercado onde será trocada com outras mercadorias, de acordo com as quantidades disponíveis de cada uma no mercado naquele momento; o trabalho é *criado* no momento em que é trazido ao mercado, não trazido ao mercado *antes* de ser criado."[255] (p. 75-6. *Observations on certain verbal Disputes in Pol. Ec.* etc. London, 1821.)

Considerado como um todo, o processo de produção do capital se divide em 2 seções: (1) troca do capital com capacidade de trabalho, o que inclui, como corolário, troca de determinados componentes do capital existente como dinheiro (valor) com as condições objetivas do trabalho, na medida em que elas mesmas são mercadorias (portanto, também produto de trabalho prévio). Esse primeiro ato inclui o fato de que uma parte do capital existente se transforma nos meios de subsistência do trabalhador, portanto, ao mesmo tempo, nos meios de conservação e reprodução da capacidade de trabalho. (Na medida em que uma parte desses meios de subsistência é consumida *durante* o processo de trabalho mesmo a fim de produzir o trabalho, os meios de subsistência que o trabalhador consome podem ser calculados sob as condições objetivas do trabalho em que se divide o capital no processo de produção, exatamente como matéria-prima e meios de produção (como custos de manutenção). Ou eles podem ser considerados como elemento do consumo reprodutivo. Ou, finalmente, podem igualmente ser considerados como meios de produção do produto, algo como carvão e algodão que as máquinas consomem durante o processo de produção. (2) No processo de trabalho real, o *trabalho* se transforma em *capital*. Isto é, ele se torna *trabalho objetivado* (objetivo) – e precisamente trabalho objetivado que defronta *autonomamente* – como a propriedade do capitalista, a existência econômica do capitalista – a capacidade de trabalho viva. *Sobre essa transformação do trabalho em capital*: "Ele (o trabalhador) troca seu trabalho por cereais" (isto é, meios de subsistência em geral) "Isso se torna renda *para eles* (fundo de consumo)... enquanto *seu trabalho se tornou capital* para seus senhores" (*Sism.*, N. P. t. I, p. 90). "Ele (o trabalhador) demandava

---

[255] "If you call labour a *commodity*, it is not like a commodity which is first produced in order to exchange, and then brought to market where it must exchange with other commodities according to the respective quantities of each which there may be in the market at the time; labour is *created* at the moment it is brought to market; nay it is brought to market *before* it is created." (*Citatenheft*, p. 34). Sublinhado por Marx. (Nota da edição original).

subsistência para *viver*, o chefe demandava *trabalho* para *ganhar*"²⁵⁶ (*Sism. loc. cit.*, p. 91) "O trabalhador que dá seu trabalho em troca o transforma em *capital*." (*Sism., loc. cit.*, p. 105).

"Quaisquer que sejam as vantagens que um rápido aumento da riqueza pode proporcionar aos trabalhadores assalariados, isso não cura as causas de sua miséria,... eles permanecem privados de todo direito sobre o capital, obrigados, por conseguinte, a *vender seu trabalho* e a renunciar toda pretensão aos produtos desse trabalho"²⁵⁷ (p. 68. Cherb. R. et P.).

{"Na ordem social, a riqueza *adquiriu* a *propriedade* de se reproduzir por meio do *trabalho de outrem*, sem que seu proprietário concorra para isso. A riqueza, *como o trabalho* e *por meio do trabalho*, dá um *fruto anual*, que pode ser destruído a cada ano sem que o rico ser torne mais pobre com isso. O fruto é o *rendimento* que se origina do *capital*"²⁵⁸ (*Sism.* N. P., p. 82, t. I).}

{As diversas formas de rendimento: (abstraído o salário) como lucro, juros, renda fundiária etc. (também impostos) são apenas diferentes componentes nos quais o *mais-valor* se divide e se reparte em diferentes classes. Por enquanto, elas devem ser consideradas aqui simplesmente na forma geral do mais-valor. As divisões que posteriormente possam ser feitas com ele em nada modificam, naturalmente, nem sua quantidade, nem sua qualidade. De resto, é também conhecido que o capitalista é o intermediário que paga juros, renda fundiária etc. "Trabalho, fonte da riqueza; riqueza, seu produto; o rendimento, como parte da riqueza, deve provir dessa origem comum; deve-se habituar a deduzir as três espécies de rendimentos, *renda, lucro, salário* das três fontes, a terra, o capital acumulado e o trabalho. Essas três divisões do rendimento são apenas três modos diferentes de participar dos frutos do trabalho do homem" (p. 85. *Sism.*, N. P., t. I).}

{"Os produtos são apropriados antes de ser transformados em capital; essa conversão não os subtrai da apropriação."²⁵⁹ (p. 54, Cherb.)} {"Quando o proletário *vende* seu trabalho por um determinado aprovisionamento, ele renuncia completamente a todo direito às outras partes do capital. A atribuição desses produtos permanece a mesma que antes: ele não é de modo algum modificada por convenção" (*loc. cit.*, p. 58).}

---

[256] "Il (l'ouvrier) demandait de la *subsistence* pour *vivre*, le chef demandait *du travail pour gagner*." Sublinhado por Marx. (Nota da edição original).

[257] *Citatenheft*, p. 34. (Nota da edição original).

[258] *Citatenheft*, p. 47. (Nota da edição original).

[259] "...conversion ne les dégage pas de l'appropriation."

Em verdade, nessa transformação do trabalho em capital está todo o segredo da relação capitalista.

Se a produção capitalista é considerada em seu conjunto, segue-se que: como o verdadeiro produto desse processo não se deve considerar apenas a *mercadoria* (menos ainda o mero *valor de uso* da mercadoria, o *produto*); não somente também o *mais-valor*; embora ele seja um resultado que direciona o processo inteiro como finalidade e o caracteriza. É produzida não apenas essa singularidade – mercadoria, mercadoria de valor maior que o valor do capital originalmente adiantado – mas é produzido capital e trabalho assalariado; ou: a relação é reproduzida e eternizada. De resto, isso será mostrado em detalhe após ulteriores desenvolvimentos do processo de produção.

Ambos, o mais-valor e o salário, aparecem aqui numa forma que ainda não aparecera, a saber, a forma do *revenu*,[260] portanto *forma da distribuição*, por um lado, e, com isso, modo determinado de *fundo de consumo*, por outro lado. Porém, como a determinação é por enquanto supérflua (torna-se, porém, necessária, quando chegarmos ao I, 4, a acumulação primitiva[261]), consideraremos essa determinidade formal somente quando tivermos considerado em detalhe o processo de produção do capital. Aqui, salário aparece para nós porque, como *salariat*,[262] ele é o pressuposto da produção capitalista como uma *forma de produção*; exatamente do mesmo modo como compreendemos o *mais-valor* e sua criação no conceito de *capital*, como uma relação de produção. É somente *in second instance*,[263] então, que se deve deduzir como essas relações de produção aparecem, ao mesmo tempo, como relações de distribuição (na ocasião, também elucidar em detalhe a estupidez de conceber a capacidade de trabalho como o capital do trabalhador). Portanto, torna-se necessário demonstrar em parte o absurdo de considerar as relações de produção e as relações de distribuição burguesas como relações de gênero diverso. Assim como J. S. Mill e muitos outros economistas concebem as relações de produção como leis naturais, eternas; porém, eles concebem as relações de distribuição como artificiais, existentes historicamente e dependentes do controle, etc. da sociedade humana. Por outro lado, a indicação do mais-valor, por

---

[260] Rendimento.

[261] Marx segue aqui o plano de 1861, em que a acumulação primitiva corresponderia ao item 4 da seção I, "O processo de produção do capital". Depois do plano de 1863, referido no caderno XVIII, p. 1140, Marx redigiu observações sobre o tema no caderno XXI, p. 1403 *ss*. (Nota da edição original).

[262] Salariado.

[263] Em segundo lugar.

exemplo, como *revenu*²⁶⁴ (portanto, em geral, a categoria do *revenu*) uma fórmula para simplificação, como, por exemplo, na consideração sobre a acumulação do capital.

A questão de saber qual trabalho é produtivo, ou se salário ou capital são produtivos, ou a formulação de salário e mais-valor como rendimento, todas essas questões devem ser tratadas ao final do exame sobre mais-valor relativo (ou também, parcialmente, na relação de trabalho assalariado e capital?) (Igualmente, o trabalhador como M-D-M, o capitalista como D-M-D, poupança e *hoarding*²⁶⁵ do primeiro, etc.).

{*Adendo extraído de meu caderno.*²⁶⁶ Como *valor de uso*, o trabalho existe *somente para o capital* e é *o* valor de uso do capital mesmo, isto é, a atividade mediadora pela qual ele se *valoriza*. Com isso, o trabalho não existe como valor de uso para o trabalhador, por isso ele não existe para o trabalhador como *força produtiva* da riqueza, como meio ou como atividade de enriquecimento. *Valor de uso* para o capital, o trabalho é *mero valor de troca* para o trabalhador, valor de troca existente. Ele é posto como tal no ato da troca com o capital, por meio de sua venda por dinheiro. O valor de uso de uma coisa em nada interessa como tal ao seu vendedor, mas somente ao seu comprador. O trabalho (capacidade)²⁶⁷ que é vendido pelo trabalhador ao capital como *valo de uso* é, para o trabalhador, seu *valor de troca* que ele quer realizar, mas que (assim como os preços das mercadorias em geral) já é *determinado* antes do ato dessa compra, é pressuposto a ele como condição. O valor de troca da capacidade de trabalho, cuja realização se passa somente no processo da troca com o capital, é, por isso, *pressuposto*, predeterminado, sofre apenas uma modificação formal (por meio da transformação em dinheiro). Ele não é determinado pelo valor de uso do trabalho. Para o trabalhador mesmo, ele só tem valor de uso porque é valor de troca, não porque produz valor de troca. Para o capital, ele somente possui valor de troca porque é valor de uso. Para o trabalhador mesmo, ele não é valor de uso como diferente de seu valor de troca, mas somente para o capital. Portanto, o trabalhador troca o trabalho como valor de troca simples, predeterminado, determinado

---

²⁶⁴ Rendimento

²⁶⁵ Entesouramento..

²⁶⁶ Tomado dos *Grundrisse*, p. 225 a 228. (Nota da edição original).

²⁶⁷ Nesta primeira vez em que a palavra "*Arbeit*" (trabalho) aparece na citação dos *Grundrisse*, Marx lhe acrescentou em parênteses a palavra "*vermögen*" (capacidade), para compor "capacidade de trabalho" ("*Arbeitsvermögen*"), indicando assim a nova terminologia que adotava então. A partir daí, na citação, sempre utiliza a palavra "*Arbeitsvermögen*" em lugar de "*Arbeit*". (N.T.).

por um processo passado – ele troca o trabalho mesmo como *trabalho objetivado* somente porque ele é uma quantidade de trabalho; seu equivalente já é uma quantidade medida, dada. O capital o troca como trabalho vivo, como a força produtiva geral da riqueza, a atividade que aumenta a riqueza. Portanto, é claro que o trabalhador não pode *se enriquecer* por meio dessa troca, na medida em que, assim como Esaú deu sua primogenitura por um prato de lentilhas, ele dá sua *força criativa* para a grandeza de valor existente da faculdade de trabalho. Ele deve, antes, empobrecer, uma vez que a força criativa de seu trabalho se ergue contra ele como força do capital, como *potência estranha*. Ele se *aliena* do trabalho como força produtiva da riqueza; o capital se apropria dela como tal. A divisão do trabalho e da propriedade sobre o produto do trabalho, do trabalho e da riqueza é estabelecida, por isso, nesse ato de troca mesmo. O que aparece paradoxalmente como resultado já se encontra no pressuposto. Portanto, a produtividade de seu trabalho se torna, face ao trabalhador, uma *potência estranha*, torna-se seu trabalho em geral, na medida em que não é *capacidade*, mas movimento, trabalho *real*; ao contrário, o capital valoriza a si mesmo pela *apropriação do trabalho de outrem*. Tampouco está posta com isso a possibilidade de valorização como resultado da troca entre capital e trabalho. A relação só é *realizada* no ato de produção mesmo (em que o capital realmente consome o trabalho de outrem). Assim como a capacidade de trabalho é trocada por um equivalente em dinheiro, ele é novamente trocado por um equivalente em mercadoria, que é consumida. Nesse processo de troca, o trabalho não é produtivo; ele só se torna produtivo para o capital. Ele só pode retirar da circulação aquilo que ele nela lançou: uma quantidade predeterminada de mercadoria que é tanto menos seu próprio produto quanto seu próprio valor. {Com isso, todo o progresso da civilização, em outras palavras, toda valorização das forças produtivas sociais – as forças produtivas do trabalho mesmo – enriquece não o trabalhador, mas o capitalista. Portanto, ela apenas aumenta a potência dominante sobre o trabalho, a força produtiva do capital – a *potência objetiva* sobre o trabalho.} A transformação do trabalho em capital é, *em si*, o resultado do ato de troca entre capital e trabalho. *Essa transformação é posta* apenas no *processo de produção* mesmo.}

{Em *Say* e consortes, o instrumento etc. tem direito à remuneração, devido ao *service productif*[268] que presta, e ela é dada a seu possuidor. A *autonomia* do instrumento de trabalho, uma determinação *social* sua, isto

---

[268] Serviço produtivo.

é, sua determinação como capital, é assim pressuposta a fim de deduzir os direitos do capitalista.}

{"O lucro não é feito na troca. Se não existisse antes, não poderia existir depois da transação" [269] (*Ramsay*, p. 184, *loc. cit.*).} {"Todo espaço de terra é matéria-prima da agricultura"[270] (P. *Verri*, p. 218, *loc. cit.*).}

(Como exemplo, dado a mim por Engels: 10.000 fusos a 1 *lb* por semana = 10.000 *lb* = 550 £ de fio = 1 *lb* de fio a 1 1/10 s.

Matéria-prima = 10.000 *lb* de fio.[271]

Sobras 15% = *1.500* = 11.500.

A 7 d por *lb* = 11.500   £336.   Lucro 60

10.000 fusos custam, a 1 £ por fuso, £ 10.000

Depreciação anual 12½% = £ 1250

Portanto, por semana...............................24

Carvão, óleo etc...40   {84 (5 $^5/_6$ de 490)

Depreciação da máquina a vapor............20

Salário 70 Preço da *lb* de fuso 1 $^1/_{10}$ s; portanto, as 10.000 *lb*   550£.

                     490

                     60£

Portanto, *matéria-prima* $^{490}/_{336}$ = 68 $^4/_7$%. *Salário.* 14 $^2/_7$%.

Maquinaria, etc. 17 $^1/_7$%. Portanto, matéria-prima e maquinaria = 85 $^5/_7$: salário 14 $^2/_7$. Salário $^1/_7$ (70), matéria-prima e maquinaria ($^6/_7$) (420). Portanto, $^1/_7$ de salário, $^6/_7$ de maquinaria e matéria-prima. Desses $^6/_7$, à matéria-prima cabem $^4/_7 + ^4/_5$ de $^1/_7$. Portanto, à maquinaria, $^1/_7$e 1/5 de $^1/_7$. Portanto, à *matéria-prima* algo abaixo de $^5/_7$. *maquinaria* algo acima de$^1/_7$. *Trabalhador* $^1/_7$.)

---

[269] "Profit is not made by exchanging. Had it not existed before, neither could it after that transaction." (*Citatenheft*, p. 8). (Nota da edição original).

[270] "Ogni spazio di terra è la materia prima della'agricultura."

[271] Marx calcula, aqui, que 11.500 *l* de algodão são necessárias para 10.000 *l* de fio. (Nota da edição original).

Manchester Guardian. Money Article. (Sept. 18, 1861), onde se lê:[272]

"Em referência à fiação ordinária, recebemos a seguinte declaração de um cavalheiro de alto nível:

Set. 17, 1860	Por lb	Margem	Custo de fiação por libra
Seu custo de algodão	6¼ d		
Suas 16 urdiduras vendidas por	10¼ d	4 d	3 d
	Lucro 1 d por lb		
Set. 17, 1861			
Seus custos de algodão	9 d		
Por suas 16 urdiduras a pedir	11 d	2 d	3 ½ d
	Perda 1½ d por lb		

Do *primeiro* exemplo, segue que o valor da *lb* de *warps*[273] é 10¼ d (1860), com lucro de 1 d. Portanto, seus adiantamentos são 9¼ d. Disso, 1 d importa em $10\,^{30}/_{37}$%. Porém, se subtraímos 6¼ de matéria-prima, então restam 4 d, dos quais 3 d são deduzidos para o *cost of spinning*.[274] Suponhamos que o salário alcance aqui a metade, o que é falso, então obtemos para 1½ d um mais-valor de 1 d. Portanto = 3÷2 ou 66 $^2/_3$% são exatamente = $^2/_3$ da unidade. Expresso em horas, o trabalhador trabalha 2 horas para seu *master*[275] de cada 3 horas que trabalha para si. Portanto, de cada 1 hora, $^2/_3$ de hora. Portanto, se ele trabalha ao todo 10 horas, então 6 horas cabem a ele e 4 ($^{12}/_3$ horas) cabem ao seu master. (3÷2 = 6÷4) De 10 horas, ele dá 4 ao seu master, então de 1 hora... $^4/_{10}$ hora = 24 minutos. Ele trabalha para si 36 minutos por hora. (36÷24 = 3÷2) {pois 36 × 2 = 72 e 24 × 3 = 72}

Vimos que – no processo de trabalho – todos os seus fatores podem ser chamados de *meios de produção* com relação ao seu resultado – o produto. Ao contrário, se é considerado o *valor* dos diversos fatores que são requeridos para a fabricação do produto – os valores *adiantados* para a sua fabricação (valores despendidos) –, então eles se chamam os seus *custos de produção*. Portanto, os custos de produção se resolvem na soma do tempo de trabalho

---

[272] A citação a seguir se encontra em inglês no original. (N.T.)

[273] Urdiduras.

[274] Custo de fiação.

[275] Patrão.

(seja o tempo de trabalho que está contido no material e meio de trabalho, seja o tempo de trabalho novo que é adicionado no processo de trabalho) requerido para a fabricação do produto – o tempo de trabalho total que nele é objetivado, trabalhado. A fórmula dos *custos de produção* é para nós, primeiramente, apenas mero nome e nada acrescenta de novo às determinações anteriores. O valor do produto = à soma do valor do material, do meio e do trabalho que, por meio do material, é aplicado ao meio de trabalho. A proposição é puramente analítica. Em verdade, é somente outra expressão para o fato de que o valor da mercadoria é determinado pela quantidade de tempo de trabalho nela objetivado. Somente em desenvolvimento posterior encontraremos ocasião de aprofundar a fórmula dos custos de produção. (Isto é, em capital e lucro, em que emerge uma antinomia na qual, por um lado, o valor do produto = aos custos de produção, isto é, o valor adiantado para a fabricação do produto; por outro lado (o que se encontra no lucro), o valor do produto, na medida em que inclui o mais-valor, é maior do que o valor dos custos de produção. Isso se explica da seguinte forma: os custos de produção são para o capitalista apenas a soma dos valores adiantados por ele; portanto, o valor do produto é igual ao valor do capital adiantado. Por outro lado, o real custo de produção do produto é igual à soma do tempo de trabalho nele contido. Porém, a soma do tempo de trabalho nele contido é maior que a soma do tempo de trabalho adiantado ou pago pelo capitalista. E esse mais-valor do produto acima do seu valor *pago* ou *adiantado* pelo capitalista constitui precisamente o mais-valor; em nossa determinação, a *grandeza absoluta* na qual consiste o lucro.)

[Adendos suplementares]

I-A.[276] Há que se diferenciar dois aspectos na troca entre capital e trabalho:

1) A *venda da capacidade de trabalho*. Essa compra e venda simples, relação de circulação simples, como em qualquer outra compra ou venda. No exame dessa relação é indiferente a transformação ou consumo da mercadoria comprada.

Os *harmonistas* buscam reduzir a relação de capital e trabalho a esse primeiro ato, porque aqui comprador e vendedor se defrontam somente como *possuidores de mercadorias*, não se mostrando o caráter específico e distintivo da transação.

---

[276] Depois de redigidos os cadernos I a V, Marx transpôs algumas passagens dos *Grundrisse* para as folhas ainda em branco desses cadernos, paginando-as com A e a. Essa primeira inserção foi extraída dos *Grundrisse*, MEGA II/1.1, p. 198-9. (Nota da edição original).

2) *O consumo da mercadoria* (da capacidade de trabalho) *trocada pelo capital*, a utilização de seu valor de uso constitui, aqui, uma relação econômica específica; enquanto na simples compra e venda da mercadoria o valor de uso da mercadoria, exatamente como a realização desse valor de uso – o consumo –, é indiferente para a relação econômica mesma.

Na troca entre capital e trabalho, o primeiro ato é uma troca (compra ou venda) que recai totalmente no âmbito da circulação simples. Aqueles que trocam se defrontam apenas como comprador e vendedor. O segundo ato é um processo qualitativamente distinto da troca. É uma categoria essencialmente distinta.

II-A.[277] Aquilo que o trabalhador vende é a disposição sobre sua capacidade de trabalho – disposição sobre ela determinada temporalmente. Certamente, o sistema de pagamento do trabalho por peça produz a aparência de que ele recebeu uma determinada *participação no produto*. Porém, essa é apenas outra forma de medir o tempo de trabalho: em lugar de dizer "você trabalhou 12 horas", diz-se "você recebe tanto por peça", isto é, medimos o pagamento por hora em produto, pois, com base na experiência, é estabelecido quanto mede o produto *average*[278] da hora. O trabalhador que não pode fornecer esse mínimo é dispensado (Ver *Ure*).[279]

Conforme a relação geral de compra e venda, o *valor de troca* da mercadoria do trabalhador pode não ser determinado pelo modo que o comprador *utiliza* a mercadoria, mas somente pela quantidade de trabalho objetivado que nela mesma está contido; aqui, portanto, pela quantidade de trabalho que custa produzir o trabalho mesmo, pois a mercadoria que ele oferece existe apenas como faculdade, capacidade, não possui qualquer existência fora de sua corporeidade, sua pessoa. O tempo de trabalho que é necessário tanto para mantê-lo fisicamente como para modificá-lo em função do desenvolvimento da capacidade *particular* é o tempo de trabalho necessário para produzir o trabalhador como tal.

Nessa troca, em verdade, o trabalhador recebe o dinheiro somente como *moeda*, isto é, como mera forma evanescente dos meios de subsistência pelos quais ele troca o dinheiro. Meios de subsistência, não riqueza, são para ele a finalidade da troca.

---

[277] Inserção extraída dos *Grundrisse*, MEGA II/1.1, p. 205, 211-2. (Nota da edição original).

[278] Médio.

[279] Andrew Ure, *The philosophy of manufactures...* Londres, 1835, p. 316-7. (Nota da edição original).

Chamou-se a *capacidade de trabalho* de capital do trabalhador por ser ela o *fonds*[280] que ele não exaure por meio de uma troca isolada, mas que ele sempre pode repetir durante sua *vida como trabalhador*. Por isso, todo capital seria um fundo de processos repetidos do mesmo sujeito; assim, por exemplo, o olho seria o capital da visão. Isso é mero palavrório. Que o trabalho sempre é uma fonte de troca para o trabalhador – enquanto ele é capaz de trabalhar – não especialmente de troca simplesmente, mas de troca com o capital, é algo que está na determinação conceitual de que ele negocia somente a *disposição temporal* sobre sua capacidade de trabalho, portanto, que ele sempre pode recomeçar de novo o mesmo ato de troca desde que tenha se saciado comendo pela metade e dormindo pela metade, que tenha ingerido a quantidade de matéria necessária para poder reproduzir novamente sua manifestação vital. Em lugar de se maravilhar e de exaltar o trabalhador dizendo ser um grande mérito do capital que em geral ele viva, portanto, que ele possa repetir diariamente determinados processos vitais – os sicofantas da economia burguesa, que pintam tudo de rosa, deveriam dirigir sua atenção antes para o fato de ele, depois do trabalho sempre repetido, dispor para trocar *somente* de seu trabalho vivo, imediato. A repetição mesma é *in fact*[281] apenas aparente. *O que ele troca com o capital* (seja esse capital também representado por diferentes, sucessivos capitalistas diante dele) é *sua capacidade de trabalho inteira*, que ele consome *say*[282] em 30 anos. Ela lhe é paga em pequenas doses, assim como ele a vende em pequenas doses. A questão não muda absolutamente em nada e muito menos autoriza a conclusão de que, porque o trabalhador deve dormir certo número de horas, antes de ser capaz de repetir seu trabalho e sua troca com o capital, então o trabalho constitui *seu capital*. Com isso, *in fact*, o que deve ser concebido como seu capital é o limite de seu trabalho, sua interrupção, o fato de que ele não é nenhum *perpetuum mobile*.[283] A luta pela jornada de trabalho normal mostra que o capitalista deseja somente que ele *dissipe sua dose de força vital tanto quanto possível sem interrupção*.

III-95a/A[284] Para o trabalhador mesmo, a *capacidade de trabalho* tem *valor de uso* somente na medida em que é *valor de troca*, não na medida em

---

[280] Fundo.

[281] De fato.

[282] Digamos.

[283] Moto contínuo, movimento perpétuo.

[284] Inserção extraída dos *Grundrisse*, MEGA II/1.1, p. 225-6. (Nota da edição original).

que produz valor de troca. O trabalho existe como valor de uso somente para o capital e é *o* valor de uso do capital mesmo, isto é, atividade mediadora pela qual ele se *acresce*. O capital é o valor de troca autônomo como *processo*, como *processo de valorização*.

A *separação entre propriedade e trabalho* aparece como lei necessária da troca entre capital e trabalho. Como *não capital, não trabalho objetivado*, a capacidade de trabalho aparece (1) *negativamente*, não matéria-prima, não instrumento de trabalho, não produto, não meio de subsistência, não-dinheiro: o *trabalho* separado de todos os meios de trabalho e meios de subsistência, de sua objetividade inteira, como mera possibilidade. Esse completo despojamento é a *possibilidade do trabalho*, privado de toda objetividade. A capacidade de trabalho é a *pobreza absoluta*, isto é, a exclusão completa da riqueza objetiva. A objetividade que a capacidade de trabalho possui é somente a corporeidade do trabalhador mesmo, sua própria objetividade. 2) *positivamente*: trabalho não *objetivado*, a existência subjetiva, não objetiva do trabalho mesmo. O trabalho não como objeto, mas como atividade, como fonte viva do valor. Em oposição ao capital como a realidade da riqueza geral, como a sua possibilidade geral que se confirma na ação. Por um lado, o trabalho, a *pobreza absoluta como objeto*, é a possibilidade geral da riqueza como sujeito e atividade. Isso é o trabalho, tal qual é *pressuposto* ao capital como oposição, como existência objetiva do capital e que, por outro lado, pressupõe, de sua parte, o capital.[285]

Aquilo que o capitalista paga ao trabalhador é, como o comprador de qualquer outra mercadoria, seu *valor de troca*, que, portanto, é determinado antes desse processo de troca; o que o capitalista recebe é o *valor de uso* da capacidade de trabalho – o trabalho mesmo, cuja atividade enriquecedora, portanto, *lhe* pertence e *não* ao trabalhador. Portanto, o trabalhador não se enriquece por meio desse processo, mas cria a riqueza como potência *estranha* a ele que o domina.

V – 175 a/A.[286] A força natural vivificante do trabalho – que, ao utilizar, consumir material e instrumento, os conserva nessa ou naquela forma, conservando assim também o trabalho neles objetivado, seu valor de troca – torna-se, como toda força natural ou social do trabalho que não é o produto de trabalho prévio ou o produto do trabalho prévio que tem de ser repetido (por exemplo, o desenvolvimento histórico do trabalhador, etc.), *força do*

---

[285] Parágrafo extraído dos *Grundrisse*, MEGA II/1.1, p. 216. (Nota da edição original).

[286] Inserção extraída dos *Grundrisse*, MEGA II/1.1, p. 270. (Nota da edição original).

capital, não do trabalho. Portanto, também ela não é paga pelo capital. Tampouco quanto o trabalhador é pago de modo que ele possa pensar.

A qualidade específica que o trabalho possui, pelo acréscimo de nova quantidade de trabalho ao trabalho já objetivado, não lhe é paga e também nada custa ao trabalhador, pelo fato de ser a peculiaridade natural do trabalho. No *processo de produção*, a separação entre o trabalho e seus elementos existenciais objetivos – material e instrumento – é *suprimida*. Na separação, repousa a existência do capital e do trabalho assalariado. A supressão dessa separação, que realmente ocorre no processo de produção *real*, não é paga pelo capitalista. A supressão também não ocorre por meio da troca entre capitalista e trabalhador – mas por meio *do trabalho mesmo no processo de produção*. Porém, como tal trabalho *presente*, ele mesmo já incorporado ao capital, um elemento seu. Essa força conservadora do trabalho aparece, portanto, como *força autoconservadora do capital*. O trabalhador apenas adicionou novo trabalho; o trabalho passado – em que o capital existe – tem uma existência eterna como *valor* em tudo independente de sua existência material. Assim aparece a coisa ao capital e ao trabalhador.[287]

---

[287] Este parágrafo foi extraído dos *Grundrisse*, MEGA II/1.1, p. 275, último das inserções feitas por Marx (Nota da edição original).

Página 95 do manuscrito, Caderno III.

2) O mais-valor absoluto[288]

O ponto de vista aqui desenvolvido também é correto da perspectiva estritamente matemática. Assim, no cálculo diferencial, tome-se $y = f(x) + C$, em que C é uma grandeza constante. A mudança de x em $x + \Delta x$ não altera o valor de C.[289] dC seria $= 0$, porque a grandeza constante não mudou. Assim, o diferencial da constante é zero.[290]

a) Mais-valor deve ser concebido como mera relação com uma parte determinada do capital, a saber, com aquela desembolsada no salário

O mais-valor que o capital tem ao final do processo de produção significa, expresso conforme o conceito geral de valor de troca: o tempo de trabalho objetivado no produto (ou a quantidade de trabalho nele contido) é maior que o tempo de trabalho contido no capital original, que foi adiantado durante o processo de produção. Isso é possível somente pelo fato (pressuposto de que a mercadoria é vendida por seu valor) de que o tempo de trabalho objetivado no preço do trabalho (salário) é menor que o tempo de trabalho vivo pelo qual é substituído no processo de produção. O que aparece do lado do capital como mais-valor, aparece do lado do trabalhador como *mais-trabalho* (sobretrabalho). O mais-valor é somente o excedente de trabalho que o trabalhador dá acima da quantidade de

---

[288] Aqui começa o terceiro caderno do manuscrito. (N.T.).

[289] The change of x into $x + \Delta x$ does not alter the value of C.

[290] Hence the differential of a constant is zero Essa expressão matemática foi adicionada por Marx posteriormente, sendo mantida pelo editor no local em que se encontra no manuscrito. (N.T)

trabalho objetivado que ele recebeu em seu próprio salário, como valor de sua capacidade de trabalho.

Vimos que, na troca entre capital e capacidade de trabalho, equivalentes são trocados. Porém, o resultado da transação como aparece no processo de produção, e como, do lado do capitalista, constitui a finalidade inteira da transação, é que o capitalista compra por determinada quantidade de trabalho objetivado uma quantidade maior de trabalho vivo, ou que o tempo de trabalho que é objetivado no salário é menor que o tempo de trabalho que o trabalhador trabalha para o capitalista, e que, por isso, se objetiva no produto. A mediação pela troca entre capital e capacidade de trabalho (ou que a capacidade de trabalho é vendida *por seu valor*) é uma circunstância que aqui, onde se trata apenas da análise do mais-valor, torna-se indiferente. Aqui se trata antes de quanto é grande, de um lado, o tempo de trabalho que é objetivado no salário (no valor da capacidade de trabalho) e, do outro lado, quanto é grande o tempo de trabalho que o trabalhador realmente dá ao capitalista *in return*[291] ou *quanto é grande* é a utilização de sua capacidade de trabalho.

A relação em que trabalho objetivado é trocado por trabalho vivo – portanto, a diferença entre o *valor da capacidade de trabalho* e a *valorização dessa capacidade de trabalho* pelo capitalista – toma outra forma no processo de produção mesmo. Isso se representa aqui especialmente como subdivisão do trabalho vivo mesmo em duas quantidades, ambas medidas pelo tempo, e como a relação dessas duas quantidades. Quer dizer, primeiro, o trabalhador substitui o valor de sua capacidade de trabalho, pondo-se que o valor de seus meios de subsistência diários seja igual a 10 horas de trabalho. Esse valor, ele o reproduz enquanto trabalha 10 horas. Essa parte do tempo de trabalho chamaremos de o *tempo de trabalho necessário*. Quer dizer, pondo-se que material de trabalho e meio de trabalho – as condições objetivas – sejam propriedade do trabalhador mesmo. Então, conforme o pressuposto, ele deveria trabalhar 10 horas diárias para reproduzir um valor de 10 horas de tempo de trabalho diariamente, para poder se apropriar a cada dia de meios de subsistência na importância de 10 horas de trabalho, para poder reproduzir sua própria capacidade de trabalho, para continuar a viver. O produto de seu trabalho de 10 horas seria igual ao tempo de trabalho que está contido na matéria-prima trabalhada e no instrumento de trabalho utilizado + as 10 horas de trabalho que ele teria adicionado como novas à matéria-prima. Ele

---

[291] Em retorno.

poderia consumir somente a última parte do produto se quisesse continuar sua produção, isto é, conservar para si as condições de produção. Pois ele tem de subtrair diariamente o valor de matéria-prima e meio de trabalho do valor de seu produto para poder continuar a substituir; para dispor novamente de tanta matéria-prima e meio de trabalho quanto são requeridos para a realização (emprego) do trabalho de dez horas. Se o valor dos meios de subsistência médios diários do trabalhador é igual a 10 horas de trabalho, então ele deve trabalhar diariamente, em média, 10 horas de trabalho a fim de renovar seu consumo diário, para poder se proporcionar as condições vitais necessárias como trabalhador. Esse trabalho seria *necessário* para ele mesmo, para sua própria autoconservação, desconsiderando inteiramente se ele mesmo é ou não o proprietário das condições de trabalho – material de trabalho e meio de trabalho –, se seu trabalho está subsumido ao capital ou não. Como tempo de trabalho necessário à conservação da classe trabalhadora mesma, podemos chamar essa parte do tempo de trabalho de *tempo de trabalho necessário*.

Porém, isso pode ser considerado ainda de outro ponto de vista.

O tempo de trabalho que é necessário para reproduzir o valor da capacidade de trabalho mesma – isto é, a produção diária do trabalhador que é requerida para que o consumo do trabalhador possa se repetir diariamente – ou o tempo de trabalho pelo qual o trabalhador adiciona valor ao produto que ele mesmo recebe diariamente na forma do salário e diariamente destrói – é também *tempo de trabalho necessário* do ponto de vista do capitalista, uma vez que a relação capitalista inteira pressupõe a existência contínua da classe trabalhadora, sua reprodução ininterrupta, e que a produção capitalista tem a disponibilidade, conservação e reprodução contínuas da classe trabalhadora como seus pressupostos necessários.

Além disso, pondo-se que o valor adiantado da produção deve apenas ser simplesmente conservado e reproduzido, isto é, que o capitalista não cria qualquer valor novo no processo de produção. Então está claro que o valor do produto se tornará igual ao valor do capital adiantado somente quando o trabalhador adicionar à matéria-prima tanto tempo de trabalho quanto recebeu na forma de salário, isto é, quando ele reproduzir o valor de seu próprio salário. O tempo de trabalho necessário para que o trabalhador reproduza o valor de seus meios de subsistência diários é igual ao tempo de trabalho necessário para que o capital simplesmente conserve e reproduza seu valor.

Afirmamos que um tempo de trabalho de 10 horas é = ao tempo de trabalho contido no salário; portanto, o tempo de trabalho em que o trabalhador apenas devolve ao capitalista um equivalente pelo valor do salário é, ao mesmo tempo, o *tempo de trabalho necessário*, o tempo de trabalho que é necessário tanto para a conservação da classe trabalhadora mesma como também para a conservação e reprodução simples do capital adiantado, bem como, finalmente, para a possibilidade da relação capitalista em geral.

Portanto, segundo o pressuposto, as primeiras 10 horas que o trabalhador trabalha são *tempo de trabalho necessário* e, ao mesmo tempo, apenas um equivalente para o tempo de trabalho objetivado que ele recebeu na forma do salário. Todo tempo de trabalho que o trabalhador trabalha além dessas 10 horas, desse tempo de trabalho necessário, chamaremos de *mais-valor*. Se ele trabalha 11 horas, então ele forneceu mais-valor de 1 hora, se trabalha 12, forneceu mais-valor de duas horas etc. No primeiro caso, o produto possui, além do valor do capital adiantado, um mais-valor de uma hora, no segundo, um mais-valor de 2 horas etc. Porém, sob todas as circunstâncias, o mais-valor do produto é somente a objetivação de mais-trabalho. Mais-valor é simplesmente mais-tempo de trabalho *objetivado*, como valor em geral, ele é somente tempo de trabalho objetivado. Portanto, mais-valor se resolve em tempo de trabalho que o trabalhador trabalha para o capitalista além do tempo de trabalho necessário.

Vimos que o capitalista paga ao trabalhador um equivalente pelo valor diário de sua capacidade de trabalho, mas recebe por isso o direito de valorizar a capacidade de trabalho além de seu próprio valor. Se são necessárias 10 horas de trabalho diariamente para reproduzir diariamente a capacidade de trabalho, então, por exemplo, ele o faz trabalhar 12 horas. Em verdade, portanto, ele troca tempo de trabalho objetivado (objetivado em salário) de 10 horas por 12 horas de tempo de trabalho vivo. Então, a relação em que ele troca tempo de trabalho objetivado, objetivado no capital adiantado, por tempo de trabalho vivo é igual à relação do tempo de trabalho necessário do trabalhador com o mais-trabalho, como tempo de trabalho que ele trabalha além do tempo de trabalho necessário. Isso se representa, portanto, como uma relação entre duas porções do tempo de trabalho do próprio trabalhador – o tempo de trabalho necessário e o mais-trabalho. O tempo de trabalho necessário é igual ao tempo de trabalho necessário para reproduzir o salário. Ele é, portanto, mero equivalente que o trabalhador restitui ao capitalista. Ele recebeu um determinado tempo de trabalho em dinheiro; devolve-o na forma de tempo de trabalho vivo. Portanto, o tempo de trabalho necessário é tempo de trabalho *pago*. Para o mais-trabalho, ao contrário, nenhum equivalente foi pago. Isto é, ele não se objetivou em nenhum equivalente *para o trabalhador mesmo*. Ele é antes a valorização da capacidade de trabalho além de seu próprio valor pelo capitalista. Com isso, ele é tempo de trabalho *não pago*. A relação na qual o trabalho objetivado se troca por trabalho vivo se resolve na relação em que o tempo de trabalho necessário do trabalhador está com seu mais-trabalho e a última relação se resolve na relação de tempo de trabalho *pago* com *não pago*. Mais-valor é igual a mais-trabalho, que é igual a tempo de trabalho não pago. Portanto, o mais-valor se resolve em *tempo de trabalho não pago*, e o montante do mais-valor depende da relação em que o mais-trabalho está com o trabalho necessário, ou o tempo de trabalho não pago com o tempo de trabalho pago.

Considerando-se agora o capital, vemos que ele se divide originalmente em 3 componentes (em algumas indústrias, apenas em dois, como a indústria extrativa. Porém, tomamos a forma mais completa que é a indústria manufatureira), matéria-prima, instrumento de produção e, por fim, a parte deles que, em primeira instância, é trocada pela capacidade de trabalho. Aqui, interessa-nos apenas o valor de troca do capital. No que concerne à parte do valor do capital que está contida na matéria-prima e meio de produção utilizados, vimos que ela simplesmente reaparece no produto. Essa parte do capital nunca põe no valor do produto mais do que o seu valor, o qual ela possui independente do processo de produção. Com relação ao valor do produto, podemos chamar essa parte do capital de sua parte *constante*. Seu valor pode, como observado na seção 1, aumentar ou baixar, mas essa alta ou baixa nada tem a ver com o processo de produção, na qual esses valores entram como valores de material e instrumento de produção. Se 12 horas forem trabalhadas em lugar de 10, então é naturalmente necessária mais matéria-prima para absorver o mais-trabalho de doze horas. Portanto, aquilo que denominamos capital constante entra com massa diferente, isto é, também com massa de valor, grandeza de valor diferente no processo de produção, conforme a quantidade de trabalho que a matéria-prima deve absorver, que deve ser em geral objetivada no processo de produção. Porém, ela é *constante* na medida em que sua grandeza de valor reaparece inalterada no produto, qualquer que seja a relação que assuma sempre na soma total do capital adiantado. Vimos que ela mesma não é reproduzida no sentido próprio da palavra. Ela é, antes, simplesmente conservada, apenas pelo fato de que material de trabalho e meio de trabalho (conforme seus valores de uso) se tornam fatores do novo produto pelo trabalho, motivo pelo qual seu valor reaparece nesse produto. Esse valor, todavia, é simplesmente determinado pelo tempo de trabalho que foi requerido para a sua própria produção.

Eles adicionam ao tempo de trabalho contido no produto somente tanto tempo de trabalho quanto estava contido neles mesmos *antes* do processo de produção. Portanto, é somente a terceira parte do capital, que se troca com a capacidade de trabalho ou que é adiantada no salário, que é *variável*. Em primeiro lugar, ela é realmente reproduzida. O valor da capacidade de trabalho, ou o salário, é aniquilado pelo trabalhador (valor e valor de uso), é consumido. Porém, ele é substituído por um novo equivalente; no lugar do tempo de trabalho objetivado no salário, coloca-se uma quantidade igual de tempo de trabalho vivo, que o trabalhador adiciona à matéria-prima ou materializa no produto. Em segundo lugar, porém, essa parte do valor do capital não é apenas reproduzida e simplesmente substituída por um equivalente, mas ela se troca no processo de produção real por uma quantidade de trabalho = o trabalho nela mesma contido + uma quantidade de trabalho excedente, o mais-valor, que o trabalhador trabalha além do tempo de trabalho para a reprodução de seu próprio salário, portanto, contido na parte do valor do capital que se resolve em salário. Chamemos, com isso, o tempo de trabalho contido no capital constante C, o contido no variável V e o tempo que o trabalhador trabalha além do tempo de trabalho necessário M, de modo que o tempo de trabalho contido em P, ou o valor do produto = C + V + M. O capital original era igual a C + V. O excedente de seu valor sobre seu valor original é, portanto = M. Porém, o valor de C simplesmente reaparece no produto, enquanto o valor de V é primeiro reproduzido e depois aumentado em M. Portanto, apenas a parte do valor V do capital se modificou, na medida em que V se reproduziu como V + M. Portanto, M é apenas um resultado da modificação de V;[292] e a relação em que mais-valor é criado se expressa como V : M, na qual a relação em que o tempo de trabalho contido no componente V do capital global se trocou por tempo de trabalho vivo ou, o que é o mesmo, na relação do trabalho necessário como o mais-trabalho, na relação de V : M. O novo valor criado resulta somente da modificação de V, sua transformação em V + M é somente essa parte do capital que aumenta seu valor ou põe mais-valor. Por isso, a *relação* em que mais-valor é posto é a relação em que M está com V, em que a parte do valor do capital expressa em V não apenas se reproduz, mas aumenta. A melhor prova é que, se V é simplesmente substituído por tempo de trabalho = àquele nele mesmo contido, nenhum mais-valor é criado em absoluto, mas antes o valor do produto = ao valor do capital adiantado.

---

[292] Supondo que C seja = 0 e que o capitalista tenha adiantado somente salário (capital variável). Assim, a grandeza de *M* permanece *a mesma*, embora nenhuma parte do produto substitua C. (Nota do autor).

Portanto, se mais-valor é em geral apenas o excedente de trabalho vivo com o qual o trabalho objetivado no capital se troca, ou, o que é o mesmo, somente o tempo de trabalho não pago que o trabalhador trabalha além do tempo de trabalho necessário, então a grandeza de mais-valor, a relação em que se encontra com o valor que substitui, também é a relação em que ele cresce, simplesmente determinada pela relação de V : M, do mais-trabalho com o trabalho necessário ou, o que é o mesmo, do tempo de trabalho adiantado pelo capitalista com o sobretrabalho etc. Portanto, se o tempo de trabalho necessário (que reproduz o salário) = 10 horas e o trabalhador trabalha 12, então o mais-valor é igual a 2 horas e a relação em que o valor adiantado aumentou = $2 \div 10 = 1/5 = 20\%$, qualquer que seja sempre a soma de tempo de trabalho que em C está contida na parte do capital constante, se 50, 60, 100, em resumo, x horas de trabalho, qualquer que seja sempre a relação da parte variável com a parte constante do capital. O valor dessa parte, como vimos, simplesmente reaparece no produto e nada tem a ver com a criação de valor que ocorre durante o processo de produção mesmo.

É muito importante conceber o mais-valor = mais-trabalho e a relação do mais-valor como relação de sobretrabalho com trabalho necessário. Com isso, deve-se esquecer a representação comum de lucro e taxa de lucro em primeiro lugar. Mostraremos depois qual a relação existente entre mais-valor e lucro.

Esclareceremos, por isso, em alguns exemplos, essa concepção de mais-valor e de taxa de mais-valor, a relação na qual ela cresce – a medida segundo a qual se mede sua grandeza. Esses exemplos são tomados de fontes estatísticas. Portanto, o tempo de trabalho aparece aí expresso em dinheiro por toda parte. Além disso, aparecem nas contas diversos itens que possuem diferentes nomes, portanto, por exemplo, ao lado do lucro, juros, impostos, renda da terra etc. Essas são todas partes distintas do mais-valor, sob nomes diferentes. É completamente indiferente para a concepção do mais-valor mesmo determinar como o mais-valor se divide em diferentes classes, qual a quantidade dele que o capitalista industrial deduz sob diversas rubricas e quanto ele guarda para si. Porém, é muito claro que todos – sempre sob qualquer rubrica – que não trabalham, que não participam como trabalhadores no processo de produção material mesmo, somente podem participar no valor do produto material na medida em que partilhem entre si o mais-valor desse produto, pois o valor de matéria-prima e maquinaria, a parte *constante* do valor do capital tem de ser substituída. O mesmo vale para o tempo de trabalho necessário, pois a classe trabalhadora em geral deve trabalhar somente a quantidade de tempo de trabalho necessária para se conservar viva antes de poder trabalhar para outrem. É somente o valor x igual ao seu sobretrabalho – portanto, também os valores de uso que podem ser comprados com esse mais-valor – que são divisíveis entre esses não trabalhadores.

É somente a parte variável do capital – a quantidade de trabalho objetivado que se troca no processo de produção por uma maior quantidade de trabalho vivo – que em geral se modifica, que modifica seu valor, que põe um mais-valor e a grandeza desse novo valor criado depende totalmente da proporção da quantidade de mais-valor vivo que ela troca na relação com o trabalho nela contido antes do processo de produção.

Como segundo exemplo, é preciso mencionar, aqui, Senior, que ilustra a incompreensão dos economistas sobre mais-trabalho e mais-valor.

Por ora, há ainda os seguintes pontos a considerar em relação ao mais-valor:

{(1) Medida do mais-trabalho. Impulso do capital a expandi-la até o infinito. (2) O mais-valor não depende apenas de número de horas que o trabalhador trabalha além do tempo de trabalho necessário, mas do número de jornadas simultâneas, ou da massa de trabalhadores que o capitalista emprega. (3) A relação do capital como produtor de mais-valor: trabalhar além da necessidade. Caráter civilizatório do capital, tempo de trabalho e tempo livre. Oposição. Sobretrabalho e sobreproduto. Portanto, em última instância, a relação de população e capital. (4) A tese do Sr. Proudhon de que o trabalhador não pode recomprar seu próprio produto, ou preço da parte do produto etc.[293] (5) Essa forma de mais-valor é absoluta. Permanece em todos os modos de produção que são baseados na oposição de classes: uma, a dos possuidores das condições de produção, a outra, do trabalho.}

b) *Relação do sobretrabalho com o trabalho necessário.*
Medida do mais-trabalho

O capital tem em comum com o entesouramento a tendência ilimitada de autoenriquecimento. Como o mais-valor se resolve em mais-trabalho, ele tem o impulso ilimitado de aumentar o mais-trabalho. Pelo trabalho objetivado gasto em salário, o capital busca obter em retorno uma quantidade

---

[293] Cf. p. 402, *infra*, e *Grundrisse*, caderno IV, p. 26-32. Em seu plano de 1861, em I 3) γ, Marx se refere a essa passagem. (Nota da edição original).

de tempo de trabalho vivo a maior possível, isto é, um excedente de tempo de trabalho o maior possível sobre o tempo de trabalho requerido para a reprodução do salário, isto é, para a reprodução do valor dos meios de subsistência diários do trabalhador mesmo. A história inteira do capital serve como prova desse seu excesso ilimitado. A tendência se mostra evidente em toda parte e só é posta em xeque em parte por condições físicas, em parte por obstáculos sociais (que ela mesma cria), sobre os quais aqui não se deve entrar em detalhe. Importa apenas constatar a tendência. Nesse sentido, por exemplo, é interessante comparar o moderno modo de fabricação na Inglaterra com a corveia, por exemplo, nos principados do Danúbio. Nas duas formas, em que uma é capitalista desenvolvida, a outra pertence à forma mais rudimentar da servidão, mostra-se imediatamente, de modo tangível, a apropriação de mais-trabalho de outrem, o sobretrabalho, como fonte direta de enriquecimento. As circunstâncias especiais que, no sistema de fábrica, são acrescentadas ao modo de produção capitalista desenvolvido a fim de prolongar contra a natureza o tempo de trabalho além de seus limites naturais poderão ser indicadas com precisão somente no curso dessa investigação.

Na comparação da corveia valáquia com o trabalho assalariado inglês, reter o seguinte ponto. Se o tempo de trabalho diário total de um trabalhador consiste em 12 ou 14 horas e o tempo de trabalho necessário importa em 10 horas nos dois casos, então, no primeiro caso, o trabalhador forneceria 6×2 ou 12 horas de mais-trabalho durante 6 dias por semana, no segundo caso, 6×4 ou 24 horas. No primeiro caso, [ele] trabalharia sem equivalente 1 de 6 dias, no segundo, 2 dias para o capitalista. A coisa se reduz, no ano inteiro, a cada semana que ele trabalhe 1, 2 ou x dias da semana para o capitalista; porém, nos outros dias da semana, para si mesmo. Essa é a forma em que a relação aparece diretamente na corveia, por exemplo, dos valáquios. Segundo a essência, a relação geral é a mesma em ambos os casos, embora a forma – a mediação – da relação seja diferente.

Há, todavia, limites naturais para a duração do tempo de trabalho diário de um indivíduo singular. Abstraído o tempo que é requerido para a sua alimentação, ele precisa do sono, do repouso, de uma pausa em que a capacidade de trabalho e seus órgãos gozem da tranquilidade sem a qual são incapazes de continuar o trabalho ou de recomeçá-lo. Como medida natural da duração do trabalho, a *jornada* mesma pode ser indicada, tal como na Inglaterra, onde a jornada de 12 horas também é chamada de "*working day*". As fronteiras da jornada de trabalho são, todavia, confusas e as encontramos estendendo-se de 10 a 17 (18) horas em diferentes povos e em ramos industriais particulares no mesmo povo. O tempo do trabalho e o tempo do repouso podem ser deslocados, de tal modo, por exemplo, que se trabalhe à noite e se repouse, durma durante o dia. Ou a jornada de trabalho pode ser dividida entre dia e noite. Assim encontramos, por exemplo, que nas fábricas de Moscou trabalha-se por 24 horas, dia e noite (como era, em grande parte, o caso nos primeiros tempos da manufatura de algodão inglesa.) Porém, são empregados dois grupos (*sets*) de trabalhadores. O primeiro grupo trabalha 6 horas durante o dia e é substituído pelo segundo grupo. Em seguida, o primeiro grupo trabalha novamente por 6 horas à noite e é novamente substituído pelo segundo nas 6 horas seguintes. Ou (como no caso das *dressmakerin*,[294] que deve ser citado), pode-se então (e dos *bakers*[295]) trabalhar 30 horas seguidas e então fazer um intervalo, etc.[296]

Os exemplos (a introduzir aqui) sobre *extraction*[297] de tempo de trabalho também são úteis porque evidenciam de modo convincente como o valor, isto é, a riqueza como tal se resolve simplesmente em tempo de trabalho.

Vimos que o capitalista paga a capacidade de trabalho segundo seu equivalente e que a valorização da capacidade de trabalho além de seu valor não se encontra em contradição com essa operação que ocorre conforme a lei da troca de mercadorias – a saber, a lei de que as mercadorias se trocam na proporção do tempo de trabalho nelas contido, ou na proporção do tempo de trabalho que é requerido para a sua produção – antes, decorre da natureza específica do valor de uso da mercadoria que é vendida aqui. Por isso, parece completamente indiferente aqui – isto é, parece não ser dado pela natureza da relação mesma – em que medida a capacidade de trabalho é valorizada pelo capitalista, ou até que ponto a duração do tempo de trabalho é prolongada no processo de produção. Em outras palavras: a grandeza do mais-trabalho vivo, portanto também do tempo de trabalho vivo total que o capitalista troca por uma determinada quantidade de trabalho objetivado, determinada pelos custos de produção da capacidade de trabalho mesma, parece ser limitada pela natureza dessa relação econômica mesma tão pouco quanto o modo como o comprador valoriza o valor de uso de uma mercadoria é determinado pela relação de compra e venda em geral. Ela é, antes,

---

[294] Costureiras.

[295] Padeiros.

[296] Esses últimos exemplos não foram adicionados por Marx antes de 1863, quando os jornais londrinos noticiaram a morte de uma costureira devido ao excesso de trabalho e dois relatórios do parlamento descreveram as condições de trabalho dos padeiros. (Nota da edição original).

[297] Extração.

independente disso. Os limites que aqui mais tarde se desenvolvem, por exemplo, no plano econômico, a partir da relação de demanda e oferta ou também a partir da intervenção do Estado e similares parecem, ao contrário, não estar incluidos na relação geral mesma.

Porém, deve-se considerar o que segue: aquilo que é valorização da capacidade de trabalho do lado do capital (ou, como chamamos antes, seu consumo. É precisamente a natureza da capacidade de trabalho que seu consumo seja ao mesmo tempo processo de valorização, objetivação de trabalho) é, do lado do trabalhador, trabalho, portanto, consumo de força vital. Se o trabalho é estendido além de certa duração de tempo – ou a capacidade de trabalho valorizada além de certo grau – então a capacidade de trabalho é temporária ou definitivamente destruída em vez de se conservar. Se o capitalista faz o trabalhador trabalhar, por exemplo, 20 horas hoje, então amanhã ele será incapaz de trabalhar seu tempo de trabalho normal de 12 horas ou talvez qualquer tempo de trabalho. Se o trabalho extraordinário[298] se estende por um período mais longo, então o trabalhador terá conservado a si mesmo talvez por 7 anos apenas e, com isso, à sua capacidade de trabalho, que ele talvez poderia ter conservado por 20 ou 30 anos. Assim, por exemplo, é sabido que, nos estados sulistas da América do Norte, o trabalho manufatureiro de 2 horas (trabalho doméstico) que os escravos tinham de realizar para a separação do algodão de suas sementes, antes da descoberta do descaroçador de algodão – depois de terem trabalhado 12 horas no trabalho do campo – reduzia a duração média de sua vida a 7 anos. É o mesmo caso, neste momento, em Cuba, onde os negros, depois do trabalho de 12 horas no campo, são ocupados ainda por duas horas com o trabalho manufatureiro relativo à preparação do açúcar ou do tabaco.

Porém, se o trabalhador vende sua capacidade de trabalho por seu *valor* – uma suposição da qual partimos em nossa investigação, como partimos em geral do pressuposto de que as mercadorias são vendidas por seu valor – então apenas se supõe que ele recebe diariamente o salário médio que o capacita a continuar vivo em seu modo tradicional como trabalhador, portanto, que nos outros dias (abstraído o desgaste que a idade natural traz consigo ou aquele que o modo de seu trabalho traz consigo em si e para si) ele se encontre na mesma situação normal de saúde que no dia anterior, que sua capacidade de trabalho seja reproduzida ou conservada, portanto, que possa ser valorizada novamente do mesmo modo que no dia anterior,

---

[298] *Überarbeitung*.

durante uma determinada duração de tempo normal, por exemplo, por 20 anos. Portanto, se o mais-trabalho é prolongado a uma extensão de trabalho extraordinário que encurta violentamente a duração normal da capacidade de trabalho, a anula temporalmente, isto é, a danifica ou destrói totalmente, então essa condição é violada. O trabalhador coloca o uso de sua capacidade de trabalho à disposição – se ele a vende por seu valor – porém, somente na extensão na qual o valor da capacidade de trabalho mesma não é destruído, mas antes somente na extensão na qual o salário o capacita a reproduzir a capacidade de trabalho, conservá-la durante certo tempo médio normal. Se o capitalista a emprega além desse tempo de trabalho normal, então ele destrói a capacidade de trabalho e, com isso, seu valor. Mas ele comprou apenas o seu valor médio diário, portanto de modo algum o valor que ela ainda tem nos outros dias além deste dia. Ou, ele não comprou em 7 anos o valor que ela tem durante 20 anos.

Como decorre do valor de uso específico dessa mercadoria – da capacidade de trabalho – por um lado, que seu consumo mesmo é valorização, criação de valor, então, por outro lado, decorre da natureza específica desse valor de uso que a extensão na qual ele pode ser utilizado, ser valorizado, tem de ser confinada no interior de certos limites para não destruir seu próprio valor de troca.

Aqui, em que assumimos que em geral o trabalhador vende sua capacidade de trabalho por seu valor, assumimos ainda que o tempo total, a soma de tempo de trabalho necessário e de tempo de mais-trabalho, a jornada normal de trabalho não excede, consideremos, 12, 13 ou 14 horas, que o trabalhador trabalha para conservar e diariamente reproduzir novamente sua capacidade de trabalho em sua condição habitual de saúde e capacidade de trabalho em certo tempo médio normal.

Porém, do que foi dito resulta que há uma antinomia na própria relação geral, antinomia que decorre disto: por um lado, abstraídos os limites naturais que impedem absolutamente o prolongamento do tempo de trabalho além de certa duração de tempo, não decorre da relação geral entre capital e trabalho – a venda de capacidade de trabalho – qualquer limite para o mais-trabalho. Por outro lado, na medida em que o mais-trabalho destrói o valor da própria capacidade de trabalho, enquanto seu valor de uso é vendido somente na extensão em que ela se conserva e se reproduz como capacidade de trabalho e que, portanto, também seu valor é conservado numa determinada duração de tempo normal – o mais-trabalho contradiz, além de certa fronteira móvel, a natureza da própria relação, que é dada com a venda da capacidade de trabalho pelo trabalhador.

Sabemos que, na prática, a venda de uma mercadoria abaixo ou acima de seu valor é algo que depende da relativa relação de poder (que a cada vez é determinada economicamente) entre comprador e vendedor. Igualmente, aqui, se o trabalhador fornece ou não o mais-trabalho além da medida normal é algo que dependerá da força de resistência que pode opor à desmesurada pretensão do capital. A história da indústria moderna nos ensina, todavia, que a pretensão desmesurada do capital nunca foi refreada pelos esforços isolados do trabalhador, mas que a luta teve de assumir, em primeiro lugar, a forma de uma luta de classes e, com isso, de provocar a intervenção do poder estatal, até que o tempo de trabalho total diário encontrasse certos limites. (De um primeiro momento até agora, na maioria das vezes, somente em certas esferas).

Pensa-se, talvez, que, tal como o possuidor de escravos, que depois de utilizar o negro por sete anos é obrigado a substituí-lo mediante nova compra de negros, também o capital deve pagar novamente o rápido desgaste do próprio trabalhador pelo fato de a existência contínua da classe trabalhadora ser seu pressuposto fundamental. O capitalista individual A pode ter enriquecido por esse "*Killing no Murder*",[299] enquanto o capitalista B talvez deva pagar as despesas ou a geração B de capitalistas. Porém, o capitalista individual se rebela continuamente contra os interesses comuns da classe capitalista. Por outro lado, a história da indústria moderna mostrou que é possível uma contínua superpopulação, embora ela constitua seu curso com gerações humanas que vivem pouco, sucedem-se rapidamente, que são, por assim dizer, colhidas antes da maturidade. (Ver o trecho em *Wakefield*.[300])

c) *Vantagem do trabalho extraordinário*

Suponhamos que o tempo de trabalho necessário médio seja = 10 horas; o mais-trabalho normal = 2 horas, portanto, o tempo de trabalho total diário do trabalhador = 12 horas. Ponhamos então que o capitalista faz o trabalhador trabalhar durante as 6 jornadas semanais, 13 horas diárias, portanto

---

[299] Título de um panfleto publicado anonimamente na Inglaterra em 1657. Seu autor, o nivelador Sexby, defendia o assassinato de Cromwell, o qual ele considerava um tirano cruel. Argumentava se tratar de um ato patriótico e que, por isso, não deveria ser punido como homicídio. (Nota da edição original).

[300] Wakefield, *England and America. A comparison of the social and political state of both nations*. Londres, 1833, v. 1, p. 55. (Nota da edição original).

1 hora além do tempo de mais-trabalho normal ou médio. Isso faz assim 6 horas = ½ jornada de trabalho na semana. Então, não há apenas esse mais-valor de 6 horas a considerar. Para se apropriar de mais-trabalho de 6 horas, o capitalista, conforme a relação normal, teria de empregar 1 trabalhador durante 3 dias ou 3 trabalhadores durante um dia, isto é, teria de pagar 30 horas (3 × 10) de tempo de trabalho necessário. Ele recebe diariamente na semana, por meio dessas horas extras de mais-trabalho, uma quantidade de mais-trabalho de meia jornada sem pagar as 3 jornadas de tempo de trabalho necessário que, sob a relação normal, ele teria de pagar para se apropriar de 6 horas de mais-trabalho. No primeiro caso, apenas 20%, no segundo, 30% de mais-valor; porém, os últimos 10% de mais-valor não lhe custam qualquer tempo de trabalho necessário.

d) Jornadas de trabalho simultâneas

A *massa de mais-valor* evidentemente não depende apenas do mais-trabalho que um trabalhador singular realiza além do tempo de trabalho necessário, mas igualmente da massa de trabalhadores que o capital emprega ao mesmo tempo, ou do número de jornadas de trabalho simultâneas que ele utiliza, cada qual = tempo de trabalho necessário + tempo de mais-trabalho.[301] Se o tempo de trabalho necessário é = 10 horas, o mais-trabalho = 2 e, assim, a jornada de trabalho completa de um trabalhador igual a 12 horas, então a grandeza do mais-valor dependerá de sua própria grandeza × o número de trabalhadores que o capital emprega, ou, multiplicada pelo número de jornadas de trabalho simultâneas, cujo resultado é o mais-valor. Por jornadas de trabalho simultâneas entendemos o tempo que certo número de trabalhadores trabalha na mesma jornada. Por exemplo, se um capitalista emprega 6 trabalhadores, dos quais cada um trabalha 12 horas, então as 6 jornadas de trabalho simultâneas, ou 72 horas que ele objetiva no processo de produção são traduzidas na forma objetiva do valor. Se o mais-trabalho de um trabalhador soma 2 horas sobre 10 de tempo de trabalho necessário, então o mais-trabalho de 6 = 6 × 2 = 12. (Portanto, o mais-trabalho de um trabalhador singular multiplicado pelo número de trabalhadores que são empregados simultaneamente.) De n trabalhadores, portanto, n × 2, e é claro que a grandeza do produto n × 2 depende da grandeza de n, do fator que

---

[301] Os dados aqui apresentados serão mais à frente definidos como lei. Cf. p. 225, *infra*. (Nota da edição original).

expressa o número de trabalhadores ou o número de jornadas de trabalho simultâneas. Não está menos claro que, se a *massa*, o montante total de mais-valor aumenta com o número de trabalhadores e dele depende, a *relação* do mais-valor com o tempo de trabalho necessário, ou a relação em que o capital adiantado na aquisição de trabalho se valoriza, a *grandeza proporcional* de mais-valor permanece inalterada com isso, portanto, permanece inalterada a relação em que se relacionam trabalho pago e trabalho não pago um com o outro. $2 \div 10$ é 20%, sendo igualmente $2 \times 6 \div 10 \times 6$, ou $12 \div 60$. ($2 \div 10 = 12 \div 60$). (Ou, expresso em geral, $2 \div 10 = n \times 2 \div n \times 10$. Pois $2 \times n \times 10 = 10 \times n \times 2$). Pressuposto que a relação do mais-valor com o tempo de trabalho necessário é dada, então o montante do mais valor pode crescer somente na proporção em que o número de trabalhadores (de jornadas de trabalho simultâneas) cresce. Pressuposto que o número de trabalhadores é dado, então o montante, a massa de mais-valor pode crescer somente na medida em que o mais-valor mesmo cresce, isto é, com a duração do mais-trabalho. $2 \times n$ (sendo n o número de trabalhadores) é igual a $4 \times n/2$.

Portanto, é claro que se uma determinada relação de tempo de trabalho necessário e mais-trabalho é dada – ou se é atingido o tempo total que o trabalhador trabalha, que chamaremos de *jornada de trabalho normal* – a massa de mais-valor depende do número de trabalhadores que são simultaneamente empregados e somente pode crescer na medida em que esse número aumenta.

Portanto, tomamos a jornada de trabalho normal como *medida* para o uso e valorização da capacidade de trabalho.

Com isso, a massa do mais-valor depende da população e de outras circunstâncias (grandeza do capital etc.) que investigaremos imediatamente.

Mas ainda restam algumas questões a esclarecer. Do fato de que o possuidor de mercadorias ou possuidor de dinheiro valoriza seu dinheiro ou mercadoria – em suma, o valor em cuja posse ele está – e, por isso, produz ele mesmo como capitalista, é preciso que ele seja capaz do início ao fim de empregar certo mínimo de trabalhadores ao mesmo tempo. Também desse ponto de vista, é pressuposto certo *mínimo de grandeza* de valor a fim de que ele possa ser empregado como capital produtivo. A primeira condição dessa grandeza resulta disto: o trabalhador, para viver como trabalhador, precisa simplesmente de matéria-prima (e meio de trabalho) no montante que é requerido para absorver o tempo de trabalho necessário, digamos, de 10 horas. O capitalista tem de poder comprar ao menos tanta matéria-prima a mais quanto é requerido para absorver o tempo de sobretrabalho (ou também tanto a mais de *matières instrumentales*,[302] etc.). Porém, em segundo lugar, supondo que o tempo de trabalho necessário seja 10 horas, tempo de sobretrabalho de 2 horas, então o capitalista, se ele mesmo não trabalha, já deveria empregar 5 trabalhadores para resgatar diariamente o valor de 10 horas de trabalho além do valor de seu capital. Aquilo que ele resgata diariamente na forma de mais-valor, no entanto, somente lhe facultaria viver como um de seus trabalhadores. E isso somente sob a condição de que seu fim seja o mero sustento, como no trabalhador, portanto, não o aumento do capital, o que está suposto na produção capitalista. Se ele mesmo trabalhasse de modo a receber um salário, seu próprio modo de vida se diferenciaria pouco daquele do trabalhador (seria dado a ele apenas a posição de um trabalhador um pouco mais bem pago) (e essa *fronteira* é fixada pelas leis da corporação), seus modos de vida estariam muito próximos, especialmente se ele aumentasse seu capital, isto é, se uma parte do mais-valor fosse capitalizada. Essa é a relação do mestre de corporação na Idade Média e, em parte ainda, do atual mestre artesão. Eles não produzem como capitalistas.

Portanto, se o tempo de trabalho necessário é dado, o mesmo ocorre com a relação do mais-trabalho com ele – numa palavra, a *jornada de trabalho normal* – cuja soma total é = o tempo de trabalho necessário + o tempo que dura o mais-trabalho, então a *massa de mais-trabalho*, portanto, a *massa de mais-valor* depende do número de jornadas de trabalho simultâneas, ou do número de trabalhadores que o capital pode pôr em movimento ao mesmo tempo. Em outras palavras; a massa de mais-valor – seu montante total – dependerá da massa de capacidades de trabalho que estão disponíveis e se encontram no mercado, portanto da grandeza da população trabalhadora e da proporção na qual essa população aumenta. O crescimento natural da população e, com isso, o aumento da capacidade que se encontra no mercado é, por isso, uma *força produtiva do capital*, na medida em que ela fornece a base do crescimento da importância absoluta do mais-valor (isto é, do mais-trabalho).

Por outro lado, é claro que o capital tem de crescer para empregar uma massa maior de trabalhadores. Em primeiro lugar, deve crescer a parte *constante*, isto é, a parte dele cujo valor apenas reaparece no produto. É requerida mais matéria-prima para absorver mais trabalho. Igualmente, ainda que em proporção indeterminada, mais meio de trabalho. Suponhamos (e

---

[302] Matérias instrumentais.

aqui, em que ainda consideramos apenas a forma absoluta do mais-valor, essa suposição pode valer; pois, embora essa forma de mais-valor também permaneça a forma fundamental do modo de produção transformado pelo capital, ela ainda é própria do modo de produção do capital e é sua própria forma, enquanto o capital subsumiu o processo de trabalho sob si apenas *formalmente*, em verdade, portanto, um modo de produção anterior em que o trabalho humano manual é o fator principal da produção e somente é tomado sob controle do capital) que o trabalho manual seja o fator principal, que a produção seja impulsionada na forma do trabalho manual, então o número de instrumentos e meios de trabalho deve crescer quase que proporcionalmente com o número dos trabalhadores mesmos e com a quantidade de matéria-prima de que necessita, como material de trabalho, o maior número de trabalhadores. O valor da parte *constante* total do capital cresce assim na proporção em que cresce o número de trabalhadores empregados. Porém, em segundo lugar, a parte *variável* do capital, que se troca por capacidade de trabalho, deve crescer (como cresce o capital constante) na mesma proporção em que aumenta o número de trabalhadores ou o número de jornadas de trabalho simultâneas. Essa parte variável do capital crescerá ao máximo sob o pressuposto da indústria artesanal, em que o fator essencial de produção, o trabalho manual dos indivíduos num dado tempo fornece apenas quantidade reduzida de produto, de modo que o material consumido no processo de produção é pouco em relação ao trabalho empregado; igualmente, os instrumentos artesanais são simples e representam mesmo apenas valores reduzidos. Dado que a parte variável do capital constitui o seu maior componente, então ela tem de crescer mais fortemente com o crescimento do capital; ou, dado que a parte variável do capital constitui sua maior parte, então é justamente essa parte que, na troca com mais capacidade de trabalho, deve crescer de forma mais significativa. Se emprego um capital em que cerca de $2/5$ são capital constante, sendo $3/5$ pagos em salários; então, se o capital, em lugar de n trabalhadores, empregar $2 \times$ n trabalhadores, o cálculo será o seguinte: originalmente, o capital = n $(2/5 + 3/5)$, $2n/5 + 3n/5$. Agora, $4n/5 + 6n/5$. A parte paga em salário ou a parte variável do capital permanece sempre na mesma relação – tal como o número de trabalhadores, ela cresce sempre mais do que a parte constante – na qual desde o início ela fora pressuposta em linhas gerais.

Por um lado, portanto, para que, sob dadas condições, a massa de mais-valor, portanto, o capital total cresça, a população deve crescer; por outro lado, para que a população cresça, é pressuposto que o capital já tenha crescido. Sendo assim, temos aqui um *circulus vitiosus*.[303] {que, nesse trecho, deve ser deixado aberto e não esclarecido. Pertence ao cap. V[304]}

Suponha-se que o salário médio seja suficiente não apenas para que a população de trabalhadores se mantenha, mas para que cresça constantemente numa proporção qualquer, então é dada uma população crescente do início ao fim para um capital crescente, enquanto ao mesmo tempo é dado o crescimento do mais-trabalho, portanto, também o aumento do capital por meio da população crescente. Na produção capitalista, deve-se propriamente partir dessa suposição, pois ela inclui o aumento constante do mais-valor, isto é, do capital. Não cabe aqui investigar como a produção capitalista mesma contribui para o crescimento da população.

A quantidade de população que trabalha como trabalhadores sob o capital ou o número de capacidades de trabalho que se encontram no mercado pode crescer sem que a população absoluta cresça em valor absoluto ou também sem que cresça apenas a população trabalhadora em valor absoluto. Se, por exemplo, membros da família de trabalhadores, como mulheres e crianças, são submetidos ao serviço do capital, e não o eram antes, então o número de trabalhadores aumentou sem que o número absoluto da população trabalhadora tenha aumentado. Esse aumento pode ocorrer sem que a parte variável do capital, que se troca com o trabalho, tenha crescido. A família poderia, depois como antes, receber o mesmo salário com o qual vivia anteriormente. Tem apenas de fornecer mais trabalho pelo mesmo salário.

Por outro lado, a população trabalhadora absoluta pode aumentar sem que a população total cresça em número absoluto. Se partes da população que antes estavam na posse das condições de trabalho e com as quais trabalhavam – como artesãos autônomos, camponeses parcelários, finalmente, pequenos capitalistas – em decorrência dos efeitos da produção capitalista são despojadas de suas condições de trabalho, (da propriedade sobre elas), então elas podem se transformar em trabalhadores e, assim, a quantidade de população trabalhadora aumenta em valor absoluto, embora a quantidade absoluta de população não tenha aumentado. Teria aumentado meramente a grandeza numérica de diferentes classes e a proporção na qual participam na população absoluta. Porém, esse é reconhecidamente um dos efeitos da centralização derivada da produção capitalista. Nesses casos, a massa da população absoluta

---

[303] Círculo vicioso.

[304] Novamente, Marx faz referência ao plano de 1861, item 5) Trabalho assalariado e capital. (Nota da edição original).

de trabalhadores aumentaria. A massa da riqueza existente, empregada na produção, não teria crescido em valor absoluto. Porém, teria crescido a parte da riqueza transformada em capital e operante como capital.

Em ambos os casos, o crescimento do número de trabalhadores é dado sem que cresça, num caso, a população trabalhadora absoluta, no outro, a população absoluta total; sem que tenha crescido previamente, num caso, o capital pago no salário, no outro, a massa absoluta da riqueza destinada à reprodução. Com isso seria dado, ao mesmo tempo, o crescimento do mais-trabalho, do mais-valor e, por isso, δυνάμει,[305] o capital necessário aumentado com o aumento absoluto da população. (Isso tudo deve ser considerado na acumulação.).

e) *Caráter do mais-trabalho*

Quando existe uma sociedade em que alguns vivem sem trabalhar (sem diretamente tomar parte na produção de valores de uso), é claro que a superestrutura inteira da sociedade tem como condição de existência o sobretrabalho do trabalhador. São duas coisas o que eles recebem desse sobretrabalho. *Primeiro:* As condições materiais de vida, já que participam do produto e subsistem por ele e daquilo que o trabalhador fornece além do produto que é requerido para a reprodução de sua própria capacidade de trabalho. *Segundo*: O tempo livre que eles têm à disposição, seja para o ócio, seja para o exercício de atividades não imediatamente produtivas (como, por exemplo, guerra, serviço público), seja para o desenvolvimento de faculdades humanas e potências sociais (arte, etc., ciência) que não perseguem qualquer finalidade prática imediata, esse tempo pressupõe o mais-trabalho do lado da massa trabalhadora, isto é, que ela tenha de empregar mais tempo na produção material do que aquele requerido na produção de sua própria vida material. O *tempo livre* do lado das partes da sociedade que ñão trabalham se baseia no *mais-trabalho* ou *trabalho extraordinário*, no *tempo de mais-trabalho* das partes que trabalham, o livre desenvolvimento de um lado se baseia no fato de que os trabalhadores têm de utilizar todo seu tempo, portanto, o espaço de seu desenvolvimento na mera produção de determinados valores de uso; o desenvolvimento de faculdades humanas de um lado baseia-se nos limites nos quais é mantido o desenvolvimento do outro lado. Nesse antagonismo se baseia toda civilização e desenvolvimento social até aqui. *Por um lado*,

---

[305] Em potência.

portanto, ao tempo livre de alguns corresponde o tempo de trabalho extraordinário do tempo subjugado ao trabalho de outros – tempo de sua existência e atuação como mera capacidade de trabalho. *Por outro lado*, o mais-trabalho não se realiza apenas em mais valor, mas no *mais-produto*[306] – excedente da produção além da massa que a classe trabalhadora necessita e utiliza para sua própria subsistência. O valor existe num valor de uso. Mais-valor, com isso, no sobreproduto.[307] Mais-trabalho em sobreprodução,[308] e ela constitui a base para a existência de todas as classes não absorvidas imediatamente na produção material. Assim, a sociedade se desenvolve por meio da falta de desenvolvimento da massa trabalhadora que, ao contrário, constitui a sua base material. Não é absolutamente necessário que o mais-produto expresse mais-valor. Se 2 quarters de trigo são o produto do mesmo tempo de trabalho que anteriormente 1 quarter, então 2 quarters não expressam nenhum valor mais alto que 1 expressava anteriormente. Porém, pressuposto um dado desenvolvimento determinado das forças produtivas, sempre se representa mais-valor no sobreproduto, isto é, o produto (valor de uso) criado por meio de 2 horas é duas vezes maior que aquele criado por meio de 1 hora. Expresso mais precisamente: o tempo de mais-trabalho que a massa trabalhadora trabalha além da medida necessária à reprodução de sua capacidade de trabalho, de sua própria existência, além do *trabalho necessário*, esse tempo de mais-trabalho que se expressa como mais-valor se materializa, ao mesmo tempo, em mais-produto, sobreproduto, e esse sobreproduto é a base material da existência de todas as classes que vivem fora das classes trabalhadoras, de toda a superestrutura da sociedade. Ele faz, *ao mesmo tempo, o tempo livre*, dá a elas seu tempo disponível para o desenvolvimento das demais faculdades. A produção de tempo de sobretrabalho, de um lado, é simultaneamente a produção de tempo *livre* do outro lado. O desenvolvimento humano inteiro, na medida em que vai além do desenvolvimento imediatamente necessário à existência natural humana, consiste meramente na apropriação desse tempo livre e o pressupõe como base necessária. O tempo livre da sociedade é assim produzido por meio da produção de tempo não livre, que é prolongado, do tempo de trabalho do trabalhador prolongado além do tempo de trabalho exigido para sua própria subsistência. O tempo livre de alguns corresponde ao tempo de servidão de outros.

---

[306] *Mehrproduct.*

[307] *Surplusproduct.*

[308] *Surplusproduction.*

A forma do sobretrabalho que consideramos aqui – além da massa do tempo de trabalho necessário – o capital a tem em comum com todas as formas de sociedade em que o desenvolvimento se encontra além da pura relação natural e, com isso, do desenvolvimento antagônico, o desenvolvimento social que faz com que alguns tenham sua base natural no trabalho de outros.

O tempo de sobretrabalho – o absoluto –, como é aqui considerado, também permanece a base na produção capitalista, embora ainda venhamos a conhecer uma outra forma.

Na medida em que temos aqui somente a oposição de trabalhador e capitalista, todas as classes que não trabalham devem partilhar com o capitalista do produto do sobretrabalho; de tal modo que esse tempo de sobretrabalho cria não apenas a base de sua existência material, mas, ao mesmo tempo, cria seu *tempo livre*, a esfera de seu desenvolvimento.

O mais-valor absoluto, isto é, o mais-trabalho absoluto permanece sempre a forma preponderante.

Assim como a planta vive da terra, o gado da planta ou do gado herbívoro, assim a parte da sociedade que possui o tempo livre, tempo *disposable*[309] não absorvido na produção de subsistência imediata, vive do mais-trabalho do trabalhador. Por isso, riqueza é tempo *disposable*.[310]

Veremos como os economistas, etc. consideram essa oposição como natural.

Dado que o mais-valor se representa primeiramente em mais-produto, mas todos os outros trabalhos já são tempo *disposable*, comparados com o tempo de trabalho que é empregado na produção de meios de sustento, fica claro por que os fisiocratas fundamentam o mais-valor sobre o mais-produto na agricultura, que eles apenas falsamente consideraram como mera dádiva da natureza.

Já se pode aqui observar:

Os ramos de trabalho utilizados na produção de mercadorias se diferenciam entre si conforme o grau de sua necessidade, e esse grau depende da relativa necessidade com a qual os valores de uso que criam são requeridos para a existência física. Essa espécie de trabalho *necessário* se relaciona com o valor de uso, não com o valor de troca. Isto é, não se trata aqui do tempo de trabalho que é necessário para criar um valor que se decompõe na soma

---

[309] Disponível.

[310] Essa frase, inserida mais tarde, é uma citação parcialmente traduzida de *The source and remedy of the national difficulties...*, p. 6: "Wealth is disposable time and nothing more." Marx citará em inglês num "adendo ao ponto e)". Cf. p. 223, *infra*. (Nota da edição original).

dos produtos necessários ao trabalhador para sua existência; ela diz respeito à necessidade relativa dos carecimentos que os produtos de diferentes trabalhos satisfazem. Dessa perspectiva, o trabalho agrícola (a compreender como todo trabalho requerido no fornecimento dos meios de sustento imediato) é o mais necessário. Somente ele cria para a indústria as *disposable free hands*, como diz Steuart.[311] Porém, distinguir este ponto ulteriormente. Enquanto um emprega todo seu tempo disponível na agricultura, o outro pode empregá-lo na indústria. Divisão do trabalho. Porém, o mais-trabalho em todos os outros ramos repousa igualmente no mais-trabalho na agricultura, que fornece a matéria-prima para todos os outros. "É óbvio que os números relativos de pessoas que podem ser mantidas sem trabalho agrícola têm de ser medido inteiramente pelo poder produtivo de cultivo"[312] (p. 159-60. R. *Jones. On the Distribution of Walth. Lond., 1831*).

Adendos

ad b. Na luta ainda em curso em Londres entre os trabalhadores e os empresários (capitalistas) da construção, entre outras coisas, os trabalhadores levantam as seguintes objeções contra o sistema de horas elaborado pelos patrões (segundo o qual o contrato entre os dois lados é válido somente para a hora; em verdade, a hora é estabelecida como jornada normal): *primeiro*, por meio desse sistema é abolida toda jornada normal (jornada normal de trabalho), portanto todo limite ao trabalho diário total (trabalho necessário e mais-trabalho somados). O estabelecimento de tal jornada normal de trabalho é o objetivo permanente da classe trabalhadora, que em todos os tais ramos se encontra no ponto mais baixo da degradação, por exemplo, os trabalhadores empregados nas docas no Tâmisa, etc., onde tal jornada normal inexiste de fato ou de direito. Eles enfatizam que a jornada normal constitui não apenas a medida da duração média da vida do trabalhador, mas antes domina seu desenvolvimento completo. *Segundo*: por meio desse sistema de horas, desaparece o *extrapay*[313] pelo trabalho extraordinário – isto

---

[311] "mão de obra disponível", expressão utilizada por James Steuart em seu *An Inquiry into the principles of political economy...*, de 1770, especialmente para designar os trabalhadores dispensados no campo com o progresso agrícola e absorvidos pela indústria. (Nota da edição original).

[312] "It is obvious that the relative numbers of persons who can be maintained without agricultural labour, must be measured wholly by the productive powers of cultivation." Em Jones: "powers of the cultivators" [poderes dos cultivadores]. (Nota da edição original).

[313] Pagamento extra.

é, o excedente de mais-trabalho além de sua medida normal e convencional. Se, por um lado, em casos excepcionais, esse *extrapay* possibilita ao patrão fazer trabalhar além da jornada normal, ele coloca correntes douradas em seu impulso de prolongar infinitamente a jornada de trabalho. Esse era um dos motivos por que os trabalhadores reclamavam o *extrapay*. O segundo: eles reclamam o *extrapay*[314] pelo trabalho extraordinário porque, com o prolongamento da jornada normal, introduz-se uma diferença não apenas quantitativa, mas qualitativa, e o *valor* diário da capacidade de trabalho mesma deve ser submetido com isso a outra avaliação. Por exemplo, se em lugar do trabalho de 12 horas tem-se o de 13 horas, então se deve avaliar a jornada de trabalho média de uma capacidade de trabalho que é consumida, por exemplo, em 15 anos, enquanto no outro caso deve ser avaliada a jornada média de uma capacidade de trabalho que é consumida em 20 anos. *Terceiro*: Porque, na medida em que uma parte dos trabalhadores trabalha extraordinariamente, uma parte correspondente se torna desempregada, e o salário dos que estão empregados é rebaixado por meio do salário pelo qual trabalham os desempregados.

{Mais-valor absoluto e mais-valor relativo tomados em conjunto significa: se a produtividade do trabalho permanece a mesma, assim como o número de trabalhadores, então o mais-valor pode crescer somente na medida em que o mais-trabalho aumenta; portanto a jornada de trabalho total (a medida do uso da capacidade de trabalho) é prolongada além de seus limites dados. Se a jornada de trabalho total permanece a mesma, o mesmo ocorrendo com o número de trabalhadores, então o mais-valor pode crescer somente se a produtividade do trabalho cresce ou, o que é o mesmo, a parte da jornada de trabalho requerida para o trabalho necessário é reduzida. Se a jornada de trabalho total e a produtividade do trabalho permanecem as mesmas, então permanece inalterada a taxa de mais-valor, isto é, sua proporção com o tempo de trabalho necessário, mas a massa de mais-valor pode crescer em ambos os casos com o aumento das jornadas de trabalho simultâneas, isto é, com o aumento da população. Ao inverso: a taxa de mais-valor pode cair somente no caso da diminuição do mais-trabalho – que ocorre quando a jornada de trabalho total é reduzida com uma produtividade do trabalho que se mantém constante – ou no caso de um decréscimo da produtividade do trabalho, quando a parte da jornada de trabalho requerida para o trabalho necessário decresce com a duração

---

[314] Pagamento extra.

da jornada de trabalho total constante. Em ambos os casos, com a taxa de mais-valor inalterada, a medida do mais-valor decresce se o número de jornadas de trabalho simultâneas – portanto, a população (isto é, a que trabalha) – decresce.

Em todas essas relações, está pressuposto que o trabalhador vende sua capacidade de trabalho por seu *valor*, isto é, que o *preço* do trabalho ou o salário corresponde ao seu *valor*. Esse pressuposto, como já foi repetido muitas vezes, está na base de toda a investigação. Em que medida o salário mesmo sobe ou cai acima ou abaixo de seu valor pertence ao capítulo do salário, assim como a exposição das formas particulares em que a divisão entre trabalho necessário e mais-trabalho pode ocorrer, aparecer (salário diário, salário semanal, salário por peça, salário por hora, etc.). Porém, aqui pode ser observado em geral: se o mínimo do salário, os custos de produção da capacidade de trabalho mesma, fosse reduzido a um nível continuamente inferior, então, com isso, o mais-valor relativo seria igualmente aumentado constantemente e, com isso, o mais-trabalho, como se a produtividade do trabalho tivesse aumentado. Do ponto de vista do resultado, é evidentemente o mesmo se um trabalhador, de 12 horas de trabalho, trabalha 8 horas para si em lugar das 10 de até então porque seu trabalho se tornou mais produtivo e ele poderia produzir em 8 horas os *mesmos* meios de subsistência para os quais necessitava anteriormente de 10, ou se ele recebe no futuro meios de subsistência *piores*, cuja produção requer apenas 8 horas, enquanto a produção dos anteriores e melhores requeria 10 horas. Em ambos os casos, o capitalista ganharia 2 horas de mais-trabalho, trocaria pelo produto de 8 horas de trabalho um de 12, enquanto antes trocava pelo produto de 10 horas o de 12. Além disso, se não ocorresse tal diminuição do valor da capacidade de trabalho mesma, ou qualquer queda, qualquer piora nos meios de subsistência do trabalhador, então uma redução temporária do salário abaixo de seu mínimo normal ou, o que é o mesmo, uma queda do preço diário da capacidade de trabalho abaixo de seu valor diário temporariamente – pelo tempo em que isso ocorresse – coincidiria com a queda mencionada acima, com a diferença de que aqui é transitório aquilo que ali era constante. Se um capitalista, em decorrência da concorrência entre os trabalhadores etc., reduz o salário abaixo de seu mínimo isso significa, em outras palavras, apenas que ele deduz uma parcela da quantidade da jornada de trabalho que normalmente constitui o tempo de trabalho necessário, isto é, a parte que de seu tempo de trabalho que cabe ao próprio trabalhador. Toda diminuição do tempo de trabalho necessário que não é decorrência de um aumento da produtividade do trabalho não é, em verdade, qualquer diminuição do tempo de trabalho necessário, mas apenas apropriação do tempo de trabalho necessário pelo capital, invasão além de seu domínio do mais-trabalho. Se o trabalhador recebe salário inferior ao normal, então isso é o mesmo que ele receber o produto de menos tempo de trabalho do que o necessário para a reprodução de sua capacidade de trabalho em condições normais, de tal forma que, se 10 horas são requeridas para tal, ele recebe somente o produto de 8 de seu tempo de trabalho necessário de 10 horas, 2 sendo apropriadas pelo capital. Naturalmente, no que concerne ao mais-valor do capitalista, é inteiramente o mesmo para esse mais-valor, isto é, mais-trabalho, se ele paga ao trabalhador as 10 horas de que necessita para a existência normal e que o faça realizar mais-trabalho por 2 horas para o capital, ou se ele o faz trabalhar somente por 10 horas e lhe paga 8 horas, com as quais ele não pode comprar os meios de subsistência necessários à sua existência normal. Uma redução do salário com a produtividade do trabalho constante é o aumento do mais-trabalho por meio da interrupção violenta do tempo de trabalho necessário, por meio da invasão de seu domínio. É claro que é o mesmo para o capitalista se ele paga menos pelo mesmo tempo de trabalho ou se faz o trabalhador trabalhar mais tempo pelo mesmo salário.}

Adendo ad e. Na produção capitalista, na medida em que o capital força o trabalhador a trabalhar além de seu tempo de trabalho necessário – isto é, além do tempo de trabalho que é requerido para a satisfação de suas próprias necessidades vitais como trabalhador –, o capital, enquanto relação de dominação do trabalho passado sobre o trabalho vivo, gera, produz o *mais-trabalho* e, com isso, o *mais-valor*. Mais-trabalho é trabalho do trabalhador, do indivíduo, além dos limites de sua necessidade, em verdade, trabalho para a sociedade, embora aqui o capitalista cobre esse mais-valor antes, em nome da sociedade. Como foi dito, esse mais-trabalho, por um lado, é a base do tempo livre da sociedade, por outro lado, por isso, a base material de todo seu desenvolvimento e da cultura em geral. Na medida em que é a coerção do capital que força a grande massa da sociedade a esse trabalho além de sua necessidade imediata, ele gera cultura; ele exerce uma função histórico-social. Com isso, é criada a laboriosidade da sociedade em geral, além do tempo requerido pelas necessidades físicas imediatas do trabalhador mesmo.

De fato, em toda parte onde a sociedade repousa sobre um antagonismo de classe, de tal forma que, por um lado, os possuidores das condições de produção dominam, por outro lado, os despossuídos, excluídos da posse das condições de produção têm de trabalhar, têm de conservar por seu trabalho a si e a seus senhores, está claro que todas as classes dominantes exercem essa mesma dominação dentro de certos limites – na escravidão, por exemplo, de forma muito mais direta que no trabalho assalariado – e, por isso, forçam o trabalho igualmente além dos limites que estão postos pela mera necessidade natural. Porém, em todas as circunstâncias em que predomina o *valor de uso*, o tempo de trabalho é mais indiferente, na medida em que ele é estendido somente para fornecer aos senhores, além dos meios de subsistência do trabalhador mesmo, uma espécie de riqueza patriarcal, certa massa de valores de uso. Porém, na medida em que o *valor de troca* se torna elemento determinante da produção, o prolongamento do tempo de trabalho além da medida da necessidade natural se torna mais e mais decisivo. Por exemplo, onde dominam a escravidão e a servidão da gleba, em povos poucos dedicados ao comércio, não se pode pensar em qualquer trabalho extraordinário. Por isso, escravidão e servidão da gleba assumem a forma mais odiosa em povos comerciantes, como os cartagineses; porém, mais ainda nos povos que as conservam como base de sua produção numa época em que sua ligação com outros povos se dá com base na produção capitalista; assim, por exemplo, nos estados sulistas da União Americana.

Como, na produção capitalista, o valor de troca domina pela primeira vez toda a produção e toda a articulação da sociedade, então a coação que o capital aplica no trabalho para ir além dos limites de sua necessidade é a maior possível. Igualmente porque nela, pela primeira vez, o *tempo de trabalho necessário* (tempo de trabalho socialmente necessário) determina de forma abrangente as grandezas de valor de todos os produtos sob seu domínio, a intensidade do trabalho adquire um grau mais elevado na medida em que somente aqui o trabalhador é em geral coagido a empregar na produção de um objeto somente o *tempo de trabalho necessário* sob as condições de produção sociais gerais. O chicote do senhor de escravos não pode produzir essa intensidade no mesmo grau que a coação da relação capitalista. Nesta última, o trabalhador livre, para satisfazer seus carecimentos necessários, deve (1) transformar seu tempo de trabalho em *tempo de trabalho necessário*, dar a ele o grau de intensidade geral, social, determinado (pela concorrência); (2) fornecer mais-trabalho, para lhe ser permitido (para poder) trabalhar para si próprio o tempo de trabalho necessário. O escravo, ao contrário, tem seus carecimentos necessários satisfeitos como o animal e depende apenas de sua aptidão natural o quanto o chicote, etc. é um motivo suficiente para ele, induzindo-o a fornecer trabalho em contrapartida a esses meios de subsistência. O trabalhador trabalha para gerar para si mesmo seus meios de subsistência, para ganhar sua própria vida. O escravo é conservado vivo por outrem, para ser coagido por ele a trabalhar.

Portanto, a relação capitalista é mais produtiva desse modo, primeiro, porque nela se trata do tempo de trabalho, do valor de troca, não do produto como tal ou do valor de uso; segundo, porque o trabalhador livre pode satisfazer suas necessidades vitais somente na medida em que vende seu trabalho; portanto, ele é coagido por seu próprio interesse, e não externamente.

A divisão do trabalho pode existir em geral somente se cada produtor de uma mercadoria utiliza mais tempo de trabalho para a produção dessa mercadoria do que requer sua própria necessidade nessa mercadoria determinada. Porém, disso não segue ainda que seu tempo de trabalho em geral seja prolongado além da esfera de sua necessidade. Antes, a esfera de suas necessidades – que, no entanto, é ampliada do início ao fim com a divisão do trabalho, das ocupações – determinará a quantidade total de seu tempo de trabalho. Por exemplo, um agricultor que produz todos os seus meios de subsistência não precisa trabalhar o dia inteiro no campo, mas teria, por exemplo, de dividir 12 horas entre trabalho no campo e diversos trabalhos domésticos. Que ele utilize então seu tempo de trabalho inteiro de 12 horas na agricultura, e que troque, compre, com o excedente do produto dessas 12 horas, produtos de outros trabalhadores, isso é o mesmo que se tivesse empregado ele mesmo uma parte de seu tempo de trabalho na agricultura e outra em outros ramos de atividade. As 12 horas que ele trabalha são, como antes, tempo de trabalho requerido para a satisfação de suas *próprias necessidades* e tempo de trabalho no interior dos limites de sua necessidade natural ou, antes, social. Porém, o capital se move além desses limites naturais ou tradicionais do tempo de trabalho, na medida em que, ao mesmo tempo, faz a intensidade do trabalho dependente do estágio de produção social e, assim, elimina a ineficiência dos produtores de subsistência autônomos ou dos escravos que trabalham apenas sob coação externa. Se todos os ramos de produção cabem à produção capitalista, então segue do mero crescimento geral do mais-trabalho – do tempo de trabalho geral – que é aumentada a divisão dos ramos de atividades, a diversidade dos trabalhos e das mercadorias que entram na troca. Se 100 homens trabalham em um ramo de atividade tanto tempo quanto antes trabalhavam 110 homens – com mais-trabalho mais curto ou duração mais curta do trabalho total –, então 10 homens podem ser lançados em outro ramo de atividade novo, assim como a parte do capital que era requerida antes para a atividade desses 10 homens. A simples saída – deslocamento do tempo de trabalho – além de seus limites naturais ou tradicionais conduzirá, por isso, à aplicação do trabalho social em novos ramos de produção. Na medida em que o *tempo de trabalho* se torna livre – e o mais-trabalho cria não apenas *tempo livre* – ele com que a capacidade de trabalho que estava ligada a um ramo de trabalho se torne trabalho *livre* em geral (esse é o ponto) para novos ramos de produção. Porém, encontra-se na lei de desenvolvimento da natureza humana que, uma vez proporcionada a satisfação de uma esfera de necessidades, *novas necessidades* são liberadas, são criadas. Com isso, na medida em que o capital desloca o tempo de trabalho além da medida determinada para a satisfação da necessidade natural do trabalhador, ele impulsiona uma maior divisão do trabalho social – o trabalho na totalidade da sociedade –, uma maior diversidade da produção, a ampliação da esfera de necessidades sociais e dos meios de sua satisfação, por isso, também o desenvolvimento da capacidade de produção humana e, com isso, o exercício das faculdades humanas em novas direções. Porém, assim como o tempo de sobretrabalho é condição do tempo livre, também essa ampliação da esfera das necessidades e dos meios de sua satisfação é condicionada pelo aprisionamento do trabalhador nos carecimentos vitais necessários.

Adendo a a)

Primeiro. Em seu escrito "Letters on the Factory Act, as it affects the Cotton Manufacture etc. *London 1837*", *Nassau W. Senior* diz (p. 12-13):

"Sob a lei atual, nenhuma fábrica em que pessoas abaixo de 18 anos são ocupadas pode trabalhar mais do que $11\frac{1}{2}$ horas diariamente, isto é, 12 horas durante os 5 primeiros dias e 9 horas no sábado. Agora, a análise a seguir mostra que, numa tal fábrica, o lucro total líquido (*net profit*) é derivado (provém, *is derived*) da última hora. Um fabricante antecipa 100.000 *l* - 80.000 *l* em edificação da fábrica e maquinaria, 20.000 em matéria-prima e salário. Pressupondo-se que o capital total percorra sua rotação anualmente e que a renda total (lucro bruto) importe em 15%, a renda anual da fábrica tem de ser no montante de mercadorias no valor de 115.000 *l*, reproduzidas pela constante conversão e reconversão do capital circulante de 20.000 *l* de dinheiro em mercadoria e de mercadoria em dinheiro, em períodos algo mais longos que dois meses. Dessas 115.000 *l*, cada uma das 23 meias-horas produz diariamente $5/_{515}$ ou $1/_{23}$. Desses $23/_{23}$, que constituem o total das 115.000 *l* (*constituting the whole* 115.000 *l*), $2/_{23}$, isto é 100.000 *l* das 115.000, substituem somente o capital; $1/_{23}$ ou 5.000 *l* das 15.000 (ganho) substituem a depreciação da fábrica e da maquinaria. Os $2/_{23}$ restantes, isto é, as duas últimas meias horas produzem a cada dia o lucro líquido de 10%. Com isso, (com os preços permanecendo constantes) se a fábrica pudesse operar durante 13 horas de trabalho em lugar de 11½, então, com um pagamento adicional de cerca de 2.600 *l* em capital circulante, o lucro líquido seria mais que duplicado. Por outro lado, se as horas de trabalho fossem reduzidas em uma hora, com preços permanecendo constantes, então o lucro líquido seria destruído, se também fosse reduzido em 1 ½ hora o lucro bruto."[315] *Primeiro*: a exatidão ou inexatidão dos dados positivos fornecidos por Senior é indiferente para o objeto de nossa investigação. *Leonard Horner*, um homem que se distingue tanto pelo conhecimento rigoroso da matéria quanto pelo incorruptível amor à verdade, demonstrou a falsidade de tais enunciados, que o senhor Senior postulou como eco fiel dos fabricantes de Manchester em 1837. (Ver *Leonard Horner: A Letter to Mr. Senior etc. London, 1837*).

Segundo: A citação de Senior é característica da estupidificação de que são vítimas irremediáveis os exegetas da ciência tão logo se degradam em sicofantas de uma classe dominante. Senior escreveu o texto citado no interesse dos fabricantes de algodão e, antes de sua composição, se deslocou propositalmente para Manchester para receber dos próprios fabricantes o material para seu escrito. Na citação, Senior, professor de economia política em Oxford e um dos mais renomados economistas ingleses vivos, comete uma falha grosseira que não perdoaria a nenhum de seus alunos. Ele faz a afirmação de que o trabalho anual numa fábrica de algodão ou, o que é o mesmo, o trabalho de 11 ½ horas, dia a dia durante o ano, além do tempo de trabalho ou valor que ele mesmo adiciona à matéria-prima, o algodão, por meio da maquinaria, também cria ainda o valor da matéria-prima contida no produto e o valor da maquinaria e do edifício utilizados na produção. De acordo com isso, numa fiação de algodão, por exemplo, os trabalhadores, durante seu tempo de trabalho de 11½ horas, além do trabalho de fiação (isto é, do valor), produziriam ao mesmo tempo o algodão que eles trabalham, a maquinaria com a qual trabalham o algodão e o edifício da fábrica onde esse processo ocorre. Somente nesse caso o senhor Senior poderia dizer que as $^{23}/_2$ horas de trabalho diário durante todo o ano constituiriam as 115.000 £, isto é, o valor do produto total anual. Senior calcula assim: os trabalhadores trabalham durante o dia tantas horas para "substituir" o valor do algodão, portanto, para criar, tantas horas para "substituir" o valor da parte utilizada da maquinaria e da fábrica, tantas horas para produzir seu próprio salário e tantas horas para produzir o lucro. Essa representação

---

[315] Partes essenciais dessa versão se encontram no *Citatenheft*, p. 18, com remissão ao caderno XI, Londres, 1851, p. 4-5, onde o escrito de Senior é citado em detalhe. Cf. também os *Grundrisse*, caderno VII, p. 41. (Nota da edição original).

infantilmente estúpida, segundo a qual o trabalhador, além de seu próprio tempo de trabalho, também trabalha simultaneamente o tempo de trabalho que está contido na matéria-prima que ele trabalha e na maquinaria que ele utiliza, portanto, produz matéria-prima e maquinaria *ao mesmo tempo*, ali onde constituem, como produtos acabados, as condições de seu trabalho, essa ideia se explica pelo fato de que Senior, totalmente sob o domínio das lições que os fabricantes lhe ministraram, corrompeu um modo prático de calcular deles, que de fato também é totalmente correto teoricamente, mas que, por um lado, é totalmente indiferente na relação que Senior pretende considerar, em particular aquela entre tempo de trabalho e ganho, e, por outro lado, produz facilmente a concepção vulgar de que o trabalhador produz não apenas o valor que adiciona às suas condições de trabalho, mas também o valor dessas condições de trabalho mesmas. Tal cálculo prático é este: suponhamos que o valor do produto total, digamos, tempo de trabalho de 12 horas, consista, por exemplo, em $1/3$ de valor do material de trabalho, portanto algodão, por exemplo, $1/3$ do meio de trabalho, maquinaria, por exemplo, e $1/3$ do novo trabalho adicionado, por exemplo, da fiação. A relação de pagamento é indiferente aqui. Deve-se supor sempre alguma relação determinada. Ponhamos que o produto seja igual a 3 £. Então, o fabricante pode calcular o valor do produto de $1/3$ do tempo de trabalho diário ou de 4 horas é igual ao valor do algodão de que necessito para 12 horas ou que é trabalhado no produto total. O valor do produto do segundo $1/3$ do tempo de trabalho diário é igual ao valor da maquinaria que utilizo durante 12 horas. Finalmente, o valor do produto do terceiro $1/3$ do tempo de trabalho diário é igual ao salário mais o lucro. Portanto, ele pode dizer que o $1/3$ do tempo de trabalho diário lhe substitui o valor do algodão, o segundo $1/3$ lhe substitui o valor da maquinaria, finalmente, o terceiro $1/3$ constitui salário e lucro. Em verdade, isso significa apenas que, por um lado, o tempo de trabalho inteiro da jornada adiciona apenas a si mesmo ao valor de algodão e maquinaria existentes independentemente dele, apenas o valor que constitui salário por um lado e lucro por outro lado. Em particular, o valor do produto do primeiro terço da jornada ou das primeiras 4 horas é igual a $1/3$ do valor do produto total de 12 horas de trabalho. O valor do produto dessas primeiras 4 horas é igual a 1 *l* enquanto o valor do produto total de 12 horas = 3. Porém, do valor dessa 1 *l*, $2/3$, portanto 13 $1/3$ s consistem no valor existente de algodão e maquinaria (segundo o pressuposto). Novo valor adicionado é somente $1/3$ ou o valor de 6 $2/3$ s, de 4 horas de trabalho. O valor do *produto* do primeiro $1/3$ da jornada de trabalho = 1 *l*, porque, nesse produto, $2/3$ ou 13 $1/3$ s consistem no valor pressuposto da matéria-prima e da maquinaria utilizada e que apenas reaparece no produto. O trabalho criou valor de apenas $6^2/_3$ s nas 4 horas e, com isso, cria somente 20 s ou 1 *l* de valor nas 12 horas. O valor do *produto* do trabalho de 4 horas é precisamente uma coisa totalmente diferente do novo valor criado, do *trabalho adicionado*, trabalho de fiação que, segundo o pressuposto, aumenta os valores existentes em apenas $^1/_3$. O trabalho de fiação não absorve nas 4 primeiras horas a matéria-prima de 12 horas, mas aquela de 4. Porém, se o valor do fio de 4 horas é igual ao valor do algodão absorvido durante 12 horas, isso decorre somente do fato de que, segundo o pressuposto, o valor do algodão constitui $^1/_3$ do valor do fio de cada hora singular, portanto, também $^1/_3$ do valor do fio produzido em 12 horas, isto é, ele é igual ao valor do fio produzido em 4 horas. O fabricante também poderia calcular que o produto do trabalho de 12 horas lhe substitui o valor do algodão para 3 dias e com isso tampouco a relação de que se tratava seria afetada. Para os fabricantes, o cálculo tem valor prático. No estágio de produção em que trabalha, ele deve transformar tanto algodão quanto é requerido para absorver uma determinada quantidade de tempo de trabalho. Se o algodão constitui $^1/_3$ no valor do produto total de 12 horas, então o produto de $^1/_3$ da jornada inteira de trabalho de 12 horas, ou produto de 4 horas, constitui o valor do algodão absorvido durante 12 horas. Vê-se como é importante reter que, num determinado processo de produção, assim, por exemplo, a fiação, o trabalhador não cria qualquer valor além daquele medido por seu próprio tempo de trabalho (aqui, a fiação), de cujo tempo de trabalho uma parte substitui o salário, a outra constitui o mais-valor que cabe ao capitalista.

(Em verdade, os trabalhadores não *produzem* ou *reproduzem* qualquer partícula nem do valor da matéria-prima, nem daquele da maquinaria, etc. Ao valor da matéria-prima e ao valor da maquinaria consumida na produção eles adicionam apenas seu próprio trabalho e esse é o valor novo criado, do qual uma parte é igual ao seu próprio salário e a outra é igual ao mais-valor que o capitalista recebe. Por isso, o produto inteiro – se a produção deve continuar – também não é divisível entre capitalista e trabalhador, mas meramente o produto menos o valor do capital nele adiantado. Nenhuma hora do trabalho é dedicada a "substituir" o capital no sentido de Senior, de tal forma que o trabalho produza duplamente seu valor e o de seu material, etc. A afirmação de Senior se reduz a que, das 11 $^1/_2$ horas que o trabalhador trabalha, 10$^1/_2$ constituem seu salário e somente $^2/_2$ ou 1 hora o seu tempo de sobretrabalho.)[316]

---

[316] *Citatenheft*, p. 18. (Nota da edição original).

Terceiro: Todo o tratamento não científico do senhor Senior está não em especificar em absoluto aquilo que era essencial, a saber, o capital adiantado no salário, mas em confundi-lo com aquele adiantado na matéria-prima. Porém, se a relação dada por ele fosse correta, então, das 11^1/$_2$ horas ou 23 meias-horas, os trabalhadores trabalhariam 21 meias-horas para si e forneceriam apenas mais-valor de 2 meias-horas ao capitalista. Consequentemente, o mais-trabalho estaria na relação com o trabalho necessário = 2 ÷ 21, = 1 ÷ 10½, isto é, portanto 9 ^{11}/$_{21}$% e isso deve dar 1% de lucro sobre o capital inteiro! O mais estranho, aquilo que mostra sua total não cientificidade sobre a natureza do mais-valor: ele supõe que, das 23 meias-horas ou 11^1/$_2$ horas, somente 1 hora constitui o mais-trabalho, o mais-valor portanto, e então se admira que, se os trabalhadores adicionassem a essa 1 hora de mais-trabalho ainda mais 1^1/$_2$ hora de mais-trabalho, trabalhariam 5 meias-horas em lugar de 2 (portanto, 13 horas no total), e o ganho líquido aumentaria *mais que o dobro*. Igualmente inocente é a descoberta de que, sob o pressuposto de que o mais-trabalho inteiro ou o mais-valor é igual a uma hora, todo o lucro líquido desapareceria caso o tempo de trabalho reduzisse essa uma hora, portanto, mais-trabalho não seria trabalhado em absoluto. Por um lado se vê o encantamento pela descoberta de que o mais-valor, portanto, o ganho, se resolva em mero mais-trabalho, por outro lado, ao mesmo tempo, a incompreensão dessa relação, que chama a atenção do senhor Senior somente como curiosidade na fabricação do algodão, sob a influência dos fabricantes.

Segundo.[317] O dinheiro que o trabalhador recebe como salário representa o tempo de trabalho existente nas mercadorias exigidas para a satisfação de suas necessidades vitais. O mais-valor se origina do fato de que o trabalhador dá mais tempo de trabalho em troca dessas mercadorias do que está nelas contido, mais trabalho vivo por uma quantidade determinada de trabalho objetivado. Ele compra essas mercadorias, cuja amplitude constitui seu salário, portanto, com mais trabalho do que é requerido na sua produção. "Qualquer que seja a quantidade de trabalho requerida para produzir uma mercadoria qualquer, no presente estado da sociedade, o trabalhador tem sempre de dar uma grande quantidade a mais de trabalho para adquiri-la e possuí-la do que é requerido para comprá-la da natureza. O preço natural,

---

[317] Refere-se ao "primeiro" da página 259, ou seja, aqui se inicia o segundo adendo ao item a). (Nota da edição original).

Página 111 do manuscrito, Caderno III.

assim acrescido para o trabalhador, é o preço social"³¹⁸ (p. 220. Th. *Hodgsking*, Pop. Pol. Econ. London, 1827).

"Brotherton, ele mesmo um fabricante, explicava na *House of Commons*³¹⁹ que os fabricantes acrescentariam semanalmente centenas de *l* aos seus ganhos se pudessem induzir seus trabalhadores (seus homens, sua gente) a trabalhar apenas uma hora a mais por dia." (*Ramsay, loc. cit.*, p. 102)

"Onde não há sobretrabalho, não pode haver qualquer sobreproduto nem, portanto, qualquer capital" (p. 4, *The source and the remedy of the National Difficulties*, etc. London, 1821).³²⁰

"O montante de capital que pode ser investido num dado momento, num dado país ou no mundo, de modo a dar em retorno não menos que *uma dada taxa de lucros*, parece depender principalmente da *quantidade de trabalho* que, ao despender o capital, é possível induzir o número então existente de seres humanos a realizar"³²¹ (p. 20. *An Inquiry into those Principles respecting the Nature of Demand etc. lately advocated by Mr. Malthus. London*, 1821).

Na p. 106-107: "Se o trabalhador pode ser levado a se alimentar de batatas em lugar de pão, é indiscutivelmente verdade que mais pode ser exigido de seu trabalho; isto é, se quando alimentado com pão ele era obrigado a reter para a sua manutenção e de sua família o trabalho de segunda e terça, ele terá necessidade apenas da metade de segunda quando alimentado com batatas; e a metade restante de segunda e a terça inteira estão disponíveis ou para o serviço público ou para o capitalista"³²² (*26. The Source and Remedy of the Nation, Diff.* Lond, 1821).

---

[318] "Whatever quantity of labour may be requisite to produce any commodity, the labourer must always, in the present state of society, give a great deal more labour to acquire and possess it than is requisite to buy it from nature. Natural Price so increased to the labourer is Social Price." Esta citação e a seguinte foram extraídas do *Citatenheft*, p. 17. (Nota da edição original).

[319] *Casa dos comuns*: câmara baixa do parlamento britânico.

[320] Esta citação e a seguinte foram extraídas do *Citatenheft*, p. 18. (Nota da edição original).

[321] "The amount of capital which can be invested at a given moment, in a given country, or the world, so as to return not less than *a given rate of profits*, seems principally to depend on *the quantity of labour*, which it is possible, by laying out the capital, to induce the then existing number of human beings to perform." Sublinhado por Marx. (Nota da edição original).

[322] "If the labourer can be brought to feed on potatoes, instead of bread, it is indisputably true that then more can be exacted form his labour; i. e., if when fed on bread he was obliged to retain for the maintenance of himself and family the labour of Monday and Tuesday, he will, on potatoes, require only the half of Monday; and the remaining half of Monday and the whole of Tuesday are available either for the service of the state or the capitalist." (*Citatenheft*, p. 19). (Nota da edição original).

"Qualquer que seja o que é *devido* ao capitalista, ele *pode receber apenas* o sobretrabalho do trabalhador; pois o trabalhador *deve viver*. Porém, é perfeitamente verdade que, se o capital não diminui em valor ao aumentar no montante, o capitalista exigirá dos trabalhadores o produto de cada hora de trabalho além do que é *possível* para o trabalhador subsistir: e por mais horrível e repulsivo que possa parecer, o capitalista pode eventualmente especular sobre o alimento que requer o menor trabalho para produzi-lo e, eventualmente, dizer ao trabalhador: 'Você não deveria comer pão, porque os alimentos à base de cevada custam menos. Você não deveria comer carne, porque é possível subsistir com beterraba e batatas"[323] (p. 23-24, *loc. cit.*).

Adendo a e) *p. 107*. "Riqueza é tempo disponível e nada mais"[324] (p. 6. *The Source and Rem, etc.*).

Na produção capitalista, o trabalho do trabalhador se torna muito maior do que no *trabalhador autônomo*, porque sua relação não é determinada em absoluto pela relação de seu trabalho com *sua necessidade*, mas antes pela necessidade ilimitada, irrestrita do capital com o sobretrabalho. "O trabalho dos camponeses, por exemplo, será muito maior, portanto, porque ele não se regula mais pelas necessidades determinadas dos camponeses"[325] (p. 90, *Büsch, J. G.*, Abhandlung Von dem Geldumlauf... T. 1. Hamburg und Kiel, 1800).

ad e. p. 104.

A relação que coage o trabalhador ao mais-trabalho é a existência de suas condições de trabalho em contraposição a ele como capital. Nenhuma coação externa é exercida sobre ele, mas, para viver – num mundo onde a mercadoria é determinada por seu valor – ele é coagido a vender sua capacidade de trabalho como mercadoria, enquanto cabe ao capital a valorização dessa capacidade de trabalho além de seu próprio valor.

---

[323] "Whatever may be *due* to the capitalist, he *can only receive* the surplus labour of the labourer; for the labourer *must live*. But it is perfectly true, that if capital does not decrease in value as it increases in amount, the capitalist will exact from the labourers the produce of every hour's labour beyond what it is *possible* for the labourer to subsist on: and however horrid or disgusting it may seem, the capitalist may eventually speculate on the food that requires the least labour to produce it, and eventually say to the labourer: 'You sha'n't eat bread, because barely meal is cheaper. You sha'n't eat meat, because it is possible to subsist on beet root and potatoes.'"A palavra *"can"* foi sublinhada por Marx. (Nota da edição original).

[37] "Wealth is disposable time and nothing more." Essa citação e a seguinte foram extraídas do *Citatenheft*, p. 18. (Nota da edição original).

[325] Essa citação foi anotada por Marx em seu *Caderno IV* de Londres, 1850, p. 46, como pertencente ao livro de William Jacob *Considerations on the protection required by British agriculture, and on the influence of the price of corn on exportable productions*, de 1814. No *Citatenheft*, p. 18, o mesmo erro é repetido, assim como no *Manuscrito 1861-1863*, onde foi corrigido. (Nota da edição original).

Desse modo, seu mais-trabalho, assim como aumenta a diversidade da produção, cria o *tempo livre* para outros. Os economistas adoram *pensar* essa relação como *relação natural* ou como *instituição divina*. No que se refere à laboriosidade produzida pelo capital: "Coação legal (ao trabalho) é acompanhada por muito problema, violência e barulho; cria indisposição etc., enquanto a *fome* é não apenas uma pressão pacífica, silenciosa, incessante, mas, como a motivação mais natural para a indústria e o trabalho, causa as mais poderosas tensões"[326] (p. 15. *A Dissertation on the Poor Laws*, by a Wellwisher to mankind. 1786 (The Rever. *Mr. J. Townsend*), republicado em Londres, 1817). Porque a relação capitalista pressupõe que o trabalhador é coagido à venda de sua capacidade de trabalho, portanto, essencialmente, que ele tem somente sua capacidade de trabalho mesma para vender, Townsend diz: "Parece ser uma *lei da natureza* que os pobres devam ser imprevidentes num certo grau, que sempre deva haver alguns para cumprir os afazeres mais servis, mais sórdidos e os mais ignóbeis na comunidade. O estoque de felicidade humana é bastante aumentado com isso, os mais delicados são liberados do trabalho exaustivo e podem se dedicar a profissões mais elevadas sem incômodos." (p. 39. *loc. cit.*). "A lei dos pobres tende a destruir a harmonia e a beleza, a simetria e ordem desse sistema que Deus e a natureza estabeleceram no mundo." (p. 41)[327]. Esse padre Townsend não é propriamente o verdadeiro descobridor da assim chamada teoria populacional, mas lhe deu a forma da qual Malthus se apropriou e fez com ela um grande capital literário. Estranho é que, com exceção do monge veneziano Ortes ("Della Economia Nazionale", *libre sei*, 1774, muito mais arguto que Malthus), principalmente padres da Igreja da Inglaterra tenham lutado com o "*urgent appetite*" e os "*checks which tend to blunt the shafts of Cupid*"[328] (como diz Townsend). Em contraste com as superstições católicas (superstition, diz Townsend), reclamavam

---

[326] "Legal constraint (ao trabalho) is attended with too much trouble, violence and noise; creates ill will etc., whereas *hunger* is not only a peaceable, silent, unremitted pressure, but, as the most natural motive to industry and labour, it calls forth the most powerful exertions." (*Citatenheft*, p. 33). Sublinhado por Marx. (Nota da edição original).

[327] "It seems to be *a law of nature*, that the poor should be to a certain degree improvident, that there always may be some to fulfil the most servile, the most sordid, and the most ignoble affairs in the community. The stock of human happiness is thereby much increased, the more delicate são liberados de drudgery e podem se dedicar a callings mais elevados etc. sem incômodos." "The poorlaw tends to destroy the harmony and beauty, the symmetry and order of that system, which god and nature have established in the world." (*Citatenheft*, p. 33). No original, "*offices*" (ofícios) e não "*affairs*". Sublinhado por Marx. (Nota da edição original).

[328] "Apetites urgentes", "controles que tendem a enfraquecer com os dardos do Cupido".

para o próprio clero o "crescei e multiplicai-vos",[329] enquanto pregavam o celibato da classe trabalhadora: "Deus faz com que os homens que exercem ofícios de primeira utilidade nasçam abundantemente"[330] (p. 78. *Galiani: Della Moneta*. T. III em *Custodi*.)

O progresso da riqueza nacional, diz *Storch*, "faz nascer essa classe útil da sociedade... que se encarrega das ocupações as mais fastidiosas, as mais vis e mais repugnantes, numa palavra, que toma para si tudo aquilo que a vida possui de desagradável e de opressivo, proporcionando às outras classes o *tempo*, a serenidade de espírito e a dignidade convencional de caráter de que elas têm necessidade para se dedicarem com sucesso aos trabalhos elevados".[331] (*Cours d'Éc. Pol*, ed. Say, (p. 223), t. III, Paris, 1823). "Nossa região requer trabalho para a satisfação de necessidades e, *por isso*, ao menos *uma parte* da sociedade deve *trabalhar incansavelmente*..." (Sir *Morton Eden: The State of the Poor, or an History of the Labouring Classes in England from the Conquest to the present period* etc. London. 1797. v. I, livro I, cap. I.)[332]

ad d p. 102. Essa lei apenas implica que, com produtividade constante do trabalho e jornada normal dada, a massa de mais-valor cresce com a massa de trabalhadores simultaneamente empregados. Disso não segue que, em todos os ramos de produção (por exemplo, na agricultura), a produtividade do trabalho permaneça a mesma à medida que maior quantidade de trabalho é empregada. (Colocar isso em nota.)[333]

As condições permanecendo iguais, segue que a riqueza de um país com base na produção capitalista depende da massa do proletariado, da parte da população dependente do trabalho assalariado. "Quanto mais escravos um senhor possui, mais rico ele é; disso se segue que, pela igualdade de opressão de massas, quanto mais um país possui proletários, mais rico ele é"[334] (331.

---

[329] Gênesis, 1, 22. (Nota da edição original).

[330] "Iddio fa che gli uomini che esercitano mestieri di prima utilità nascono abbondantemente." (*Citatenheft*, p. 33). (Nota da edição original).

[331] "fait naître cette classe *utile* de la société... qui se charge des occupations les plus fastidieuses, les plus viles et les plus dégoûtantes, en un mot, qui prenant pour sa part tout ce que la vie a de désagréable et d'assujettissant, procure aux autres classes le *temps*, la sérénité d'esprit et la dignité conventionnelle de caractère dont elles ont besoin pour se livrer avec succès aux travaux relevés". (*Citatenheft*, p. 33). Sublinhado por Marx..

[332] *Citatenheft*, p. 34. (Nota da edição original)

[333] Cf. p. 202, *supra*. (Nota da edição original).

[334] "Plus un maître a d'esclaves et plus il est riche; il s'ensuit: que, à égalité d'oppression de masses, plus un pays a de prolétaires et plus il est riche."

t. III, *Colins, "L'Économie Politique, Sources des Révolutions et des Utopies prétendues Socialistes. Paris, 1857"*).

Adendo ad a. Ilustração do mais-valor.

Segundo Jacob, no ano de 1815, como o preço do trigo era 80 s por quarto e o produto médio do acre era 22 *bushels* (32 agora) por acre, então o produto médio do acre era 11 *l*. St. Ele calcula que a palha pague as despesas de colher, debulhar e conduzir ao local de venda. Calcula então os itens como segue:[335]

	£	s.		£	s.	
Sementes (trigo)			Dízimos, taxas e impostos:			Nessa coluna, o lado direito, impostos, taxas, renda, lucro e juro do arrendatário, representa apenas o mais-valor total que o arrendatário (o capitalista) recebe, porém, partes que ele cede sob diversos nomes e títulos ao Estado, ao *landlord*,[336] etc. O mais-valor total, portanto = 3. l. 11 s. O capital constante (sementes e adubo) = 3 l. 19 s. Aquele adiantado pelo trabalho, 3 l. 10.
	1	9		1	1	
Adubo	2	10	Renda	1	8	
	3	19				
Salário	3	10	Lucro e juro do arrendatário			
				1	2	
	7	9		3	11	

Esta última parte do capital, a variável, deve ser considerada unicamente quando se trata do mais-valor e da relação de mais-valor. Portanto, no presente caso, o mais-valor está em relação com o capital adiantado em salário, ou, a taxa segundo a qual o capital adiantado no salário aumenta é a relação entre 3 *l* 11 s e 3 *l* 10 s. O capital adiantado ao trabalho de 3 *l* 10 s se reproduz como um capital de 7 *l* 1 s Dessa soma, 3 *l* 10 s representam apenas a substituição do salário, em contrapartida, 3 *l* 11 s representam o mais-valor que, portanto, soma mais do que 100%. Por isso, o tempo de trabalho necessário não seria exatamente tão grande quanto o sobretrabalho, mas quase igual, de tal forma que, da jornada de trabalho normal de 12 horas, 6 horas pertenceriam ao capitalista (incluindo os diversos participantes nesse mais-valor). Em verdade, pode ser então o caso de que, por exemplo,

---

[335] *Citatenheft*, p. 39. William Jacob, *A letter to Samuel Whitbread...* Londres, 1815, p. 33. (Nota da edição original).
[336] Proprietário da terra.

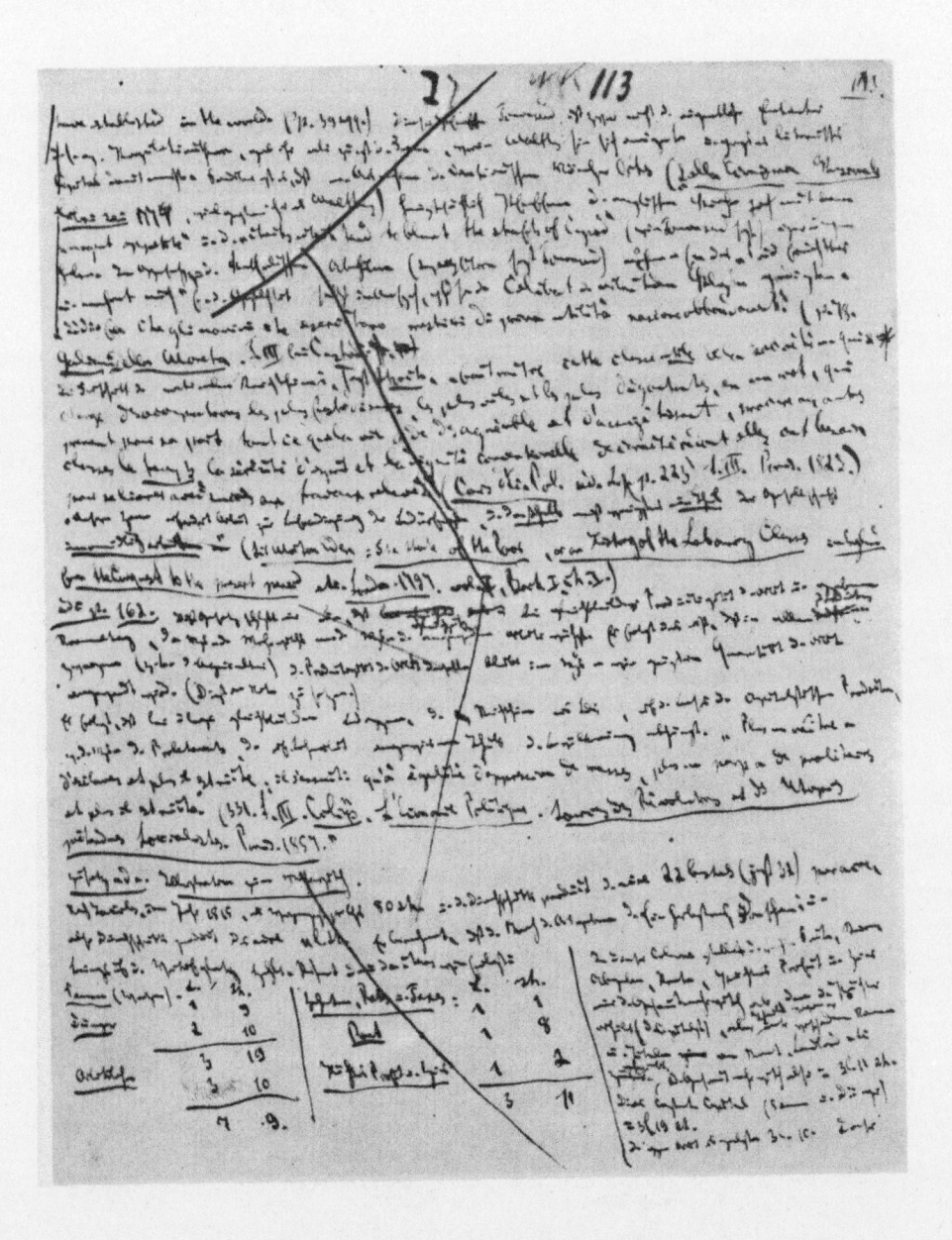

Página 113 do manuscrito, Caderno III.

esse preço do quarto de trigo de 80 s esteja acima de seu valor, portanto, uma parte de seu preço diga respeito às outras mercadorias que se vendem pelo trigo abaixo de seu valor. Porém, em primeiro lugar, trata-se apenas de esclarecer como se pode compreender em geral o mais-valor e, assim, a taxa de mais-valor. Por outro lado, se o preço de mercado de um *bushel* de trigo está cerca de 10 s. acima de seu valor, então isso pode aumentar o mais-valor que o arrendatário recebe somente na medida em que não pague esse excedente acima do valor normal ao agricultor por seu trabalho, que subiu acima de seu valor normal.

Tomemos outro exemplo da agricultura inglesa moderna e, precisamente, o seguinte *Real Bill*[337] de uma *high formed estate*:[338]

Despesas anuais na própria produção		Receitas e taxas do arrendatário		Neste exemplo, portanto, o capital variável ou adiantado ao trabalho vivo soma 1.690 l. Ele se reproduz em 1.690 + 1.481 = 3.171 l. O mais-valor é 1.481 l, a relação de mais-valor com a parte do capital da qual se origina = $^{1481}/_{1690}$, ou pouco mais que 87%.
	£		£	
Adubo	686	Rent[339]	843	
Sementes	150	Taxa	150	
Forragem	100	Dízimo (faltando)		
		Lucro	488	
Perdas, pagamentos a artesãos, etc.	453			
	1.389		1.481	
Salário	1.690	(*Newman* F. W. Lectures on Polit. Econ. London. 1851, p. 166-7)		
	3.079			

{"A paixão inextinguível pelo ganho, a *auri sacri fames* sempre determina os capitalistas" (p. 163. McCulloch, *The principles of Political Economy*. London, 1825).[340]}

ad e. p. 104. "É porque um trabalha que o outro deve repousar"[341] (*Sismondi, N. Princ. d'Ec. P, t. I, p. 76-7*).

---

[337] Balanço real.

[338] Propriedade altamente desenvolvida.

[339] Aluguel.

[340] Extraído do *Citatenheft*, p. 40. Marx modifica a citação de Virgílio, Eneida, III, 57, onde se lê "*auri sacra fames*", a maldita fome de ouro, enquanto aqui a tradução fica "a fome de ouro maldito". (Nota da edição original).

[341] "C'est parce que l'un travaille, que l'autre doit se reposer." Esta citação e a seguinte foram extraídas do *Citatenheft*, p. 47. (Nota da edição original).

ad e. p. 107. O mais-trabalho, com a multiplicação de produtos, condiciona a *produção de luxo* pelo fato de que uma parte da produção se lança na produção de produtos de luxo ou, o que é o mesmo, troca-se por eles (por meio do comércio exterior).

"A partir do momento em que há superabundância (do produto) de produtos, o trabalho supérfluo deve ser consagrado aos objetos de luxo. O consumo dos objetos de primeira necessidade é limitado, aquele de objetos de luxo é sem limite" (p. 78. Sism, t. I, N. P, etc.). "O luxo só é possível quando se compra com o *trabalho de outrem*; o trabalho assíduo, sem descanso, só é possível quando é o único a proporcionar, não as frivolidades, mas as necessidades da vida" (p. 79, *loc. cit.*).[342]

{A *demanda de trabalhadores* para o capital é, assim, a única de que o capitalista necessita, isto é, tudo envolve a relação em que o trabalho vivo é ofertado ao trabalho objetivado. "Quanto à demanda *por parte do* trabalho, isto é, ou dar o trabalho em troca de bens ou, se escolherdes considerar uma outra forma, mas que resulta no mesmo, dar, em troca de *produtos prontos*, uma futura *adição de valor que se acumula...*, conferida a certas partículas de matéria confiadas ao trabalhador. Essa é a real demanda que para os produtores é fundamental que cresça, na medida em que *qualquer* demanda é desejada, sendo aí indiferente quais artigos os produtores fornecem uns aos outros com o seu aumento"[343] (p. 57. *An Inquiry into those Principles respecting the Nature of Demand and the Necessity of Consumption etc. London, 1821*).}

Quando James Mill diz, por exemplo: "Para permitir que uma porção considerável da comunidade desfrute das vantagens do ócio, o retorno do capital deve ser evidentemente grande".[344] (p. 50. *James Mill, E. of Pol. Ec.*

---

[342] "Dès qu'il y a surabondance de produits, le travail superflu doit être consacré à des objets de luxe. La consommation des objets de première nécessité est limitée, celle des objets de luxe est sans limite." "Le luxe n'est possible, que quand on l'achète avec le *travail d'autrui*; le travail assidu, sans relâche, n'est possible, que lorsqu'il peut seul procurer, non les frivolités, mais les necessites de la vie." Sublinhado por Marx. (Nota da edição original).

[343] "As to the demand *from labour*, that is, either the giving labour in exchange for goods, or, if you choose to consider it in another form, but which comes to the same thing, the giving, in exchange for *complete products*, a future and *accruing addition of value...*, conferred on certain particles of matter entrusted to the labourer. This is the real demand that it is material to the producers to get increased, as far as *any* demand is wanted, extrinsic to that which articles furnish to each other when increase." (*Citatenheft*, p. 69). Sublinhado por Marx. (Nota da edição original).

[344] "To enable a considerable portion of the community to enjoy the advantages of *leisure*, the return to capital must evidently be large." (*Citatenheft*, p. 69). (Nota da edição original).

London, 1821), isso quer dizer apenas: para que muitos tenham lazer, o trabalhador assalariado deve trabalhar demais, ou o tempo livre de uma parte depende da relação do sobretrabalho com o tempo de trabalho necessário do trabalhador.

A tarefa do capitalista é "obter do capital despendido (o capital trocado por trabalho vivo) a *maior soma de trabalho possível*"[345] (p. 62. *J. G. Curcelle-Seneuil, Traité théorique et pratique des Entreprises industrielles, etc. Paris, 1857, 2 ed.*).

Que a valorização do capital consista no mais-valor que ele produz além de seu próprio valor, portanto, que sua potência produtiva consista no mais-trabalho do qual ele se apropria, diz *J. St. Mill*, por exemplo: "O *Capital* não tem, propriamente falando, *qualquer potência produtiva*. A única potência produtiva é o trabalho, assistido, sem dúvida, por *tools* e *acting upon materials*[346]... A *potência produtiva do capital* é apenas a quantidade de potência produtiva real (trabalho) que o capitalista pode *comandar* por meio de seu capital" (*J. St. Mill, Essays on some unsettled questions of Pol. Economy. Lond, 1844*, p. 90-1).

ad a.) Está claro que, na reprodução do capital e seu aumento, o valor de matéria-prima e maquinaria como tais é em absoluto indiferente para o processo de produção em geral. Tome-se uma matéria-prima, por exemplo, o linho. A quantidade de trabalho que o linho pode absorver para se transformar, por exemplo, em tecido de linho não depende de seu *valor*, mas de sua *quantidade* – considerando-se um certo estágio de produção, certo grau determinado de desenvolvimento tecnológico –, assim como a assistência que uma máquina fornece a 100 trabalhadores não depende de seu preço, mas de seu valor de uso.

ad p. 114) Ou tomemos um outro exemplo. *Symons* (J. C.) *Arts and Artisans at Home and Abroad. Edinb*, 1839 [p. 233] fornece, por exemplo, o seguinte cálculo para uma tecelagem mecânica de Glasgow, com 500 teares, calculado para tecer um bom tecido de calicô ou camisaria, como é geralmente feito em Galsgow:[347]

---

[345] "obtenir du capital dépensé *la plus forte somme de travail possible*" (*Citatenheft*, p. 69) Sublinhado por Marx. (Nota da edição original).

[346] "Instrumentos e agindo sobre materiais"

[347] Calculated to weave a good fabrico of calico or shirting, such as is generally made in Glasgow.

Custos da construção da fábrica e maquinaria £ 18.000

Produto anual, 150.000 peças de 24 jardas a 6 s.   £ 45.000

Taxa sobre o capital fixo[348] *e para depreciation of value*[349] *da maquinaria, em que queremos estimar em 900 (5%) para a taxa.*	1.800	Nesse caso, taxa e lucro somam 1.700 +900= 2.600. A parte do capital despendida com trabalho, que se reproduz e aumenta 7.500 l. Mais-valor = 2600; sua taxa, portanto: cerca de 33%.[350]
Máquina a vapor, óleo, graxa, reparo da maquinaria, etc.	2.000	
Yarns and flax[351]	32.000	
Salário	7.500	
Lucro	1.700	
	45.000	

ad b.) 99)

R. Jones, em seu "Essay on the Distribution of Walth. *London, 1831*", com razão, considera a corveia, ou o que chama de *labour rent* (renda em trabalho), como a forma originária da renda que aqui se considerou apenas como uma forma determinada do mais-valor que cabe ao proprietário fundiário. Portanto, é uma forma em que o trabalhador agrícola possui uma parte da terra que cultiva para sua própria subsistência. O tempo de trabalho que ele aí emprega corresponde ao tempo de trabalho necessário pelo qual o trabalhador assalariado substitui seu próprio salário. Porém, por exemplo, enquanto o moderno agricultor assalariado realiza seu tempo de trabalho inteiro nessa mesma terra (aquela que é alugada ao arrendatário) – tanto a parte desse tempo que substitui seu salário quanto aquela que compõe o mais-valor –, assim como o fabricante emprega a mesma maquinaria para realização de seu trabalho necessário e seu mais-trabalho – há, aqui, não apenas divisão do tempo (e mais tangível que no trabalho assalariado), mas também divisão das condições de produção (da esfera de produção) em que esse tempo de trabalho é realizado.

Por exemplo, em certos dias na semana, o servo de gleba trabalha na terra cuja posse lhe foi designada. Noutros dias, trabalha na propriedade senhorial e para o proprietário fundiário. Essa forma de trabalho tem em

---

[348] Essa taxa se refere aos *sunk costs*, custos irrecuperáveis. (N.T.).

[349] Depreciação do valor.

[350] Cf. também *Grundrisse*, caderno VII, p. 43. (Nota da edição original).

[351] Fios e linho.

comum com o trabalho assalariado o fato de que aquilo que o trabalhador dá ao proprietário das condições de produção não é produto nem dinheiro, como em outros modos de produção, mas *trabalho mesmo*. O mais-trabalho aparece aqui separado do trabalho necessário de modo mais tangível que no trabalho assalariado, porque trabalho necessário e mais-trabalho são realizados aqui em terrenos distintos. O servo da gleba realiza o trabalho necessário à reprodução de sua própria capacidade de trabalho na terra por ele possuída. O mais-trabalho para o proprietário da terra ele o realiza na propriedade senhorial. Por meio dessa separação espacial também aparece de modo tangível a separação do trabalho total em duas porções, enquanto que no caso de trabalhador assalariado se pode dizer igualmente que ele trabalha para o capitalista cerca de 2 horas de um total de 12, ou que ele, de cada hora ou de qualquer outra parte alíquota das 12 horas, trabalha $1/6$ para o capitalista. Portanto, a separação entre trabalho necessário e mais-trabalho, trabalho para a reprodução de sua própria capacidade de trabalho e trabalho para o proprietário das condições de produção, em primeiro lugar, aparece assim de modo mais evidente, tangível na forma da corveia do que na forma do trabalho assalariado. Em segundo lugar, porém, do fato de isso aparecer mais evidente na forma da corveia do que no trabalho assalariado segue que o mais-trabalho é trabalho não pago e que todo o mais-valor se resolve em mais-trabalho, isto é, trabalho não pago. Se os servos de gleba trabalham 5 dias na semana em sua própria terra e 6º dia na terra senhorial, então está claro que realizam trabalho não pago nesse 6º dia, não trabalham para si, mas para outrem, que todo o rendimento desse outro é o produto de seu trabalho não pago; que precisamente por isso se chama corveia. Se trabalhadores fabris trabalham para o capitalista 2 horas diárias de um total de 12, então isso é o mesmo do que se trabalhassem na semana 5 dias para si e 1 para o capitalista, portanto, segundo a natureza da questão, é o mesmo que se realizassem corveia para o capitalista num dia na semana. Em todo o sistema da corveia, desaparece a forma do salário, e isso torna novamente a relação tangível. O servo de gleba recebe as condições de produção que são requeridas para a realização de seu próprio trabalho necessário, que lhe são indicadas de uma vez por todas. Assim, ele paga a si próprio seu salário ou se apropria diretamente do produto de seu trabalho necessário. No trabalho assalariado, ao contrário, seu produto total primeiro é transformado em capital para então retornar à sua posse na forma de salário. Se o servo de gleba, que trabalha 1 dia na semana para seu senhor, tivesse de fornecer a ele o produto da semana inteira, e o senhor transformasse o produto em dinheiro e pagasse de volta $5/6$ desse dinheiro ao servo, então o servo seria transformado em trabalhador assalariado. Inversamente: se o trabalhador assalariado, que trabalha diariamente 2 horas para o capitalista, arrecadasse ele mesmo o produto ou o valor do produto de seu trabalho de 5 dias (a dedução do valor para as condições de produção, material de trabalho e meio ocorre em ambas as relações, mesmo que sob forma diferente) e trabalhasse o 6º dia gratuitamente, então ele se transformaria num trabalhador de corveia. Na medida em que a natureza e a relação de trabalho necessário e mais-trabalho é posta em questão, o resultado é o mesmo.

Encontramos a corveia misturada, em grandes ou pequenas doses, com todas as formas de servidão. Porém, onde ela aparece em estado puro como o modo de produção dominante, como era e em parte ainda é o caso especialmente nos países eslavos e nas regiões do Danúbio conquistadas pelos romanos, podemos dizer com segurança que ela não se origina da servidão de gleba como sua base, antes ao contrário, a servidão de gleba dela se origina. Ela se baseia numa comunidade, e o mais-trabalho que o membro da comunidade executa além daquele necessário à sua subsistência, em parte para um fundo de reserva (comunitário), em parte para custear as necessidades comunitárias, políticas e religiosas, transforma-se gradualmente em corveia para a família que usurpa, como seu privilégio, o fundo de reserva e as prerrogativas políticas e religiosas. Nos principados do Danúbio e igualmente na Rússia, esse processo de usurpação se faz mostrar com precisão. Uma comparação da ganância por tempo de trabalho de outrem por parte dos boiardos valáquios com aquela dos fabricantes ingleses é relevante porque, em ambas, a apropriação de trabalho de outrem aparece como fonte direta da riqueza; mais-valor como mais-trabalho.

{"O empregador sempre será obrigado a *economizar* tempo e trabalho."[352] (p. 318. *Douglas Stewart*, vol I, *Lectures on Polit. Econ. Edinburgh, 1855*, vol. VIII das obras completas, ed. por *Sir W. Hamilton*) ad p. 107. ad adendo ad e.}

Na corveia, o sobretrabalho aparece em sua forma mais original, "autônoma", "livre"; livre porque, na escravidão, toda a jornada dos escravos, assim como do gado, pertence ao proprietário, que deve naturalmente alimentá-los:

Mesmo na Moldávia e na Valáquia[353], ainda hoje, existe renda em natura ao lado da corveia. Consideramos aqui o *Règlement Organique*,

---

[352] "The employer will be always on the stretch to *economize* time and labour." Sublinhado por Marx. (Nota da edição original).

[353] Marx toma as informações a seguir de *Histoire politique et sociale des principautés danubiennes*, de Élias Regnault, Paris, 1855, p. 304-11, de onde foram extraídas as citações deste trecho. No *Citatenheft*, p. 16, Marx se refere ao "sobretrabalho em forma brutal nos principados do Danúbio. (ver *Regnault*. I. VII, p. 177-178)", indicando o *Caderno VII* e as páginas dos *Grundrisse*. (Nota da edição original).

posto *en viguer* em 1831³⁵⁴. É indiferente aqui, para nossa finalidade, e por isso apenas observaremos de passagem, que propriedade fundiária, gado, etc., em verdade, *pertençam* aos camponeses valáquios, que a prestação aos *proprieteurs*³⁵⁵ tenha se originado pela usurpação e que o regulamento russo tenha elevado a usurpação em lei. A renda em natura consiste em ¹/₁₀ de todo produto, exceto, ¹/₅ de feno; ¹/₂₀ de vinho. (tudo isso na Valáquia.) O camponês possui: (1) para a casa e o jardim, 400 *stagènes* (cerca de 2 *mètres* quadrados) *en plaine* e 300 nas *montagnes*;³⁵⁶ (2) 3 pogones (1¹/₂ hectares) de terreno de trabalho; (3) 3 pogones de *prairie à foin*.³⁵⁷ (Pastagem para 5 cabeças de gado cornífero).

Observar aqui, de passagem, que esse código de servidão foi proclamado pelos russos (sob Kisseleff) e reconhecido pela Europa como código da liberdade. Segundo: os boiardos, *en fait les rédacteurs du règlement*.³⁵⁸ Terceiro: do ponto de vista da relação, muito pior na Moldávia do que na Valáquia.

Segundo o *Règlement*, cada camponês devia por ano ao *propriétaire*³⁵⁹: 1) 12 dias de trabalho em geral; 2) 1 dia de trabalho no campo; 3) 1 transporte de lenha. Os dias, porém, não são medidos conforme o tempo, mas pelo trabalho realizado. O *Règlement* orgânico mesmo determina, por isso, que os 12 dias de trabalho devem ser iguais ao produto de um trabalho manual de 36 dias, o dia de trabalho no campo = 3 dias, o transporte de lenha também = 3 dias. *Summa summarum*,³⁶⁰ 42 dias. Porém, a isso se acresce a assim chamada *iobagie* (serviço, *servitude*³⁶¹), isto é, trabalho para as necessidades de produção extraordinárias do *propriétaire*. Esse trabalho extraordinário soma o fornecimento por parte das *villages*³⁶² de 4 homens por 100 famílias, 3 em vilas de 63-75 famílias, 2 em vilas de 38-50 famílias, 1 para vilas de 13-25

---

[354] *Regulamento orgânico*, posto em vigor em 1831, elaborado depois que, em 1829, a Rússia ocupou Moldávia e Valáquia, então sob o domínio dos turcos otomanos. Convocou-se então uma comissão de boiardos para redigir o *Regulamento*, que valeria como lei maior das duas regiões. Foi aprovado pela Valáquia em julho de 1831, pela Moldávia em janeiro de 1832 e, em 1834, foi ratificado pelo governo turco. (N.T.).

[355] Proprietários.

[356] 400 estagenas (cerca de 2 metros quadrados) na planície e 300 nas montanhas.

[357] 3 pogones de pradaria para feno.

[358] Os redatores de fato do regulamento.

[359] Proprietário.

[360] No total.

[361] Servidão.

[362] Vilas.

famílias. Essa *iobagie* é avaliada em 14 dias de trabalho para cada camponês valáquio. Assim, a corveia é determinada pelo próprio *Règlement* = 42 + 14 = 56 dias de trabalho. Na Valáquia, o ano agrícola é composto de 210 dias devido ao clima rigoroso, dos quais são descontados 40 para domingos e feriados, 30 em média para tempo ruim, 70 ao todo. Restam 140 dias. Desses são subtraídos os 56 dias de corveia. Restam 84 dias; no entanto, não é uma condição mais severa do que aquela do trabalhador agrícola inglês, se o tempo que ele trabalha por seu salário é comparado com o tempo que ele trabalha para a produção do mais-valor repartido entre arrendatário, igreja, Estado, proprietário fundiário, etc.

Esses são os dias da corveia legalmente devidos ao proprietário, o mais-valor legal. Porém, o *Règlement* estabeleceu isso de tal forma que a corveia possa ser estendida sem violar a letra do texto. Em particular, ele define cada dia de trabalho de tal modo que, para que possa ser terminado, um suplemento ainda recai sobre o tempo de trabalho do dia seguinte. Assim, o *Règlement* determina, por exemplo, que "a jornada de sachadura seja estimada em doze perchas, impondo-se uma tarefa em dobro em relação àquela que um homem pode executar num dia",[363] especialmente no cultivo de milho. Em verdade, a *journée de sarclage*[364] é estabelecida pelo *règlement* de modo "que ela começa no mês de maio e acaba no mês de outubro".[365]

"Na Moldávia", disse um dos próprios grandes boiardos, "as 12 jornadas de trabalho do camponês, concedidas pelo regulamento, equivalem de fato a 365 dias"[366] (p. 311). Com quanto *raffinement*[367] os boiardos se utilizaram dessa lei para se apropriarem do tempo de trabalho dos camponeses, pode-se verificar ulteriormente em: *E. Regnault, Histoire Politique et Sociale des Principautés Danubiennes. Paris, 1855*, p. 305 ss.

Comparemos então com isso a avidez por tempo de trabalho – tempo de mais-trabalho – do lado da produção capitalista na Inglaterra.

Não é minha intenção entrar aqui na história do trabalho extraordinário desde a invenção da maquinaria na Inglaterra. O fato é que, em

---

[363] "la journée de sarclage estimée douze perches en imposant une tâche double en étendue de celle que peut exécuter un homme en un jour" Extraído de Regnault, *op. cit.*, p. 309. (Nota da edição original).

[364] Jornada de sachadura.

[365] "qu'il commence au mois de mai pour finir au mois d'Octobre".

[366] "Em Moldavie, les 12 journées de travail du paisan, accordés par le règlement, équivalent en fait à 365 jours." Regnault utiliza a palavra "*jours*" e não "*journées*". (Nota da edição original).

[367] Refinamento.

decorrência dos excessos cometidos, eclodiram pestes cuja devastação ameaçou capitalista e trabalhador na mesma medida, e que o Estado, com a maior oposição dos capitalistas, teve de introduzir a jornada normal nas fábricas (depois imitada em maior ou menor grau por toda parte no continente), de modo que ainda hoje essa introdução da jornada normal teve de ser estendida das fábricas propriamente para outros ramos de trabalho (lavanderias, estamparias, tinturarias) e que hoje esse processo ainda se encontra em progresso, a luta por ele continua (por exemplo, pela introdução da lei de 10 horas,[368] pela extensão do *factory act*, por exemplo, à manufatura de rendas em Nottingham, etc.) Para os detalhes sobre as fases precedentes desse processo, remeto a *F. Engels, A situação da classe trabalhadora na Inglaterra. Leipzig, 1845.* Porém, a oposição prática dos fabricantes não era tão grande quanto a oposição teórica, realizada por seus intérpretes de apologetas, os *economistas* profissionais. Porém, o senhor *Newmarch*, coeditor do "*History of Prices*" de Tooke, como presidente da seção para ciência econômica no último congresso da *British association for Arts* etc. (verificar o nome da associação), em setembro de 1861, em Manchester, sentiu-se no dever de destacar a compreensão da necessidade de regulação legal e limitação compulsória da jornada normal de trabalho nas fábricas etc. como uma das mais recentes conquistas da atual economia política, que se coloca com isso acima do que existia antes dela![369]

Meu objetivo é somente fornecer, em paralelo com a avidez dos boiardos, algumas citações dos novos relatórios de fábrica; igualmente, 1 ou dois exemplos referentes aos ramos da indústria em que os *factory acts* ainda não foram aplicados (fábrica de rendas) ou foram introduzidos apenas recentemente (*printing works*[370].) Em verdade, trata-se aqui apenas de fornecer alguma evidência da tendência que não atua mais fortemente na Valáquia do que na Inglaterra.

---

[368] *Ten Hour Bill*, aprovada em 1847, limitava em 10 horas o trabalho de mulheres e crianças na indústria têxtil. Foi aprovada graças ao movimento Ten Hours Movement, criado a partir de 1830. Os *factory acts* (leis de fábrica), que incluem a Ten Hour Bill, foram uma série de leis aprovadas pelo parlamento inglês, de 1802 até o século XX, primeiro para reduzir a jornada de trabalho de mulheres e crianças na indústria têxtil, depois estendendo essas limitações gradualmente para outros ramos e a todos os trabalhadores. (N.T.).

[369] Marx permaneceu na residência de Engels em Manchester do fim de agosto a meados de setembro de 1861, participando da conferência da seção para ciência econômica e estatística durante a 31ª reunião anual da Associação, de 4 a 11 de setembro. (Nota da edição original).

[370] Estamparias.

Primeira ilustração. Lacetrade in Nottingham.[371]
Daily Telegraph de 17 de janeiro, 1860.

"O senhor Broughton, um magistrado de condado que presidia um encontro em Nottingham, Townhall, em 14 de janeiro de 1860, esclarece que, na parcela da população local que é ligada ao comércio de rendas, existe um grau de dor e privação completamente desconhecido do restante do mundo civilizado... Crianças de 9 a 10 anos são arrancadas de seus leitos imundos às 2, 3, 4 horas da manhã e forçadas a trabalhar até as 10, 11, 12 horas da noite em troca da mera subsistência, enquanto seus membros se atrofiam, sua estatura encolhe, sua face se decompõe, e sua essência humana cai num torpor absolutamente semelhante à pedra, que é extremamente horrível de se contemplar... Não nos surpreendemos que o senhor Mallet ou outros fabricantes se levantem para protestar contra qualquer discussão... O sistema, tal qual o Rev. Montagu Valpy descreve, é um sistema de escravidão ilimitada, escravidão em seu aspecto social, físico, moral e espiritual... O que se deve pensar de uma cidade que realiza um encontro para peticionar que o tempo de trabalho para os homens *deve ser* limitado a *18 horas diárias*?... Fazemos declamações contra os plantadores de algodão da Virgínia e da Carolina. Todavia, seu comércio de negros, com todos os horrores de seus açoites e de seu tráfico de carne humana, é mais hediondo que esse lento sacrifício humano que ocorre para que *veils* e *collars*[372] sejam fabricados em benefício do capitalista?"

{(O original diz: "It was declared by Mr. Broughton, a county magistrate, who filled the chair at a meeting held in the Nottingham Town Hall on Saturday last (Jan. 14, 1860) that there is an amount of suffering and privation among that portion of the local population connected with the lace trade such as is utterly unknown anywhere else in the civilized world… children of 9 or 10 years are dragged form their squalid beds at 2, 3 or 4 o'clock in the morning, and compelled to work for a bare subsistence until 10, 11 or 12 at night, their limbs wearing away, their frames dwindling, their faces whitening, and their humanity absolutely sinking into stone – like torpor utterly horrible to contemplate… We are not surprised that Mr. Mallett or any other manufacturer should stand forward and protest against discussion… The system, as Rev. Mongatu Valpy describes it, is one of unmitigated slavery, socially, physically, morally and spiritually… What can be thought

---

[371] Comércio de rendas em Nottingham.

[372] Véus e colares

of a town which holds a public meeting to petition that the *period of labour for men shall be diminished to 18 hours a day*...³⁷³ We declaim against the Virginian and Carolinian cottonplanters. Is their black-market, however, their lash, and their barter of human flesh, more detestable than this slow sacrifice of humanity, which takes place in order that veils and collars may be fabricated for the benefit of capitalists?")

Por existir em geral a falsa opinião de que a essência da fábrica se tornou totalmente *outra*, cito aqui da nota: "General Register Office", 28 de outubro de *1857* ("The Quarterly return of Marriages, Births and Deaths etc.) published by authority of the Registrar-General etc." *N. 35*, p. 6, onde se lê: "O senhor Leigh, do subdistrito de Deans gate (Manchester), faz as seguintes observações judiciosas, que merecem a atenção cuidadosa do povo em Manchester: Muito triste é a vida de uma criança ali... Excluídos os casos suspeitos, objeto de investigação, o número total de mortes é 224, do qual 156 eram crianças abaixo de 5 anos de idade... Eu *jamais soube* de uma tão grande proporção. É evidente que, enquanto estão suspensas em grande medida as circunstâncias que afetam a vida adulta, aquelas operando contra os muito jovens estão em grande atividade... 87 das crianças morreram abaixo da idade de um ano. Diarreia negligenciada, confinamento fechado em espaços mal ventilados durante coqueluche, *falta de nutrição adequada e livre aplicação de láudano*, produzindo marasmo e convulsões, assim como hidrocefalia e congestão do cérebro, tudo isso deve explicar por que... a mortalidade (de crianças) ainda é alta."³⁷⁴)}

Segunda ilustração. Factory Reports.

"O dono de fábrica fraudulento começa a trabalhar um quarto de hora (às vezes mais, às vezes menos) antes das 6 da manhã e termina um quarto de hora (às vezes mais, às vezes menos) depois das 6 da tarde. Ele toma 5 minutos do começo e 6 do final da meia hora nominalmente permitida para

---

[373] Sublinhado por Marx. (Nota da edição original).

[374] "Mr. Leigh, of the Deans gate subdistrict (Manchester), makes the following judicious remarks, which deserve the careful attention of the people at Manchester: Very sad there is the life of a child... The total number of deaths, exclusive of coroner's cases, is 224, and of this number 156 were children under 5 years of age... So large a proportion I have *never before* known. It is evident that whilst the ordinary circumstances affecting adult life have been to a considerable extent in abeyance, those militating against the very young have been in great activity... 87 of the children died under the age of one year. Neglected diarrhoea, close confinement to ill ventilated rooms during hooping cough, *want of proper nutrition, and free administration of laudanum*, producing marasmus and convulsions, as well as hydrocephalus and congestion of brain, these must explain why... the mortality (of children) is still high." Sublinhado por Marx. (Nota da edição original).

almoço e 10 minutos do começo e do final da hora nominalmente permitida para o jantar. Ele trabalha por um quarto de hora (às vezes mais, às vezes menos) depois de 2 da tarde aos sábados.

Assim, seu *ganho* {Aqui o ganho é diretamente identificado com o sobretrabalho extorquido} é:

antes de 6 da manhã	15 minutos,	Total em 5 dias	Aos sábados		Ganho total semanal
depois 6 da tarde	15 idem		antes de 6. a. m.	15 m.	340 minutos.
no horário de almoço	10 "	300 minutos	no horário de almoço	10	
no horário do jantar	20		depois de 2 da tarde	15	
	60			40	

Ou 5 horas e 40 minutos por semana, que, multiplicados por 50 semanas de trabalho por ano, permitindo duas para feriados e interrupções ocasionais, são iguais a *27 dias de trabalho.*"[375] (p. 4-5. *Suggestions etc. by Mr. L. Horner.* In *Factories Regulation Acts,* Ordered by the House of Commons to be printed, *9 August 1859.*)

"O lucro a ser ganho com ele (trabalho extraordinário acima do tempo legal) parece ser, para muitos (proprietários de fábrica) uma tentação maior do que podem resistir; e quanto eles veem a pequena soma de penalidade e custos que aqueles que foram condenados tiveram de pagar, eles acham que se fossem pegos ainda haveria um considerável *balanço ativo.*"[376] (p. 34. *Report of the Inspectors of Factories for* the halfyear ended *31ˢᵗ Oct.* 1856). "Trabalho

---

[375] "The fraudulent mill-owner begins work a quarter of an hour (sometimes more, sometimes less), before 6 a. m.; and leaves off a quarter of an hour (sometimes more, sometimes less) after 6 p. m. He takes 5 minutes from the beginning and end of the half hour nominally allowed for breakfast, and 10 minutes at the beginning and end of the hour nominally allowed for dinner. He works for a quarter of an hour (sometimes more, sometimes less) after 2 p. m. on Saturdays.
Thus his *gain* is,
[...] Or 5 hours and 40 minutes weekly, which multiplied by 50 working weeks in the year, allowing two for holidays and occasional stoppages, are equal *to 27 working days.*" Sublinhado por Marx. (Nota da edição original).

[376] "The profit to be gained by it (overworking over the legal time) appears to be, to many (millowners) a greater temptation than they can resist; they calculate upon the chance of not being found out; and when they see the small amount of penalty and costs, which those who have been convicted have had to pay, they find that if they should be detected there will still be a considerable *balance of gain.*"

acrescido de cinco minutos por dia, multiplicado por semanas, é igual a 2½ dias de produção por ano."[377] (p. 35, *loc. cit.*) "Em casos em que o tempo adicional é ganho pela *multiplicação de pequenos roubos* no curso do dia, existem dificuldades insuperáveis para os inspetores produzirem evidências."[378] (p. 35, *loc. cit.* Neste ponto, o *overtime*[379] assim apropriado é diretamente chamado de *theft*, roubo, pelos inspetores de fábrica oficiais ingleses.)

Esses *small thefts*[380] também são designados como "*petty pilferings of minutes*"[381] (p. 48, *loc. cit.*) mais adiante como "*snatching a few minutes*" (*loc. cit.*), "or as it is termed, '*nibbling*' or 'cribbling at meal times'"[382] (*loc. cit.*). "'Se você permitir', disse-me um proprietário altamente respeitável, 'que eu trabalhe apenas 10 minutos além do tempo por dia, você colocará mil por ano em meu bolso"[383] (p. 48, *loc. cit.*).

Segundo os inspetores de fábrica, o tempo de trabalho nas *printworks*[384] inglesas ainda é de fato ilimitado e, ainda no ano de 1857, havia crianças ali de 8 anos e mais, trabalhando de 6 horas da manhã às 9 horas da noite (15 horas). "As horas de trabalho em *estamparias* podem ser consideradas praticamente ilimitadas, apesar da limitação estatutária. A única restrição sobre o trabalho está contida no artigo 22 da Lei de estamparia (29ª lei dos 8º e 9º anos do reinado da Rainha Vitória), que determina que nenhuma criança – quer dizer, nenhuma criança entre as idades de 8 e 13 anos – será empregada *durante a noite*, que é definida entre 10 horas da noite e 6 horas da manhã. *Crianças, portanto, de 8 anos de idade,* podem ser *legalmente empregadas* em trabalhos que são em muitos aspectos análogos ao trabalho fabril, frequentemente em locais em que a temperatura é opressiva, trabalhando *continuamente e sem qualquer interrupção para descanso ou repouso,* de 6 da manhã às 10 da noite (16 horas); e um garoto, tendo atingido a idade de 13, pode ser legalmente empregado dia e noite por qualquer número de horas sem qualquer restrição.

---

[377] "Five minutes a day's increased work, multiplied by weeks, are equal to 2½ days of production in the year."

[378] "In cases where the additional time is gained by a *multiplication of mall thefts* in course of the day, there are insuperable difficulties to the Inspectors making out a case."

[379] Tempo extraordinário.

[380] Pequenos roubos.

[381] "*pequenos furtos de minutos*".

[382] "tomar alguns minutos", "ou, como é designado, '*mordiscar*' ou '*peneirar na hora das refeições*'.

[383] "'If you allow me', said a highly respectable master to me, 'to work only 10 minutes in the day over time, you put one thousand a year in my pocket'." (*Citatenheft*, p. 69). Sublinhado por Marx. (Nota da edição original).

[384] Estamparias.

Crianças com a idade de 8 anos e mais têm sido empregadas de 6 da manhã às 9 da noite durante o último meio ano em meu distrito."[385] (p. 39, *Reports of the Inspect. of Factories. 31ˢᵗ Oct. 1857*, Report of Mr. A. Redgrave.)

"Uma *hora adicional* por dia, ganha com pequenas frações antes das 6 da manhã e depois das 6 da tarde, e no começo e final dos horários *nominalmente* fixados para refeições, é praticamente equivalente a *fazer 13 meses no ano.*"[386] (*Reports of the I. of F. 30ᵗʰ April 1858*, Report of Mr. L. Horner, p. 9 [10]) Tais são os escrúpulos dos inspetores de fábrica em evidenciar que o ganho é apenas tempo de trabalho, sobretrabalho, e o *extra gain*[387]é, por isso, tempo de sobretrabalho *além* da jornada normal.

Assim, uma época de crise em nada modifica na busca de fazer trabalhar *overtime*.[388] Se apenas 3 ou 4 dias na semana são trabalhados, então o lucro em geral consiste apenas no sobretempo que é trabalhado durante esses 3 ou 4 dias. Portanto, *extraordinary profit*[389] consiste apenas no *surplustime*[390] não pago, que é trabalhado além do sobretempo e, com isso, além da jornada normal determinada. Se multiplico 2 horas de sobretrabalho por 3 dias na semana, então o mais-valor é naturalmente apenas a metade do que se o tivesse multiplicado por 6 dias na semana. Por isso, durante as crises, nos dias que são *realmente trabalhados*, a tentativa de fazer trabalhar *tempo extraordinário* é maior, isto é, mais tempo de trabalho não pago do que o habitual. (Outros fabricantes fazem o mesmo, de fato, por meio da redução do salário, isto é, pela diminuição do tempo de trabalho necessário durante

---

[385] "The hours of labour in *printworks* may practically be considered to be unrestricted, notwithstanding the statutory limitation. The only restriction upon labour is contained in 22 of the Printwork act (8. and 9 Victoria C. 29) which enacts that no child – that is no child between the ages of 8 and 13 years – shall be employed *during the night*, which is defined to be between 10 p. m. and 6 a. m. of the following morning. *Children, therefore of the age of 8 years*, may be *lawfully employed* in labour analogous in many respects to factory labour, frequently in rooms in which the temperature is oppressive, *continuously and without any cessation form work for rest or refreshment*, from 6 a. m. to 10 p. m.; and a boy, having attained the age of 13, may lawfully be employed day and night for any numbers of hours without restriction whatever. Children of the age of 8 years and upwards have been employed form 6 a. m. to 9 p. m. during the last half-year in my district." Sublinhado por Marx. (Nota da edição original)

[386] "An *additional hour* a day, gained by small instalments before 6 a. m. and after 6 p. m., and at the beginning and end of the times *nominally* fixed for meals, is nearly equivalent *to making 13 months in the year.*"

[387] Ganho extra.

[388] Tempo extraordinário.

[389] *Lucro extraordinário.*

[390] Sobretempo.

os 3 ou 4 dias nos quais se trabalha.) Por isso, em 1857-1858: "Pode parecer inconsistente que possa haver qualquer trabalho extraordinário {não é absolutamente *inconsistent*[391] que o fabricante, durante a crise, procure *snatch*[392] a parte maior possível de tempo de trabalho *não pago*} num tempo em que o comércio é tão ruim; mas essa mesma piora conduz a transgressões por homens inescrupulosos; eles extraem *lucro extra dela*"[393] (p. 10 Reports 30th April 1858, Report of Mr. L. Horner). {Quanto pior o tempo, quanto menos negócios feitos, maior deve ser o lucro dos negócios feitos.} Por isso, H., *loc. cit.*, observa que, ao mesmo tempo em que 122 fábricas em seu distrito foram totalmente fechadas, 143 permaneciam paradas, e todas as demais trabalhavam *short time*,[394] continuava-se o *overwork over the legal time*.[395] O mesmo é reportado no mesmo ano pelo inspetor de fábrica T. J. Howell. "Eu continuo (embora na maioria das fábricas, devido ao mau momento, apenas meio tempo trabalhado), no entanto, a receber *o número usual de reclamações* de que meia hora ou 3 quartos de hora por dia são arrancados dos trabalhadores pelo avanço sobre os horários permitidos para descanso e repouso durante a jornada de trabalho, e no começo 5 minutos ou mais antes do tempo próprio na manhã, e no encerramento 5 minutos ou mais depois do tempo adequado à noite. Esses pequenos roubos, somando no total de meia-hora a três quartos de hora por dia, são muito *difíceis de detectar*"[396] (p. 25, *loc. cit.*, T. J. Howells Report).

"Provar a ocorrência sistemática do trabalho extraordinário realizado em minutos subtraídos em 6 diferentes momentos do dia é algo que obviamente não poderia ser feito pela observação de um inspetor"[397] (p. 35. Reports, L. Horner, 31st Oct. 1856). "*É essa aquiescência geral na prática, se não a*

---

[391] Inconsistente.

[392] Arrancar.

[393] "It may seem inconsistent that there should be any overworking at a time when trade is sob ad; but that very badness leads to transgressions by unscrupulous men; they get the *extra-profit of it*."

[394] Período curto.

[395] Trabalho extraordinário além do tempo legal.

[396] "I continue (although nas mesmas fábricas por causa do bad time somente half time worked), however, to receive *the usual number of complaints* that half or 3 quarters of an hour in the day are snatched from the workers by encroaching upon the times allowed for rest and refreshment during the working day, and by starting 5 minutes and more before the proper time in the morning and by stopping 5 minutes or more after the proper time in the evening. These pretty pilferings, amounting in the whole to from half to three quarters of an hour daily, are very *difficult of detection*." Sublinhado por Marx. (Nota da edição original)

[397] "To prove a systematic course of overworking, made up of minutes taken at 6 different times of the day, could manifestly not be done by the observation of an Inspector."

aprovação do princípio, e a concordância geral de que a limitação do trabalho é expediente etc"[398] (*Reports* etc. 31st Oct. 1855, p. 77). Na mesma medida em que a produção capitalista, *hence*[399] o sistema fabril, desenvolveu-se no continente, os governos (França, Prússia, Áustria, etc.) foram compelidos a seguir o exemplo inglês de limitação do tempo de trabalho *d'une manière ou d'une autre*.[400] Na maioria das vezes, copiaram e tiveram de copiar a *Factory legislation*[401] inglesa com certas modificações.

Na França, de fato, não existia antes de 1848 nenhuma lei sobre limitação da jornada de trabalho nas fábricas. A lei de 22 de março, 1841, (cuja base foi [a 103ª] lei dos 3º e 4º anos do reinado de Guilherme IV. Art. 103), sobre a limitação do trabalho infantil nas fábricas (fábricas, usinas e oficinas empregando força motriz, ou fogo contínuo, e todos os estabelecimentos empregando mais do que 20 trabalhadores.[402]) permanece *letra morta* e até hoje só é aplicada praticamente no *Département du Nord*.[403] De resto, segundo essa lei, *crianças abaixo de 13 anos* também podem ser empregadas à noite (*between 9 p. m. e 5 a. m.*)[404] "*upon the occasion of urgent repairs, or the stoppage of a waterwhell*",[405] *crianças acima de 13 anos* também *durante a noite, "if their labour is indispensable"*.[406]

Em 2 de março de 1848, o governo provisório decretou uma lei segundo a qual o tempo de trabalho foi limitado a 1 hora em Paris e 11 no departamentos, não apenas nas fábricas, mas em todas as manufaturas e oficinas manuais, não apenas para crianças, mas também para *workmen*[407] adultos. O governo provisório partiu da falsa premissa de que a jornada de trabalho normal seria 11 horas em Paris e 12 nos departamentos. Porém: "No maior número de tecelagens, o trabalho durava 14-15 horas, com grandes danos à saúde e moralidade do trabalhador e particularmente das crianças; e durava

---

[398] "It is *this general acquiescence in the practice, if not approbation of the principle,* and the general concurrence that the limitation of labour is expedient etc." Sublinhado por Marx. (Nota da edição original)

[399] Assim.

[400] De uma maneira ou de outra.

[401] Legislação fabril.

[402] Factories, works e workshops employing moving power, or a continuous fire, and all establishments giving employment to more than 20 workmen.

[403] Departamento do Norte.

[404] Entre 9 da noite e 5 da manhã.

[405] "Quando da ocasião de reparos urgentes, ou de interrupção da roda d'água"

[406] "Se seu trabalho é indispensável".

[407] Trabalhadores.

mesmo ainda mais" (*Des classes ouvrières en France, pendant l'année 1848*, par *M. Blanqui*).

A Assembleia Nacional modificou essa lei por meio da lei de *8 de setembro de 1848*: "O trabalho diário dos trabalhadores em manufaturas e oficinas não excederá 12 horas. O governo tem poder para declarar exceções ao disposto naqueles casos em que a natureza do trabalho ou do equipamento o requeira."[408] Por meio do decreto de 17 de maio, 1851, os governos decretaram essas *exceções*. Primeiramente, foram determinados dois ramos distintos aos quais a lei de 8 de setembro de 1848 não era extensível. Além disso, porém, as seguintes restrições foram feitas: "*A limpeza da maquinaria ao final do dia*; trabalho tornado necessário por acidente na força motriz, caldeira, maquinaria, ou no edifício. O trabalho pode ser estendido nos seguintes casos: por 1 hora no final do dia para lavar e estender peças em oficinas de tinturaria, branquearia e estampa em algodão. Por 2 horas, em fábricas de açúcar e refinarias, e em laboratórios químicos. Por 2 horas, durante *120 dias* por ano, à escolha do manufatureiro, e com sanção do Préfet, em tinturarias, estamparias e estabelecimentos de acabamento." [409] {Factory Inspector A. Redgrave, Reports etc. 31 Oct. 1855, p. 80, observa com relação à aplicação dessa lei na França: "Foi-me assegurado por vários empresários que, quando eles desejaram se valer da permissão para estender o dia de trabalho, os trabalhadores objetaram com o argumento de que a extensão do dia de trabalho num momento seria seguida por um encurtamento do número de horas em outro... e que eles objetavam especialmente o trabalho além das 12 horas por dia porque a lei que fixou essas horas é a única boa que para eles permanece da legislação da República."[410]

---

[408] "The daily labour of the workman in manufactures and works shall not exceed 12 hours. The government has power to declare exceptions to the above enactment in those cases where the nature of the work of the apparatus requires it." Marx se baseia aqui no relatório de Redgrave, que cita extensivamente no *Caderno VII*, Londres, 1859-1862 e no *Citatenheft*, p. 69. (Nota da edição original)

[409] "*The cleaning of machinery at the end of the day*; work rendered necessary by accident to the moving power, the boiler, the machinery, or the building. Labour may be extended in the following cases: For 1 hour at the end of the day for washing and stretching pieces in dye works, bleach works, and cotton print works. For 2 hours in sugar factories, and refineries, and in chemical works. For 2 hours during *120 days* a year, at the choice of the manufacturer, and with the sanction of the Préfet, in dye works, print works, and finishing establishments."

[410] "I have been assured by several manufacturers that when they have wished to avail themselves of the permission to extend the working day, the workmen have objected upon the ground that an extension of the working day at one moment would be followed by a curtailment of the ordinary number of hours at another... and they especially objected to work beyond the 12 hours per day, because the law which fixed those hours is the only good which remains to them of the legislation of the Republic."

"O *prolongamento da jornada de trabalho* é *opcional* para os trabalhadores... quando é mutuamente acordado... a taxa por hora (além de 12) é geralmente superior ao seu pagamento ordinário"[411] (p. 80, *loc. cit.*). A. Redgrave observa, na p. 81, que em decorrência do trabalho extraordinário, do enervamento físico a ele ligado e da desmoralização espiritual, "a população trabalhadora de Rouen e Lille... sucumbiu", tornou-se "menor em crescimento" e "muitos são afligidos por aquela espécie de paralisia que, na Inglaterra, deu a suas vítimas o nome de 'aleijados de fábrica'"[412] (p. 81, *loc. cit.*).

"Deve ser admitido que um trabalho diário de 12 horas é uma demanda suficiente sobre a estrutura humana e, quando os intervalos requeridos para refeições, o tempo requerido para ir e voltar ao serviço são acrescentados às horas do trabalho, o balanço à disposição do trabalhador *não é excessivo*"[413] (p. 81, *A. Redgrave, loc. cit.*).

Entre os pretextos (objeções) hipócritas dos manufacturers ingleses *against the Ten Hours' Bill*[414] está o seguinte: "Uma das muitas objeções feitas à Lei de dez horas foi o perigo de lançar nas mãos dos jovens e mulheres *tanto tempo livre* que, graças a sua educação defeituosa, eles iriam ou desperdiçar ou fazer mau uso; e foi recomendado insistentemente que, *até* que a educação progrida e os meios sejam fornecidos a fim de direcionar para um emprego mental ou socialmente benéfico as horas que a Lei de dez horas propôs premiar a população fabril, era mais aconselhável, no interesse da moralidade, que *todo o dia fosse transcorrido na fábrica*"[415] (p. 87. *A. Redgrave, loc. cit.*).}

---

[411] "the *prolongation of the working day* is *optional* with the workman... when it is mutually agreed... the rate per hour (beyond 12) is generally higher than their ordinary pay."

[412] "the labouring population of Rouen and Lille... have succumbed" become "diminutive in growth" e "many are afflicted with that species of lameness which in England has given to its victims the name of 'factory cripples'".

[413] "It must be admitted that a daily labour of 12 hours is a sufficient call upon the human frame, and when the requisite intervals for meals, the time required for going to and returning from work, are added to the hours of labour, the balance at the disposal of the workman is not *excessive*." Sublinhado por Marx. (Nota da edição original).

[414] dos industriais ingleses contra a *Lei de dez horas*.

[415] "One of the many objections made to the Ten Hours' Bill was the danger of throwing upon the hands of the young persons and females *so much leisure time*, which, from their defective education, they would either waste or misuse; and it was urged that *until* education progressed, and means were provided for occupying in profitable mental or social employment the leisure hours which the Ten Hour's Bill proposed to award to the Factory population, it was more advisable, in the interests of morality, that the *whole* of *the day should be spent in the factory*."

{O quanto Macaulay distorce os fatos econômicos para poder se apresentar como apologeta *whig* do existente – *Cato censor*[416] apenas contra o passado, sicofanta do presente – mostra-se, dentre outros, no trecho a seguir: "A prática de colocar crianças prematuramente para trabalhar, uma prática que em nosso tempo o estado, o legítimo protetor daqueles que não podem se proteger, interditou sábia e humanamente, essa prática prevaleceu no século XVII numa extensão que, quando comparada com a extensão do sistema manufatureiro, parece quase inacreditável. Em Norwich, sede principal do negócio de vestuário, uma pequena criatura de seis anos era considerada apta ao trabalho. Muitos escritores daquele tempo, e entre eles alguns que eram considerados como eminentemente benevolentes, mencionam, exultantes, o fato de que, naquela única cidade, meninos e meninas de tenra idade criaram riqueza excedente ao que era necessário para a sua própria subsistência em 12.000 *l* por ano. Quanto mais cuidadosamente examinamos a história do passado, mais razão encontramos para discordar daqueles que imaginam que nosso tempo tem sido fértil em novos males sociais. A verdade é que os males são antigos, com raras exceções. Aquilo que é novo é a inteligência que discerne e a humanidade que os remedia"[417] (Macaulay's *England, v. I, p. 417*). A passagem mostra exatamente o contrário, especialmente que o trabalho infantil ainda era então um fenômeno excepcional ao qual os economistas fazem menção particularmente laudatória e com *exultation*.[418] Que escritor mencionaria hoje como algo particularmente notável que crianças de tenra idade são empregadas nas fábricas? Chega ao mesmo resultado quem lê com o mínimo de bom senso escritores como Child, Culpeper, etc.}

O horário legal de trabalho era frequentemente excedido "mantendo-se crianças, jovens e mulheres na fábrica para limpar a maquinaria durante a parte da hora das refeições e, aos sábados, depois das 2 horas da tarde, em

---

[416] Catão, o censor.

[417] "The practice of setting children prematurely to work, a practice which the state, the legitimate protector of those who cannot protect themselves, has, in our time, wisely and humanely interdicted, prevailed in the 17th century to an extent which, when compared with the extent of the manufacturing system, seems almost incredible. At Norwich, the chief seat of the clothing trade, a little creature of six years old was thought fit for labour. Several writers of that time, and among them some who were considered as eminently benevolent, mention, with exultation, the fact that in that *single city* boys and girls of tender age, created wealth exceeding what was necessary, for their own subsistence by 12000 pounds a year. The more carefully we examine the history of the past, the more reason shall we find to dissent from those who imagine that our age has been fruitful of new social evils. The truth is, that the evils are, with scarcely an exception, old. That which is new is the intelligence which discerns and humanity which remedies them." Sublinhado por Marx. (Nota da edição original).

[418] Exultação.

lugar de esse trabalho ser feito dentro do tempo delimitado"⁴¹⁹ (p. 12. *L. Horner*, Reports etc. *30ᵗʰ April 1856*).

Esse trabalho extraordinário também ocorre com trabalhadores "que não são empregados em trabalho por peça, mas recebem salários semanais"⁴²⁰. (*L. Horner*, p. 8, 9, *Reports of the Insp. o. F. 30ᵗʰ April 1859*),

(O senhor Horner, além de ser um dos comissários de inquérito sobre fábricas de 1833, era um dos inspetores de fábricas originais e, durante os primeiros dias da supervisão de fábrica, teve que lidar com sérias dificuldades.⁴²¹) Horner diz, em seu último *Report*, datado de *30ᵗʰ April 1859*: "A educação das crianças, *supostamente* provida, é, em numerosos casos, uma completa zombaria; a proteção dos trabalhadores contra lesões corporais e morte por máquinas sem segurança, também *supostamente* provida, tornou-se praticamente letra morta; reportar acidentes é, em grande medida, mero gasto de dinheiro público... O trabalho extraordinário ainda prevalece numa muito considerável medida; e, na maioria das instâncias, com a segurança contra detecção e punição que a *própria lei proporciona*"⁴²² (p. 8-9, *loc. cit.*).

(Crianças acima de 13 anos qualificadas para ser empregadas pelo mesmo número de horas que um adulto; trabalhadores de meia jornada, crianças abaixo de 13 anos.⁴²³)

"O fato é que, antes da lei de 1833, jovens e crianças trabalhavam *a noite inteira, o dia inteiro, ou ambos*, ao bel prazer"⁴²⁴ (*Reports* etc. 30ᵗʰ April 1860, p. 50-1). De acordo com a lei de 1833, *noite* é o período entre 8½ da noite e 5½ da manhã. Aos donos de fábrica era permitido "escolher suas horas legais

---

[419] O legal time of working exceeded frequentemente "by keeping the children, young persons, and women in the mill to clean the machinery during a part of the mealtimes, and on Saturdays after 2 o'clock, in place of that work being done within the restricted time".

[420] Esse *overworking* também ocorre com *workpeople* "who are not employed on piece-work, but receive weekly wages".

[421] M. Horner, besides being one of the Factory Commissioners of 1833, was one of the original Inspectors of Factories, and during the early days of factory supervision had to contend with serious difficulties.

[422] "The education of the children, *professedly* provided for, is, in numerous cases, an utter mockery; the protection of the workpeople against bodily injuries and death from unfenced machinery, also *professedly* provided for, has become, practically, a dead letter; the reporting of accidents is, to a great extent, a mere waste of public money... Overworking to a very considerable extent, still prevails; and, in most instances, with that security against detection and punishment, which the *law itself affords*." Sublinhado por Marx. (Nota da edição original).

[423] Children above 13 years qualified to be employed for the same number of hours as adult men; half-timers children under 13 years.

[424] "The fact is, that prior to the Act of 1833, young persons and children were worked *all night, all day, or both ad libitum*."

de trabalho em qualquer período entre 5½ da manhã e 8½ da noite." Essa significação de "dia" e "noite" continuou através de todas as leis de fábrica subsequentes, embora com horas restritas para trabalho até 1850, quando, pela primeira vez, as horas diárias de trabalho permitido foram fixadas de 6 da manhã até 6 da tarde e, no inverno, de 7 da manhã a 7 da noite, se o oficial da fábrica assim o desejasse.[425]

"*O grande volume de acidentes aconteceu nas maiores usinas...* a luta perpétua por cada minuto de tempo, onde o trabalho ocorre numa potência invariável, que é indicada talvez por mil cavalos, necessariamente *conduz a perigo. Em tais usinas, momentos são elementos do lucro* – a atenção de todos é requrida a todo instante. É aqui onde... pode ser vista a perpétua luta entre vida e forças inorgânicas; onde as energias mentais têm de dirigir e as energias animais devem se mover e ser mantidas equivalentes às revoluções dos fusos. Eles não devem se atrasar, apesar da tensão sobre eles, seja por excitação excessiva, seja pelo calor; nem ser interrompidos por um instante por qualquer desvio da atenção aos vários movimentos ao redor, pois em cada atraso existe perda"[426] (p. 56. Rep. of the In. of F. 30th April 1860).

"A *Comissão sobre Emprego Infantil,* cujos relatórios têm sido publicados há muitos anos, trouxe à luz várias enormidades que ainda continuam – algumas delas muito maiores do que qualquer uma pela qual fábricas ou estamparias tenham sido responsabilizadas... Sem um sistema organizado de inspeção por oficiais pagos, responsáveis perante o parlamento e obrigados a fazer relatórios semestrais de seus procedimentos, a lei logo se tornaria inoperante; tal como foi provado pela ineficiência de todas as leis de fábrica anteriores à de 1833; e como é o caso hoje na França, com a lei de fábrica

---

[425] "De acordo com a lei de 1833, *night* entre 8½ p. m. e 5½ a. m. Os millowners permitted "to take their legal hours of labour at any period within 5½ a. m. e 8½ p. m." This signification of "day" e "night" continued through all the subsequent Factory acts, though with restricted hours of work until 1850, when, for the first time, the day hours of permitted labour, were fixed at from 6 a. m. to 6 p. m., and in winter form 7 a. m. to 7 p. m. if so desired by the mill occupier." Sublinhado por Marx. (Nota da edição original).

[426] "*the bulk of the accidents happened in the largest mills...* the perpetual scramble for every minute of time, where work is going on by an unvarying power, which is indicated at perhaps a thousand horses, necessarily *leads to danger. In such mills, moments are the elements of profit* – the attention of everybody's every instant is demanded. It is here, where... there may be seen a perpetual struggle between life and inorganic forces. Where the mental energies must direct, and the animal energies must move and be kept equivalent to the revolutions of the spindles. They must not lag, not withstanding the strain upon them either by excessive excitement or by heat; nor be suspended for an instant by any counter attention to the various movements around, for in every lagging there is loss."

de 1841, que não contém previsão de inspeção sistemática"⁴²⁷ (p. 10. Rep. o. t. *Insp. etc. 31ˢᵗ Oct. 1858*).

As leis de fábrica "botaram um fim à decrepitude prematura dos trabalhadores que antes trabalhavam longas horas; *fazendo deles senhores de seu próprio tempo*, elas lhes deram a energia moral que os está direcionando para a eventual posse do poder político"⁴²⁸ (p. 47. *Rep. o. th. I. o. F. 31ˢᵗ Oct. 1859*).

"Uma vantagem ainda maior é a *distinção* finalmente clarificada *entre o tempo próprio do trabalhador e o de seu patrão. O trabalhador sabe agora quando termina aquilo que ele vende* e *quando começa o que é seu*; e, de posse de um conhecimento prévio disso, é capaz de predispor de *seus próprios minutos* para seus *próprios propósitos!*"⁴²⁹ (*loc. cit.*, p. 52). Isso é muito importante com respeito à fixação da jornada normal. Antes de 1833: "O patrão não tinha tempo senão para dinheiro, o empregado não tinha tempo senão para o trabalho"⁴³⁰ (*loc. cit.*, p. 48).

"A cupidez dos proprietários de fábrica, cujas crueldades na busca do ganho mal são superadas por aquelas perpetradas pelos espanhóis na conquista da América, na busca por ouro"⁴³¹ (p. 114. *John Wade, History of the Middle and W. Classes, 3 ed. Lond., 1835*).

"Certas classes de trabalhadores (tais como homens adultos e tecelãs) têm um interesse direto em trabalhar extraordinariamente, e pode-se supor que eles exercem alguma influência sobre as classes mais jovens, que têm,

---

⁴²⁷ "The *Children's Employment Commission*, the reports of which have been published several years, brought to light many enormities, and which still continue, – some of them much greater than any that factories and printworks were ever charged with... Without an organized system of inspection by paid officers, responsible to Parliament, and kept to their duty by halfyearly reports of their proceedings, the law would soon become inoperative; as was proved by the inefficiency of all the Factory Laws prior to that of 1833, and as is the case at the present day in France: the Factory Law of 1841 containing no provision for systematic inspection." (Nota da edição original).

⁴²⁸ The Factory Acts "have put an end to the premature decrepitude of the former long-hour workers; *by making them masters of their own time* they have given them a moral energy which is directing them to the eventual possession of political power." (*Citatenheft*, p. 68). Sublinhado por Marx. (Nota da edição original).

⁴²⁹ "A still greater boon is, the *distinction* at last made clear *between the worker's own time and his master's. The worker knows now when that which he sells is ended,* and *when his own begins*; and, by possessing a sure fore knowledge of this, is enabled to pre-arrange *his own minutes* for his *own purposes!*" Sublinhado por Marx. (Nota da edição original).

⁴³⁰ "The master had no time for anything but money the servant had no time for anything but labour." (*Citatenheft*, p. 68). (Nota da edição original).

⁴³¹ "The cupidity of millowners, whose cruelties in the pursuit of gain have hardly been exceeded by those perpetrated by the Spaniards on the conquest of America, in the pursuit of gold." (*Citatenheft*, p. 68). (Nota da edição original).

além disso, um temor natural de demissão por dar qualquer evidência ou informação calculada para implicar seus empregadores... mesmo quando detectados (os trabalhadores jovens) trabalhando em horários ilegais, raramente se pode contar com seu testemunho para provar os fatos diante dos juízes, já que ele é dado com o risco de perda de seu emprego"[432] (p. 8. *Factory Inspectors' Reports. for halfyear ending October 31st 1860*).

"Uma fábrica emprega 400 pessoas, metade das quais trabalha por 'peça' e tem... um interesse direto em trabalhar mais horas. As outras 200 são pagas por dia, trabalham igualmente tanto quanto os outros e não obtêm mais dinheiro por seu tempo extraordinário. em algumas localidades surgiu um hábito de se começar sistematicamente 5 minutos antes e parar 5 minutos depois da hora apropriada. Existem 3 horários de começo e 3 de partida a cada dia; assim, 5 minutos em 6 diferentes momentos, iguais a meia hora, são ganhos diariamente, não por uma pessoa apenas, mas por 200 que trabalham e são pagos por dia. O trabalho dessas 200 pessoas por meia-hora ao dia é igual ao trabalho de uma pessoa por 50 horas, ou $^5/_6$ do trabalho de uma pessoa na semana, e é *um ganho positivo para o empregador*."[433] (*loc. cit.*, p. 9.)

Se for pago por peça, então certamente o trabalhador terá uma vantagem em seu *overtime*[434] e se apropriará ele mesmo de uma parte do *surplustime*[435] no qual ele trabalhou. Porém, o capitalista, sem levar em consideração a rápida valorização do *capital fixe*,[436] obtém *surplusprofit*[437] mesmo quando paga as horas de *overtime*[438] tanto ou mais do que as horas da jornada de

---

[432] "Certain classes of workers (such as the adult males, and female weavers) have a direct interest in working overtime, and it may be supposed that they exercise some influence over the more juvenile classes, which latter have, besides, a natural dread of dismissal by giving any evidence or information calculated to implicate their employers... even when detected (the juvenile workers) in working at illegal times, their evidence to prove the facts before a Bench of Magistrates, can seldom be relied on, as it is given at the risk of losing their employments."

[433] "A factory employs 400 people, the half of which work by the 'piece' and have... a direct interest in working longer hours. The others 200 are paid by the day, work equally long with the others, and get no more money for their overtime. A habit has arisen in some localities of starting systematically 5 minutes before and ceasing 5 minutes after the proper hour. There are 3 starting and 3 leaving off times each day; and thus 5 minutes at 6 different times, equal to half an hour are gained daily, not by one person only, but by 200 who work and are paid by the day. The work of these 200 people for half an hour a day is equal to one person's work for 50 hours, or $^5/_6$ of one person's labour in a week, and is a positive gain to the employer." Sublinhado por Marx.

[434] Tempo extraordinário.

[435] Sobretempo.

[436] Capital fixo.

[437] Superlucro.

[438] Tempo extraordinário.

trabalho normal, (1) porque ele não precisa aumentar a máquina com a qual se trabalha (por exemplo, os fusos, os teares). O mesmo trabalhador, trabalhe ele 12 ou 15 horas, trabalha igualmente no mesmo *powerloom*.[439] Portanto, uma parte da despesa com capital desaparece com essa produção de *surplustime*.[440] (2) Se a jornada normal é de 12 horas, das quais 2 horas de sobretrabalho, então 10 horas deverão ser pagas com 2 horas de sobretempo.

Aqui, de 30 minutos ($^1/_2$ hora), $^1/_6$ = 5 minutos são ganhos e 25 lhe são pagos. Além disso, o sobretempo depende de que o trabalhador trabalhe somente 10 horas para si. Aqui, já está pressuposto que ele ganhe seu salário necessário. Por isso, ele pode se contentar com uma parte alíquota do *overtime*.[441]

Se o *overtime* é *gratuito*, então o capital o ganha sem pagar o tempo de trabalho necessário; 100 horas de trabalho *overtime*, se 10 horas são trabalhadas diariamente = ao tempo de trabalho de 10 trabalhadores, para os quais o salário é *completamente economizado*.

As leis de branqueamento e tinturaria deviam entrar em operação em 1º de agosto, 1861.[442]

As determinações *principais* dos *próprios factory acts* são:

"Todas as pessoas abaixo de 16 anos devem ser examinadas pelo médico oficial. Crianças não podem ser empregadas abaixo da idade de 8 anos. Crianças entre 8 e 13 anos podem ser empregadas somente por meio horário e devem ir à escola diariamente. Mulheres e jovens abaixo de 18 anos não podem ser empregados antes das 6 da manhã nem depois das 6 da tarde, nem depois das 2 da tarde aos sábados. Mulheres e jovens não podem ser empregados durante o horário de refeições, nem ser autorizados a permanecer em qualquer espaço da fábrica enquanto se realiza qualquer processo de manufatura. Crianças abaixo de 13 anos não podem ser empregadas no mesmo dia antes do meio-dia e depois da 1 hora"[443] (p. 22-3, *loc. cit.*). – "As

---

[439] Tear mecânico.

[440] Sobretempo.

[441] Tempo extraordinário.

[442] "Os Bleaching and Dyeing Acts were to come into operation on August 1, 1861." Esses ramos de atividade, assim como o de fabricação de rendas, não eram regulados pelas leis anteriores porque não se desenvolviam em fábricas. (N.T.).

[443] "All persons under 16 years of age must be examined by the certifying surgeon. Children cannot be employed under the age of 8 years. Children between 8 and 13 years of age can only be employed for half-time, and must attend school daily. Females and young persons under the age of 18 years cannot be employed before 6 o'clock in the morning nor after 6 o'clock in the evening, nor after 2 o'clock in the afternoon on Saturdays. Females and young persons cannot be employed during a meal time, nor be allowed to remain in any room in a factory while any manufacturing process is carried on. Children under 13 years of age cannot be employed both before noon and after 1 o'clock on the same day."

horas de trabalho são regidas pelo relógio público; geralmente, o relógio da estação de trem mais próxima... Ele às vezes é adiantado como pretexto, quando pessoas são encontradas na fábrica durante um horário de refeição ou em outro horário ilegal de maneira que não deixarão a fábrica na hora assinalada e que a coação é necessária para forçá-las a cessar o trabalho, especialmente nas tardes de sábado. Porém, se os braços permanecem numa fábrica depois que a maquinaria deixou de funcionar e se ocupam com a limpeza de suas máquinas e com trabalho similar, eles não estariam ocupados assim se tempo suficiente tivesse sido reservado especialmente para limpeza, etc., antes de 6 da manhã ou antes de 2 da tarde nos sábados à tarde"[444] (p. 23, *loc. cit.*). Determinação ulterior dos *factory acts* em relação a *mealtimes*:[445] "Uma hora e meia deve ser dada a todos os jovens e mulheres ao mesmo tempo entre 7:30 da manhã e 6 horas da tarde; desse tempo, 1 hora deve ser dada antes de 3 da tarde e ninguém pode ser empregado por mais de 5 horas antes da 1 da tarde sem um intervalo de 30 minutos. Os horários de refeição habituais dos trabalhadores da indústria mecânica são meia hora para desjejum e uma hora para o jantar"[446] (p. 24, *loc. cit.*).

Outra disposição dos *factory acts*:

"Os pais são obrigados a fazer o filho frequentar a escola por 3 horas diárias, por 5 dias na semana. Ao empregador é vedado empregar crianças se não obtiver um certificado do mestre-escola de que cada criança frequentou a escola por 3 horas diárias por 5 dias na semana precedente"[447] (p. 26).

Nos séculos passados, nos tempos que precederam a produção capitalista, também encontramos regulação coercitiva, isto é, legal por parte dos governos.

---

[444] "The hours of work are governed by a public clock; generally the clock of the nearest railway station... It is sometimes advanced by way of excuse, when persons are found in a factory either during a meal hour or at some other illegal time, that they will not leave the mill at the appointed hour, and that compulsion is necessary to force them to cease work, especially on saturday afternoons. But, if the hands remain in a factory after the machinery has ceased to revolve, and occupy themselves in cleaning their machines and in other like work, they would not have been so employed if sufficient time had been set apart specially for cleaning etc. either before 6 P. M or before P. M. on saturday afternoons."

[445] Horários de refeições.

[446] "One hour and a half must be given to all young persons and females, persons at the same time between 7.30 a. m. and 6 p. m.; of this one hour must be given before 3 p. m., and no person can be employed for more than 5 hours before 1. p. m. without an interval of 30 minutes. The usual mealhours of mechanics throughout the country are, half an hour for breakfast and an hour or dinner."

[447] "The parent is required to cause his child to attend school for 3 hours daily for 5 days in the week. The occupier is restricted form employing children unless he shall have procured on each Monday morning a schoolmaster's-certificate that each child has attended school for 3 hours daily for 5 days in the preceding week."

Porém, para forçar o trabalhador a trabalhar *determinado* tempo, enquanto as regulações atuais todas, ao contrário, são destinadas a coagir o capitalista a deixá-lo trabalhar *somente por determinado tempo*. Contra o capital desenvolvido, o tempo de trabalho só pode ser limitado por meio de coação governamental. Nos estágios em que o capital apenas se desenvolvia, a coação governamental intervinha para transformar pela força o trabalhador em trabalhador assalariado.

"Quando a população é escassa e a terra abundante, o trabalhador livre é ocioso e insolente. Regulação artificial tem sido considerada frequentemente não apenas útil, mas absolutamente necessária para induzi-lo a trabalhar. Atualmente, conforme o senhor Carlyle, os negros emancipados de nossas Índias Ocidentais, tendo sol quente de graça e abóbora em abundância quase de graça, não trabalharão. Ele parece pensar que regulações legais induzindo ao trabalho são absolutamente necessárias, mesmo para o próprio bem deles. Pois eles estão regredindo rapidamente a seu barbarismo original. Assim, na Inglaterra, 500 anos atrás, descobriu-se, por experiência, que os pobres não precisavam trabalhar e não trabalhariam. Devido a uma grande praga no século XIV que dizimou a população, a dificuldade de se fazer os homens trabalharem *em termos razoáveis* cresceu ao ponto de se tornar intolerável e ameaçar a indústria do reino. Por isso, no ano de 1349, a lei 23º de Eduardo III foi aprovada, impelindo os pobres ao trabalho e interferindo nos salários do trabalho. Com essa mesma visão seguiu-se, durante diversos séculos, uma longa série de decretos legislativos. Os salários dos artesãos, assim como dos trabalhadores agrícolas; os preços do trabalho por peça, assim como do trabalho por jornada; os períodos durante os quais os pobres eram obrigados a trabalhar, mas também *os intervalos exatos para as refeições* (assim como nas leis de fábrica atuais) foram definidos por lei. As leis do parlamento regulando salários, mas *contra* o trabalhador e em favor do patrão, duraram pelo longo período de 464 anos. A população cresceu. Essas leis foram julgadas – e realmente elas haviam se tornado – desnecessárias e danosas. No ano de 1813, foram todas ab-rogadas"[448] (p. 205-6. *Sophisms of Free Trade* etc., 7th ed. London, 1850).

---

[448] "When population is scanty, and land abundant, the free laborer is idle and saucy. Artificial regulation has often been found, not only useful, but absolutely necessary to compel him to work. At this day, according to Mr. Carlyle, the emancipated negroes in our West India Islands, having hot sun for nothing, and plenty of pumpkin (abóbora) for next to nothing, will not work. He seems to think legal regulations compelling work absolutely necessary, even for their own sake. For they are rapidly relapsing into their original barbarism. So in England 500 years ago, it was found, by experience, that the poor need not, and would not work. A great plague in the 14th century having thinned the population, the difficulty of getting men to work *on reasonable terms* grew to such a height as to be

"Do estatuto de 1496, resulta que a alimentação era considerada como equivalente a ⅓ da renda de um artesão e ½ da renda de um *labourer*,[449] o que mostra um grau de independência mais elevado entre os trabalhadores do que prevalece hoje; pois a alimentação de trabalhadores e artesãos é estimada numa cota mais alta de seu salário. *Os horários para meals e relaxation[450] eram mais liberais que nos dias de hoje.* Eles somavam, por exemplo, de março a setembro, 1 hora para desjejum, 1½ hora para almoço e ½ hora para jantar (portanto, 3 horas no total). No inverno, trabalhava-se de 5 da manhã até o anoitecer. Agora, ao contrário, nas fábricas de algodão, tem-se ½ hora para desjejum, 1 hora para jantar", portanto, apenas 1½ hora, *exatamente a metade do século XV*.[451] (p. 24-5, 577-8. *John Wade, History of the Middle and Working Classes, 3 ed. Lond., 1835.*).

O *Bleaching and Dyeing Works Act* foi promulgado em 1860.

As determinações no *Print Work Act, Bleaching and Dyeing Works Act* e do *Factory Act* são diferentes.

"O *Bleaching, etc. Works Act* limita as horas de trabalho para todas as mulheres e jovens entre *6 da manhã e 8 da noite*, mas não permite que crianças trabalhem *depois de 6 da tarde*. O *Print Works Act* limita as horas de mulheres, jovens e crianças entre 6 da manhã e 10 da noite, desde que as crianças tenham frequentado alguma aula por 5 horas em qualquer dia exceto sábado antes das 6 da tarde."[452] (p. 20-21. *Factory Inspector's Reports for 31st Oct. 1861*). "Os *Factory Acts* determinam 1 ½ hora a ser concedida durante o dia e que ela será tomada entre 7:30 da manhã e 6 da tarde, sendo que

---

quite intolerable, and to threaten the industry of the kingdom. Accordingly, in the year 1349, the Statute 23rd, Edward III, was passed, compelling the poor to work, and interfering with the wages of labor. It was followed with the same view through several centuries by a long series of statutable enactments. The wages of artisans, as well as of agricultural laborers; the prices of piece-work, as well as of day-work; the periods during which the poor were obliged to work, nay, *the very intervals for meals* (as in the Factory acts of the present day) were defined by law. Acts of Parliament regulating wages, but *against* the labourer, and in favor of the master, lasted for the long period of 464 years. Population grew. These laws were then found, and really became, unnecessary and burdensome. In the year 1813, they were all repealed." Sublinhado por Marx. O autor desse livro anônimo foi John Barnard Byles. (Nota da edição original).

[449] Trabalhador.

[450] Refeições e descanso.

[451] *Citatenheft*, p. 69. (Nota da edição original).

[452] "The Bleaching, etc. Works Act limits the hours of work of all females and young persons between *6 a. m. and 8 p. m.*, but does not permit children to work *after 6 p. m*. The Print Work Act limits the hours of females, young persons and children between 6 a. m. e 10 p. m., provided the children have attended some school for 5 hours in any day but Saturday before 6 o'clock p. m."

dessa hora e meia, uma hora será dada antes das 3 da tarde; e que nenhuma criança, jovem ou mulher será empregado mais do que 5 horas antes de 1 da tarde em nenhum dia sem intervalo para refeição de ao menos 30 minutos... No *Printing Act, nenhuma* exigência... *para qualquer horário de refeição em absoluto.* Por isso, jovens e mulheres podem trabalhar de 6 da manhã às 10 da noite sem pausa para refeições"[453] (p. 21, *loc. cit.*). "Em estamparias, uma criança pode trabalhar entre 6 da manhã e 10 da noite... pelo *Bleach Works Act*, uma criança pode trabalhar somente sob o *Factories Act*, enquanto o trabalho *de jovens e mulheres*, com quem ela trabalhou previamente durante o dia, pode ser continuado até 8 da noite"[454] (p. 22, *loc. cit.*).

"*Tomando como exemplo a manufatura de seda*, desde *1850* tem sido lícito empregar crianças acima de 11 anos de idade (portanto, de 11-13 anos) no enrolamento e enovelamento da seda bruta por 10½ horas por dia. De 1844 a 1850, seu trabalho diário, exceto sábado, era limitado a dez horas; e antes desse período, a 9 horas. Essas alterações ocorreram sob o fundamento de que o trabalho nas fábricas de seda era mais leve do que nas fábricas de outros tecidos e menos capaz, em outros aspectos também, de ser prejudicial à saúde"[455] (p. 26, *loc. cit.*). "A alegação divulgada em 1850 sobre a manufatura de seda ser uma ocupação mais saudável do que outros tecidos têxteis não apenas carece inteiramente de evidência, mas a evidência aponta totalmente na direção contrária; pois a taxa média de mortalidade é excessivamente alta nos distritos de seda e, entre a parte feminina da população, é mais alta até do que nos distritos de algodão de Lancashire, onde, embora seja verdade que as crianças trabalhem apenas meio horário, ainda em razão das causas condicionais que tornam a manufatura de algodão

---

[453] "The Factory Acts require 1 ½ hours to be allowed during the day, and that they shall be taken between 7.30 a. m. and 6 p. m. and one hour thereof shall be given before 3 o'clock in the afternoon; and that no child, young person, or female shall be employed more than 5 hours before 1 o'clock in the afternoon of any day without an interval for meal time of at least 30 minutes... No Printing Act *no requisition... for any meal time at all.* Accordingly, young persons and females may work from 6 o'clock in the morning till 10 o'clock at night without stopping for meals." Sublinhado por Marx. (Nota da edição original).

[454] "In Print Works a child may work between 6 o'clock in the morning and 10 o'clock at night... by the Bleach Works Act a child may only work as under the Factories Act, whilst the labour *of the young persons and females*, with whom it has been previously working during the day, may be continued till 8 o'clock in the evening." Sublinhado por Marx.

[455] "*To take the silk manufacture* for example, since *1850*, it has been lawful to employ children above 11 years of age in the winding and throwing of raw silk for 10½ hours a day. From 1844 to 1850 their daily work, less Saturday, was limited to 10 hours; and before that period to 9 hours. These alterations took place on the ground that labour in silk mills was lighter than in mills for other fabrics, and less likely, in other respects also, to be prejudicial to health."

insalubre, uma alta taxa de mortalidade pulmonar pode ser presumida como inevitável"[456] (p. 27, *loc. cit.*).

Lord Ashley, em seu discurso sobre a *bill*[457] de dez horas (*March, 15th*[458], 1844), diz que as horas de trabalho nas fábricas austríacas eram, então, de "15, não raro 17 horas por dia"[459] (*Ten Hours' Bill.* London, 1844, p. 5). Na Suíça, as regulações são muito rigorosas: "no cantão da Argóvia, nenhuma criança é autorizada a trabalhar, abaixo dos 14 anos, mais do que 12 horas e ½; e a educação é compulsória para os proprietários de fábrica." No cantão de Zurique, "as horas de trabalho são limitadas a 12; e crianças abaixo de 10 anos de idade não podem ser empregadas... Na Prússia, pela lei de 1839, nenhuma criança que não completou seu 16º aniversário pode ser empregada mais que 10 horas por dia; nenhuma abaixo de 9 anos pode ser empregada em absoluto"[460] (p. 5-6).

V – 196[461] O subinspetor Baker reporta (*Factory reports*, 1843) que "viu muitas mulheres que, ele estava certo, poderiam apenas ter completado seu 18º aniversário, sendo obrigadas a trabalhar de 6 da manhã às 10 da noite, com apenas 1½ hora para refeições. Em outros casos, ele mostra, mulheres são obrigadas a trabalhar a noite inteira, numa temperatura de 70 a 80 graus... Eu encontrei (diz o senhor Horner, *Factory reports*, 1843) muitas jovens, de apenas 18 anos, trabalhando de 5 e meia da manhã até 8 da noite, com nenhuma interrupção exceto um quarto de hora para desjejum e 3 quartos

---

[456] "the allegation put forth in 1850 about the manufacture of silk being a healthier occupation than that of other textile fabrics, not only entirely fails of proof, but the proof is quite the other way; for the average death rate is exceedingly high in the silk districts, and amongst the female part of the population is higher even than it is in the cotton districts of Lancashire, where, although it is true that the children only work half time, yet from the conditional causes which render cotton manufacture unhealthy, a high rate of pulmonary mortality might be supposed to be inevitable."

[457] Lei.

[458] 15 de março.

[459] "15, not unfrequently 17 hours a day".

[460] In Switzerland the regulations are very strict: "in the canton of Argovia, no children are allowed to work, under 14 years, more than 12 hours and ½; and education is compulsory on the millowners". In the canton of Zurich "the hours of labour are limited to 12; and children under 10 years of age are not allowed to be employed... In Prussia, by the law of 1839, no child who has not completed his or her 16th year, is to be employed more than 10 hours a day; none under 9 years of age to be employed at all".

[461] Os três parágrafos a seguir foram redigidos originalmente na página 196 do manuscrito (p. 377, *infra*), assinalados com a observação: "Essa citação pertence ao caderno III, p. e. (depois da p. 124)", referindo-se ao local onde deveria ser inserida. (Nota da edição original).

de hora para jantar. Pode-se dizer, com justiça, que elas trabalham 15 horas de 24. Elas estão (diz o senhor Saunders. *Fact. Rep.*, 1843) entre as mulheres que têm sido empregadas por algumas semanas com um intervalo apenas de alguns dias, de 6 da manhã até 12 da noite, menos de 2 horas para refeições, dando-lhes, assim, 5 noites por semana, 6 horas de 24 para ir e voltar para casa e repousar"[462] (*loc. cit.*, p. 20-21).

O desgaste precoce da capacidade de trabalho, em outras palavras, o envelhecimento precoce em decorrência do prolongamento forçado do tempo de trabalho:

"No ano de 1833, uma carta foi destinada a mim pelo senhor Ashworth, um importante industrial de Lancashire, contendo a seguinte passagem curiosa: 'Você irá naturalmente me perguntar sobre os velhos de quem se diz que morrerão, ou se tornarão ineptos para o trabalho quando atingirem 40 anos de idade, ou logo depois.' Note-se a frase 'velhos' com a idade de 40 anos!" (*loc. cit.*, p. 12). O comissário governamental M'Intosh (um desses comissários enviados expressamente para coletar evidência contra aquela apurada pelo comitê de 1832), diz em seu relatório de 1833: "Embora preparado pela visão de crianças ocupadas daquela maneira, é muito difícil *crer na idade* dos homens de idade avançada, como é dada por eles, tão completo é seu prematuro envelhecimento"[463] (p. 13, *loc. cit.*).

---

[462] Subinspector Baker reports (*Factory reports*. 1843), as to "having seen several females, who, he was sure, could only just have completed their 18th year, who had been obliged to work from 6 a. m. to 10 p. m., with only 1½ hours for meals. In other cases, he shows, females are obliged to work all night, in a temperature from 70 to 80 degrees... I found (says Mr. Horner, Factory reports) many young women, just 18 years of age, at work from half past 5 in the morning until 8 o'clock at night, with no cessation except a quarter of an hour for breakfast, and 3 quarters of an hour for dinner. They may be fairly said to labour for 15 hours and a half out of 24. There are (says Mr. Saunders. *Fac. Rep.* 1843) among them females who have been employed for some weeks, with an interval only of a few days, from 6 o'clock in the morning until 12 o'clock at night, less than 2 hours for meals, thus giving them for 5 nights in the week, 6 hours out of its 24 to go to and from their homes, and to obtain rest in bed."

[463] "In the year 1833, a letter was addressed to me by Mr. Ashworth, a very considerable millowner in Lancashire, which contains the following curious passage: 'You will next naturally inquire about the old men, who are said to die, or become unfit for work, when they attain 40 years of age, or soon after.' Mark the phrase 'old men' at 40 years of age!" The government commissioner M' Intosh (one of the commissioners, sent expressly to collect evidence against that taken by the committee of 1832), says in his report of 1833: "Although prepared by seeing childhood occupied in such a manner, it is very difficult to *believe the ages* of men advanced in years, as given by themselves, so complete is their premature old age." Sublinhado por Marx. (Nota da edição original).

III-124e. Em 1816, Sir R. Peel obtém a criação de um comitê da Câmara dos Comuns para examinar o *Apprentice Act* de 1802. Entre outras coisas, conforme o testemunho de John Moss, contramestre de uma fábrica em Preston, o *Apprentice Act* era constantemente desrespeitado. A testemunha nem o conhecia. As crianças na fábrica eram quase todas aprendizes de paróquias de Londres; trabalhavam de 5 horas da manhã às 8 da noite...; invariavelmente, trabalhavam de 6 da manhã de domingo até às 12, na limpeza da maquinaria para a semana[464] (15 horas).

Trabalho médio dos padeiros em Londres: 7 horas. 17 horas regularmente nos primeiros tempos da indústria de algodão. Pouco depois, introdução do trabalho noturno.

Taxa do mais-valor

Se o trabalhador trabalha 10 horas de *necessary labour*[465] e 2 horas de *surpluslabour*[466], então a taxa $= 2/10 = 1/5 = 20\%$. Resultaria um cálculo falso, isto é, a taxa de exploração seria falsamente apurada se fosse considerada a jornada de trabalho inteira de 12 horas e fosse dito, por exemplo, que o trabalhador dela recebe $5/6$ e o capitalista $1/6$. A taxa somaria, então, $1/6$ ($12/6 = 2$ horas) $= 16\,2/3\%$. O mesmo erro ocorreria se o produto fosse calculado e, em verdade, não a relação do *surplusproduce*[467] com a parte do *produce*[468] que $=$ *equiavalent*[469] do salário, mas o *surplusproduce* como parte alíquota do *aggregate produce*[470]. Esse ponto é muito importante, não apenas na determinação do mais-valor, como, em seguida, é decisivamente importante para a correta determinação da taxa de lucro.

"Ele (um dos empresários nos primeiros tempos do *Cottonindustry development*[471]) me relatou uma ideia admirável, não sei se ela lhe pertence

---

[464] 1816, Sir R. Peel procured a committee of the House of Commons to examine into the apprentice act of 1802. Entre outras coisas, conforme a evidence of John Moss, overseer of um mill em Preston, o Apprentice act was constantly set at nought. The witness did not even know of it. As children no mill quase todas apprentices de London parishes; were worked de 5 horas da manhã até 8 da noite, durante quase o ano inteiro, com 1 hora para as 2 meals; invariably they worked de 6 da manhã de domingo às 12, in cleaning the machinery for the week.

[465] Trabalho necessário.

[466] Sobretrabalho.

[467] Sobreproduto.

[468] Produto.

[469] Equivalente.

[470] Produto agregado.

[471] Indústria de algodão.

propriamente, mas é verdadeiramente digna dele: a ideia de *organizar o trabalho noturno*. Os trabalhadores seriam repartidos em dois grupos, de modo a que cada um esteja acordado até o amanhecer uma de cada duas noites: os teares não repousarão mais. O trabalho, limitado a 17 horas, fazia dormir durante 7 horas inteiras um capital enorme, o valor dos teares, o aluguel etc. Essas 7 horas de interesse quotidiano não serão mais perdidas. Ele me expôs uma combinação graças à qual ele recuperará, com sobras, os custos de iluminação, apenas pela forma de estabelecer o salário noturno"[472] (p. 145-6. *Sir Richard Arkwrighti* etc. (1760 a 1792) para *St Germain Leduc*. Paris, 1842).

Essa é a norma atual nas *cottonfabrics*[473] de Moscou. Nesse sentido, ainda mais atroz é o sistema seguido nas fábricas de espelhos em Manchester; nele, também crianças são utilizadas. A saber, 2 *troupes*[474] que se alternam todas as 24 horas, dia e noite, a cada 6 horas. Lemos em Babbage (*On the Economy of Machinery*, etc. Lond., 1832):

"As primeiras máquinas de fabricar tule eram muito caras nas primeiras aquisições, de 1.000 a 1.200 ou 1.300 *l*. Cada fabricante possuidor de uma dessas máquinas descobriu cedo que fabricava mais, mas como seu trabalho era limitado a 8 horas por dia, em relação ao seu preço ele não podia concorrer com os antigos métodos de fabricação. Essa desvantagem era causada pela soma considerável que era destinada ao primeiro *établissement*[475] da máquina. Porém, logo os fabricantes notaram que, com a mesma despesa em capital original e uma pequena adição a seus fonds de *roulement*,[476] eles poderiam fazer a mesma máquina trabalhar durante 24 horas. A vantagem que eles assim realizaram engajou outras pessoas a direcionar sua atenção para os meios de aperfeiçoá-la; de modo que seu preço de aquisição sofresse uma redução considerável ao mesmo tempo em que o tule fosse fabricado mais rápido e em maior quantidade." (Cap. XXII.)

---

[472] "Il m'a communiqué une idée admirable, je ne sais si elle lui appartient en propre, mais elle est vraiment digne de lui: c'est d'*organiser le travail nocturne*. Les ouvriers seront repartis en deux troupes, de manière à ce que chacune veille jusq'au matin, de deux nuits l'une: les métiers ne se reposeront plus. Le travail, borné à 17 heures, laissait dormir pendant 7 grandes heures un capital enorme, la valeur des métiers, le loyer etc. Ces 7 grandes heures d'intérêt quotidien ne seront plus perdues. Il m'a exposé une combinaison, grâce à laquelle il rattrapera, et au-delà, ses frais d'éclairage, rien que par la manière d'établir le salaire nocturne." Sublinhado por Marx. (Nota da edição original).

[473] Fábricas de algodão.

[474] Grupos.

[475] Implantação.

[476] Capital de giro.

Dale, o predecessor de Owen na fábrica de algodão de New-Lanark, ele mesmo filantropo, ainda empregava as próprias crianças abaixo de 10 anos por 13 horas. "Para cobrir as despesas desses arranjos tão bem combinados e sustentar em geral o estabelecimento, era indispensavelmente necessário empregar essas crianças no interior das usinas de algodão, desde 6 horas da manhã até sete horas da noite, no verão como no inverno... Os diretores de caridade pública, por um motivo de economia mal compreendido, não quiseram enviar as crianças confiadas a seus cuidados, a menos que os proprietários do estabelecimento se encarregassem deles desde a idade de 6, 7 ou 8 anos"[477] (p. 64). (*Examen Impartial des* Nouvelles Vues de M. Robert Owen et de ses Établissemens à New-Lanark en Écosse etc. par *Henry Grey Macnab* etc. traduit par *Laffon de Ladébat* etc. Paris, 1821). "Assim, os arranjos do senhor Dale e sua terna solicitude para o bem-estar dessas crianças foram, afinal, quase inteiramente inúteis e sem sucesso. Ele tomara essas crianças a seu serviço e sem seu trabalho ele não as podia alimentar"[478] (p. 65). "O mal provinha de que as crianças enviadas aos *hospices*,[479] jovens demais para o trabalho, deveriam ser guardadas mais quatro anos e receber uma primeira educação... Se tal é o quadro fiel e não exagerado da situação de nossos aprendizes saindo dos *hospices, em nosso atual sistema de manufaturas*, mesmo sob os regulamentos melhores e mais humanos, qual não deve ser a situação deplorável dessas crianças sob um mau regime?"[480] (p. 66, *loc. cit.*).

Tão logo Owen assumiu a direção:

"O sistema de receber aprendizes tirados das casas de caridade pública foi abolido... Renunciou-se ao hábito de empregar crianças de 6 a oito anos nas fábricas"[481] (p. 74).

---

[477] "Pour couvrir la dépense de ces arrangements si bien combinés, et soutenir ces enfants dans l'intérieur des moulins à coton, depuis 6 heures du matin jusqu'à sept heures du soir, l'été comme l'hiver... Les directeurs des charités publiques, par un motif d'économie mal entendue, ne voulurent pas envoyer les enfants confiés à leurs soins, à moins que les propriétaires de l'établissement ne s'en chargeassent dès l'âge de 6, 7, ou 8 ans."

[478] "Ainsi, les arrangements de M. Dale et sa tendre sollicitude pour le bien-être de ces enfants, furent en dernier résultat presque entièrement inutiles et sans succès. Il avait pris ces enfants à son service, et sans leur travail il ne pouvait pas les nourrir."

[479] Casa de caridade pública.

[480] "Le mal provenait de ce que les enfants envoyés des hospices, beaucoup trop jeunes pour le travail, auraient dû être gardés quatre ans de plus, et recevoir une première éducation. Si tel est le tableau fidèle et non exagéré de la situation de nos apprentis sortants des hospices, *dans notre système actuel de manufactures*, même sous les règlements les meilleurs et les plus humains, quelle ne doit pás être la situation deplorable de ces enfants sous un mauvais régime?" Sublinhado por Marx. (Nota da edição original).

[481] "Le système de recevoir des apprentis tirés des maisons de charité publique, fut aboli... On renonça à l'habitude d'employer des enfants de 6 à huit ans dans les fabriques."

"As horas de trabalho, 16 das 24, foram reduzidas a 10 horas e meia por dia"[482] (p. 98). Isso vale, naturalmente, como algo socialmente subversivo. Grande clamor dos économistes[483] e dos "filósofos" benthamistas.

"Porém, mais fácil ainda é a aquisição de pão nas ilhas orientais dos arquipélagos asiáticos, onde o sagu cresce selvagem na mata. Quando os habitantes, ao fazer um buraco no tronco, se convenceram de que o miolo está maduro, então o tronco é cortado e dividido em muitos pedaços, o miolo é raspado, misturado com água, filtrado e, então, é farinha de sagu totalmente utilizável. Uma árvore dá habitualmente 300 *lb* e pode dar de 5 a 600 *lb*. Portanto, ali se vai à floresta e se corta o pão, assim como conosco se corta a lenha para queimar"[484] (p. 148. *Die Erde, die Pflanzen und der Mensch, von U. F. Schouw*, 2te Auflage. Leipzig, 1854.).

Admitindo-se que uma jornada (de 12 horas) por semana seja necessária para que esse cortador de pão satisfaça todas as suas necessidades. Se a produção capitalista fosse aí introduzida, então ele deveria trabalhar 6 dias por semana para se apropriar dessa jornada.

O sobretrabalho consiste naturalmente no mesmo tipo de trabalho que o *necessary*.[485] Se o trabalhador é um fiandeiro, então seu sobretrabalho consiste em fiar e seu *surplusproduce*[486] em tecedura. Se ele é um carvoeiro, então etc. Vê-se, portanto, que o tipo de trabalho, sua qualidade particular, o ramo particular ao qual pertence é totalmente indiferente para a relação do *surpluslabour*[487] com o *necessary labour*.[488] Igualmente indiferente, com isso, é a relação de valor das diversas jornadas de trabalho umas com as outras, ou, o que é o mesmo, a relação segundo a qual um dia de trabalho mais ou

---

[482] "Les heures de travail, 16 sur les 24, ont été réduites à 10 heures et demie par jour."

[483] Economistas.

[484] *Citatenheft*, p. 54. (Nota da edição original).

[485] Necessário.

[486] Sobreproduto.

[487] Sobretrabalho.

[488] Trabalho necessário.

menos qualificado é equiparado a um dia de trabalho simples, médio.[489] Essa equalização não diz respeito em absoluto à relação aqui pesquisada. Em razão da simplificação (da exposição) pode sempre ser pensado, por isso, que o trabalho de todos os trabalhadores que o capitalista empregue seja = *average unskilled labour*,[490] o trabalho simples. Em seu cálculo (na expressão em dinheiro do trabalho), ele – todo tipo de trabalho – é reduzido *a essa expressão*, de fato e praticamente. As diferenças qualitativas nos diversos tipos de *average labour* – que um demande maior habilidade, o outro mais força, etc. – são compensadas umas pelas outras. No que diz respeito às *diferenças individuais* do trabalhador que realiza o *mesmo trabalho*, então deve-se observar o seguinte: essa diversidade é a maior nas atividades artesanais (e nas altas esferas do assim chamado trabalho improdutivo.) Ela desaparece progressivamente e é quase limitada ao domínio previsível na produção capitalista desenvolvida, onde divisão do trabalho e maquinaria predominam. (Descontado o curto tempo de aprendizagem dos *apprentices*.[491]) O salário *average*[492] deve ser alto o suficiente para conservar vivo o trabalhador *average* como trabalhador; e um serviço *average* é aqui o pressuposto para o trabalhador em geral ser admitido como tal no ateliê. O que está acima ou abaixo desse *average* é exceção e, considerado o ateliê inteiro, seu pessoal inteiro fornece o produto average, no tempo *average* do ramo determinado, sob as condições de produção *average*. De fato, no salário diário, semanal, etc., nenhuma consideração é feita a respeito dessas *individual differences*.[493] Porém, certamente no salário por peça. Isso não muda a relação entre capitalista e trabalhador. Se o tempo de trabalho de A é maior do que o de B, então é maior seu salário, mas também o *surplusvalue*[494] que ele cria. Se seu serviço cai abaixo da *average*, com isso, cai seu salário, mas também o *surplusvalue*. Porém, o ateliê inteiro deve fornecer *average*. Aquilo que está acima e abaixo da *average* se completam e permanece o *average*, que de qualquer modo *a great bulk of labourers*[495] fornece. Considerar essas coisas em salário. É indiferente para a relação aqui considerada. De resto, salário por peça existe muito cedo nas fábricas inglesas. Uma vez determinado quanto *on*

---

[489] A day of more or less skilled labour is equated with a day of unskilled average labour.

[490] Trabalho médio não qualificado.

[491] Aprendizes.

[492] Médio.

[493] Diferenças individuais.

[494] Sobrevalor.

[495] Grande parte dos trabalhadores.

an average,⁴⁹⁶ num dado tempo de trabalho poderia ser fornecido, então, em consequência, é determinado o salário (ao mesmo tempo, era dado o número de horas de trabalho diariamente.) E, *in fact*,⁴⁹⁷ o salário (*the aggregate*)⁴⁹⁸ era mais baixo então com 17 horas do que com 10. Somente com o *overtime working*⁴⁹⁹ extraordinário a diferença pôde beneficiar os trabalhadores, de modo que eles se apropriaram desse sobretrabalho extraordinário.⁵⁰⁰ De resto, esse é também o caso onde há um *extraordinary surpluslabour* com salário diário etc.

Vimos que o *valor* repousa sobre o fato de que as pessoas se reportam a seus trabalhos reciprocamente como trabalho igual, geral e, dessa forma, social. Isso é uma abstração, como todo pensamento humano, e existem relações sociais entre pessoas somente na medida em que pensam e possuem essa capacidade de abstração da singularidade e da contingência sensíveis. Aquela espécie de economistas que, por essa razão, concebem a determinação do valor pelo tempo de trabalho, porque os trabalhos de 2 indivíduos no mesmo tempo não são *absolutamente iguais* (embora na mesma especialidade), ainda não sabem absolutamente em que relações humanas sociais se diferenciam das animais. Eles são *beasts*⁵⁰¹. Como beasts, esses mesmos rapazes não encontram dificuldade em ignorar que 2 valores de uso não são absolutamente iguais entre si (não 2 folhas, *Leibniz*)⁵⁰² e ainda menos dificuldade em avaliar valores de uso, que não têm absolutamente qualquer medida entre si, como valores de troca *segundo o grau de sua utilidade*.

Fosse a expressão monetária (dinheiro que, supomos aqui, mantém o seu valor, como ele realmente faz por períodos mais longos)⁵⁰³ uma *average*⁵⁰⁴

---

⁴⁹⁶ Numa média.

⁴⁹⁷ De fato.

⁴⁹⁸ O agregado.

⁴⁹⁹ Trabalho em tempo extraordinário.

⁵⁰⁰ *Extraordinary surplus labour part appropriate to themselves.*

⁵⁰¹ Animais.

⁵⁰² Marx se refere aqui à *Ciência da Lógica* de Hegel, volume 4, Berlim, 1834, p. 45, onde se lê: "A proposição de que não há duas coisas que sejam iguais entre si surpreende a imaginação tanto quanto a anedota sobre o castelo onde Leibniz a proferiu, fazendo com que as damas se colocassem entre as folhas das árvores a buscar se não encontravam duas iguais." (N.T.).

⁵⁰³ A monetary expression (dinheiro to be supposed to keep its value, as it really does for longer periods).

⁵⁰⁴ Média.

de dias de trabalho de 12 horas = 10 s, então está claro que o trabalhador que trabalha 12 horas nunca poderia adicionar ao objeto de trabalho mais que 10 s. Se a soma de seus meios de subsistência diariamente necessários alcançasse então 5 s, o capitalista teria de pagar 5 s. e receberia 5 s. de *surplusvalue*,[505] se 6, apenas 4, se 7, apenas 3, se 3, 7 em contrapartida, etc. Com dado tempo de trabalho – duração da jornada de trabalho –, a soma de *necessary* e *surpluslabour*[506] se expressa no produto em valor constante e de igual expressão monetária daquele valor, desde que o valor do dinheiro permaneça constante.[507]

---

[505] Sobrevalor.

[506] Trabalho necessário e sobretrabalho.

[507] Monetary expression of that value, as long as the value of money remains constant.

3) O mais-valor relativo

Chamamos de *mais-valor absoluto* a forma do mais-valor considerada até agora, porque sua própria existência, a taxa de seu crescimento, cada aumento seu é ao mesmo tempo um aumento absoluto do valor *criado* (do valor produzido). Como vimos, ele é originado por meio de um prolongamento da jornada de trabalho necessária além de seus limites e sua grandeza absoluta é igual à grandeza desse prolongamento, enquanto sua grandeza relativa – o mais-valor proporcional ou a taxa de mais-valor – é dada pela relação desse prolongamento, desse fluxão com seu fluente, o tempo de trabalho necessário.[508] Se o tempo de trabalho necessário é 10 horas, então ele é prolongado em 2, 3, 4, 5 horas. Por conseguinte, em lugar de ser criado um valor de 10 horas de trabalho, é criado um de 12 – 15 horas. O prolongamento da *jornada de trabalho normal*, isto é, a soma do tempo de trabalho necessário + o tempo de sobretrabalho é aqui o processo pelo qual o mais-valor cresce, é aumentado.

Ora, admitindo-se que a jornada de trabalho total tenha alcançado seus limites normais, somente assim se evidencia então a tendência de o capital pôr mais-valor, isto é, tempo de sobretrabalho, em seu modo peculiar e característico. Supondo que a jornada de trabalho normal consista em 12 horas, das quais 10 de tempo de trabalho necessário e 2 de sobretrabalho. Que, portanto, esteja fora de questão um prolongamento além desse período, portanto, um aumento do mais-valor absoluto. É claro que tal limite – qualquer que seja o modo de fixá-lo – deve intervir e se impor. (Para que o problema fique inteiramente claro, também se pode supor que a *soma* do mais-valor

---

[508] Fluxão e fluente são conceitos estabelecidos por Isaac Newton que não são mais utilizados. O conceito de fluxão corresponde ao de derivada e o conceito de fluente (do latim *fluens*) corresponde a uma grandeza matemática dependente de uma variável, ou seja, uma função. (Nota da edição original).

absoluto não poderia ser aumentada ulteriormente, dada a população de trabalhadores.) Portanto, nesses casos em que o mais-valor não pode mais ser aumentado por meio de um prolongamento da jornada de trabalho total, como pode ele, ainda assim, ser aumentado? Por meio da *redução* do *tempo de trabalho necessário*. Se 12 horas são a jornada de trabalho total, das quais 10 horas de tempo de trabalho necessário e 2 horas de sobretrabalho, então o mais-valor ou o tempo de sobretrabalho pode aumentar, por exemplo, em 50%, de 2 horas para 3 – sem que a jornada de trabalho total tenha sido prolongada – se o tempo de trabalho necessário for reduzido de 10 horas para 9 horas, em $1/10$. A quantidade de tempo de sobretrabalho, por conseguinte, o mais-valor pode aumentar não apenas pelo fato de o tempo de sobretrabalho ser aumentado diretamente por meio de um simultâneo prolongamento da jornada de trabalho total, mas também pelo fato de que o tempo de trabalho necessário é reduzido, portanto, de que o tempo de trabalho é *transformado* de tempo de trabalho necessário em tempo de sobretrabalho. A jornada de trabalho normal não seria prolongada, mas o tempo de trabalho necessário seria reduzido e, em geral, teria sido modificada a proporção em que a jornada de trabalho total é dividida entre trabalho para a substituição do salário e trabalho para a criação do mais-valor.

Como vimos, o tempo de trabalho necessário é apenas (como tempo de trabalho pago) o tempo de trabalho que substitui o tempo de trabalho contido no salário, no preço de compra da capacidade de trabalho (em verdade, o tempo de trabalho requerido para a produção do salário). Ele poderia ser reduzido por meio de uma redução do salário. Se o valor do salário é diminuído à força, assim também o é o tempo de trabalho que é contido no salário, portanto, o tempo de trabalho que é pago pela reprodução do salário, por sua substituição. Com o valor, cairia o equivalente dado pelo valor; o contravalor correspondente ou, antes, igual a esse valor. Ora, certamente algo similar ocorre na prática. O preço da capacidade de trabalho, como de qualquer outra mercadoria, na prática, sobe e desce acima e abaixo de seu valor. Porém, não devemos nos ocupar com isso, pois partimos do pressuposto de que o preço da mercadoria corresponde ao seu valor, ou consideramos os fenômenos *sob esse pressuposto*. A redução do tempo de trabalho necessário de que se trata aqui deve ser desenvolvida, portanto, sob o pressuposto de que a capacidade de trabalho é vendida por seu valor, que o trabalhador recebe o salário normal, não ocorrendo, por isso, qualquer redução na soma dos meios de subsistência que são requeridos para a reprodução tradicional de sua capacidade de trabalho.

{Aumento do mais-valor por meio da redução do salário abaixo de sua média (sem aumento da produtividade do trabalho) é aumento do lucro por meio do rebaixamento do trabalhador aquém de suas condições de vida normais. Por outro lado, aumento do salário acima de sua média normal é participação, apropriação, por parte do trabalhador, de uma parte de seu próprio sobretrabalho. (Do mesmo modo, permanece igual a força produtiva do trabalho.) No primeiro caso, o capitalista viola as condições vitais do trabalhador e infringe o tempo de trabalho necessário à sua própria subsistência.[509] No segundo caso, o trabalhador expropria parte de seu próprio sobretrabalho. Em ambos os casos, um perde o que o outro ganha, mas o trabalhador perde em vida aquilo que o capitalista ganha em dinheiro e, no outro caso, o trabalhador ganha em prazer de viver aquilo que o capitalista perde em taxa de apropriação do trabalho de outrem.[510]}

Toda redução do tempo de trabalho necessário que ocorre sob o pressuposto de que o preço da capacidade de trabalho é igual ao seu valor, portanto, quando o salário não é rebaixado ou não cai abaixo do salário normal, é possível somente por meio do *aumento da produtividade do trabalho* ou, o que é o mesmo, por meio de um mais elevado *desenvolvimento das forças produtivas do trabalho*.

Vimos, ao considerar a mercadoria: se a força produtiva do trabalho aumenta, então o mesmo valor de uso é produzido em tempo de trabalho mais curto ou uma quantidade maior dos mesmos valores de uso é produzida no mesmo tempo de trabalho (ou em menos tempo, mas isso está incluído no caso 2). O valor de uso da mercadoria permanece o mesmo, embora seu valor de troca caia, isto é, uma quantidade menor de tempo de trabalho é objetivada nele, menos trabalho é requerido para sua produção. A soma de meios de subsistência requerida para a reprodução normal da capacidade de trabalho não é determinada por seu valor de troca, mas por seu valor de uso – qualitativa e quantitativamente – portanto, não pelo tempo de trabalho, mas sim pelo resultado desse tempo de trabalho, pelo trabalho real, que se expressa em produto. Portanto, se a mesma soma de meios de subsistência pode ser produzida em tempo de trabalho mais curto, por meio de uma produtividade mais alta do trabalho real, então o valor da capacidade de trabalho

---

[509] The capitalist encroaches upon the vital conditions of the workman, and upon the times of labour necessary for its own sustainance.

[510] The workman expropriates part of his own surplus labour. In both cases the one loses what the other gains, but the workman loses in life, what the capitalist gains in money, and in the other case the workman gains in enjoyment of life, what the capitalist loses in the rate of appropriating other people's labour.

cai e com isso cai o tempo de trabalho requerido para a sua reprodução, para a produção de seu contravalor, o tempo de trabalho necessário, embora tal como antes a capacidade de trabalho seja vendida por seu valor. Assim como outra mercadoria, como antes, é vendida por seu valor, de modo que se ela custa hoje $1/100$ menos que antes, é porque $1/100$ menos de tempo de trabalho está contido nela, embora possua, como antes, o mesmo valor de uso. O valor da capacidade de trabalho e, por isso, o tempo de trabalho necessário caem aqui, não porque o preço da capacidade de trabalho cai abaixo de seu valor, mas sim porque seu valor mesmo caiu, menos tempo de trabalho é objetivado na capacidade de trabalho e, por isso, menos tempo de trabalho é requerido na sua reprodução. Nesse caso, cresce o tempo de sobretrabalho porque o tempo de trabalho necessário diminuiu. Uma quantidade da jornada de trabalho total, que antes era tomada pelo trabalho necessário, está agora livre, é anexada ao tempo de sobretrabalho. Uma parte do tempo de trabalho necessário se transforma em tempo de sobretrabalho; portanto, uma parte do valor total do produto, que antes entrava no salário, entra agora no mais-valor (o ganho do capitalista). A essa forma de mais-valor chamo de *mais-valor relativo*.

Inicialmente é claro, então, que um aumento da força produtiva do trabalho pode diminuir o valor de sua capacidade de trabalho ou de seu tempo de trabalho necessário somente na medida em que os produtos desse trabalho ou entram diretamente em seu consumo, como alimentos, meios de aquecimento, habitação, vestuário, etc. ou no capital constante (matéria-prima e instrumento de trabalho) requerido para a fabricação de tais produtos. Pois, dado que no valor do produto reaparece o valor do capital constante que entra nele, evidentemente cai o valor do produto não apenas quando cai o tempo de trabalho requerido em sua própria produção, mas tanto quanto cai o tempo de trabalho requerido na produção de suas condições de produção; portanto, o valor de matéria-prima e instrumento de trabalho requeridos para a produção dos produtos que entram no consumo do trabalhador, em resumo, do capital constante (*Ver Ramsay*).[511]

{A diferença entre reaparecimento ou simples conservação do valor no produto e reprodução desse valor é esta: no último caso, um novo equivalente se coloca no lugar do valor de troca que desaparece pelo consumo do valor de uso em que estava contido. No primeiro caso, nenhum novo equivalente

---

[511] George Ramsay, *An Essay on the distribution of wealth*. Edinburgo, 1836. Londres, 1844, p. 168-9. (Nota da edição original).

é posto no lugar do valor original. Por exemplo, o valor da madeira que reaparece na mesa não é substituído por um novo equivalente criado. O valor da madeira reaparece na mesa somente porque a madeira tinha valor antes e a produção de seu valor é pressuposto para a produção do valor da mesa.}

Porém, em segundo lugar: tomemos o trabalhador no ramo de produção no qual ele mesmo trabalha. Se, numa tecelagem, em decorrência de força produtiva mais elevada, um trabalhador produz 20 varas de calicô em uma hora, enquanto antes produzia apenas 1 vara, então as 20 varas, depois de descontado o capital constante a mais nelas contido, na medida em que, portanto, são em geral o valor criado pelo trabalhador mesmo, não têm mais valor do que 1 vara antes. Se a força produtiva de todos os outros ramos de trabalho permanecesse a mesma de antes dessa revolução na tecelagem, então o trabalhador não poderia comprar, com 1 hora, mais meios de subsistência do que antes, apesar da elevada força produtiva de seu trabalho – isto é, tal como antes, somente mercadorias em que 1 hora de trabalho esteja objetivada. Portanto, o aumento da força produtiva em seu próprio ramo de trabalho, a produtividade mais elevada de seu próprio trabalho apenas tornaria mais barata a reprodução de sua própria capacidade de trabalho e, com isso, diminuiria seu tempo de trabalho necessário, desde que e na medida em que o calicô entre em seu próprio consumo, por exemplo, como meio de vestuário. Somente nessa proporção. Porém, isso vale para cada ramo de produção, portanto, para cada capital singular, tomado por si, no âmbito de sua própria atividade industrial. Se tomamos o capital total da sociedade, portanto, a classe capitalista inteira contraposta à classe trabalhadora, é claro então que, sem prolongamento da jornada de trabalho inteira e sem diminuição do salário normal, a classe capitalista pode elevar o mais-valor somente na medida em que uma maior produtividade do trabalho, desenvolvimento mais elevado da força produtiva do trabalho, permite manter a classe trabalhadora inteira com menos trabalho, produzir mais barato a soma de seus meios de subsistência e, assim, reduzir a soma do tempo de trabalho total de que a classe trabalhadora necessita para a reprodução de seu próprio salário. Porém, essa soma se compõe apenas da soma dos meios de subsistência singulares e da soma dos ramos de trabalho, portanto, da soma dos ramos de trabalho singulares que produzem esses meios de subsistência, portanto, da soma das reduções do tempo de trabalho devido à força produtiva mais elevada do trabalho em cada um desses ramos de trabalho singulares. Porém, para a generalização da exposição, estamos autorizados a considerar o processo como se o trabalhador vivesse dos valores de uso que ele mesmo produz – e só podemos considerar o processo na medida em que sempre representamos um determinado capital individual, com trabalhadores determinados, numa esfera determinada. (Não se supõe, com isso, que o trabalhador precisa de menos tempo de trabalho na mesma medida em que fornece mais produto ao mesmo tempo, mas que, na proporção em que seu tempo de trabalho necessário diminui, seu próprio produto tornado mais barato entra em seu consumo. Isso vale para toda a sociedade, portanto, para a soma de indivíduos, porque a soma social do mais-valor relativo é apenas a soma do mais-valor dos trabalhadores individuais nos ramos de trabalho individuais. A diferença é que, aqui, entram as compensações e mediações, cujo exame não cabe no momento, mas que encobrem a relação essencial.

A *redução do tempo de trabalho necessário* é, portanto, *aumento do tempo de sobretrabalho*. Um diminui no grau em que o outro aumenta, e vice-versa. Porém, esse aumento e essa redução não afetam a jornada de trabalho total nem sua grandeza.) Em verdade, ele mesmo só pode criar mais-valor relativo na medida em que o cria na esfera de sua própria atividade, isto é, que produz em menos tempo do que antes os produtos que entram em seu próprio consumo. Por isso, os economistas sempre se escondem nesse pressuposto na medida em que entram na essência do valor relativo. (Ver *Mill*[512])

Em verdade, considera-se o curso habitual dos fatos. Se a jornada de trabalho era = 12 horas, o tempo de sobretrabalho era = 2 horas e o capitalista, em decorrência da produtividade aumentada do trabalho, produz o dobro disso, por exemplo. Então, o mais-valor somente pode crescer – por isso, seu ganho somente pode se originar – ou, caso o produto do trabalho entre numa certa proporção na reprodução da capacidade de trabalho que é barateada nessa proporção, o salário cai nessa proporção, isto é, cai o valor da capacidade de trabalho, portanto, também a parte da jornada de trabalho total que até então era requerida para a reprodução dessa parte do valor da capacidade de trabalho. Ou o fabricante vende a mercadoria acima de seu valor, isto é, como se a produtividade do trabalho permanecesse a mesma. Somente na relação em que ele a vende acima de seu valor, portanto, comprando todas as outras mercadorias abaixo de seu valor, comprando mais barato – do que na proporção do tempo de trabalho nelas contido e em suas mercadorias – ele põe um novo mais-valor. Porém, o trabalhador recebe apenas o mesmo salário normal de antes. Portanto, recebe uma parte

---

[512] John Stuart Mill: *Essays on some unsettled questions of political economy*, p. 99-104. (Nota da edição original).

menor do valor total do produto ou é *antecipada na compra da capacidade de trabalho* uma parte menor *do que antes* do produto *da produtividade aumentada* do trabalho. *Portanto*, uma *parte* menor *de sua jornada total é gasta com a reprodução do salário, uma parte maior é gasta para o capitalista*. Na prática, é o mesmo que *se, em decorrência da produtividade aumentada de seu trabalho, os custos de sua manutenção diminuíssem ou ele*, na relação em que o capitalista recebe valor novo, pudesse comprar todos os outros meios de subsistência mais baratos em consequência *da maior produtividade* de seu trabalho. De resto, não precisamos repetir aqui que o pressuposto geral da venda acima do valor suprime a si mesmo, que, também em verdade, a concorrência compensa a venda acima do valor com a venda abaixo do valor. Aqui se trata do caso em que a produtividade aumentada do trabalho ainda não se generalizou no mesmo ramo de atividade, de modo que, portanto, o capitalista vende (ao menos em determinada proporção, pois ele sempre venderá mais barato que os outros) como se tivesse sido necessário mais tempo de trabalho para a fabricação de seu produto do que realmente foi. Por exemplo, ele vende o produto de $3/4$ de hora pelo produto de 1 hora porque a maioria de seus concorrentes ainda precisa de 1 hora para a fabricação desse produto. Se a jornada de trabalho necessária fosse até então de 10 horas e 2 horas de sobretrabalho, então os trabalhadores, em lugar de $10 \times 4/4$, apenas precisariam de não mais que $10 \times 3/4$ horas (porque seu trabalho estaria $1/4$ acima da hora de trabalho média), portanto, em lugar de 10 horas, trabalhariam $7\frac{1}{2}$ horas e o mais-valor somaria, como antes, $1/5$ no tempo de trabalho necessário ($10/5 = 2$), agora então, $1/5$ de $7\frac{1}{2}$ horas ou de $15/2$ horas. $1/5$ de $15/2$ horas $= 1 15/10 = 1 5/10 = 1\frac{1}{2}$ ou $3/2$ ou $6/4$. Em verdade, se $3/4$ de hora desse trabalho $= 1$ ou $4/4$ do trabalho médio, então $6/4$ dele $= 8/4$ ou 2 horas de trabalho. Com isso, a jornada de trabalho seria reduzida para $7\frac{1}{2} + 3/2 =$ 9 horas. Se o capitalista os faz trabalhar 12 horas tal como antes, ele paga o tempo de trabalho necessário com $7\frac{1}{2}$ e, assim, fica com $4\frac{1}{2}$ horas. Por isso, seu ganho provém do fato de que o tempo de trabalho necessário caiu de 10 horas para $7\frac{1}{2}$, ou de que o trabalhador pode comprar com o produto de $7\frac{1}{2}$ horas todos os seus meios de subsistência necessários. É exatamente o mesmo que se ele mesmo produzisse todos os seus meios de subsistência e, por meio de uma maior produtividade do trabalho, pudesse produzir em $3/4$ de hora o mesmo que podia produzir antes em 1 hora, assim, produzir em $7\frac{1}{2}$ horas tanto quanto antes em 10. Se a relação permanecesse a mesma, com a produtividade aumentada do trabalho, então a jornada de trabalho total se reduziria porque o trabalho necessário diminuiu, mas a proporção entre trabalho necessário e sobretrabalho teria permanecido a mesma. Na prática, isso resulta inteiramente no mesmo: se o valor da capacidade de trabalho e, por isso, o tempo de trabalho necessário se *reduz*, é porque o produto do trabalhador entra em seu próprio consumo numa certa proporção e, assim, nessa proporção, diminui o tempo de trabalho necessário e aumenta o tempo de sobretrabalho e, com isso, o sobrevalor; ou, em decorrência da produtividade aumentada do trabalho, se esse ramo de trabalho particular se eleva acima do nível do trabalhador médio social no mesmo ramo, elevando-se, com isso o valor, por exemplo, das horas de trabalho em relação a todas as outras mercadorias, então o capitalista paga esse trabalho como trabalho de nível – segundo o critério antigo –, porém ele é vendido como se estivesse acima do nível. Em ambos os casos, um número menor de horas basta para pagar o salário, isto é, o tempo de trabalho necessário diminuiu e, nos dois casos, o mais-valor relativo, ou seja, o mais-valor obtido não pelo prolongamento absoluto da jornada de trabalho resulta de que um tempo de trabalho menor é requerido para a reprodução do salário, em decorrência da produtividade aumentada do trabalho; em primeiro lugar, diretamente, porque o trabalhador produz a mesma quantidade de valores de uso em menor tempo de trabalho, embora o produto seja vendido por seu valor, tal como antes. Em segundo lugar, porque uma quantidade de tempo de trabalho menor é igualada a uma maior quantidade de tempo de trabalho médio em decorrência da produtividade mais elevada, de modo que o trabalhador recebe a mesma massa de valores de uso com menor tempo de trabalho – mas vendido mais alto. Em ambos os casos, o mais-valor resulta do fato de que o *tempo de trabalho necessário* é encurtado.

De resto, é claro em si e para si que se a produtividade do trabalho cresce, a proporção permanecendo a mesma, então o trabalhador deveria ou trabalhar menos tempo de trabalho para reproduzir seu salário, portanto, por exemplo, 7½ em lugar de 10 horas. Com isso, a jornada de trabalho total seria encurtada. Ou ele deveria receber uma quantidade maior de meios de subsistência, seu salário deveria subir acima do nível. Se não ocorre nem uma coisa nem outra, então é claro que, em conseqüência da produtividade aumentada do trabalho, somente a quantidade de trabalho que ele trabalha para o capitalista é prolongada e a quantidade de trabalho que ele trabalha para si mesmo é reduzida.

Toda a dificuldade decorre de que o capitalista individual não pensa diretamente na redução do tempo de trabalho necessário com a elevação da produtividade do trabalho, mas em vendê-lo acima de seu valor – pensa em sua *elevação acima do tempo de trabalho médio*. Porém, desse tempo de trabalho elevado uma proporção menor é necessária para a substituição do salário; isto é, o tempo de sobretrabalho aumenta, embora esse aumento se expresse de modo indireto, pela venda acima do valor.

Com o aumento do mais-valor relativo, portanto, do tempo de trabalho relativo, não aumenta a jornada de trabalho total. Segue, por isso, que somente cai a *proporção* em que o trabalhador participa em sua própria jornada de trabalho. O salário proporcional cai, ou o peso do capital aumenta proporcionalmente em relação ao trabalho.

Além disso, em decorrência da produtividade aumentada do trabalho, a massa de produtos é aumentada. Em sua soma (por exemplo, de uma jornada de trabalho), encontra-se o mesmo valor de antes numa soma menor deles. O produto singular ou a mercadoria singular cai em seu valor, mas ele é multiplicado por um fator maior, que aumenta seu número. 6 × 4 não são mais que 12 × 2. Portanto, há aqui o aumento da riqueza real de valores de uso, sem aumento de seu valor de troca, ou do tempo de trabalho neles contido, enquanto no primeiro caso – no mais-valor absoluto – a massa de produtos também cresce, mas simultaneamente com seu valor de troca, isto é, na proporção do tempo de trabalho neles contido.[513]

Portanto, o mais-valor relativo se distingue do absoluto pelo seguinte: em ambos, mais-valor = sobretrabalho ou proporção do mais-valor igual à proporção do tempo de sobretrabalho em relação ao tempo de trabalho necessário. No primeiro caso, a jornada de trabalho é prolongada além de seus limites e o mais-valor aumenta (ou o tempo de sobretrabalho aumenta) na proporção em que a jornada de trabalho é *prolongada* além de seu limite. No segundo caso, a jornada de trabalho é dada. O mais-valor é aumentado aqui, ou o tempo de sobretrabalho, na medida em que a parte da jornada de trabalho que era necessária para a reprodução do salário ou que era necessária

---

[513] Deve-se entender isso do seguinte modo. Se 10 l. de algodão se transformam em twist no mesmo tempo que antes 1 lb de algodão, então as 10 lb não absorveram mais trabalho de fiação do que 1 lb anteriormente. O valor adicionado às 10 lb não é maior do que aquele da 1 lb. Cada lb de twist contém, no primeiro caso, 10x menos trabalho de fiação que no segundo. E pelo fato de que ambas contêm o mesmo tanto de algodão, assim, *caeteris paribus*, cada lb tiwst é $1/_{10}$ mais barata se o trabalho de fiação soma $1/_{10}$ do valor. Se a jornada de trabalho de fiação adicionada fosse = 10 e o valor de 1 lb de algodão (em ambos os casos, para simplificação, põe-se instrumento = 0) = 20, então, 1 lb de twist, no 1º caso = 10 + 20 = 30; no segundo caso, 10 lb de twist = 100 + 10 = 110; portanto, 1 lb de twist = 11 e 10 lb = 110, enquanto no primeiro caso 10 lb = 300.(Nota do autor) [Ao desenvolver o cálculo, Marx troca a hipótese inicial de que o primeiro caso representaria a situação depois do aumento da produtividade do trabalho e, o segundo, a situação antes do aumento. Além disso, as grandezas de valor são falsas. O cálculo correto seria: ... 1 lb de twist, no segundo caso = 10 + 20 = 30; no primeiro caso, 10 lb de twist = 200 + 10 = 210; portanto, 1 lb de twist = 21 e 10 lb = 210, enquanto, no segundo caso, 10 lb = 300. (Nota da edição original)]

é *encurtada*. No primeiro caso, um grau dado de produtividade do trabalho é pressuposto. No segundo, eleva-se a força produtiva do trabalho. No primeiro caso, o valor de uma parte alíquota do produto total ou um produto parcial da jornada de trabalho permanece inalterado; no segundo, o valor do produto parcial é modificado, mas sua quantidade (número) aumenta na mesma proporção em que seu valor diminui. O valor da soma total permanece assim inalterado, enquanto a soma total dos produtos ou valores de uso aumentou. A questão pode ser apresentada simplesmente assim:

A produtividade do trabalho, como vimos na análise da mercadoria, não eleva o *valor* do produto ou da mercadoria em que ela se apresenta. Pressupondo-se que o tempo de trabalho contido nas mercadorias, sob dadas condições, é tempo de trabalho *necessário*, tempo de trabalho socialmente necessário – e isso é um pressuposto do qual sempre se parte quando o valor de uma mercadoria é reduzido ao tempo de trabalho nela contido – verifica-se, antes, o que segue: *o valor do produto do trabalho é inversamente proporcional à produtividade do trabalho*. Essa é, em verdade, uma proposição idêntica. Significa apenas: se o trabalho se torna mais produtivo, então pode representar uma quantidade maior dos mesmos valores de uso, no mesmo tempo, incorporar-se numa massa maior de valores de uso de mesmo gênero. Uma parte alíquota desses valores de uso, por exemplo, uma vara de tecido contém, por conseguinte, menos tempo de trabalho do que antes, portanto, tem *valor de troca menor* e o valor de troca da vara de tecido caiu exatamente na mesma proporção em que cresceu a produtividade do trabalho de tecelagem. Ao contrário, se fosse requerido mais tempo de trabalho do que antes para produzir uma vara de tecido (digamos, porque mais tempo de trabalho seria requerido para produzir uma libra de linho), então a vara de tecido conteria agora mais tempo de trabalho, *ergo*[514] valor de troca mais elevado. Seu valor de troca seria aumentado na mesma proporção em que o trabalho requerido para sua produção teria se tornado mais improdutivo. Portanto, tomemos a jornada de trabalho total – a jornada de trabalho normal média – então o valor da soma de seus produtos permanece inalterado, tenha o trabalho se tornado mais produtivo ou mais improdutivo. Pois a soma dos valores de uso produzidos, tal como antes, representa sempre a mesma quantidade de tempo de trabalho social necessário. Tomemos, ao contrário, uma parte alíquota da produção total diária ou um produto parcial, então seu valor aumenta ou diminui em

---

[514] Logo.

proporção *inversa* à produtividade do trabalho nele contido. Por exemplo, se 1 *quarter* ou 8 *bushels* era o produto do trabalho mensal, então, num caso, a agricultura deve dobrar sua produtividade, no outro, diminuir sua produtividade pela metade. Portanto, teríamos os 3 casos: 8 *bushels* sendo o produto do trabalho de um mês, 16 *bushels* o produto do mesmo tempo de trabalho, 4 *bushels* o produto do mesmo tempo de trabalho. O valor da soma total dos produtos do mês, 8, 16 e 4 *bushels* contém, como antes, a mesma quantidade respectiva de tempo de trabalho necessário. Portanto, o valor dessa soma total permaneceria inalterado, embora a produtividade do trabalho, no primeiro caso, aumentaria o dobro e, no outro caso, diminuiria duas vezes. Porém, num caso, 1 *bushel* contém $1/8$ do mês = $2/16$, no outro, $1/4$ ou $2/8$ = $4/16$ e, no 3º, apenas $1/16$. Com a duplicação da produtividade da agricultura, o valor dos *bushels* reduziu-se à metade, com a diminuição da produtividade, aumentou o dobro. Portanto, o *valor* da mercadoria nunca pode aumentar em decorrência da produtividade do trabalho. Isso contém uma contradição. Aumento da produtividade do trabalho significa que ele representa menos tempo no mesmo produto (valor de uso). Aumento do valor de troca do produto significa que ele contém mais tempo de trabalho que antes.

Portanto, se o *valor* da mercadoria singular está em proporção *inversa* à produtividade do trabalho, enquanto o valor da soma total dos produtos em que se incorpora *dado* tempo de trabalho permanece intacto, inalterado, por qualquer que seja a mudança na produtividade do trabalho, então, ao contrário, o *mais-valor* depende da produtividade do trabalho; e se por um lado a mercadoria é vendida por seu valor, e por outro lado a duração da jornada de trabalho normal está dada, então o *mais-valor* pode aumentar somente em decorrência da crescente produtividade do trabalho. O mais-valor não se relaciona com a mercadoria; ele expressa, antes, uma relação entre duas partes da jornada de trabalho total – a saber, entre a parte que o trabalhador trabalha para substituir seu salário (o valor de sua capacidade de trabalho) e a parte que ele trabalha para o capitalista além dessa substituição. A grandeza dessas duas partes, uma vez que compõem juntas a jornada de trabalho total, uma vez que são partes do mesmo todo, encontra-se evidentemente em proporção *inversa* uma à outra, e o mais-valor, isto é, o tempo de sobretrabalho aumenta ou diminui conforme diminua ou aumente o tempo de trabalho necessário. Porém, o aumento ou diminuição do último se dá em *proporção inversa* à produtividade do trabalho.

Porém, se a produtividade do trabalho em geral se duplicasse, isto é, em todos os ramos industriais que fornecem direta ou indiretamente as mercadorias (valores de uso) requeridas para a reprodução da capacidade de trabalho, que fornecem os produtos que entram no consumo do trabalhador, então o valor da capacidade de trabalho cairia na proporção em que essa produtividade geral do trabalho crescesse uniformemente, por isso, cairia o tempo de trabalho necessário à substituição desse valor e, na mesma proporção em que ele diminui, aumentaria a parte da jornada que compõe o tempo de sobretrabalho que é trabalhado para o capitalista. Porém, o desenvolvimento das forças produtivas nesses diferentes ramos de trabalho não é nem uniforme, nem simultâneo, mas exposto a movimentos desiguais, diversos e frequentemente contrários. Tomando como exemplo a produtividade do trabalho num ramo industrial que entra direta ou indiretamente no consumo do trabalhador, a indústria que fornece tecidos para vestuário, então não podemos dizer que o valor da capacidade de trabalho cai na mesma proporção em que cresce a produtividade dessa indústria determinada. É apenas o meio de subsistência que é produzido mais barato. Esse barateamento influencia somente numa parte alíquota das necessidades vitais do trabalhador. A produtividade crescente do trabalho nesse único ramo diminui o tempo de trabalho necessário (isto é, o tempo de trabalho requerido para a produção de meio de subsistência necessário ao trabalhador) não na proporção em que ela cresce, mas apenas na proporção em que o produto desse produto entra em média no consumo do trabalhador. Portanto, isso não pode ser calculado com precisão em cada ramo industrial singular (com exceção talvez dos produtos agrícolas). Isso não muda em nada a lei geral. Permanece correto, como antes, que o mais-valor relativo só pode se originar e aumentar na proporção em que é barateado o valor de uso (meio de subsistência) que entra direta ou indiretamente no consumo do trabalhador, isto é, não na proporção em que a produtividade de um ramo industrial particular aumentou, mas na proporção em que esse aumento de sua produtividade diminui o tempo de trabalho necessário, isto é, representa um produto que entra mais barato no consumo do trabalhador. Por isso, na consideração sobre o mais-valor relativo, não apenas se pode, mas sempre se deve partir do pressuposto de que o desenvolvimento da força produtiva ou o desenvolvimento da produtividade do trabalho em cada ramo particular em que ocorre investimento de capital diminui *imediatamente* o tempo de trabalho numa proporção determinada, isto é, que o produto produzido pelo trabalhador constitui uma parte de seus meios de subsistência e o seu barateamento, por isso, diminui numa determinada proporção o tempo de trabalho requerido para a reprodução de sua vida. Já que somente sob esse pressuposto o mais-valor relativo é criado, então a sua existência sempre pode e deve ser suposta na consideração sobre o mais-valor relativo.

Além disso, está claro: a existência e o aumento do mais-valor relativo não determinam absolutamente que a *condição de vida* do trabalhador permaneça *inalterada*, isto é, que seu salário médio sempre forneça apenas a mesma massa de meios de subsistência determinada quantitativa e qualitativamente. Isso não ocorre, embora o *mais-valor* não possa nem ser criado nem aumentar sem *queda* correspondente no *valor da capacidade de trabalho* ou no *valor do salário* (no salário médio). Em verdade, o mais-valor relativo poderia aumentar continuamente – e, por conseguinte, o *valor da capacidade de trabalho*, portanto, o valor do salário médio, cair continuamente – e, no entanto, a esfera dos meios de subsistência e, com isso, dos prazeres da vida do trabalhador continuar a ser ampliada. É que essa esfera é condicionada pela qualidade e quantidade de *valores de uso* (mercadorias) de que ele pode se apropriar, não por seu *valor de troca*.[515] Ponha-se que a produtividade em geral duplique, portanto, em todos os ramos de produção. Suponha-se que a jornada normal seja de 12 horas antes dessa duplicação, em que 10 horas são de tempo de trabalho necessário, 2 horas de sobretrabalho. A soma total dos meios de subsistência diários do trabalhador, que custa [10] horas de trabalho antes, poderia então ser produzida em 5 horas. Em lugar de necessitar de 10 horas de trabalho para substituir diariamente o valor (preço) de sua capacidade de trabalho, isto é, para fornecer o equivalente para sua capacidade de trabalho diária, o trabalhador não necessitaria mais do que de [5] horas. O *valor* de sua capacidade de trabalho teria caído pela metade, pois os meios de subsistência requeridos para sua reprodução seriam então o produto de 5 horas, em lugar de 10 anteriormente. Se o trabalhador recebesse agora – depois dessa revolução na produtividade do trabalho – um salário diário = 6 horas, isto é, se no futuro tivesse de trabalhar 6 horas[516] diariamente, então sua condição material de vida teria melhorado exatamente na mesma proporção de que se, sob as condições de produções anteriores, tivesse trabalhado a jornada inteira de 12 horas para si mesmo (isto é, a reprodução de seu salário) e 0 de tempo de trabalho para o capitalista; como se na jornada de trabalho inteira tivesse sido trabalhado tempo de trabalho necessário e absolutamente nenhum tempo de sobrevalor. Pois $5 \div 6 = 10 \div 12$ ($5 \times 2 = 6 \times 10$). Nesse caso, porém, o tempo de

---

[515] Cf. para o que segue *Grundrisse*, p. 248 ss. (Nota da edição original).

[516] Neste ponto, termina o terceiro caderno e começa o quarto. (N.T.).

sobretrabalho teria aumentado nada menos que de 2 horas para 6 horas, e um mais-valor de 4 horas seria acrescentado aos mais-valor de 2 horas. Em lugar de o trabalhador, como antes, trabalhar 10 horas para si e 2 para o capitalista, portanto $^{10}/_{12}$ ($= {}^5/_6$), portanto $^5/_6$ da jornada para si e $^2/_{12} = {}^1/_6$ da jornada para o capitalista, ele ainda trabalha agora apenas $^6/_{12}$ ou $^3/_6$ da jornada para si e, em lugar de $^1/_6$, também $^3/_6$ para o capitalista, ou seja, meia jornada. O tempo de trabalho necessário cairia de 10 para 6, portanto também o valor da capacidade de trabalho diária, em vez de valer 10 horas, não valeria mais que 6 horas – 4 horas a menos, isto é, cairia 40% (10 ÷ 4 = 100 ÷ 40). O mais-valor teria aumentado em 300%, de 2 para 6. {(Em lugar de $^1/_6$ da jornada, $^3/_6$. $^2/_6$ mais $^1/_6$ dá $^3/_6$, portanto, 200 % de *aumento*. Isso para o *mais-valor*. Por outro lado, $^5/_6$ reduzidos para $^3/_6$ são $^2/_6$ de redução. Isto é, considerado em absoluto, o aumento do lado do [tempo] de sobretrabalho, ou do capitalista, é exatamente tão grande quanto a redução do lado do tempo de trabalho necessário, ou do valor da capacidade de trabalho = $^2/_6$ da jornada ou 4 horas de trabalho. ($^2/_6 = {}^4/_{12}$) Porém, considerado o aumento de um lado em relação ao tempo de sobretrabalho original, e a redução do outro em relação ao tempo de trabalho necessário original (ou ao valor da capacidade de trabalho), o aumento de um lado e a redução do outro lado se expressam em *proporções distintas*, embora a *grandeza absoluta*, o tempo subtraído a um lado adicionado ao outro, seja *a mesma grandeza idêntica*. É assim no caso acima. $^{10}/_{12}$ ou $^5/_6$ estão para $^6/_{12}$ ou $^3/_6$ ou $\frac{5-2}{6} = 5 \div 3$, como 60% (deveria dizer 40%. *Ver a outra página*), pois 5 ÷ 3 = 100 ÷ 60 (5 × 60 = 3 × 100, idem = 300), enquanto $^2/_{12}$ ou $^1/_6$ está para $^6/_{12}$ ou $\frac{1+2}{6}$ ($^3/_6$) = 1 ÷ 3, como 100 ÷ 300, portanto, como 300%. Por isso, embora o acréscimo absoluto do [tempo de] sobretrabalho = ao decréscimo absoluto do tempo de trabalho necessário que ocorreu como resultado da produtividade aumentada do trabalho, de modo que a proporção em que o valor da capacidade de trabalho diminui ou o tempo de trabalho necessário cai e a proporção em que aumenta o tempo de sobretrabalho ou o mais-valor aumenta não são idênticas, mas dependem da *proporção original* segundo a qual tempo de sobretrabalho e tempo de trabalho necessário *repartem* a jornada de trabalho total normal, nela participam.} {Disso se segue que, na relação em que o tempo de sobretrabalho total (tanto a parte originada da redução do tempo de trabalho necessário em decorrência da produtividade do trabalho, quanto a parte originada pelo prolongamento da jornada de trabalho até seus limites normais) já constitui uma parte maior (porção significativa) da jornada de trabalho total, cada aumento da força produtiva do trabalho e consequente redução do tempo de trabalho necessário (ou aumento do mais-valor relativo) podendo aumentar o *mais-valor proporcional* em menor proporção. Ou que a proporção na qual uma diminuição do tempo de trabalho necessário faz crescer o tempo de sobretrabalho é tão menor quanto maior já é a grandeza total do tempo de sobretrabalho e tanto maior quanto maior era a grandeza total do tempo de sobretrabalho. Por isso (examinar em detalhe isso na parte sobre *lucro*[517]), quanto mais avançada a indústria, menor o aumento proporcional do mais-valor se a força produtiva continua a aumentar *na mesma medida*. A força produtiva geral ou a força produtiva em geral, na medida em que influencia a reprodução da capacidade de trabalho. Ou essa *relação* em que um aumento da força produtiva do trabalho diminui o tempo de trabalho necessário (com isso, o *valor* da capacidade de trabalho) e eleva o tempo de sobretrabalho, por isso, o mais-valor, encontra-se em *proporção inversa* com a *proporção* em que o tempo de trabalho necessário e o tempo de sobretrabalho *originalmente*, isto é, antes da introdução do novo aumento da força produtiva, repartiam a jornada de trabalho total ou nela participavam. Suponha-se a jornada de trabalho = 12 horas, 10 horas de trabalho necessário, 2 horas de sobretrabalho. A força produtiva se duplica em geral. Assim, se agora fossem suficientes 5 horas para o tempo de trabalho necessário, o tempo de sobretrabalho aumentaria em 5 horas na mesma grandeza que o tempo de trabalho necessário (portanto, o *valor* da capacidade de trabalho) teria diminuído – isto é, em 5 horas. O tempo de trabalho necessário caiu de 10 para 5, isto é, à metade = 50%. {(Se o tempo de trabalho necessário caísse de 10 para 6, então ele teria diminuído em 4 horas. 10 ÷ 4 = 100 ÷ 40, portanto, em 40%. Disse há pouco 60%. Isso é falso, pois calculei 10 ÷ 6 = 100 ÷ 60. Porém, trata-se da relação de 10 com o restante que sobra se 6 são subtraídos de 10, portanto de 10 para 4. O tempo de trabalho certamente não se reduziu em 6 horas, isto é, 60%.) Por outro lado, o tempo de sobretrabalho aumentou de 2 para 7 horas (na medida em que 5 horas foram adicionadas ao tempo de sobretrabalho), portanto, 2 ÷ 7 = 100 ÷ 350 (2 × 350 = 700 e 7 × 100 idem = 700); portanto, em 350%; ele teria aumentado três vezes e meia a sua grandeza original. Suponha-se agora, depois de estabelecida essa relação, portanto, da jornada de trabalho total, 5 horas de trabalho necessário, 7 horas de sobretrabalho, que a força produtiva geral do trabalho novamente se duplique, isto é, que o tempo de trabalho necessário diminua para $2^{1}/_{2}$ horas, e que o tempo de sobretrabalho, portanto, aumente as mesmas $2^{1}/_{2}$ horas; portanto, de 7 para $9^{1}/_{2}$ horas. Aqui, o tempo de trabalho necessário caiu novamente em 50%, o tempo de

---

[517] No plano de 1861, a seção III será destinada a "Capital e Lucro". (Nota da edição original).

sobretrabalho aumentou na proporção de $^{14}/_2$ (7) para $^{19}/_2$ (9$^1/_2$), portanto, de 14 ÷ 19. 14 ÷ 19 = 100 ÷ x; x = $^{1900}/_{14}$, = 135 $^5/_7$% (19 × 100 = 1.900 e 14 × 135 $^5/_7$ (ou 135 $^{10}/_{14}$) idem = 1.900). Por isso, embora em ambos os casos a força produtiva do trabalho tenha se duplicado e, com isso, o tempo de trabalho necessário caia pela metade, em 50%, o tempo de sobretrabalho ou o mais-valor teria aumentado num caso em 350%, no outro em 135 $^5/_7$% (*A proporção em que a força produtiva aumenta em geral seria sempre a mesma = à proporção na qual o tempo de trabalho necessário diminui comparado consigo mesmo, isto é, com sua extensão antes desse aumento da força produtiva.*) Porém, no primeiro caso, antes da introdução da duplicação da força produtiva, o tempo de sobretrabalho somava apenas $^1/_6$ da jornada de trabalho inteira, 2 horas = $^2/_{12}$, no segundo caso, somava 7 horas ou $^7/_{12}$. O mesmo gracejo foi afirmado por Jacob, por exemplo, a respeito do aumento do dinheiro.[518] Ele aumentou mais no século XVIII do que no século XVII. Porém, o aumento proporcional foi menor. Tome-se agora o caso real em que a força produtiva num ramo, ao contrário, não duplica simultaneamente nos outros ramos, por exemplo, talvez permaneça inalterada nos ramos produtivos que fornecem o capital constante para esse ramo, de tal forma que o dispêndio com matéria-prima permaneça o mesmo, isto é, cresça com a força produtiva aumentada assim como o dispêndio com maquinaria, embora esta não cresça na mesma proporção, então está claro que o *profit*,[519] isto é, a relação do mais-valor com o valor total do capital adiantado não cresce na mesma proporção na qual o trabalho necessário diminui por meio do aumento da força produtiva, por um duplo motivo. Primeiramente, porque quanto mais desenvolvida a força produtiva do trabalho, menos ocorre de o mais-valor crescer na mesma proporção em que o trabalho necessário diminui. Segundo, porque esse mais-valor aumentado em menor proporção é calculado sobre o capital que aumentou em valor aproximadamente na proporção do aumento da força produtiva.}

{A diminuição do tempo de trabalho necessário pode ser calculada duas vezes: (1) em relação com sua grandeza antes do aumento da força produtiva do trabalho; (2) em relação com a jornada de trabalho inteira. No primeiro cálculo, é claro que – pressuposto um aumento geral da força produtiva – o tempo de trabalho necessário (por isso, o valor da capacidade de trabalho) cai na mesma medida em que a força produtiva aumenta; porém, a proporção

---

[518] William Jacob: *An Historical inquiry into the production and consumption of the precious metals.* v. 2. London, 1831. p. 132, 215. (Nota da edição original).

[519] Lucro.

em que o tempo de sobretrabalho ou o mais-valor aumenta depende da proporção em que a jornada de trabalho total era originalmente repartida entre tempo de trabalho necessário e tempo de sobretrabalho. Portanto, era originalmente de 12 horas, 10 de trabalho necessário, 2 de sobretrabalho, e se a força produtiva do trabalho se duplica, então cai o tempo de trabalho necessário de 10 para 5, isto é, em 50%, enquanto a força produtiva se duplicou. (Essa relação se expressa na força produtiva no crescimento de 100%, no tempo de trabalho necessário em queda de 50%. Que o tempo de trabalho necessário caia de 10 para 5, isto é, em 50% significa que posso produzir em 1 hora tanto quanto em 2 anteriormente, isto é, o dobro, isto é, que a força produtiva do trabalho aumentou em 100%.) Ao contrário, o sobretrabalho cresceu de 2 para 7, isto é, em 350% (Triplica 2 × 3 ou [6] horas e aumenta a metade, = $^2/_2$ = 1, portanto, ao todo, de 2 para 7), porque ele originalmente somava apenas 2 horas de 12. Se já somasse 3 horas originalmente, o trabalho necessário apenas 9, então esse último teria caído 4½ horas, novamente em 50%, o sobretrabalho aumentaria de 3 ÷ 7½; isto é, em 250% (pois 3 ÷ 7½ ou $^6/_2$ ÷ $^{15}/_2$ ou 6 ÷ 15 = 100 ÷ 250. 15 × 100 = 1500 e 6 × 250 = 1500). Consideremos, ao contrário, a jornada de trabalho inteira, então a relação *não* se modifica. Originalmente, o tempo de trabalho [necessário] somava 10 horas ou $^{10}/_{12}$ da jornada de trabalho; agora, ele soma apenas $^5/_{12}$, ainda no primeiro caso. (No segundo, ele somava $^9/_{12}$ da jornada de trabalho, depois apenas $\frac{4½}{12}$.) É igual se comparo o tempo de trabalho necessário consigo mesmo ou com a jornada de trabalho total. Apenas se adiciona o divisor 12. Portanto, esse *fix*[520] é eliminado.}

Agora, de volta à p. 138, *antes* da cláusula {[521]As condições de vida do trabalhador teriam melhorado, embora o *valor* de sua capacidade de trabalho, caído, seu tempo de trabalho necessário seria reduzido em 4 horas e seu tempo de sobretrabalho para o capitalista teria aumentado em 4 horas, porque ele mesmo receberia uma participação de 1 hora no tempo tornado livre, isto é, o tempo de trabalho que ele trabalha para si mesmo, isto é, para a reprodução do salário, *não* seria reduzido em *toda a extensão* em que o produto do trabalho desse tempo de trabalho necessário fosse reduzido. Ele receberia mais valores de uso de valor menor – isto é, nos quais estaria contido menos tempo de trabalho do que antes. Porém, a medida segundo a qual em geral seria formado novo sobretrabalho, seria criado mais-valor

---

[520] Dificuldade.

[521] Cf. p. 278, *supra*. (Nota da edição original).

relativo corresponderia inteiramente à medida segundo a qual uma parte de seu tempo de trabalho necessário teria se transformado em tempo de sobretrabalho para o capitalista ou segundo a qual o *valor* de sua *capacidade de trabalho* teria caído. Isso basta aqui. De qualquer forma, em seguida, articular a proporcionalidade da coisa (ver acima também[522]). Portanto, isso em nada muda a *natureza* e a *lei do mais-valor relativo* – que, em decorrência da produtividade crescente, uma parte maior da jornada de trabalho é apropriada pelo capital. Donde a inépcia de se querer refutar essa lei por meio de evidências estatísticas de que a condição material do trabalhador aqui ou ali, nessa ou naquela proporção, melhorou em decorrência do desenvolvimento da força produtiva do trabalho.

{*Standard. Out. 26. 1861.*[523] Lemos num processo da firma John Bright's com seus trabalhadores, diante dos magistrados de Rochdale, para processar por intimidação os agentes dos *sindicatos dos tecelões de tapetes*. Os associados da Bright introduziram nova maquinaria, que produziria *240* jardas de tapete no tempo e com o trabalho antes requeridos para produzir *160* jardas. Os trabalhadores não reclamaram nenhuma participação nos lucros feitos pelo investimento do capital de seus empregadores em melhorias mecânicas. Consequentemente, o senhor Bright propôs reduzir a taxa de pagamento de 1½ d por jarada para 1 d, deixando os ganhos dos homens exatamente o mesmo que antes para o mesmo trabalho. Porém, houve uma redução nominal, sobre a qual os trabalhadores, como foi alegado, não foram advertidos anteriormente.[524]}

Certo desenvolvimento da produtividade do trabalho é pressuposto em geral mesmo para a existência do mais-valor absoluto, isto é, para o sobretrabalho em geral e, por isso, para a existência da produção capitalista, assim como para todos os modos de produção anteriores em que uma parte da

---

[522] Marx se refere aqui aos intens copiados dos *Grundrisse*, que se encontravam originalmente antes desta frase, mas que foram integrados ao final do manuscrito. Cf. p. 404, *infra*, e o caderno XX, p. 1284 ss. (Nota da edição original).

[523] O fato narrado por Marx não se encontra nem no *The Standard*, nem no *The Evening the Standard* de 26 de outubro de 1861. (Nota da edição original).

[524] ... to prosecute for intimidation the agents of the *Carpets' Weavers' Trades Unions*. Bright's partners had introduced new machinery which would turn out *240* yard of carpet in the time and with the labour previously required to produce *160* yards. The workmen had no claim whatever to share in the profits made by the investment of their employers' capital in mechanical improvement. Accordingly, Mssrs. Bright proposed to lower the rate of pay from 1 ½ d. per yard to 1 d., leaving the earnings of the men exactly the same as before for the same labour. But there was a nominal reduction, of which the operatives, it is asserted, had not had fair warning beforehand.

sociedade não trabalha para si mesma, mas para a outra parte da sociedade. "A própria existência dos últimos (os patrões capitalistas) como uma classe distinta depende da produtividade da indústria"[525] *(p. 206. Ramsay, An Essay on the Dist. Of Wealth etc. Edinburgh, 1836).*

"Se o trabalho de cada homem fosse suficiente para produzir sua própria comida, não poderia haver propriedade (palavra empregada aqui para capital)"[526] (p. 14. *Piercy Ravenstone, M. A. Thoughts on the Funding System, and its Effects. London, 1824).* De resto, a relação capitalista se desenvolve num estágio histórico da formação econômica da sociedade que já é o resultado de uma longa série de desenvolvimentos prévios. O estágio de produtividade do trabalho do qual ela parte não é nada natural, mas sim algo criado historicamente, onde o trabalho abandonou há muito suas origens rudimentares. É claro que, se uma terra possui um solo fértil por natureza, água rica em peixes, ricos depósitos de carvão (combustível em geral), minas de metais, etc., nessa terra – comparada com outras terras onde essas condições naturais da produtividade do trabalho se encontram em menor grau – é requerido menos tempo para produzir os meios de subsistência necessários, nela sendo possível, desde o início, um excedente maior do trabalho para outrem sobre o trabalho para si mesmo, de modo que o tempo de sobretrabalho absoluto – portanto, o sobrevalor absoluto – é aqui maior desde o início e o capital (ou qualquer outra relação de produção pela qual o *mais-trabalho* é extorquido) é mais produtivo do que sob condições naturais menos favoráveis. Os antigos já sabiam como o baixo custo natural da capacidade de trabalho, isto é, seus custos de produção ou reprodução, são um grande fator da produção industrial. Assim, por exemplo, lê-se na Biblioteca Histórica de *Diodoro*, 1.I, C 80, em referência aos egípcios: "É totalmente incrível quão poucos esforços e custos a criação de suas crianças lhes causa. Eles lhes preparam a refeição mais simples à disposição; também lhes dão a parte inferior do papiro uma vez que ele pode ser grelhado no fogo, e a raiz e o caule de plantas pantanosas, em parte crus, em parte fervidos, em parte assados. A maioria das crianças anda sem sapatos e sem roupas, já que o ar é tão ameno. Por isso, uma criança custa aos seus pais, até que atinja a idade adulta, nada além de vinte dracmas no total. *Daí se explica sobretudo que a população do Egito*

---

[525] "The very existence of the former (the mastercapitalists) as a distinct class is dependent on the productiveness of industry." (*Citatenheft*, p. 73). (Nota da edição original).

[526] "If each man's labour were but enough to produce his own food, there could be no property." (*Citatenheft*, p. 21). (Nota da edição original).

seja tão numerosa e, por conseguinte, que muitas obras grandiosas possam ter sido construídas."[527]

{A massa de mais-valor, dada sua proporção, depende da massa de população; dada uma determinada população, da taxa de sobretrabalho em relação ao trabalho necessário.}

Disso segue apenas que, onde a relação capitalista domina (ou relação de produção similar, que *extorque* mais-trabalho absoluto, pois essa fertilidade natural apenas facilita o prolongamento do tempo de sobretrabalho e sua existência, não cria mais-valor relativo em nosso sentido), a produtividade do capital é a maior – isto é, o máximo sobretrabalho e, por isso, o máximo sobrevalor ou, o que é o mesmo, o valor da capacidade de trabalho *naturaliter*[528] o menor – onde as condições naturais do trabalho, especialmente o solo, são as mais férteis. Disso não segue, de modo algum, que os países mais férteis sejam os mais adequados ao desenvolvimento da relação capitalista mesma; esta não decorre, portanto, da fertilidade da terra. Quando Ricardo fala da fertilidade da terra como uma condição fundamental para a produtividade do trabalho, ele supõe a produção capitalista e enuncia sua proposição sob esse pressuposto. Ele é naturalmente propenso a pressupor as *relações de produção burguesas* como dadas em toda parte. Isso não prejudica seus desenvolvimentos, uma vez que ele trata simplesmente da produção nessa forma determinada. A passagem seguinte é importante, tanto para o conceito de sobretrabalho em geral, como para a incompreensão manifesta no ponto aludido acima.

"'Em diferentes estágios da sociedade, a *acumulação do capital*, ou dos *meios de empregar trabalho*[529]) é mais ou menos rápida e deve, *em todos os casos, depender da capacidade produtiva do trabalho*. A capacidade produtiva do trabalho é em geral a maior onde existe *abundância de terra fértil*'" (Ricardo). "Se, na primeira sentença, a *capacidade produtiva do trabalho significa a redução daquela parte alíquota de qualquer produto que vai para aqueles cujo trabalho manual o produziram*, a sentença é quase idêntica, porque a *parte alíquota restante é o fundo com o qual o capital pode ser acumulado*, se isso

---

[527] Diodoro da Sicília, *Historische Bibliothek*, Übers. Von Julius Friedrich Wurm. (Abth. 1), Bdchen. 1. Stuttgart,1827, p. 126. Sublinhado por Marx. (Nota da edição original).

[528] Naturalmente.

[529] É somente em passagens como essa em que irrompe a natureza do capital em Ricardo. Portanto, capital não são os meios para produzir certo resultato, but it is "the means for *employing* labour", and, this involves that the possessor of the means, or those means themselves, employs labour, the means are the power over labour. [mas são "os meios de *empregar* trabalho" e isso envolve que o possuidor dos meios, ou esses meios eles mesmos, empregue trabalho, os meios são o poder sobre trabalho".] (Nota do autor).

apraz ao proprietário. Porém, isso não ocorre geralmente onde existe muita terra fértil. Não ocorre na América do Norte, mas esse é um estado de coisas artificial. Não ocorre no México. Não ocorre na Nova Holanda. A capacidade produtiva do trabalho é, em verdade, em *outro* sentido, a maior onde existe muita terra fértil, quer dizer, nesse caso é maior a *capacidade do homem*, se ele assim o escolhe, de produzir *muita matéria-prima* em *proporção com todo o trabalho que ele realiza*. É de fato uma *dádiva da natureza* que o homem possa *produzir mais comida* do que *a menor quantidade que poderia manter e conservar a população existente;* mas '*sobreproduto*' (o termpo utilizado pelo Sr. Ricardo, p. 93) geralmente significa o *excedente do preço inteiro de uma coisa acima daquela sua parte que vai para os trabalhadores que o fizeram*; uma parte que é estabelecida por acordo humano e que não é fixa"[530] (p. 74, 75. *Observations on certain verbal Disputes in Pol. Ec., particularly relating to value and to demand and supply. Lond., 1821*).

Esse homem não vê que, da Quantidade Proporcional de matéria-prima que "*o trabalho inteiro*" de um homem pode realizar diariamente,[531] em verdade, depende "a redução" ou grandeza "daquela parte alíquota" que vai para o trabalhador.[532] Ele tem razão contra Ricardo apenas quando diz: a fertilidade natural faz com que, com o trabalho de um dia, eu possa produzir acima do absoluto necessário para existir (a menor quantidade para manter a população existente), se eu assim o escolho.[533] Ela não faz com que eu trabalhe muito, portanto, que produza mais, e menos ainda que aquilo que eu trabalhe além do necessário forme o fundo do capital. Isso é "estabelecido

---

[530] "'In different stages of society, the *accumulation of capital*, or the *means of employing labour*) is more or less rapid, and must in *all cases depend on the productive powers of labour*. The productive powers of labour are generally greatest, where there is an *abundance of fertile land*.'" "If, in the first sentence, *the productive powers of labour mean the smallness of the aliquot part of any produce that goes to those whose manual labour produced it*, the sentence is nearly identical, because the *remaining aliquot part is the fund whence capital can*, if the owner pleases, *be accumulated*. But then this does not generally happen where there is most fertile land. It does in Northamerica, but that is an artificial state of things. It does not in Mexico. It does not in New Holland. The productive powers of labour are, indeed, in *another* sense, greatest where there is much fertile land, viz. *the power of men*, if he chooses it, to raise *much raw produce in proportion to the whole labour he performs*. It is, indeed, a *gift of nature*, that men can *raise more food* than the *lowest quantity* that *they could maintain* and *keep up the existing population on*; but '*surplus produce*' (the term used by Mr. Ricardo p. 93) generally means the *excess of the whole price of a thing above that part of it which goes to the labourers who made it*; a part, which is settled by human arrangement, and not fixed."Sublinhado por Marx. (Nota da edição original).

[531] Da Proportional Quantity of raw produce which "*the whole labour*" of a man can perform daily.

[532] "The smallness" or bigness "of that aliquot part that goes" to the labourer.

[533] (The lowest quantity to keep the existing population upon), if I chose.

por acordo humano".⁵³⁴ Para Ricardo, a relação capitalista mesma é relação natural e, por isso, pressuposta em toda parte.

Pressuposta a produção capitalista, de acordo com as condições naturais do trabalho mais favoráveis e, por isso, conforme o grau de sua produtividade natural, o tempo de trabalho necessário, isto é, aquele requerido para a reprodução do trabalhador será diverso nos diversos países e estará em proporção inversa com a produtividade do trabalho e, por isso, na mesma proporção em que, num certo país, o tempo de sobretrabalho ou o sobrevalor poderá ser maior do que em outro, mesmo que seja trabalhado o mesmo número de horas.

Tudo isso concerne à própria existência do sobretrabalho e sua quantidade relativa em diferentes países, de acordo com suas respectivas condições para a produção.⁵³⁵ Isso em nada nos interessa aqui.

Quando se supõe que a jornada normal de trabalho já se divide em trabalho necessário e sobretrabalho absoluto, também já está pressuposta a existência desse último e, precisamente num grau determinado, portanto, também já está pressuposta uma determinada base natural sua. Aqui se pergunta, antes, pela *força produtiva do trabalho* – por isso, pela redução do tempo de trabalho necessário, pelo prolongamento do tempo de sobretrabalho – na medida em que ela mesma é produto da produção capitalista (em geral, da produção social).

As formas principais são: *cooperação, divisão do trabalho* e *maquinaria* ou aplicação de *scientific Power*,⁵³⁶ etc.

a) *Cooperação*

Esta é a *forma fundamental*: divisão do trabalho pressupõe cooperação ou é apenas um modo específico seu. Igualmente o ateliê baseado na maquinaria, etc. A cooperação é a *forma geral*, que está na base de todos os *arrangements*⁵³⁷ sociais para o aumento da produtividade do trabalho social e cada um deles recebe apenas uma especificação ulterior. Porém, a cooperação é ela mesma, ao mesmo tempo, uma forma *particular* que existe ao

---

⁵³⁴ "Is settled by human agreement".

⁵³⁵ The very existence of absolute surpluslabour, and its relative quantity in different countries according to their respective natural facilities for production.

⁵³⁶ Força da ciência.

⁵³⁷ Arranjos.

lado de suas formas ulteriormente desenvolvidas e mais bem especificadas. (Exatamente do mesmo modo como ela é uma forma que compreende seus desenvolvimentos anteriores.)

Como uma forma distinta de seus próprios desenvolvimentos ou especificações ulteriores e como uma forma *existente* em diferença, em separado deles, a *cooperação* é seu modo mais primitivo, mais rudimentar, mais abstrato; assim como ela continua, de resto, em sua simplicidade, em sua forma simples, a permanecer a base e pressuposto de todas as suas formas mais desenvolvidas.

Primeiramente, portanto, cooperação é a *ação combinada* imediata – não mediada pela *troca* – de muitos trabalhadores para a produção dos mesmos resultados; dos mesmos produtos; dos mesmos valores de uso (ou utilidade.) Na produção escravocrata. (*cf. Cairnes*)[538]

Em primeiro lugar, ela é a *atuação conjunta de muitos trabalhadores*. Portanto, a existência da *aglomeração*, da *acumulação de vários trabalhadores* no *mesmo espaço* (num lugar), que trabalham *simultaneamente*, é seu primeiro pressuposto – ou já é ela própria a existência material da cooperação. Esse pressuposto permanece na base de todas as suas formas mais desenvolvidas.

O modo *mais simples*, ainda não especificado ulteriormente, é evidentemente aquele em que os que trabalham no mesmo local e ao mesmo tempo nada fazem de diferente uns dos outros, mas sim *o mesmo*, sendo porém a simultaneidade de sua ação requerida para produzir um determinado resultado em geral ou num determinado tempo. Também esse aspecto da cooperação permanece nas suas formas mais desenvolvidas. Também na divisão do trabalho, vários fazem o mesmo simultaneamente. Mais ainda no ateliê automático.

Uma das formas mais antigas dessa cooperação se encontra, por exemplo, na caça. Do mesmo modo na guerra, que é apenas caça a homens, caça ulteriormente desenvolvida.[539] Por exemplo, o efeito que a carga de um regimento

---

[538] Marx acrescentou a referência a Cairnes e à produção escravocrata posteriormente. O livro de John Elliot Cairnes "*The slave power: its character, career and probable designs...*" não apareceu antes de maio de 1862, quando o caderno IV já havia sido escrito. Marx, que possuía o livro em sua biblioteca, refere-se aqui às p. 47 ss., onde tomou notas marginais. (Nota da edição original).

[539] Marx se apoiaoia aqui em Simon-Nicolas-Henri Linguet, *Théorie des loix civiles, ou principes fondamentaux de la société*, t. 1. Londres, 1767. No Caderno VII, Londres, 1859-1862, p. 68-76, faz excertos detalhados dessa obra, especialmente dos capítulos 7 a 9. O Capital, livro I, 1867, contém a seguinte nota de rodapé: "*Linguet*, em sua '*Théorie des Loix Civiles*' talvez não esteja sem razão quando declara que a caça é a primeira forma de cooperação e a caça aos humanos (guerra) é uma das primeiras formas de caça." (Nota da edição original).

de cavalaria produz, cada membro individual do regimento, tomado por si, não poderia produzir, embora cada indivíduo, durante a carga, aja apenas como indivíduo, na medida em que age em geral. As grandes construções dos asiáticos são outro exemplo dessa espécie de cooperação, assim como em geral se manifesta de modo muito convincente, nas construções, a importância dessa forma simples de cooperação. Um indivíduo pode construir uma cabana, mas para a construção de uma casa são necessários muitos a fazer o mesmo simultaneamente. Um indivíduo pode remar um pequeno barco; para um navio maior, requer-se um determinado número de remadores. Na divisão do trabalho, esse aspecto da cooperação aparece no princípio da proporção dos *multiples*[540] que são empregados para cada ramo particular. No ateliê automático, o efeito principal não se baseia na divisão do trabalho, mas na *mesmidade*[541] do trabalho executado por muitos ao mesmo tempo. Por exemplo, que as *spinning mules*[542] postas em movimento ao mesmo tempo pelo mesmo motor sejam controladas simultaneamente por tantos e tantos fiandeiros.

O novo sistema colonial de *Wakefield* tem o mérito – não de ter descoberto ou promovido a arte de colonizar, nem também de ter feito qualquer nova descoberta no campo da economia política – de ter inocentemente descoberto as estreitezas da economia política sem ter claro para si mesmo a importância dessa descoberta, ou apenas sem estar ele mesmo minimamente livre dessas estreitezas econômicas.

Nas colônias, ou seja, particularmente nos primeiros estágios de seu desenvolvimento, as relações burguesas ainda não estão completas; nem ainda pressupostas como em países de estabelecimento antigo. Elas são apenas devir. As condições de seu devir, portanto, aparecem mais claramente. Mostra-se que essas *relações econômicas* nem estão lá naturalmente, nem que são *coisas*, tal como o economista é facilmente inclinado a conceber o capital etc. Veremos mais tarde como o senhor Wakefield, para seu próprio deslumbramento, descobre esse segredo nas colônias. Por ora, queremos citar apenas uma passagem referente a essa forma simples de cooperação:

"Há numerosas operações de tipo tão simples *que não admitem uma divisão em partes*, que não podem ser realizadas *sem a cooperação de muitos pares de mãos*. Por exemplo, colocar uma grande árvore numa carroça,

---

[540] Múltiplos.
[541] *Dieselbigkeit*.
[542] Máquinas de fiar.

arrancar ervas daninhas num grande campo de safra em crescimento, tosar um grande rebanho de ovelhas ao mesmo tempo, juntar a colheita de milho no momento em que ele está maduro o suficiente, mas não muito maduro, mover qualquer peso grande, enfim, tudo que não pode ser feito senão quando muitos pares de mãos se ajudam no *mesmo emprego indiviso* e simultâneo"[543] (p. 168. Wakefield, E.G., *A view of the art of colonization* etc. Lond., 1849).

Assim, por exemplo, a pesca. Resultado de quando há muitos ao mesmo tempo – como na caça. Construção de ferrovias. Escavação de canais, etc. Essa espécie de cooperação nas obras públicas dos egípcios e asiáticos. Os romanos assim empregavam seus exércitos para *public works*[544] (Ver passagem em *Jones*[545]).

Ao considerar o mais-valor absoluto, vimos que, se sua taxa é dada, sua massa depende do número de trabalhadores simultaneamente empregados, portanto, *so far*[546], de sua cooperação. Exatamente aqui, no entanto, manifesta-se de modo convincente a diferença do mais-valor relativo – na medida em que ele pressupõe a força produtiva aumentada do trabalho e, por isso, o desenvolvimento da força produtiva do trabalho. Se, em vez de 10 trabalhadores, dos quais cada um trabalha 2 horas de sobretrabalho, são utilizados 20, então o resultado são 40 sobre-horas[547] em vez de 20 no primeiro caso. $1 \div 2, = 20 \div 40$. A relação é a mesma para 20 como para um. Aqui é apenas a adição ou multiplicação das horas de trabalho do indivíduo. Aqui a *cooperação como tal* não muda absolutamente nada na relação. Ao contrário, consideramos aqui a cooperação como uma força natural do trabalho social, na medida em que, por meio da cooperação, o trabalho do indivíduo alcança uma produtividade que não obteria como trabalho do indivíduo isolado. Por exemplo, se 100 ceifam ao mesmo tempo, então cada um trabalha apenas como indivíduo e faz o mesmo. Porém, o resultado de que, nesse tempo determinado, o feno esteja ceifado, etc. antes que apodreça –

---

[543] "There are numerous operations of so simple a kind *as not to admit a division into parts*, which cannot be performed *without the cooperation of many pairs of hands*. F. i. the lifting of a large tree on a wain [em Wakefield: on to a wain], keeping down weeds in a large field of growing crops, shearing a large flock of sheep at the same time [em Wakefield: right time], gathering a harvest of corn at a time when it is ripe enough and not too ripe, moving any great weight; everything in short, which cannot be done unless a good many pairs of hands help each other in the *same undivided employment*, and at the same time." (*Citatenheft*, p. 73). Sublinhado por Marx. (Nota da edição original).

[544] Obras públicas.

[545] Cf. p. 291, *infra*. (Nota da edição original).

[546] Nesta medida.

[547] *Surplusstunden*.

que esse valor de uso seja produzido – é apenas o resultado de que 100 puseram mãos à obra *simultaneamente*. Em outros casos, ocorre aumento real da força. Por exemplo, no levantamento, etc., carregamento de cargas. Aqui se origina uma força que o indivíduo isolado não possui, mas somente *simultaneamente*, em ação conjunta com os outros. No primeiro caso, ele não poderia estender sua esfera de ação no espaço tanto quanto a obtenção do resultado requer. No segundo caso, ele não poderia desenvolver em absoluto a potência necessária, ou somente com uma perda de tempo infinita. O tempo com que aqui 10 carregam uma árvore num carro é menor (se o caso em geral é possível) do que o tempo em que um obteria o mesmo resultado num tempo 10 vezes maior. O resultado é que, por meio da cooperação, é produzido num tempo menor aquilo que os mesmos indivíduos poderiam produzir se trabalhassem em mesmo número, mas dispersos, ou são produzidos valores de uso que, de outro modo, nunca poderiam ser produzidos. Um indivíduo não pode fazer em 100 dias, e nem mesmo 100 indivíduos [isolados] podem fazer em 100 dias, aquilo que 100 fazem num dia por meio da cooperação. Aqui, portanto, a força produtiva dos indivíduos cresce por meio da forma social do trabalho. Na medida em que se torna possível produzir mais em menor tempo, os meios de subsistência necessários ou as condições requeridas para sua produção são produzidos em menor tempo. O tempo de trabalho necessário diminui. O sobretempo relativo se torna assim possível. Um pode ser prolongado, o outro encurtado.

"A força de cada homem é mínima, mas a reunião das forças mínimas forma uma força total ainda maior *do que a soma das forças* mesmas, de modo que as forças, por estarem reunidas, podem diminuir o tempo e aumentar o espaço de sua ação"[548] (*G. G. Carli*, Note 1, p. 196 a *Pietro Verri*, *Meditazioni sula Econ. Polit. etc., t. XV, Custodi, Parte Moderna*.).

{Talvez deva ser lembrado aqui que essa forma simples da cooperação permite, em muitos ramos industriais, o compartilhamento das condições de trabalho, por exemplo, combustível, edificação etc. Porém, isso ainda não nos diz respeito aqui. Deve ser considerado, antes, na seção sobre o lucro. Aqui temos apenas que observar em que medida a relação de trabalho necessário e sobretrabalho é diretamente afetada, mas não a relação do sobretrabalho com a soma total do capital adiantado. Reter isso nas seções seguintes também.}

---

[548] "La forza di ciascun uomo è minima, ma la riunione delle minime forze forma una forza totale maggiore anche *della somma delle forze* medesime, fino a che le forze per essere riunite possono diminuire il tempo ed accrescere lo spazio della loro azione." Sublinhado por Marx. (Nota da edição original).

{Não é absolutamente necessário que a reunião ocorra no mesmo espaço. Se 10 astrônomos dos observatórios de diversos países fazem as mesmas observações etc., então isso não é *divisão do trabalho*, mas a realização do mesmo trabalho em diferentes lugares, uma forma de cooperação.} Porém, do mesmo modo também, *concentração de meios de trabalho*.

Ampliação da esfera de ação; diminuição do tempo em que um determinado resultado é alcançado; finalmente, criação de forças produtivas, para cujo desenvolvimento o trabalhador isolado é em geral incapaz, são características para a cooperação simples, assim como para suas formas especificadas ulteriormente.

Na cooperação simples, é somente a massa da força humana que atua. O lugar de um homem com dois olhos, etc. é tomado por um monstro com muitos olhos, muitos braços etc. Donde os grandes trabalhos dos exércitos romanos. As grandes obras públicas asiáticas e egípcias. Aqui, onde o estado gasta a renda de todo o país, ele possui o poder de colocar grandes massas em movimento. "Aconteceu em tempos passados que esses estados orientais, depois de cobrir as despesas de seus estabelecimentos civis e militares, encontravam-se na posse de um superávit que podiam aplicar em obras de magnificência ou utilidade e, na sua construção, *seu comando sobre as mãos e braços de quase toda a população não agrícola* [...] e essa comida, pertencendo ao monarca e ao clero, fornecia os meios de criação de monumentos imensos, que ocupavam o território... para mover estátuas colossais e grandes massas cujo transporte gera fascínio, usou-se quase exclusivamente o trabalho humano em grandes quantidades... estupas e reservatórios do Ceilão, a Muralha da China, as várias obras cujas ruínas cobrem as planícies da Assíria e Mesopotâmia."[549] *(Richard Jones, Textbook of Lectures on the Polit. Econ. of Nations. Hertford, 1852, p. 177)* "*O número de trabalhadores e a concentração de seus esforços foi suficiente.* {número de trabalhadores e sua *concentration*,[550] a base da

---

[549] "It has happened in times past that these Oriental States, after supplying the expenses of their civil and military establishments, have found themselves in possession of a surplus which they could apply to works of magnificence or utility, and in the construction of these *their command over the hands and arms of almost the entire non-agricultural population* [...], and this food, belonging to the monarch and the priesthood, afforded the means of creating the mighty monuments which filled the land... in moving the colossal statues and vast masses, of which the transport creates wonder, human labour almost alone was prodigally used... topes and reservoirs of Ceylon, the Wall of China, the numerous works of which the ruins cover the plains of Assyria and Mesopotamia." Sublinhado por Marx. (Nota da edição original).

[550] Concentração.

cooperação simples} Vemos grandes recifes de coral emergir das profundezas do oceano para formar ilhas e terra firme, embora cada trabalhador individual seja pequeno, fraco e desprezível. Os trabalhadores não agrícolas de uma monarquia asiática têm apenas seus esforços corporais individuais para fornecer à tarefa; mas *seu número é sua força* e o *poder de dirigir essas massas* fez surgir os palácios e templos, etc. É *essa concentração, em uma ou poucas mãos, dos rendimentos que os alimentam que tornou possíveis tais empreendimentos*"[551] (p. 78, *loc. cit.*).

{A *continuidade* do trabalho em geral é própria da produção capitalista; porém, ela se desenvolve completamente apenas com o desenvolvimento do capital fixo; tratar disso mais adiante.}

Esse poder dos egípcios, reis e sacerdotes asiáticos, ou dos teocratas etruscos no mundo antigo, transferiu-se para o capital e, com isso, para os capitalistas.

A cooperação simples, assim como suas formas desenvolvidas ulteriormente – como em geral todos os meios para aumentar a força produtiva do trabalho – recaem no processo de trabalho, não no processo de valorização. Elas aumentam a *efficiency* do *labour*.[552] O *valor* do produto do *labour*, ao contrário, depende do tempo de trabalho requerido para sua produção. A *efficiency* do *labour*, por isso, pode reduzir apenas o valor de um determinado produto, nunca aumentá-lo. Porém, todos esses meios que são empregados para aumentar a *efficiency* do processo de trabalho diminuem (*to a certain degree*[553]) o tempo de trabalho necessário e aumentam assim o sobrevalor, a parte do valor que se destina ao capitalista, embora o valor do produto total permaneça, como antes, determinado pela totalidade do tempo de trabalho empregado.

"O princípio matemático de que o todo é a soma de suas partes se torna falso quando aplicado a nosso objeto. No que se refere ao trabalho, o grande pilar da existência humana, pode ser dito que o produto inteiro do esforço combinado excede infinitamente tudo que os esforços individuais e

---

[551] "*The number of the labourers, and the concentration of their efforts sufficed.* We see mighty coral reefs rising from the depths of the ocean into islands and firm land, yet each individual depositor is puny, weak and contemptible. The non-agricultural labourers of an Asiatic monarchy have little but their individual bodily exertions to bring to the task; but *their number is their strength*, and the *power of directing these masses* gave rise to the palaces and temples etc. It is *that confinement of the revenues which feed them, to one or a few hands, which makes such undertakings possible.*" Extraído do Caderno VII, Londres, 1859-62, p. 152; no *Citatenheft*, p. 86, a citação é reduzida. Sublinhado por Marx. (Nota da edição original).

[552] Eficiência do trabalho.

[553] Num certo grau.

isolados poderiam possivelmente realizar"[554] (p. 84. *Michael Thomas Sadler, The Law of Population*, t. I).

A *cooperação* – isto é, sua aplicação pelo capitalista, isto é, proprietário de dinheiro ou mercadorias – naturalmente requer concentração dos meios de trabalho, idem dos meios de subsistência (da parte do capital trocada por trabalho) em suas mãos. Para empregar um homem por 360 dias durante o ano, requer-se um capital 360 vezes menor do que para empregar 360 homens no mesmo dia.

A força produtiva social que nasce da cooperação é *gratuita*. Os trabalhadores individuais ou, mais ainda, suas capacidades de trabalho são pagas como capacidades isoladas. Sua cooperação e a força produtiva gerada com isso não são pagas. O capitalista paga 360 trabalhadores, ele não paga a cooperação dos 360 trabalhadores: pois a troca entre capital e capacidade de trabalho ocorre entre o capital e as capacidades de trabalho individuais. Ela é determinada pelo valor de troca destas últimas, valor que é independente tanto da força produtiva que essa capacidade obtém sob certas combinações sociais quanto do fato de que o tempo que o trabalhador trabalha e pode trabalhar é maior que o tempo de trabalho requerido para sua reprodução.

A cooperação, essa força produtiva do trabalho social, apresenta-se como uma força produtiva do capital, não do trabalho. E essa transposição ocorre no interior da produção capitalista em relação com todas as forças produtivas do trabalho social. Isso se refere ao trabalho real. Exatamente como o caráter geral, socialmente abstrato do trabalho – isto é, o valor de troca da mercadoria – como *dinheiro* – e todas as propriedades que o produto possui como representação desse trabalho geral se apresentam como propriedades do dinheiro; assim, o caráter concretamente social do trabalho, como caráter e propriedade do capital.

Em verdade: na medida em que o trabalhador ingressa no processo de trabalho real, ele já foi incorporado ao capital *qua*[555] capacidade de trabalho, ele não se pertence mais, mas ao capital e, com isso, também as condições sob as quais ele trabalha são antes condições sob as quais trabalha o capital. Porém, antes de entrar no processo de trabalho, ele entra em contato com o

---

[554] "O princípio matemático de que o todo é a soma de suas partes se torna falso quando aplicado a nosso objeto. Regarding labour, the great pillar of human existence, it may be said que o produto inteiro do esforço combinado exceeds infinitamente tudo que os individuais e disconnected efforts poderiam possivelmente realizar."

[555] Enquanto.

capitalista na condição de possuidor individual de mercadorias ou vendedor, e essa mercadoria é precisamente sua própria capacidade de trabalho. Ele a vende como indivíduo. Ela se torna social na medida em que já entrou no processo de trabalho. Essa metamorfose que nela se opera é exterior a ela mesma, na qual ela não tem participação, sendo antes imposta a ela. O capitalista não compra uma, mas várias capacidades de trabalho individuais simultaneamente, porém as compra todas como isoladas, como mercadorias isoladas umas das outras, pertencentes a possuidores de mercadorias independentes. Na medida em que se encontram no processo de trabalho, elas já são incorporadas ao capital e sua própria cooperação, com isso, não é uma relação que elas estabelecem, mas para a qual são transpostas pelo capitalista, não uma relação que lhes pertence, mas à qual elas passam a pertencer e que aparece ela mesma como uma relação do capital com elas. Ela não é sua união recíproca, mas uma unidade que as domina, cujo portador e condutor é justamente o próprio capital. Sua própria união no trabalho – cooperação – é, em verdade, uma potência estranha a elas e, precisamente, a potência do capital contraposta aos trabalhadores unidos. Porque eles têm uma relação com o capitalista como pessoas independentes, como vendedores, sua união é a de trabalhadores isolados, independentes uns dos outros, que se encontram cada um em relação com o capitalista, mas não em relação uns com os outros. Porque se encontram em relação uns com os outros como capacidade de trabalho em atividade, eles são incorporados ao capital e, com isso, essa relação se contrapõe a eles como uma relação do capital, não como sua própria. Eles se encontram aglomerados. A cooperação que se origina de sua aglomeração e que se põe diante deles é tanto o efeito do capital quanto o é essa aglomeração mesma. Sua *coesão e sua unidade* não residem neles, mas no capital, ou a força produtiva social de seu trabalho assim originada é força produtiva do capital. Se a força da capacidade de trabalho individual, que não apenas substitui, mas também aumenta, aparece como capacidade do capital – o sobretrabalho –, o mesmo ocorre com o caráter social do trabalho e com a força produtiva que resulta desse caráter.

Esse é o primeiro estágio no qual a subsunção do trabalho ao capital não aparece mais como mera subsunção formal, mas modifica o próprio modo de produção, de forma que o modo de produção *capitalista* seja um modo de produção específico. A subsunção é formal porque o trabalhador individual, em lugar de trabalhar como possuidor de mercadorias independente, trabalha agora como capacidade de trabalho pertencente ao capitalista e, por isso, trabalha sob o comando e supervisão do capitalista, também não mais para si, mas para o capitalista; também os meios de trabalho não aparecem mais como meios de realização de seu trabalho, mas seu trabalho aparece, antes, como meio de valorização – isto é, absorção de trabalho – para os meios de trabalho. Essa diferença é formal porque pode existir sem que o modo de produção e as relações sociais nas quais a produção ocorre sejam minimamente modificados de qualquer forma. Com a cooperação já ocorre uma diferença específica. O trabalho se dá sob condições nas quais o trabalho independente do indivíduo não pode se realizar – e essas condições aparecem justamente como uma relação que os domina, como um vínculo com que o capital enlaça o trabalhador individual.

Com a cooperação de muitos, cuja coesão mesma é uma relação estranha, cuja unidade está fora deles, surge a necessidade do comando, da supervisão mesma como uma condição de produção, como uma nova espécie de trabalho tornada necessária pela cooperação dos trabalhadores e condicionada por ela, *labour of superintendence*,[556] exatamente como num exército, mesmo quando ele é constituído pela mesma arma, é necessário, para seu funcionamento como corpo, que haja comandantes, há a necessidade do comando. Esse comando pertence ao capital, embora o capitalista individual possa, por sua vez, permitir que ele seja exercido por trabalhadores específicos, que, no entanto, representam o capital e os capitalistas diante do exército de trabalhadores. (*Escravidão*) (*Cairnes*).

Na medida em que trabalhos particulares desse tipo se originam de funções que a própria produção capitalista engendra, é naturalmente uma tolice tentar provar que o capital seja necessário pelo fato de ele exercer tais funções. Isso é uma tautologia. Seria o mesmo que oferecer aos negros uma justificativa da escravidão, dizendo que eles, enquanto escravos, necessitam do vigia de escravos e de seu chicote, e que este é tão necessário para sua produção quanto eles mesmos. Porém, ele é necessário somente porque e enquanto eles são escravos – sobre a base da escravidão. Ao contrário, na medida em que a cooperação requer um diretor, como na orquestra, por exemplo – é completamente diferente a forma que ela toma sob as condições do capital e a que ela assumiria, por exemplo, na associação, como uma função particular do trabalho ao lado de outros, porém não como a potência que realiza sua própria unidade como estranha a eles e a exploração de seu trabalho como potência estranha exercida sobre eles.

A cooperação pode ser contínua; também pode ser apenas temporária, como na colheita na agricultura, etc.

---

[556] Trabalho de supervisão.

O principal na cooperação simples permanece sendo a *simultaneidade* da ação, uma simultaneidade cujo resultado nunca pode ser alcançado pela sucessão temporal de trabalhadores isolados em suas ações.

O mais importante permanece: essa primeira transposição do caráter social do trabalho como caráter social do capital, a força produtiva do trabalho social como força produtiva do capital; finalmente, a primeira transformação da subsunção formal sob o capital em transformação real do próprio modo de produção.

Como meio para o aumento da produtividade do trabalho, *D. de Tracy* distingue:

1) *Concurso de forças.* (cooperação simples) "Trata-se de se defender? Dez homens resistirão facilmente a um inimigo que lhes teria destruído a todos, atacando-os um depois do outro. Deve-se remover um fardo? Aquilo cujo peso teria oposto uma resistência invencível aos esforços de um único indivíduo cede de imediato aos esforços de muitos que agem juntos. *Trata-se de executar um trabalho complicado?* Muitas coisas devem ser feitas simultaneamente; um faz uma coisa enquanto outro faz outra, e todos contribuem para o efeito que um único homem não poderia produzir. Um rema enquanto o outro controla o leme, enquanto um terceiro joga a rede ou arpoa o peixe, e a pesca tem um sucesso que seria impossível sem esse concurso"[557] (*loc. cit.*, p. 78). Aqui, nessa última cooperação, já se encontra a divisão do trabalho, porque *plusieurs choses doivent être faites simultanément*[558], mas isso não é a divisão do trabalho em sentido próprio. Os 3 poderiam alternadamente remar, navegar, pescar, embora no ato de cooperar cada um faça apenas uma coisa. A verdadeira divisão do trabalho, ao contrário, consiste em que, "quando muitos homens trabalham reciprocamente uns para os outros, cada um pode se dedicar *exclusivamente* à ocupação para a qual ele possui mais aptidão etc"[559] (p. 79, *loc. cit.*).

---

[557] *Concours de forces.* (Simple cooperation) "S'agit-il de se défendre? Dix hommes vont résister aisément à un ennemi qui les aurait tous détruits en les attaquant l'un après l'autre. Faut-il remuer un fardeau? Celui dont le poids aurait opposé une résistance invincible aux efforts d'un seul individu cède tout de suite à ceux de plusieurs qui agissent ensemble. *Est-il question d'exécuter un travail compliqué?* plusieurs choses doivent être faites simultanément; l'un en fait une pendant que l'autre en fait une autre, et toutes contribuent à l'effet qu'un seul homme n'aurait pu produire. L'un rame pendant que l'autre tient le gouvernail, et qu'un troisième jette le filet ou harponne le poisson, et la pêche a un succès impossible sans ce concours." Sublinhado po Marx. (Nota da edição original).

[558] *Muitas coisas devem ser feitas simultaneamente.*

[559] "quand plusieurs hommes travaillent réciproquement les uns pour les autres, chacun peut se livrer *exclusivement* à l'occupation pour laquelle il a le plus d'avantages etc." Sublinhado por Marx. (Nota da edição original).

Página 138a do manuscrito, Caderno IV.

b) *Divisão do trabalho*[560]

A divisão do trabalho é uma forma de cooperação particular, específica, desenvolvida ulteriormente, um meio poderoso de aumentar a força produtiva do trabalho, enfim, de realizar o mesmo trabalho em tempo de trabalho mais curto, portanto, um meio de reduzir o tempo de trabalho necessário para a reprodução da capacidade de trabalho e de estender o tempo de sobretrabalho.

Na cooperação simples, tem-se a interação de muitos que realizam o *mesmo* trabalho. Na divisão do trabalho, trata-se da cooperação de muitos trabalhadores sob o comando do capital que produzem *diferentes* partes das *mesmas mercadorias*, para as quais cada parte particular requer um trabalho particular, uma operação particular e cada trabalhador ou um múltiplo determinado de trabalhadores executa apenas uma operação particular, enquanto outro executa outra, etc.; a totalidade dessas operações, porém, produz *uma mercadoria*, uma determinada mercadoria particular; portanto, é na mercadoria que se apresenta a totalidade desses trabalhos particulares.

Dizemos *mercadoria* em duplo sentido. Primeiro, uma mercadoria produzida pela divisão do trabalho pode ser ela mesma novamente semifabricada,

---

[560] No esboço desta seção, particularmente na primera parte, Marx extrai algumas sugestões de *Lectures on political economy*, de Dugald Stewart. Marx tomou notas dessa obra no *Caderno VII*, Londres, 1859-1862, p. 147-149. Ele retoma algumas das passagens anotadas em seu manuscrito e segue essa fonte em sua investigação sobre a divisão do trabalho, assim como a seleção e a sequência de ideias de autores anteriores a respeito. Marx não se contenta em citar esses autores a partir do livro de Stewart; utiliza as fontes citadas nessa obra e as anota, enquanto utiliza em parte edições diferentes de Stewart. Na análise e nas conclusões, Marx vai foi além de Stewart. Na p. 148 do *Caderno VII*, Marx tomou notas sobre Stewart: "*Sobre divisão do trabalho*: '*Harris*. Dialogue concerning Happiness. 1741.' *Ferguson*: Essay on Civil Society. Ver também *Xenofonte*: Ciropedia, B. VIII, c. II. Em Xenofonte, o principal é a *quality* of the article produced, em Smith e modern writers the *quantity*. (312)" A respeito dessas referências literárias, Marx escreve na p. 175 do *Caderno VII* sobre Xenofonte, na p. 182 sobre Harris. Esses excertos ele retoma em parte no manuscrito, depois de os reunir por temas e prepará-los no *Citatenheft*. Em referência à passagem correspondente no *Caderno VII*, Marx escreveu, por exemplo, na p. 16 do Citatenheft: "(Na *divisão do trabalho* em *Xenofonte*, o principal é a *quality* of the articles produced, em Smith e modern writers the quantity.)" Segue uma citação de Stewart, p. 319 (cf. p. 314, *infra*) e mais adiante, na mesma página, encontra-se uma anotação: "Divisão do trabalho. Xenofonte. (VII. 175.)." e a seguinte nota: "Dugald Stewart cita Harris (James) como um dos primeiros a desenvolver a divisão do trabalho. Porém, Harris fala apenas da variety of employments [variedade de empregos], não da subdivision of labour which is here in question [subdivisão do trabalho que está aqui em questão]. He himself [Ele mesmo] ('*Three treatises*, etc. 3 ed. Lond. 1772', diz nas 'Notes' que sua sabedoria, que se encontra nas p. 147-55, é emprestada da 'República' de Platão..., 'Protágoras'.) Um curto excerto da "República" de Platão (traduzido por K. Schneider. Breslau 1839) se encontra novamente no *Caderno VII*, p. 241: "*Livro Segundo*. Em consequência disso, portanto, tudo é produzido *em maior quantidade* e melhor e mais facilmente, se cada um se conduz segundo sua natureza e no tempo certo e deixa as outras coisas de lado." (Nota da edição original).

matéria-prima, material de trabalho para outra esfera de produção. Tal produto não precisa, assim, de modo algum ser um valor de uso que recebeu sua forma última com a qual ele finalmente entra no consumo.

Se, para a fabricação de um valor de uso, são requeridos diversos processos, por exemplo, de algodão estampado – fiação, tecelagem, estampa –, então o algodão estampado é o resultado desses diversos processos de produção e a totalidade de modos de trabalho particulares: fiação, tecelagem, estampa. Ao contrário, nele ainda não ocorre nenhuma divisão do trabalho no sentido agora considerado. Se o fio é *mercadoria*, o *tecido* é *mercadoria* e o algodão estampado é mercadoria particular ao lado dessas mercadorias – desses valores de uso que são o produto de processos que devem anteceder a estampagem do algodão – então não ocorre nenhuma divisão do trabalho no sentido agora considerado, embora ocorra a divisão social do trabalho, pois o fio é o produto da fiação, o tecido o produto da tecelagem e o tecido estampado o produto da estampagem. O trabalho necessário para a produção do algodão estampado é dividido em fiação, tecelagem, estampagem, e cada um desses ramos constitui o emprego de uma seção particular de trabalhadores, dos quais cada um realiza apenas esta operação particular de fiar, tecer ou estampar. Aqui, portanto, uma totalidade de trabalhos particulares é primeiramente necessária para produzir o algodão estampado; e, em segundo lugar, os diversos trabalhadores são subsumidos a cada uma dessas operações de trabalho particulares. Porém, não se pode dizer que eles concorram para a produção da *mesma mercadoria*. Eles produzem, antes, mercadorias independentes umas das outras. Conforme o pressuposto, o fio é mercadoria tanto quanto o algodão estampado. A existência de um valor de uso como mercadoria não depende da natureza desse valor de uso, portanto, também não depende de quão próximo ou distante ele esteja da forma com a qual ele finalmente entra no consumo, seja como meio de trabalho, seja como meio de subsistência. Depende apenas de que uma quantidade determinada de tempo de trabalho seja representada nesse produto e que ele seja o material para a satisfação de determinadas necessidades, sejam elas necessidades de um ulterior processo de produção ou do processo de consumo. Se, ao contrário, o algodão estampado entrasse no mercado como *mercadoria* somente depois de ter percorrido os processos de fiação, tecelagem e estampagem, então ele seria produzido pela *divisão* do trabalho.

Vimos[561] que o produto em geral se torna mercadoria, e a troca de mercadorias ocorre como condição da produção em geral somente se ocorre uma

---

[561] *Para a Crítica da Economia Política*, p. 130 (29 da primeira edição). (Nota da edição original).

divisão social do trabalho ou uma divisão do trabalho social. Os modos de trabalho se aplicam nas mercadorias particulares, e o produtor ou possuidor da mercadoria singular se apodera de sua parte alíquota da produção social, isto é, dos produtos de todos os outros ramos de trabalho somente pela troca, quer dizer, pela venda de seu produto, pela transformação de sua mercadoria em dinheiro. Que ele em geral produza mercadoria implica que seu trabalho é unilateral e que ele não produz *imediatamente* seus meios de subsistência, mas que, antes, os produz apenas pela troca de seu trabalho com os produtos de outros ramos de trabalho. Essa divisão social do trabalho, que está pressuposta na existência do produto como mercadoria e na troca de mercadorias, é essencialmente diferente da divisão do trabalho que aqui se considera. Esta última pressupõe a primeira como seu ponto de partida e sua base. Na primeira, ocorre a divisão do trabalho, uma vez que cada mercadoria representa a outra, portanto, cada possuidor de mercadorias ou produtor representa frente ao outro um ramo de trabalho particular e a totalidade desses ramos de trabalho particulares, sua existência como o todo do trabalho social, é mediada pela *troca de mercadorias* ou determina ulteriormente a *circulação de mercadorias*, a qual inclui, como vimos, a circulação do dinheiro.[562] É possível ocorrer significativa divisão do trabalho nesse sentido sem que exista a divisão do trabalho no último sentido. Com base na produção de mercadorias, ao contrário, a última não pode ocorrer sem a primeira, embora possa ocorrer sem que os produtos em geral sejam produzidos como mercadorias, sem que a produção em geral ocorra com base na troca de mercadorias. A primeira divisão do trabalho se mostra em que o produto de um determinado ramo do trabalho se defronte, como mercadoria particular, com os produtores de todos os outros ramos de trabalho como mercadorias diferentes dela, independentes. Ao contrário, a segunda divisão do trabalho ocorre na produção de um valor de uso particular, antes que ele entre como mercadoria particular, autônoma, no mercado, na circulação. No primeiro caso, a complementação dos diferentes trabalhos se dá pela troca de mercadorias. No segundo, é a cooperação direta dos diferentes trabalhos, não mediada pela troca de mercadorias, para a fabricação do mesmo valor de uso sob o comando do capital. Por meio da primeira divisão do trabalho, os produtores se defrontam como possuidores autônomos de mercadorias e como representantes de ramos de trabalho particulares. Por meio da segunda, eles aparecem, antes, como dependentes, pois somente por sua

---

[562] *Para a Crítica da Economia Política*, p. 139 ss. (41 da primeira edição). (Nota da edição original).

cooperação produzem uma mercadoria inteira, mercadoria em geral, e cada um apresenta não um trabalho particular mas, antes, apenas as operações singulares convergentes que são combinadas formando um trabalho particular, enquanto o possuidor das mercadorias, o produtor das mercadorias inteiras, confronta os trabalhadores autônomos como capitalista.

A. Smith confunde constantemente a divisão do trabalho nesses dois sentidos muito distintos, que são de fato complementares, mas também opostos sob certo ponto de vista. Autores ingleses mais recentes, para evitar a confusão, chamam o primeiro tipo de *division of labour*, divisão do trabalho, e o segundo de *subdivision of labour*, subdivisão do trabalho, o que, entretanto, não expressa a diferença conceitual.[563]

Como alfinete e *twist*[564] são duas mercadorias particulares, cada uma representa o mesmo ramo de trabalho particular e seus produtores se defrontam como possuidores de mercadorias. Eles representam a divisão do trabalho social em que cada parte se defronta com a outra como esfera particular de produção. Ao contrário, as diversas operações requeridas para a produção do alfinete – supondo que as partes particulares dele não se apresentam como mercadorias particulares –, se representam igualmente muitos modos de trabalho, aos quais estão subsumidos muitos trabalhadores particulares, então ela é divisão do trabalho no segundo sentido. É a particularização das operações no interior da esfera de produção de uma *mercadoria* particular e a divisão de cada uma dessas operações entre trabalhos particulares, cuja cooperação cria o produto inteiro, a *mercadoria*, cujo representante não é, porém, o trabalhador, mas o capitalista. Essa forma de divisão do trabalho que aqui consideramos também não exaure de modo algum a divisão do trabalho. Sob certo aspecto, essa última é a categoria de todas as categorias da economia política. Porém, devemos considerá-la, aqui, apenas como uma força produtiva do capital.

Está claro (1) que essa divisão do trabalho pressupõe a divisão social do trabalho. Somente a partir da particularização do trabalho social, desenvolvida na troca de mercadorias, é que os ramos de trabalho se dividem, de modo que cada ramo particular seja reconduzido ao trabalho especial, em que pode ocorrer então a divisão no interior desse trabalho especial, sua análise. (2) Está igualmente claro que a segunda divisão do trabalho, ao contrário, deve expandir a primeira – de modo retroativo. *Primeiro*, na medida em que ela tem em comum com todas as outras forças produtivas a

---

[563] Cf. Dugald Stewart, *op. cit.*, p. 310 ss. (Nota da edição original).
[564] Fio.

redução do tempo requerido para a produção de determinado valor de uso, portanto, liberar trabalho para um novo setor do trabalho social. Segundo, e isso lhe é específico, na medida em que ela, em sua análise, pode dissociar uma especialidade, de modo que diferentes *componentes do mesmo valor de uso* sejam produzidos como distintas mercadorias independentes, ou também que *diferentes espécies do mesmo valor de uso*, que antes recaíam todas na mesma esfera de produção, recaiam, pela análise de cada uma delas, em diversas esferas de produção.

Uma é divisão do trabalho social em diferentes ramos de trabalho; a outra, divisão do trabalho na manufatura de uma mercadoria, portanto, divisão do trabalho não na sociedade, mas divisão social do trabalho no interior de um e mesmo ateliê. A divisão do trabalho no último sentido gera a *manufatura* como *modo de produção* particular.

A. Smith não diferencia a divisão do trabalho nos dois *senses*.[565] A última divisão do trabalho, por isso, também não aparece nele como algo específico da produção capitalista.

O capítulo sobre a divisão do trabalho, com o qual ele abre sua obra (livro I, cap. I) (*De la Division du Travail*[566]), começa assim:

"Far-se-á mais facilmente uma ideia dos efeitos da *divisão do trabalho* sobre a indústria geral da sociedade ao se observar como esses efeitos operam em algumas manufaturas particulares."[567] [p. 11]

A divisão do trabalho no interior dos *ateliês* (pelo que propriamente se entende aqui oficina, *factory, mine*,[568] campo, supondo apenas que os indivíduos empregados na produção de uma *mercadoria* determinada *cooperam* sob o comando do capital), a divisão do trabalho *capitalista* vale para ele e é discutida em particular somente como exemplo mais facilmente compreensível, mais tangível e evidente, dos efeitos da divisão do trabalho no interior da sociedade em geral e na "*industrie générale de la société*".[569] Este é o caso:

"Supõe-se geralmente que essa *divisão* é levada o mais longe possível naquelas manufaturas em que se fabricam objetos de pouco valor. Talvez

---

[565] Sentidos.

[566] Da divisão do trabalho.

[567] "On se fera plus aisément une idée des effets de la *division du travail* sur l'industrie générale de la société, si on observe comment ces effets opèrent dans quelques manufactures particulières." Ao contrário de Stewart, Marx utiliza a tradução francesa que possuía da obra. (Nota da edição original).

[568] Fábrica, mina.

[569] Indústria geral da sociedade.

não ocorra que ela realmente seja levada mais longe do que nas fábricas mais importantes; mas é que, nas primeiras, que são destinadas aos pequenos objetos demandados por um pequeno número de pessoas, a totalidade dos trabalhadores que nelas é empregada é necessariamente menos numerosa, *e aqueles que são ocupados em cada ramo diferente de trabalho podem ser frequentemente reunidos no mesmo ateliê* e expostos ao mesmo tempo aos olhos do observador. Ao contrário, nessas grandes manufaturas, destinadas a fornecer os objetos de consumo da massa do povo, *cada ramo de trabalho emprega um número tão grande de trabalhadores que é impossível reuni-los todos no mesmo ateliê*. Nesse caso, é raro que ao mesmo tempo se mostre ao observador mais do que empregados num único ramo de trabalho. Assim, nessas manufaturas, embora o trabalho talvez seja na realidade dividido em número maior de partes do que naquelas da primeira espécie, a divisão é, no entanto, menos sensível nelas e, por essa razão, foi muito menos observada."[570] [p. 11-12]

Essa passagem mostra, em primeiro lugar, o quanto era pequena a escala em que os empreendimentos industriais ainda eram conduzidos no tempo de A. Smith.

Em segundo lugar, a divisão do trabalho num ateliê e a divisão de um ramo de trabalho em ramos independentes uns dos outros no interior da sociedade se diferenciam para ele apenas *subjetivamente*, não *objetivamente*. Numa, vê-se a divisão ao mesmo tempo; na outra, não. Nada muda na coisa, apenas no modo como o observador a vê. Por exemplo, considere-se toda a indústria de ferragens, da produção do ferro bruto por meio de todos os diversos gêneros em que ela se divide e em que cada um constitui um ramo de produção independente, constitui uma mercadoria *independente*, cuja ligação com os estágios precedentes ou posteriores é mediada pela troca de

---

[570] "On suppose communément que cette *division* est portée le plus loin possible dans quelques-unes des manufactures où se fabriquent des objets de peu de valeur. Ce n'est pas peut-être que réellement elle y soit portée plus loin que dans les fabriques plus importantes; mais c'est que, dans les premières, qui sont destinées à des petits objets demandés pour un petit nombre de gens, la totalité des ouvriers qui y sont employés, est nécessairement peu nombreuse, *et que ceux qui sont occupés à chaque différente branche de l'ouvrage, peuvent souvent être reunis dans le même atelier*, et placés à la fois sous les yeux de l'observateur. Au contraire, dans ces grandes manufactures destinées à fournir les objets de consommation de la masse du peuple, *chaque branche de l'ouvrage emploie un si grand nombre d'ouvriers, qu'il est impossible de les réunir tous dans le même atelier*. Il est rare qu'on puisse voir autre chose à la fois, que ceux qui sont employés à une seule branche de l'ouvrage. Ainsi quoique, dans ces manufactures, l'ouvrage soit peut-être em réalité divisé en un plus grand nombre de parties que dans celles de la première espèce, cependant la division y est moins sensible, et, par cette raison, a été bien moins observée." Sublinhado por Marx. (Nota da edição original).

mercadorias, então essa divisão social desse ramo industrial talvez conte com mais partes do que podemos encontrar no interior de uma fabrica de alfinetes.

Portanto, A. Smith não compreende a divisão do trabalho como forma particular, especificamente distinta, característica do modo de produção *capitalista*.

A divisão do trabalho, como ele a considera aqui, supõe, primeiramente, que a divisão do trabalho social já tenha atingido um nível significativo de desenvolvimento, que as diversas esferas de produção sejam separadas umas das outras e que, no interior delas mesmas, sejam divididas novamente em subgêneros autônomos; assim como o capital em geral pode se desenvolver somente sobre a base de uma circulação de mercadorias já relativamente desenvolvida, que é idêntica ao desenvolvimento relativamente aperfeiçoado da divisão (autonomização) dos ramos de atividade no interior do todo da sociedade. Pressuposto isso, portanto, que, por exemplo, a produção de fios de algodão exista como ramo de atividade autônomo, independente (portanto, por exemplo, não mais como trabalho rural secundário), então o segundo pressuposto para a divisão do trabalho, que a precede e existe antes dela, é de que muitos trabalhadores nesse ramo sejam reunidos num ateliê sob o comando do capital. Essa reunião, a aglomeração dos trabalhadores sob o comando do capital, que é a condição da cooperação *capitalista*, faz-se por duas razões. Em primeiro lugar, o mais-valor depende não apenas de sua taxa, mas de sua massa, grandeza absoluta, depende igualmente do número de trabalhadores que são explorados simultaneamente pelo mesmo capital. Ele atua como capital em relação com o número de trabalhadores que emprega ao mesmo tempo. Com isso, a independência dos trabalhadores em sua produção desaparece. Eles trabalham sob a supervisão e o comando do capital. Na medida em que cooperam e se correlacionam, sua cooperação existe no capital ou está frente a eles mesmos somente como algo exterior, como um modo de existência do capital. Seu trabalho se torna *trabalho forçado* porque, na medida em que os trabalhadores entram no processo de trabalho, ele já não lhes pertence, mas sim ao capital, já estando nele incorporado. Os trabalhadores são submetidos à *disciplina* do capital e a condições de vida totalmente modificadas. As primeiras manufaturas na Holanda e em outros países onde elas se desenvolveram autonomamente, não tendo sido importadas prontas do exterior, não eram mais do que conglomeração de trabalhadores que produziam a mesma mercadoria e concentração de meios de trabalho no mesmo ateliê, sob o comando do mesmo capital. Nelas não ocorre divisão do trabalho desenvolvida; antes, esta se desenvolve nelas somente como sua base natural. Nas corporações medievais, o mestre seria impedido de se tornar capitalista devido ao fato de que as leis da corporação limitavam a um número muito restrito o total de trabalhadores que ele podia empregar simultaneamente.

Em segundo lugar, as vantagens econômicas, que são originadas do uso comum de edificação, combustível etc. e que muito cedo – excetuada toda a divisão do trabalho – também deram a essas manufaturas uma vantagem produtiva sobre a empresa patriarcal ou corporativa, não pertencem a esse momento, uma vez que aqui devemos considerar não a *economia* nas *condições de trabalho*, mas apenas o emprego produtivo do capital variável; em que medida esse meio torna *diretamente* mais produtivo o trabalho que é empregado numa determinada esfera de produção.

Mesmo onde determinado ramo de atividade – ver *Blanqui*, por exemplo[571] – é muito subdividido mas ainda patriarcal, de modo que cada parte tenha lugar como mercadoria particular independente das outras, ou apenas mediada pela troca de mercadorias, a reunião delas num ateliê não é em absoluto apenas formal. Nessas circunstâncias, o trabalho ocorre quase sempre como trabalho secundário, doméstico-rural, estando ausente, desse modo, a subsunção absoluta do trabalhador sob uma operação totalmente unilateral e simples. Ele não é seu trabalho exclusivo. Pois falta o principal. Esses trabalhadores trabalham com seus próprios meios de trabalho. O modo de produção mesmo não é, em verdade, capitalista, mas o capitalista intervém somente como *intermediário*, como *vendedor* entre o trabalhador autônomo e o comprador definitivo de suas mercadorias. Essa forma, onde o capital ainda não se apossou da produção e ainda não dominou uma grande parte do continente, sempre constitui a transição das indústrias rurais secundárias para o modo de produção capitalista mesmo. Frente ao trabalhador, que aparece como possuidor de mercadorias, produtor e vendedor, o capitalista ainda aparece aqui como *comprador de mercadorias*, não contraposto *ao trabalhador*. Portanto, aqui falta ainda o fundamento da produção capitalista.

Onde existe aquela divisão do trabalho na forma de ramos de produção independentes, como no exemplo de Blanqui,[572] ocorre uma massa de processos intermediários improdutivos que consomem tempo, condicionados pelo fato de que os diversos estágios da mercadoria existem como mercadorias autônomas, e sua coesão na produção completa é mediada somente

---

[571] Cf. p. 325, *infra*. (Nota da edição original).

[572] Cf. p. 325, *infra*. (Nota da edição original).

pela troca de mercadorias, compra e venda. O fato de trabalharem umas para as outras nos diferentes ramos é submetido a múltiplas contingências, irregularidades, etc. na medida em que somente a coação no ateliê introduz a simultaneidade, a regularidade e a proporcionalidade no mecanismo dessas diferentes operações, em geral unindo-as pela primeira vez num mecanismo que atua uniformemente.

Se a divisão do trabalho *incrementa a divisão*, num primeiro momento, avançando com base nos ateliês existentes até o estágio ulterior da análise das operações e da subsunção a si mesma de determinados múltiplos de trabalhadores, ela é também, inversamente, a *combinação* desses múltiplos, uma vez que os *disjecta membra poetae*[573] existiam antes autonomamente, um ao lado do outro, sob a forma de muitas mercadorias autônomas e, por conseguinte, como produtos de muitos possuidores de mercadorias igualmente autônomos; um aspecto que Adam [Smith] ignora completamente.

Mais tarde, ainda aprofundaremos mais a questão do porquê a divisão do trabalho no interior da sociedade, uma divisão que se completa pela troca de mercadorias até o todo da produção e que atua sobre os seus representantes individuais somente por meio da concorrência, da lei da oferta e da demanda, que se desenvolve ulteriormente de modo uniforme, de porquê ela acompanha a divisão do trabalho no interior do ateliê, a divisão do trabalho caracterizadora da produção capitalista, na qual a independência dos trabalhadores é completamente negada e eles se tornam uma parte de um mecanismo social que está posto sob o comando do capital.

O que está claro é que A. Smith não compreendeu a *divisão do trabalho* como uma peculiaridade do modo de produção capitalista; pela qual, juntamente com a maquinaria e cooperação simples, o trabalho é modificado não apenas formalmente, mas em sua realidade, pela subsunção ao capital. Ele a concebe do mesmo modo que Petty e muitos de seus predecessores depois de Petty (Ver o *escrito sobre as Índias Orientais*).[574]

Em verdade, tanto Smith como seus predecessores ainda concebem a divisão do trabalho do ponto de vista *antigo*, na medida em que a confundem com a divisão do trabalho no interior da sociedade. Eles a diferenciam da concepção dos antigos apenas na consideração do resultado e da finalidade da divisão do trabalho. Eles a concebem em primeiro lugar como força produtiva do capital, na medida em que a enfatizam e consideram quase exclusivamente

---

[573] Membros dispersos do poeta. Horácio, *Satirae*, I, 4.

[574] *The advantages of the East-India trade to England*. London 1720. Ver p. 327, *infra*.

que, por meio dela, as *mercadorias barateiam*, sendo requerido menos tempo de trabalho necessário para produzir determinada mercadoria ou podendo uma quantidade maior de mercadorias ser produzida no mesmo tempo de trabalho necessário, de modo que o *valor de troca* de uma mercadoria singular é reduzido. Nesse aspecto do *valor de troca* – e nisso consiste seu ponto de vista *moderno* – eles concentram toda a importância. Isso é naturalmente o decisivo quando a divisão do trabalho é concebida como a força produtiva do capital, pois ela o é somente na medida em que os meios de subsistência requeridos para a reprodução da capacidade de trabalho barateiam, e menos tempo de trabalho é requerido para sua reprodução. Já os antigos, ao fazer da divisão do trabalho em geral objeto de compreensão e reflexão, tinham em mente, ao contrário, exclusivamente o *valor de uso*. Os produtos dos ramos de produção singulares alcançam uma *qualidade melhor* em decorrência da divisão do trabalho, enquanto nos modernos domina o ponto de vista *quantitativo*. Portanto, os antigos consideram a divisão do trabalho não em relação à *mercadoria*, mas em relação ao *produto* como tal. Sua influência sobre a *mercadoria* é aquilo que interessa ao possuidor de mercadorias tornado capitalista; sua influência sobre o *produto* como tal se refere à divisão do trabalho somente na medida em que se trata da satisfação das necessidades humanas em geral, do valor de uso como tal. A concepção dos gregos tem sempre como seu fundo histórico o *Egito*, que valia para eles como modelo de país industrial, assim como antes a Holanda, depois a Inglaterra para os modernos. Por isso, neles a divisão do trabalho se encontra, como veremos a seguir, em relação com a divisão hereditária do trabalho e com o sistema de castas dela decorrente, como existia no Egito.

A. Smith continua a confundir mais ainda as duas formas de divisão do trabalho. Assim, diz ele em seguida, no mesmo livro I, cap. I. "Em cada ofício, a divisão do trabalho, tão longe quando possa ser levada, dá lugar a um crescimento proporcional das faculdades produtivas do trabalho. É essa vantagem que parece ter dado ensejo à separação dos diversos empregos e trabalhos. Também essa separação é, em geral, levada mais longe nos países que gozam do mais alto grau de melhoria e indústria; e aquilo que, numa sociedade ainda um pouco grosseira, é a obra de um único homem se torna, numa sociedade mais avançada, a ocupação de muitos".[575] [p. 15]. Na

---

[575] "Dans chaque art, la division du travail, aussi loin qu'elle y peut être portée, donne lieu à un accroissement proportionnel dans les facultés productives du travail. *C'est cet avantage qui paraît avoir donné naissance à la séparation des divers emplois et métiers.* Aussi cette séparation est en général poussée plus loin dans les pays qui jouissent du plus haut degré d'amélioration et d'industrie; et ce qui, dans une société encore un peu grossière, est l'ouvrage d'un seul homme, devient dans une société plus avancée, la besogne de plusieurs." Sublinhado por Marx. (Nota da edição original).

passagem onde enumera as vantagens da divisão do trabalho, A. Smith enfatiza expressamente como exclusivo o ponto de vista histórico *quantitativo*, isto é, a redução do tempo de trabalho necessário para a produção de uma mercadoria. "*Esse grande aumento na quantidade de trabalho que um mesmo número de mãos está em condições de fornecer*, em consequência da divisão do trabalho, é devido a três circunstâncias diferentes"[576] (livro I, cap. I, p. 18). E, segundo ele, essas vantagens consistem precisamente: (1) na *virtuosidade* que o trabalhador adquire em seu ramo unilateral de atividade. "Primeiramente, o crescimento da destreza do trabalhador aumenta necessariamente a *quantidade de trabalho* que ele pode fornecer, e a divisão do trabalho, ao *reduzir a tarefa de cada homem a alguma operação muito simples*, fazendo *dessa operação a única de sua vida*, faz com que ele adquira necessariamente uma grande destreza"[577] [p. 19] (Portanto, *rapidité des operations*[578].).

Segundo; a *economia de tempo*, que era perdido na passagem de um trabalho para outro. Para isso, são requeridos "*change de place*" e "*des outils différents*".[579] "Quando os dois trabalhos podem ser postos *no mesmo ateliê*, a perda de tempo é sem dúvida muito menor; com tudo isso, ela não deixa de ser considerável. De ordinário, um homem se entretém um pouco ao deixar uma tarefa para pôr as mãos em outra"[580] (p. 20-21).

Finalmente, A. Smith menciona "que é à divisão do trabalho que se deve a invenção de todas essas máquinas próprias a abreviar e facilitar o trabalho"[581] (p. 21-22). (especialmente por meio dos próprios trabalhadores, cuja *attention*[582] inteira está exclusivamente direcionada a um *objet*[583] simples). E a influência que

---

[576] "*Cette grande augmentation dans la quantité d'ouvrage qu'un même nombre de mains* [em Adam Smith, "de bras" – de braços] *est en état de fournir,* en conséquence de la division du travail, est due à trois circonstances différentes." Sublinhado por Marx. (Nota da edição original).

[577] "Premièrement, l'accroissement de dextérité dans l'ouvrier augmente nécessairement la *quantité d'ouvrage* qu'il peut fournir, et la division du travail, em *réduisant la tâche de chaque homme à quelque opération très simple,* et en faisant de *cette opération la seule opération* [em Smith, "la seule occupation" – a única ocupação] *de sa vie,* lui fait acquérir nécessairement une très grande dextérité." Sublinhado por Marx. (Nota da edição original).

[578] *Rapidez das operações.*

[579] "*mudança de lugar*" e "*instrumentos diferentes*".

[580] "Quand les deux métiers peuvent être établis *dans le même atelier,* la perte du temps est sans doute beaucoup plus moindre; avec tout cela, elle ne laisse pas d'être considérable. Ordinairement un homme muse un peu en quittant une besogne pour mettre la main à une autre." Sublinhado por Marx. (Nota da edição original)

[581] "que c'est à la division du travail qu'est originairement due l'invention de toutes ces machines propres à abréger et à faciliter le travail".

[582] Atenção.

[583] Objeto.

os *savants ou théoriciens*⁵⁸⁴ exerçam sobre a descoberta da maquinaria se deve ela mesma à divisão social do trabalho, por meio da qual "os conhecimentos filosóficos ou especulativos se tornam, como qualquer outro emprego, a principal ou a única ocupação de uma classe particular de cidadãos"⁵⁸⁵ (p. 24).

A. Smith observa que, se, por um lado, a divisão do trabalho é o produto, o resultado da diversidade natural das aptidões humanas, por outro lado ela é, em grau ainda mais alto, o resultado do desenvolvimento da divisão do trabalho. Aqui, ele segue seu mestre Ferguson.

"Na realidade, a diferença de talentos naturais entre indivíduos é bem menor do que cremos, e essas disposições tão diferentes, que parecem distinguir os homens de diversas profissões quando atingiram a maturidade, não são *de fato tanto a causa quanto o efeito* da divisão do trabalho... Cada um teria tido a mesma tarefa a cumprir (sem a divisão e a échange,⁵⁸⁶ que ele torna o *fundamento* da *division du travail*⁵⁸⁷) e o mesmo trabalho a fazer, e não haveria mesmo ocasião para essa grande diferença de ocupações, que, ela apenas, pode dar ensejo a uma grande diferença de talentos."⁵⁸⁸ [p.33-4] "Por natureza, um filósofo não é nem a metade tão diferente em talento e inteligência de um carregador, quanto um mastim de um galgo"⁵⁸⁹ (p. 35).

Smith explica a divisão do trabalho em geral a partir da "*disposição dos homens a traficar e trocar*", sem a qual "cada um teria sido obrigado a proporcionar a si mesmo todas as necessidades e comodidades da vida"⁵⁹⁰. (livro I, cap. II [p. 34]) Portanto, ele supõe a échange⁵⁹¹ para explicar a divisão do trabalho e supõe a divisão do trabalho para que haja algo para trocar.⁵⁹²

---

⁵⁸⁴ Sábios ou teóricos.

⁵⁸⁵ "les connaissances philosophiques ou spéculatives deviennent, comme tout autre emploi, la principale ou la seule occupation d'une classe particulière de citoyens.".

⁵⁸⁶ Troca.

⁵⁸⁷ Divisão do trabalho.

⁵⁸⁸ "Dans la réalité, la différence des talents naturels entre les individus est bien moindre que nous ne le croyons, et ces dispositions si différentes qui semblent distinguer les hommes des diverses professions, quand ils sont parvenus à la maturité de l'âge, n'est *point tant la cause que l'effet* de la division du travail... Chacun aurait eu la même tâche à remplir et le même ouvrage à faire, et il n'y aurait pas eu lieu à cette grande différence d'occupations, qui seule peut donner naissance à une grande différence de talents." Sublinhado por Marx. (Nota da edição original).

⁵⁸⁹ "Par nature, un philosophe n'est pas de moitié aussi différent d'un porte-faix, en talent et en intelligence, qu'un mâtin l'est d'un lévrier."

⁵⁹⁰ "*disposition des hommes à trafiquer et à échanger*", sem a qual "chacun aurait été obligé de se procurer à soi-même toutes les nécessités et commodités de la vie". Sublinhado por Marx. (Nota da edição original)

⁵⁹¹ Troca

⁵⁹² In order that there be something to exchange

A divisão do trabalho primitiva antecede as échanges e essas échanges dos produtos como mercadorias se desenvolvem somente *entre diferentes comunidades, não no interior da mesma comunidade.* (Ela repousa, em parte, não apenas nas diferenças primitivas dos próprios homens, mas nas diferenças naturais, nos elementos naturais da produção que se encontram nessas diferentes comunidades.) O desenvolvimento do produto em mercadoria e a troca de mercadorias certamente atua retroativamente na divisão do trabalho, de modo que as échanges e a *division* entrem em relação de interação.

O mérito principal de Smith na divisão do trabalho é que ele a enfatiza e coloca em primeiro lugar, diretamente de fato, como força produtiva do trabalho (isto é, do capital.) Em sua concepção, ela depende do estágio de desenvolvimento da *manufatura* de então, que ainda é bastante distinto da fábrica moderna. Donde também a relativa preponderância que é concedida à divisão do trabalho sobre a maquinaria, que ainda aparece apenas como seu apêndice.

Em toda a seção sobre a divisão do trabalho, A. Smith segue essencialmente, até mesmo copiando-o com frequência, seu mestre *Adam Ferguson* (*Essai sur l'histoire de la société civile*, traduction para M. Bergier. Paris, 1783). Numa circunstância de barbárie, o homem ama o ócio: "é talvez porque sua indústria seja desencorajada pela diversidade de suas necessidades ou porque sua atenção muito dividida não possa bastar para adquirir a habilidade em nenhuma espécie de trabalho"[593] (t. II, p. 128). Sob as circunstâncias diferentes que gradualmente, "sem desígnio premeditado de sua parte"[594], levam os homens a isso, "a subdividir suas profissões",[595] F[erguson] aduz ainda "a esperança de trocar uma coisa por outra"[596] como único fundamento, mas não tão unilateralmente quanto Smith. Além disso: "Todo artista experimenta que, quanto mais ele pode estreitar sua atenção e limitá-la a uma parte de alguma obra, mais seu trabalho é perfeito e mais *ele aumenta a quantidade de seus produtos*. Todo empresário de manufatura percebe que suas despesas diminuem e que seus lucros crescem na medida em que ele subdivide as tarefas de seus operários e que *emprega um número maior de mãos em cada um dos detalhes da obra...* o avanço do comércio é apenas uma subdivisão

---

[593] "c'est peut-être que son industrie est découragée par la diversité de ses besoins ou que son attention trop partagée ne peut suffire pour acquérir de l'habileté dans aucune espèce de travail."

[594] "sans dessein prémedité de leur part".

[595] "à subdiviser leurs professions".

[596] "*l'espérance d'échanger une chose* pour une autre".

continuada das artes mecânicas"⁵⁹⁷ (p. 129). A. Smith supõe a invenção das máquinas originalmente pelos trabalhadores que, em decorrência da divisão do trabalho, "quando a atenção de um homem é totalmente dirigida a um objeto"⁵⁹⁸ e é ocupada por um único objeto, descobrem "todas essas máquinas próprias a abreviar e facilitar o trabalho"⁵⁹⁹ (livro I, cap. I, [p. 22]). A. Ferguson diz: "os métodos, os meios, os procedimentos[...] que o artesão, atento ao seu próprio negócio, inventou para abreviar ou facilitar seu trabalho particular"⁶⁰⁰ (p. 133). A. Smith diz, "no avanço da sociedade, os conhecimentos filosóficos ou especulativos se tornam, como qualquer outro emprego, a principal ou a única ocupação de uma classe particular de cidadãos."⁶⁰¹ (livro I, cap. I, [p. 23-24]) A. Ferguson: "Esse método que produz tão grandes vantagens no que respeita à indústria, aplica-se com igual sucesso aos objetos de importância mais alta, aos diversos departamentos da administração pública e da guerra... *num período em que tudo é separado*, ele mesmo pode constituir um ofício particular"⁶⁰² (p. 131, 136) e ressalta especialmente a preocupação da ciência com a prática industrial, como A. Smith (p. 136).

O que o distingue de A. Smith é que ele desenvolve os aspectos negativos da divisão do trabalho de modo mais preciso e enfático (também nele a *qualidade* da mercadoria ainda desempenha um papel que A. Smith, corretamente do ponto de vista do capital, deixa de lado como mero acidente). "Caberia mesmo duvidar se a capacidade geral de uma nação cresce em proporção com o progresso das artes. Muitas artes mecânicas não exigem nenhuma capacidade; elas são perfeitamente bem-sucedidas quando

---

⁵⁹⁷ "L'artiste éprouve que plus il peut resserrer son attention, et la borner à une partie de quelque ouvrage, plus son travail est parfait, et plus *il augmente la quantité de ses productions*. Tout entrepreneur de manuacutre s'aperçoit que ses frais diminuent, et que ses profits croissent à mesure qu'il subdivise les tâches de ses ouvriers, et qu'il *emploie um plus grand nombre de mains à chacun des détails de l'ouvrage... la progression du commerce n'est qu'une subdivision continuée des arts méchaniques.*" Sublinhado por Marx, que cita Ferguson a partir da edição francesa. Essa passagem também é citada por Dugald Stewart, *op. cit.*, p. 329-30. (Nota da edição original).

⁵⁹⁸ "quand l'attention d'un homme est toute dirigée vers un objet".

⁵⁹⁹ "toutes ces machines propres à abréger et à faciliter le travail".

⁶⁰⁰ "les méthodes, les moyens, les procédés... que l'artisan attentif à sa propre affaire, a inventés pour abréger ou faciliter son travail particulier."

⁶⁰¹ "dans l'avancement de la société, les connaissances philosophiques ou spéculatives deviennent, comme tout autre emploi, la principale ou la seule occupation d'une classe particulière de citoyens."

⁶⁰² "Cette méthode qui produit de si grands avantages dans ce qui regarde l'industrie, s'applique avec un égal succès, aux objets d'une plus haute importance, aux divers départements de la police et de la guerre... *dans un période ou tout est séparé*, peut lui-même former um métier particulier" Sublinhado por Marx. (Nota da edição original).

totalmente destituídas da ajuda da razão e do sentimento; e a ignorância é a mãe da indústria tanto quanto da superstição. A reflexão e a imaginação podem se extraviar; mas o hábito de mover o pé ou a mão não depende nem de uma nem de outra. Assim, poder-se-ia dizer que a perfeição, em relação às manufaturas, consiste em poder parar de pensar *de modo que, sem esforço da mente, o ateliê pudesse ser considerado como uma máquina cujas partes são os homens*"[603] (p. 134-135). Nesse autor encontra-se *o conceito de manufatura* em maior importância do que em Smith. Além disso, ele ressalta a relação modificada que aparece entre *manufacturier* e *ouvrier*[604] em decorrência da divisão do trabalho. "Em matéria da indústria mesma, o fabricante pode ter o espírito cultivado, enquanto que aquele do operário subalterno permanece sem cultura[...]. O general pode ser muito hábil na arte da guerra, enquanto todo o mérito do soldado se limita a executar alguns movimentos de pé e mão. *Um pode ganhar aquilo que o outro perdeu!*"[605] (p. 135-136) Aquilo que ele observa do general em relação com os soldados comuns vale para o capitalista ou seu gerente em relação ao exército de trabalhadores. A inteligência e o desenvolvimento autônomo que foram empregados em pequena escala no trabalho independente são então empregados em grande escala por todo o ateliê e monopolizados pelo *chef*,[606] deles privando, com isso, os trabalhadores. "Ele pratica em grande escala estratagemas e todos os meios de ataque e de defesa que o selvagem emprega à frente de uma pequena tropa; ou apenas para sua própria conservação."[607] (p. 136) Por isso, F[erguson] também trata

---

[603] "Il y aurait même lieu de douter si la capacité générale d'une nation crôit en proportion du progrès des arts. Plusieurs arts méchaniques n'exigent aucune capacité; ils réussissent parfaitement, lorsqu'ils sont totalement destitués des secours de la raison et du sentiment; et l'ignorance est la mère de l'industrie, aussi bien que de la superstition. La réflexion et l'imagination sont sujets à s'égarer; mais l'habitude de mouvoir le pied ou la main ne dépend ni de l'une ni de l'autre. Ainsi, on pourrait dire que la perfeciton, à l'egard des manufactures, consiste à pouvoir se passer de l'esprit (e especialmente, o que é importante em relação ao ateliê) *de manière que, sans effort de tête, l'atelier puisse être considéré comme une machine dont les parties sont des hommes.*" Sublinhado por Marx. Cf. Stewart, *op. cit.*, p. 330. (Nota da edição original).

[604] Fabricante e operário.

[605] "En fait d'industrie même, le manufacturier peut avoir l'esprit cultivé, tandis que celui de l'ouvrier subalterne reste en friche. ... L'officier général peut être très habile dans l'art de la guerre, tandis que tout le mérite du soldat se borne à exécuter quelques mouvements du pied et de la main. *L'un peut avoir gagné ce que l'autre a perdu!*". Sublinhado por Marx. (Nota da edição original).

[606] Chefe.

[607] "il pratique en grand ruses et tous les moyens d'attaque et de défense que le sauvage emploi à la tête d'une petite troupe; ou seulement pour sa propre conservation."

explicitamente da "*subordinação*" como consequência "da separação das artes e das profissões"⁶⁰⁸ (*loc. cit.*, p. 138). Aqui a *oposição de capital* etc.

Com relação à totalidade das nações, ele diz: "As nações voltadas para a indústria chegaram ao ponto de ser compostas por membros que, excetuado seu trabalho, são da maior ignorância sobre todas as coisas da vida"⁶⁰⁹ (p. 130). "Somos nações inteiras de ilotas, e não temos em absoluto cidadãos livres"⁶¹⁰ (p. 144, *loc. cit.*). Isso contrasta com a Antiguidade clássica, onde, no entanto, ele ao mesmo tempo ressalta que a escravidão era a base do desenvolvimento mais completo e total dos homens livres. (Ver o *francês*, que posteriormente revestiu com retórica toda essa coisa fergusoniana, porém com inteligência.⁶¹¹)

Portanto, ao se tomar Ferguson, mestre direto de Smith, e Petty, cujo exemplo do relógio ele substituiu pelo da fábrica de alfinetes, então sua originalidade consiste apenas na *exaltação* da divisão do trabalho *e na sua consideração unilateral (portanto, economicamente correta) como meio de aumento da força produtiva do trabalho.*

Em *A. Potter: "Political Economy."* New York, *1841* (Parte II, quase apenas *reprint of*⁶¹² *Scrope's Political Economy. London, 1833*), lê-se:

"O primeiro aspecto essencial em relação à produção é o trabalho. Para desempenhar de modo eficiente sua função nessa grande atividade, o trabalho de indivíduos deve ser *combinado*; em outras palavras, o trabalho requerido para produzir certos resultados deve ser *distribuído* entre vários indivíduos, e esses indivíduos devem, assim, estar em condições de cooperar"⁶¹³ (p. 76, Scrope). Potter observa, Nota, *loc. cit.*: "O princípio aqui referido é geralmente chamado de *divisão do trabalho*. A expressão é questionável, já que a ideia fundamental é aquela de *concerto* e *cooperação*, não de *divisão*. O termo de divisão se aplica apenas ao *processo*; sendo ele *subdividido em várias operações*

---

⁶⁰⁸ "*subordination*" como conseqüência "da séparation des arts et des professions".

⁶⁰⁹ "Des nations vouées à l'industrie en viennent au point d'être composées des membres qui, excepté leur métier, sont de la plus grande ignorance sur toutes les choses de la vie."

⁶¹⁰ "nous sommes des nations entières d'Ilotes, et nous n'avons point de citoyens libres."

⁶¹¹ Marx se refere ao prefácio de Bergier, que traduziu o livro de Ferguson para o francês. (Nota da edição original).

⁶¹² Reimpressão de.

⁶¹³ "The first essential towards production is labour. To play its part efficiently in this great business, the labour of individuals must be *combined*; or, in other words, the labour required for producing certain results must be *distributed* among several individuals, and those individuals thus be enabled to cooperate."Sublinhado por Marx. Esta citação e a seguinte foram extraídos do *Caderno VII*, Londres, 1859-1862, p. 109. A citação também se encontra no *Citatenheft*, p. 16. (Nota da edição original).

e sendo elas *distribuídas* ou *parceladas entre um número de operadores*. É, assim, a *combinação de trabalhadores* efetuada por meio da *subdivisão de processos*".⁶¹⁴ É isto: *combination of labour*.⁶¹⁵

O livro de Ferguson se chama: "Essay on the History of Civil Society".

Dugald Stewart, collected works, ed. by Sir W. Hamilton, Edinburgh. Cito o volume VIII das obras completas, que é o volume I (1855) das "*Lectures on Political Economy*".

A respeito do modo como a divisão do trabalho aumenta a produtividade do trabalho entre outros, ele diz:

"Os efeitos da divisão do trabalho e do uso de máquinas[...] ambos têm seu valor derivado da mesma circunstância, sua tendência a *capacitar um homem a realizar o trabalho de muitos.*" "Ela também produz uma *economia de tempo*, separando o trabalho em diferentes ramos, cada um deles *podendo ser executado ao mesmo tempo*[...] *conduzindo de uma vez só todos os diferentes processos* que um indivíduo deveria executar em separado, torna-se possível produzir uma enorme quantidade, por exemplo, de alfinetes, *completamente* acabados ao mesmo tempo em que um único alfinete seria cortado ou afiado"⁶¹⁶ (p. 319).

Essa é não é mais do que a observação *2)* de A. Smith, segundo a qual, na passagem de uma operação para outra, o trabalhador que percorre o circuito de diferente operações perde tempo.

As diferentes operações que o trabalhador realiza sucessivamente, na empresa patriarcal ou artesanal, para a produção de sua obra, que se entrelaçam como diferentes modos de sua atuação e se alternam no tempo – as diferentes fases que seu trabalho percorre e nas quais varia – são separadas,

---

[614] "The principle here referred to is usually called the *division of labour*. The phrase is objectionable, since the fundamental idea is that of *concert* and *cooperation*, not of *division*. The term of division applies only to the *process*; this being *subdivided into several operations*, and these being *distributed* or *parceled out among a number of operatives*. It is thus a *combination of labourers* effected through *a subdivision of processes.*" Sublinhado por Marx. (Nota da edição original).

[615] Combinação de trabalho.

[616] "The effects of the division of labour, and of the use of machines... both derive their value from the same circumstance, their tendency, to *enable one man to perform the work of many.*" (p. 317) "It produces also an *economy of time*, by separating the work into its different branches, all *of which may be carried into execution at the same moment... by carrying on all the different processes at once,* which an individual must have executed separately, it becomes possible to produce a multitude of pins f. i. *completely* finished in the same time as a single pin might have been either cut or pointed." Sublinhado por Marx, extraído do *Caderno VII*, Londres, 1859-1862, p. 109. A última parte da citação também se encontra no *Citatenheft*, p. 16. (Nota da edição original).

isoladas umas das outras como operações ou processos autônomos. Essa autonomia é consolidada, personificada na medida em que cada um de tais processos simples e monofásicos se torna função exclusiva de determinado trabalhador ou de determinado número de trabalhadores. Eles são submetidos a essas funções isoladas. O trabalho não se divide entre elas; elas são divididas entre os diversos processos, dos quais cada um se torna seu processo vital exclusivo – na medida em que eles atuam como capacidade de trabalho produtiva. A produtividade aumentada e a complexidade do processo de produção completo, seu enriquecimento, são obtidos, portanto, pela redução da capacidade de trabalho em cada função particular a uma mera abstração árida – uma propriedade simples que aparece na eterna monotonia da mesma ação e para a qual são confiscadas a capacidade de trabalho completa do trabalhador, a multiplicidade de suas habilidades. Os processos assim separados, realizados como funções desses autômatos vivos, permitem combinação, justamente por meio de sua separação e autonomia, de modo que esses processos distintos podem ser realizados *simultaneamente* no mesmo ateliê. A divisão e a combinação se condicionam reciprocamente. O processo de produção completo de uma mercadoria aparece agora como uma operação composta, um complexo de muitas operações que se completam independentemente umas das outras e podem ser realizadas *simultaneamente* umas ao lado das outras. A conclusão dos diversos processos é deslocada do futuro para o presente, pelo que a mercadoria, se de um lado é iniciada, do outro lado está pronta. Ao mesmo tempo, na medida em que essas diversas operações são realizadas com virtuosismo porque são reduzidas a funções simples, a essa *simultaneidade* – que é em geral própria da cooperação – se acrescenta a *redução do tempo de trabalho*, que é obtida em cada uma das funções simultâneas, que se completam e se combinam no todo; de modo que, num dado tempo, não apenas são *acabadas* mais mercadorias, mais *mercadorias prontas*, mas são fornecidas *mais* mercadorias prontas em geral. Por meio dessa combinação, o ateliê se torna um mecanismo do qual os trabalhadores individuais constituem as diversas engrenagens.

A combinação, no entanto – a cooperação, como ela aparece na divisão do trabalho, não mais como coexistência das mesmas funções ou sua divisão temporária, mas como particularização de uma totalidade de funções em seus componentes e reunião desses diversos componentes – existe agora duplamente: na medida em que o processo de produção mesmo é considerado no conjunto do ateliê, que, como tal mecanismo completo (embora, em verdade, ele seja apenas a existência da cooperação do trabalhador, seu comportamento social no processo de produção), defronta-os como uma potência exterior que os domina e envolve, em verdade, como a potência e uma forma de existência do capital mesmo, sob o qual eles são subsumidos individualmente e ao qual pertence sua relação de produção social. Por outro lado, no produto acabado, que é novamente mercadoria pertencente ao capitalista.

Para o trabalhador mesmo, não ocorre nenhuma combinação de atividades. A combinação é antes de funções unilaterais, sob as quais cada trabalhador ou um número de trabalhadores é subsumido em grupos. Sua função é parte unilateral, abstrata. O todo que se estabelece se baseia precisamente nessas *meras existências parciais* e no isolamento em funções individuais. Portanto, é uma combinação da qual ele constitui uma parte, uma combinação que repousa no fato de que seu trabalho não é combinado. *Os trabalhadores constituem os elementos dessa combinação.* Porém, a combinação não é uma relação que pertence a eles e está subsumida a eles quando reunidos. Isso ainda a propósito das belas frases do Sr. Potter sobre combinação e concerto em oposição a divisão.

O modo de produção capitalista já se apropriou aqui do trabalho e o modificou na substância. Não é mais a mera subsunção *formal* do trabalhador sob o capital; isto é, que ele trabalhe para outrem, sob comando estranho e supervisão estranha. Também não é mais meramente como na cooperação simples: sua colaboração simultânea com muitos, com os quais ele realiza *o mesmo* trabalho simultaneamente, o que deixa seu trabalho inalterado e cria apenas uma coesão temporária, uma coexistência que pode se dissolver facilmente conforme a natureza da coisa e, na maioria dos casos de cooperação simples, ocorre apenas em períodos particulares, temporários, excepcionalmente como em colheitas, construção de estradas, etc. ou como na manufatura em sua forma mais simples (onde o principal é a exploração simultânea de muitos trabalhadores e a economia em *capital fixe*,[617] etc.), o que faz com que constitua apenas formalmente parte do todo, cujo chefe é o capitalista, um todo onde, porém, ele não é afetado – *qua*[618] produtor – além do fato de que, ao lado dele, muitos outros fazem o mesmo, também fazem botas, etc. Por meio da transformação de sua capacidade de trabalho na mera função de uma parte do mecanismo completo, cujo todo constitui o ateliê, ele deixou em geral de ser produtor de uma mercadoria. Ele é apenas produtor de uma operação unilateral que só produz algo em geral em conexão com o todo do mecanismo que constitui o ateliê. Portanto, ele se tornou um

---

[617] Capital fixo.
[618] Enquanto.

componente vivo do ateliê e, por meio do modo de seu trabalho mesmo, um acessório do capital, uma vez que sua habilidade só pode ser exercida num ateliê, somente como elo de um mecanismo que é a existência do capital a ele contraposta. Originalmente, em lugar da mercadoria, ele tinha de vender ao capitalista o trabalho que produz a mercadoria, uma vez que faltavam a ele as condições objetivas para a realização de sua capacidade de trabalho. Agora ele deve vendê-la porque sua capacidade de trabalho só é capacidade de trabalho na medida em que é vendida ao capital. Portanto, agora ele não é mais subsumido sob a produção capitalista apenas pela falta dos meios de trabalho, mas por meio de sua própria capacidade de trabalho; pelo modo de seu trabalho, ele submete-se ao capital, em cujas mãos não se encontram mais apenas as condições objetivas, mas as condições sociais do trabalho subjetivo sob as quais seu trabalho em geral ainda é trabalho.

O aumento da força produtiva que decorre da divisão do trabalho – desse modo de existência social do trabalho – não é apenas, portanto, força produtiva do capital em lugar de ser força produtiva do trabalhador. A *forma social* desses trabalhos combinados é a existência do capital contra o trabalhador; a combinação se opõe a ele como um destino superior ao qual ele se submete pela redução de sua capacidade de trabalho a uma função totalmente unilateral, que em nada é separada do mecanismo completo e que, com isso, depende totalmente dele. Ele próprio se tornou um mero detalhe.

Dugald Stewart (*loc. cit.*) chama aqueles submetidos à divisão do trabalho de "autômatos vivos... empregados nos detalhes do trabalho", enquanto o "empregador estará sempre ocupado em economizar tempo e trabalho"[619] (p. 318).

Sobre a divisão do trabalho no interior da sociedade, Dugald Stewart cita as máximas dos antigos a respeito. "Somos tudo e nada." "Em tudo, alguma coisa; no todo, nada."[620] "Ele compreendia muitas obras, mas compreendia todas mal."[621] (Do *Margites*, citado no Segundo Alcibíades, um dos diálogos apócrifos de Platão.[622])

---

[619] "living automatons... employed in the details of the work", enquanto o "employer will be always on the stretch to economize time and labour".

[620] "Cuncta nihilque sumus." "In omnibus aliquid, in toto nihil."

[621] "πολλ' ἠπίστατο ἔργα, κακῶς δ' ἠπίστατο πάντα." Marx cita a partir de uma observação do editor de Stewart, Hamilton, *op. cit.*, p. 311. Os versos retirados do *Margites*, poema satírico atribuído a Homero, foram citados por Platão, *Alcibíades II*, 147b. (Nota da edição original).

[622] one of the spurious dialogues of Plato.

Assim, na Odisseia, 14, 228: "Pois mais de um homem encontra prazer em outros trabalhos",[623] e Sexto Empírico, de Arquíloco: "Todo homem se reconforta em outro trabalho".[624]

Tucídides faz Péricles confrontar os atenienses com os espartanos agricultores, onde não há nenhuma mediação do consumo pela troca de mercadorias, portanto, também não ocorre nenhuma divisão do trabalho, como "αὐτουργοί"[625] (que trabalham não para a aquisição, mas para a subsistência). No mesmo discurso (Tuc. 1ivro I. cap. 142), Péricles diz a propósito da navegação:

"τὸ δὲ ναυτικὸν τέκνης ἐστὶν (porém, a navegação requer capacidade técnica), ὥσπερ καὶ ἄλλο τι, (tanto quanto qualquer outra coisa), καὶ οὐκ ἐνδέχεται, ὅταν τύχῃ, ἐκ παρέργου μελετᾶσθαι (e não pode ser exercitada como trabalho secundário em casos que eventualmente ocorrem), ἀλλὰ μᾶλλον μηδὲν ἐκείνῳ πάρεργον ἄλλο γίγνεσθαι." (mas antes, nada se pode praticar junto com ela, como atividade secundária.)[626]

Passaremos a seguir a Platão, embora seu lugar seja antes de *Xenofonte*. Xenofonte, que em geral tem muito do instinto burguês e, por isso, lembra com frequência tanto a moral quanto a economia burguesa, interessa-se mais do que Platão pela divisão do trabalho, enquanto ela se realiza não apenas no todo, mas também no ateliê singular. Assim, sua exposição a seguir é interessante, porque ele (1) demonstra a independência da divisão do trabalho em relação ao *tamanho do mercado*; (2) não apenas divisão das atividades, como em Platão. Porém, ele enfatiza a redução do trabalho a trabalho simples por meio da divisão do trabalho e como a virtuosidade é mais fácil de obter com ela. Embora se aproxime muito mais da concepção moderna, há nele o que é característico dos antigos. Trata-se apenas do *valor de uso*, da melhoria da *qualidade*. A redução do tempo de trabalho não lhe interessa, tampouco a Platão, mesmo no único trecho em que este último ressalta, excepcionalmente de passagem, que *mais* valores de uso são fornecidos. Mesmo aqui se trata apenas de mais *valores de uso*; não do efeito da divisão do trabalho no produto como *mercadoria*.

---

[623] "ἄλλος γάρ τ' ἄλλοισιν ἀνὴρ ἐπιτέρπεται ἔργοις".

[624] "ἄλλος ἄλλῳ ἐπ' ἔργῳ καρδίην ἰαίνεται". Marx cita essa sentença de Arquíloco segundo Sexto Empírico, *Adversus mathematicos*, II, 44. (Nota da edição original).

[625] que trabalham para si mesmos.

[626] Extraído da página 172, *Caderno VII*, Londres, 1859-1862, onde Marx assinalou "pertencente à *divisão do trabalho*". (Nota da edição original).

Xenofonte narra como o envio de iguarias da mesa do rei persa agradava aos amigos, não apenas por causa da honra (mas porque as iguarias eram mais saborosas).

"Porém, em verdade, aquilo que provém da mesa do rei também proporciona um prazer gastronômico muito maior. E isso não é para maravilhar; pois, assim como as outras artes são particularmente desenvolvidas nas grandes cidades, também as iguarias reais são preparadas de modo totalmente especial. Pois, nas pequenas cidades, o mesmo indivíduo faz estrados, porta, arado, mesa; (frequentemente, ele ainda constrói, além disso, casas e se contenta com encontrar clientela suficiente para seu sustento. *É simplesmente impossível que um homem que faz tantas coisas faça tudo isso bem;*) porém, nas grandes cidades, *onde cada um encontra muitos compradores, um trabalho manual basta para alimentar seu homem. Às vezes basta para isso um trabalho que nem mesmo é um trabalho inteiro*, mas um faz sapatos masculinos, o outro sapatos femininos. Aqui e ali, um vive apenas de costurar solas, outro de cortá-las; um terceiro corta apenas o cabedal, outro, finalmente, nada faz de similar, mas junta as peças. *É necessário, então, que aquele que realiza o trabalho mais simples também o faça absolutamente da melhor forma.* O mesmo ocorre com a culinária. Pois aquele para quem o mesmo homem dispõe os assentos, prepara a mesa, amassa o pão, prepara ora este prato, ora aquele, penso que ele deve aceitá-lo assim, exatamente como lhe é oferecido. Porém, onde há trabalho bastante para um homem cozinhar a carne, outro assá-la, um terceiro cozinhar o peixe, um quarto assá-lo, outro ainda preparar confeitados, e, de fato, não todos os gêneros, mas basta que, se ele produz um gênero preferido, então penso que deve tê-lo aperfeiçoado muito particularmente. Com esse modo de preparar suas refeições, ele ultrapassou a todos em muito." (Com essa preparação, as iguarias da mesa de Ciro eram superiores a todas as outras.)[627] (*Xenofonte, Cirop.*, ed E. Poppo. Lipsiae, 1821. Livro VIIIm, cap. II).

---

[627] "ἀλλὰ τῷ ὄντι καὶ ἡδονῇ πολὺ διαφέρει τὰ ἀπὸ τῆς βασιλέως τραπέζης. καὶ τοῦτο μέντοι οὕτως ἔχειν οὐδέν τι θαυμαστόν· ὥσπερ γὰρ ἄλλαι τέχναι διαφερόντως ἐν ταῖς μεγάλαις πόλεδιν ἐξείργασμέναι εἰδὶ (nas grandes cidades, são aperfeiçoados a um grau excelente), κατὰ τὸν αὐτὸν τρόπον καὶ τὰ παρὰ βασιλεῖ σῖτα πολὺ διαφερόντως ἐκπεπόνηται. Ἐν μὲν γὰρ ταῖς μικραῖς πόλεσιν οἱ αὐτοὶ ποιοῦσι κλίνην (ele mesmo fazia estrados de camas), θύραν, (portas) ἄροτρον, (arados) τράπεζαν·(πολλάκις δ' ὁ αὐτὸς οὗτος καὶ οἰκοδομεῖ, (constrói casas) καὶ ἀγαπᾷ ἢν καὶ οὕτως ἱκανοὺς αὐτὸν ἐργοδότας (ἐργοδότης empregador, que contrata o trabalho) λαμβάνῃ· ἀδύνατον οὖν πολλὰ τεχνώμενον ἄνθρωπον πάντα καλῶς (bom) ποιεῖν·) ἐν δὲ ταῖς μεγάλαις πόλεσι, διὰ τὸ πολλοὺς ἑκάστου δεῖσθαι, ἀρκεῖ καὶ μία ἑκάστῳ τέχνῃ εἰς τὸ τρέφεσθαι· (onde há muitos compradores para cada indivíduo (onde muitos precisam

O debate de Platão na República constitui a base direta e ponto de partida para uma parte dos escritores ingleses que, depois de Petty e antes de A. Smith, escreveram sobre a divisão do trabalho. Veja-se, por exemplo, *James Harris* (mais tarde, Conde de Malmesbury): *Three Treatises*, etc., 3. ed. Lond., 1772, o 3º Tratado, onde, porém, a *division of employments*[628] é apresentada como base natural da *society*[629], p. 148-155, nas quais ele mesmo afirma, numa nota, que retirou o *whole argument*[630] de Platão.

No 2º livro da República (citada de acordo com a *edição de Baiter, Orelli etc. Zurique, 1839*), Platão inicia com a origem da πόλις [631] (cidade e Estado coincidem aqui).

"Γίγνεται τοίνυν... πόλις... ἐπειδὴ τυγχάνει ἡμῶν ἕκαστος οὐκ αὐτάρκης, ἀλλὰ πολλῶν ἐνδεής."[632]

A cidade nasce a partir do momento em que o indivíduo não é mais autônomo, mas necessita de muitas coisas. "Porém, ela (isto é, o Estado) é criada por nossa necessidade."[633] A necessidade funda o Estado. Então, são enumeradas primeiramente as necessidades mais imediatas, alimentação, habitação, vestuário. "A primeira e mais importante necessidade, no entanto, é aquela de prover alimento para podermos existir e viver...

---

de cada um), uma arte basta a cada indivíduo para alimentá-lo (uma arte singular também alimenta seu homem.)) πολλάκις δὲ οὐδ' ὅλη μία (nem mesmo uma inteira), ἀλλ' ὑποδήματα ποιεῖ ὁ μὲν ἀνδρεῖα (sapatos masculinos), ὁ δὲ γυναικεῖα (sapatos femininos). Ἔστι δὲ ἔνθα καὶ ὑποδήματα ὁ μέν νευρορραφῶν (costura de sapatos) μόνον τρέφεται, ὁ δὲ, δχίζων· (corte), ὁ δὲ, χιτῶνας (vestimentas) μόνον συντέμνων (corte), ὁ δέ γε, τούτων οὐδὲν ποιῶν, ἀλλὰ συντιθεὶς ταῦτα. (ajuntá-los.) Ἀνάγκη οὖν, τὸν ἐν βραχυτάτῳ διατρίβοντα ἔργῳ (aquele que realiza o trabalho mais simples), τοῦτον καὶ ἄριστα διηναγκάσθαι τοῦτο ποιεῖν. (he must needs do the things best. ser constrangido a fornecê-la da melhor forma possível.) Τὸ αὐτὸ δὲ τοῦτο πέπονθε καὶ τὰ ἀμφὶ τὴν δίαιταν. (O mesmo ocorre com a culinária.) Οἱ μὲν γὰρ ὁ αὐτὸς κλίνην στρώννυσι (dispõe os assentos), τράπεζαν κοσμεῖ, (prepara a mesa), μάττει (amassar o pão), ὄψα ἄλλοτε ἀλλοῖα ποιεῖ, (prepara ora este prato, ora aquele) ἀνάγκῃ, οἶμαι, τούτῳ, ὡς ἂν ἕκαστον προχωρῇ, (como cada um vem) (exatamente como vem) οὕτως ἔχειν· (porque assim se deve tê-lo, aceitar assim, exatamente como vem.) ὅπου δὲ ἱκανὸν ἔργον ἑνὶ ἕψειν κρέα, (cozinhar a carne) ἄλλῳ ὀπτᾶν (assar), ἄλλῳ δὲ ἰχθὺν, ἄλλῳ ὀπτᾶν, ἄλλῳ ἄρτους ποιεῖν (preparar o pão), καὶ μηδὲ τούτους παντοδαπούς, ἀλλὰ ἀρκεῖ, ἂν ἓν εἶδος εὐδοκιμοῦν (um gênero favorito) παράσχῃ, ἀνάγκη, οἶμαι, ταῦτα οὕτω ποιούμενα πολὺ διαφερόντως ἐξειργάσθαι ἕκαστον. Τῇ μὲν δὴ τῶν δίτων θεραπείᾳ τοιαῦτα ποιῶν πολὺ ὑπερέβαλλετο παντας." Extraído do *Caderno VIII*, Londres, 1859-62, p. 175. Cf. Dugald Stewart, *op. cit.*, p. 311-12. (Nota da edição original).

[628] Divisão dos empregos.

[629] Sociedade.

[630] Argumento inteiro.

[631] *Polis*.

[632] República, II, 369 c. A tradução é fornecida por Marx na frase seguinte. (N.T.)

[633] "ποιήσει δὲ αὐτὴν (isto é, πόλιν)... ἡ ἡμετέρα χρεία." O parêntese é de Marx.

a segunda a moradia, a terceira, o vestuário e similares."[634] Como então deve a πόλις satisfazer essas diversas necessidades? Um se torna agricultor, outro, contrutor, o outro, tecelão, sapateiro, etc. Deve cada um dividir seu tempo de trabalho e, numa parte dele, cultivar o chão, em outra, construir, na 3ª, tecer, etc., para satisfazer ele mesmo as suas diversas necessidades, ou deve ele empregar todo o seu tempo de trabalho exclusivamente numa única ocupação, de modo que, por exemplo, ele produza cereais, teça, etc. não somente para si, mas também para os outros? A última é melhor. Pois, primeiramente, os homens diferem por suas aptidões naturais, que os capacitam para a realização de trabalhos distintos. (A diversidade das necessidades corresponde a uma diversidade de aptidões dos indivíduos para realizar diversos trabalhos necessários à satisfação dessas necessidades.) Alguém que exerce apenas um único ofício o realiza melhor do que alguém que se dedica a vários. Se algo é realizado apenas como trabalho secundário, então frequentemente se perde o momento apropriado de sua produção. O trabalho não pode atender ao conforto daquele que deve realizá-lo, mas antes aquele que realiza o trabalho deve se ajustar às condições de sua produção, etc., por isso, não pode se dedicar a ele como trabalho secundário. Com isso, se alguém realiza exclusivamente um único trabalho (conforme a natureza da coisa e no tempo certo) e, ao contrário, não se ocupa de outro, então tudo é produzido em maior quantidade, melhor e mais facilmente.

O ponto de vista principal é o *melhor*: a qualidade. Somente na passagem citada a seguir aparece o termo "mais" (πλείω); fora isso, tem-se sempre "melhor" (κάλλιον).

"[Sócrates:] Como o estado cuidará disso tudo suficientemente? Não seria necessário que um homem trabalhe a terra, outro construa casas, um terceiro teça, etc.?... Não deve então cada indivíduo fazer seu trabalho *para toda a comunidade*? Por exemplo, o agricultor, como indivíduo, produzir alimento para quatro pessoas, portanto, empregar o tempo quadruplicado e o trabalho para a produção de alimento e, depois, dividir com os outros? Ou ele não deve se preocupar com isso e produzir apenas para si esse alimento, num quarto do tempo, mas nos três quartos restantes, ocupar-se em parte com a construção, em parte com a produção de vestuário, em parte com a sapataria e não se incomodar com o intercâmbio com outros, mas produzir ele mesmo tudo de que necessita com suas próprias mãos?

---

[634] "Ἀλλὰ μὴν πρώτη γε καὶ μγίστη τῶν χρειῶν ἡ τῆς τροφῆς παρασκευὴ τοῦ εἶναί τε καὶ ζῆν ἕνεκα... Δευτέρα δὴ οἰκήσεως, τρίτη δ' ἐσθῆτος καὶ τῶν τοιούτων." *Op. cit.*, 369 d.

[Adimanto:]... O primeiro meio é mais cômodo que o segundo.

[Sócrates:]... Primeiramente, os homens não são em absoluto iguais uns aos outros; diferem segundo suas aptidões, de modo que um é mais qualificado para esta, outro mais para aquela atividade[...] Um indivíduo trabalha melhor quando ele exerce várias atividades ou quando se dedica apenas a uma?

[Adimanto:] Quando... se dedica apenas a uma.

[Sócrates:]... Quando se perde o momento crítico da produção, o trabalho é perdido... Pois o trabalho... não quer esperar pelo tempo livre do trabalhador que o faz, mas o trabalhador deve se ajustar ao trabalho, não como se fosse um trabalho secundário.

[Adimanto:] Isso é necessário.

[Sócrates:] Disso segue, portanto, *que se faz mais de todas as coisas e tanto com mais beleza quanto com mais facilidade, se um faz apenas uma coisa, conforme sua habilidade natural e no tempo adequado, livre de outras ocupações.*"[635] Em seguida, Platão prossegue desenvolvendo como a ulterior divisão do trabalho ou realização de diferentes ramos de atividade se torna necessária. Por exemplo: "Pois, evidentemente, o agricultor não produzirá, ele mesmo, o arado, se ele deve ser bom, nem tampouco a enxada *e as outras ferramentas agrícolas.* Muito menos o construtor etc."[636] O agricultor não fará para si mesmo o arado, enxada e outros instrumentos necessários à agricultura, se eles devem ser "bons". Igualmente... o construtor, tecelão, etc. Agora, como alguém faz para obter uma participação no excedente do

---

[635] "πῶς ἡ πόλις ἀρκέσει ἐπὶ τοσαύτην παρασκευήν; ἄλλο τι γεωργὸς μὲν εἷς, ὁ δὲ οἰκοδόμος, ἄλλος δέ τις ὑφάντηες etc. ... ἕνα ἕκαστον τούτων δεῖ τὸ αὐτοῦ ἔργον ἅπασι κοινὸν κατατιθέναι, οἷον τὸν γεωργὸν ἕνα ὄντα παρασκενάζειν σίτια τέτταρσι καὶ τετραπλάσιουν χρόνον τε καὶ πόνον ἀναλίσκειν ἐπὶ σίτου παρασκευῇ, καὶ ἄλλοις κοινωνεῖν· ἢ ἀμελήσαντα ἑαυτῷ μόνῳ τέταρτον μέρος ποιεῖν τούτου τοῦ σιτίου ἐν τετάρτῳ μέρει τοῦ χρόνου, τὰ δὲ τρία, τὸ μὲν ἐπὶ τῇ τῆς οἰκίας παρασκευῇ διατρίβειν, τὸ δὲ ἱματίου, τὸ δὲ ὑποδημάτων, καὶ μὴ ἄλλοοις κινωνοῦντα πράγματα ἔχειν, ἀλλ' αὐτὸν δι' αὐτὸν τὰ αὐτοῦ πράττειν;... οὕτω ῥᾴδιον ἢ 'κείνως... πρῶτον μὲν φύεται ἕκαστος οὐ πάνυόμοιος ἑκάστῳ, ἀλλὰ διαφέρωντὴν φύσιν, ἄλλος ἐπ' ἄλλου ἔργου πρᾶξιν... πότερον κάλλιον πράττοι ἄν τις εἷς ὢν πολλὰς τέχνας ἐργαζόμενος, ἢ ὅταν μίαν εἷς; Ὅταν... εἷς μίαν... ἐὰν τίς τινος παρῇ ἔργου καιρόν, διόλλυται... Οὐ γὰρ... ἐθέλει τὸ πραττόμενον τῇβ τοῦ τράττοντος σχολὴν περιμένειν, ἀλλ' ἀνάγκη τὸν πράττοντα τῷ τραττομένῳ ἐπακολουθεῖν μὴ ἐν παρέργου μέρει. Ἀνάγκη. Ἐκ δὴ τούτων *πλείω τε ἕκαστα γίγνεται καὶ κάλλιον καὶ ῥᾷον, ὅταν εἷς ἓν κατὰ φύσιν καὶ ἐν καιρῷ σχολὴν τῶν ἄλλων ἄγων, πράττῃ*." Op. cit., 369 d – 370 c. Na página 127 do Caderno VII, Londres, 1859-1862, Marx menciona "*Platão.* de rep. II, p. 369" diretamente para a seção "Divisão do trabalho." (Nota da edição original).

[636] "ὁ γὰρ γεωργός, ὡς ἔοικεν, οὐκ αὐτὸς ποιήσεται ἑαυτῷ τὸ ἄροτρον, εἰ μέλλει καλὸν εἶναι, οὐδὲ σμινύην (enxada), οὐδὲ τἆλλα ὄργανα ὅσα περὶ γεωργίαν. οὐδ' αὖ ὁ οἰκοδόμος etc." *Op. cit.*, 370 c – d.

produto dos outros e como participam os outros do excedente de seu produto? Por meio da troca, por meio da compra e venda. "πωλοῦντες καὶ ὠνούμενοι."[637] Ele desenvolve, em seguida, diferentes gêneros de comércio e, com isso, diferentes espécies de comerciantes. Os trabalhadores assalariados são mencionados como uma categoria humana particular devido à divisão do trabalho. "Porém, ainda existem também outras pessoas que prestam outros serviços. São aqueles que, em razão de deu intelecto, não seriam dignos de fazer parte da comunidade, mas que possuem bastante força física para trabalhos difíceis; porque eles vendem o uso de sua força e chamam o preço dela de salário, eles se chamam trabalhadores assalariados."[638] Depois de ter enumerado uma grande quantidade de diferentes ocupações que são necessárias para um refinamento ulterior, ele passa à separação da arte da guerra das demais e, por isso, à formação de um estamento particular dos guerreiros. "Concordamos, porém... que é impossível alguém exercer bem vários ofícios... Como ficamos?... Não seria a guerra uma arte?... Porém, proibimos o sapateiro de atuar como agricultor, tecelão ou construtor, para dele obtermos um bom trabalho de sapataria, e igualmente a cada um dos demais assinalamos uma tarefa, *para a qual cada um está capacitado por suas aptidões*. Nela ele deveria *trabalhar durante toda sua vida*, livre de outras atividades, de perder o momento certo e fornecendo um bom trabalho; porém, não é altamente importante que precisamente o trabalho de guerra seja bem executado?... Nossa tarefa seria agora identificar quais pessoas são adequadas à guarda do estado e quais devem ser suas aptidões."[639] (p. 439-441, *passim, loc. cit.*)

As diferentes necessidades numa comunidade requerem diferentes atividades para sua satisfação; as diversas aptidões tornam diversas naturezas humanas mais capazes para esta do que para aquela atividade. Daí a divisão do trabalho e seus diversos estamentos correspondentes. Aquilo que Platão enfatiza em toda parte como o principal é que, assim, cada trabalho é *mais*

---

[637] "por meio da compra e venda." *Op. cit.*, 371 b.

[638] "Ἔτι δή τινες... εἰσὶ καὶ ἄλλοι διάκονοι, οἵ ἂν τὰ μὲν τῆς διανοίας μὴ πάνυ ἀξιοκοινώνητοι ὦσι, τὴν δὲ τοῦ σώματος ἰσχὺν ἱκανὴν ἐπὶ τοὺς πόνους ἔχωσιν· οἳ δὴ πωλοῦντες τὴν τῆς ἰσχύος χρείαν, τὴν τιμὴν ταύτην μισθὸν καλοῦντες, κέκληνται... μισθωτοί." *Op. cit.*, 371 e.

[639] "ὡμολογοῦμεν δέ του... ἀδύνατον ἕνα πολλὰς καλῶς ἐργάζεσθαι τέχνας... Τί οὖν;... ἡ περὶ τὸν πόλεμον ἀγωνία οὐ τεχνικὴ δοκεῖ εἶναι;... Ἀλλ' ἄρα τὸν μὲν σκυτοτόμον διεκωλύομεν μήτε γεωργὸν ἐπιχειρεῖν εἶναι ἅμα μήτε ὑφάντην μήτε οἰκοδόμον, ἵνα δὴ ἡμῖν τὸ τῆς σκυτικῆς ἔργον καλῶς γίγνοιτο, καὶ τῶν ἄλλων ἑνὶ ἑκάστῳ ὡσαύτως ἓν ἀπεδίδομεν, πρὸς ὃ πεφύκει ἕκαστος καὶ ἐφ' ᾧ ἔμελλε τῶν ἄλλων σχολὴν ἄγων διὰ βίου αὐτὸ ἐργαζόμενος οὐ παριεὶς τοὺς καιροὺς καλῶς ἀπεργάζεσθαι· τὰ δὲ δὴ περὶ τὸν πόλεμον πότερον οὐ περὶ πλείστου ἐστὶν εὖ ἀπεργασθέντα;... Ἡμέτερον δὴ ἔργον ἄν εἴη... ἐκλέξασθαι τίνες τε καὶ ποῖαι φύσεις ἐπιτήδειαι εἰς πόλεως φυλακήν." *Op. cit.*, 374 a- c. e.

bem feito. Para ele, como para todos os antigos, a qualidade, o valor de uso é o decisivo e o ponto de vista exclusivo. De resto, na base de toda a sua concepção está o sistema de castas egípcio, idealizado na forma ática.

Em geral, os antigos explicavam o estágio particular de desenvolvimento industrial que os egípcios alcançaram por sua divisão hereditária do trabalho e pelo sistema de castas nela baseado.

"Também as artes foram... no Egito... conduzidas ao devido grau de perfeição. Pois, somente nesse país os artesãos não podem absolutamente intervir nos negócios de outra classe de cidadãos, mas somente exercer a profissão hereditariamente pertencente à sua estirpe segundo a lei[...] Nos outros povos, ocorre que os artesãos dividem sua atenção entre muitos objetos[...] Ora tentam a agricultura, ora se envolvem no comércio, ora se ocupam com duas ou três artes ao mesmo tempo. Em estados livres, na maior parte do tempo, estão a correr para as assembleias populares[...] No Egito, ao contrário, todo artesão incorre em penas severas se ele se imiscui nos negócios do estado, ou exerce várias artes ao mesmo tempo." Assim, diz Diodoro, "nada" pode "perturbar sua aplicação ao trabalho". "Além disso, como recebem de seus antepassados... muitas regras, buscam zelosamente descobrir novas vantagens a partir delas." (*Diodoro*, 1. I c. 74, *Biblioteca Histórica*.)[640]

Em Platão, a divisão do trabalho é desenvolvida como base econômica de uma comunidade em que cada um depende do outro e não satisfaz autonomamente, sem conexão com os outros, a totalidade de suas próprias necessidades. A divisão do trabalho no interior da comunidade se desenvolve a partir da multilateralidade das necessidades e da unilateralidade das aptidões, que são diferentes em diferentes indivíduos e, por isso, dão melhores resultados nesta ocupação do que naquela. O principal para ele é que, se alguém faz de uma arte a profissão exclusiva de sua vida, ele a executa melhor e sua atividade se adapta completamente às exigências, às condições do trabalho que ele realiza, enquanto que, se ele a exercita como coisa secundária, o trabalho depende das ocasiões que sua atividade ao lado de outras coisas lhe permite. Esse ponto de vista, de que a τέχνη[641] não pode ser exercitada como πάρεργον[642], trabalho secundário, também se encontra na passagem de Tucídides citada acima.

---

[640] Diodoro da Sicília: *Historische Bibliothek*, traduzida por Julius Friedrich Murm, seção 1, volume I. Stuttgart, 1827, p. 117-118.

[641] Arte, trabalho manual.

[642] Trabalho secundário, atividade secundária.

Xenofonte vai além: em primeiro lugar, ao enfatizar a redução do trabalho a uma atividade a mais simples possível e, em segundo lugar, ao fazer o grau a que a divisão do trabalho pode ser conduzida depender da extensão do mercado.

Cf.

Na passagem aludida acima,[643] Blanqui distingue o "*trabalho regulado* e de certo modo *forçado* dos trabalhadores submetidos ao regime das grandes manufaturas"[644] [p. 43] daquele da indústria artesanal ou conduzido como trabalho doméstico secundário pelos habitantes do campo. "O defeito das manufaturas... é subjugar o trabalhador e colocá-lo... a ele e sua família, à *disposição* do trabalho[...] [p. 118] Compare-se, por exemplo, a indústria de Rouen ou de Mulhouse com aquela de Lyon ou de Nimes. Ambas têm por objeto a fiação e a tecelagem de dois fios: uma de algodão, a outra de seda; e, no entanto, elas não se parecem em nada. A primeira se exerce apenas em vastos estabelecimentos, por meio de capitais... com a ajuda de verdadeiros exércitos de trabalhadores; aquartelados em centenas, milhares mesmo, em imensas usinas semelhantes a casernas, altas como torres, crivadas de janelas como de seteiras. A segunda, ao contrário, é totalmente patriarcal; emprega muitas mulheres e crianças, porém sem exauri-las ou corrompê-las; ela as deixa em seus belos vales de Drôme, Var, Isère, Vaucluse, onde criam as larvas e enovelam seus casulos: nunca entraram numa verdadeira fábrica. Observa-se que, tanto nessa indústria quanto na primeira, *o princípio da divisão do trabalho* se reveste ali de um caráter especial. Existem certamente as dobadeiras, os fiandeiros, os tintureiros, os coladores, em seguida os tecelões; *mas eles não são reunidos num mesmo estabelecimento, não dependem do mesmo patrão*: todos *são independentes*. Seu capital, que se compõe de seus instrumentos, teares, caldeiras, é pouco importante, mas suficiente para colocá-los num certo pé de igualdade com seus comitentes. Ali não há regulamento de fábricas, nem condições a se submeter; cada um estipula por sua conta, em plena liberdade."[645] (*Blanqui aîné, Cours d'Ec. Industrielle*, recueilli etc. par A. Blaise. Paris. (1838-9) p. 44-80, *passim.*)

---

[643] Cf. pp. 305, *supra*.

[644] "*travail réglementé* et en quelque sorte *forcé* des ouvriers soumis au régime des grandes manufactures". Extraído com algumas omissões do *Caderno VII*, Londres, 1859-1862. Sublinhado por Marx. (Nota da edição original).

[645] "Le tort des manufactures... est d'asservir le travailleur et de le mettre... lui et sa famille, à la *discrétion* de l'ouvrage... comparez, par exemple, l'industrie de Rouen ou de Mulhouse avec celle de Lyon ou de Nîmes. Toutes deux ont pour objet la filature et le tissage de deux filaments: l'un de coton, l'autre

Com base na indústria moderna, reconstitui-se um sistema de fábrica *out of doors*,⁶⁴⁶ que compartilha todas as suas desvantagens sem suas vantagens. Isso não pertence a essa parte. Será tratado mais tarde.

"Cada um prova com a experiência que, aplicando a mão e o engenho sempre ao mesmo gênero de trabalhos e de produtos, encontram-se os resultados mais fáceis, mais abundantes e melhores do que se cada um apenas fizesse todas as coisas necessárias a si... didivindo-se de tal maneira os homens em várias classes e condições para a utilidade comum e privada"⁶⁴⁷ (p. 28. *Cesare Beccaria, Elementi di Economia Pubblica*, t. XI. *Custodi. Parte Moderna*.).

"Numa cidade tão grande (quanto Londres), as manufaturas darão origem uma à outra e cada manufatura se dividirá em tantas partes quanto possível, por meio do que o trabalho de cada trabalhador se tornará mais simples e fácil. Por exemplo, na relojoaria o relógio será *mais barato* e melhor se um homem faz a roda, outro a mola, um terceiro o mostrador, um quarto a caixa, como se todo o trabalho fosse realizado por um único homem." ([p. 35.] *W. Petty*, An Essay concerning the multiplication of mankind, etc., 3 Ed, 1682). Então ele desenvolve, em seguida, como a divisão do trabalho traz consigo o fato de que manufaturas particulares se concentram em cidades particulares ou ruas particulares de grandes cidades. Aqui "a mercadoria particular desses locais é mais bem produzida e *mais barata* do

---

de soie; et cependeant elles ne se ressemblent en rien. La première ne s'exerce que dans de vastes établissements, à coup de capitaux... avec le secours de véritables armées de travailleurs; cantonnés, par centaines, par milliers même, dans d'immenses usines semblables à des casernes, hautes comme des tours, et criblées de fenêtres comme des meurtrières. (Seteira.) La seconde, au contraire, est toute patriarcale; elle emploi beaucoup de femmes et d'enfants, mais sans les épuiser ni les corrompre; elle les laisse dans leurs belles vallées de la Drôme, du Var, de l'Isère, de Vaucluse, y élever des vers et dévider (enovelar) leurs cocons. (pupas do bicho-da-seda): jamais elle n'entre dans une véritable fabrique. Pour être aussi bien observé dans cette industrie que dans la première, *le príncipe de la division du travail* s'y revêt d'un caractère spécial. Il y a bien des dévideuses (dobadoras), des moulineurs (fiandeiro de seda), des tenturieurs, des encolleurs, puis des tisserands; *mais ils ne sont pas réunis dans un même établissement, ne dépendent pas d'un même maître*: tous, ils *sont indépendants*. Leur capital, qui se compose de leurs outils, de leurs métiers, de leurs chaudières, est peu important, mais il suffit pour les mettre avec leur commettants sur un certain pied d'égalité. Là, pas de règlement de fabriques [em Blanqui: de fabrique], pas de conditions à subir; chacun stipule pour son compte, en pleine liberté." Extraído com omissões da página 167 do *Caderno VII*, Londres, 1859-1862. Sublinhado por Marx, que acrescentou a tradução de alguns termos. (Nota da edição original).

⁶⁴⁶ Ao ar livre

⁶⁴⁷ "Ciascuno prova coll'esperianza, che applicando la mano e l'ingegano sempre allo stesso genere di opere e di prodotti, egli più facili, più abbondanti e migliori ne trova i risultati, di quello che se ciascuno isolatamente le cose tutte a se necessarie soltanto facesse... dividendosi in tal maniera per la comune e privata utilità gli uomini in varie classi e condizioni."

que num outro lugar". (*loc. cit.*) Finalmente, ele examina as vantagens do comércio, economia de falsos custos, como frete etc., por meio dos quais, em conseqüência dessa distribuição das manufaturas complementares num lugar, o preço de tal manufatura diminui e o lucro do comércio exterior é aumentado (p. 36. *loc. cit.*).

O que distingue a concepção de Petty sobre a divisão do trabalho daquela dos antigos é, do início ao fim, sua influência sobre o valor de troca dos produtos, sobre o produto como mercadoria – seu barateamento.

O mesmo ponto de vista, expresso ainda mais decisivamente, como redução do tempo de trabalho necessário à produção de uma mercadoria, é afirmado em "*The advantages of the East India Trade to England considered etc. London. 1720*".[648]

O decisivo é fazer cada mercadoria com "*the least and easieast labour*"[649]. Se uma coisa é realizada com "*less labour*", então, "*consequently with labour of less price*".[650] A mercadoria se torna, assim, mais barata e reduzir o tempo de trabalho ao mínimo necessário à sua produção se torna, pois, lei geral por meio da concorrência. "Se meu vizinho, ao fazer muito com pouco trabalho, pode vender barato, eu tenho de conseguir vender tão barato quanto ele"[651] [p. 67]. Da divisão do trabalho, ele ressalta particularmente o seguinte: "The more variety of artists to every manufacture, the less is left to the skill of single persons" [p. 68]. "Quanto maior o número de pessoas ativas em cada manufatura, menos é deixado para a habilidade da pessoa singular."

Escritores posteriores, como Harris (ver acima),[652] apenas detalharam o desenvolvimento de Platão. Depois, *Ferguson*. Aquilo que distingue A. Smith – atrás de seus predecessores sob muitos aspectos – é que ele emprega a expressão do *"aumento das forças produtivas do trabalho"*. O quanto A. Smith ainda se encontrava na infância da grande indústria se mostra no fato de que a maquinaria aparece apenas como corolário da divisão do trabalho e, nele, o trabalhador ainda faz descobertas mecânicas para facilitar seu trabalho e abreviá-lo.

---

[648] Marx não indica a página aqui, por ter citado a partir de MacCulloch, *The literature of political economy: a classified catalogue...* Londres, 1845, p. 101, que utiliza as páginas 99 a 103 do texto de Petty, sem citar páginas específicas. Entre maio e junho de 1863, no anexo D, p. 42 a 66, Marx fará anotações sobre o texto original. (Nota da edição original)

[649] "o trabalho menor e mais fácil".

[650] "menos trabalho"... "consequentemente om trabalho de menor preço".

[651] "If my neighbour, by doing much with little labour, can sell cheap, I must contrive to sell as cheap as he".

[652] Cf., p. 320, *supra*.

A divisão do trabalho por meio da sua simplificação facilita sua aprendizagem; portanto, diminui os custos de produção gerais da capacidade de trabalho.

O ateliê, em cuja base permanece a divisão do trabalho, sempre inclui certa hierarquia das habilidades na medida em que uma operação é mais complicada que outra requer mais força corporal, outra mais delicadeza manual, outra maior virtuosidade. Como diz Ure, com isso cada operação se torna apropriada a um trabalhador cujo salário corresponde a sua habilidade[653]... Ainda é *a adaptação dos trabalhos às diferentes capacidades individuais*... divisão do trabalho em suas numerosas gradações... divisão do trabalho segundo os diferentes graus de habilidade[654.] A virtuosidade dos indivíduos ainda permanece importante.

Em verdade, isso consiste na análise das operações que cada trabalhador individual pode respectivamente realizar; a operação é isolada daquela que a acompanha, mas o princípio fundamental ainda permanece considerá-la como função do trabalhador de modo que, por isso, na sua análise e na sua divisão entre diversos trabalhadores e grupos de trabalhadores, ela seja dividida segundo graus de habilidade, desenvolvimento corporal, etc. O processo ainda não é analisado como tal, independente do trabalhador que o realiza, enquanto, no ateliê automatizado, o sistema "decompõe um procedimento reduzindo-o a seus princípios constituintes e que o submete em todas as partes à operação de uma máquina automática, e então se podem confiar essas mesmas partes elementares a uma pessoa dotada de uma capacidade ordinária, depois de havê-la submetido a uma curta experiência."[655]

"Na medida em que o trabalho é dividido em mais operações distintas, sendo que cada uma delas requer diversos graus de destreza e força, o dono da fábrica pode obter exatamente a quantidade precisa de destreza e força que cada operação requer; enquanto que, se todo o trabalho deve ser realizado por um trabalhador, esse trabalhador deve possuir ao mesmo tempo destreza suficiente para executar as operações delicadas e força suficiente para as operações mais árduas." (*Babbage, Ch. On the Economy of Machinery etc.* Lond., 1832) (c. XIX).

"Segundo a natureza particular dos produtos de cada tipo de manufatura, se a experiência ensinou o modo mais vantajoso de operações parciais

---

[653] opération approprié un ouvrier dont le salaire corresponde à son habileté.

[654] *l'adaptation des travaux aux différentes capacités individuelles*... division du travail dans ses nombreuses gradations... division du travail selon les différents degrésd'habileté.. Sublinhado por Marx. (Nota da edição original).

[655] "décompose un procédé en le réduisant à ses principes constituents et qui en soumet toutes les parties à l'opération d'une machine automatique, e então se podem confier ces mêmes parties élémentaires à une personne douée d'une capacité ordinaire, après l'avoir soumise à une courte épreuve".

nas quais a fabricação pode se dividir e, ao mesmo tempo, o número de trabalhadores que devem ser ali empregados, então todos os *établissements*[656] que não empregam como número de seus trabalhadores um múltiplo exato daquele número fabricam com menos economia." (Babbage, *loc. cit.*, cap. XXII) Por exemplo, se 10 trabalhadores são necessários para diversas operações, então se devem empregar múltiplos de 10. "Se isso não ocorre, então não se podem empregar sempre os *ouvriers individuellement*[657] com o mesmo detalhe de fabricação... Isso é uma das causas das dimensões colossais dos *établissements*[658] industriais." (*loc. cit.*) Aqui, como na cooperação simples, tem-se novamente o princípio dos múltiplos. Agora, porém, em proporções que são determinadas em sua proporcionalidade pela própria divisão do trabalho. Em geral, está claro que a divisão pode ser levada adiante quanto maior a escala em que se trabalha. Primeiramente, o múltiplo correto pode ser assim empregado. Em segundo lugar, depende-se naturalmente da grandeza da escala na qual as operações podem ser divididas e do tempo total em que um trabalhador individual pode ser absorvido por uma operação.

Portanto, se a divisão do trabalho requer capital maior, porque mais matéria-prima é trabalhada no mesmo tempo, então sua realização depende em geral da escala na qual se trabalha, portanto, do número de trabalhadores que poderiam ser ocupados simultaneamente. Um capital maior – isto é, concentração numa só mão – é necessário para o desenvolvimento da divisão do trabalho, que, por outro lado, processa mais material por meio da força produtiva adquirida com ela, aumentando assim esse componente do capital.

"Alguém que foi reduzido a uma operação muito simples nas manufaturas, em dependência daquele que queria utilizá-lo. Ele não produzia mais qualquer trabalho inteiro, mas apenas uma parte dele, para o qual ele precisava do concurso dos trabalhos de outros exatamente como precisava de matéria-prima, maquinaria, etc. Sua situação era subordinada ao *chef d'atelier*[659]... ele limitava sua demanda ao necessário, sem o qual o trabalho que ele fornecia não teria podido se perpetuar, enquanto que o patrão apenas lucrava com todo o crescimento dos poderes produtivos que a divisão do trabalho havia operado"[660] (p. 91-2. *Sismondi. N. Pr.* etc. T. I).

---

[656] Estabelecimentos.

[657] Trabalhadores individualmente.

[658] Estabelecimentos.

[659] Patrão.

[660] "...nécessaire, sans lequel le travail qu'il offrait n'aurait pas pu se continuer, tandis que le chef d'atelier profitait seul de tout l'accroissement des pouvoirs productifs qu'avait opéré la division du travail."

"A divisão do trabalho diminui o tempo requerido na aprendizagem de uma operação"[661] *F. Wayland*, p. 76 (*The Elements of. Pol. Econ.* Boston, 1843). Ao estabelecer uma manufatura, é importante ajustar o número e tipo de trabalhadores de modo que, quando as diferentes operações de um processo forem designadas para diferentes pessoas, essas pessoas possam estar em proporções tais que as permitam *empregar umas às outras exata e completamente.* Quanto mais isso é perfeitamente realizado, maior será a economia, e uma vez isso tendo sido determinado, também é evidente que o estabelecimento não pode ser ampliado com sucesso sem que sejam empregados múltiplos desse número de trabalhadores[662] (p. 83. *loc. cit.*).

A. Smith, na conclusão de sua seção sobre a divisão do trabalho, também recai no pressuposto de que diferentes trabalhadores entre os quais o trabalho é dividido são proprietários de mercadorias e produtores (veremos que ele abandona essa ilusão mais tarde).

"Cada trabalhador se encontra na situação de ter uma grande quantidade de seu trabalho da qual ele pode dispor além daquilo que aplica às suas próprias necessidades; e como os outros trabalhadores também estão no mesmo caso, ele está em condição de trocar uma grande quantidade das mercadorias por ele fabricadas por uma grande quantidade das mercadorias deles ou, o que é o mesmo, pelo preço dessas mercadorias"[663] [p. 24-25].

A transmissão da habilidade de geração a geração é sempre importante. Um ponto de vista decisivo no sistema de castas, assim como mais tarde no sistema de corporações. "Trabalho fácil é apenas habilidade transmitida"[664] (*Th. Hodgskin., Popul. Polit. Economy. Lond., 1827*, p. 48.).

"Para dividir o trabalho e distribuir as forças dos homens e das máquinas da maneira a mais vantajosa, é necessário, num grande número de

---

[661] "Division of labour shortens the period required for learning an operation."

[662] In establishing a manufactory, it is important so to adjust the number and kind of workmen, that, when the different operations of a process have been assigned to different persons, these persons may be in such proportions *as exactly and fully to employ each other*. The more perfectly this is accomplished, the greater will be the economy and, this having been once ascertained, it is also evident that the establishment cannot be successfully enlarged, unless it employ multiples of this number of workmen. Extraído do *Caderno VII*, Londres, 1859-1862, p. 80. Há também uma citação resumida no *Citatenheft*, p. 15. (Nota da edição original).

[663] "Chaque ouvrier se trouve avoir une grande quantité de son travail dont il peut disposer, outre ce qu'il en applique à ses propres besoins; et comme les autres ouvriers sont aussi dans le même cas, il est à même d'échanger une grande quantité des marchandises fabriquées par lui contre une grande quantité des leurs, ou, ce qui est la même chose, contre le prix de ces marchandises."

[664] "Easy labour is only transmitted skill." (*Citatenheft*, p. 5). (Nota da edição original).

casos, operar numa grande escala ou, em outros termos, produzir as riquezas em grandes quantidades. É essa vantagem que faz nascer as grandes manufaturas" [665] (Elem. d'Ec. Pol, *James Mill*, traduit par J. T. Parisot. Paris, 1823, [p. 11]).

A divisão do trabalho – ou antes, o ateliê baseado na divisão do trabalho – aumenta meramente o sobrevalor que cabe ao capitalista (pelo menos *diretamente* e esso é o único efeito de que se trata aqui), ou esse aumento da força produtiva do trabalho se afirma apenas como força produtiva do capital ao ser aplicado em valores de uso que entram no consumo do trabalhador, reduzindo, por isso, o tempo de trabalho necessário à reprodução da capacidade de trabalho. Precisamente dessa circunstância, de que a divisão do trabalho é aplicada principalmente em *objects of common use*,[666] Parson Wayland[667] conclui, ao contrário, que os pobres e não os ricos são beneficiados por suas vantagens. Em referência à *middling class*,[668] Parson tem razão por um lado. Porém, não se trata aqui absolutamente da relação sem sentido de pobres e ricos, mas da relação de salário e capital. A passagem no padre diz o seguinte:

"Quanto maior o custo do produto, menor será o número de pessoas que são capazes de comprá-lo. Assim, menor será a demanda; e assim haverá, também, menos oportunidade para divisão do trabalho. E, além disso, quanto maior o custo do artigo, maior montante de capital é requerido para produzi-lo pela divisão do trabalho... Assim é que a divisão do trabalho é utilizada apenas com parcimônia na manufatura de joalheria preciosa e de artigos de luxo dispendioso, ao passo que é tão utilizada na produção de todos os artigos de uso comum. Vemos, portanto, que os benefícios do uso de agentes naturais e da divisão do trabalho são muito maiores e mais importantes para as classes média e baixa do que para os ricos. Esses meios de produção aumentada reduzem ao seu mais baixo grau o custo dos bens necessários e das comodidades essenciais da vida e, evidentemente, torna-os acessíveis a

---

[665] "Pour diviser le travail et distribuer les forces des hommes et des machines de la manière la plus avantageuse, il est nécessaire, dans une foule de cas, d'opérer sur une grande échelle, ou en d'autres termes de produire les richesses par grandes masses. C'est cet avantage qui donne naissance aux grandes manufactures." (*Citatenheft*, p. 15).

[666] Objetos de uso comum.

[667] Pastor Wayland.

[668] Classe média.

todos, tanto quanto possível"⁶⁶⁹ (p. 86-7. *F. Wayland, The Elements of Pol. Econ. Boston*, 1843.).

Assim como exige a ampliação do capital, a aplicação da divisão do trabalho requer igualmente cooperação como seu pressuposto fundamental, aglomeração dos trabalhadores, o que só ocorrerá em geral onde houver certa densidade populacional. {E também, ao mesmo tempo, onde a população for reunida nos centros populacionais a partir de suas habitações dispersas no campo. A esse respeito, Stewart⁶⁷⁰. Discutir isso mais detalhadamente na seção sobre a acumulação.}

"Existe certa *densidade da população* que é conveniente tanto para a as relações sociais quanto para aquela combinação de forças pela qual o produto do trabalho é aumentado" ⁶⁷¹ (p. 50. *James Mill. El. of Pol. Ec.* London, 1821).

Com o desenvolvimento da divisão do trabalho, desaparece cada produto individual do trabalho – o que ainda não é totalmente possível na mera subsunção formal do trabalho sob o capital. A mercadoria acabada é o produto do ateliê, ele mesmo um modo de existência do capital. A troca do trabalho mesmo – e o trabalho, não seu produto – se torna, pelo próprio modo de produção e não apenas pelo contato entre capital e trabalho, a única coisa que o trabalhador tem para vender. Em verdade, o trabalho se torna sua única mercadoria e a mercadoria em geral se torna a categoria geral à qual a produção é subsumida. Partimos da mercadoria como a categoria mais geral da produção burguesa. Ela se torna tal categoria geral somente por meio da transformação que o modo de produção mesmo sofre sob o capital: "não

---

⁶⁶⁹ "The greater the cost of the product, the smaller will be the number of persons who are able to purchase it. Hence, the less will be the demand; and hence, also, the less opportunity will there be for division of labour. And, besides, the greater the cost of the article, the greater amount of capital is required in order to produce it by division of labour... Hence it is, that divison of labour is but sparingly used in the manufacture of rich jewelry, and in articles of expensive luxury; while it is so universally used in the production of all articles of common use. Hence we see, that the benefits of the use of natural agents and of division of labour, are vastly greater and more important to the middling and lower classes than to the rich. These means of increased production, reduce the cost of the necessaries and of the essential conveniences of life to the lowest rate, and, of course, bring them, as far as possible, within the reach of all."

⁶⁷⁰ Marx se refere possivelmente a *An inquiry into the principles of political economy...* Dublin, 1770, de James Steuart. Já no *Caderno VII*, Londres, 1851, Marx tomou notas pormenorizadas do primeiro volume dessa obra, onde são tratados problemas sobre população, sobretudo nos capítulos V a X e XVI. (Nota da edição original).

⁶⁷¹ "There is a certain *density of population* which is convenient, both for social intercourse, and for that combination of powers by which the produce of labour is increased." *Citatenheft*, p. 16, sublinhado por Marx. (Nota da edição original).

existe mais qualquer coisa que possamos chamar de recompensa natural do trabalho individual. Cada trabalhador produz apenas alguma parte de um todo e, não tendo cada parte valor ou utilidade por si mesma, não há nada de que o trabalhador possa se apoderar e dizer: isso é meu produto, isso eu vou guardar para mim"[672] (p. 25. *Labour defended against the claims of Capital etc. London, 1825*). "O progresso da riqueza trouxe consigo a divisão das condições e das profissões; não é mais algo *supérfluo* que diz respeito àquele que foi objeto da troca, mas a *subsistência ela mesma*... nesse estado novo, a vida de todo homem que trabalha e que produz, depende não da compleição e do êxito de seu trabalho, mas de sua *venda*" [673] (p. 82. t. I, Sism., *Études*).

A maior produtividade da indústria humana e o preço diminuído dos bens necessários da vida conspiram para aumentar o capital produtivo nos tempos modernos[674] (p.[88-]9. *S. P. Newman, Elements of Polit. Econ.* Andover and New York, 1835).

Na divisão do trabalho, porque um aspecto da individualidade natural do trabalhador é desenvolvido como base natural, esse aspecto é colocado no lugar de sua capacidade de produção inteira e desenvolvido como uma particularidade que requer, para sua afirmação, a atividade em conexão com o ateliê inteiro; como uma função particular do ateliê.

Como A. Smith, Storch reúne as duas espécies da divisão do trabalho, com a diferença de que nele uma aparece como intensificação última da outra; como *ponto de partida* para a outra, o que é um progresso.

"Essa divisão parte da separação das profissões as mais variadas até sua divisão, onde vários trabalhadores compartilham a confecção de um único e mesmo produto[675], como na manufatura." (Ele não devia dizer *produit*, mas *marchandise*.[676] Também na outra divisão do trabalho vários trabalham

---

[672] "there is no longer any thing which we can call the natural reward of individual labour. Each labourer produces only some part of a whole, and each part, having no value or utility of itself, there is nothing on which the labourer can seize, and say: it is my product, this I will keep for myself." (*Citatenheft*, p. 21). O autor desse escrito anônimo é Thomas Hodgskin. (Nota da edição original).

[673] "Le progrès de la richesse a amené le partage des conditions et celui des professions; ce n'est plus *superflu* de chacun qui a été l'objet des échanges, mais la *subsistence elle-même*... dans cet état nouveau, la vie de tout homme, qui travaille et qui produit dépend non de la complétion et de la réussite de son travail, mais de sa *vente*." (*Citatenheft*, p. 3). Sublinhado por Marx. (Nota da edição original).

[674] The greater productiveness of human industry, and the diminished price of the necessaries of life, conspire to swell productive capital in modern times. Em Newman: modern nations [nações modernas]. (Nota da edição original).

[675] "...plusieurs ouvriers se partagent la confection d'un seul et même produit..."

[676] ...produto, mas mercadoria.

no mesmo *produto*.) (p. 173. H. Storch, *Cours d'Écon. Pol. avec des notes, etc. par J.-B. Say*. Paris, 1823, t. I.)

"Não basta que o capital necessário à *subdivision dos métiers*[677] se encontre disponível na sociedade; além disso, é necessário que *ele* seja *acumulado nas mãos dos empresários* em porções suficientemente consideráveis para colocá-los em condições de trabalhar em larga escala... Quanto mais aumenta a divisão dos *métiers*, para o emprego constante de um mesmo número de trabalhadores é necessário um capital sempre mais considerável em instrumentos, matérias-primas, etc. Aumento do número de trabalhadores com a divisão do trabalho. Capital considerável em construções e meios de subsistência." (*Storch, loc. cit.*, p. 250-1)

"O trabalho é *unido*... sempre que ocupações são divididas... A maior *divisão do trabalho* ocorre entre aqueles selvagens excessivamente bárbaros que nunca ajudam uns aos outros, que trabalham separadamente uns dos outros; e a divisão da ocupação, com todos os seus bons resultados, depende em geral da *combinação* do trabalho, *cooperação*."[678] (p. 24. *Wakefield*, Note, t. I à sua obra sobre *A. Smith. Wealth of Nations*. London, 1835.)

A. Smith faz da troca a base da divisão do trabalho, enquanto, ao contrário, ela é seu resultado (mas não necessariamente). Hodgskin observa corretamente que a divisão dos ramos de atividade, portanto, do trabalho social, ocorre em todos os países e sob todas as instituições políticas. Ela existe originalmente na família, onde decorre naturalmente de diferenças psicológicas, de sexo e de idade. A diversidade de organizações individuais, disposições corporais e intelectuais se tornam novas fontes dela. Porém, em seguida, por meio das diversas condições naturais, diferenças de solos, distribuição de água e terra, montanha e planície, clima, localização, concentração de minerais da terra e particularidades em suas peculiares criações espontâneas, acrescenta-se a diversidade nos instrumentos de trabalho naturalmente encontrados, diversidade que divide os ramos de atividade das diversas tribos e em seu intercâmbio devemos investigar, em geral, a transformação original do produto em mercadoria. (Ver *Hodgskin*, Th., *Popular Political Economy* etc. London, 1827, cap. IV, V e VI) Onde a população está

---

[677] Divisão dos trabalhos.

[678] "Labour is *united*... whenever employments are divided... The greatest *divison of labour* takes place amongst those exceedingly barbarous savages who never help each other, who work separately from each other; and divison of employment, with all its great results, depends altogether on *combination* of labour, *cooperation*." Sublinhado por Marx. (Nota da edição original).

stagnant,⁶⁷⁹ como na Ásia, também está a divisão do trabalho. "Métodos de transporte aperfeiçoados, como estradas de ferro, navios a vapor, canais, todos os meios de facilitar a relação entre países distantes têm efeito sobre a divisão do trabalho do mesmo modo que um aumento real no número de pessoas; eles colocam mais trabalhadores em comunicação, etc."⁶⁸⁰ *População* e seu *progress*⁶⁸¹ são a base principal da *division of labour*.⁶⁸² "Na medida em que o número de trabalhadores aumenta, a força produtiva da sociedade aumenta na razão composta desse aumento, multiplicada pelos efeitos da divisão do trabalho e pelo aumento do conhecimento."⁶⁸³ (p. 120, *loc. cit.*)

"É somente graças ao aumento do capital que o empresário de um gênero de trabalho qualquer poderá... estabelecer entre seus trabalhadores uma divisão de trabalho mais vantajosa. Quando a obra a fazer é composta de várias partes, a fim de manter cada trabalhador constantemente ocupado em realizar sua parte é necessário um capital de dimensões muito maiores do que quando cada trabalhador é empregado indiferentemente em todas as partes da obra à medida que são feitas."⁶⁸⁴ (*A. Smith*, l. II., cap. III, [p. 338-9])

"O proprietário do capital que alimenta um grande número de trabalhadores trata necessariamente, para seu próprio interesse, de combinar muito bem entre eles a divisão e a distribuição das tarefas, de modo que estejam em condições de produzir a maior quantidade possível de trabalho. Pelo mesmo motivo, ele se dedica a fornecer-lhes as melhores máquinas que ele ou eles possam inventar. *O que ocorre entre os trabalhadores dum ateliê particular ocorre pela mesma razão entre aqueles da grande sociedade.* Quanto maior é seu número, mais eles tendem naturalmente a se dividir em diferentes classes e a dividir suas tarefas. Há um número maior de cabeças que se ocupam em inventar as máquinas mais adequadas para executar a tarefa da qual cada um

---

⁶⁷⁹ Estagnada.

⁶⁸⁰ "Improved methods of conveyance, like railroads, steam vessels, canals, all means of facilitating intercourse between distant countries act upon the divison of labour in the same way as an actual increase in the number of people; they bring more labourers into communication etc."

⁶⁸¹ Progresso.

⁶⁸² Divisão do trabalho.

⁶⁸³ "As the number of labourers increases, the productive power of society augments in the compound ratio of that increase, multiplied by the effects of the division of labour and the increase of knowledge."

⁶⁸⁴ "Ce n'est qu'à l'aide d'un surcroît de capital, que l'entrepreneur d'un genre d'ouvrage quelconque pourra... établir entre ses ouvriers une division de travail plus avantageuse. Quand l'ouvrage à faire est composé de plusieurs parties, pour tenir chaque ouvrier constamment occupé à remplir sa partie, il faut un capital beaucoup plus étendu que lorsque chaque ouvrier est employé indifféremment à toutes les parties de l'ouvrage, à mesure qu'elles sont à faire."

é encarregado e, a partir daí, há tanto mais probabilidades de que se consiga inventá-las."[685] (cap. VIII, livro I, [p. 177-8], *A. Smith*.)

Lemontey (*Oeuvres complètes*, t. I. p. 245 ss. Paris, 1840) tratou, no início deste século, do argumento de Ferguson. ("Sobre a influência moral da divisão do trabalho"[686]).

"A sociedade inteira tem isto em comum com o interior de um ateliê: ela também tem sua divisão do trabalho. Se tomássemos por modelo a divisão do trabalho num ateliê moderno a fim de aplicá-la numa sociedade inteira, a sociedade mais bem organizada para a produção de riquezas seria incontestavelmente aquela que tivesse apenas um empresário como chefe, distribuindo as ocupações aos diversos membros da comunidade segundo uma regra previamente estabelecida. Porém, não é de fato assim que ocorre. Enquanto no interior do ateliê moderno a divisão do trabalho é minuciosamente regulada pela autoridade do empresário, a sociedade moderna não tem outra regra, outra autoridade para distribuir o trabalho senão a livre concorrência"[687] (p. 130. *Misère de la Philosophie*. Paris, 1847). "Sob o regime patriarcal, sob o regime de castas, sob o regime feudal e corporativo, havia divisão do trabalho na sociedade inteira segundo regras fixas... Quanto à divisão do trabalho no ateliê, ela era muito pouco desenvolvida em todas essas formas de sociedade. Pode-se mesmo estabelecer, como regra geral, que quanto menos a autoridade preside a divisão do trabalho no interior da sociedade, tanto mais a divisão do trabalho se desenvolve no interior do ateliê e mais ela é submetida à autoridade de um único. Assim, a autoridade no interior do

---

[685] "Le propriétaire du capital qui alimente un grand nombre d'ouvriers, tâche nécessairement, pour son propre intérêt, de si bien combiner entr'eux la divison et la distribution des tâches, qu'ils soient à même de produire la plus grande quantité possible d'ouvrage. Par le même motif il s'applique à les fournir des meilleures machines dont lui ou eux peuvent s'aviser. *Ce qui a lieu parmi les ouvriers d'un atelier particulier, se trouve avoir lieu pour la même raison parmi ceux de la gande société.* Plus leur nombre est grand, plus ils tendent naturellement à se partager en différentes classes et à subdiviser leurs tâches. Il y a un plus grand nombre de têtes qui s'occupent à inventer les machines les plus propres à exécuter la tâche dont chacun est chargé, et dès-lors il y a d'autant plus de probabilités que l'on viendra à bout de les inventer." Sublinhado por Marx. (Nota da edição original).

[686] "sur l'influence morale de la division du travail".

[687] "La société tout entière a cela de commun avec l'intérieur d'un atelier, qu'elle aussi a sa division du travail. Si l'on prenait pour modèle la division du travail dans un atelier moderne, pour en faire l'application à une société entière, la société la mieux organisée pour la production des richesses serait incontestablement celle qui n'aurait qu'un seul entrepreneur en chef, distribuant la besogne selon une règle arrêtée d'avance aux divers membres de la communauté. Mais il n'en est point ainsi. Tandis que dans l'intérieur de l'atelier moderne la divison du travail est minutieusement réglée par l'autorité de l'entrepreneur, la société moderne n'a d'autre règle, d'autre autorité, pour distribuer le travail que la libre concurrence."

ateliê e aquela na sociedade, em relação à divisão do trabalho, dão-se em *razão inversa* uma à outra"[688] (p. 130-1, *loc. cit.*). "A acumulação e a concentração de instrumentos e de trabalhadores precederam o desenvolvimento da divisão do trabalho no interior do ateliê... O desenvolvimento da divisão do trabalho supõe a reunião dos trabalhadores num ateliê... Uma vez reunidos os homens e os instrumentos, a divisão do trabalho, tal qual existia sob a forma das corporações, reproduzia-se, refletia-se necessariamente no interior do ateliê."[689] (132-3 *loc. cit.*) "A concentração dos instrumentos de produção e a divisão do trabalho são tão inseparáveis uma da outra quanto o são, no regime político, a concentração dos poderes públicos e a divisão dos interesses privados."[690] (p. 134, *loc. cit.*)

Portanto, para aplicar a divisão do trabalho, pressupõem-se:

1) *Conglomeration*[691] *de trabalhadores*, para a qual certa densidade populacional é necessária. Meios de comunicação podem substituir aqui a densidade num certo grau. *Depopulation*[692] *do campo* (vide o século XVIII). Num país fracamente povoado, essa *conglomeration* poderia ocorrer apenas em alguns pontos. Porém, a *conglomeration* também ocorre quando se requer apenas população escassa para a agricultura, de modo que a massa da população, assim separada do solo, pode se conglomerar em torno dos respectivos meios de produção, das sedes do capital. A relativa concentração de um lado pode ser produzida pela relativa escassez do outro, mesmo com uma população *dada*, cuja existência originalmente ainda se enraíza no modo de produção não capitalista.

Portanto, aquilo que é primeiramente necessário não é o aumento da população, mas o aumento da população puramente industrial, ou outra

---

[688] "Sous le régime patriarcal, sous le régime des castes, sous le régime féodal et corporatif, il y avait division du travail dans la société entière selon des règles fixes... Quant à la division du travail dans l'atelier, elle était três-peu développée dans toutes ces formes de la société. On peut même établir en règle générale, que moins l'autorité préside à la divison du travail dans l'intérieur de l'atelier, et plus elle y est soumise à l'autorité d'un seul. Ainsi, l'autorité dans l'atelier et celle dans la société, par rapport à la division du travail, sont en *raison inverse* l'une de l'autre."

[689] "L'accumulation et la concentration d'instruments et de travailleurs précéda le développement de la division du travail dans l'intérieur de l'atelier... Le développement de la divison du travail suppose la réunion des travailleurs dans un atelier... Une fois les hommes et les instruments réunis, la division du travail telle qu'elle existait sous la forme des corporations se reproduisait, se reflétait nécessairement dans l'interieur de l'atelier."

[690] "La concentration des instruments de production et la divison du travail sont aussi inseparables l'une de l'autre que le sont, dans le régime politique, la concentration des pouvoirs publics et la divison des intérêts privés."

[691] Conglomeração.

[692] Despovoamento.

distribuição da população. A primeira condição para isso é a diminuição da população imediatamente ocupada na agricultura com a produção de meios de subsistência, a separação dos homens do solo, da mãe terra e, com isso, sua liberação (*free hands*,[693] como diz Stewart), sua mobilização. A separação entre a agricultura e os trabalhos com ela relacionados e a limitação da agricultura – progressivamente – a menos braços é a condição principal para a divisão do trabalho e a manufatura em geral, de modo que ela não apareça em pontos separados, esparsos, mas dominantes. (Tudo isso pertence à *acumulação*.) A mesma população, distribuída de um modo diferente, não necessita de maiores estoques de meios de subsistência, mas apenas de outra divisão, *distribution*[694] deles. O capitalista que utiliza a divisão do trabalho, que emprega, portanto, mais trabalhadores aglomerados num ponto, que paga somas maiores de salário do que o mestre artesão, necessita de mais *capital variable*,[695] que se resume exclusivamente a meios de subsistência; porém, para isso é requerido que o mesmo salário que antes era pago a 100 desses mestres artesãos seja, agora, pago a um só. Portanto, é requerida apenas uma concentração maior do capital *variable* em menos mãos, o mesmo valendo para os meios de subsistência com os quais esse salário se troca. Aqui não é requerido *aumento*, mas apenas *concentration*[696] dessas partes do capital; exatamente como não se requer população maior, mas aglomeração maior da população sob o comando do mesmo capital.

2) *Concentration*[697] *de instrumentos de trabalho*

A divisão do trabalho conduz a uma diferenciação e, com isso, simplificação dos instrumentos que servem como meios de trabalho; por isso, conduz também a um avanço desses instrumentos. Porém, tal como antes, o meio de trabalho permanece ferramenta de trabalho, instrumento cuja utilização depende da virtuosidade pessoal do trabalhador individual, que é o condutor de sua própria habilidade; o instrumento permanece, em verdade, um órgão artificial adicionado aos seus órgãos naturais. Para o mesmo número de trabalhadores, são requeridos instrumentos mais diversificados, mas não em maior quantidade. Na medida em que o ateliê é *conglomeration* de trabalhadores, ele pressupõe aglomeração de instrumentos. E, de qualquer

---

[693] Mãos livres.

[694] Distribuição.

[695] Capital variável.

[696] Concentração.

[697] Concentração.

modo, essa parte do *capital constant*[698] aumenta apenas na proporção em que aumenta o capital *variable* que é gasto em salário ou o número de trabalhadores empregados simultaneamente pelo mesmo capital.

As outras condições de trabalho, especialmente a habitação, as edificações, podem ser consideradas como uma parte do *capital constant*[699] adicionada como nova, uma vez que, antes da manufatura, a oficina ainda não tinha qualquer existência separada da habitação privada.

Com essa exceção, ocorre maior concentração da parte do capital que consiste em meios de trabalho, não necessariamente aumento do capital e de modo algum seu aumento relativo, comparado com seu componente gasto em salários.

3) *Aumento da matéria-prima*. A parte do capital gasta em matéria-prima aumenta *absolutamente* diante daquela despendida em salário, na medida em que a mesma quantidade de matéria-prima absorve uma quantidade menor de tempo de trabalho ou a mesma quantidade de trabalho se realiza numa quantidade maior de matéria-prima. Porém, isso também pode ocorrer *originalmente* sem aumento absoluto da matéria-prima num país. A mesma quantidade de matéria-prima disponível num país pode absorver menos trabalho, isto é, no país inteiro, um número menor de trabalhadores pode ser empregado com o trabalho sobre ela, com sua transformação em novo produto, embora esse número de trabalhadores, em lugar de estar disperso sobre uma grande área como antes, seja concentrado em grupos maiores em pontos singulares sob o comando de alguns capitalistas individuais.

Portanto, falando absolutamente, para a *manufatura*, isto é, para o ateliê baseado na divisão do trabalho, é requerida apenas outra distribuição dos diferentes componentes do capital, concentração em lugar de dispersão. Nessa forma de dispersão, essas condições de trabalho ainda não existem como capital, embora existam como componentes materiais do capital, assim como existe a parcela trabalhadora da população, mesmo que ainda não na qualidade de assalariada ou proletária.

A manufatura (à diferença do ateliê mecânico ou da *factory*, fábrica) é o modo de produção específico correspondente à divisão do trabalho ou forma de indústria. Como a forma mais *desenvolvida* do modo de produção capitalista, ela ocorreu autonomamente antes da invenção da própria maquinaria (embora a maquinaria já fosse utilizada, e especialmente o capital fixo).

---

[698] Capital constante.

[699] Capital constante.

Em Petty e no referido apologeta do *East India Trade*[700] (nos modernos, portanto), com referência à divisão do trabalho, é característico, do início ao fim, que o barateamento da mercadoria – a diminuição do trabalho socialmente necessário à produção de uma determinada mercadoria – seja o ponto de vista principal. Em Petty, ele é mencionado em ligação com o comércio exterior. No East Indian, é referido diretamente como meio de vender mais barato do que os concorrentes no mercado mundial, uma vez que esse último autor representa o próprio mercado mundial mesmo como meio de obter o mesmo resultado em menos tempo de trabalho.

A. Smith,[701], no cap. I, livro I, onde ele trata *ex professo*[702] da divisão do trabalho, ele desenvolve, na conclusão do capítulo, como os gêneros de trabalho que, por exemplo, concorrem para fornecer *mobilier*,[703] vestuário, *outils*[704] de um simples jornaleiro são extraordinariamente diversificados, pertencendo a diversos países, sendo multifacetados num "país civilizado", isto é, onde o produto assume em geral a forma da mercadoria. "Observem", inicia essa conclusão, "num país civilizado e próspero o mobiliário de um simples jornaleiro ou do último dos trabalhadores e verão que determinar o número de pessoas cuja indústria concorreu por uma parte qualquer a lhe fornecer esse mobiliário é algo que está além de todo cálculo possível. O casaco de lã, por exemplo, que cobre esse jornaleiro, por mais grosseiro que pareça, é o produto do trabalho reunido de uma multidão inumerável de trabalhadores",[705] etc. [p. 25]. E A. Smith conclui essa observação com as palavras: "entre o mobiliário de um príncipe da Europa e aquele de um camponês laborioso e comedido talvez não haja tanta diferença quanto entre os móveis desse último e aqueles de qualquer rei que reine sobre dez mil selvagens nus e que disponha, como senhor absoluto, de sua liberdade e de suas vidas"[706] [p. 28].

---

[700] Stephen Addington. (N.T.).

[701] Cf. Stewart, *op. cit.*, p. 323. (Nota da edição original).

[702] Como mestre.

[703] Mobiliário.

[704] Utensílios.

[705] "Observez, dans un pays civilisé et florissant, ce qu'est le mobilier d'un simple journalier ou du dernier des manoeuvres, et vous verrez que le nombre des gens dont l'industrie a concouru pour une part quelconque à lui fournir ce mobilier, est au-delà de tout calcul possible. La veste de laine, par exemple, qui couvre ce journalier, toute grossière qu'elle paraisse, est le produit du travail réuni d'une innombrable multitude d'ouvriers".

[706] "entre le mobilier d'un Prince d'Europe et celui d'un paysan laborieux et rangé, il n'y a peut-être pas autant de différence qu'entre les meubles de ce dernier et ceux de tel roi [em Smtih: "roi d'Afrique" – rei da África] qui règne sur dix Mille sauvages nus, et qui dispose en maître absolu de leur liberté et de leur vie".

Toda essa passagem e esse modo de considerar são replicados de *Mandeville*, *"Fable of the Bees"*, publicada inicialmente como poema em 1705,[707] a 2ª parte publicada em 1729, que consiste de uma série de seis diálogos (em prosa). Em 1714, ele acrescentou as notas em prosa que fazem a maior parte do primeiro volume da obra como a temos agora.[708] Lê-se aí, entre outras coisas:

"Se remontarmos às nações mais prósperas em sua origem, descobriremos que, nos mais remotos primórdios de toda sociedade, os homens mais ricos e consideráveis entre elas foram por muito tempo destituídos de muitas comodidades da vida, que são desfrutadas agora pelos miseráveis mais vis e humildes; de modo que muitas coisas que foram vistas uma vez como invenções do luxo são agora facultadas até àqueles que são miseravelmente pobres a ponto de ser objeto da caridade pública... Um homem seria objeto de riso ao descobrir luxo na simples vestimenta de uma pobre criatura que anda com um vestido grosso que lhe dá a paróquia e uma blusa rústica embaixo dele; e, ainda assim, quantas pessoas, quantos ofícios diferentes e que variedade de habilidade e ferramentas devem ser empregadas para se ter a mais ordinária roupa de Yorkshire!,"[709] etc. (*Observação* P, v. I, p. 181-183, ed. de 1724). "Que tumulto tem de ser causado em várias partes do mundo antes que um tecido escarlate ou carmim possa ser produzido; que multiplicidade de ofícios e artífices deve ser empregada! Não apenas aqueles mais óbvios, como cardadores, fiandeiros, o tecelão, aquele que trabalha o tecido, o removedor de nódoas, o tintureiro, aquele que seca o tecido, o tirador e o embalador; mas outros que são mais remotos e parecem estranhos a ele – como o construtor do moinho, o picheleiro e o químico, que são ainda todos necessários, assim como um grande número de artesanatos para se ter as ferramentas, utensílios e outros implementos

---

[707] No manuscrito original, Marx cita erroneamente as datas das edições como sendo 1708 e 1716, respectivamente, acrescentando um sinal para verificá-las mais tarde. Ele utilizava a 3ª edição, de 1724. Em 1863, no "caderno anexo H", p 81 a 112, Marx toma notas da obra, desta vez citando as datas de 1706 e 1714. (Nota da edição original).

[708] which consists of six dialogues (prosa.) 1714, he added the prose notes which make the bulk of the first volume of the work as we have it now.

[709] "If we trace the most flourishing nations in their origin, we shall find, that, in the remote beginnings of every society, the richest and most considerable men among them were a great while destitute of a great many comforts of life that are now enjoyed by the meanest and most humble wretches; so that many things which were once looked upon as the inventions of luxury are now allowed even to those that are so miserably poor as to become the objects of public charity... A man would be laughed at that should discover luxury in the plain dress of a poor creature that walks along in a thick parish gown, and a coarse shirt underneath it; and yet what a number of people, how many different trades, and what a variety of skill and tolls must be employed to have the most ordinary Yorkshire cloth?"

pertencentes aos ofícios já mencionados."[710] Então ele passa a considerar como a navegação, os países estrangeiros, numa palavra, como o mercado mundial concorre para isso. (*Search into the Nature of Society* (Em apêndice à segunda edição[711]), p. 411-413.)

Em verdade, essas enumerações consistem apenas nisto: porque a *mercadoria* se torna a forma geral do produto, ou a produção ocorre com base no valor de troca e, por isso, na troca de mercadorias, primeiramente, a produção de cada indivíduo se torna unilateral enquanto suas necessidades, multilaterais, então é necessário um concurso infinito de muitos ramos de trabalho autônomos para satisfazer as necessidades dos indivíduos, mesmo as necessidades mais simples. Segundo, todo o círculo de condições objetivas que são requeridas para a produção de uma única mercadoria, matéria-prima, instrumentos, *matières instrumentales*,[712] etc. entra em sua produção como *mercadorias*, são determinadas pela compra e venda desses componentes elementares da mercadoria, produzidos independentemente uns dos outros. Isso ocorre porque os elementos singulares que são requeridos para a produção de uma mercadoria existem como mercadorias fora dela, são elementos que entram originalmente nesse ramo de produção singular como mercadorias do exterior, mediadas pela circulação – quanto mais a *mercadoria* se torna a forma elementar geral da riqueza, mais a produção deixa de ser produção imediata dos próprios meios de subsistência para o indivíduo – torna-se *trade*,[713] como diz Steuart,[714] portanto, a *mercadoria* deixa de ser a forma da parte de sua produção que excede a necessidade do indivíduo, para ele supérflua e, por isso, vendável. Aqui o produto como tal ainda é a base e a produção se dá para sua subsistência. A produção de mercadorias ainda se baseia, aqui, no fundamento de uma produção cujos principais produtos não se tornam mercadoria, onde a subsistência mesma ainda não depende da venda; se o produtor não produz *mercadoria*, ele não

---

[710] "What a bustle is there to be made in several parts of the world before a fine scarlet or crimson cloth can be produced; what multiplicity of trades and artificers must be employed! Not only such as are obvious, as woolcombers, spinners, the weaver, the cloth-worker, the courer, the dyer, the setter, the drawer, and the packer; but others that are more remote, and might seem foreign to it, – as the mill-wright, the pewterer, and the chemist, which yet all are necessary, as well as a great number of handicrafts, to have the tools, utensils, and other implements belonging to the trades already named."

[711] Appended to the second edition.

[712] Matérias instrumentais.

[713] Comércio.

[714] James Steuart, *An inquiry into the principles of political economy*..., vol 1. Dublin, 1770, p. 166. Cf. também *Grundrisse*, caderno VII, p. 26. (Nota da edição original).

produz absolutamente *nada*; ser *mercadoria*, portanto, é a forma necessária, elementar, geral de seu produto que faz dele em geral um elemento da riqueza burguesa. Essa diferença se mostra de modo convincente ao se comparar a grande agricultura moderna com a agricultura em que a produção para a própria subsistência ainda constitui a base e produz a maioria das condições de sua própria produção; de modo que elas não entram como massa de mercadorias mediadas pela circulação.

Em verdade, portanto, esse modo de considerar de Mandeville, etc. apenas contém a afirmação de que a forma elementar geral da riqueza burguesa é a *mercadoria*; que o decisivo para os produtores não é mais o valor de uso, mas somente o valor de troca do produto, e o valor de uso para ele é apenas o portador do valor de troca; que, em verdade, ele não deve produzir meramente um produto, mas, antes, dinheiro. Esse pressuposto de que o produto é produzido em geral como mercadoria, de que ele é assim mediado pelas condições de sua própria produção como mercadorias, pela circulação na qual elas entram, supõe uma divisão universal do trabalho social ou a liberação dos trabalhos reciprocamente complementares e condicionantes em ramos de trabalho autônomos, mediados apenas pela circulação de mercadorias, compra e venda. Ou, o que é o mesmo, que a contraposição geral dos produtos como mercadorias pressupõe a contraposição das atividades que os produzem. Uma consideração desse gênero, portanto, é historicamente importante.[715]

[716]Num tal estágio de desenvolvimento da sociedade, mais interessante é, antes, a consideração dos contrastes entre as circunstâncias em que a família singular satisfaz imediatamente, praticamente por si mesma, todas as suas necessidades, como, por exemplo, *Dugald Stewart, loc. cit., p. 327*[-8]: "Em algumas partes das terras altas da Escócia, não há muitos anos atrás, todo camponês, de acordo com as *Statistical Accounts*, fazia seus próprios sapatos do couro curtido por ele mesmo. Também muitos pastores e agricultores, com suas esposas e filhos, apareciam na igreja em roupas que não foram tocadas por nenhuma outra mão senão as suas, já que foram tosquiadas de suas ovelhas e semeadas em seus campos de linho. Na preparação delas, acrescenta-se que quase nenhum artigo fora comprado, exceto o furador, a agulha, o dedal e muito poucas partes do trabalho de ferro empregado na

---

[715] Cerca de três linhas do manuscrito se perderam neste ponto. (Nota da edição original).

[716] Este parágrafo foi redigido na página 179 do manuscrito, com a observação "para p. 175, início". (Nota da edição original).

costura. As tintas também eram extraídas pelas mulheres principalmente das árvores, dos arbustos e das ervas"[717] (*Lectures on Pol. Ec., vol. 1, loc. cit.*).[718]

Ao contrário, num estágio de desenvolvimento avançado da sociedade burguesa, como o que já estava diante de A. Smith, aparece a reprodução simples dessas reflexões mandevillianas, harrisianas, etc., não sem um acréscimo de infantilismo pedante; em particular, semelhante descrição faz com que ele não compreenda, de maneira clara e precisa, a divisão do trabalho como modo de produção especificamente capitalista; como, por outro lado, a importância extraordinária que ele atribui à divisão do trabalho na manufatura mostra que, no seu tempo, o sistema de fábrica moderno estava nascendo. *Ure* observa com razão a respeito:

"Quando A. Smith escrevia sua obra imortal sobre os elementos da economia política, o sistema automatizado da indústria era ainda pouco conhecido. A divisão do trabalho lhe pareceu, com razão, o grande princípio do aperfeiçoamento na manufatura... Porém, aquilo que poderia servir de exemplo útil no tempo do doutor Smith não seria adequado hoje: senão para induzir o público ao erro no que diz respeito ao princípio real da indústria moderna... O dogma escolástico da divisão do trabalho segundo os diferentes graus de habilidade foi, enfim, explorado por nossos manufatureiros esclarecidos" [719] (*Andrew Ure*, Philosophie des manufactures etc., t. I, cap. I.) (editado pela primeira vez em 1835).

Isso mostra, de modo convincente, que a divisão do trabalho da qual se trata aqui – e, em verdade, da qual também já se tratava propriamente em A. Smith – não é uma categoria geral, comum à maioria e às mais variadas

---

[717] "In some parts of the Highlands of Scotland, not many years ago, every peasant, according to the *Statistical Accounts*, made his own shoes of leather tanned by himself. Many a shepherd and cottar too, with his wife and children, appeared at church in clothes which had been touched by no hands but their own, since they were shorn from their sheep and sown in their flaxfields. In the preparation of these, it is added, scarcely a single article had been purchased, except the awl, needle, thimble, and a very few parts of the iron work employed in the weaving. The dyes, too, were chiefly extracted by the women from trees, shrubs, and herbs." (*Citatenheft*, p. 34). (Nota da edição original).

[718] Fim do quarto caderno do manuscrito. (N.T.).

[719] "Lorsque A. Smith écrivait son ouvrage immortel sur les éléments de l'économie politique, le système automatique d'industrie était encore à peine connu. La division du travail lui parut avec raison le grand principe du perfectionnement en manufacture... Mais ce qui pouvait servir d'exemple utile du temps du docteur Smith ne serait propre aujourd'hui: qu'à induire le public en erreur relativement au principe réel de l'industrie moderne [em Ure: "aux principes réels de l'industrie manufacturière" – "aos princípios reais da indústria manuatureira"]... Le dogme scolastique de la division du travail selon les différents degrés d'habilité a enfin été exploité par nos manufacturiers éclairés." No caderno XX, p. 1249, Marx observa que o termo "*exploité*" gerou um duplo sentido na tradução francesa. (Nota da edição original)

condições sociais, mas sim um modo de produção histórico bem determinado, correspondente a um determinado estágio de desenvolvimento histórico do capital; modo de produção que, na realidade, nas formas autocráticas e dominantes sob as quais aparece em A. Smith, pertencia ao estágio de desenvolvimento passado e já superado da produção capitalista de sua época.

Na passagem indicada, Ure diz (1) "Disso, ele (A. Smith) conclui que para *cada uma dessas operações* pode-se apropriar naturalmente um trabalhador cujo salário corresponde à sua habilidade. É essa *apropriação* que é a essência da divisão do trabalho."[720] Primeiramente, portanto: *apropriação* do trabalhador por uma operação determinada, sua subsunção a essa operação. Ele pertence, a partir de agora, a essa operação, que se torna função exclusiva de sua capacidade de trabalho reduzida a uma abstração.

Primeiramente, portanto, a capacidade de trabalho é *apropriada* por essa operação particular. Em segundo lugar, porém, uma vez que a base da operação mesma permanece o corpo humano, ocorre, como diz Ure, que a apropriação é ao mesmo tempo "distribuição ou, antes, *a adaptação dos trabalhos* às diferentes capacidades individuais".[721] Quer dizer, as operações mesmas são adaptadas, em sua separação, às capacidades naturais e adquiridas. Não se trata da decomposição do processo em seus princípios mecânicos, mas da decomposição com respeito ao fato de que esses processos singulares devem ser realizados como funções da capacidade de trabalho humana.

G. Garnier, no volume de notas que acrescenta à sua tradução de A. Smith, declara-se contra a educação popular, na nota I ao capítulo de Smith sobre a divisão do trabalho. Isso seria contra a divisão do trabalho e se proscreveria, assim, "todo o nosso sistema social"[722] (p. 2, loc. cit., t. V). Algumas de suas observações merecem ser citadas aqui.

"O trabalho que alimenta, veste e abriga a totalidade dos habitantes de um país é uma carga imposta à sociedade em massa, mas uma carga que ela

---

[720] "Il en conclut donc que l'on peut naturellement approprier à *chacune de ces opérations* un ouvrier dont le salaire corresponde à son habileté. C'est cette *appropriation* qui est l'essence de la division du travail[em Ure: "distribution des travaux" – distribuição dos trabalhos]." Ure, *op. cit.*, p. 28, sublinhado por Marx. (Nota da edição original)

[721] "distribution, ou plûtot *l'adaptation des travaux* aux différentes capacites individuelles" Sublinhado por Marx. (Nota da edição original).

[722] "tout notre système social".

relega necessariamente a apenas uma parte de seus membros"[723] (p. 2, *loc. cit.*). E quanto maior o avanço industrial da sociedade, maior o crescimento de suas demandas "e, por conseguinte, haverá mais trabalho empregado para produzi-los, para prepará-los (os meios de subsistência em geral), para aproximá-los dos consumidores. *Ao mesmo tempo*, no entanto, e *em consequência do mesmo progresso*, a *classe* de pessoas liberadas desses trabalhos manuais aumenta em proporção à outra classe. Essa classe tem então, ao mesmo tempo, mais pessoas a prover e tem de fornecer uma provisão mais abundante e mais elaborada a cada um deles. Também à medida que a sociedade prospera, isto é, que ela aumenta em indústria, em comércio em população, etc. ..., o homem voltado para uma profissão mecânica tem *menos tempo a poupar*. Mais a sociedade se enriquece, mais *o tempo do operário* tem valor (mais ainda, ele é o *valeur*). Assim, mais a sociedade avançará em direção a um estado de esplendor e poder, *menos a classe operária terá tempo para se dedicar ao estudo e aos trabalhos intelectuais e especulativos*"[724] (p. 2–4). Quer dizer, o tempo livre da sociedade se baseia na absorção do tempo do trabalhador pelo trabalho forçado e, assim, ele perde o espaço para o desenvolvimento intelectual, pois esse é o tempo.

"Por um lado, *menos a classe trabalhadora tem tempo para explorar o domínio da ciência, mais resta dele para a outra classe.* Se os homens desta última classe podem se entregar com perseverança e assiduidade às observações filosóficas e às composições literárias, é porque eles são liberados de todo cuidado quanto à produção, confecção ou transporte dos objetos de sua subsistência diária e porque outros são por eles encarregados dessas operações mecânicas. Como todas as outras divisões do trabalho, essa entre o trabalho mecânico e o trabalho intelectual se pronuncia de uma maneira mais forte e aguda à medida que a sociedade avança em direção a um estado mais opulento. Essa divisão, como todas as outras, é um efeito dos progressos

---

[723] "Le travail qui nourrit, habille et loge la totalité des habitants d'un pays, est une charge imposée à la société en masse, mais que nécessairement elle *rejette* sur une partie seulement de ses membres." Todas as citações de Garnier aqui são sublinhadas por Marx. (Nota da edição original)

[724] "et plus par conséquent il y aura de travail employé à les produire, à les préparer, à les rapprocher des consommateurs. *Dans le même temps*, cependent, et *par une suite de ces mêmes progrès*, la *classe* des gens délivrés de ces travaux manuels augmente dans sa proportion avec l'autre classe. Celle-ci a donc à la fois, et de plus de gens à pourvoir, et une provision plus abondante et plus travaillée à fournir à chacun d'eux. Aussi, à mesure que la société prospère, c. à. d., qu'elle augmente en industrie, en commerce, en population etc... l'homme voué à une profession mécanique a *moins de temps a épargner*. Plus la société s'enrichit, plus *le temps de l'ouvrier* a de valeur... Ainsi, plus la société avancera vers un état de splendeur et de puissance, *moins la classe ouvrière aura de temps à donner à l'étude et aux travaux intelectuels et spéculatifs.*"

passados e a causa do progresso vindouro... Deve o governo então trabalhar para contrariar essa divisão do trabalho e para retardá-la em sua marcha natural? Deve ele empregar uma parte da renda pública para tratar de confundir e mesclar duas classes de trabalho que tendem elas mesmas a se dividir?"[725] (p. 4-5, *loc. cit.*).

A massa da produção aumenta quando, com igual número de trabalhadores, aumenta a *efficiency* do *labour*[726] e, simultaneamente, a *extension*[727] e intensidade do tempo de trabalho. Isso pressuposto, seu crescimento ulterior é condicionado pelo crescimento ou aumento dos trabalhadores assalariados em relação ao capital. Esses últimos são aumentados, em parte, diretamente pelo capital, na medida em que artesãos anteriormente autônomos etc. se submetem ao modo de produção capitalista e, com isso, transformam-se em assalariados; também na medida em que a introdução da maquinaria etc. produz a transformação de mulheres e crianças em assalariadas. Assim, cresce o número de trabalhadores relativamente, embora a população total permaneça a mesma. Porém, o capital também produz aumento absoluto do número de pessoas, em primeiro lugar da classe trabalhadora. A população poderá crescer absolutamente, disso deduzidas as operações acima citadas, somente na medida em que mais crianças nasçam, cresçam e possam ser nutridas até a idade em que serão capazes de trabalhar. O desenvolvimento das forças produtivas sob o regime do capital aumenta a massa dos meios de subsistência anualmente gerados e os barateia a tal ponto que o *salário médio* pode ser calculado numa escala maior para que a reprodução do trabalhador, embora diminua em valor, represente uma quantidade menor de tempo de trabalho materializado. Somente quando sua grandeza de valor não diminui exatamente na mesma proporção em que cresce a força produtiva do trabalho, é que há também queda de nível. Por outro lado, as condições

---

[725] "D'un autre côté, *moins la classe ouvrière a de temps pour exploiter le domaine de la science, plus il en reste à l'autre classe.* Si les hommes de cette dernière classe peuvent se livrer avec suite et assiduité aux observations philosophiques ou aux compositions littéraires, c'est parce qu'ils sont dégagés de tout soin, quant à la production, confection ou transport des objets de leur subsistance journalière, et parce que d'autres se sont chargés pour eux de ces opérations mécaniques. Comme toutes les autres divisions du travail, celle entre le travail mécanique et le travail intellectuel se prononce d'une manière plus forte et plus tranchante à mesure que la société avance vers un état plus opulent. Cette division, comme toutes les autres, est un effet des progrès passés et la cause [em Garnier: "une cause" – uma causa] des progrès à venir... Le gouvernement doit-il donc travailler à contrarier cette division du travail, et à la retarder dans sa marche naturelle? Doit-il employer une portion du revenu public pour tâcher de confondre et de mêler deux classes de travail qui tendent d'elles-mêmes à se diviser?"

[726] Eficiência do trabalho.

[727] Extensão.

de vida nas quais o capital coloca a classe trabalhadora, a *conglomeration*[728] e a separação de qualquer outro prazer da vida, a completa falta de perspectiva de alcançar uma posição social mais alta e garantir certa dignidade, a falta de conteúdo de sua vida inteira, a promiscuidade dos sexos no ateliê, o isolamento do trabalhador mesmo, tudo isso leva a casamentos precoces. A diminuição e quase abolição do tempo necessário à aprendizagem, a idade precoce na qual as crianças mesmas podem se apresentar como produtores, portanto, a diminuição do tempo no qual elas devem ser mantidas, tudo isso aumenta o incentivo à reprodução humana acelerada. Se a idade média das gerações trabalhadoras diminui, então sempre se encontra no mercado uma massa sempre crescente e supérflua de gerações efêmeras e isso é tudo de que a produção capitalista necessita.

Por um lado, portanto, pode ser dito (ver *Colins* etc.[729]) que um país é tanto mais rico quanto mais conta com proletários e que o crescimento da riqueza se revela no aumento da pobreza. Por outro lado, o número daqueles que são independentes do trabalho manual *cresce relativamente* e, embora a massa de trabalhadores cresça, a população das classes sociais que eles têm de manter materialmente pelo seu trabalho cresce na mesma proporção (*Collins, Sismondi,* etc.[730]). A produtividade crescente do capital se expressa diretamente na massa crescente do sobretrabalho por ele apropriado, ou na massa de lucro crescente que é uma massa de valor. Essa massa de valor não é apenas crescente, mas a mesma grandeza de valor se representa em massa incomparavelmente maior de valores de uso. Portanto, aumenta-se o *revenue*[731] da sociedade (exceto o salário), a parte dele que não é novamente reconvertida em capital e, com isso, a substância daquilo com o qual vive a classe social que não está diretamente envolvida na produção material. Com isso, também a parte ocupada com as ciências; exatamente como aquela ocupada com as atividades de circulação (comércio, transações monetárias) e os ociosos, que apenas consomem; o mesmo valendo para a *parte que serve* da população. Esta soma 1 milhão na Inglaterra, por exemplo, mais que todos os trabalhadores ocupados diretamente nas *factories*[732] de tecidos e fios. Com a separação entre sociedade burguesa e sociedade feudal, essa parte da

---

[728] Conglomeração.

[729] Colins, *L'économie politique...* t. 3. Paris, 1857, p. 331. (Nota da edição original).

[730] Cf. p. 351, *infra*.

[731] Rendimento.

[732] Fábricas.

população se reduz bastante. Num estágio ulteriormente desenvolvido, essa *voluntary servage*[733] cresce novamente (Ver *Quesnay* sobre os serviçais[734]) extraordinariamente com luxo, riqueza e ostentação da riqueza. Também esse bando – separado da classe trabalhadora mesma – ela deve manter e trabalhar para ele, porque ele também não está diretamente envolvido na produção material (idem quanto ao exército).

Embora a massa dos trabalhadores cresça absolutamente, ela diminui relativamente, não apenas em relação ao capital constante que absorve seu trabalho, mas também em relação à parte da sociedade não estabelecida diretamente na produção material ou em absolutamente qualquer produção.

"Em todo estágio da sociedade, quando quantidade maior e melhores dispositivos acrescentam-se ao poder de produção de cada homem, o número daqueles que trabalham diminui gradualmente... A propriedade cresce com o progresso dos meios de produção; seu único negócio é o encorajamento do ócio. Se o trabalho de cada homem for apenas suficiente para sua própria subsistência, de modo que não haja propriedade {capital}, não haverá homens ociosos. Se o trabalho de um homem puder manter cinco, haverá quatro homens ociosos para um empregado na produção: de nenhum outro modo pode o produto ser consumido... o objeto da sociedade é ampliar os ociosos à expensa dos industriosos, criar poder a partir da abundância. ... a indústria que produz é a mãe da propriedade; aquela que ajuda o consumo é sua filha... É o *crescimento da propriedade, a habilidade maior de manter homens ociosos*, e a *indústria improdutiva* que se chamam, na economia política, de capital"[735] (p. 11-13. *Piercy Ravenstone, M. A. thoughts on the Funding System, and its effects. London, 1824.*).

---

[733] Servidão voluntária.

[734] Esse parêntese foi adicionado por Marx posteriormente, possivelmente em 1863, quando terminou a redação do manuscrito, onde revisa o pensamento de Quesnay. Marx procedeu então a uma série de notas detalhadas sobre alguns dos escritos de Quesnay, especialmente do texto *Fermiers* [Agricultores], para a *Enciclopédia*. (Nota da edição original).

[735] "In every stage of society, as increased numbers and better contrivances add to each man's power of production, the number of those who labour is gradually diminished... property grows from the improvement of the means of production; its sole business is the encouragement of idleness. When each man's labour is barely sufficient for his own subsistence, as there can be no property, there will be no idle men. When one man's labour can maintain five, there will be four idle men for one employed in production: in no other way can the produce be consumed... the object of society is to magnify the idle at the expense of the industrious, to create power out of plenty... the industry which produces is the parent of property; that which aids consumption is its child... It is the *growth of property, this greater ability to maintain idle men, and unproductive industry*, that in political economy is called capital." (*Citatenheft*, p. 21). Sublinhado por Marx. (Nota da edição original).

"Quanto menos numerosa é a população exploradora, menos ela é dispendiosa para aqueles que ela explora" (p. 69. t. I, *Colins*, L'Econ. Polit. *Source des Révolutions et des utopies prétendues socialistes. Paris, 1856*). "Se por progresso social em direção ao mal entende-se o aumento da miséria resultante de um maior número da classe exploradora e de um menor número na classe explorada, então houve, do século XV ao XIX, progresso social em direção ao mal."[736] (*p. 70-1, loc. cit.*)

Na seção sobre a maquinaria, tratar: da divisão da ciência, na medida em que ela diz respeito ao trabalho mesmo; do trabalho – da ciência, da qual as indústrias e agricultura se tornaram aplicação; dos trabalhadores industriais e agrícolas.

(De resto, todas essas considerações pertencem ao capítulo conclusivo de capital e trabalho.)[737]

O mestre medieval é simultaneamente artesão e ele mesmo trabalha. Ele é mestre em seu trabalho. Com a manufatura – tal qual é fundada na divisão do trabalho – isso cessa. Excetuando-se a atividade comercial que ele exerce como comprador e vendedor de mercadorias, a atividade do capitalista consiste em empregar todos os meios para explorar ao máximo o trabalho, isto é, fazê-lo produtivo. "A classe dos capitalistas é de início parcialmente e por fim se torna *plenamente dispensada da necessidade do trabalho manual. Seu interesse é que as potências produtivas dos trabalhadores que eles empregam sejam as maiores possíveis. Sua atenção está fixada, e quase exclusivamente fixada, em promover aquela potência*. Mais pensamento é fomulado a fim de encontrar os melhores meios de se efetuar todos os propósitos da indústria humana; o conhecimento estende, multiplica seus campos de ação e ajuda a indústria"[738]

---

[736] "Moins nombreuse est la population exploitante, et moins elle est à charge à ceux qu'elle exploite." "Si par progrès social, vers le mal, on comprend l'augmentation de la misère résultant d'un plus grand nombre de la classe [em Colins: "dans la classe" – na classe] exploitante; et, d'un plus petit nombre dans la classe exploitée, il y a eu, du 15 au 19 siècle, progrès social, vers le mal."

[737] No plano de 1861, a seção "Trabalho Assalariado e Capital" constitui o ponto 5), enquanto no plano de janeiro de 1863, no caderno XVIII, p. 1139, aparece como ponto 12) "Conclusão. Capital e Trabalho assalariado". Cf. p. 54, *supra*.

[738] "The class of capitalists are from the first partially, and then become ultimately *completely* [em Jones: "they become ultimately completely" – o eles se tornam finalmente completamente] *discharged form the necessity of manual labour*. Their interest is that the *productive powers of the labourers they employ* should be the greatest possible. On *promoting that power* their attention is fixed, and almost exclusively fixed. More thought is brought to bear on the best means of effecting all the purposes of human industry; knowledge extends, multiplies its fields of action, and assists industry." Extraído do *Caderno VII*, Londres, 1859-1862, p. 121. No *Citatenheft*, p. 86, essa citação se encontra resumida, com remissão ao caderno de Londres. Sublinhado por Marx. (Nota da edição original).

(*Richard Jones, Textbook of Lectures on the Pol. Econ. of Nations. Hertford*, 1825) (*Lecture III*, [p. 39]).

"O empregador sempre será obrigado a economizar tempo e trabalho."⁷³⁹ (*Dug. Stewart*, p. 318, *loc. cit.*) "Esses especuladores, *tão econômicos quanto ao trabalho dos trabalhadores*, que eles deveriam pagar"⁷⁴⁰ (*J. N. Bidaut, Du Monopole qui s'établit dans les arts industriels et le commerce.* Paris, 1828, p. 13.).

"O *aumento numérico de trabalhadores* tem sido grande por meio da crescente substituição de trabalho masculino por feminino e, sobretudo, de trabalho adulto por infantil. Três garotas de 13 anos, com salários de 6 a 8 s. por semana, substituíram em massa um único homem de idade madura, com salários variando de 18 a 45 s."⁷⁴¹ (p. 147. Nota, [De] *Quincey*, Thomas, *The Logic of Polit. Economy. Edinb, 1844*).

A economia sobre os custos de produção não pode ser outra coisa senão a economia sobre a quantidade de trabalho empregado para produzir⁷⁴² (*Sismondi, Études* etc., t. I, p. 22.).

Sobre o crescimento do capital que é pressuposto à divisão do trabalho, a qual aumenta simultaneamente o *número de trabalhadores empregados*, A. Smith observa:

"À medida que o trabalho se divide, a quantidade de materiais que um mesmo número de pessoas pode trabalhar aumenta numa grande proporção; e como a tarefa de cada trabalhador se encontra sucessivamente reduzida a um grau menor de simplicidade, acaba-se por inventar uma enorme quantidade de novas máquinas para facilitar e abreviar essas tarefas.⁷⁴³ (Essa lógica peculiar – porque o trabalho é reduzido a um grau sempre maior de simplicidade, inventam-se máquinas para facilitá-lo e reduzi-lo. Portanto, porque eles são facilitados e reduzidos pela divisão do trabalho! Quer dizer, dá-se uma

---

[739] "The employer will be always on the stretch to economize time and labour."

[740] "Ces spéculateurs *si économes du travail des ouvrières* qu'il faudrait qu'ils payassent." (*Citatenheft*, p. 12). Sublinhado por Marx. (Nota da edição original).

[741] "The *numerical increase of labourers* has been great, through the growing substitution of female for male, and above all childish for adult labour. Three girls at 13, at wages of 6 to 8 sh. a week, have replaced em massa the one man of mature age, at wages varying from 18 to 45 sh." (*Citatenheft*, p. 19). Sublinhado por Marx. (Nota da edição original).

[742] L'économie sur les frais de production, ne peut être autre chose que l'économie sur la quantité de travail employé pour produire. (*Citatenheft*, p. 47). (Nota da edição original).

[743] "À mesure que le travail vient à se subdiviser, la quantité de matières qu'un même nombre de personnes peut mettre en oeuvre augmente dans une grande proportion. Et comme la tâche de chaque ouvrier se trouve successivement réduite à un plus grand degré de simplicité, il arrive qu'on invente une foule de nouvelles machines pour faciliter et abréger ces tâches.

simplificação e uma análise dos instrumentos dos quais mais tarde se origina a máquina.) Então, à medida que a divisão do trabalho vai se estendendo, é preciso, para que um mesmo número de trabalhadores seja constantemente ocupado, que se acumule com antecedência uma provisão igual de víveres e uma provisão de materiais e instrumentos maior do que aquela que seria necessária num estado de coisas menos avançado. *Ou o número de trabalhadores aumenta em geral* em *cada ramo de trabalho*, ao mesmo tempo em que aumenta a divisão do trabalho, *ou, antes, é o aumento de seu número que os coloca em condição de se agrupar e se dividir dessa maneira*"[744] (p. 193-4, t. II, A. Smith.) (livro II. *Introduction*).

A. Smith nos apresenta, neste ponto, o capitalista como alguém sempre alerta para aumentar a força produtiva do trabalho. Aqui, *accumulation*[745] do capital é pressuposto para a divisão do trabalho e a maquinaria (uma vez que aparecem como modo de produção capitalista) e, ao contrário, a *accumulation* é o resultado desse aumento das forças produtivas. Diz ele, na mesma página:

"Assim como o trabalho não pode adquirir essa grande extensão de potência produtiva sem uma acumulação prévia de capitais, também a acumulação desses capitais conduz naturalmente a essa extensão. A pessoa que emprega seu capital para trabalhar procura necessariamente empregá-lo de maneira que ele faça produzir a maior quantidade possível de trabalho: ela trata, então, ao mesmo tempo de estabelecer entre seus trabalhadores a distribuição dos trabalhos a mais conveniente e de lhes fornecer as melhores máquinas que possa imaginar ou que esteja em condições de lhes proporcionar. Os meios para alcançar esses dois objetivos são proporcionais à extensão de seu capital ou ao número de pessoas que esse capital pode ter ocupadas. Assim, não apenas *a quantidade da indústria* aumenta num país na medida do crescimento do *capital que a coloca em atividade*, mas, ainda, em decorrência desse crescimento, a mesma quantidade de indústria produz uma maior quantidade de trabalho"[746] (p. 194-195).

---

[744] À mesure donc que la division du travail va en s'étendant, il faut, pour qu'un même nombre d'ouvriers soit constamment occupé, qu'on accumule d'avance une égale provision de vivres et une provision de matières et d'outils plus forte que celle qui aurait été nécessaire dans un état de choses moins avancé. *Or le nombre des ouvriers augmente en général* dans *chaque ou plutôt c'est l'augmentation de leur nombre qui les met à portée de se classer et de se subdiviser de cette manière.*" (*Citatenheft*, p. 64). Sublinhado por Marx. (Nota da edição original).

[745] Acumulação.

[746] "De même que le travail ne peut acquérir cette grande extension de puissance productive, sans une accumulation préalable de capitaux, de même l'accumulation des capitaux amène naturellement cette extension. La personne qui emploi son capital à faire travailler, cherche nécessairement à l'employer

Não mais que um quarto de toda a nossa população fornece tudo que é consumido por todos⁷⁴⁷ (p. 14. *Th, Hodgskin, Popular Polit. Econ. Lond., 1827*.).

A economia sórdida que o espreita (o jornaleiro) com inquietação, que o enche de censuras à menor folga que ele procure se dar e, quando ele tira um instante de repouso, acusa-o de estar roubando⁷⁴⁸ (p. 466, v. II, S. N. *Linguet, Théorie des Loix Civiles. Londres, 1767*).

Sobre as consequências (negativas) da divisão do trabalho, que A. Smith, cap. I, livro I, onde trata *ex professo*⁷⁴⁹ da divisão do trabalho, apenas toca superficialmente, ele fala amplamente, de acordo com Ferguson⁷⁵⁰, no livro V, que trata da renda do Estado. Ali ele diz (cap. I, artigo II):

"No progresso que *a divisão do trabalho* causa, a ocupação da maior parte daqueles que vivem do trabalho, quer dizer, da massa do povo, limita-se a um número muito pequeno de operações simples, muito frequentemente a uma ou duas. Ora, a inteligência da maioria dos homens se forma necessariamente por suas ocupações ordinárias. Um homem cuja vida inteira se passa a cumprir um pequeno número de operações simples, cujos efeitos talvez sejam sempre os mesmos ou quase sempre os mesmos, não tem oportunidade de desenvolver sua inteligência nem de exercitar sua imaginação de modo que possa procurar expedientes para vencer as dificuldades que surgirem diante dele; naturalmente, ele perde o hábito de empregar ou exercer essas faculdades e se torna em geral tão estúpido e tão ignorante quanto seja possível a uma

---

de manière à ce qu'il fasse produire la plus grande quantité possible d'ouvrage: elle tâche donc à la fois d'établir entre ses ouvriers la distribuition de travaux la plus convenable, et de les fournir des meilleures machines qu'elle puisse imaginer ou qu'elle soit à même de se procurer. Les [em Smith: "ses" – seus] moyens pour réussir dans ces deux objets, sont proportionés en général à l'étendue de son capital ou au nombre de gens que ce capital peut tenir occupés. Ainsi non seulement *la quantité d'industrie* augmente dans un pays à mesure de l'accroissement du *capital qui la met en activité*, mais encore, par une suite de cet accroissement, la même quantité d'industrie produit une beaucoup plus grande quantité d'ouvrage." Sublinhado por Marx. (Nota da edição original).

⁷⁴⁷ Not beyond a fourth part of our whole population provides everything which is consumed by all. (*Citatenheft*, p. 5). (Nota da edição original).

⁷⁴⁸ L'économie sordide qui le (le journalier) suit des yeux avec inquietude, l'accable des reproches au moindre relâche qu'il paroît se donner, et s'il prend un instant de repos, elle pretend qu'il la vole. (*Citatenheft*, p. 69). (Nota da edição original).

⁷⁴⁹ Como mestre.

⁷⁵⁰ Adam Ferguson, *Essai sur l'histoire de la société civile...* t. 2, Paris, 1783, p. 134-6. Marx evoca essas páginas nas notas 66 e 68 do *Capital*, livro I, Hamburgo, 1867. Na nota 70, ele diz: "Em *Misère de la Philosophie*, forneci o necessário sobre a relação histórica de Ferguson, A. Smith, Lemontey e Say em sua crítica da divisão do trabalho e também ali, pela primeira vez, *apresentei* a divisão do trabalho sob a manufatura como *forma específica do modo de produção capitalista*. (*loc. cit.* p. 122 ss.) Em seu volume de Ferguson, Marx fez várias notas nas páginas 129-38. (Nota da edição original)

criatura humana se tornar; o entorpecimento de suas faculdades morais... a uniformidade de sua vida sedentária corrompe naturalmente e abate sua coragem... ela degrada mesmo a atividade de seu corpo e o torna incapaz de empregar sua força, com qualquer vigor e alguma constância, em qualquer outro emprego do que aquele para o qual ele foi criado. Assim, sua destreza em seu trabalho particular é uma qualidade que ele parece ter adquirido às expensas de suas qualidades intelectuais, de suas virtudes sociais e de suas disposições guerreiras. Ora, esse estado é aquele no qual o trabalhador pobre, quer dizer, a massa do povo deve cair necessariamente em toda sociedade civilizada e avançada na indústria... Não é assim nas sociedades que se chamam comumente *bárbaras*: aquelas de povos de caçadores, pastores e mesmo de agricultores, naquele estado incerto da agricultura que precede o progresso das manufaturas e a extensão do comércio estrangeiro. Nessas sociedades, as ocupações variadas de cada indivíduo o obrigam a exercer sua capacidade em esforços contínuos etc. ... Embora, numa sociedade agreste, as ocupações de cada indivíduo não deixem de ser muito variadas, com isso não há uma grande variedade de ocupações na sociedade em geral... Num estágio civilizado, ao contrário, embora exista pouca variedade nas ocupações da maior parte dos indivíduos, há praticamente uma infinidade naquelas da sociedade em geral"[751] [p. 181-4].

---

[751] "Dans les progrès que fait *la division du travail*, l'occupation de la très-majeure partie de ceux qui vivent de travail, c. à. d., de la masse du peuple, vient à se borner à un très-petit nombre d'opérations simples, très souvent à une ou deux. Or, l'intelligence de la plupart des hommes se forme nécessairement par leurs occupations ordinaires. Un homme dont toute la vie se passe à remplir un petit nombre d'opérations simples, dont les effets sont aussi peut-être toujours les mêmes ou très-approchant les mêmes, n'a pas lieu de développer son intelligence ni d'exercer son imagination à chercher des expédiens pour écarter des difficultés, qui ne se rencontrent jamais; il perd donc naturellement l'habitude de déployer ou exercer ces facultés, et devient en général aussi stupide et aussi ignorant qu'il soit possible à une créature humaine de le devenir; l'engourdissement de ses facultés morales... l'uniformité de sa vie sédentaire corrompt naturellement et abat son courage... elle dégrade même l'activité de son corps, et le rend incapable de déployer sa force avec quelque vigueur et quelque constance, dans tout autre emploi que celui auquel il a été élevé. Ainsi sa dextérité dans son métier particulier est une qualité qu'il semble avoir acquise aux dépens de ses qualités intellectuelles, de ses vertus sociales et de ses dispositions guerrières. Or, cet état est celui dans lequel l'ouvrier pauvre, c. à. d., la masse du peuple doit tomber nécessairement dans toute société civilisée et avancée en industrie... Il n'en est pas ainsi dans les sociétés qu'on appelle communément *barbares:* celles de peuples de chasseurs, des pasteurs et même des agriculteurs, dans cet état informe de l'agriculture qui précède le progrès des manufactures et l'extension du commerce étranger. Dans ces sociétés, les occupations variées de chaque individu l'obligent à exercer sa capacité par des efforts continuels etc... Quoique, dans une société agreste, les occupations de chaque individu ne laissent pas que d'être fort variées, avec cela il n'y a pas une grande variété d'occupations dans la société en général. ... Dans un état civilisé, au contraire, quoiqu'il y ait peu e variété dans les occupations de la majeure partie des individus, il y a une presqu'infinie dans celles de la société en général."

{Digressão: (sobre o trabalho produtivo)}

{Um filósofo produz ideias, um poeta, poemas, um pastor, sermões, um professor, compêndios etc. Um criminoso produz crimes. Considerando-se mais de perto a ligação deste último ramo de produção com os limites da sociedade, então se abandonam muitos preconceitos. O criminoso não produz apenas crimes, mas também o direito criminal e, com isso, também o professor que profere cursos sobre direito criminal e, além disso, o inevitável compêndio com o qual esse mesmo professor lança suas conferências como "mercadoria" no mercado geral. Com isso, ocorre aumento da riqueza nacional, prescindindo todo o prazer privado que o manuscrito do compêndio proporcionou ao seu próprio autor, como nos [diz] uma testemunha competente, Prof. Roscher (ver [752]). Além disso, o criminoso produz toda a polícia e a justiça criminal, agentes da polícia, juízes, carrascos, jurados, etc. e todos esses ramos profissionais que constituem tantas categorias da divisão social do trabalho, desenvolvem diversas faculdades do espírito humano, criam novas necessidades e novos modos de sua satisfação. A tortura sozinha já resultou em engenhosas invenções mecânicas e, na produção de seus instrumentos, empregou uma massa de honrados trabalhadores. O criminoso produz uma impressão, em parte moralista, em parte trágica, conforme a circunstância, e presta assim um "serviço" ao movimento dos sentimentos morais e estéticos do público. Ele não produz apenas compêndios sobre direito criminal, não apenas códigos de direito penal e, com isso, legisladores de matéria penal, mas também arte, bela literatura, romances e até tragédias, como mostram não apenas "Dívida" de Müllner ou "Bandoleiros" de Schiller, mas mesmo "Oedipus" e "Ricardo III". O criminoso interrompe a monotonia e a segurança quotidiana da vida burguesa. Com isso, ele a preserva da estagnação e provoca aquela tensão inquieta e a mobilidade sem as quais mesmo o estímulo da concorrência se embotaria. Ele golpeia assim com as esporas as forças produtivas. Enquanto o criminoso elimina uma parte da população excedente do mercado de trabalho e diminui com isso a concorrência entre os trabalhadores, ele impede até certo ponto a

---

[752] Marx deixa aqui o espaço para a exata citação da fonte. Ele se refere provavelmente a *Die Grundlagen der Nationalökonomie*, in: Wilhelm Roscher, *System der Volkswirtschaft*, v. 1, Stuttgart e Augsburg, 1858, edição revista e corrigida, onde se lê, na página 47, sobre a produção: "Quanto melhor ela se torna, mais tende a aumentar também a alegria do produtor com sua produção, como efeito e causa do sucesso." No verão de 1862, Marx anotou excertos a partir do livro de Roscher que Ferdinand Lassale lhe emprestou, no *Caderno VII*, Londres, 1859-1862, p. 223-33; este adendo foi escrito provavelmente depois disso. (Nota da edição original).

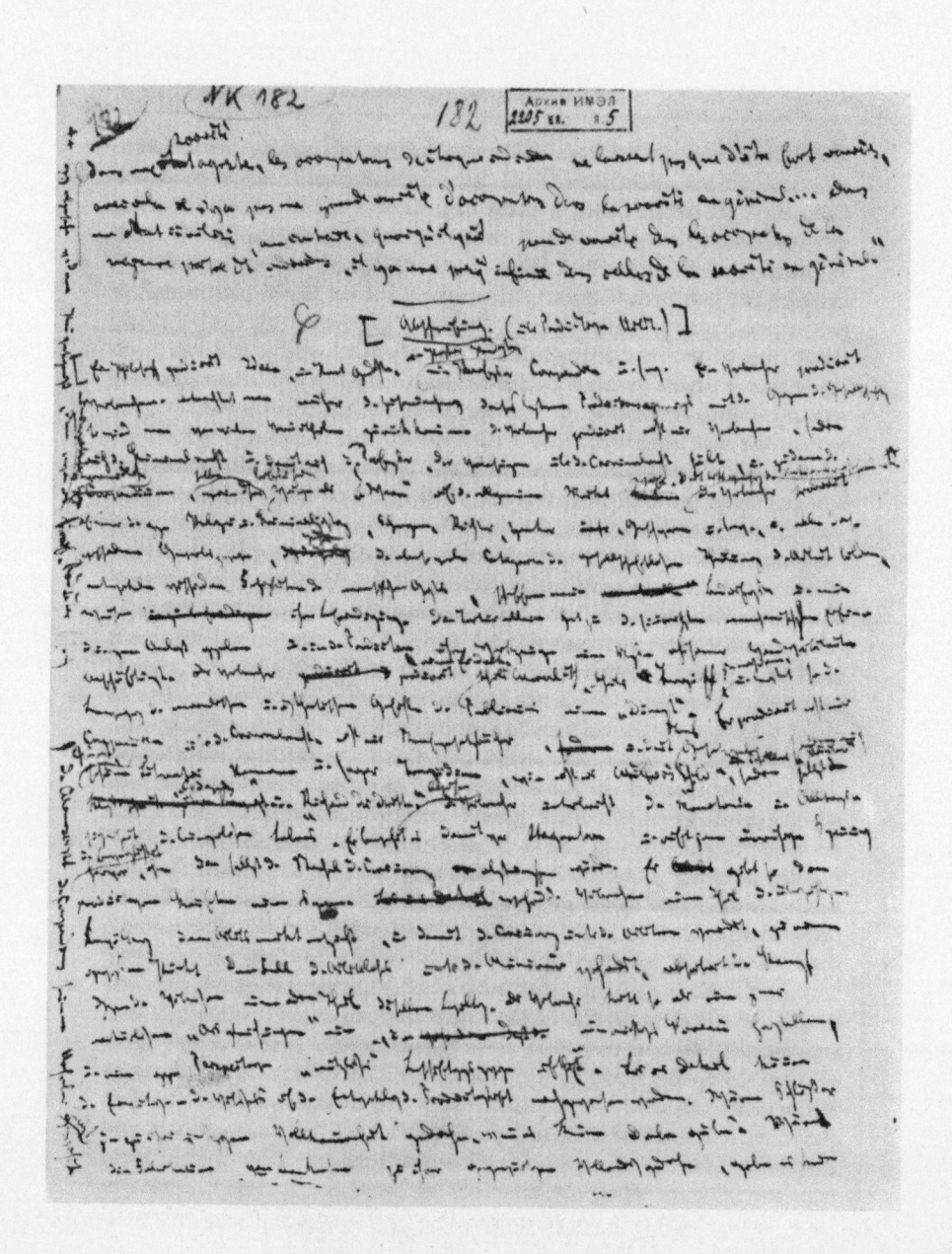

Página 182 do manuscrito, Caderno V.

queda do salário abaixo do mínimo, enquanto a luta contra o criminoso absorve outra parte da mesma população. O criminoso aparece, assim, como certas "equalizações" naturais que geram um nível correto e abrem toda uma perspectiva de ramos de atividade "úteis". Os efeitos do criminoso no desenvolvimento da força produtiva podem ser demonstrados em cada detalhe. Teriam as fechaduras atingido alguma vez a sua perfeição de agora se não houvesse ladrões? Teria a fabricação de notas bancárias atingido sua atual perfeição se não houvesse falsários? Teria o microscópio se estabelecido nas esferas comuns do comércio (ver Babbage)[753] sem a fraude no comércio? Não deve a química prática tanto à falsificação de mercadorias e ao esforço de descobri-la quanto ao zelo honesto na produção? Por meios sempre novos de ataque à propriedade, o criminoso sempre faz surgir novos meios de defesa e, com isso, atua produtivamente na invenção de máquinas como as *strikes*.[754] E se a esfera do crime privado fosse abandonada, sem crimes nacionais, teria alguma vez se desenvolvido o mercado mundial? Sim, e mesmo as nações? E a árvore do pecado não é ao mesmo tempo a árvore do conhecimento, desde os tempos de Adão? Em sua "Fable of the Bees" (1705), Mandeville já demonstrara a produtividade de todos os possíveis gêneros de trabalho, etc. e, em geral, a tendência de todo esse argumento:[755] "Aquilo que chamamos mal neste mundo, tanto moral quanto natural, é o grande princípio que nos faz criaturas sociais, a base sólida, a *vida e o apoio de todos os negócios e empregos* sem exceção; ali devemos procurar a origem de todas as artes e ciências; e no momento em que o mal cessa, a sociedade deve ser arruinada, se não totalmente destruída."[756] Com a diferença que, naturalmente, Mandeville é infinitamente mais corajoso e honesto que os apologetas filisteus da sociedade burguesa.}

Aquilo que nos impressiona na divisão do trabalho, como em todas as formas da produção capitalista, é o caráter do antagonismo.

[Primeiramente] Na divisão do trabalho *no interior* do ateliê, os trabalhadores são rigorosa e regularmente divididos nas operações singulares

---

[753] Charles Babbage, no *Traité sur l'économie...*, Paris, 1833, trata, no capítulo XI e em outros, sobre a falsificação de notas bancárias assim como os meios de impedir essa fraude. (Nota da edição original)

[754] Greves.

[755] Cf. p. 341, *supra*.

[756] "That what we call evil in this world, moral as well as natural, is the grand principle that makes us sociable creatures, the solid basis, the *life and support of all trades and employments* without exception; there we must look for the true origin of all arts and sciences; and the moment evil ceases the society must be spoiled, if not totally destroyed [em Mandeville: "dissolved" – dissolvida]." Mandeville, *The fable of the bees...*, 3ª edição, Londres, 1724, p. 428. (Nota da edição original)

quantitativamente segundo certos números proporcionais, assim como o requer o todo da produção, o produto dos trabalhos combinados. Se consideramos, no entanto, o todo da sociedade – a divisão social do trabalho – então se encontram produtores demais ora num ramo de atividade, ora em outro. A concorrência, pela qual o preço da mercadoria ora sobe acima de seu valor, ora cai abaixo dele, compensa constantemente esse desigualdade e desproporção, mas do mesmo modo as reproduz constantemente. É o movimento dos preços das mercadorias, mediado pela concorrência, que determina, como regulador, a divisão das massas produtoras entre determinados ramos de produção, originando a emigração e imigração constantes nas esferas de produção particulares – a chamada lei da oferta e da procura que, por um lado, determina os preços, por outro, é determinada por eles. Sem entrar aqui em pormenores sobre esse ponto, salta aos olhos a diferença entre essa divisão anárquica no interior da sociedade e aquela regulada, rígida, no interior do ateliê mesmo.

Segundo: No interior da sociedade existem diversos ramos de atividade que representam, eles mesmos, apenas diversas fases da produção que um produto deve percorrer para obter sua forma final, sua forma última, a figura na qual seu valor de uso é acabado, como por exemplo, cultivo de linho, fiação de linho, tecelagem de linho – mediados reciprocamente – de modo que cooperem para a produção de um produto – por meio da circulação de mercadorias. O linho confronta o fiandeiro como mercadoria, o fio confronta o tecelão como mercadoria. Compra de mercadorias e venda de mercadorias medeiam, aqui, a relação que existe interiormente – como necessidade interna – entre esses ramos de produção conduzidos independentemente uns dos outros. A divisão do trabalho no interior da manufatura, ao contrário, pressupõe combinação *imediata* das diversas operações que fornecem *um determinado* produto. Esse produto se torna mercadoria somente como resultado dessas operações combinadas. Ao contrário, a parte do produto que cada uma dessas operações parciais cria não se torna mercadoria. A cooperação não é, aqui, mediada pelo fato de que o produto de um processo entra originalmente como mercadoria no outro e, com isso, os trabalhos divididos se completam. Aqui a combinação *imediata* dos trabalhos é, antes, pressuposta, de modo que seu produto comum entre no mercado como mercadoria.

Terceiro:
{Depois do mais-valor relativo, devem-se considerar o mais-valor absoluto e relativo em sua combinação. Em seguida, as proporções de aumento e

diminuição. Em seguida, ou melhor, antes disso, a modificação que o próprio modo de produção sofre enquanto se torna capitalista. Não mais meramente subsunção formal do processo de trabalho ao capital. Os diversos meios pelos quais o capital cria mais-valor relativo, aumenta as forças produtivas e a massa de produtos, são todos formas sociais do trabalho que, porém, aparecem, antes, como formas sociais do capital – modos de existência do próprio capital no interior da produção. De modo que seja mostrado não apenas como o capital produz, mas como o capital mesmo é produzido – sua própria gênese. Também se demonstra, então, que essa forma determinada da relação social de produção se torna capital por meio do trabalho passado, correspondendo a determinado estágio de desenvolvimento do processo de produção material, a determinadas condições materiais de produção, mas elas mesmas criadas somente historicamente, cujos pontos de partida pertencem naturalmente a um estágio de produção pré-capitalista da sociedade, cuja criação e desenvolvimento coincidem com a gênese do próprio capital até que a produção se mova numa base capitalista adquirida, onde, então, tais condições de produção são apenas estendidas e reproduzidas. Além disso, essa gênese do capital aparece, ao mesmo tempo, como processo de alienação do trabalho, como estranhamento, representação de suas próprias formas sociais como potências estranhas. Também segundo a dimensão que a produção capitalista requer, o capital aparece como uma forma social, não do trabalho individual independente. Em seguida, apresentar em que medida o capital é produtivo, com o que se relaciona a questão sobre trabalho produtivo e improdutivo. Então, salário e mais-valor como *revenu*,[757] a forma em geral do *revenu*, que é necessário para nós na passagem da acumulação do capital.}[758]

No interior do ateliê, as diversas operações são sistematicamente divididas conforme um plano e os diversos trabalhadores são assinalados para elas segundo uma regra que os confronta como uma lei obrigatória, estranha, imposta a eles de fora. A coesão dos trabalhadores combinados, sua unidade também defronta os trabalhadores individuais como *arbítrio*, unidade pessoal, comando e supervisão do capitalista; assim como sua própria cooperação ela mesma aparece para eles não como sua própria ação, sua própria existência social, mas como existência do capital que os mantém unidos, como uma forma de existência do capital no processo de produção

---

[757] Rendimento.

[758] Com essas considerações, Marx modifica o plano sobre a primeira seção do "processo de produção do capital". Em janeiro de 1863, no caderno XVIII, p. 1140, uma nova estrutura será planejada. (Nota da edição original).

imediato, processo de trabalho. No interior da sociedade, ao contrário, a divisão do trabalho aparece livre, isto é, *contingente*, unida por um nexo interior que, porém, se representa tanto como o produto das circunstâncias quanto do arbítrio dos produtores de mercadorias independentes uns dos outros. Essencialmente distintas, já que a divisão do trabalho – como modo de produção especificamente capitalista – no interior do ateliê se contrapõe à divisão do trabalho no todo da sociedade, ambas se condicionando reciprocamente. Em verdade, isso significa apenas que a grande indústria e a livre concorrência são ambas formas que se condicionam reciprocamente, figuras da produção capitalista. Porém, deve-se evitar, aqui, todo recurso à concorrência, uma vez que ela é a ação dos capitais uns sobre os outros, já pressupondo, portanto, o desenvolvimento do capital em geral.

A mercadoria, como forma elementar da riqueza, era nosso ponto de partida. Mercadoria e dinheiro são ambos modos de ser elementares, modos de existência do capital que, porém, desenvolvem-se em capital somente sob determinadas condições. A formação de capital não pode ocorrer senão sobre a base da produção de mercadorias e circulação de mercadorias, portanto, num estágio do comércio já dado, desenvolvido em certa medida, enquanto, ao contrário, a produção e a circulação de mercadorias (o que inclui circulação de dinheiro) não pressupõem de modo algum, para sua existência, a produção capitalista, mas antes aparecem como pressuposto necessário, historicamente dado desta última. Por outro lado, porém, a mercadoria se torna primeiramente a forma *geral* do produto, todo produto devendo assumir a forma da mercadoria; compra e venda compreendem não apenas o excedente da produção, mas a substância mesma e as diversas condições de produção mesmas só entram no processo de produção compreensivamente como mercadorias, mediadas pela compra e venda, sobre a base da produção capitalista. Assim, por um lado, se a mercadoria aparece como pressuposto da formação do capital, por outro lado, igualmente, a *mercadoria* como forma *geral* do produto aparece essencialmente como produto e resultado do capital. Em outros modos de produção, produtos assumem em parte a forma da mercadoria. O capital, ao contrário, produz necessariamente mercadoria, seu produto como mercadoria ou, então, ele nada produz. Por isso, somente com o desenvolvimento da produção capitalista, isto é, do capital, realizam-se as leis gerais desenvolvidas sobre a mercadoria, por exemplo, de que o valor da mercadoria é determinado pelo tempo de trabalho socialmente necessário nela contido. Aqui se mostra como mesmo as categorias pertencentes a épocas de produção anteriores adquirem, sob o fundamento de um modo de produção diverso, um caráter especificamente distinto – caráter histórico.

A transformação do dinheiro – ele mesmo apenas uma forma transformada da mercadoria – em capital ocorre somente na medida em que a capacidade de trabalho (não o trabalhador) é transformada em mercadoria, de modo que a categoria da mercadoria já se apoderou desde o início de toda uma esfera da qual ela era de outro modo excluída. Somente quando a massa trabalhadora da população deixou de comparecer no mercado como produtora de mercadorias, vendendo, em lugar do produto do trabalho, o trabalho mesmo ou *rather*[759] sua capacidade de trabalho, a produção se torna, conforme todas as suas dimensões, toda a sua extensão e profundidade, produção de *mercadorias*, todo produto se transforma em mercadoria e as condições objetivas de cada esfera de produção singular mesma entram nela como mercadorias. Somente sob o fundamento do capital, da produção capitalista, a mercadoria se torna, em verdade, forma geral elementar da riqueza. Porém, aqui já ocorre que o desenvolvimento da divisão do trabalho na sociedade, onde ela aparece sob uma forma contingente, e a divisão capitalista do trabalho no interior do ateliê se condicionam e produzem reciprocamente. O fato de que o produtor produz apenas mercadoria, isto é, que o valor de uso do produto existe para ele apenas como meio de troca – esse *fact*[760] implica que sua produção se baseia totalmente na divisão social do trabalho, portanto, que por meio de sua produção ele satisfaz apenas uma necessidade totalmente unilateral. Por outro lado, porém, essa produção geral dos produtos como mercadorias ocorre somente sobre a base da produção capitalista e na medida de sua extensão. Se, por exemplo, o capital ainda não se apossou da agricultura, então uma grande parte do produto ainda será produzida imediatamente como meios de subsistência, não como mercadoria; uma grande parte da população trabalhadora ainda não se torna assalariada e uma grande parte das condições de trabalho ainda não é transformada em capital.

A produção capitalista, portanto, a divisão do trabalho regulada no interior do ateliê, aumenta imediatamente a livre divisão do trabalho no interior da sociedade (abstraindo-se totalmente da ampliação do círculo de troca determinado pela produção em massa, do mercado mundial), na medida em que ela torna mais eficaz o trabalho de determinado número de trabalhadores, portanto, libera constantemente uma parte das forças de trabalho para novos modos de ocupação e, com isso, desenvolve ao mesmo

---

[759] Antes.

[760] Fato.

tempo necessidades até então latentes ou ainda inexistentes e modos de trabalho para sua satisfação. Também por meio do aumento da população, por meio do barateamento dos meios de subsistência requeridos para a reprodução e a multiplicação da capacidade de trabalho; igualmente no fato de que o sobrevalor que se torna parte do rendimento procura, então, realizar-se nos mais diversos valores de uso.

Ali onde a *mercadoria* aparece como forma dominante do produto e os indivíduos, para produzir algo em geral, têm de produzir não apenas produtos, valores de uso, meios de subsistência, o valor de uso da mercadoria, para eles, é antes mero portador material do valor de troca, meio de troca, dinheiro *potentia*,[761] portanto, ali onde eles têm de produzir *mercadoria*, suas relações recíprocas são – na medida em que se toma em consideração o metabolismo de suas atividades, em geral, sua relação no interior da produção – aquelas entre *possuidores de mercadorias*. Porém, como a mercadoria se desenvolve somente na troca de mercadorias – isto é, na circulação de mercadorias – então o possuidor de mercadorias se desenvolve somente como vendedor e comprador. Compra e venda, primeiro a representação do produto como mercadoria, depois a representação da mercadoria como dinheiro e as metamorfoses da mercadoria, nas quais ela se apresenta nos estágios que se sucedem um ao outro, como mercadoria, dinheiro, novamente mercadoria, esses são os movimentos por meio dos quais são *socialmente* mediadas as produções dos indivíduos independentes uns dos outros. A forma *social* de seus produtos e de sua produção, isto é, a relação social na qual os produtores de mercadoria entram como tais é tão somente a representação de seu produto como *mercadoria* e *dinheiro* e os atos, movimentos nos quais ele assume alternadamente essas diferentes determinações são compra e venda. Portanto, qualquer que seja o vínculo interno, necessário, originado da natureza de suas necessidades e do gênero das atividades mesmas que as produzem, que une num todo, numa totalidade, num sistema de atividades e riqueza, os diversos valores de uso e, portanto, também os diversos modos de trabalho que os produzem, que estão neles contidos – qualquer que seja a relação em que o valor de uso de uma mercadoria é valor de uso para o outro possuidor de mercadoria, como meio de consumo ou meio de produção – a relação *social* na qual os possuidores de mercadorias entram é a representação de seu produto como mercadoria e dinheiro e o movimento no qual se defrontam um com o outro como portadores das metamorfoses

---

[761] Em potência.

das mercadorias. Se a existência dos produtos uns para os outros como mercadoria e, com isso, dos indivíduos como possuidores de mercadorias se desenvolve ulteriormente como vendedores e compradores, razão pela qual ela pressupõe a divisão social do trabalho em si e para si – pois, sem ela os indivíduos não produziriam mercadoria, mas valor de uso imediato, meios de subsistência para si mesmos – então pressupõe também uma determinada divisão do trabalho social, a saber, uma divisão que, *formalmente*, é absolutamente contingente e permanece abandonada à livre discrição e às atividades dos produtores de mercadorias. Na medida em que essa liberdade é limitada, não o é pela influência estatal ou outra externa, mas pelas condições de existência, pelas características que fazem da mercadoria uma mercadoria. Ela deve ter um valor de uso para a sociedade, isto é, para que o comprador, portanto, possa satisfazer determinadas necessidades, reais ou imaginárias. Aqui está uma base na qual se fundamenta o produtor da mercadoria singular, mas é assunto seu se ele satisfaz necessidades existentes ou se engendra novas por meio de seu valor de uso, ou se ele se enganou e produziu uma coisa inútil. É assunto seu encontrar um comprador para o qual sua mercadoria tenha um valor de uso. A segunda condição que ele deve preencher é não empregar mais trabalho em sua mercadoria do que o tempo de trabalho socialmente necessário à sua produção, e isso se mostra no fato de que ele não requer mais tempo de trabalho para sua produção do que a média dos produtores que produzem a mesma mercadoria. A produção do produto como mercadoria – se a mercadoria é forma necessária do produto, forma geral da produção e, por isso, medeia também a satisfação de necessidades vitais por meio da compra e venda – determina assim uma divisão social do trabalho, que, segundo o conteúdo, certamente repousa sobre uma base de necessidades, uma conexão de atividades, etc., mas cuja conexão é *mediada* formalmente apenas pela representação do produto como mercadoria, portanto, a confrontação dos produtores como possuidores de mercadorias, como comprador e vendedor, por um lado, aparece tanto como o produto de uma necessidade natural *latente*, que aparece nos indivíduos somente como carecimento, necessidade, faculdade, etc. quanto, por outro lado, como o resultado de sua vontade independente, condicionada apenas pela essência do produto – que deve ser valor de uso e valor de troca.

Por outro lado, o produto assume a forma geral da mercadoria – a relação dos produtores uns com os outros como vendedores e compradores se torna apenas a conexão social que os domina – somente onde a capacidade de trabalho mesma se tornou mercadoria para seu possuidor, o trabalhador, por isso, trabalhador assalariado, e o dinheiro se tornou capital. A conexão social entre os possuidores de dinheiro e o trabalhador também é apenas aquela entre possuidores de mercadorias. A relação se modifica, produz novas relações sociais por meio da natureza específica da mercadoria que o trabalhador deve vender e do modo peculiar pelo qual o comprador a consome, exatamente como o fim particular com o qual ele compra. A produção capitalista traz consigo, dentre outras coisas, a divisão do trabalho no interior do ateliê, e é isso que, assim como os outros meios de produção empregados pelo capital, desenvolve ulteriormente a produção em massa e, por isso, a indiferença do valor de uso do produto para os produtores, a produção para a mera venda, do produto como mera mercadoria.

Disso resulta, portanto, que a *divisão do trabalho no interior da sociedade*, livre, aparentemente contingente, descontrolada e confiada à atividade dos produtores de mercadorias, corresponde à divisão do trabalho sistemática, planejada, regulada, que ocorre sob o comando do capital no interior do ateliê, e que ambas se desenvolvem simetricamente uma com a outra e se produzem por ação recíproca.

Ao contrário, nas formas sociais em que a divisão social mesma aparece como lei fixa, norma externa, em que é submetida a regras, não ocorre a divisão do trabalho tal qual constitui a base da manufatura, ou ocorre apenas esporadicamente e em seus estágios iniciais.

Por exemplo, as leis da corporação determinam um número muito baixo de jornaleiros que um mestre pode manter. Precisamente por isso ele é impedido de se desenvolver como capitalista. A divisão do trabalho é, assim, excluída mesmo do interior do ateliê. (Detalhar isso posteriormente.)

O principal argumento de Platão[762] para a divisão do trabalho, de que, se alguém realiza diversos trabalhos, portanto, se realiza um ou outro como trabalho secundário, o produto deve atender a oportunidade do trabalhador, enquanto, ao contrário, o trabalho deve ser orientado pelos requisitos do produto, fez-se valer recentemente pelos *bleachers* e *dyers*[763] contra sua subsunção às leis de fábrica (As leis de branqueamento e tinturaria entraram em vigor em 1º de agosto, 1861).[764] Isto é, depois do *factory act*, cujas *provisions*[765] a esse respeito são reproduzidas para *bleaching*, etc.: "durante qualquer período de refeição que forme qualquer parte da hora e meia permitida para refeições,

---

[762] Cf., p. 320, *supra*. (Nota da edição original).

[763] Branqueadores e tintureiros.

[764] ... *factory acts* (*The Bleaching and Dyeing Works Act* came into operation on 1st August 1861).

[765] Disposições.

nenhuma criança, jovem ou mulher deve ser empregado ou autorizado a permanecer em qualquer local onde se desenvolve algum processo de manufatura; e todos os jovens e mulheres devem ter o horário para refeições *no mesmo período do dia.*"[766] (*Relatório de Fábrica* para o semestre que termina em 31 de outubro, 1861): "Os branqueadores reclamam da uniformidade requerida para os seus horários de refeições, sob a alegação de que, enquanto a maquinaria na fábrica pode ser parada sem prejuízo a qualquer momento, e uma vez interrompida a produção é tudo que é perdido, ao contrário, nas várias operações de *chamuscagem*, lavagem, branqueamento, passagem a ferro, calandragem e tinturaria, nenhuma delas pode ser parada num dado momento sem risco de dano... de modo que impor a mesma hora de jantar para todos os trabalhadores pode ocasionalmente submeter bens valiosos ao risco de danos por operações incompletas"[767] (*loc. cit.*, p. 21-2). (*A mesma dinner hour*[768] foi estabelecida porque, de outro modo, tornar-se-ia impossível controlar se os trabalhadores em geral estavam a desfrutar dos *mealtimes*[769].)

Diversos gêneros da division du travail[770]

"Nos povos que alcançaram um certo grau de civilização, encontramos três gêneros de divisões da indústria: a *primeira*, que chamaremos de *geral*, conduz à distinção dos produtores em agricultores, manufatureiros e comerciantes, ela se refere aos três ramos principais da indústria nacional; a *segunda*, que se poderia chamar *especial*, é a divisão de cada gênero de indústria em espécies. É assim, por exemplo, que na indústria *primitiva* deve-se distinguir

---

[766] "during any meal time which shall form any part of the hour and a half allowed for meals no child, young person, or female shall be employed or allowed to remain in any room in which any manufacturing process is then carried on; and all the young persons and females shall have the time for meals *at the same period of the day.*" Essa citação e as duas seguintes são sublinhadas por Marx. (Nota da edição original).

[767] (*Factory Report* for the half year ending 31st Oct. 1861.): "The bleachers complain of the required uniformity of meal times for them, on the plea that whilst machinery in factories may be stopped without detriment at any moment, and if sopped the production is all that is lost, yet in the various operations of *singeing*, washing, bleaching, mangling, calendaring and dyeing, none of them can be stopped at a given moment without risk of damage... to enforce the same dinner hour for all the work-people might occasionally subject valuable goods to the risk of danger from incomplete operations."

[768] *hora do jantar.*

[769] Horários de refeições.

[770] Divisão do trabalho.

a vocação do lavrador daquela do trabalhador de minas etc. A *3ª divisão* da indústria, aquela que se deveria qualificar sob o título de *divisão de tarefa* ou do *trabalho* propriamente dito, é aquela *que se estabelece nas artes e ofícios separados* e que consiste em que muitos trabalhadores compartilham entre eles as tarefas que é preciso cumprir para confeccionar um mesmo objeto de utilidade e de comércio, cada um deles não tendo senão uma espécie de trabalho a cumprir, que não tem por resultado a confecção total do *objeto fabricado*, e esse resultado não ocorrendo senão pela *reunião da tarefa de todos os trabalhadores* que são ocupados em sua confecção. Tal é a divisão de tarefa que se estabelece na *maioria das manufaturas* e *dos ateliês*, onde se vê um maior ou menor número de trabalhadores ocupados em produzir uma única espécie de *mercadoria*, todos *cumprindo tarefas diferentes*"[771] (p. 84-86. t. I, *F. Skarbek, Théorie des richesses sociales,* 2 ed. Paris, 1839). "A terceira espécie de divisão da indústria é aquela que se faz no *interior mesmo dos ateliês...* que se estabelece no momento em que há capitais destinados a estabelecer manufaturas e *chefes de ateliês* que fazem todos os *adiantamentos necessários para fazer os trabalhadores trabalharem* e que podem, por meio de seus fundos, esperar o retorno das despesas empregadas para confeccionar os produtos que eles fornecem para a troca"[772] (p. [94-]95. *loc. cit.*).

Cooperação simples

"Deve-se ainda observar que essa divisão parcial do trabalho pode ser efetuada mesmo se os trabalhadores são ocupados com uma mesma tarefa.

---

[771] "Nous rencontrons chez les peuples parvenus à un certain degré de civilisation, trois genres de divisions d'industrie: la *première*, que nous nomerons générale, amène la distinction des producteurs en agriculteurs, manufacturiers et commerçants, elle se rapporte aux trois branches principales d'industrie nationale; la *seconde*, que l'on pourrait appeler *spéciale*, est la division de chaque genre d'industrie en espèces. C'est ainsi, par exemple, que dans l'industrie *primitive* on doit distinguer la vocation du laboureur de celle de l'ouvrier des mines etc. La 3ème division d'industrie, celle enfin que l'on devrait qualifier du titre de *division de besogne* ou de *travail* proprement dit, est celle *qui s'établit dans les arts et métiers séparés*, et qui consiste en ce que plusieurs ouvriers partagent entre eux les besognes qu'il faut remplir pour confectionner un même objet d'utilité et de commerce, chacun d'eux n'ayant qu'une espèce de travail à remplir, qui n'a point pour résultat la confection totale de *l'objet fabriqué*, et ce résultat n'ayant lieu que par *la réunion de la besogne de tous les ouvriers* qui sont occupés de son confectionnement. Telle est la divison de besogne qui s'établit dans la *plupart des manufactures* et *des ateliers*, où l'on voit un plus ou moins grand nombre d'ouvriers occupés à produire une seule espèce de *merchandise*, tous *remplissant des besognes différentes*."

[772] "La troisième espèce de division d'industrie est celle qui se fait dans *l'interieur même des ateliers...* s'établit du moment qu'il y a des capitaux destinés à établir des manufactures et *des chefs d'ateliers* qui font toutes les *avances nécessaires pour faire travailler des ouvriers*, et qui peuvent, au moyen de leurs fonds, attendre la rentrée des frais employés à confectioner les produits qu'ils fournissent à l'échange."

Os pedreiros, por exemplo, ocupados em fazer passar de mãos em mãos os tijolos a um andaime superior, fazem todos a mesma tarefa e, no entanto, existe entre eles uma espécie de divisão do trabalho que consiste em que cada um deles faz passar o tijolo por um espaço dado e que todos juntos o fazem chegar muito mais prontamente ao lugar designado, o que não fariam se cada um deles levasse seu tijolo separadamente até o andaime superior"[773] (*loc. cit.*, p. 97-98) (*Skarbek.*).

γ) *Maquinaria. Utilização de forças naturais e ciência. (steam, electricity, mechanical and chemical agencies*[774]*)*

John Stuart Mill observa: "É questionável se todas as invenções mecânicas feitas até agora aliviaram o árduo trabalho diário de qualquer ser humano"[775] Ele deveria ter dito de qualquer ser humano que trabalha arduamente.[776] Porém, a maquinaria, sobre a base da produção capitalista, não objetiva em absoluto aliviar ou encurtar o árduo trabalho diário[777] dos trabalhadores – "Os artigos são baratos, mas são feitos de carne humana"[778] (*Sophisms of Free trade*. London, 1850, 7. ed., p. 202.).[779] Falando muito em geral, a finalidade da maquinaria é diminuir o valor da mercadoria, *ergo*[780] seu preço, barateá-la, isto é, encurtar o tempo de trabalho necessário à produção de uma mercadoria, mas, de modo algum, encurtar o tempo de trabalho enquanto o trabalhador é ocupado com a produção dessa mercadoria mais barata. Em verdade, não se trata, assim, de encurtar a jornada de trabalho, mas antes, como em todo desenvolvimento da força produtiva sobre a base capitalista, de encurtar o tempo de trabalho de que o trabalhador necessita para a reprodução de sua capacidade de trabalho, em outras palavras, para

---

[773] "On doit encore remarquer que cette division partielle de travail peut se faire, quand même les ouvriers sont occupés d'une même besogne. Des maçons, par exemple, occupés à faire passer de mains en mains des briques à un échafaudage supérieur, font tous la même besogne, et pourtant il existe parmi eux une espèce de division de travail, qui consiste en ce que chacun d'eux fait passer la brique par un espace donné, et que tous ensemble la font parvenir beaucoup plus promptement à l'endroit marqué, qu'ils ne feraient si chacun d'eux portait sa brique séparément jusqu'à l'échafaudage supérieur."

[774] Vapor, eletricidade, agentes químicos e mecânicos.

[775] It is questionable, if all the mechanical inventions yet made have lightend the day's toil of any human being."

[776] Of any toiling human being.

[777] To lighten or shorten the day's toil

[778] "Articles are cheap, but they are made of human flesh."

[779] O autor desse escrito anônimo é John Barnard Byles. (Nota da edição original).

[780] Logo.

a produção de seu salário, portanto, trata-se de diminuir a parte da jornada de trabalho que ele trabalha para si mesmo, a parte *paga* de seu tempo de trabalho e, por meio de sua redução, de prolongar a outra parte da jornada que ele trabalha gratuitamente para o capital, a parte *não paga* da jornada de trabalho, seu *tempo de sobretrabalho*. Que em toda parte, com a introdução da maquinaria, cresce a avidez de devorar o tempo de trabalho alheio e que a jornada de trabalho – até que a legislação tenha de intervir –, em lugar de ser reduzida, é antes prolongada além de seus limites naturais, de modo que é prolongado não apenas o tempo de sobretrabalho relativo, mas o tempo de trabalho total, esse *fenômeno* consideramos no 3º capítulo.[781]

"Simultaneamente, no entanto, com o aumento da quantidade, houve o aumento do trabalho árduo. O trabalho realizado por aqueles engajados no processo de manufatura é *três vezes maior* do que no início de tais operações. A maquinaria executou, sem dúvida, o trabalho que demandaria a energia de milhões de homens; mas ela também *multiplicou prodigiosamente* o trabalho daqueles que são governados por seus terríveis movimentos."[782] ("*Ten hours' Factory Bill*, Lord *Ashley's Speech*." Lond., *1844*, p. 6)

É somente em casos singulares que o capitalista, por meio da introdução da maquinaria, visa à diminuição do salário, embora esse seja sempre o caso quando ele coloca trabalho simples no lugar do qualificado e, no lugar do trabalho de homens adultos, o trabalho de mulheres e crianças. O valor da mercadoria é determinado pelo tempo de trabalho *socialmente necessário* nela contido. Com a introdução de nova maquinaria, na medida em que a massa da produção ainda permanece na base dos antigos meios de produção, o capitalista pode vender a mercadoria *abaixo* de seu valor social, embora ele a venda acima de seu valor individual, isto é, acima do *tempo de trabalho* de que ele necessita para sua produção sob o novo processo de produção. Portanto, aqui o mais-valor aparece para ele como proveniente da venda – da fraude aos outros possuidores de mercadorias, do aumento do preço da mercadoria acima de seu valor, não da diminuição do tempo de trabalho necessário e do prolongamento do tempo de sobretrabalho. Porém, isso

---

[781] Marx se refere aqui ao terceiro capítulo da terceira parte da investigação "Capital em geral", "Capital e Lucro". (Nota da edição original).

[782] "Simultaneously, however, with the increase of numbers has been the increase of toil. The labour performed by those engaged in the processes of manufacture, *is three times as great* as in the beginning of such operations. Machinery has executed no doubt, the work that would demand the sinews of millions of men; but it has also *prodigiously multiplied* the labour of those who are governed by its fearful movements." Sublinhado por Marx. Este parágrafo foi redigido na página 196 do manuscrito (cf. p. 377 infra), com a indicação "ad p. 190", embora Marx não tenha assinalado o local de inserção. (Nota da edição original).

ainda é apenas aparência. Por meio da excepcional força produtiva que o trabalho obtém aqui, em distinção com o trabalho médio no mesmo ramo de atividade, ele se torna trabalho superior em relação ao trabalho médio, de modo que, por exemplo, uma hora de trabalho dele seja igual a $5/4$ de hora de trabalho do trabalho médio, trabalho simples de potência mais elevada. Porém, o capitalista o paga como ao trabalho médio. Um número menor de horas de trabalho se torna assim igual a um número maior de horas de trabalho do trabalho médio. Ele o paga como trabalho médio e o vende como aquilo que ele é, trabalho superior, do qual uma determinada quantidade = uma quantidade maior de trabalho médio. Portanto, o trabalhador necessita aqui apenas de menos tempo para trabalhar, sob o pressuposto de produzir o mesmo valor que o trabalhador médio. Portanto, em verdade, ele trabalha menos tempo de trabalho – do que o trabalhador médio – para produzir o equivalente ao seu salário ou os meios de subsistência necessários à reprodução de sua capacidade de trabalho. Portanto, ele dá um número maior de horas de trabalho como sobretrabalho ao capitalista e é apenas esse sobretrabalho relativo que fornece a esse último, na venda, o excedente do preço da mercadoria sobre seu valor. Ele realiza esse tempo de sobretrabalho ou, o que é o mesmo, esse sobrevalor somente na venda, que, portanto, não se origina da venda, mas da redução do tempo de trabalho necessário e, por isso, do aumento relativo do tempo de sobretrabalho. Mesmo se o capitalista que introduz a nova maquinaria pagasse mais do que o salário médio, o excedente realizado por ele acima do mais-valor normal – acima do mais-valor realizado pelos outros capitalistas no mesmo ramo de atividade – se originaria apenas do fato de que o salário não foi aumentado *na mesma* proporção *na qual* esse trabalho se elevou acima do trabalho médio, portanto, do fato de que sempre ocorre um aumento relativo do tempo de sobretrabalho. Portanto, esse caso também se subsume à lei geral de que o mais-valor = sobretrabalho.

A maquinaria – na medida em que é empregada de modo capitalista, não se encontra mais em seus estágios iniciais, em que geralmente é apenas um instrumento artesanal mais potente – pressupõe a *cooperação simples* e esta aparece, como veremos em seguida, precisamente como elemento muito importante naquela, assim como na manufatura baseada na divisão do trabalho, em que ela se faz valer apenas no princípio dos *multiples*,[783] isto é, não apenas no fato de que operações diferentes são repartidas entre trabalhadores

---

[783] Múltiplos.

diferentes, mas que se dão relações numéricas em que determinado número de trabalhadores é distribuído em grupos para cada uma das operações singulares, sendo a elas subsumidos. No *ateliê mecânico*, a forma mais desenvolvida do emprego capitalista da maquinaria, é essencial que muitos façam *o mesmo*. É até mesmo o seu princípio mais importante. Além disso, o emprego da maquinaria pressupõe originalmente, como condição de existência, a manufatura baseada na divisão do trabalho, dado que a própria *fabricação de máquinas* – portanto, a existência da máquina – se baseia num ateliê no qual o princípio da divisão do trabalho é plenamente realizado. Somente em estágios de desenvolvimento ulteriores ocorre a fabricação de maquinaria com base na própria maquinaria – com o ateliê mecânico. "Na infância da mecânica, um ateliê de construção oferecia aos olhos a divisão do trabalho em suas numerosas gradações; a lima, a broca, o torno tinham cada um seus trabalhadores por ordem de habilidade; mas agora a destreza dos limadores e dos furadores foi substituída pelas máquinas de limar, de entalhar as ranhuras nas árvores para receber os ressaltos e a furadeira mecânica, assim como aquela dos torneiros de ferro e de cobre, pelo torno com suporte automático"[784] (p. 30-31. *Ure*, t. I, *loc. cit.*). A divisão do trabalho desenvolvida na manufatura se repete, por um lado, no interior do ateliê mecânico, embora em escala bastante reduzida; por outro lado, como veremos mais tarde, o ateliê mecânico põe abaixo os princípios essenciais da manufatura baseada na divisão do trabalho. Finalmente, o emprego da maquinaria aumenta a divisão do trabalho no interior da sociedade, a multiplicação dos ramos de atividade particulares e as esferas de produção independentes.

Seu princípio fundamental é a substituição do trabalho qualificado pelo trabalho *simples*; portanto, também a redução da massa de salário ao salário médio, ou redução do trabalho necessário do trabalhador ao mínimo médio e redução dos custos de produção da capacidade de trabalho aos custos de produção da capacidade de trabalho simples.

O aumento da força produtiva por meio da cooperação simples e da divisão do trabalho nada custa ao capitalista. Elas são forças naturais gratuitas do trabalho social sob as formas determinadas que assumem sob o domínio do capital. O emprego da maquinaria não torna efetivas apenas as forças

---

[784] "Dans l'enfance de la mécanique un atélier de construction offrait à l'oeil la division des travaux dans leurs nombreuses gradations; la lime, le foret, le tour, avaient chacun leurs ouvriers par ordre d'habileté; mais la dextérité des limeurs et des foreurs est maintenant remplacée par des machines à raboter, à couper les rainures des arbres pour recevoir les coins, et à forer; et celle des tourneurs en fer et en cuivre, par le tour à support automatique."

produtivas do trabalho social, à diferença do trabalho dos indivíduos reunidos. Ela transforma forças naturais simples em potências do trabalho social, como água, vento, vapor, eletricidade, etc. Isso, abstraindo da utilização das leis mecânicas que atuam na parte propriamente trabalhadora (isto é, a parte da maquinaria que transforma diretamente a matéria-prima, mecânica ou quimicamente). Porém, essa forma de aumento das forças produtivas, *hinc*[785] do tempo de trabalho necessário, diferencia-se pelo seguinte: uma parte da mera força natural que é empregada é produto do trabalho, nessa sua forma utilizável, assim como a transformação da água em vapor. Ali onde a força motriz, como a água, por exemplo, se encontrava como queda d'água e similares {a propósito, é extremamente característico de se observar que os franceses fizessem a água correr horizontalmente no curso do século XVIII, e os alemães sempre interrompessem o seu curso artificialmente},[786] o meio pelo qual seu movimento era transmitido à maquinaria propriamente dita, por exemplo, à roda d'água, era produto do trabalho. Porém, isso vale plenamente para a própria maquinaria, que transforma imediatamente a matéria-prima. Portanto, a maquinaria, diferentemente da cooperação simples e da divisão do trabalho na manufatura, é força produtiva produzida; ela tem um custo; ela aparece como mercadoria (diretamente como maquinaria ou indiretamente como mercadoria que deve ser consumida para dar a forma requerida à força motriz) na esfera de produção em que ela opera como maquinaria, como uma parte do capital constante. Como cada parte do capital constante, ela adiciona ao produto o valor que está contido nela mesma, isto é, aumenta-o no tempo de trabalho que foi requerido para sua própria produção. Por isso, embora consideremos neste capítulo exclusivamente a relação do capital variável com a grandeza de valor com a qual ele se reproduz – em outras palavras, a relação do tempo de trabalho empregado numa esfera de produção com o sobretrabalho, excluindo-se deliberadamente assim a consideração sobre a relação do mais-valor com o capital constante e com a soma total do capital adiantado – o emprego da maquinaria exige que, ao lado da parte do capital gasta em salário, também se considere a outra parte do capital. Quer dizer, o princípio de que o emprego do meios – pelos quais a força produtiva é aumentada – aumenta o sobretempo relativo e, com isso, o sobrevalor relativo, baseia-se no barateamento

---

[785] Logo.

[786] Johann Heinrich Moritz Poppe, *Geschichte der Technologie, seit der Wiederherstellung der Wissenschaften bis an das Ende des achtzehnten Jahrhunderts*, volume 1, Göttingen, 1807, p. 163. Trechos dos volumes 1 a 3 se encontram no Caderno de Excertos XV, Londres, 1851, p. 11 a 37. (Nota da edição original).

das mercadorias, razão pela qual – em decorrência dessas *contrivances*[787] por meio das quais a força produtiva é aumentada – se dá a redução do tempo de trabalho necessário à reprodução da capacidade de trabalho, isto é, o mesmo número de trabalhadores produz mais valores de uso no mesmo intervalo de tempo. No caso do emprego da maquinaria, no entanto, esse resultado é alcançado somente por meio de grandes desembolsos de capital, pelo consumo de valores existentes, portanto, pela introdução de um elemento que, no montante de seu próprio valor, aumenta a grandeza de valor do produto, da mercadoria.

Inicialmente, no que diz respeito à matéria-prima, seu valor permanece naturalmente o mesmo, qualquer que seja o modo como é trabalhada – especialmente o valor com o qual ela entra no processo de produção. Além disso, o emprego da maquinaria diminui a quantidade de trabalho que é absorvida por uma quantidade determinada de matéria-prima, ou aumenta a quantidade de matéria-prima que é transformada em produto num determinado tempo de trabalho. Considerados esses dois elementos, a mercadoria produzida com auxílio da maquinaria contém menos tempo de trabalho do que aquela produzida sem ele, representa menor grandeza de valor, é mais barata. Porém, esse resultado é alcançado somente pelo consumo industrial de mercadorias – mercadorias existentes na maquinaria – cujo valor entra no produto.

Portanto, uma vez que o valor da matéria-prima permanece o mesmo seja a maquinaria empregada ou não, e considerando que, com o emprego da maquinaria, diminui a quantidade do tempo de trabalho que transforma em produto uma determinada quantidade de matéria-prima, então o barateamento das mercadorias produzidas por meio de máquina depende somente de uma única circunstância: que o tempo de trabalho contido na própria maquinaria seja menor do que o tempo de trabalho contido na capacidade de trabalho substituída por ela; que o valor da maquinaria que entra na mercadoria seja menor, isto é, = menos tempo de trabalho do que o valor do trabalho substituído por ela. Esse valor, porém, = ao valor da capacidade de trabalho cujo número empregado é reduzido pela maquinaria.

Na medida em que a maquinaria sai de seu estágio infantil, que ela se diferencia das dimensões e do caráter da ferramenta artesanal, a qual ela originalmente substitui, ela se torna mais volumosa e mais cara, requer mais tempo de trabalho para sua produção, aumenta seu valor absoluto, embora se tone relativamente mais barata, isto é, embora em relação à sua eficiência

---

[787] Dispositivos.

a maquinaria mais eficiente custe menos do que as menos eficientes, isto é, embora a quantidade de tempo de trabalho que custa sua própria produção aumente em proporção muito menor do que a quantidade de tempo de trabalho que ela substitui. De qualquer modo, porém, seu alto custo absoluto aumenta progressivamente, pois ela adiciona um valor absolutamente maior à mercadoria porduzida por ela, especialmente em comparação com as ferramentas manuais ou mesmo com os instrumentos simples e baseados na divisão do trabalho que a maquinaria substitui no processo de produção. Ora, que a mercadoria produzida por seu instrumento de produção mais caro seja mais cara do que aquela produzida sem ele; que o tempo de trabalho contido na maquinaria mesma seja menor do que aquele por ela substituído, depende de duas circunstâncias:

1) Quanto maior a eficiência da maquinaria, mais ela aumenta a força produtiva do trabalho, na proporção em que ela capacita um trabalhador para realizar o trabalho de muitos trabalhadores, aumenta a massa de valores de uso e, por isso, de mercadorias que são produzidas no mesmo tempo de trabalho com a auxílio da maquinaria. Aumenta-se, *assim, o número de mercadorias nas quais o valor da maquinaria reaparece*. O valor total da maquinaria somente reaparece na totalidade da mercadoria a cuja produção ela assistiu como meio de trabalho; esse valor total se divide na mercadoria singular em partes alíquotas, cuja soma constitui a massa total. Portanto, quanto maior essa massa total, menor a parte do valor da maquinaria que reaparece na mercadoria singular. Apesar da diferença de valor entre maquinaria e ferramenta manual ou instrumento de trabalho simples, na mercadoria entrará uma parcela de valor menor para a maquinaria do que para o instrumento de trabalho e a capacidade de trabalho que a maquinaria substitui, na proporção em que o valor da maquinaria se reparte numa soma total maior de produtos, mercadorias. Uma máquina de fiar que absorve o mesmo tempo de trabalho em 1.000 *lb* de algodão reaparece como parcela de valor de apenas $1/1000$ em uma libra de fio, enquanto que, se ela ajudasse a fiar apenas 100 *lb* no mesmo tempo, $1/100$ de seu valor reapareceria na libra unitária de fio, portanto, nesse caso, estaria contido dez vezes mais tempo de trabalho, dez vezes mais valor, seria 10 vezes mais caro do que no primeiro. Portanto, a maquinaria pode ser empregada somente sob circunstâncias (sobre a base capitalista) nas quais é em geral possível a produção em massa, a produção em larga escala.

"A divisão do trabalho e o emprego de máquinas possantes são possíveis apenas em estabelecimentos que oferecem um trabalho suficiente a todas as classes de trabalhadores e que lhes dão grandes resultados. Mais o produto é considerável, menos é elevada *a despesa proporcional* em instrumentos e máquinas. Se duas máquinas de mesmas forças produzissem, no mesmo espaço de tempo, uma 100.000 metros, a outra 200.000 metros do mesmo tecido, poderíeis dizer que a primeira máquina custa o dobro da segunda, que em uma dessas empresas se empregou um capital em dobro daquele que foi empregado na outra" [788](p. 334. *Rossi Cours d'Econ. Politique*).

2) Já na manufatura baseada na divisão do trabalho, assim como na indústria artesanal, etc., encontra-se que os instrumentos de trabalho (tal como uma outra parte das condições de trabalho, como edificações) entram no *processo de trabalho* em *toda* sua *extensão*, seja diretamente como meios de trabalho ou indiretamente como condições (como edificações), que são necessários para que o processo de trabalho se desenvolva. Porém, eles entram no *processo de valorização* apenas *parcialmente*, em porções – a saber, somente na extensão em que são utilizados no processo de trabalho, em que seu valor de uso é consumido no processo de trabalho ao mesmo tempo em que seu valor de troca. Seu valor de uso entra inteiramente no processo de trabalho como meio de trabalho, mas ele se conserva durante um período que compreende uma soma de processo de trabalho em que eles servem repetidamente à produção da mesma espécie de mercadorias, isto é, sempre servem novamente como meios de trabalho para novo trabalho no processamento de novo material. Seu valor de uso como tais meios de trabalho é utilizado somente ao final de tal período, mais curto ou mais longo, em que o mesmo processo de trabalho sempre é novamente repetido. Portanto, seu valor de troca reaparece plenamente somente na soma total de mercadorias em cuja produção eles serviram durante tal período – o período inteiro, de sua entrada no processo de trabalho até sua retirada do processo. Em cada mercadoria singular, por isso, entra apenas determinada parte alíquota de seu valor. Se o instrumento serve durante 90 dias, então, nas mercadorias que são produzidas a cada dia, reaparece $1/90$ de seu valor. Aqui intervém necessariamente uma média ideal, pois o valor do instrumento reaparece

---

[788] "La division du travail et l'emploi des machines puissantes ne sont possibles que dans les établissements, qui offrent un travail suffisant à toutes les classes de travailleurs et qui donnent des grands résultats. Plus le produit est considérable et moins est élevée *la dépense proportionelle* en instruments et machines. Si deux machines [em Rossi: "machines: si deux machines" – máquinas: se duas máquinas] de mêmes forces produisaient, dans le même espace de temps, l'une 100000 mètres, l'autre 200000 mètre de la même étoffe, vous pouvez dire que la première machine coûte le double de la seconde, que dans l'une de ces entreprises on a employé un capital double de celui qui est dans l'autre." (*Citatenheft*, p. 68). Sublinhado por Marx. (Nota da edição original).

totalmente apenas no período total do processo de trabalho em que ele foi totalmente utilizado – portanto na soma total das mercadorias a cuja produção ele assistiu durante esse período. Assim, ele é calculado como se, a cada dia, uma parte alíquota em média tão grande de seu valor de uso fosse utilizada (isto é ficção), de modo que uma parte alíquota tão grande de seu valor reaparecesse no produto desse dia.

Com a introdução da maquinaria, com a qual os meios de trabalho assumem grandes dimensões do valor e se representam em volumosos valores de uso, aumenta essa diferença entre processo de trabalho e processo de valorização e ela se torna um elemento significativo no desenvolvimento da força produtiva e do caráter da produção. Num ateliê de teares mecânicos, por exemplo, que funcionam durante 12 anos, a depreciação da maquinaria, etc. durante o processo de trabalho de um dia é insignificante e, por isso, a parte do valor da maquinaria que reaparece numa única mercadoria ou mesmo no produto de um ano inteiro parece relativamente insignificante. O trabalho passado, objetivado, entra aqui em massa no processo de trabalho, enquanto apenas uma parte relativamente insignificante dessa parte do capital se deprecia no mesmo processo de trabalho, portanto, entra no processo de valorização e, assim, reaparece como parte do valor no produto. Assim, por mais significativa que seja a grandeza de valor que representa a maquinaria que entra no processo de trabalho e as edificações etc. dadas com ela, o que entra no processo de valorização diário – portanto, no valor da mercadoria – é apenas uma parte relativamente menor se comparada com essa massa total de valor; a mercadoria encarece relativamente, mas apenas de modo insignificante e muito menos do que ela encareceria com o trabalho manual substituído pela maquinaria. Por isso, por maior que possa parecer a parte do capital que é despendida em maquinaria em comparação com a parte que é despendida em trabalho vivo, ao qual essa maquinaria serve como meio de produção, essa proporção aparece muito pequena quando a parte do valor da maquinaria que reaparece na mercadoria singular é comparada com aquela do trabalho vivo absorvida na mesma mercadoria, assim como a parte do valor adicionada por ambos – maquinaria e trabalho – ao produto singular aparece pequena em relação ao valor da própria matéria-prima.

É somente com a maquinaria que a produção social em grande escala adquire a força de fazer entrar integralmente no processo produtivo, integralmente como meios de produção, produtos que representam uma grande quantidade de trabalho passado, portanto, grandes massas de valor, enquanto apenas uma parte alíquota relativamente pequena deles entra no processo de valorização que ocorre durante o processo de produção singular. O capital que entra nessa forma em cada processo de produção singular é grande, mas é relativamente pequena a proporção em que seu valor de uso é explorado durante esse processo de trabalho, é consumido e seu valor deve ser, por isso, substituído. A maquinaria opera integralmente como meio de trabalho, adiciona valor ao produto, mas apenas na proporção em que o processo de trabalho a desvaloriza, uma desvalorização que é condicionada pelo grau de depreciação de seu valor de uso durante o processo de trabalho.

As condições enumeradas em (1) e (2), das quais depende o fato de que a mercadoria produzida por instrumento mais caro seja mais barata do que aquela produzida com instrumentos mais baratos, ou de que o valor contido na maquinaria mesma seja menor que o valor da capacidade de trabalho que ela substitui, significam o seguinte: a primeira condição é a produção em massa, depende do grau em que a massa das mercadorias que um trabalhador pode produzir *no mesmo tempo de trabalho* é grande em comparação com aquela que ele produziria sem a maquinaria. Em outras palavras, do grau em que o *trabalho é substituído pela maquinaria*, de modo que a massa de capacidade de trabalho que é usada em relação à massa de produto é reduzida ao máximo, a quantidade máxima de capacidade de trabalho é substituída pela maquinaria e a parte do capital que é despendida em trabalho é relativamente pequena frente à parte do capital despendida em maquinaria. Porém, em segundo lugar: que, por maior que seja a parte do capital que consiste em maquinaria, a parte do valor da máquina que reaparece na mercadoria singular, portanto, a parte do valor que a maquinaria adiciona à mercadoria singular, é pequena em comparação com as partes do valor de trabalho e matéria-prima contidas na mesma mercadoria e, em verdade, porque num dado tempo de trabalho a maquinaria inteira entra no processo de trabalho, mas apenas uma parte dela relativamente insignificante entra no processo de valorização, a maquinaria inteira entra no processo de trabalho, mas sempre entra apenas uma parte alíquota da grandeza de valor da maquinaria.

Depois disso, corrigir a seguinte crítica de Ricardo.

"Ricardo fala de 'uma porção do trabalho do engenheiro na construção de máquinas'"[789] como a contida, por exemplo, num par de meias, "ainda assim o *trabalho total* que produziu cada par de meias, se estamos falando de um único par, inclui todo o trabalho do engenheiro, não uma porção;

---

[789] 'a portion of the labour of the engineer in making machines'.

pois uma máquina faz muitos pares, e nenhum desses pares poderia ter sido feito sem qualquer parte da máquina"[790] (p. 54. *Observations* on *certain verbal disputes in Pol. Econ. London, 1821*).

A parte do capital despendida em matéria-prima cresce muito mais rápido – em comparação com aquela despendida em salário – do que na simples divisão do trabalho. A isso ainda se acrescenta a nova e proporcionalmente grande massa de capital despendida em meios de trabalho, maquinaria, etc. Com o progresso da indústria, portanto, cresce a *auxiliary*[791] parte do capital em relação àquela despendida em trabalho vivo.

Uma das primeiras consequências da introdução de nova maquinaria, antes de ela ter se tornado dominante em seu ramo de produção, é *prolongar* o tempo de trabalho dos trabalhadores que continuam a trabalhar com os antigos meios de produção imperfeitos. A mercadoria produzida com a maquinaria, embora seja vendida *acima* de seu valor individual, isto é, acima da quantidade de tempo de trabalho contida nela mesma, é vendida *abaixo* do valor social, geral da mesma espécie de produto até então. Por isso, o tempo de trabalho socialmente necessário à produção dessa mercadoria determinada *caiu*, mas não o tempo para os trabalhadores que trabalham com os instrumentos de produção antigos. Portanto, se 10 horas de tempo de trabalho são suficientes para a reprodução de sua capacidade de trabalho, então seu produto de 10 horas não contém mais *10 horas de tempo de trabalho necessário*, a saber, de tempo de trabalho necessário sob as novas condições de produção sociais para a produção desse produto, mas talvez 6 horas apenas. Por isso, se ele trabalha 14 horas, então essas suas 14 horas representam apenas *10 horas de tempo de trabalho necessário* e foram realizadas nelas apenas 10 horas de tempo de trabalho necessário. Assim, o produto também tem apenas o valor de um produto de 10 horas de trabalho social, geral, necessário. Se ele trabalha autonomamente, tem de prolongar o tempo de trabalho. Se trabalha como assalariado, então também tem necessariamente de prolongar o sobretempo, de modo que

---

[790] "yet the *total labour* that produced each single pair of stockings, if it is of a single pair we are speaking, includes the whole labour of the engineer, not a portion; for one machine makes many pairs, and none of those pairs could have been done without any part of the machine." (*Citatenheft*, p. 13). (Nota da edição original).

[791] Auxiliar. O termo "auxiliary capital" foi extraído por Marx de Richard Jones, *Text-book of lectures of the political economy of nations*. Hertford, 1852. (Nota da edição original).

em todo prolongamento do tempo de trabalho absoluto, o sobretrabalho médio para o capitalista somente se produzirá se seu salário cair abaixo da *average*[792] anterior; isto é, das horas a mais que ele trabalha, menos horas são apropriadas por ele mesmo, não porque seu trabalho se tornou mais produtivo, mas porque ficou mais improdutivo, não porque ele produz a mesma quantidade de produto em menor tempo de trabalho, mas porque a quantidade que lhe cabe foi reduzida.

O mais-valor = sobretrabalho – tanto absoluto quanto relativo – que o capital produz por meio do emprego da maquinaria, que não se origina da *capacidade de trabalho* que a maquinaria *substitui*, mas da capacidade de trabalho que ela emprega. "Segundo Baines, uma fábrica de fiação de algodão de primeira qualidade não pode ser construída, ocupada com maquinaria e adaptada às máquinas a vapor e estações de gás por menos de 100.000 *l*. Uma máquina a vapor de 100 cavalos de potência fará girar 50.000 fusos, que produzirão 62.500 milhas de fio de fino algodão por dia. Em tal fábrica, 1.000 pessoas fiarão tanto fio quanto 250.000 pessoas poderiam sem maquinaria."[793] (*S. Laing, The national distress.* London, 1844, p. 75.) Nesse caso, o mais-valor do capital não se origina do trabalho economizado de 250 pessoas, mas daquele de 1 pessoa que as substitui; não das 250.000 pessoas substituídas, mas das 1.000 ocupadas. É seu sobretrabalho que se realiza em mais-valor. O valor de uso da máquina – e sua substituição de trabalho humano é seu valor de uso – não determina seu valor, mas o trabalho requerido para sua própria produção. E esse seu valor, que ela possui antes de sua utilização, antes de entrar no processo de produção, é o único valor que ela *qua*[794] maquinaria adiciona ao produto. Esse valor o capitalista pagou na compra da máquina.

Pressuposto que as mercadorias se vendem por seu valor, o *mais-valor relativo* que o capital cria por meio da maquinaria, bem como com o emprego

---

[792] Media.

[793] "Segundo Baines, a first rate cottonspinning factory cannot be built, filled with machinery, and fitted with the steam engines and gasworks, under 100000 *l*. A steamengine of 100 horse power will turn 50000 spindles, which will produce 62500 miles of fine cotton thread per day. In such a factory 1000 persons will spin as much thread as 250000 persons could without machinery." (*Citatenheft*, p. 23). Marx cita aqui a nota à página 75, em que Laing cita como fonte *Baine's Cotton manufacture; Macculloch's Statistics of British Empire.* Cf. também *Grundrisse*, caderno VII, p. 42. (Nota da edição original)

[794] Enquanto.

de todos os outros *arrangements*[795] que aumentam a força produtiva do trabalho e, com isso, diminuem o preço do produto singular, consiste simplesmente em que as mercadorias necessárias à reprodução da capacidade de trabalho se tornam mais baratas, por isso, que seja diminuído o tempo de trabalho necessário à reprodução da capacidade de trabalho, que é apenas um equivalente do tempo de trabalho contido no salário; assim, com igual duração da jornada de trabalho total, o tempo de sobretrabalho é prolongado. (Ocorrem algumas circunstâncias que modificam a situação; tratar delas mais adiante.) Essa redução do tempo de trabalho necessário é um resultado que beneficia a produção capitalista inteira e diminui os custos de produção da capacidade de trabalho em geral, porque, segundo o pressuposto, a mercadoria produzida pela maquinaria entra em sua reprodução em geral. Isso, todavia, não é motivo para o capitalista individual introduzir a maquinaria – um resultado geral que não o beneficia particularmente.

Primeiro: A introdução da maquinaria, seja que ela substitua a indústria artesanal (como, por exemplo, na fiação), de modo que um ramo industrial em geral se submeta, pela primeira vez, ao modo de produção capitalista; seja que ela revolucione uma manufatura antes baseada na mera divisão do trabalho (como na fábrica de máquinas); seja, por fim, que ela supere maquinaria antiga com maquinaria aperfeiçoada ou estenda o emprego da maquinaria num ateliê cujas operações parciais ela ainda não havia tomado – em todos esses casos, ela prolonga, como observado acima, o *tempo de trabalho necessário* para o trabalhador ainda subsumido sob o antigo modo de produção e prolonga sua jornada de trabalho total. Porém, por outro lado, ela *diminui* relativamente o tempo de trabalho necessário no ateliê em que é introduzida pela primeira vez. Se 2 horas de trabalho do tecelão manual, após a introdução do *powerloom*,[796] ainda = 1 hora apenas de trabalho socialmente necessário, então 1 hora de trabalho do *powerloomweaver*[797] é agora maior que a hora de trabalho necessária antes de o *powerloom* ser introduzido em geral nesse gênero de tecelagem. Seu produto tem um valor mais elevado que uma hora de trabalho. É o mesmo que se nela fosse realizado trabalho simples de potência superior ou trabalho de tecelagem de qualidade superior. Isso, particularmente, na medida em que o capitalista que utiliza o *powerloom* vende o produto de 1 hora exatamente abaixo do nível da hora de trabalho

---

[795] Dispositivos.

[796] Tear mecânico.

[797] Tecelão que opera o tear mecânico.

antiga, abaixo de seu valor socialmente necessário de antes, porém, acima de seu valor individual, isto é, acima do tempo de trabalho que ele mesmo empregou para sua produção com auxílio do *powerloom*.[798] Portanto, o trabalhador precisa trabalhar menos horas para a reprodução de seu salário, seu tempo de trabalho necessário é encurtado na mesma medida em que seu trabalho se tornou trabalho superior no mesmo ramo, portanto, o produto de uma hora de seu trabalho talvez seja vendido acima do produto de duas horas de trabalho no ateliê onde ainda domina o antigo modo de produção. Assim, se a jornada normal permanece a mesma – igualmente longa – então o tempo de sobretrabalho aumenta aqui porque o necessário diminuiu. Isso ocorre mesmo no caso de um aumento salarial, sempre sob o pressuposto de que, sob novas circunstâncias, o trabalhador não emprega uma parte alíquota da jornada *tão grande* quanto antes para substituição de seu salário ou reprodução de sua capacidade de trabalho. Essa redução do tempo de trabalho necessário é naturalmente temporária e desaparece tão logo a introdução geral da maquinaria nesse ramo tenha novamente reduzido o valor da mercadoria ao tempo de trabalho nela contido. Porém, isso serve ao mesmo tempo como um estímulo para o capitalista elevar, por meio da introdução de pequenas novas melhorias, o tempo de trabalho por ele empregado acima do nível do tempo de trabalho geralmente necessário na mesma esfera de produção. Isso vale em qualquer ramo de produção em que a maquinaria é empregada e é independente do fato de as mercadorias produzidas por ela entrarem ou não no consumo do próprio trabalhador.

Segundo: É uma experiência geral que, quando a maquinaria é empregada de modo capitalista – isto é, saída de seu estágio infantil, em que ela aparece originalmente em vários ramos, a saber, como mera forma mais produtiva do antigo instrumento artesanal, porém ainda empregada no antigo modo empresarial de trabalhadores independentes e suas famílias –, quando ela se objetiva como uma forma do capital contraposto ao trabalhador, o *tempo de trabalho absoluto*, a jornada de trabalho total, não é encurtada, mas prolongada. A consideração sobre esse caso pertence ao capítulo III.[799] Porém, devem-se indicar aqui os pontos principais. Há dois aspectos a distinguir. *Primeiro*, as novas condições nas quais o trabalhador é colocado e que permitem ao capitalista prolongar o tempo de trabalho. *Segundo*, os motivos que levam o capital a essa operação.

---

[798] Tear mecânico.

[799] Cf. p. 368, nota, *supra*.

ad 1) Inicialmente, a forma transformada do trabalho, sua facilidade aparente, que lança todo o esforço muscular, bem como a habilidade, na máquina. Em primeiro lugar, em razão de o prolongamento não confrontar a impossibilidade física; em segundo lugar, quebra a oposição do trabalhador, cuja virtuosidade, ainda dominante na manufatura e agora vencida, não tem mais permissão de se rebelar, sendo, antes, permitido ao capital substituir os trabalhadores habilidosos por não habilidosos e, por isso, mais subordinados ao seu controle. Pois a nova classe de trabalhadores, que entra agora como um elemento determinado, modifica o caráter do ateliê inteiro e, segundo sua natureza, é mais dócil ao despotismo do capital. Especialmente o trabalho feminino e infantil. Se antes, por tradição, a jornada de trabalho era prolongada à força, então é preciso uma geração, como na Inglaterra, antes que os trabalhadores sejam capazes de reconduzi-la novamente aos seus limites normais. Assim, o prolongamento da jornada além de seus limites naturais, o trabalho noturno, é um avanço do sistema de fábrica. "É evidente que as longas horas de trabalho foram causadas pelo tão grande número de crianças necessitadas sendo fornecido das diferentes partes do país (das *workhouses*), que os patrões não dependiam da mão de obra e que, tendo estabelecido o costume por meio de materiais miseráveis que se proporcionavam desse modo, eles podiam impô-lo a seus vizinhos com maior facilidade."[800] (*Fielden. J, The Curse of the Factory System. London, 1836*, [p. 11])

"'O sr. E., um manufatureiro, informou-me que emprega exclusivamente mulheres em seus teares mecânicos; é assim universalmente; dá uma preferência decidida a mulheres casadas, especialmente aquelas que têm famílias em casa, delas dependendo para seu sustento; elas são muito mais atentas, dóceis do que as mulheres solteiras, e são impelidas a usar seus esforços ao máximo para se proporcionarem os bens necessários à vida.' Assim, as virtudes, as virtudes peculiares do caráter feminino, devem ser pervertidas para seu dano – assim, tudo que é mais obediente e delicado em sua natureza deve se tornar meio de sua servidão e sofrimento!"[801] (p. 20. *Ten Hours Factory Bill. The Speech of Lord Ashley.* London, 1844.)

---

[800] "It is evident that the long hours of work were brought about by the circumstance of so great a number of destitute children being supplied form different parts of the country, that the masters were independent of the hands, and that, having once established the custom by means of the miserable materials which they procured in this way, they could impose it upon their neighbours with the greater facility." (*Citatenheft*, p. 23). (Nota da edição original)

[801] "'Mr. E., a manufacturer informed me that he employs females exclusively at his powerlooms; it is so universally; gives a decided preference to married females, especially those who have families at home dependent.

O supracitado Fielden diz:

"À medida que os aperfeiçoamentos na maquinaria avançaram, a *ganância* dos patrões motivou muitos a demandar mais trabalho de suas mãos do que eles estavam em condições de realizar por natureza"[802] (*Fielden, loc. cit.*, 34).

A ganância por trabalho alheio (sobretrabalho) não é especificamente inerente àquele que emprega maquinaria, mas o motivo propulsor de toda a produção capitalista. Uma vez que o *factory master*[803] ora se encontra em melhor situação para seguir esse impulso, naturalmente, ele o deixa totalmente livre.[804]

Todavia, sobrevêm ainda circunstâncias particulares, que dão a esse impulso um incentivo inteiramente particular em casos de emprego de maquinaria.

A maquinaria, etc. se valoriza num período mais longo, em que o mesmo processo de trabalho é constantemente repetido para a produção de nova mercadoria. Esse período é determinado pelo cálculo médio segundo o qual o valor total da maquinaria é transferido ao produto. Por meio do prolongamento do tempo de trabalho além dos limites da jornada normal, é reduzido o período em que o capital despendido na maquinaria é substituído pela produção total. Suponhamos que o período seja 10 anos, com 12 horas sendo trabalhadas diariamente. Se 15 horas são trabalhadas diariamente, portanto, a jornada é prolongada em $1/4$, assim, o que faz com que, numa semana, $1 1/2$ jornada = 18 horas. Segundo o pressuposto, a semana inteira são 90. $18/90$ = $1/5$ da semana. *Hence in*[805] 8 anos, o capital despendido em maquinaria teria sido amortizado. Ou ela é realmente depreciada nesse tempo. Então, o processo de reprodução é acelerado. Caso contrário – e ela ainda é capaz de operar –, aumenta a relação do capital variável com o constante, pois esse último ainda contribui com o processo de trabalho sem ter, todavia, de reentrar no processo de valorização. Por isso, aumenta, se não o mais-valor (que já cresceu em geral em decorrência do tempo de trabalho prolongado),

---

on them for support; they are attentive, docile, more so than unmarried females, and are compelled to use their utmost exertions to procure the necessaries of life.' Thus are the virtues, the peculiar virtues, of the female character to be perverted to her injury, - thus all that is most dutiful and tender in their nature is to be made the means of her bondage and suffering!" (*Citatenheft*, p. 23). (Nota da edição original).

[802] "As improvements in machinery have gone on, the *avarice* of masters has prompted many to exact more labour from their hands than they were fitted by nature to perform."

[803] Patrão de fábrica.

[804] Deve ser observado ainda: A força motriz, na medida em que provém dos homens (e mesmo dos animais), pode operar fisicamente apenas por determinado tempo do dia. Uma máquina a vapor etc. não necessita de nenhum repouso. Ela pode ser prolongada por qualquer duração de tempo. (Nota do autor).

[805] Portanto, em...

certamente a proporção desse mais-valor em relação à soma total do capital despendido – e, portanto, o lucro. A isso se acresce: à introdução de nova maquinara, seguem-se melhorias, uma após a outra. Assim, uma grande parte da antiga maquinaria se torna constantemente parte depreciada, ou totalmente imprestável, antes de ter percorrido seu período de circulação, ou de seu valor ter reaparecido no valor das mercadorias. Quanto mais o período de reprodução é reduzido, menor esse risco e mais capaz o capitalista, depois de o valor da maquinaria ter retornado a ele em prazo menor, de introduzir a nova maquinaria melhorada e de vender barato a antiga, que pode ser empregada com benefício para outro capitalista, porque ela entra em sua produção, do início ao fim, como representante de menor grandeza de valor. (Mais detalhes a respeito no *capital fixe*,[806] onde devem ser citados os exemplos de *Babbage*.[807])

O que foi dito não vale apenas para a maquinaria, mas para todo o *capital fixe*, que traz consigo o emprego da maquinaria como consequência e o determina.

Porém, para o capitalista, não se trata de modo algum de meramente receber em retorno, o mais breve possível, a massa de valor despendida em *capital fixe*, de assim prevenir a desvalorização e novamente possuí-la em forma disponível, mas trata-se, antes, sobretudo do emprego *profitable*[808] desse capital – a grande massa de capital que está incorporada a uma forma na qual ele tanto se deteriora como valor de troca quanto é inútil como valor de uso, salvo quando é posto em contato com o gênero de trabalho vivo do qual constitui o *capital fixe*. Uma vez que a parte do capital despendida em salário se reduziu bastante frente ao capital total – especialmente também frente ao capital fixo – e que a grandeza do mais-valor não depende apenas de sua taxa, mas sobretudo do número de jornadas de trabalho empregadas simultaneamente, e que, porém, o lucro depende da relação desse mais-valor com o capital total, há então queda da taxa de lucro. Para impedir isso, naturalmente, o meio mais simples é prolongar ao máximo possível o sobretrabalho absoluto por meio do prolongamento da jornada de trabalho, e assim fazer do *capital fixe* meio para se apropriar da maior

---

[806] *Capital fixo*.

[807] Charles Babbage, *Traité sur l'économie des machines et des manufactures...* Paris, 1833, p. 375-378. Extensos excertos do capítulo 29, "De la durée des machines" foram feitos por Marx no outono de 1845, em Bruxelas. No *Caderno VII*, Londres, 1859-1862, p. 178, há uma referência ao capítulo 29 e, nas páginas 184 e 185, Marx toma novas notas da edição inglesa. (Nota da edição original).

[808] Lucrativo.

quantidade possível de trabalho não pago. Se a fábrica está parada, então o fabricante considera isso como se os trabalhadores o roubassem; pois, no *capital fixe*, seu capital recebeu uma forma em que é disposição direta sobre trabalho alheio. Tudo isso é expresso de modo muito inocente pelo senhor Senior, que, ainda no ano de 1837, tinha a opinião de que, com o desenvolvimento da maquinaria, a jornada de trabalho – portanto, o tempo de trabalho absoluto – deveria necessariamente aumentar de modo crescente.

Senior diz e ainda cita Ehren-Ashworth como autoridade a respeito:

"A diferença entre as horas de trabalho, usual em todo o mundo nas fábricas de algodão e outros empregos decorre de duas causas. (1) a grande proporção de capital fixo sobre o circulante, que faz longas horas de trabalho desejáveis"[809] (p. 11, *Senior, Letters on the Factory Act* etc. Lond., 1837). Com o constante aumento do *capital fixe*[810] em comparação com o capital circulante, "os motivos para longas horas de trabalho se tornarão maiores, como únicos meios pelos quais uma grande proporção de capital fixo pode se tornar lucrativa. 'Quando um trabalhador', disse-me o sr. Ashworth, 'deixa sua pá, ele torna inútil, por aquele período, um capital no valor de 18 d. Quando um dos nossos deixa a fábrica, torna inútil um capital que custou 100.000 *l*"[811] (p. 14. *loc. cit.*). He *renders useless!*[812] A maquinaria já está lá – tão grande capital nela despendido – precisamente para lhe extorquir trabalho. Em verdade, ele já comete um grande crime contra um capital que custou 100.000 *l*. ao simplesmente deixar a fábrica![813] (daí a origem do trabalho noturno; "mais tarde, nossas factories trabalharam usualmente 80 horas *per week*" (p. 5. XI).

"Uma máquina a vapor ou outra, que trabalham apenas algumas horas ou alguns dias por semana, são forças perdidas. Se elas trabalham todo o

---

[809] "The difference between the hours of work usual over the whole world in cotton factories and other employments decorre de duas causas. 1) the great proportion of fixed to circulating capital, which makes long hours of work desirable." (*Citatenheft*, p. 23). Cf. também *Grundrisse*, caderno VII, p. 41. (Nota da edição original).

[810] Capital fixo.

[811] "the motives to long hours of work will become greater, as the only means by which a large proportion of fixed capital can be made profitable. 'When a labourer', said Mr. Ashworth to me, 'lays down his spade, he renders useless, for that period, a capital worth 18 d. When one of our people leaves the mill, he renders useless a capital that has cost 100,000 *l*.'"

[812] Ele torna inútil!

[813] a capital that has cost 100,000 *l*. by leaving the mill at all!

dia, elas produzem mais, e mais ainda se elas trabalham noite e dia"[814] (J. G. *Courcelle-Seneuil, Traité Théorique et pratique des entreprises industrielles* etc., 2 ed. Paris, 1857, p. 48).

"As primeiras máquinas para fabricação de tule eram muito caras nas primeiras aquisições, de 1.000 a 1.200 *l*. Os possuidores dessas máquinas descobriram que ele fabricava mais. Porém, pelo fato de o tempo de trabalho do trabalhador ser limitado a 8 horas, em relação ao seu preço, ele não podia concorrer com os antigos métodos de fabricação. Essa desvantagem era causada pela soma considerável que era destinada ao primeiro établissement[815] da máquina. Porém, logo os fabricantes notaram que, com a mesma despesa em capital original e uma pequena adição a seus *fonds de roulement*[816], eles poderiam fazer a mesma máquina trabalhar durante 24 horas." (p. 279. *Babbage*)[817]

"É autoevidente que, entre as altas e baixas do mercado e as contrações e expansões alternadas da demanda, ocorrerão constantemente ocasiões em que o fabricante pode empregar capital variável adicional sem empregar capital fixo adicional.... se *quantidades adicionais de matéria-prima podem ser trabalhadas sem se incorrer em despesa adicional de edificações e maquinaria*."[818] (p. 64. *Torrens. R, On. Wages and Combination.* London, 1834)

Em geral, isso é uma vantagem do prolongamento do tempo de trabalho – economia de uma despesa adicional em edificações e maquinaria.[819]

Terceiro: Na medida em que o emprego da maquinaria reduz o tempo de trabalho em que a mesma mercadoria pode ser produzida, ele diminui o valor da mercadoria e torna o trabalho mais produtivo porque fornece mais produto no mesmo tempo. Até aqui, a maquinaria afeta apenas a força produtiva do trabalho normal. Porém, determinada quantidade de

---

[814] "Une machine à vapeur ou autre, qui ne travaillent que quelques heures ou quelques jours par semaine, sont des forces perdues. Si elles travaillent toute la journée, elles produisent davantage, et plus encore si elles trvaillent nuit et jour."

[815] Implantação.

[816] Capital de giro.

[817] Cf. p. 259, *supra*.

[818] "It is self-evident, that, amid the ebbings and flowings of the market, and the alternate contractions and expansions of demand, occasions will constantly recur, in which the manufacturer may employ additional floating capital without employing additional fixed capital.... if *additional quantities of raw material can be worked up without incurring an additional expense for buildings and machinery.*" Sublinhado por Marx. (Nota da edição original).

[819] saving of an additional expense for buildings and machinery.

tempo de trabalho se representa, tal como antes, na mesma grandeza de valor. Por isso, tão logo a concorrência tenha reduzido ao seu valor o preço da mercadoria produzida por meio da maquinaria, o emprego da maquinaria só pode aumentar o *mais-valor*, o ganho do capitalista, na medida em que, por meio do barateamento da mercadoria, é reduzido o valor do salário, ou o valor da capacidade do trabalho, ou o tempo necessário à sua reprodução.

Porém, aqui sobrevém uma circunstância em que, mesmo sem prolongamento da jornada de trabalho, o emprego da maquinaria aumenta o tempo de trabalho absoluto e, assim, o mais-valor absoluto. Isso ocorre, por assim dizer, por meio da *condensação do tempo de trabalho*, na medida em que cada fração do tempo é preenchida com mais trabalho; a intensidade do trabalho cresce; não apenas a produtividade (portanto, qualidade) do trabalho aumenta, por meio do emprego da maquinaria, mas aumenta a *quantidade de trabalho* numa dada fração de tempo. Os poros do tempo são, por assim dizer, reduzidos pela compressão do trabalho. Com isso, 1 hora de trabalho talvez represente a mesma quantidade de trabalho que 6/4 hora de trabalho no trabalho médio em que nenhuma maquinaria é empregada ou em que não é empregada maquinaria com o mesmo aperfeiçoamento.

Em particular, lá onde a maquinaria já foi introduzida, as melhorias que reduzem o número de trabalhadores em relação à massa de mercadorias produzidas e à maquinaria empregada são acompanhadas da circunstância de que o trabalho do trabalhador individual, que substitui 1 ou 2 trabalhadores, cresce com a maquinaria melhorada, portanto, a maquinaria lhe permite fazer aquilo que 2 ou 3 faziam antes somente na medida em que o obriga a aumentar seu trabalho e a preencher mais intensivamente cada fração de tempo com trabalho. Assim, a capacidade de trabalho se torna obsoleta mais rapidamente, na mesma hora de trabalho.

Primeiramente, vê-se como, em diversos períodos, os autores de relatórios sobre trabalhadores de fábrica falam do trabalho crescente com a melhoria da maquinaria. Por um lado, isso decorre da grande velocidade da máquina, que o trabalhador deve seguir; por outro lado, da grande quantidade de trabalho junto à máquina que o trabalhador individual deve controlar, como, por exemplo, quando o número de fusos na *mule* é aumentado, uma dupla fila de fusos é adicionada (*double decking*) ou quando 1 tecelão deve controlar 2 ou 3 *powerlooms*[820] em lugar de 1.

---

[820] Teares mecânicos.

"O trabalho agora suportado nas fábricas é muito maior do que era antes graças à maior atenção e atividade requeridas pela velocidade bastante aumentada que é impressa à máquina, à qual as crianças devem servir, se comparamos com aquilo que se tinha 30 ou 40 anos atrás."[821] (p. 32. *J. Fielden, The Curse of the Factory System*. Lond., 1836) Isso, portanto, no ano de 1836. John Fielden era, ele mesmo, fabricante.

Lord Ashley (agora Conde de Shaftesbury) declarou em seu discurso sobre a lei de dez horas das fábricas, em 15 de março de 1844.[822]

"O trabalho realizado por aqueles engajados no processo de manufatura é 3 vezes maior do que no início de tais operações. A maquinaria executou, sem dúvida, o trabalho que demandaria a energia de milhões de homens; mas ela também multiplicou prodigiosamente o trabalho daqueles que são governados por seus terríveis movimentos."[823] "Em 1815, o trabalho de acompanhar um par de *mules* fiando o fio algodão de número 40 – contando 12 horas para o dia de trabalho – envolvia a necessidade de andar 8 milhas. Em 1832, a distância percorrida ao acompanhar um par de *mules* fiando o fio de algodão, com os mesmos números, era 20 milhas, e frequentemente mais. Porém, o montante de trabalho realizado por aqueles que acompanham as *mules* não se limita mermanete à distância caminhada. Existe muito mais a ser feito. Em 1835, o fiandeiro recarregava diariamente cada uma dessas *mules* 820 vezes; perfazendo um total de 1.640 recargas no curso de um dia. Em 1832, o fiandeiro recarregava cada *mule* 2.200 vezes, totalizando 4.400. Em 1844, de acordo com o relatório fornecido por um habilidoso operário de fiação, a pessoa, ao trabalhar, recarrega 2.400 vezes cada *mule* no mesmo período, totalizando 4.800 recargas no curso de um dia; e, em alguns casos, o montante de trabalho requerido é ainda maior."[824] (p. 6-7.)

---

[821] "The labour now undergone in the factories is much greater than it used to be, owing to the greater attention and activity required by the greatly increased speed which is given to the machinery that the children have to attend to, when we compare it with what it was 30 or 40 years ago." (*Citatenheft*, p. 23). (Nota da edição original).

[822] Lord Ashley stated in his speech on the Ten Hours' Factory Bill on March 15, 1844.

[823] "The labour performed by those engaged in the processes of manufacture, is 3 times as great as in the beginning of such operations. Machinery has executed, no doubt, the work that would demand the sinews of millions of men; but it has also prodigiously multiplied the labour of those who are governed by its fearful movements."

[824] "In 1815, the labour of following a pair of mules spinning cotton yarn of Nos. 40 – reckoning 12 hours to the working day – involved a necessity for walking 8 miles. In 1832, the distance travelled in following a pair of mules spinning cotton-yarn on the same numbers, was 20 miles, and frequently more. But the amount of labour performed by those following the mules, is not confined merely to the distance walked.

"Tenho um documento aqui, assinado por 22 operários de fiação de Manchester, no qual eles declaram que 20 milhas são a distância mínima percorrida e que creem ser ainda maior. Outro documento enviado a mim em *1842* declara que o trabalho é *progressivamente crescente* – crescente não apenas porque a distância a percorrer é maior, mas porque a quantidade de bens produzidos é multiplicada, enquanto os braços são, proporcionalmente, menos numerosos que antes; e, além disso, porque é frequentemente fiada agora uma espécie inferior de algodão, mais difícil de trabalhar."[825] (p. 8-9. *loc. cit.*)

"No salão de cardagem houve também *um grande aumento do trabalho* – uma pessoa ali faz o trabalho anteriormente dividido entre dois. No salão de tecelagem, onde um vasto número de pessoas é empregado e principalmente mulheres... o trabalho aumentou, nos últimos anos, no mínimo em 10%, graças à velocidade aumentada da maquinaria. Em 1838, o número de bobinas fiadas por semana era 18.000; em 1843, alcançava 21.000. Em 1819, o número de passadas da laçadeira na tecelagem do powerloom era de 60 por minuto – em 1842, era 140, mostrando um enorme aumento do trabalho, porque mais precisão e atenção são requeridas para o trabalho com a mão."[826] (p. 9)

{Até o momento em que a maquinaria possibilita a um fabricante vender a mercadoria acima de seu valor individual, vale o que segue, o que mostra que mesmo nos casos do mais-valor originado de uma redução do tempo de trabalho necessário, trata-se de uma forma de mais-valor relativo: "O lucro de um homem não depende de seu comando sobre o *produto* do trabalho de outros homens, mas de seu comando sobre o *próprio trabalho*. Se ele pode vender (na alta dos

---

There is far more to be done. In 1835, the spinner put up daily on each of these mules 820 stretches; making a total of 1640 stretches in the course of the day. In 1832, the spinner put upon each mule 2200 stretches, making a total of 4400. In 1844, according to a return furnished by a practiced operative spinner, the person working puts up in the same period 2400 stretches on each mule, making a total of 4800 stretches in the course of the day; and in some cases, the amount of labour required is even greater."

[825] "I have a document here, signed by 22 operative spinners of Manchester, in which they state that 20 miles is the very least distance travelled, and they believe it to be still greater. I have another document sent to me in *1842*, stating that the labour is *progressively increasing* – increasing not only because the distance to be travelled is greater, but because the quantity of goods produced is multiplied, while the hands are, in proportion, fewer than before; and, moreover, because an inferior species of cotton is now often spun, which it is more difficult to work." Sublinhado por Marx. (Nota da edição original).

[826] "In the carding room (salão de cardagem) there has been also *a great increase of labour* – one person there does the work formerly divided between two. In the weaving room where a vast number of persons are employed, and principally females... the labour has increased, within the last few years, fully 10 per cent, owing to the increased speed of the machinery. In 1838, the number of hanks spun per week was 18000; 1843 it amounted to 21000. In 1819, the number of picks in powerloom weaving per minute was 60 – in 1842 it was 140 showing a vast increase of labour, because more nicety and attention are required to the work in hand."

moneyprices[827] da mercadoria) seus bens a um preço mais alto, enquanto os salários de seus trabalhadores permanecem inalterados, ele é claramente beneficiado pelo aumento, independentemente se os outros bens aumentam ou não. Uma proporção menor daquilo que ele produz é suficiente para colocar o trabalho em movimento, e uma proporção maior, consequentemente, fica para ele."[828] (p. 49-50. *Outlines of Polit. Economy*, (por um malthusiano),[829] etc. *London, 1832.*)}

Os *factory reports*[830] mostram que, nos ramos industriais que (até abril de 1860) se encontravam sob o *Factory act*[831], portanto, nos quais o trabalho semanal fora reduzido legalmente a 60 horas, os salários não caíram, *rather*[832] aumentaram (1859 em comparação com 1839), enquanto eles definitivamente caíram nas fábricas onde "o trabalho de crianças, jovens e mulheres permanece irrestrito"[833]. Trata-se aqui de "estamparia, branqueamento, tinturaria, nos quais, em 1860, as horas de trabalho permanecem as mesmas como eram há 20 anos, nos quais as classes protegidas sob as leis de fábrica são às vezes empregadas por 14 e 15 horas por dia."[834]× No primeiro gênero

---

[827] Preços de Mercado.

[828] "A man's profit does not depend upon his command of the *produce* of other men's labour, but upon his command of *labour itself*. If he can sell his goods at a higher price, while his workmens' wages remain unaltered, he is clearly benefited by the rise, whether other goods rise, or not. A smaller proportion of what he produces is sufficient to put that labour into motion, and a larger proportion consequently remains for himself."

[829] O autor desse escrito anônimo é John Cazenove. (Nota da edição original).

[830] Relatórios de fábrica.

[831] Lei de fábrica.

[832] Antes.

[833] "the labour of children, young persons, and women is unrestricted".

[834] "printing, bleaching e dyeing works, nos quais, até 1860, the hours of work remain now the same as they were 20 years since, in which the protected classes under the Factory acts are at times employed 14 and 15 hours per day." In: *Reports of the Factory Inspectors for halfyear ending 30th April 1860.* London, 1860, p. 32. (Nota da edição original).

× A seguinte lista (para p. 203) demonstra que, em geral, com o progresso da indústria nos últimos 20 anos, o salário em diversos ramos de fábrica caiu significativamente. (Nota do autor).

Calico printing, deyeing and bleaching, 60 hours per week [estamparia de calicô, tinturaria e branqueamento, 60 horas por semana]			Fustian dyeing. 61 hours per week. [Tinturaria de sarja. 61 horas por semana.]		
	1839	1859		1839	1859
Colour mixer [misturador de cores]	35 s.	32	Dressers [costureiros]	18	22
Machine printer [estampador à máquina]	40	38	Bleachers [branqueadores]	21	18
Foreman [contramestre]	40	40	Dyers [tintureiros]	21	16
Block Cutter [burilador]	35	25	Finishers [finalizadores]	21	22
Block printer [impressor]	40	28			
Dyer [tintureiro]	18	16			
Washer and labourer [lavador e trabalhador manual.]	16 e 15	idem	(*Factory Reports.* For Half Year ending 30 April 1860. p. 32)		

Obs.: A tabela acima foi escrita na página seguinte do manuscrito por Marx, que assinalou o local onde ela deveria constar. (Nota da edição original)

de fábrica, a produção se expandiu proporcionalmente mais e, ao mesmo tempo, como mostra a rápida expansão das fábricas, o lucro do fabricante: "Os grandes aperfeiçoamentos que foram feitos na maquinaria, de todos os gêneros, melhoraram enormemente sua força produtiva, aperfeiçoamentos para os quais um estímulo foi dado, sem dúvida, especialmente no que diz respeito à maior velocidade das máquinas num dado tempo, pelas restrições às horas de trabalho. Esses aperfeiçoamentos e a *aplicação atenta* que os operários são capazes de fornecer tiveram o efeito... de tanto trabalho ser realizado no período reduzido quanto o era nas horas mais longas."[835] (p. 10. *Factory Reports*, For the half year ending October 31, 1858) Cf. (Reports for the half year ending 30th April 1860, p. 30 ss.)

O fenômeno de que a lei de dez horas não diminuiu o ganho dos fabricantes ingleses, apesar da redução da jornada de trabalho, explica-se por dois motivos:

1) Porque as horas de trabalho inglesas são superiores às continentais, estão em relação com elas como trabalho mais complexo. (Portanto, que a relação dos fabricantes ingleses com os estrangeiros é a de um fabricante que introduz maquinaria com os seus concorrentes) "Em iguais condições, o manufatureiro inglês pode produzir um montante consideravelmente maior de trabalho, num dado tempo, do que o manufatureiro estrangeiro, ao menos para contrabalançar a diferença dos dias de trabalho, cerca de 60 horas por semana aqui e 72 ou 80 em outros lugares; e os meios de transporte ingleses permitem ao manufatureiro distribuir suas mercadorias numa ferrovia quase em sua fábrica, de onde elas podem ser embarcadas para a exportação quase diretamente"[836] (p. 65. *Reports of Insp. Of Factories, 31 Oct. 1855. Lond., 1856.*).

2) Aquilo que reduz o tempo de trabalho absolutamente é ganho em *condension*[837] do tempo de trabalho, de modo que agora, em verdade, uma

---

[835] "The great improvements that have been made in machinery, of all kinds, have vastly improved their productive powers, improvements to which a stimulus was doubtless given, especially as regards *the greater speed of the machines* in a given time, by the restrictions of the hours of work. These improvements, and the *closer application* which the operatives are enabled to give, have had the effect... of as much work being turned off in the shortened time as used to be in the longer hours." Sublinhado por Marx. (Nota da edição original).

[836] "All things being equal, the English manufacturer can turn out a considerably larger amount of work in a given time than a Foreign manufacturer, so much as to counterbalance the difference of the working days, between 60 hours a week here and 72 or 80 elsewhere; and the means of transport in England enable the manufacturer to deliver his goods upon a railway, almost at his factory, whence they may be almost directly shipped for exportation."

[837] Condensação.

hora de trabalho é igual a ⁶/₅ de hora de trabalho ou mais. Assim como o prolongamento absoluto da jornada de trabalho além de certos limites (além da jornada natural) cai diante de obstáculos naturais, a jornada de trabalho condensada tem seus limites. É questionável se a massa de trabalho que é fornecida agora nas fábricas, sob a lei de dez horas, seria em geral possível com a mesma intensidade, por exemplo, em 12 horas.

"De fato, uma classe de manufatureiros (uma vez que eles não querem empregar *two sets of half times*[838] de crianças abaixo de 13 anos que trabalham 6 horas), a dos donos de fiações de lã, raramente emprega agora crianças abaixo de 13 anos de idade, isto é, meios turnos. Eles introduziram maquinaria nova e aperfeiçoada de vários tipos, que, em conjunto, suprem a necessidade do emprego de crianças; a título de ilustração, com o acréscimo às máquinas existentes de um aparato chamado *máquina de emendar*, o trabalho de 6 ou 4 meio turnos, de acordo com a peculiaridade de cada máquina, pode ser realizado por um jovem... o sistema de meio turno teve sua quota no estímulo à invenção da máquina de emendar."[839] (p. 42-43. F. Reports for the half year ending 31 Oct. 1858. Lond., 1858.)

De qualquer modo, esse efeito da redução do tempo de trabalho absoluto nos mostra como os fabricantes pensam em meios para prolongar o tempo de sobretrabalho, reduzindo o trabalho necessário. Mostra-nos, ao mesmo tempo, como a maquinaria não apenas habilita o indivíduo a realizar o trabalho de muitos, mas ainda aumenta a grandeza de trabalho dele requerida, de modo que a hora de trabalho fornece valor superior e, com isso, diminui relativamente, para o próprio trabalhador, o tempo de trabalho necessário à reprodução do salário.

Como foi dito, isso ocorre pelo aumento da velocidade da máquina e pela maior quantidade de maquinaria em operação que o trabalhador tem de controlar. Esse resultado é obtido, em parte, quando, por meio da construção modificada da máquina que gera a força motriz, uma máquina com o mesmo peso, com menores custos relativamente – com frequência absolutamente – coloca em movimento uma quantidade maior de maquinaria e em movimento mais rápido.

---

[838] Duas equipes de meio turno.

[839] "In fact one class of manufacturers, the spinners of woollen yarn, now rarely employ children under 13 years of age, i. e. half-times. They have introduced improved and new machinery of various kinds, which altogether supersedes the necessity of the employment of children, f. i., as an illustration, by the addition of an apparatus, called a *piecing machine*, to existing machines, the work of 6 or 4 halftimes, according to the peculiarity of each machine, can be performed by one young person... the half-time system had some share in stimulating the invention of the piecing machine." Sublinhado por Marx. (Nota da edição original).

"Os fatos assim revelados pelo depoimento parecem demonstrar que o sistema fabril cresce rapidamente; que, *embora o mesmo número de braços seja empregado em proporção a cavalo de potência do que em períodos anteriores, há menos braços empregados em proporção à maquinaria*; que a máquina a vapor é capaz de mover um peso maior de maquinaria com economia de força, entre outros métodos, e que uma quantidade maior de trabalho pode ser realizada com as melhorias na maquinaria e nos métodos de manufatura, pela velocidade aumentada da maquinaria e por uma variedade de outras causas"[840] (p. 20. *Fact. Reports.* for the half year *ending 31st Oct. 1856.*). "No relatório de outubro de 1852, o Sr. Horner cita... uma carta de Sr. Jas. Nasmyth, o eminente engenheiro civil de Paticroft, perto de Manchester, explicando a natureza dos aperfeiçoamentos recentes na máquina a vapor, com os quais a mesma máquina é capaz de realizar mais trabalho com um consumo diminuído de combustível... 'Não seria muito fácil responder exatamente quanto foi o aumento de performance ou trabalho feito por máquinas idênticas nas quais alguns ou todos esses aperfeiçoamentos foram aplicados; porém, estou confiante de que, se pudéssemos obter a resposta exata, o resultado mostraria que, da máquina a vapor de mesmo peso, obtemos agora no mínimo 50% a mais de trabalho ou de carga de trabalho por período, realizados em média e que... em muitos casos as mesmas máquinas a vapor que nos dias de velocidade restrita a 220 pés por minuto forneciam 50 cavalos de potência, agora fornecem mais de 100.'"[841]

"O relatório de 1838", diz Horner (*Reports. 31 Oct.* 1856), "forneceu um número de máquinas a vapor e rodas d'água com o montante de cavalos de potência empregado. Naquele tempo, as cifras representavam uma estimativa muito mais exata da potência real empregada do que as cifras nos relatórios

---

[840] "The facts thus brought out by the Return appear to be that the Factory system is increasing rapidly; that *although the same number of hands are employed in proportion to the horse power as at former periods there are fewer hands employed in proportion to the machinery*; that the steam engine is enabled to drive an increased weight of machinery by economy of force, and other methods, and that an increased quantity of work can be turned off by improvements in machinery, and in methods of manufactures, by increased speed of the machinery, and by a variety of other causes."

[841] "In dem Report for October 1852, Mr. Horner, quotes... a letter from Mr. Jas. Nasmyth, the eminent civil engineer, of Paticroft, near Manchester, explaining the nature of recent improvements in the steamengine, whereby the same engine is made to perform more work with a diminished consumption of fuel... 'It would be very easy to get an exact return as to the increase of performance or work done by the identical engines to which some or all of these improvements have been applied; I am confident, however, that could we obtain an exact return, the result would show, that from the same weight of steam-engine machinery, we are now at least obtaining 50 per cent more duty or work performed on the average, and that... in many cases, the identical steam-engines which, in the days of the restricted speed of 220 feet per minute, yielded 50 horsepower, are now yielding upwards of 100.'" In: *Reports of the Inspectors of Factories..., for the half year ending 31st October 1856.* Londres, 1857, p. 14. (Nota da edição original).

de *1850* ou *1856*[842]. As cifras fornecidas nos relatórios se referem todas à potência *nominal* das máquinas a vapor e rodas d'água, não à potência realmente empregada ou capaz de ser empregada. A máquina a vapor moderna de 100 cavalos de potência é capaz de ser levada a uma força muito maior que anteriormente, decorrente dos aperfeiçoamentos em sua construção, da capacidade e construção das caldeiras etc. e, assim, a potência nominal de uma moderna máquina a vapor de manufatura não pode ser considerada mais do que um índice do qual sua capacidade real deve ser calculada"[843] (p. 13-14, *loc. cit.*).

Quarto: Substituição da cooperação simples pela maquinaria

Assim como a maquinaria elimina ou revoluciona a cooperação desenvolvida em divisão do trabalho, em muitos casos ela também faz o mesmo com a cooperação simples. Por exemplo, se operações como ceifar, semear, etc. exigem o emprego simultâneo de muitos braços, são substituídos por máquinas ceifadoras e semeadoras. Idem no esmagamento das uvas, quando o esmagador substitui o trabalho de esmagamento com os pés. Assim também a máquina a vapor é empregada para elevar materiais de construção até o topo do edifício, ou na altura onde devem ser utilizados. "A greve dos trabalhadores em construção de Lancashire (1833) introduziu uma curiosa aplicação da máquina a vapor. Essa máquina é agora empregada, apenas em algumas cidades, em lugar do trabalho manual, para erguer os diversos materiais de construção até o topo dos edifícios onde se pretende usá-los"[844] (p. 109. *Character, Object and Effects of Trades' Unions etc. Lond., 1834.*).

Quinto. Invenção e emprego da maquinaria contra strikes[845] *etc. e contra reivindicações de aumento salarial.*

Greves ocorrem, na maioria das vezes, ou para impedir redução de salário ou para forçar um aumento de salário ou, ainda, para fixar a jornada

---

[842] Sublinhado por Marx. (Nota da edição original).

[843] "The return of 1838 gave the number of steamengines and of waterwheels, with the amount of horsepower employed. At that time the figures represented a much more accurate estimate of the actual power employed than do the figures in the returns either of *1850* or *1856*. The figures given in the Returns are all of the *nominal* power of the engines and wheels, not of the power actually employed or capable of being employed. The modern steamengine of 100 horsepowers is capable of being driven at a much greater force than formerly, arising from the improvements in its construction, the capacity and construction of the boilers etc, and thus the nominal power of a modern manufacturing steamengine cannot be considered more than an index from which its real capabilities are to be calculated."

[844] "A turnout dos Lancashire workmen in the building trade (1833) has introduced a curious application of the steamengine. Essa máquina, ora empregada apenas em algumas cidades, em lugar de manual labour, in hoisting the various building materials to the top of the edificies where they are intended to be used."

[845] Greves.

normal de trabalho. Nela se trata sempre de limitar a massa positiva ou relativa de tempo de sobretrabalho ou de fazer com que uma parte dele seja apropriada pelo próprio trabalhador. Contra isso, o capitalista emprega a introdução de maquinaria. Aqui, a maquinaria aparece diretamente como meio de reduzir o tempo de trabalho necessário; idem, como forma do capital – meio do capital – potência do capital sobre o trabalho para repressão de toda reivindicação do trabalho por autonomia. A maquinaria também entra, aqui, *intencionalmente como forma do capital hostil ao trabalho*. Os *selfactors*,[846] na fiação, as *wool-combing-machines*,[847] o assim chamado "*condenser*"[848] no lugar da "*slubbing machine*"[849] acionada com a mão (também na tecelagem de algodão) etc. Todas as máquinas inventadas para reprimir *strikes*.[850]

Do mesmo modo, também o aparelho automático para as operações de tintura e enxágue inventado "sob a influência opressiva dessas mesmas confederações despóticas"[851] (a saber, as associações de trabalhadores) (fala-se aqui da estamparia de calicô, onde se empregam os cilindros gravados, movidos pelo vapor, com os quais se estampam 4-6 cores.) A respeito da invenção de uma nova máquina na tecelagem, Ure diz: "Assim, a horda de descontentes, que se acreditavam entrincheirados de modo invencível atrás das antigas linhas da divisão do trabalho, viu-se atacada pelo flanco e, tendo sido seus meios de defesa anulados pela tática moderna dos maquinistas, foi obrigada a se render incondicionalmente"[852] (p. 142, *loc. cit.*).[853]

O resultado dessa nova máquina ou é tornar o trabalho anterior totalmente supérfluo (como o fiandeiro por meio do *selfactor*[854]) ou diminuir o número de trabalhadores requeridos e simplificar o novo trabalho (como

---

[846] Máquinas de fiar automáticas.

[847] Máquinas de cardar lã.

[848] Condensador.

[849] Retorcedeira.

[850] Greves.

[851] ... o appareil automático pour les opérations de la teinture et du rinçage inventado "sous l'influence oppressive de ces mêmes confédérations despotiques".

[852] "Ainsi la horde des mécontents, qui se croyaient retranchés d'une manière invincible derrière les anciennes lignes de la division du travail, s'est vue prise en flanc, et ses moyens de défense ayant été annulés par la tactique moderne des machinistes, elle a été obligée de se rendre à discrétion."

[853] Este parágrafo foi redigido por Marx na página seguinte do manuscrito, 207, antes do parágrafo que inicia com "The factory operatives should keep in wholesome...", assinalado com dois ×× para indicar o local, na página 206, onde deveria ser inserido. (Nota da edição original).

[854] Máquina de fiar automática.

o dos cardadores com as máquinas de cardar⁸⁵⁵) em relação ao anterior. "A causa mais comum das greves no negócio de algodão foi a introdução de maquinaria e, especialmente, a ampliação das *mules*, por meio da qual o número de fusos que um fiandeiro era capaz de supervisionar aumentou continuamente... um patrão, com a introdução de tal maquinaria aperfeiçoada em seu estabelecimento, estipula com seus fiandeiros pagar-lhes menos por peça, porém, a uma taxa tal que, devido à maior potência da máquina, seus ganhos semanais aumentam em lugar de cair... Porém, essa barganha é prejudicial aos patrões e homens nas manufaturas onde a máquina aperfeiçoada não foi introduzida"⁸⁵⁶ (p. 17-18.) (*Character, objet and effects of Trades' Unions etc.* Lond., 1834). "1829, uma greve importante. Um pouco antes desse tempo, vários patrões instalaram *mules*, com capacidade de 4-500 fusos, que permitiram aos fiandeiros que trabalhavam ali receber uma soma menor na proporção de 3-4 por uma dada quantidade de trabalho e, ao mesmo tempo, receber *no mínimo* a mesma soma de salários do que aqueles que eram empregados na maquinaria antiga. 21 fábricas e 10.000 pessoas foram lançadas à inatividade por 6 meses durante essa greve. (p. 19, *loc. cit.*) A greve (1833), para os senhores Hindes e Derham (Westriding de Yorkshire), provocou a invenção da máquina de cardar lã, que substituiu o trabalho daquela classe de homens, que eram os principais líderes no confronto; e que desferiu um golpe em sua organização do qual esta nunca se recuperou"⁸⁵⁷ (p. 61-62).

Assim como "a *introdução do vapor* como um *antagonista* da energia humana".⁸⁵⁸ (*P. Gaskell (Surgeon*⁸⁵⁹), *Artisans and Machinery* etc. Lond, 1836,

---

[855] ... combers com as combing machines.

[856] "A causa mais comum das strikes no cotton trade era a introdução de maquinaria aperfeiçoada e especialmente o enlargement of mules, por meio do qual o número de spindles a spinner is capable of superintending, has been continually increasing... a master on the introduction de tal maquinaria aperfeiçoada em seu établissement estipula com seus fiandeiros pagar-lhes less per piece, porém, a uma taxa tal que, owing to the greater power of the machine, seus earnings semanais aumentam em lugar de cair... Porém, essa bargain injurious to the masters and men in the manufactures where the improved machine is not introduced."

[857] "1829 a serious turnout. A little before this time, several masters had erected mules, carrying from 4 – 5000 spindels, wich enabled the spinners who worked at them to receive a less sum in the proportion of 3 – 4 [em Tufnell: "from three to five" – três para cinco] for a given quantity of work, e, ao mesmo tempo, to earn *at least* an equal amount of wages with those who were employed on the old machinery. 21 mills and 10000 persons were thrown idle for 6 months durante essa strike. A strike (1833) junto aos senhores Hindes e Derham (Westriding de Yorkshire) foi a causa da invention da wool-combing-machine, which wholly superseded the labour of that class of men, Who were the chief ringleaders in this affair; and which has struck a blow at their combination, that it can never recover."Sublinhado por Marx. (Nota da edição original).

[858] So as "the *introduction of steam* as an *antagonist to* human power" Sublinhado por Marx. (Nota da edição original).

[859] Médico.

p. 23) "Os braços excedentes tornaram os industriais capazes de diminuir a taxa dos salários: mas a certeza de que uma considerável redução seria seguida por perdas imediatas, imensas, graças a greves, interrupções prolongadas e vários outros impedimentos que seriam postos no caminho, fez com que preferissem o processo mais lento do progresso mecânico, para o qual, embora possam triplicar a produção, não necessitam de qualquer homem"[860] (*loc. cit.*, p. 314).[861]

"Os operários de fábrica fariam bem em se lembrar do fato de que seu trabalho é realmente uma espécie inferior de trabalho qualificado; e que não existe outro que seja mais facilmente adquirido ou que seja mais bem remunerado com sua qualidade, ou que, com um pequeno treinamento dos menos qualificados, possa ser fornecido mais rapidamente e também mais abundantemente."[862] "A maquinaria do patrão realmente desempenha um papel mais importante no ramo da produção do que o trabalho e a habilidade do operário, que uma educação de 6 meses pode ensinar e um trabalhador comum pode aprender."[863] (p. 17-9. *The Master Spinners and Manufacturers' Defence Fund. Report of the Committee appointed for the receipt and apportionment of this fund to the Central Association of Master Spinners and Manufacturers. Manchester, 1854*).

Com relação ao "homem de ferro" (*self-acting mule*), Ure diz: "quando o capital recruta a ciência para seu serviço, a mão rebelde da indústria aprende sempre a ser dócil".[864]

"A necessidade de aumentar as máquinas de fiar, necessidade criada pelos decretos das associações de trabalhadores, depois de pouco tempo deu um impulso extraordinário à ciência mecânica... Ao *dobrar o tamanho de*

---

[860] "The surplus hands tornam os industriais capazes to lessen the rate of wages; but the certainty that any considerable reduction would be followed by immediate immense losses from turnouts, extended stoppages, and various other impediments which would be thrown in their way, makes them prefer the slower process of mechanical improvement, by which, though they may triple production, they require no new men."

[861] Cf. também *Grundrisse*, caderno VII, p. 43. (Nota da edição original).

[862] "The factory operatives should keep in wholesome remembrance the fact that theirs is really a low species of skilled labour; and that there is none which is more easily acquired or of its quality more amply remunerated, or which by a short training of the least expert can be more quickly as well as abundantly supplied."

[863] "The master's machinery really plays a far more important part in the business of production than the labour and skill of the operative, which 6 month's education can teach, and a common labourer can learn."

[864] "lorsque le capital enrôle la science à son service, la main rebelle de l'industrie apprend toujours à être docile." *Op. cit.*, p. 140. (Nota da edição original).

sua máquina mull-jenny, o proprietário pode se desfazer dos trabalhadores medíocres ou rebeldes e se tornar novamente senhor em sua própria casa, o que é uma grande vantagem"[865] (*Ure*, t. II, p. 134). Esse expediente tende "a elevar, ou ao menos a manter, os *salários de cada fiandeiro*, mas diminuindo *o número de trabalhadores necessários* para a mesma quantidade de trabalho; de modo que aqueles que estavam ocupados prosperavam, enquanto a massa de trabalhadores padecia." (p. 133-134, *loc. cit.*) "o homem de ferro... criação destinada a restabelecer a ordem entre as classes industriais"[866] (p. 138).

"Os primeiros industriais, que tinham de confiar inteiramente no trabalho manual, eram periodicamente submetidos a grandes perdas imediatas graças ao espírito rebelde da mão de obra, que programava oportunamente para fazer suas exigências quando o mercado estava pressionando particularmente... uma crise se aproximava rapidamente, a qual teria bloqueado o progresso dos industriais, quando o vapor e sua aplicação à maquinaria inverteram de uma vez a corrente contra os trabalhadores"[867] (p. 34-35. *Gaskell, loc. cit.*).

Sexto. Pretensão dos trabalhadores de quererem se apropriar parcialmente da produtividade gerada pela maquinaria

"Os sindicatos, em seu desejo de preservar salários, *tentam participar dos lucros da maquinaria aperfeiçoada*... eles reclamam por salários mais altos, porque o trabalho é reduzido... em outras palavras: buscam estabelecer uma *taxa sobre os aperfeiçoamentos da manufatura*."[868] (p. 42) (*On Combination*

---

[865] "La nécessité d'agrandir les métiers à filer, nécessité créée par les décrets des associations d'ouvriers, a donné depuis peu une impulsion extraordinaire à la science mécanique... En *doublant la grandeur de son métier mull-jenny*, le propriétaire peut se défaire des ouvrières médiocres ou mutins, et redevenir maître chez lui, ce qui est un grand avantage." Com exceção de "*mull-jenny*", sublinhado por Marx. (Nota da edição original).

[866] Esse expédient tende "à élever, ou du moins à maintenir les *gages de chaque fileur*, mais en diminuant *le nombre d'ouvriers nécessaires* pour la même quantité d'ouvrage; de manière que ceux qui étaient occupés, prospéraient, tandis que la masse des ouvriers en pâtissait." "l'homme de fer... création destinée à *rétablir l'ordre* parmi les classes industrielles." Sublinhado por Marx. (Nota da edição original)

[867] "Os primeiros manufacturers, who had to trust entirely to hand labour, were subjected periodically to severe immediate losses pelo refractory spirit of their hands, who timed their opportunity, when the market were particularly pressing, to urge their claims... a crisis was rapidly approaching, a qual progress of manufacturers would have checked, when steam and its application to machinery at once turned the current against the men."

[868] "Trades Unions in their desire to maintain wages *endeavour to share in the profits of improved machinery*... eles reclamam por salários mais altos, porque labour is abbreviated... em outras palavras: eles buscam to establish a *duty of manufacturing improvements*." (*Citatenheft*, p. 68). Sublinhado por Marx. (Nota da edição original).

of Trades, New Edit. London, 1834) "O princípio de se ajustarem salários aos supostos lucros do empregador,⁸⁶⁹ que está implicado pelas exigências de remuneração mais alta a partir da maquinaria aperfeiçoada, é absolutamente *inadmissable*.⁸⁷⁰ A aplicação desse princípio, todavia, não se limita a um único gênero de lucro. Os tintureiros entraram em greve em 7 de agosto de 1824; eles registraram num *placard*⁸⁷¹ que seus patrões teriam obtido um aumento no preço da tinturaria *mais* do que adequado ao aumento que eles demandavam... os salários⁸⁷² modificam assim totalmente seu caráter e ou absorvem o lucro, ou se tornam uma taxa *ad valorem*⁸⁷³ sobre o lucro" (p. 43-44. *loc. cit.*).

Sétimo. Maior continuity of labour.⁸⁷⁴ *Utilização das sobras, etc. Num finishing stadium*⁸⁷⁵, *pode-se trabalhar mais quando, com o auxílio da maquinaria, mais matéria-prima é fornecida.*

A continuidade do trabalho aumenta em geral com o emprego da maquinaria (do *capital fixe*⁸⁷⁶ em geral).

Além disso: na medida em que a maquinaria fornece uma oferta mais abundante de material de trabalho para os ramos industriais, para os quais seu produto serve como matéria-prima. Por exemplo, no século XVIII, os *handloom weavers*⁸⁷⁷ sempre sofreram da impossibilidade de suprir a si mesmos com materiais para seu trabalho. Consideráveis períodos de inatividade ocorriam frequentemente, pois eles se encontravam em "privações".⁸⁷⁸ "Aquilo que seria ganho agora com o aperfeiçoamento da máquina de fiar origina-se *não de um aumento na taxa de pagamento para o trabalho,* mas de um mercado geralmente com poucos estoques e uma *produção de fios constantemente crescente, o que lhes permitia trabalhar em tempo integral*".⁸⁷⁹

---

[869] "...wages to the supposed profits of the employer..."

[870] Inadmissível.

[871] Manifesto.

[872] "...an increase of price for dyeing, *more* than adequate to the advance they claim... wages."

[873] Segundo o valor.

[874] Continuidade do trabalho.

[875] Estágio terminal.

[876] Capital fixo.

[877] Tecelões manuais.

[878] "...impossibility of supplying themselves com materials (algodão) for their labour. Considerable vacations frequently occuring in this respect, pois eles se encontravam em 'privations'."

[879] "... não de an increase in the rate of payment for labour, mas from a market generally understocked, and a *constantly increasing production of yarn, which enabled them to work full hours.*"

(*Gaskell, loc. cit.*, p. 27).[880] Esse é um resultado fundamental da maquinaria, "essa possibilidade de continuamente trabalhar em tempo integral no mesmo departamento."[881] Seria a possibilidade de work *full hours*[882] para os pequenos trabalhadores autônomos. Para o capitalista, é a possibilidade de fazer outros trabalharem *full hours*.[883] [884]

Aquilo que a máquina de fiar representa aqui para a tecelagem, na medida em que lhe fornece o fio, a invenção do *cottongin*,[885] por Eli Whitney (de Connecticut), 1793, representa para a fiação ao fornecer o algodão ao fiandeiro. O proprietário das plantações possuía negros suficientes para semear uma grande quantidade de algodão, mas não o suficiente para separar a fibra das sementes. Portanto, isso reduzia de modo significativo a quantidade de produto bruto e aumentava os custos, por exemplo, de uma libra de algodão. "Tomava-se uma jornada de trabalho média para separar perfeitamente uma libra de fibra de algodão das sementes... A invenção de Whitney permitiu ao proprietário de seu descaroçador separar a semente completamente de [100] *lb* de fibra por trabalhador, diariamente; desde então a eficiência dela ainda aumentou mais."[886]

O mesmo na Índia

"O outro mal na Índia é aquele que mal se poderia esperar encontrar num país que exporta mais trabalho do que qualquer outro no mundo, com exceção talvez de China e Inglaterra – *a impossibilidade de se proporcionar um número suficiente de braços para limpar o algodão*. A consequência disso é que grandes quantidades da safra são deixadas sem colher, enquanto outra porção é reunida do chão onde caiu e, claro, desbotada e parcialmente podre, de *modo que, para a demanda de trabalho na estação adequada*, o agricultor é em verdade forçado a se submeter à perda de grande parte da colheita, pela qual a Inglaterra procura tão

---

[880] Originalmente, Marx forneceu o número da página 41 aqui, em referência ao seu *Caderno de Excertos XI*, Londres, 1851. (Nota da edição original).

[881] "...full hours work in the same department".

[882] Trabalhar em tempo integral.

[883] Tempo integral.

[884] Extraído, com algumas modificações, do *Citatenheft*, p. 23-4. (Nota da edição original).

[885] Descaroçador de algodão.

[886] "It was an average days' work to separate a pound of cotton fiber perfectly from the seed... Whitney's invention enabled the owner of his gin to separate the seed completely from [100] pounds the fibres per day to the hand, the efficiency of the gin since increased." A fonte dessa citação é desconhecida. (Nota da edição original).

ansiosamente"[887] (*Bengal Hurkaru, Bi-Monthly Overland Summary of News*. 22nd July 1861). "Uma *churka* comum, operada por um homem e uma mulher, produzia 28 *lb* diariamente. A churca do Dr. Forbes, operada por 2 homens e um garoto, produz 250 *lb* diariamente"[888] (*Bombay Camber of Commerce Report for* 1859-1860. p. 171). "16 destas (máquinas citadas por último), movidas por bois, limpariam uma tonelada de algodão por dia, o que era igual ao dia comum de trabalho de 750 pessoas"[889] (*Paper read before the Society of Arts, on the 17th April. 1861*).[890]

Por meio da maquinaria, podem-se trabalhar materiais que são muito ruins para ser transformados com o trabalho manual. "A demanda por bens baratos (de lã, no Westriding de Yorkshire) deu um impulso imenso a esse gênero de manufatura, cuja economia consiste não tanto em maquinaria aperfeiçoada e processos de economia de trabalho, mas no emprego de fibras inferiores e trapos de lã, reduzidos novamente à condição de lã por uma máquina poderosa, sendo então fiados para roupas inferiores ou misturados com lã nova e fiados para roupas de melhor qualidade. Essa manufatura não prevalece em nenhum lugar em tão grande extensão quanto na Inglaterra, embora seja considerável na Bélgica"[891] (*p. 64. Reports of Inspector of Factories for 31 Oct. 1855*. London, 1856.).

"Frequentemente, há grande economia de materiais, como na mudança da produção de tábuas com a enxó para a produção com serra; e, novamente,

---

[887] "The next evil in India is one which one would scarcely expect to find in a country which exports more labour than any other in the world, with the exception perhaps of China and England – *the impossibility of procuring a sufficient number of hands to clean the cotton*. The consequence of this is that large quantities of the crop are left unpicked, while another portion is gathered from the ground, where it has fallen, and of course discoloured and partially rotten, so *that for want of labour at the proper season*, the cultivator is actually forced to submit to the loss of a large part of that crop, for which England is so anxiously looking."

[888] "A common *churka* worked by a man and woman turned out 28 lbs. daily. Dr. Forbes' Churca worked by 2 men and a boy turns out 250 lbs. daily."

[889] "16 of these (last named machines) [no original: "machines" – máquinas], driven by bullocks, would clean a ton of cotton per day, which was equal to the ordinary days' work of 750 people."

[890] Essa explicação foi fornecida pelo Dr. John Forbes Watson na discussão do relatório "On te cotton supply" ["Sobre a oferta de algodão"], apresentado por John Cerawfurd na *Society of Arts*. A citação foi extraída do *Caderno VII*, Londres, 1859-1862, p. 207, com a data incorreta, que foi reproduzida em todas as edições de *O Capital*. (Nota da edição original).

[891] "The demand for cheap (woolen no Westriding of Yorkshire) goods has given an immense impulse to this kind of manufacture, the economy of wich consists not so much in improved machinery and labour-saving processes, as in the employment of an inferior staple and woollen rags, brought again, by powerful machinery, to the original condition of wool, and then either spun into yarn for interior cloths, or mixed with new wool, spun into yarn for better kinds of cloths. This manufacture prevails nowhere to so great an extent as in England, although it is considerable in Belgium"

o trabalho dos agentes naturais é tão mais barato que muitos artigos que de outro modo não teriam valor merecem agora atenção, já que são agora dotados, com lucro, de alguma forma de valor"[892] (p. 72-3. F. Wayland, *The Elements of P. E. Boston, 1843*).

Além disso, na produção em grande escala, os resíduos são tão significativos que eles mesmos podem ser reconvertidos com facilidade em artigos de comércio, seja para a agricultura, seja para outro ramo industrial.

Oitavo. Substituição de trabalho

"Quando se aperfeiçoam os trabalhos, o que não é senão a descoberta de novos meios pelos quais se pode realizar uma manufatura *com menos gente* ou (o que é o mesmo) em *menos tempo do que antes*"[893] (*Galiani, Della Moneta,* p. 158[-9.] *Custodi. Parte Moderna*).

Isso vale tanto para a cooperação simples quanto para a divisão do trabalho, como ainda para a maquinaria – *meno gente* e *minor tempo*[894] para a fabricação de um produto são idênticos. Se alguém pode fazer em 1 hora o que antes fazia em 2, então pode fazer agora numa jornada de trabalho o que fazia em duas anteriormente; portanto, aquilo para o qual eram necessárias duas jornadas de trabalho simultâneas. Desse modo, todos os meios pelos quais o tempo de trabalho necessário de um trabalhador individual é reduzido implicam, ao mesmo tempo, uma diminuição do número de trabalhadores que são requeridos para produzir o mesmo efeito. Agora, no emprego de maquinaria, há apenas uma mudança de grau nessa diminuição, ou algo específico é adicionado?

Steuart (Sir James), *Principles of Pol. Econ.*, liv. 1, cap. XIX, diz: "Portanto, considero as máquinas como meios de aumentar (*virtualmente*) o número de pessoas da indústria que não somos obrigados a alimentar."[895] Igualmente, ele pergunta o mesmo: "Em que o efeito de uma máquina difere daquele de novos habitantes?"[896] (*loc. cit.*).

---

[892] "There is frequently a great saving of materials, as in the change from making boards with the adze, to that of making them with the saw; and again the labour of natural agents is so much cheaper, that many articles wich would otherwise have been worthless, are now deserving of attention, as they may now be profitably endowed with some form of value." (*Citatenheft*, p. 68). (Nota da edição original)

[893] "Quando se perfezionanno le arti, che non è altero che la scoperta di nuove vie, onde si possa compiere una manifattura *con meno gente* o (che è lo stesso) in *minor tempo di prima*." (*Citatenheft*, p. 15). Sublinhado por Marx. (Nota da edição original)

[894] *Menos gente* e *menor tempo*.

[895] "Je considère donc les machines comme des moyens d'augmenter (*virtuellement*) le nombre de gens industrieux qu'on n'est pas obligé de nourrir."

[896] "En quoi l'effet d'une machine diffère-t-il de celui de nouveaux habitants?"

{Preço *da* mercadoria e salário. Da estupidez de Proudhon falamos em outro lugar. Porém, aquilo que lhe replica o sr. *Eugène Forcade*, um dos melhores críticos econômicos na França, é tão falso e ridículo quanto as asserções de P[roudhon]. Afirma F[orcade]:[897]

"Se a objeção de P[roudhon][898] [...] 'o trabalhador não pode recomprar seu próprio produto' (devido ao *intérêt*[899] que incide sobre ele) fosse verdadeira, ela atingiria não apenas os lucros do capital, mas *anularia a possibilidade mesma da indústria*. Se o trabalhador é forçado a pagar 100 pela coisa para a qual recebeu apenas 80, *se o salário não pode recomprar num produto senão o valor que adicionou a ele*, equivale dizer que o trabalhador não pode comprar nada (portranto, mesmo se ele recebe o *valor inteiro* que adicionou no produto, quer dizer, se não existe lucro ou qualquer outra forma de sobrevalor expressando sobretrabalho; e, com tal concepção, Forcade crê compreender alguma coisa de economia política![900] A estupidez de Proudhon de crer que o trabalhador teria de *racheter*,[901] com o dinheiro que recebe (como salário), mercadorias de valor superior, porque lucro etc. é realizado na venda. Porém, até mesmo Forcade explica a indústria como *impossível*, quando o salário não pode recomprar num produto senão o valor que adicionou a ele.[902] A indústria capitalista, ao contrário, é impossível se o salário é suficiente para recomprar num produto todo o valor a ele adicionado pelo trabalhador. Nesse caso, não haveria *survalue*,[903] nem lucro, nem juro, nem renda, nem capital. *In fact*[904]: a observação de F não diz repeito apenas ao "trabalhador",

---

[897] ... we speak another place. But what he is replied to by M. *Eugène Forcade*, one of the best economical critics in France, is as false and ridiculous as P's assertions. F. says: ...

[898] Cf. Proudhon, *Qu'est-ce la propriété?...* Paris 1841, p. 201, *Gratuité du credit. Discussion entre M. Fr. Bastiat et M. Proudhon*. Paris, 1850, p. 207-8. (Nota da edição original).

[899] Juro.

[900] "Se P's objection... ' l'ouvrier ne peut pas racheter son propre produit' (devido ao *intérêt* que incide sobre ele) fosse verdadeira, ela atingiria não apenas os profits du capital; elle anéantirait la possibilité même de l'industrie. Si le travailleur est forcé de payer 100 la chose pour laquelle il n'a reçu que 80, *si le salaire ne peut racheter dans un produit que la valeur, qu'il y a mise*, autant dire que le travailleur ne peut rien racheter (portanto, mesmo se ele recebe novamente the *whole value* qu'il a mise dans le produit, that is to say, if there exists no profit and no other form of surplusvalue expressing surpluslabour; e, com tal concepção, Forcade crê to understand anything whatever of political economy! Sublinhado por Marx. (Nota da edição original).

[901] Recomprar.

[902] Le salaire ne peut racheter dans un produit que la valeur que le travailleur y a mise

[903] Sobrevalor: termo criado por Marx, combinando o prefixo francês *sur* com o inglês *value*. (N.T.).

[904] De fato.

mas ao produtor em geral) que o salário não pode *pagar* nada.[905] (Portanto, *in fact*, a proposição geral: se o *produtor* não pode recomprar num produto senão o valor que adicionou a ele, o produtor não pode pagar nada.[906] Isto é, porque a mercadoria, além do trabalho adicionado, contém capital constante.) En effet, *dans le prix de revient*, il y a toujours quelque chose de plus que le salaire (Isso já é o máximo da vulgaridade. Ele quer dizer que toujours quelque chose de plus que le dernier travail ajouté à, et réalisé dans la marchandise.), por exemplo, le *prix de la matière première souvent payé à l'étranger*... (e se não é payé à l'étranger, nada muda na questão.[907] A objeção, que se baseia em grande equívoco, permanece a mesma. O essencial é o seguinte: a quantidade de produto total que o salário paga não contém nenhuma partícula de valor devida à matéria-prima etc., embora toda mercadoria, considerada por si mesma, seja composta do valor devido ao último trabalho adicionado e ao valor de matérias-primas, etc., independentemente daquele trabalho.[908] O mesmo vale para toda a parte do produto que se resolve em sobrevalor[909] (lucro, etc.). Quanto ao valor do capital constante, ele é reposto seja por si próprio, ao natural, seja pela troca com outras formas de capital constante.)... P[roudhon] se esqueceu do crescimento contínuo do capital nacional; ele esqueceu que esse crescimento se verifica por todos os trabalhadores, tanto os empresários quanto aqueles da mão de obra."[910] (p. 998-9. *Revue des Deux Mondes, Tome 24. Paris, 1848, Forcade, Eugène.)* E, com essa frase irrefletida, F[orcade] busca fugir da solução do problema; e ele ainda é um economista "crítico" incontestável!

Queremos reunir aqui mesmo todo o lixo de Proudhon.}

---

[905] Si le salaire suffit à racheter dans un produit toute la valeur y mise par le travailleur. Dans ce cas là, il n'y aurait pas de survalue ni profit, ni intérêt, ni rente, ni capital. In *fact*: a observação de F. não diz respeito apenas ao "travailleur", mas ao produtor em geral.) que le salaire ne peut rien *payer*.– Sublinhado por Marx. (Nota da edição original).

[906] si le *producteur* ne peut racheter dans un produit que la valeur qu'il y a mise, le producteur ne peut rien payer.

[907] Com efeito, *no preço de custo*, sempre há algo a mais que o salário (...), por exemplo, o *preço da matéria-prima sempre paga ao estrangeiro*... (e se não é paga ao estrangeiro, nada muda na questão. – Sublinhado por Marx. (Nota da edição original).

[908] contains no particle of value due to the value of the rawmaterial etc., although every single commodity, considered for itself, is composed of the value due to the last labour added and to the value of the raw materials etc. independent of that labour.

[909] ... part do produto que se resolve em surplusvalue.

[910] "...As to the value of the constant capital it is replaced either by itself, in natura, or by Exchange with other forms of constant capital.)... P. a oublié l'accroissement continuel du capital national; il a oublié que cet accroissement se constate pour tous le travailleurs, ceux de l'entreprise comme ceux de la main d'oeuvre."

[Adendos suplementares aos pontos 2 e 3][911]

{Se a relação original entre trabalho necessário e sobretrabalho = 10 horas ÷ 2 horas = 5 ÷ 1 e se agora fossem trabalhadas 16 horas em lugar de 12, portanto, 4 horas a mais, então, para que a relação permanecesse a mesma, o trabalhador deveria receber 3 $1/3$ e o capitalista apenas $2/3$ de hora dessas 4 horas; pois, 10 ÷ 2 = 3 $1/3$ ÷ $2/3$ = $10/3$ ÷ $2/3$ = 10 ÷ 2. Porém, de acordo com a lei matemática de que "uma relação de maior desigualdade diminui e uma de menor desigualdade aumenta, ao se adicionar qualquer quantidade a ambos os termos",[912] segue que a razão entre salário e mais-valor não se altera, mesmo se, na relação citada, o *overtime*[913] fosse dividido. Antes, o trabalho necessário, em relação ao sobretrabalho = 10 ÷ 2; = 5 ÷ 1 (5× maior). Agora seria 13 $1/3$ ÷ 2 $2/3$ = $40/3$ ÷ $8/3$ = 40 [÷ 8 = 5 ÷ 1]}[914]

1)[915] O mais-valor que o capital obtém por meio do desenvolvimento das forças produtivas não decorre do fato de que aumenta a quantidade de produtos ou valores de uso produzidos com o mesmo trabalho, mas de que o trabalho *necessário diminui* e, na mesma proporção, o sobretrabalho é *aumentado*. O mais-valor, que o capital obtém pelo processo de produção, em geral consiste apenas no excedente do sobretrabalho em relação ao trabalho necessário.

Sobrevalor é exatamente igual ao *sobretrabalho*; o aumento de um é exatamente medido pela diminuição do trabalho necessário. No *mais-valor absoluto*, a diminuição do trabalho necessário é *relativa*, isto é, ele cai relativamente ao fato de que o sobretrabalho é *diretamente* aumentado. Se o trabalho necessário = 10 horas, o sobretrabalho = 2 e, se esse último é aumentado em 2 horas, isto é, se a jornada de trabalho total é prolongada de 12 horas para 14, então o trabalho necessário permanece, como antes, em 10 horas. Porém, antes ele estava para o sobretrabalho como 10 ÷ 2, isto é, como 5 ÷ 1, agora, como 10 ÷ 4 = 5 ÷ 2, ou, antes, ele era = $5/6$ da jornada de trabalho, agora apenas = $5/7$. Portanto, o tempo de trabalho necessário se reduziu *relativamente* aqui porque o tempo de trabalho total e, por isso, o tempo de

---

[911] Em março de 1862, Marx interrompe a redação do caderno V, portanto, antes do ponto 4, a combinação de mais-valores absoluto e relativo. Inicia, então, a redação do ponto 5, as *teorias do mais-valor*. Somente em 1863, Marx retoma a redação do caderno V, seguida do caderno XIX.

[912] "a ratio of greater inequality is diminished, and of less inequality incresead, by adding any [em Hind: "the same" – a mesma] quantity to both its terms". In: John Hind, *The elements of algebra*, 4. ed. Cambridge, 1839, p. 162. (Nota da edição original).

[913] Tempo extraordinário.

[914] Este parágrafo foi redigido junto ao índice, no caderno I, com a indicação de onde deveria ser inserido. (Nota da edição original).

[915] Este item e os dois seguintes foram extraídos dos *Grundrisse*, p. 253-255.

sobretrabalho aumentou *absolutamente*. Ao contrário, se a jornada de trabalho normal é dada e o aumento do sobrevalor *relativo* ocorre por meio do aumento das forças produtivas, *reduz*-se o *tempo de trabalho necessário* absolutamente e, com isso, o sobrevalor se acresce absoluta e relativamente, sem que o *valor* do produto tenha sido aumentado. No mais-valor absoluto, por isso, tem-se a *queda relativa do valor* do salário em relação ao aumento absoluto do sobrevalor; no mais-valor relativo, a *queda absoluta do valor* do salário. Porém, a primeira queda é sempre pior para o trabalhador. No primeiro caso, o *preço* do trabalho cai absolutamente. No segundo caso, o *preço do trabalho* pode subir.

2) O mais-valor do capital não se acresce como o multiplicador da força produtiva, mas na fração da jornada de trabalho que representa o tempo de trabalho necessário, dividida pelo multiplicador da força produtiva.

3) Quanto maior o sobrevalor *antes* do novo *aumento da força produtiva*, isto é, quanto maior já for a parte gratuitamente trabalhada da jornada e, com isso, quanto menor a sua parte paga – a fração da jornada que constitui o equivalente do trabalho –, menor será o aumento do sobrevalor que o capital obtém do aumento da força produtiva. Seu sobrevalor aumenta, porém, em proporção sempre menor em relação ao desenvolvimento das forças produtivas. O limite permanece a relação entre a fração da jornada que expressa o *trabalho necessário* e a jornada inteira. Ele pode se mover somente no interior desses limites. Quanto menor for a fração que cabe ao trabalho necessário, maior, portanto, o sobretrabalho, menor a *proporção* na qual um aumento na força produtiva diminui o tempo de trabalho necessário, porque tanto maior é o denominador da fração. A *taxa* de autovalorização do capital aumenta, por isso, mais lentamente na medida em que já se valorizou. Porém, isso não ocorre porque aumentou o salário ou a parcela do trabalhador no produto, mas porque a fração da jornada de trabalho que representa o trabalho necessário caiu muito abaixo em relação à jornada de trabalho inteira.

Sobre a divisão do trabalho[916]

Th. Hodgskin, Popular Polit. Econ. etc. London, 1827[917]

"A *invention* e *knowledge*[918] precedem necessariamente a divisão do trabalho. Os selvagens aprenderam a fazer arcos e flechas, para capturar

---

[916] As páginas seguintes foram redigidas por Marx nas páginas em branco que restavam do caderno II, entre janeiro e fevereiro de 1862. (Nota da edição original).

[917] As citações a seguir foram extraídas do *Caderno de Excertos IX*, Londres, 1851, p. 42-44 e resumidas também no *Citatenheft*, p. 73. (Nota da edição original).

[918] A invenção e o conhecimento...

animais e pescar, a cultivar o solo e a tecer roupas antes que alguns deles se dedicassem exclusivamente a fazer esses instrumentos, a caçar, pescar, plantar e tecer[...] a arte de trabalhar em metais, couro ou madeira era inquestionavelmente conhecida, em certa medida, antes de haver ferreiros, sapateiros e carpinteiros. Em tempos muito modernos, máquinas a vapor e *mules* para fiar foram inventadas, antes que alguns homens fizessem da manufatura de *mules* e máquinas a vapor sua principal ou única atividade"[919] (p. 79-80).

"Invenções importantes são o resultado da necessidade de trabalhar e do crescimento natural da população. Se, por exemplo, os frutos espontâneos são exauridos, o homem se torna pescador, etc"[920] (p. 85).

A necessidade é a mãe da invenção; e a existência contínua da necessidade só pode ser explicada pelo aumento contínuo da população. Por exemplo, o aumento no preço do gado, causado pelo aumento da população e por um crescimento em sua manufatura ou outro produto. O aumento no preço do gado leva ao cultivo de alimento para ele, aumentando os fertilizantes e ocasionando aquela quantidade aumentada de produto que, neste país, é de quase $1/3$.[921] (p. 86-87) "Ninguém duvida de que a *comunicação rápida* entre as diversas partes do país contribui tanto para o aumento do conhecimento quanto da riqueza... *Várias pessoas* se põem instantaneamente a trabalhar mesmo com uma simples indicação; e cada descoberta é instantaneamente apreciada e quase ao mesmo tempo aperfeiçoada rapidamente. As chances de aperfeiçoamento são grandes em proporção às *pessoas que são multiplicadas,* cuja atenção é devotada a um objeto em particular. O aumento do número de pesoas produz o mesmo

---

[919] "...Os selvagens aprenderam to make bows e arrows, to catch animals and fish to cultivate the ground and weave cloth before some of them dedicated themselves exclusively to making these instruments, to hunting, fishing, agriculture and weaving... the art of working in metals, leather or wood, was unquestionably known to a certain extent, before there were smiths, shoemakers and carpenters. In very modern times, steam-engines and spinning mules were invented, before some men made it their chief or only business to manufacture mules and steam engines."

[920] "Important inventions são o result of the necessity to labour and of the natural increase of population. Se, por exemplo, os spontaneous fruits são exauridos, o homem se torna pescador etc."

[921] Necessity is the mother of invention; e a continual existence of necessity can only be explained by the continual increase of people. Por exemplo, o rise no price of cattle causado pelo increase of people and by an increase in their manufacturing or other produce. O rise no price do cattle leads to cultivating food for them, augmenting manure and occasioning that increased quantity of produce, que neste país é de quase 1/3.

efeito que a *comunicação*; pois essa última atua apenas ao fazer várias pessoas pensarem no mesmo assunto."⁹²² (p. 93-94)

Causas da divisão do trabalho. "*D'abord*,⁹²³ divisão do trabalho entre os sexos na família. Então, as diferenças de idade. Em seguida, peculiaridades de constituição. A diferença de sexo, idade, capacidade física e mental, ou diferença de organização, é a fonte principal da divisão do trabalho e é continuamente extendida, no progresso da sociedade, por diferentes gostos, disposições e talentos dos indivíduos e suas diferentes aptidões para diferentes empregos⁹²⁴ (p. 111 ss.). Além da diferença de aptidão dentre aqueles que trabalham, há diferentes aptidões e capacidades nos instrumentos naturais com os quais trabalham. Diferenças de solo, clima, localização e peculiaridades nos produtos espontâneos da terra e dos minerais contidos em suas entranhas adaptam certos locais a certas artes.... *divisão territorial do trabalho*"⁹²⁵ (p. 127 ss.).

Limites da divisão do trabalho. (1) "*Extensão do mercado*"... a mercadoria produzida por um trabalhador... constitui, em realidade e em última instância, o mercado para as mercadorias produzidas por outros trabalhadores; e eles e seus produtos são mutuamente o mercado uns para os outros... a *extensão do mercado* deve significar o número de trabalhadores e sua força produtiva, e mais o primeiro do que a última... À medida que o número de trabalhadores aumenta, a força produtiva da sociedade aumenta na razão composta daquele aumento, multiplicada pelos efeitos da divisão do trabalho e do aumento do conhecimento... *Métodos aperfeiçoados de transporte*, como ferrovias, canais para navios a vapor, todos os meios para facilitar o intercâmbio entre países distantes atuam na divisão

---

⁹²² "Ninguém duvida que a *rapid communication* entre as diversas partes do país, contributes both to the increase of knowledge and wealth... *Numbers* of minds are instantly set to work even by a hint; e cada discovery is instantly appreciated e quase ao mesmo tempo é rapidamente aperfeiçoada. As chances of improvement grandes em proporção às *persons are multiplied* whose attention is devoted to any particular subject. O increase in the number of persons produces the same effect as *communication*; pois essa última atua apenas by bringing numbers to think on the same subject."

⁹²³ Primeiramente.

⁹²⁴ Em seguida, peculiarities of constitution. The difference of sex, of age, of bodily and mental power, or difference of organization, is the chief source of division of labour, and it is continually extended in the progress of society by the different tastes, dispositions, and talents of individuals, and their different aptitudes for different employments.

⁹²⁵ Além da diferença de aptidão dentre aqueles que work, há different aptitudes and capacities in the natural instruments they work with. Diversities of soil, climate, and situation, and peculiarities in the spontaneous productions of the earth, and of the minerals contained in its bowels, adapt certain spots to certain arts.... *territorial division* of labour."

do trabalho como um *aumento real do número de pessoas*; eles colocam mais trabalhadores em comunicação uns com os outros ou mais produtos para serem trocados[926] (p. 115 ss.).

2º limite. A natureza de diferentes empregos.[927] "Com o progresso da ciência, esse limite aparente desaparece. A maquinaria em particular o remove. A aplicação de máquinas a vapor aos teares mecânicos permite que um homem faça as operações de vários ou que teça tanto tecido quanto 3 ou 4 pessoas podiam tecer com o tear manual. Isso causa um aumento na complexidade dos empregos... porém, então segue novamente a simplificação... de modo que ocorra renovação perpétua de ocasições para ulterior divisão do trabalho"[928] (p. 127 ss.).

Sobretrabalho[929]

"Por meio da cupidez dos capitalistas etc., *tendência constante* a estender *o número de horas trabalhadas* e, assim, com o aumento da oferta de trabalho, a diminuir sua remuneração... *O aumento do capital fixo* leva ao mesmo resultado. Pois há um valor tão grande depositado em maquinaria, edifícios etc., que o fabricante é fortemente tentado a não deixar que tanto estoque permaneça ocioso e, por isso, não empregará qualquer trabalhador que não se empenhe em permanecer por muitas horas durante o dia. Assim também os horrores do trabalho noturno, praticados em alguns estabelecimentos,

---

[926] "*Extent of market*"... the commodity produced by one labourer... constitutes in reality and ultimately the market for the commodities produced by other labourers; and they and their productions are mutually the market for one another... the *extent of the market* deve significar o number of labourers e their productive power e mais o primeiro do que a última... As the number of labourers increases, the productive power of society augments in the compound ratio of that increase, multiplied by the effects of the division of labour and the increase of knowledge... *Improved methods of conveyance*, como rail-roads, steam-vessels canals, all means of facilitating intercourse between distant countries atuam na divisão do trabalho como um *actual increase in the number of people*; they bring more labourers into communication uns com os outros ou more produce to be exchanged. Sublinhado por Marx. (Nota da edição original).

[927] *The nature of different employments.*

[928] The application of steamengines to working powerlooms enables one man to perform the operations of several; or to weave as much cloth as 3 or 4 persons can weave by the handloom. This is a complication of employments... porém, então segue novamente a subsequent simplification... so perpetual renewal of occasions for the farther division of labour."

[929] Citação extraída do *Caderno IX*, Londres, 1851, p. 85, também encontrada em forma resumida no *Citatenheft*, p. 17. (Nota da edição original).

um grupo de homens chega enquanto outros partem."[930] (p. 102. *G. Ramsay, An Essay on the Distribution of Wealth. Edinburgh, 1836.*)

No *mais-valor absoluto*, o capital despendido em trabalho, o *capital variável*, permanece o mesmo segundo sua grandeza de valor, enquanto o valor do produto total aumenta; mas cresce, por isso, porque cresce a parcela de valor do produto que representa a reprodução do capital variável. Além disso, nesse caso (isso não se refere ao mais-valor, mas a ele como lucro), cresce necessariamente a parte do capital constante que se decompõe em matéria-prima e *matières instrumentales*.[931] Não se deve supor que, salvo num *degree*[932] muito baixo, aumente com isso a despesa (o *dechet*[933] *real*, mesmo que *calculado*) com maquinaria, edificações, etc.

No *mais-valor relativo*, a parte do valor do produto pela qual o capital se reproduz permanece a mesma; porém, sua participação *changes*.[934] Uma parte maior representa sobretrabalho e uma menor, trabalho necessário.[935] Nesse caso, o capital *variável* dado diminui na proporção que o salário diminui. O capital constante permanece o mesmo, exceto aquele referente à matéria-prima e *matières instrumentales*.[936] Uma parte do capital, antes despendida em salários, é liberada e pode ser transformada em maquinaria, etc. Em outro lugar (no lucro), devemos investigar as *changes*[937] no capital constante. Portanto, deixemos isso de lado para considerar apenas a change no variável. Seja o capital anterior = C (constante C) + 1.000 *l*. Essas 1.000 representam o capital variável. Digamos o salário semanal de 1.000 homens.

---

[930] "Por meio da cupidity dos capitalistas etc. *constant tendency* to extend *the number of working hours*, and thus by augmenting the supply of labour, to lessen its remuneration... *The increase of fixed capital* leva ao mesmo resultado. For where so great a value is lodged in machinery, buildings etc., the manufacturer is strongly tempted not to let so much stock lie idle and, therefore, will employ no workmen who will not engage to remain for many hours during the day. Hence also the horrors of night labour practised in some establishments, one set of men arriving as others depart." Sublinhado por Marx. (Nota da edição original).

[931] Matérias instrumentais.

[932] Grau.

[933] Despesa.

[934] Se modifica.

[935] A larger part represents surplus labour e a smaller necessary labour.

[936] Matérias instrumentais.

[937] Mudanças.

Pode-se, então, distinguir dois aspectos. O capital variável cai porque, em outros ramos industriais, caem os *necessaires*[938] produzidos (por exemplo, trigo, carne, botas, etc.). Nesse caso, C permanece inalterado e o número de trabalhadores empregados, a quantidade total de trabalho permanece a mesma. Não ocorreu qualquer *change*[939] nas *condições de produção*. Supondo que o capital variável seja reduzido com isso em $1/10$ (isto é, seu valor); então, ele cai de 1.000 para 900. Supondo que o mais-valor fosse = 500, portanto = metade do capital variável. Então, 1.500 representam o valor total do trabalho de 1.000 homens. (Porque, de acordo com a suposição, a jornada de trabalho permaneceu *a mesma*, sua grandeza não se modificou), qualquer que seja o modo como esses 1.500 se repartam entre capital e trabalho.

Nesse caso, o capital anterior era: (1) C + $\overbrace{1.000 + 500}^{V \quad \text{Sobrevalor}}$. Portanto, sobretrabalho = $1/3$ da jornada de trabalho; novo capital: (2) C + $\overbrace{900 + 600}$. Portanto, sobretrabalho = $2/5$ da jornada de trabalho. O sobretrabalho teria aumentado de $5/15$ para $6/15$; a jornada de trabalho = 12 horas, portanto, $1/3$ = 4 horas e $2/5$ = 4 $4/5$ horas de trabalho. Suponha-se que, depois de um intervalo, o capital variável (salário) diminua novamente $1/10$, em decorrência do barateamento dos meios de subsistência que não são produzidos nesta esfera. Então, $1/10$ de 900 = 90. O capital variável cairia para 810. Teríamos, portanto:

Novo capital: (3) C + $\overset{V \quad \text{Excedente}}{810 + 690}$. Portanto, sobretrabalho = $23/50$ da jornada de trabalho, ou $3/50$ mais do que antes. Ao mesmo tempo, libera-se capital, no primeiro caso, 100, no segundo, 90; no total = 190 *l*. Essa liberação de capital também é forma de acumulação; ao mesmo tempo, liberação de *capital dinheiro*, como reencontraremos na análise sobre o lucro.

C + $\overbrace{V + S}$ é o produto. V + S é grandeza constante. Se agora, sob dadas circunstâncias, o salário cai, então a fórmula fica C + $\overbrace{(V - x)}$ + (S + x).

Se, ao contrário, o mais-trabalho relativo é consequência do barateamento dos próprios artigos, portanto, de um *change*[940] nas suas *condições produtivas*, por exemplo, introdução de maquinaria, assim, por exemplo, $1/2$ dos 1.000 de capital variável deve ser transformado em maquinaria. O capital variável permanece em 500, ou trabalho de 500 homens em lugar

---

[938] Gêneros de primeira necessidade.
[939] Mudança.
[940] Mudança.

de 1.000. O valor de seu trabalho = 750, porque aquele de 1.000 = 1.500 *l*.
Portanto, teríamos em seguida:

Capital antigo. C + $\overbrace{1.000/500}^{V\ S}$.

Capital novo. (C + 500) ou C + $\dfrac{V}{2}$, que chamaremos de C',

$$C' + \overbrace{500/250}^{V}.$$

Porém, uma vez que está suposto que o sobrevalor aumenta em consequência da introdução de maquinaria, o capital variável cai, digamos 1/10. Poderíamos, então, supor ou que os 500 trabalham (matéria-prima) *tanto quanto* antes ou mais. Para simplificar, assumiremos que trabalham apenas o mesmo tanto. 1/10 de 500 = 400[941].

Capital antigo. C + $\overbrace{1.000 + 500}^{V\ S}$ = (C + $\overbrace{1.000 + \dfrac{V}{2}}^{V}$).

Capital novo. (C + 500), = C' + $\overbrace{400 + 350.}^{V\ S}$ = (($\overbrace{C + \tfrac{1}{2}V}^{C'}$) + $\overbrace{400 + \tfrac{7}{8}V.}^{V}$)

Assim, 100 *l* seriam liberadas. Porém, somente em seguida, se não for necessário um acréscimo no mínimo a essa taxa, para matéria-prima e *matières instrumentales*.[942] Somente nesse caso *capital dinheiro* pode ser liberado por meio da introdução de maquinaria, o que antes foi despendido na forma de salários.[943]

No *surplusvalue*[944] absoluto, as *matières brutes* e as *matières instrumentales*[945] devem crescer na mesma proporção em que cresce a quantidade absoluta de trabalho.

Capital antigo. C + 1.000 + 500. Aqui, S = 1/3 da jornada de trabalho de 1.000 jornadas de trabalho. Se a jornada de trabalho era = 12 horas, então = 4 horas. Supondo então que S aumente de 500 para 600, portanto, em 1/5, então, por que o valor de 12 horas ´ 1.000 = 1.500 *l,* um valor de 100 *l* representa

---

[941] Essa diminuição não se refere ao capital V = 500, mas V = 1000, o que resulta 400, e não 450. (Nota da edição original).

[942] Matérias instrumentais.

[943] ... was expended in the form of wages.

[944] Sobrevalor.

[945] Matérias-primas e as matérias instrumentais.

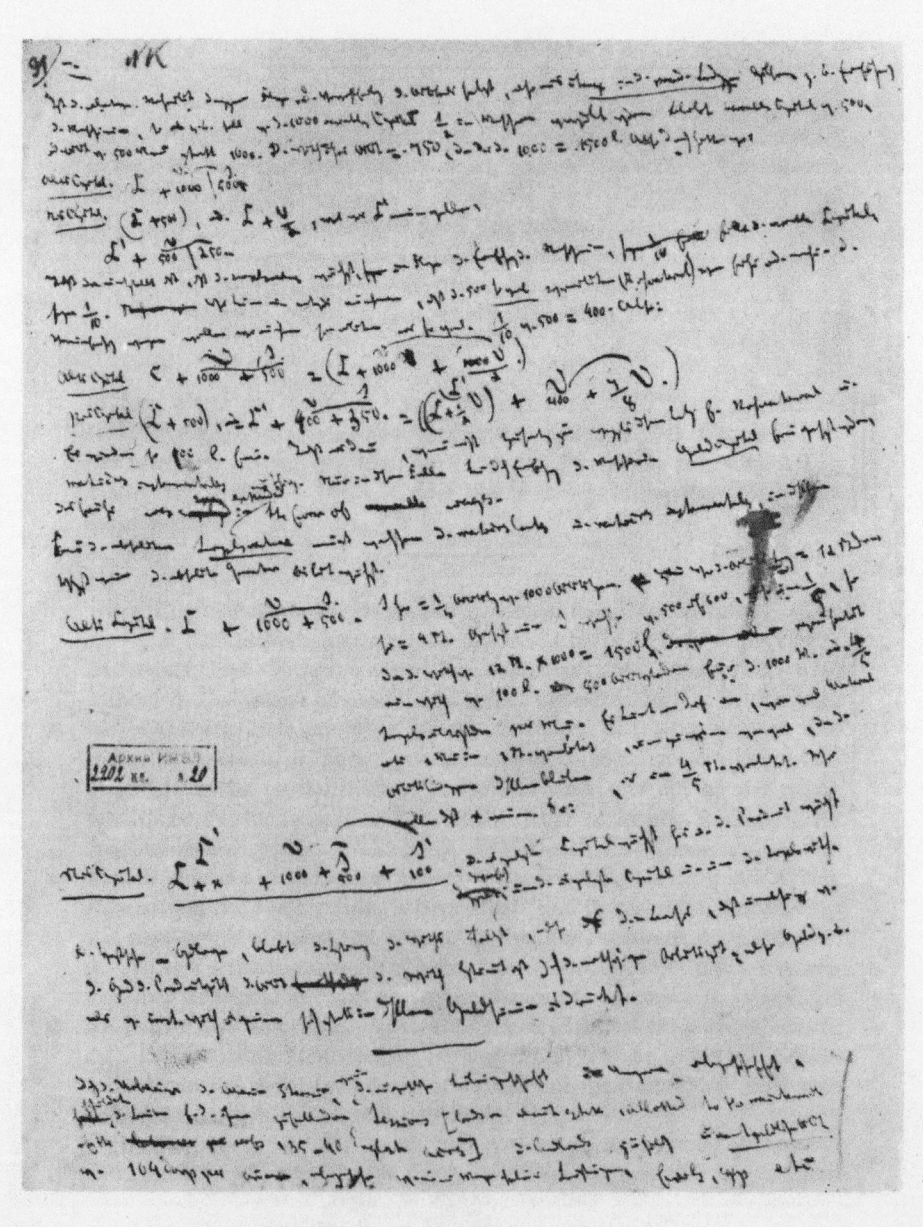

Página 91 do manuscrito, Caderno II.

800 horas de trabalho para 1.000 homens ou ⁴/₅ de horas de sobretrabalho por homem. Uma vez que as condições de trabalho permanecem as mesmas, depende de quanto material, etc. 1 homem transforma em 1 hora para se saber quanto ele transforma em ⁴/₅ de hora. Chamaremos x essa quantidade. Assim:

Capital novo. C + x + 1.000 + 500 + 100. O capital despendido aumenta aqui e o produto cresce duplamente; no capital despendido e no sobrevalor.

O principal – o fundamento permanece a determinação do valor mesmo, portanto, a base de que, independentemente do grau de produtividade do trabalho, o valor é determinado pelo tempo de trabalho necessário; assim, por exemplo, dinheiro que se supõe[946] com valor constante sempre se expressa na mesma soma de dinheiro.

Com o *Urbarium* de Maria Teresa,[947] no qual a servidão propriamente dita foi abolida na Hungria, os camponeses deviam aos *landlords*,[948] anualmente, para as *sessions*[949] (terras em cada estado destinadas à manutenção dos servos, 35 – 40 acres ingleses.[950]) que lhes cabiam, *trabalho gratuito* de 104 *days per annum*,[951] sem considerar um grande número de pequenas prestações, *fowls, eggs*,[952] etc., fiação de 6 *lb* de algodão ou cânhamo, fornecidas pelo *landlord*,[953] além de ¹/₁₀ de seu produto para a igreja e ½ (??) para o *landlord*. Ainda em 1771, de 8 milhões de habitantes na Hungria, ¹/₂₁ era de landlords e apenas 30.921 eram artesãos: são de *fatcs*[954] como esses que a teoria dos fisiocratas obtém sustentação histórica.[955]

---

[946] No orogininal, *ausgenommen*, excetuado, possivelmente um lapso com *angenommen*, suposto. (N.T.).

[947] Decreto real que regulou as relações entre senhores e servos, estabelecendo pagamento para o trabalho servil, teoricamente abolindo-o. (N.T.).

[948] Senhores, proprietários da terra.

[949] Seções.

[950] Lands on each estate, allotted to the maintenance of the serfs, 35 – 40 english acres.

[951] 104 dias por ano.

[952] Aves, ovos.

[953] Proprietário da terra.

[954] Fatos.

[955] Marx retirou esses fatos do livro *An essay on the distribution of wealth...*, de Richard Jones, Londres, 1831. No *Citatenheft*, p. 17, encontra-se a seguinte referência: "Labour-rents [rendas do trabalho] (forma originária do surpluslabour [sobretrabalho].) Ver R. Jones, An Essay on the Distribution of walth etc London, 1831 (IX, p. 72 ss) (Rússia, Polônia, Hungria etc. Tome-se o exemplo de Moldávia e Valáquia)." Marx se refere aqui ao *Caderno IX*, Londres, 1851, p. 29-30, onde se encontram as anotações resumidas acima. (Nota da edição original).

Nas minas de carvão inglesas, 15 homens semanalmente *killed on an average*.[956] Durante os 10 anos encerrados em 1861, cerca de 10.000 pessoas foram mortas. A maioria pela avareza sórdida dos proprietários das minas de carvão. Isso deve ser observado em geral. A produção capitalista é – em certo grau, quando nos abstraímos de todo o processo de circulação e da enorme complexidade das transações comerciais e monetárias, resultantes da base, o valor de troca – na maior parte, economia de *trabalho realizado*, trabalho realizado em mercadorias. É um grande desperdício, maior que qualquer outro modo de produção, de homens, de trabalho vivo, desperdício não apenas de carne, sangue e músculos, mas de cérebros e nervos. De fato, somente com o maior dos desperdícios do desenvolvimento individual é que se pode assegurar o desenvolvimento dos homens em geral nessas épocas da história que precedem a constituição socialista da humanidade.[957]

> "Deveria essa tormenta nos atormentar,
> Pois nos aumenta o prazer,
> Miríades de almas
> O domínio de Timur não consumiu?"[958]

No *valor do produto*, devemos diferenciar entre mais partes do que no *valor* do capital adiantado. Esse último = C + V. O primeiro = C + A. (A parte do produto que expressa o trabalho adicionado.) Porém, A = V + S = ao valor do capital variável + o sobrevalor.

---

[956] Mortos em media.

[957] Durante os 10 anos concluding with 1861, killed about 10000 people. Mostly by the sordid avarice of the owners of the coalmines. Isso generally to be remarked. The capitalistic production is – to a certain degree, when we abstract from the whole process of circulation and the immense complications of commercial and monetary transactions resulting from the basis, the value in exchange – most economical of *realized labour*, labour realized in commodities. It is a greater spendthrift than any other mode of production of man, of living labour, spendthrift not only of flesh and blood and muscles, but of brains and nerves. It is, in fact, only at the greatest waste of individual development that the development of general men is secured in those epochs of history which prelude to a socialist constitution of mankind. In: *Coal mine accidents. Abstract of return to an address of the Honourable the House of Commos*, 3 de maio de 1861... Ordem de impressão pela Câmara dos Comuns, 6 de fevereiro de 1862. (Nota da edição original).

[958] Goethe, *An Suleika* [À Zuleika], no livro *O Divã Ocidental-Oriental*. No original: "Sollte diese Qual uns quälen,/ Da sie unsre Lust vermehrt,/ Hat nicht Myriaden Seelen/ Timur's Herrschaft aufgezehrt?" (N.T.).

Se há *concentration*⁹⁵⁹ dos meios de produção nas mãos de relativamente poucos – comparados com a massa da multidão trabalhadora⁹⁶⁰ – em geral, condição e pressuposto da produção capitalista, porque, sem ela, os meios de produção não se separariam dos produtores e esses últimos, portanto, não seriam convertidos em trabalhadores assalariados⁹⁶¹ – então, essa *concentration* também é, no entanto, condição tecnológica para desenvolver o modo de produção capitalista e, com ele, a força produtiva social. Em suma, condição *material* para a produção em grande escala. Por meio da *concentration*, desenvolve-se o trabalho *em comum – association*,⁹⁶² divisão do trabalho, emprego de maquinaria, ciência e forças naturais. Porém, há ainda um outro ponto ligado a ela,⁹⁶³ que deve ser considerado na taxa de lucro, mas não ainda na análise do *surplus value*.⁹⁶⁴ A *concentration* de trabalhadores e meios de trabalho em espaços menores etc. economia de energia, uso⁹⁶⁵ comum por vários meios (como construções, etc, aquecimento, etc.), cujos custos não aumentam proporcionalmente quando servem a mais pessoas; finalmente, também trabalho, *faux frais of production*⁹⁶⁶ economizados. Isso também se mostra particularmente na agricultura.

"No progresso da cultura, todo e talvez mais que todo o capital e o trabalho, que antes ocupavam esparsamente 500 acres, estão agora concentrados para o mais completo cultivo de 100."⁹⁶⁷ (p. [190]-1. R. Jones, *An Essay on the Distrib. of Wealth* etc., *Part I, On Rent. Lond., 1831.*) "O cost⁹⁶⁸ de cultivo de 24 bushels num acre é menor que do era para cultivar 24 em 2 acres; o

---

⁹⁵⁹ Concentração.

⁹⁶⁰ ...as compared to the mass of the labouring multitude...

⁹⁶¹ ... without it the means of production would not separate themselves from the producers, and the latter would, therefore, not be converted into wages labourers...

⁹⁶² Associação.

⁹⁶³ But there is still another point connected with it...

⁹⁶⁴ Sobrevalor.

⁹⁶⁵ ... economy of power, use...

⁹⁶⁶ Falsos custos de produção.

⁹⁶⁷ "...all, and perhaps more than all the capital and labour which once loosely occupied 500 acres, are now concentrated for the more complete tillage of 100." (*Citatenheft*, p. 23). (Nota da edição original).

⁹⁶⁸ Custo.

concentrated space[969] {essa *concentration*[970] *de espaço* também importante na manufatura. Porém, o emprego do motor comum é ainda mais importante aqui, etc. Na agricultura, embora relativamente ao montante de capital e trabalho empregado o espaço seja concentrado, tem-se uma esfera ampliada de produção se comparada com a esfera de produção anteriormente ocupada ou trabalhada por um único agente de produção independente.[971] A esfera é absolutamente maior. Assim, a possibilidade de empregar cavalos etc.}, com o que as operações de cultivo são conduzidas, deve trazer algumas vantagens e economizar despesa; cercamento, drenagem, sementes, trabalho de colheita, etc. são menores quando confinados a um acre, etc.[972] (*loc. cit.*, p. 199)

Bill de dez horas e overworking[973]

"Embora a *saúde de uma população* seja uma parte tão importante do capital nacional, tememos que deve ser dito que a classe dos empregadores do trabalho não tem estado muito preocupada em guardar e zelar por esse tesouro. 'Os homens de West Riding (o *Times* cita do relatório do *Registrar General* de outubro de 1861) se tornaram os fornecedores de roupas da humanidade e se dedicaram tão intensamente a esse trabalho que a saúde da população trabalhadora foi sacrificada e a raça deve estar degenerada em poucas gerações. Porém, uma reação foi iniciada. A lei de Lord Shaftesbury limitou as horas de trabalho infantil, etc.' A consideração com a saúde dos *operários* foi (acrescenta o *Times*) *imposta aos patrões da indústria* pela sociedade."[974]

---

[969] Espaço concentrado.

[970] Concentração.

[971] ... embora relatively to the amount of capital and labour employed, space is concentrated, it is an enlarged sphere of production, as compared to the sphere of production formerly occupied or worked upon by one single, independent agent of production.

[972] Hence the possibility of employing horses etc. com o que as operações de husbandry são conduzidas, must give some advantages and save some expense; the fencing, draining, seed, harvest work etc less when confined to one acre etc."

[973] trabalho extraordinário.

[974] "Though the *health of a population* is so important a part of the national capital, we are afraid it must be said that the class of employers of labour have not been the most forward to guard and cherish this treasure. 'The men of the West Riding became the clothiers of mankind, and so intent were they on this work, that the health of the workpeople was sacrificed, and the race in a few generations must have degenerated. But a reaction set in. Lord Shaftesbury's Bill limited the hours of children's labour etc.' The consideration of the health of the *operatives was forced upon the millowners* by society." Extraído do Caderno VII, Londres, 1859-1862, p. 207. Sublinhado por Marx. Ele cita aqui o artigo "*Every government has its traditions...*" do *Times*, n. 24082, de 5 de novembro de 1861, p. 6. (Nota da edição original).

Nas grandes *shops*⁹⁷⁵ de alfaiataria em Londres, o trabalho de certa peça, por exemplo, uma calça, saias etc. se chama hora, meia hora. (a hora = 6 d) Aqui, naturalmente, tornou-se conhecido pela prática quanto é o produto *average*⁹⁷⁶ de uma hora. Se surgem novas modas ou aperfeiçoamentos e reparações particulares, então haverá conflito entre *employer* e *workmen*⁹⁷⁷ se o trabalho de uma determinada peça = 1 hora etc., até que, ainda aqui, a experiência estabeleça a coisa. O mesmo em várias marcenarias londrinas.

(Exceto alguns indivíduos tomados para certo tempo de aprendizagem, etc., é evidente que somente são empregados trabalhadores aqueles que possuem *average skill*⁹⁷⁸ e podem fornecer a massa *average*⁹⁷⁹ durante a jornada. Nos momentos em que os negócios vão mal, onde não há *continuity of labour*⁹⁸⁰, essa última circunstância é naturalmente indiferente para o *employer*⁹⁸¹.)

---

⁹⁷⁵ Lojas.
⁹⁷⁶ Médio.
⁹⁷⁷ Empregador e trabalhadores.
⁹⁷⁸ Habilidade média.
⁹⁷⁹ Média.
⁹⁸⁰ Continuidade do trabalho.
⁹⁸¹ Empregador.

Referências

Índice de obras citadas

I. Obras de Marx e Engels

MARX, Karl. *Misère de la philosophie. Réponse à la philosophie de la misère de M. Proudhon.* [Miséria da filosofia. Resposta à filosofia da miséria do Sr. Proudhon]. Paris, Bruxelas, 1847.

MARX, Karl. *Zur Kritik der Politischen Oekonomie*, primeiro fascículo. [Para a crítica da economia política]. Berlim, 1859.

MARX, Karl. *Grundrisse der Kritik der politischen Ökonomie.* [Elementos fundamentais para a crítica da economia política – Manuscrito de 1857–1858].

ENGELS, Friedrich. *Die Lage der arbeitenden Klasse in England. Nach eigner Anschauung und authentitischen Quellen.* [A situação da classe trabalhadora na Inglaterra. Segundo observação própria e fontes autênticas].Leipzig, 1845.

ENGELS, Friedrich. *Umrisse zu einer Kritik der Nationaloekonomie.* [Esboço de uma crítica da economia política]. In: *Deutsch-Französiche Jahrbücher.* [Anais franco-alemães]. Paris, 1844.

II. Obras de outros autores

The advantages of the East-India trade to England [...]. [As vantagens do comércio da Índia com a Inglaterra]. Londres, 1720. Citado a partir de MACCULLOCH, John Ramsay. *The literature of political economy: a classified catalogue [...].* [A literatura de economia política: um catálogo classificado]. Londres, 1845.

ARISTÓTELES. *De republica libri VIII et oeconomica.* [Política; e econômica]. In: *Opera ex recensione.* Immanuel BEKKER (ed.). T. 10. Oxford, 1837.

ASHLEY, Anthony. *Ten hours' factory bill. The speech [...] in the House of Commons, on Friday. March 15th, 1844.* [Lei de horas. O discurso na Câmara dos Comuns na sexta-feira, 15 de março de 1844]. Londres, 1844.

As the manufacturers [...] In: *The Manchester Guardian,* 18 de setembro de 1861.

BABBAGE, Charles. *On the economy of machinery and manufactures.* [Da economia da maquinaria e da manufaturas]. Londres, 1832.

BABBAGE, Charles. *Traité sur l'économie des machines et des manufactures.* Trad. da terceira edição por Éd. Biot. [Tratado sobre a economia das máquinas e das manufaturas]. Paris, 1833.

BAILEY, Samuel. *A critical dissertation on the nature, measures, and causes of value; chiefly in reference to the writings of Mr. Ricardo and his followers. By the author of essays on the formation and publication of opinions.* [Uma dissertação crítica sobre a natureza, medidas e causas do valor; especialmente em referência aos escritos do Sr. Ricardo e seus seguidores. Do autor dos ensaios sobre a formação e publicação de opiniões]. Londres, 1825.

BAINES, Edward. *History of the cotton manufacture in Great Britain [...]* [História da manufatura de algodão na Grã-Bretanha]. Citado a partir de LAING, Samuel. *National distress; its causes and remedies.* Londres, 1844.

BASTIAT, Fréderic. *Gratuité du crédit. Discussion entre M. Fr. Bastiat et M. Proudhon.* [Gratuidade do crédito. Discussão entre o Sr. Bastiat e o Sr. Proudhon]. Paris, 1850.

BECCARIA, Cesare. *Elementi di economia pubblica.* [Elementos de economia política]. In: *Scrittori classici italiani di economia politica. Parte moderna.* [Escritores clássicos italianos de economia política. Parte moderna]. T. 11. Milão, 1804.

BENTLEY, Thomas. *Letters on the utility and policy of employing machines to shorten labour; occasioned by the late disturbances in Lancashire; [...].* [Cartas sobre a utilidade e política de empregar máquinas para diminuir trabalho; ocasionadas pelos recentes distúrbios em Lancashire]. Londres, 1780.

Bíblia. Gênesis.

BIDAUT, J. N. *Du monopole qui s'établit dans les arts industriels et le commerce, au moyen des grands appareils de fabrication.* 2. livr. *Du monopole de la fabrication et de la vente.* [Do monopólio que se estabelece nas artes industriais e no comércio, em meio aos grandes aparelhos de fabricação. Livr. segundo. Do monopólio da fabricação e da venda]. Paris, 1828.

BLANQUI, Jérôme-Adolphe. *Des classes ouvrières en France, pendant l'année 1848.* [Das classes trabalhadoras na França, durante o ano de 1848]. Citado a partir de *Reports of the inspectors of Factories [...] ending 31st October 1855.* [Relatórios dos inspetores de fábricas, terminando em 31 de outubro de 1855]. Londres, 1856.

– *Cours d'économie industrielle.* Recueilli et ann. par Ad. Blaise. [Curso de economia industrial. Reunido e anotado por Ad. Blaise]. Paris, 1838-1839.

BOMBAY CHAMBER OF COMMERCE [Câmara de Comércio de Bombaim]. *Report for 1859-1860* [Relatório para 1859–1860].

BÜSCH, Johann Georg. *Abhandlung von dem Geldfumflauf in anhaltender Rücksicht auf die Staatswirtschaft und Handlung.* 2. verm. und verb. Aufl. Th. 1. [Tratado de circulação monetária com ênfase especial em economia política e comércio. Segunda edição revista e ampliada. Primeira parte]. Hamburgo, Kiel, 1800.

BYLES, John Barnard. *Sophisms of free-trade and popular political economy examined. By a barrister. 7. ed., with corr. and add.* [Sofismas sobre livre comércio e economia política popular examinados. Por um barrister. Sétima edição, com correções e adições. Por um advogado. 7ª edição, com correções e acréscimos]. Londres, 1850.

CAIRNES, John Elliot. *The slave power: its character, career and probable designs: being an attempt to explain the real issues involved in the American contest.* [A escravidão: seu caráter, trajetória e prováveis resultados: uma tentativa de explicar as reais questões envolvidas no confronto americano]. Londres, 1862.

CAREY, Henry Charles. *Principles of political economy. Part the first: of the laws of the production and distribution of wealth.* [Princípios de economia política. Parte primeira: das leis da produção e distribuição da riqueza]. Filadélfia, 1837.

CAZENOVE, John. *Outlines of political economy: being a plain and short view of the laws relating to the production, distribution, and consumption of wealth; [...].* [Esboço de economia política: uma visão breve e simples das leis relacionadas à produção, distribuição e consumo da riqueza]. Londres, 1832.

CHALMERS, Thomas. *On political economy in connection with the moral state and moral prospects of society.* [Sobre economia política em relação com o estado moral e as expectativas morais da sociedade]. 2ª edição. Glasgow, 1832.

CHERBULIEZ, Antoine. *Richesse ou pauvreté. Exposition des causes et des effects de la distribution actuelle des richesses sociales.* [Riqueza ou pobreza. Exposição das causas e dos efeitos da distribuição atual das riquezas sociais]. 2ª edição. Paris, 1841.

Coal mine accidents. Abstract of return to an address of the Honourable the House of Commons, dated 3 May 1861 [...] Ordered by the House of Commons, to be printed, 6 february 1862. [Acidentes nas minas de carvão. Relatório ao pronunciamento da Câmara dos Comuns, datado de 3 de maio de 1861. Impresso por ordem da Câmara dos comuns, 6 de fevereiro de 1862].

COLLINS, Jean-Guillaume-César-Alexandre-Hippolyte. *L'économie politique. Source des révolutions et des utopies prétendues socialistes.* [A economia política. Fonte das revoluções e das utopias pretensamente socialistas]. T. 1. 3. Paris, 1856-1857.

COURCELLE-SENEUIL, Jean-Gustave. *Traité théorique et pratique des entreprises industrielles, commerciales et agricoles ou manuel des affaires. 2. éd., revue et augm.* [Tratado teórico e prático das empresas industriais, comerciais e agrícolas, ou manual dos negócios. 2ª edição, revista e ampliada]. Paris, 1857.

CRAWFORD, John. *On the cotton supply.* [Sobre a oferta de algodão]. In: *The Journal of the Society of Arts, and of the Institutions in Union.* 19. April 1861.

DE QUINCEY, Thomas. *The logic of political economy.* [A lógica da economia política]. Edimburgo, Londres, 1844.

DESTUTT DE TRACY, Antoine-Louis-Claude. *Élements d'idéologie. 4. et. 5. part. Traité de la volonté et de ses effets*. [Elementos de ideologia. 4ª e 5ª partes. Tratado da vontade e de seus efeitos]. Paris, 1828.

DIODORO DA SICÍLIA. *Historische Bibliothek*. Abth. 1, Bdchen. 1. [Biblioteca Histórica. Seção 1, livro 1]. Trad. de Julius Friedrich Wurm. Stuttgart, 1827.

DUCANGE, Charles Dufresne. *Glossarium mediae et infimae latinitatis conditum a Carolo Dufresne Domino Du Cange. Cum suppl. integris monachorum Odrinis S. Benedicti D. P. Carpenterii Adelungii, aliorum, suisque digessit G. A. L. Henschel*. [Glossário de latim tardio e medieval, por Charles Dufresne, senhor de Cange, com adendos por Pierre Carpentier, Johann Christoph Adelung e G. A. L. Henschel]. T. 2. Paris, 1842.

EDEN, Frederic Morton. *The state of the poor: or, an history of the labouring classes in England, from the conquest to the present period; [...] with a large app. in 3 vol*. [O estado dos pobres: ou, uma história das classes trabalhadoras na Inglaterra, da conquista até a época presente; com um vasto apêndice em 3 vol.]. Vol. 1. Londres, 1797.

Every government has its traditions [...]. [Todo governo tem suas tradições]. In: *The Times*, n. 24.082, Londres, 5 de novembro de 1861.

Factories regualation acts. Ordered, by the House of Commons, to be printed, 9 August 1859. [Leis de regulação das fábricas. Impressas por ordem da Câmara dos Comuns, 9 de agosto de 1859].

FERGUSON, Adam. *Essai sur l'histoire de la société civile*. [Ensaio sobre a história da sociedade civil]. Trad. de Bergier. T. 2. Paris, 1783.

– *An essay on the history of civil society*. [Um ensaio sobre a história da sociedade civil]. Edimburgo, 1767.

FIELDEN, John. *The curse of the factory system; or a short account of the origin of factory cruelties; [...]*. [A maldição do sistema de fábrica; ou, um breve relato da origem das crueldades fabris]. Londres, 1836.

FORCADE, Eugéne. *La guerre du socialisme. II. L'économie politique révolutionnaire et sociale*. [A guerra do socialismo. II. A economia política revolucionária e social]. In: *Revue des Deus Mondes. 18. année*. Nouv. ser. T. 24. Paris, 1848.

FRANKLIN, Benjamin. *A modest inquiry into the nature and necessity of a paper currency*. [Uma modesta investigação sobre a natureza e necessidade de papel-moeda]. In: FRANKLIN, Benjamin. *The works [...]. With notes and a life of the author. By Jared Sparks*. [As obras... Com notas e uma vida do autor. Por Jared Sparks]. Vol. 2. Boston, 1836.

GALIANI, Ferdinando. *Della motea [...]*. [Da moeda]. In: *Scrittori classici italiani di economia politica. Parte moderna*. [Escritores clássicos italianos de economia política. Parte moderna]. T. 3 e 4. Milão, 1803.

GARNIER, Germain. *Notas do tradutor*. Cf. SMITH, Adam. *Recherches sur la nature et les causes de la richesse des nations*. T. 5. Paris, 1802.

GASKELL, Peter. *Artisans and machinery: the moral and physical condition of the manufacturing population considered with reference to mechanical substitutes for human labour.* [Artesãos e maquinaria: a condição física e moral da população manufatureira considerada com referência aos substitutos mecânicos para o trabalho humano]. Londres, 1836.

GENERAL REGISTER OFFICE, *Somerset House* [Escritório do Registro Geral]. *28th October 1857*. In: *Quarterly return of the marriages, births and deaths [...] publ by authority of the Registrar-General.* N. 35. [Relatório trimestral de casamentos, nascimentos e mortes, publicado pela autoridade do Notário Geral]. Londres, 1857.

GOETHE, Johann Wolfgang von. *An Suleika* [À Zuleika].

– *Faust. Der Tragödie erster Teil.* [Fausto. A tregédia; primeira parte].

HARRIS, James. *Dialogue concerning happiness.* [Diálogo a respeito da felicidade]. In: HARRIS. *Three treatises [...] 3. ed. rev and corr.* [Três tratados. 3ª ed., revista e corrigida]. Londres, 1772.

HEGEL, Georg Wilhelm Friedrich. *Wissenschaft der Logik. Th. 1. Die objektive Logik. Abth. 2. Die Lehre vom Wesen.* [Ciência da lógica. Parte primeira. A lógica objetiva. Seção segunda. A doutrina da essência]. In: *Werke. Vollst. Ausg. durch einen Verein von Freunden d. Verewigten: [...] L. v. Henning, [...].*[Obras completas. Editadas pela união dos amigos do falecido autor]. V. 4. Berlim, 1834.

HIND, John. *The elements of algebra. Designed for the use of students in the university.* [Os elementos da álgebra. Destinado ao uso de estudantes universitários]. 4. ed. Cambridge, 1839.

HODGSKIN, Thomas. *Labour defended against the claims of capital; or, the unproductiveness of capital proved. With reference to the present combinations amongst journeymen. By a labourer.* [Trabalho defendido contra as alegações do capital; ou, a improdutividade do capital demonstrada. Com referência aos sindicatos atuais entre jornaleiros. Por um trabalhista]. Londres, 1825.

HOMERO. *Odisseia.*

HORÁCIO. *Arte poética.*

HORÁCIO. *Sátiras.*

HORNER, Leonard. *Letter to Senior. May 23. 1837.* [Carta a Senior de 23 de maio de 1837]. In: SENIOR, Nassau William. *Letters on the factory act [...].*[Cartas sobre a lei das fábricas]. Londres, 1837.

HUTTON, Charles. *A course of mathematics. In 2 vol. [...].* [Um curso de matemática em 2 volumes]. 12. ed. Londres, 1841-1843.

An inquiry into those principles, respecting the nature of demand and the necessity of consumption, lately advocated by Mr. Malthus, from which it is concluded, that taxation and the maintenance of unproductive consumers can be conducive to the progress of wealth.

[Uma investigação dos princípios a respeito da natureza da demanda e da necessidade do consumo, recentemente defendidos pelo Sr. Malthus, dos quais se conclui que a tributação e a manutenção de consumidores improdutivos podem ser indutoras do progresso da riqueza]. Londres, 1821.

JACOB, William. *Considerations on the protection required by British agriculture, and on the influence of the price of corn on exportable productions.* [Considerações sobre a proteção requerida pela agricultura britânica, e sobre a influência do preço dos cereais nos produtos exportáveis]. Londres, 1814.

– *An historical inquiry into the production and consumption of the precious metals. In 2 vol.* [Uma investigação histórica sobre a produção e consumo dos metais preciosos. Em 2 volumes]. Vol 2. Londres, 1831.

– *A letter to Samuel Whitbread, being a sequel to considerations on the protection required by British agriculture; [...].* [Uma carta a Samuel Whitbread, como sequência às considerações sobre a proteção requerida pela agricultura britânica]. Londres, 1815.

JONES, Richard. *An essay on the distribution of wealth, and on the sources of taxation.* [Um ensaio sobre a distribuição da riqueza, e sobre as fontes da tributação]. Londres, 1831.

– *Text-book of lectures on the political economy of nations, [...].* [Livro-texto de lições sobre a economia política das nações]. Hartford, 1852.

LAING, Samuel. *National distress; its causes and remedies.* [Miséria nacional; suas causas e soluções]. Londres, 1844.

LEDUC, Pierre Étienne Denis Saint-Germain. *Sir Richard Arkwright ou naissance de l'industrie cotonnière dans la Grande-Bretagne. (1760 à 1792).* [Sir Richard Arkwright, ou nascimento da indústria algodoeira na Grã-Bretanha]. Paris, 1841.

LEMONTEY, Pierre Édouard. *Influence morale de la division du travail.* [Influência moral da divisão do trabalho] In: LEMONTEY. *Œuvres complètes. Ed. revue et préparée par l'auteur.* [Obras completas. Edição revista e preparada pelo autor]. T. 1. Paris, 1840.

LNGUET, Simon-Nicolas-Henri. *Théorie des loix civiles, ou principes fonamentaux de la société.* [Teoria das leis civis, ou princípios fundamentais da sociedade]. T. 1. Ondres, 1767.

MACAULAY, Thomas Babington. *The history of England from the accession of James the Second.* [A história da Inglaterra, a partir acensão de Jaime II]. 10ª ed. Vol. 1. Londres, 1854.

MACCULLOCH, John Ramsay. *The literature of political economy: a classified catalogue of select publications in the different departments of that science, with historical, critical, and biographical notices.* [A literatura da economia política: um catálogo classificado de publicações selecionadas nos diferentes departamentos da ciência, com notas históricas, críticas e biográficas]. Londres, 1845.

– *The principles of political economy: with a sketch of the rise and progress of the science.* [Os princípios da economia política: com um esboço da ascensão e progresso da ciência]. Edimburgo, Londres, 1825.

– A statistical account of the British Empire. [...]. [Uma descroção estatística do Império Britânico]. Citado a partir de LAING, Samuel. *National distress; its causes and remedies.* Londres, 1844.

MACLEOD, Henry Dunning. *The theory and practice of banking: with the elementary principles of currency; prices; credit; and exchanges.* [A teoria e prática bancárias: com os princípios elementares da moeda; preços; crédito; e câmbio]. Vol. 1. Londres, 1855.

MACNAB, Henry Grey. *Examen impartial des nouvelles vues de M. Robert Owen, et de ses établissemens à New_Lanark en Écosse. [...] Trad. de l'anglais par Laffon de Ladébat. [...].* [Exame imparcial da nova visão do Sr. Rober Owen, e de seus estabelecimentos em New Lanark na Escócia. Trad. do inglês por Laffon de Ladébat]. Paris, 1821.

MALTHUS, Thomas Robert. *Definitions in political economy, preceded by an inquiry into the rules which ought to guide political economists in the definition and use of their terms; with remarks on the division from these rules in their writings. A new ed., with a pref., notes, and suppl. remarks by John Cazenove.* [Definições em economia política, precedidas por uma investigação das regras que deveriam guiar economistas políticos na definição e uso de seus termos; como observações sobre a divisão dessas regras em seus escritos. Nova edição, com prefácio, notas e observações suplementars por John Cazenove]. Londres, 1853.

– *Principles of political economy considered with a view to their practical application. 2. ed. with considerable add. from the author's own manuscript and an orig. memoir.* [Princípios de economia política considerados do ponto de vista de sua aplicação prática. 2ª ed. com conisderáveis acréscimos do manuscrito do próprio autor e uma memória original]. Londres, 1836.

MANDEVILLE, Bernard de. *The fable of the bees: or, private vices, publick benefits.* [A fábula das abelhas: ou, vícios privados, benefícios públicos]. Londres, 1714.

– *The fable of the bees: or, private vices, publick benefits. 2. ed., enl. with many add. [...].* [A fábula das abelhas: ou, vícios privados, benefícios públicos. 2ª edição, ampliada com muitos aditamentos]. Londres, 1723.

– *The fable of the bees: or, private vices, publick benefits. 3. ed. [...].* [A fábula das abelhas: ou, vícios privados, benefícios públicos. 3ª ed.]. Londres, 1724.

– *The fable of the bees. Part 2.* [A fábula das abelhas. Segunda parte]. Londres, 1729.

– *The grumbling hive: or, knaves turn'd honest.* [A colméia barulhenta, ou a redenção dos trapaceiros]. Londres, 1705.

THE MASTER SPINNERS AND MANUFACTURERS' DEFENCE FUND [Fundo de defesa dos mestres fiandeiros e produtores]. *Report of the Committee appointed for the receipt and apportionment of this fund, to the Central Association of Master Spinners and Manufacturers.* [Relatório do comitê designado para o recolhimento e aprovisionamento desse fundo, à Associação Central dos Mestres Fiandeiros e Produtores]. Manchester, 1854.

MILL, James. *Éléments d'économie politique. Trad. de l'anglais par J. T. Parisot.* [Elementos de economia política. Trad. do inglês por J. T. Parisot]. Paris, 1823.

– *Elements of political economy*. [Elementos de economia política]. Londres, 1821.

MILL, John Stuart. *Essays on some unsettled questions of political economy*. [Ensaios sobre algumas questões não resolvidas da economia política]. Londres, 1845.

– *Principles of political economy with some of their applications to social philosophy. In 2 vol*. [Princípios de economia política com algumas de suas aplicações à filosofia social. Em 2 volumes]. Vol. 2. Londres, 1848.

NEWMAN, Francis William. *Lectures on political economy*. [Lições de economia política]. Londres, 1851.

NEWMAN, Samuel Philips. *Elements of political economy*. [Elementos de economia política]. Andover, Nova York, 1835.

NEWMARCH, William. *Address*. [Discurso]. In: *Report of the thirty-first meeting of the British Association for the Advancement of Science; held at Manchester in September 1861*. [Relatório do trigésimo primeiro encontro da Associação Britância para o Avanço da Ciência; ocorrido em Manchester em setembro de 1861]. Londres, 1862.

Observations on certain verbal disputes in political economy, particularly relating to value, and to demand and supply. [Observações sobre certas disputas verbais em economia política, particularmente em relação ao valor, e à demanda e oferta]. Londres, 1834.

On combinations of trades. New ed. [Sobre sindicatos de ofícios]. Nova edição. Londres, 1834.

On his last circuit [...]. [Em sua última volta]. In: *The Daily Telegraph*. Londres, 17 de janeiro de 1860.

OPDYKE, George. *A treatise on political economy*. [Um tratado de economia política]. Nova York, 1851.

ORTES, Giammaria. *Della economia nazionale*. [Da economia nacional]. Veneza, 1774.

– *Della economia nazionale. Lib. 6. Veneziano*. [Da economia nacional. Livro sexto. Veneziano]. In: *Scrittori classici italiani di economia politica. Parte moderna*. [Escritores clássicos italianos de economia política. Parte moderna]. T. 21. Milão, 1804.

Our white slaves who are toiled [...]. [Nossos escravos brancos, que estão exauridos]. In: *The Morning Star*. Londres, 23 de junho de 1863.

PETTY, William. *An essay concerning the multiplication of mankind: [...]*. [Um ensaio a respeito da multiplicação da humanidade]. In: PETTY. *Several essays in political arithmetick: [...]*. [Vários ensaios sobre aritmética política.]. Londres, 1699.

PLATÃO. *A república*. In: *Opera quae feruntur omnia. Recogn. Goergius Baiterus, Caspar Orellius Augustus Guilielmus Winckelmanus* [Obras completas. Coligidas por Baiterus, Orellius e Winckelmanus]. Turim, 1840.

– *Segundo Alcibíades*.

POPPE, Johann Heinrich Moritz. *Geschichte der Technologie seit der Wiederherstellung der Wissenschaften bis an der Ende des achtzehnten Jahrhunderts. Bd. 1*. [História da tecnologia desde a reabilitação das ciências até o final do século dezoito. Livro prmeiro]. Göttingen, 1807.

POTTER, Alonzo. *Political economy: its objects, uses, and principles: considered with reference to the condition of the American people*. [Economia política: seus objetos, usos e princípios: considerada em relação à condição do povo americano]. Nova York, 1841.

PROUDHON, Pierre-Joseph. *Gratuité du crédit. Discussion entre M. Fr. Bastiat et M. Proudhon*. [Gratuidade do crédito. Discussão entre o Sr. Bastiat e o Sr. Proudhon]. Paris, 1850.

– *Qu'est-ce que la propriété? Ou recherches sur le principe du droit et du gouvernement*. [O que é a propriedade? Ou, investigações sobre o princípio do direito e do governo]. Paris, 1841.

QUESNAY, François. *Analyse du tableau économique*. [Análise do quadro econômico]. In: *Phisiocrates. Quesnay, Dupont de Nemours, Mercier de la Rivière, L'Abbé Baudeau, Le Trosne, avec une introd. sur la doctrine des Physiocrates, des commentaires et des notices historiques, par Eugène Daire. P. 1*. [Fisiocratas. Quesnay, Dupont de Nemours, Mercier de la Rivière, L'Abbé Baudeau, Le Trosne, com uma introdução sobre a doutrina dos fisiocratas, comentários e notas históricas, por Eugène Daire. Parte primeira]. Paris, 1846.

– *Fermiers*. [Agricultores]. In: *Phisiocrates [...]. P. 1*. [Fisiocratas]. Paris, 1846.

– *Maximes générales du gouvernement économique d'un royaume agricole, et notes sur ces maximes*. [Máximas gerais do governo econômico de um reino agrícola, e notas sobre essas máximas]. In: *Phisiocrates [...]. P. 1*. [Fisiocratas]. Paris, 1846.

RAMSAY, George. *An essay on the distribution of wealth*. [Um ensaio sobre a distribuição da riqueza]. Edimburgo, 1836.

RAVENSTONE, Piercy. *Thoughts on the funding system, and its effects*. [Pensamentos sobre o sistema de financiamento, e seus efeitos]. Londres, 1824.

REGNAULT, Élias. *Histoire politique et sociale des principatués danubiennes*. [História política e social dos principados danubianos]. Paris, 1855.

Report addressed to Her Majesty's Principal Secretary of State for the Home Department, relative to the grievances complained of by the journeymen bakers; with appendix of evidence. Presented to both Houses of Parliament by Command of Her Majesty. [Relatório dirigido ao principal secretário de estado de Sua Majestade para o departamento do interior, relativo aos padecimentos de que se queixam os padeiros jornaleiros; com apêndice de evidências. Apresentado às duas casas do Parlamento por ordem de Sua Majestade]. Londres, 1862.

Reports of the inspectors of Factories to Her Majesty's Principal Secretary of State for the Home Department [...] [Relatórios dos inspetores de fábrica dirigidos ao principal secretário de estado de Sua Majestade para o departamento do interior].

– *for the quarter ending 30th June, 1843*. [para o trimestre com término em 30 de junho de 1843]. Citado a partir de: ASHLEY, Anthony. *Ten hours' factory bill. The speech [...] in the House of Commons [...], March 15th, 1844*. Londres, 1844.

– *for the period ending 30th September, 1843*. [para o período com término em 30 de setembro de 1843]. Citado a partir de: ASHLEY, Anthony. *Ten hours' factory bill. The speech [...] in the House of Commons [...], March 15th, 1844*. Londres, 1844.

– *for the quarter ending the 30th of September, 1843*. [para o trimestre com término em 30 de setembro de 1843]. Citado a partir de: ASHLEY, Anthony. *Ten hours' factory bill. The speech [...] in the House of Commons [...], March 15th, 1844*. Londres, 1844.

– *for the half year ending 31st October, 1855 [...]*. [para o semestre com término em 31 de outubro de 1855]. Londres, 1856.

– *for the half year ending 30th April, 1855 [...]*. [para o semestre com término em 30 de abril de 1855]. Londres, 1856.

– *for the half year ending 31st October, 1856 [...]*. [para o semestre com término em 31 de outubro de 1856]. Londres, 1857.

– *for the half year ending 31st October, 1857 [...]*. [para o semestre com término em 31 de outubro de 1857]. Londres, 1857.

– *for the half year ending 30th April, 1858 [...]*. [para o semestre com término em 30 de abril de 1858]. Londres, 1858.

– *for the half year ending 31st October, 1858 [...]*. [para o semestre com término em 31 de outubro de 1858]. Londres, 1858.

– *for the half year ending 30th April, 1859 [...]*. [para o semestre com término em 30 de outubro de 1859]. Londres, 1859.

– *for the half year ending 31st October, 1859 [...]*. [para o semestre com término em 31 de outubro de 1859]. Londres, 1859.

– *for the half year ending 30th April, 1860 [...]*. [para o semestre com término em 30 de abril de 1860]. Londres, 1860.

– *for the half year ending 31st October, 1860 [...]*. [para o semestre com término em 31 de outubro de 1860]. Londres, 1860.

– *for the half year ending 31st October, 1861 [...]*. [para o semestre com término em 31 de outubro de 1861]. Londres, 1861.

RICARDO, David. *On the principles of political economy, and taxation*. 3. ed. [Sobre os princípios de economia política e tributação]. Londres, 1821.

ROSCHER, Wilhelm. *Die Grundlagen der Nationalökonomie. 3., verm. und verb. Aufl.* [Fundamentos de economia política. Terceira ed., ampliada e melhorada]. Stuttgart, Augsburg, 1858.

ROSSI, Pellegrino Luigi Edoardo. *Cours d'économie politique. Année 1836-1837. {Contenant les deux volumes de l'édition de Paris}*. [Curso de economia política. Ano de 183601837 – contendo os dois volumes da edição de Paris]. In: *Cours d'économie politique*. [Curso de economia política]. Bruxelas, 1843.

– *De la méthode en économie politique. De la nature et définition du travail.* [Do método em economia política. Da natureza e definição do trabalho]. In: *Économie politique. Recueil de monographies; examen des questions sociales, agricoles, manufacturières et commerciales. Année 1844.* T. 1. [Economia política. Reunião de monografias; exame de questões sociais, agrícolas, manufatureiras e comerciais. Ano de 1844. Tomo primeiro]. Bruxelas, 1844.

SADLER, Michael Thomas. *The law of population: [...].* [A lei da população]. Vol. 1. Londres, 1830.

SAY, Jean-Baptiste. *Cours complet d'économie politique pratique.* [Curso completo de economia política prática]. Citado a partir de COLLINS, Jean-Guillaume-César-Alexandre-Hippolyte. *L'économie politique. Source des révolutions et des utopies prétendues socialistes.* T. 3. Paris, 1857.

– *Lettres à M. Malthus, sur différens sujets d'économie politique, notamment sur les causes de la stagnation générale du commerce.* [Cartas ao Sr. Malthus, sobre diferentes temas de economia política, notadamente sobre as causas da estagnação geral do comércio]. Paris, 1820.

– *Traité d'économie politique, ou simple exposition de la manière dont se forment, se distribuent et se consomment les richesses. 2. éd.* [Tratado de economia política, ou exposição simples da maneira como se formam, se distribuem e se consomem as riquezas. 2ª edição]. T. 2. Paris, 1817.

– *Traité d'économie politique, ou simple exposition de la manière dont se forment, se distribuent et se consomment les richesses.* [Tratado de economia política, ou exposição simples da maneira como se formam, se distribuem e se consomem as riquezas. 2ª edição]. Citado a partir de COLLINS, Jean-Guillaume-César-Alexandre-Hippolyte. *L'économie politique. Source des révolutions et des utopies prétendues socialistes.* T. 3. Paris, 1857.

SCHOUW, Joakim Frederik. *Die Erde, die Pflanzen und der Mensch. Naturschilderungen. Aus d. Dän. unter Mitw. d. Verf. von H. Zeise [...]. 2. Aufl.* [A terra, as plantas e o homem. Descrições naturais. Traduzido por H. Zeise do dinamarquês com participação do autor. 2ª edição]. Leipzig, 1854.

SCROPE, George Poulett. *Principles of political economy, deduced from the natural laws of social welfare, and applied to the present state of Britain.* [Princípios de economia política, deduzidos das leis naturais do bem-estar social e aplicados ao estado atual da Grã-Bretanha]. Londres, 1863.

Second report addressed to Her Majesty's Principal Secretary of State for the Home Department, relative to the grievances complained of by the journeymen bakers. Presented to both Houses of Parliament by Command of Her Majesty. [Segundo relatório dirigido ao principal secretário de estado de Sua Majestade para o departamento do interior, relativo aos padecimentos de que se queixam os padeiros jornaleiros; com apêndice de evidências. Apresentado às duas casas do Parlamento por ordem de Sua Majestade]. Londres, 1863.

SENIOR, William Nassau. *Letters on the factory act, as it affects the cotton manufacture, [...]. To which are appended, a letter to Mr. Senior from Leonard Horner, and minutes of a conversation between Mr. Edmund Ashworth, Mr. Thomson and Mr. Senior.* [Cartas sobre a lei de fábricas, como ela afeta a indústria algodoeira. Àsquais são apensadas uma carta ao Sr. Senior de Leonard Horner, e minutas da conversação entre os senhores Edmund Ashworth, Thomson e Senior]. Londres, 1837.

SEXBY, Edward. *Killing no murder.* [Assassinato, não homicídio]. 1657.

SEXTO EMPÍRICO. *Adversus mathematicos.* [Contra os gramáticos].

SISMONDI, Jean-Charles-Léonard Simonde de. *Étude sur l'économie politique.* [Estudo sobre a economia política]. T. 1. 2. Bruxelas, 1837.

– *Nouveaux principes d'économie politique, ou de la richesse dans ses rapports avec la population. 2. éd.* [Novos princípios de economia política, ou da riqueza em suas relações com a população. Segunda edição]. T. 1. Paris, 1827.

SKARBEK, Frédéric. *Théorie des richesses sociales. Suivie d'une bibliographie de l'économia politique. 2. éd.* [Teoria das riquezas sociais. Seguida de uma bibliografia de economia política. 2ª edição]. T. 1. Paris, 1839.

SMITH, Adam. *An inquiry into the nature and causes of the wealth of nations. With a commentary, by the author of "England and America". In 6 vol.* [Uma investigação sobre a natureza e as causas da riqueza das nações. Com um comentário do autor de "Inglaterra e América". Em 6 volumes].Vol. 1. Londres, 1835.[1]

– *Recherche sur la nature et les causes de la richesse des nations. Trd. nouv., avec des notes et observations; par Germain Garnier.* T. 1. 2. 4. 5. [Investigação sobre a natureza e as causas da riqueza das nações. Nova tradução, com notas e observações, por Germain Garnier]. Paris, 1802.

The source and remedy of the national difficulties, deduced from principles of political economy, in a letter to Lord John Russel. [A fonte e a solução das dificuldades nacionais, deduzidas dos princípios da economia política, numa carta ao Lorde John Russel]. Londres, 1821.

STEUART, James. *An inquiry into the principles of political oeconomy being an essay on the science of domestic policy in free nations. In 3 vol.* [Uma investigação sobre os princípios da economia política: um ensaio sobre a ciência da política doméstica nas nações livres. Em 3 volumes]. Vol. 1. Dublin, 1770.

– *An inquiry into the principles of political oeconomy.* [Uma investigação sobre os princípios da economia política]. In: STEUART. *The works, political, metaphisical, and chronological. Now first collect. by James Steuart, his son, from his father's corr. coppies, to which are subjoined anecdotes of the author. In 6 vol.* [Obras completas, políticas, metafísicas e cronológicas. Reunidas, pela primeira vez, por James Steuart, seu filho, a partir das cópias corrigidas de seu pai, às quais são adicionadas anedotas sobre o autor. Em 6 volumes]. Vol. 1. Londres, 1805.

– *Recherche des principes de l'économie politique, ou essai sur la science de la police intérieure des nations libres. Par Jacques Steuart.* [Investigação dos princípios de economia política, ou ensaio sobre a ciência da política interior das nações livres. Por Jacques Steuart]. T. 1. Paris, 1789.

---

[1] Cf. Wakefield. (Nota da edição original)

STEWART, Dugald. *Lectures on political economy*. [Lições de economia política]. Vol. 1. Edimburgo, 1855.

STORCH, Henri. *Cours d'économie politique, ou exposition des principes qui déterminent la prospérité des nations [...]. Avec des notes explicatives et critiques par J.-B. Say*. [Curso de economia política, ou exposição dos princípios que determinam a prosperidade das nações. Com notas explicativas e críticas de J.-B. Say]. T. 1. Paris, 1823.

SYMONS, Jelinger Cookson. *Arts and artisans at home and abroad: with sketches of the progress of foreign manufactures*. [Artes e artesão, locais e estrangeiros: com esboços sobre o progresso de manufaturas estrangeiras]. Edimburgo, 1839.

Ten days ago a poor girl [...]. [Há dez dias, uma pobre menina]. In: *The Times*, Londres, 24 de junho de 1863.

THOMPSON, Benjamin Count of Rumford. *Essays, political, economical, and philosophical*. [Ensaios políticos, econômicos e filosóficos]. Vol. 1-3. Londres, 1796-1802.

THORNTON, William Thomas. *Over-population and its remedy; or, an inquiry into the extent and causes of distress prevailing among the labouring classes of the British Islands, and into the means of remedying it*. [Superpopulação e sua solução; ou, uma investigação sobre a extensão e as causas da miséria prevalecente entre as classes trabalhadoras das Ilhas Britânicas, e os meios de solucioná-la]. Londres, 1846.

TUCÍDIDES. *História da Guerra do Peloponeso*. Leipzig, 1831.

TOOKE, Thomas. NEWMARCH, William. *A history of prices, and of the state of the circulation, during the nine years 1848-1856. In 2. vol.; forming the 5. and 6. vol. of the history of prices from 1792 to the present time*. [Uma história dos preços, e do estado da circulação durante nove anos, 1848-1856. Em 2 volumes; formando os volumes quinto e sexto da história dos preços de 1792 até a atualidade]. Vol. 5. 6. Londres, 1857.

TORRENS, Robert. *An essay on the production of wealth; with an appendix, in which the principles of political economy are applied to the actual circumstances of this country*. [Um ensaio sobre produção da riqueza; com um apêndice no qual os princípios de economia política são aplicados às reais circunstâncias do país]. Londres, 1821.

– *On wages and combination*. [Sobre salários e sindicatos]. Londres, 1834.

TOWNSEND, Joseph. *A dissertation on the poor laws. By a well-wisher to mankind*. [Uma dissertação sobre as leis dos pobres. Por um simpatizante]. 1786. Republicado em Londres, 1817.

TUFNELL, Edward Carleton. *Character, object and effects of Trades' Unions; with some remarks on the law concerning them*. [Caráter, objeto e efeitos dos sindicatos; com alguns comentários sobre as leis a seu respeito]. Londres, 1834.

TURGOT, Anne-Robert-Jacques. *Réflexions sur la formation et la distribution des richesses*. [Reflexões sobre a formaço e a distribuição das riquezas.]. In: TURGOT. *Œuvres. Nouv. éd. [...] par Eugène Daire*. [Obras. Nova edição por Eugène Daire]. T. 1. Paris, 1844.

Twenty-second annual report of the Registrar-General of births, deaths, and marriages in England. Presented to both Houses of Parliament by command of Her Majesty. [Vigésimo segundo relatório anual do notário geral de casamentos, nascimentos e mortes na Inglaterra. Apresentado nas duas casas do parlamento por ordem de Sua Majestade] Londres, 1861.

URE, Andrew. *Philosophie des manufactures, ou économie industrielle de la fabrication du coton, de la laine, du lin et de la soie, avec la description des diverses machines employées dans les ateliers anglais. Trad. sous les yeux de l'auter, et augm. d'un chapitre inédit sur l'industrie cotonnière française.* [Filosofia das manufaturas, ou economia industrial da fabricação de algodão, de lã, de linho e de seda, com a descrição das diversas máquinas empregadas nos ateliês ingleses. Tradução supervisionada pelo autor, e aumentada de um capítulo inédito sobre a indústria algodoeira francesa]. T. 1. 2. Bruxelas, 1836.

– *The philosophy of manufactures: or, an exposition of the scientific, moral, and commercial economy of the factory system of Great Britain.* [A filosofia das manufaturas: ou, uma exposição da economia científica, moral e comercial do sistema de fábrica da Grã-Bretanha]. Londres, 1835.

VIRGÍLIO. *Eneida.*

VERRI, Pietro. *Meditazioni sulla economia politica [...] con annotazioni di Gian-Rinaldo Carli.* [Meditações sobre economia politica. Com anotações de Gian-Rinaldo Carli]. Milão, 1804.

WADE, John. *History of the middle and working class; with a popular exposition of the economical and political principles which have influenced the past and present condition of the industrious orders. Also an app. [...].* [História das classes média e trabalhadora; com uma exposição popular dos princípios econômicos e políticos que influenciaram a condição passada e presente das ordens industriosas. Também com um apêndice]. 3ª ed. Londres, 1835.

WAKEFIELD, Edward Gibbon. *A commentary to Smith's wealth of nations.* [Um comentário à riqueza das nações de Smith]. Cf. SMITH. *An inquiry into the nature and causes of the wealth of nations. With a commentary, by the author of "England and America". In 6 vol.* Vol. 1. Londres, 1835.

– *England and America. A comparison of the social and political state of both nations. In 2 vol.* [Inglaterra e América. Uma comparação do estado social e político das duas nações]. Vol. 1. Londres, 1833.

WAKEFIELD, Edward Gibbon. *A view of the art of colonization, with present reference to the British Empire; in letters between a statesman and a colonist.* [Uma visão sobre a arte da colonização, com referência atual sobre o Império Britânico; em cartas entre um estadista e um colono]. Londres, 1849.

WAYLAND, Francis. *The elements of political economy.* [Elementos de economia política]. Boston, 1843.

We are affraid [...]. [Nós temos medo]. In: *The Bengal Hurkaru. Overland summary of news.* Calcutá, 22 de julho de 1861.

Worked to death. [Trabalho até a morte]. In: *The Times*. Londres, 24 de junho de 1863.

XENOFONTE. *Ciropedia*. Ed. E. Poppo. Leipzig, 1821.

III. Periódicos

The Bengal Jurkaru (Calcutá) – jornal publicado entre 1795 e 1866.

The Daily Telegraph (Londres) – jornal publicado desde 1855.

Deutsch-Französiche Jahrbücher [Anais Franco-Alemães] (Paris) – editado por Marx e Arnold Ruge, em alemão, tendo sido publicado apenas um volume, que continha os dois primeiros fascículos, em fevereiro de 1844.

The Journal of the Society of Arts., and of the Institutions in Union (Londres) [Jornal da sociedade de artes e das instituições em reunião] – revista londrina.

The Manchester Guardian – jornal publicado desde 1821.

The Morning Star (Londres) – órgão dos livre cambistas, jornal publicado entre 1856 e 1869.

Revue des Deux Mondes (Paris) [Revista dos dois mundos]. – fundado por François Buloz em 1831, editado duas vezes por mês.

The Standard (Londres) – jornal editado entre 1857 e 1905.

The Times (Londres) – jornal editado desde 1785.

Índice de pessoas citadas

Adão. Personagem bíblico.

Arquíloco (séc. VII a.C.). Poeta lírico grego.

Aristóteles (348 a.C.–322 a.C.). Filósofo grego.

Arkwright, Sir Richard (1732–1792). Industrial inglês, inventor e construtor de uma série de máquinas de fiar.

Ashley, Lord. Cf. Shaftsbury, Anthony Ashley Cooper, duque de Ashley.

Ashworth, Edmund (1801–1881). Industrial inglês, membro da Liga contra a lei dos cereais.

Babbage, Charles (1792–1871). Matemático e economista inglês.

Bailey, Samuel (1791–1870). Economista e filósofo inglês; adversário da teoria do valor de Ricardo.

Baines, Edward (1800–1890). Político inglês.

Baiter, Johann Georg (1801–1877). Filólogo suíço; editor de obras de autores antigos.

Baker, Rober. Inspetor de fábrica inglês até 1878.

Bastiat, Fréderic (1801–1850). Economista francês; defensor da teoria da harmonia entre as classes.

Beccaria, Cesare Bonesana, marquês de (1738–1794). Jurista italiano, publicista e economista, defensor do Iluminismo.

Bentham, Jeremy (1748–1832). Jurisconsulto e filósofo inglês, teórico do utilitarismo.

Bentley, Thomas (1731–1780). Fabricante de porcelana inglês.

Bergier, Claude François (1721–1784). Escritor francês, traduziu várias obras inglesas para o francês.

Bidaut, J. N (1ª metade do século XIX). Funcionário público francês, escreveu sobre problemas econômicos.

Blaise, Adolphe Gustave (1911–1886). Economista francês, editor das obras de Jérôme Adolphe Blanqui.

Blanqui, Jérôme Adolphe (1798–1854). Economista e historiador francês.

Bright, John (1811–1889). Fabricante de algodão inglês; político liberal, cofundador da Liga contra a lei dos cereais; ministro várias vezes em gabinetes liberais.

Brotherton, Joseph (1783–1857). Industrial inglês, *whig*, membro do Parlamento.

Broughton, Jon Cam Hobhouse, barão (1786–1869). Estadista britânico; a lei de fábrica de 1831 foi promulgada por iniciativa sua.

Büsch, Johann Georg (1728–1800). Escritor e economista alemão; defendeu pontos de vista mercantilistas.

Byles, Sir John Barnard (1801–1884). Jurista inglês, autor de algumas obras jurídicas e econômicas; *tory*, foi membro da Câmara dos Comuns.

Cairnes, John Elliot (1823–1875). Economista e publicista inglês; opositor da escravidão nos estados sulistas dos EUA.

Carey, Henry Charles (1793–1879). Economista americano; um dos fundadores da teoria da harmonia entre as classes.

Carli, Giovanni Rinaldo, conde (1720–1795). Erudito italiano, autor de alguns trabalhos sobre dinheiro e comércio de cereais; opositor do mercantilismo.

Carlyle, Thomas (1795–1881). Escritor, historiador e filósofo inglês, defensor do culto ao herói; criticou a burguesia inglesa do ponto de vista do socialismo feudal; *tory*, depois de 1848, inimigo declarado do movimento dos trabalhadores.

Catão, o velho [Marcus Porcius Cato, Censorius] (234 a.C.–149 a.C.). Estadista romano, defensor de antigas tradições romanas.

Cazenove, John (1788–1879). Economista inglês; discípulo de Malthus.

Chalmers, Thomas (1780–1847). Teólogo e economista escocês; discípulo de Malthus.

Cherbuliez, Antoine-Elisée (1797–1869). Economista suíço; discípulo de Sismondi, cuja teoria combinou com elementos da teoria de Ricardo.

Child, Sir Josiah (1630–1899). Comerciante e economista inglês; mercantilista.

Ciro II, o grande (c. 600 ou 576 a.C.–530 a.C.). Fundador do império persa; reinou de 559 ou 558 a.C. até sua morte.

Colins, Jean-Guillaume-César-Alexandre-Hyppolyte, barão de (1783–1859). Economista francês, belga de nascimento; defendia o confisco da renda da terra pelo Estado.

Courcelle-Seneuil, Jean-Gustave (1813–1892). Economista francês; comerciante.

Culpeper, Sir Thomas (1578–1662). Economista inglês; mercantilista.

Custodi, Pietro (1771–1842). Economista italiano; editor das principais obras econômicas italianas.

Daire, Louis-François-Eugène (1798–1847). Economista francês; editor de obras de economia política.

Dale, David (1739–1806). Industrial escocês; filantropo.

De Quincey, Thomas (1785–1859). Escritor e economista inglês; comentador de Ricardo.

Destutt de Tracy, Antoine-Louis-Claude, conde de (1754–1836). Economista francês, filósofo sensualista.

Diodoro da Sicília (c. 80 a.C.–29 a.C.). Historiador grego.

Eden, Sir Frederic Morton (1766–1809). Economista inglês, aluno de Adam Smith.

Eduardo III (1312–1377). Rei da Inglaterra de 1327 até sua morte.

Esaú. Personagem bíblico, primogênito de Isaac.

Ferguson, Adam (1723–1816). Historiador, filósofo moral e sociólogo escocês; discípulo de David Hume e mestre de Adam Smith.

Fielden, John (1784–1849). Industrial inglês, filantropo; membro do Parlamento, defensor da legislação de fábrica.

Forbes. Inventor inglês.

Forcade, Eugène (1820–1869). Publicista francês; redator da *Revue des Deux Mondes*.

Franklin, Benjamin (1706–1790). Estadista americano, cientista e economista.

Galiani, Ferdinando (1728–1787). Economista italiano, opositor dos fisiocratas.

Garnier, Germain, conde de (1754–1821). Político e economista francês; epígono dos fisiocratas; tradutor e comentador de Adam Smith.

Gaskell, Peter (1ª metade do século XIX). Médico e publicista inglês; liberal.

Goethe, Johann Wolgfang, von (1749–1832). Poeta; expoente máximo do classicismo alemão.

Guilherme IV (1765–1837). Rei da Grã-Bretanha e Irlanda de 1830 até sua morte.

Hamilton, Sir William (1788–1856). Filósofo escocês, editor das obras de Dugald Stewart.

Harris. Cf. Malmesbury, James Harris, conde de.

Hegel, Georg Wilhelm Friedrich (1770–1831). Filósofo alemão.

Hind, John. Matemático inglês.

Hodgskin, Thomas (1787–1869). Economista e publicista inglês, socialista utópico; utilizando a teoria ricardiana, defendia os interesses do proletariado.

Homero (c. século VIII a.C.). legendário poeta grego; autor das epopéias *Ilíada* e *Odisseia*.

Horácio [Quintus Horatius Flaccus] (65 a.C.–8 a.C.). Poeta romano.

Horner, Leonard (1785–1864). Geólogo inglês, inspetor de fábrica (1833–1859), defendia os interesses dos trabalhadores.

Howell, Thomas Jones. Inspetor de fábrica inglês.

Hutton, Charles (1737–1823). Matemático inglês.

Jacob, William (c. 1762–1851). Comerciante e escritor inglês, autor de escritos econômicos.

Jones, Richard (1790–1885). Economista inglês.

Kisselew (Kisseleff), Pawel Dmitrijewitsch, conde (1788–1872). Estadista e diplomata russo, general; governador da Moldávia e da Valáquia entre 1829 e 1834.

Laffon de Ladébat, André-Daniel (1746–1829). Político e economista francês; fundou instituições filantrópicas.

Laing, Samuel (1810–1897). Político e publicista inglês, membro do Parlamento; ocupou postos elevados na direção de várias empresas ferroviárias.

Leduc, Pierre-Étienne-Denis, chamado **Sain-Germain-Leduc** (1799–?). Escritor e publicista francês.

Leibniz, Gottfried Wilhelm, Freiherr von (1646–1716). Pensador, matemático e cientista alemão.

Lemontey, Pierre-Édouard (1762–1826). Historiador, economista e político francês; membro da Assembléia Nacional Legislativa entre 1791 e 1792.

Linguet, Simon-Nicolas-Henri (1736–1794). Advogado, publicista, historiador e economista francês; opositor dos fisiocratas.

Macaulay, Thomas Babington (1800–1859). Historiador e político inglês, *whig*, membro do Parlamento.

MacCulloch (McCulloch), John Ramsay (1789–1864). Economista e estatístico britânico, vulgarizador da teoria ricardiana.

Mackintosh (M'Intosh). Membro da comissão de investigação do trabalho nas fábricas.

Macleod (McLeod), Henry Dunning (1821–1902). Economista britânico, ocupado particularmente com a teoria do crédito.

Macnab, Henry Grey (1761 ou 1762–1823). Publicista inglês; discípulo e divulgador das idéias de Robert Owens.

Mallet. Industrial inglês.

Malmesbury, James Harris, conde de (1746–1820). Diplomata e estadista inglês, *whig*; embaixador em São Petersburgo.

Malthus, Thomas Robert (1766–1834). Clérigo e economista inglês; formulador da teoria da superpopulação.

Mandeville, Bernard de (1670–1733). Escritor satírico inglês, médico e economista.

Maria Teresa (1717–1780). De 1740 até sua morte, arquiduquesa da Áustria e rainha da Hungria e da Boêmia.

Mill, James (1773–1836). Filósofo, historiador e economista inglês.

Mill, John Stuart (1806–1873). Filósofo e economista inglês; filho de James Mill.

Moss, John. Contramestre de uma fábrica inglesa.

Müllner, Amandus Gottfried Adolf (1774–1829). Crítico e poeta alemão.

Nasmyth, James (1808–1890). Engenheiro britânico; inventor do martelo-pilão a vapor.

Newman, Francis William (1805–1897). Filólogo e publicista inglês, autor de escritos sobre temas econômicos, religiosos e políticos.

Newman, Samuel Philips (1797–1842). Filósofo e economista americano.

Newmarch, William (1820–1882). Economista e estatístico inglês.

Opdyke, George (1805–1880). Empresário, político e economista americano.

Orelli, Johann Kaspar von (1787–1849). Filólogo clássico suíço, editor de escritos de autores da Antiguidade.

Ortes, Giammaria (1713–1790). Monge veneziano; economista, opositor do mercantilismo.

Owen, Robert (1771–1858). Socialista utópico inglês.

Parisot, Jacques-Théodore (1783–?). Publicista francês, oficial da marinha, tradutor de *Elements of Political Economy*, de James Mill.

Peel, SirRobert (1750–1830). Fabricante de algodão inglês, membro do parlamento, *tory*.

Péricles (c. 495 a.C.–429 a.C.) Estadista ateniense.

Petty, Sir William (1623–1687). Economista e estatístico inglês, pioneiro da economia política clássica.

Platão (427 a.C.–347 a.C.). Filósofo grego.

Poppe, Johann Heinrich Moritz von (1776–1854). Matemático e físico alemão.

Poppo, Ernst Friedrich (1794–1866). Filólogo alemão.

Potter, Alonzo (1800–1865). Bispo, filósofo e economista americano.

Proudhon, Pierre-Joseph (1809–1865). Escritor, sociólogo e economista francês.

Quesnay, François (1694–1774). Médico e economista francês, fundador da teoria fisiocrática.

Ramsay, Sir George (1800–1871). Economista inglês, um dos últimos representantes da economia política clássica.

Ravenstone, Piercy (?–1830). Economista inglês, partidário de Ricardo e opositor de Malthus, defensor dos interesses dos trabalhadores.

Radgrave, Alexander. Inspetor de fábrica inglês até 1878.

Regnault, Élias-Georges_Soulange_Oliva (1801–1868). Historiador e publicista francês.

Ricardo, David (1772–1823). Economista inglês; sua obra marca o apogeu da economia política clássica.

Roscher, Wilhelm Georg Friedrich (1817–1894). Economista alemão, fundador da escola histórica de economia política em seu país.

Rossi, Pellegrino Luigi Edoardo, conde (1787–1848). Economista, jurista e político italiano.

Rumford, Benjamin Thompson, conde (1753–1814). Físico e inventor anglo-americano, desencadeou a revolução da termodinâmica do século XIX; diretor de casas de trabalho, onde desenvolveu receitas de baixo valor nutricional.

Sadler, Michael Thomas (1780–1835). Economista, filantropo e político inglês, *tory*; opositor da teoria populacional de Malthus.

Saunders, Robert John. Inspetor de fábrica inglês.

Say, Jean-Baptiste (1767–1832). Economista francês, sistematizador e vulgarizador da obra de Adam Smith; fundador da teoria dos fatores de produção.

Schiller, Friedrich von (1759–1852). Poeta, maior representante do classicismo alemão ao lado de Goethe.

Schow, Joakim Frederik (1789–1852). Botânico dinamarquês.

Scrope, Georg Julius Poulett (1797–1876). Economista e geólogo inglês, membro do Parlamento.

Senior, Nassau William (1790–1864). Economista inglês, adversário da redução da jornada de trabalho.

Sexby, Edwar (?–1658). Soldado inglês; *leveller*.

Sexto Empírico (2ª metade do século II). Médico e filósofo grego; cético.

Shaftesbury, Anthony Ashley Cooper, conde de (1801–1885). Político inglês, *tory* e, depois de 1847, *whig*; líder nos anos de 1840 do movimento aristocrático-filantrópico pela lei de dez horas.

Sismondi, Jean-Charles-Léonard Simonde de (1773–1842). Economista e historiador suíço.

Skarbek, Frédéric, conde de (1792–1866). Economista polonês, discípulo de Adam Smith.

Smith, Adam (1723–1796). Economista e moralista escocês, um dos principais representantes da economia política clássica.

Sparks, Jared (1789–1866). Historiador e educador americano, editor das obras de Benjamin Franklin.

Steuart, Sir James (1744–1839). General britânico, editor das obras de seu pai, Sir James Steuart.

Steuart (Stewart), Sir James (1712–1780). Economista britânico, um dos últimos representantes do mercantilismo; opositor da teoria quantitativa da moeda.

Stewart, Dugald (1753–1828). Filósofo e economista escocês.

Storch, Heinrich Friedrich von (1766–1835). Economista, estatístico e historiador russo.

Symons, Jelinger Cookson (1809–1860). Publicista inglês; comissário governamental na investigação da situação dos tecelões e mineradores; membro da comissão de investigação sobre trabalho infantil de 1841.

Thompson, Benjamin. Cf. Rumford, Benjamin Thompson, conde.

Thornton, William Thomas (1813–1880). Escritor e economista inglês, discípulo de John Stuart Mill.

Tucídides (c. 460 a.C.–c. 400 a.C.). Historiador grego.

Tooke, Thomas (1774–1858). Economista inglês, crítico da teoria quantitativa da moeda.

Torrens, Robert (1780–1864) Economista inglês; representante do "currency principle".

Townsend, Joseph (1739–1816). Clérigo inglês; geólogo e sociólogo, desenvolveu uma teoria populacional que inspirou a teoria de Malthus.

Tufnell, Edward Carleton. Membro da comissão de investigação do trabalho nas fábricas, em 1833.

Turgot, Anne-Robert-Jacques, barão de l'Aulne (1727–1781). Economista, filósofo e estadista francês; fisiocrata, discípulo de Quesnay; controlador geral de finanças de 1774 a 1776;

Ure, Andrew (1778–1857). Químico e economista inglês, livre cambista.

Valpy, Montagu J. Padre anglicano em Nottingham.

Virgílio [Publius Vergilius Maro] (70 a.C.–19 a.C.). Poeta romano.

Verri, Pietro (1728–1797). Economista italiano, dos primeiros críticos da fisiocracia.

Vitória (1819–1901). Rainha da Grã-Bretanha e Irlanda de 1837 até sua morte.

Wade, John (1788–1875). Publicista, economista e historiador inglês.

Wakefield, Edward Gibbon (1796–1862). Economista, estadista e teórico da colonização britânico.

Walkley, Mary Anne (1843–1863). Trabalhadora londrina.

Watson, James Forbes (1827–1892). Médico escocês; durante uma longa estadia na Índia, escreveu algumas obras sobre a agricultura e a indústria têxtil indianas.

Wayland, Francis (1796–1865). Clérigo americano, autor de uma série de escritos sobre ética, economia política e outras ciências.

Whitney, Eli (1765–1825). Inventor americano.

Xenofonte (c. 430 a.C.–354 a.C.). Escritor e historiador grego.

Qualquer livro do nosso catálogo não encontrado nas livrarias pode ser pedido por carta, fax, telefone ou pela Internet.

✉ Rua Aimorés, 981, 8º andar – Funcionários
Belo Horizonte-MG – CEP 30140-071

📱 Tel: (31) 3222 6819
Fax: (31) 3224 6087
Televendas (gratuito): 0800 2831322

@ vendas@autenticaeditora.com.br
www.autenticaeditora.com.br

Este livro foi composto com tipografia Minion e impresso em papel Chamois 80 g na Formato Artes Gráficas.